Knaur

Über den Autor:

Kym Reno, geb. 1940, war als Manager in der Industrie tätig. Bei seiner ersten Reise in die Toskana verbrachte er per Zufall eine Nacht in einem winzigen Dorf am Rande von San Gimignano. Dort erzählte ihm eine Einwohnerin die Geschichte des Schloßherrn und seiner Tochter, die Kym Reno so faszinierte, daß er seinen Beruf aufgab, um die Tochter des Beschützers von Galileo Galilei in seinem ersten Buch ins Leben zurückzurufen. Heute verbringt der Schriftsteller seine Zeit zwischen Florenz und einem Landhaus in der Bretagne.

Kym Reno

# Galileis Freundin

Roman

Knaur

Besuchen Sie uns im Internet:
www.droemer-weltbild.de

Deutsche Erstausgabe August 2000

Redaktion: Gisela Menza
Umschlaggestaltung: Agentur Zero, München
Umschlagabbildung: AKG, Berlin
Satz: Ventura Publisher im Verlag
Druck und Bindung: Ebner Ulm
Printed in Germany
ISBN 3-426-61293-3

2 4 5 3 1

# Die Geburt

In dem winterkalten Januar 1608 herrschten in der Burg Picchena unsichere Umtriebe. Graue Nebelschwaden waberten über den Gebirgskamm durch den tropfnassen Wald. An diesem beängstigend unwirtlichen Tag wollte es nicht hell werden. Es war ein Tag, der den Menschen die wenige Freude versagte, die ihnen half, ihr Leben sinnvoll zu gestalten und mit Lust an ihre Arbeit zu gehen, ein Tag, der den versponnenen Spiritisten, irren Teufelsgläubigen und weissagenden Geistererzählern den geheimnisvollen Hintergrund für ihre unheilschwangeren Beschwörungen lieferte. Dieser düstere Tag ließ die Schwachen zögern, an das Gute im Menschen zu glauben. Er ließ sie versinken in die dunklen Gefilde von irrem Aberglauben und gräßlicher Teufelsangst.

Tief hängende Wolken schwammen träge über dem Land, in denen Berge und Täler versanken. Einzelne Wolkenfetzen blieben an den nur schemenhaft auszumachenden Baumkronen hängen, zerrissen dort und brodelten in den naß schimmernden Ästen der sich im scheinbar Endlosen verlierenden Bäume. Die wuchtige Steineiche im Park des Anwesens teilte die Nebel. Beängstigende Schatten und gespenstische Figuren schwebten über der Krone. Graugrün schimmerte das winterliche Gras auf dem Boden, während auf den benachbarten Feldern die Erde vor Nässe triefte und die Fichten am gegenüberliegenden Hang bedrohend in den Himmel starrten. Dunkle Angst bemächtigte sich der Bediensteten in der hochgelegenen Burg.

Es war der 19. Januar 1608. Ein Tag, den Landgraf Curzio Picchena seit langer Zeit erregt erwartet hatte. An diesem finsteren Tag sollte sein Kind geboren werden. Vorausschauend hatte der Staatssekretär der Medici seine junge Frau Alessandra schon vor

Wochen von Florenz auf das Land gebracht, auf seine Burg südlich von San Gimignano zwischen Volterra und Colle di Val d'Elsa. Mit Entsetzen hatte er von einem Tag auf den anderen die Nachricht empfangen, daß er auf die Hilfe seines vertrauten Freundes und Medikus bei der Entbindung seiner Frau verzichten müßte. Eine plötzlich aufgetretene und verheerende Seuche hielt den Freund in der Metropole zurück. Brenzoni hatte ihm den jungen Medikus aus Castel San Gimignano mit warmen Worten empfohlen.
»Nicolo ist allemal besser als die Quacksalbereien der Hebammen. Laßt Euer Weib nicht von denen vergiften.«
Dazu hatte der Pfarrer von San Michele a Casale, Domenico di Giovanni, dem Burgherrn vor ein paar Wochen eine Amme ans Herz gelegt.
»Nehmt die Nanini als Amme für Euer Kind«, gab er den guten Rat. »Sie ist ein wenig schrullig«, schilderte er das merkwürdige Weib, »aber guten Herzens und kindlich fromm. Ihr verstorbener Mann nannte sich Nanini. Auch sie wird heute so von jedermann genannt. Nanini ist eine gute Seele, Herr Landgraf. Vor einer Weile verstarb ihr Mann an einer Seuche. Jetzt ist sie mittellos und erwartet ein Kind. Es dürfte wenige Wochen vor der Niederkunft Eurer Gemahlin zur Welt kommen. Nehmt Euch ihrer an, so braucht Ihr Euer Kind nicht einer Bäuerin zum Säugen zu geben, und die Nanini ist mit ihrem Kind, das sie erwartet, versorgt.«
So erhielt die Nanini von da an Beherbergung und Essen in der Burg. Vor drei Wochen war ihr eigenes Kind zur Welt gekommen, und wenige Zeit später war es wieder gestorben. Die Brüste der verwaisten Mutter riefen nach einem Säugling, der an ihnen saugte. Die kleine unscheinbare Frau trug schwer an ihrer Milch.
Niemand kannte zuvor so recht das Leben der Nanini, niemand hatte sie gefragt, woher sie wirklich kam. Sie war einfach da. Der Pfarrer hatte sie empfohlen. Das sollte genug sein. So fand das fromme Weib seinen Platz in der Burg Picchena. Eine dunkle

Gestalt mit stets gleichbleibender Kleidung und abweisendem Gesicht. Unscheinbar, aber bedrohlich wirkte sie auf jeden. Die Amme hielt Zwiesprache mit den Geistern einer anderen Welt, die ihre eigene Welt jedoch berührten. Stetiges Murmeln erschreckte manch eintretenden Besucher, der die Burg Picchena beehrte.

Hatte sie jemals gelächelt? Ihr düsterer Blick entsprang dunklen, eng beieinander liegenden Augen, die in ihren Höhlen weit zurückfielen. Die drohende hakige Nase stieß aus dem kleinen flachen Gesicht wie ein Widerhaken hervor, während ihr dürrer Hals sich zu wehren schien, den kleinen Vogelkopf aufrecht zu tragen.

»Dunkel ziehen Nebel durch das Land, ungewiß ist der Blick und kalt die Stirn. Wer bereitet den Weg, wer zeigt den Pfad? Unglück ist des Tages Sinn, Qual und Leid sind seine Gebieter. Niemand hat dich herbestellt, du verworfenes Ding, niemand lädt dich ein. Freiheit willst du haben. Unglückselige, Gefangenschaft wirst du ernten und Tod«, murmelte die Amme, als der Medikus das Vorzimmer der Landgräfin betrat.

»Was schwatzt du da, du dummes Weib«, fuhr der Medikus die Nanini an, als er die düsteren Verse vernahm. »Was soll deine unglückliche Botschaft? Es ist ein Tag der Freude für die Burg. Mach dich an die Arbeit, bereite heißes Wasser, gleich eine Wanne voll. Es kann sein, daß wir mehr Arbeit bekommen, als uns lieb ist.«

Mit finsterem Blick zog die Amme von dannen. In der Cucina brodelte kochendes Wasser in einem eisernen Kessel, der an einer Zahnstange über dem Kaminfeuer hing. Mit beschwörend erhobenen Händen begegnete Nanini dem Diener Marco.

»Ich habe das alte Weib in Castel San Gimignano befragt, ihre Prophezeiungen sind dunkel und drohend für den heutigen Tag. Sie hat den grauen Nebel und den kalten Wind geweissagt und ein Unheil angekündigt. Das Kind wird ein Unglückskind, es trägt schlimmes Leid und düstere Heimsuchung in sich. Der Zauberspruch des alten Weibes hat's gezeigt. Die Wahrheit sagt

sie. Du weißt, Marco, des Nachts in der Lichtung beim Mondschein hat sie die wissenden Geister gesehen über den flackernden Flammen ihres offenen Feuers. Die dunkle Ahnung drückt mein Herz. Den schlimmen Weg hat sie erkannt, den Curzio Picchenas Kind zu gehen hat.
Er war nicht gut zu dem alten Weib. Nun rächt sie sich, die Alte. Unglück wird es geben. Ein grausamer Fluch wird über dem verruchten Kinde liegen. Beschwernis wird den Weg begleiten.
Ich soll es nähren mit der vollen Brust, soll ihm den Lebenssaft und Liebe geben. Den Teufel werde ich nähren, die Hexe werd ich säugen.«
Marco war mit seinen siebzehn Lenzen als Mitgift in die Burg gezogen. Ein frischer, junger Bursche, der sich um Pferde und den Hof zu kümmern hatte.
»Sei still, Nanini«, schimpfte er. »Das alte Weib ist gar die Hexe. Der Teufel wird sie sich holen.«
»Die Berta kennt die Zukunft, spricht mit Geistern, hört die Toten. Mit der Spindel, den feinen Fäden, gewebt von Geisterhand, ahnt sie das Werden, sagt voraus.«
»Die Berta ist die alte Furie. Die Leute erzählen, sie ist böser als das Böse. Wenn sie Luft holt, schnauft sie gar so laut wie eine Rinderherde. Ihr Atem stinkt. Sie rotzt und flucht, und ihre Winde entfahren direkt der Hölle. Vergiß die Beschwörungen der Hexe, denk an dein eigenes Seelenheil.«
Nanini glotzte mit starren Augen in die Höllenglut des Kaminfeuers.
»Die Zeichen stehen schlecht für die junge Brut. Gar ängstlich ist mein Sinn. Ich ahne grausigen Untergang, Mord und Wahn.«
»Was trägst du für dumme Sachen mit dir herum. Schweig. Paß auf, nicht die Alte ist des Kindes Unglück, vielmehr du, du törichte und abergläubische Magd.«
»Dunkel ziehen die Nebel …«, murmelte Nanini erneut, und ihre Stimme wurde leiser, als sie sich vom lodernden Kamin-

feuer wieder zu dem Medikus begab. Durch die offenstehende Tür vernahm sie das Stöhnen der Gebärenden, alldieweil der Medikus mit dem Hörrohr nach dem neuen Leben lauschte. Auf seiner Stirn zeigten sich besorgte Falten. Mit offenem Mund und aufgerissenen Augen beobachtete Nanini den Arzt und schaute auf ihre Herrin Alessandra.

»Dunkel ziehen die Nebel … Qual und Leid sind seine Gebieter …«, murmelte sie erneut. Als sie der Medikus entdeckte, hieß er sie zu verschwinden, bis das Wasser heiß sei. Dann schloß er die Tür.

Curzio Picchena blickte beunruhigt hinter der Fuchtel aus Friaul her. Die Worte des Pfarrers über die treue Seele Nanini fand er nicht bestätigt. Das kleine verhutzelte Weib wimmerte stets neue beängstigende und verhängnisvolle Beschwörungen in die düstere Nacht. Mit dem stolzen Höcker auf ihrer ausgeprägten Nase glich sie einem Aasgeier. In den nur spärlich mit lodernden Fackeln erhellten Räumen und Gängen der Burg verbreitete die schmächtige Frau das Fluidum einer schwebenden Hexe. Es schauderte den Grafen, als er vor seinem geistigen Auge sein Kind am Busen dieses Weibes sah.

Nanini schlich in die Cucina. Sie redete wirr auf den Knecht ein. »Genau auf den Tag hat sie es vorausgesagt«, so drohte sie, »auf den heutigen Tag genau. Die bösen Geister ziehen Unheil heischend durch das Land. Sie sind die Boten der schlechten Geburt. Schau, Marco, zu dem Fenster hinaus. Zwischen den Bäumen spielen die feuchten Elemente. Sie sind die Kumpane der bösen Nacht, die Unglücksraben der verborgenen Schmach. Nicht Glück und Freude, nur Leid und Qual hat die Spindel gesponnen. Das alte Weib weiß es, Marco. Die Alte hat es geschworen.«

»Halt`s Maul, Nanini«, hieß Marco das jammernde Weib, »tue deine Arbeit, und stör die Leute nicht mit deinem dummen Gerede.« Dabei blickte er aber doch aus dem offenen Fenster. Er sah die düsteren Nebelschwaden über die Bäume ziehen. Ahnungsvolles Frösteln ließ seinen Körper erschauern.

»Ihr alle werdet sehen den Weg der bitteren Wahrheit. Es ist vorherbestimmt.«
»Nanini, nun schweig endlich, und hole den großen Bottich, damit wir ihn befüllen. Der Medikus braucht das heiße Wasser für die Arbeit.«
»Mit einem kalten Rohr am Bauch der Mutter, so glaubt der Medikus die bösen Geister zu vernehmen.«
»Er lauscht dem Herzschlag des Kindes. Er nimmt wahr, ob es eine leichte oder schwere Geburt wird.«
»Er hat nicht die Weisheit einer Hebamme.« Nanini blickte entsetzt in das Feuer. »Die bösen Geister weiß er nicht zu scheuchen, die guten nicht zu locken. Marco, mir graut vor diesem Mann.«
Die leise Stimme der Nanini loderte in der Seele des Knechtes.
»Er weiß nichts von den Geweben einer Warzenspinne. Den Heilsaft aus dem Gift einer Kreuzotter, dem Speichel einer Kröte und der Haut eines Molches kennt er nicht. Dotterweich, Herbsttrompeten, Pferdekot und Fasanenfeder, das zusammen ist das sichere Nestchen für das Neugeborene.«
»Schweig, du elende Hexe!« Mit zitternder Stimme und drohenden Gebärden stürzte sich der Bursche auf die Balia. Die zeternde Frau sprang schreiend schnell zur Seite. Marco zerrte sie zurück zum Feuer.
Gemeinsam gossen sie das heiße Wasser in den großen Bottich. Über die breiten Steintreppen schleppten sie das Gefäß in die Kammer. Voller böser Ahnungen hockte sich Nanini auf die Bank und wartete auf unheilvolle Ereignisse. Angsterfüllt starrte sie auf das dampfende Wasser.
»Totes weißes Wasser«, flüsterte sie. »Keine Kadaver, kein Kot, keine Säfte.«
Marco schritt unruhig auf und ab. Er lauschte, ob der Medikus sie rief.
Wie ein Schilfrohr im Winde schwankend, wiegte die Amme mit gesenktem Kopf und hängenden Armen ihren Körper.
»Warzen und Spinnen, Kröten und Lurche, Käfer und Würmer.

Wasser aus der Blase der Amme, bei Vollmond uriniert, Kot vom Ochsen aus der Stunde der Mitternacht. Streghe und Benandanti erfüllt euren Tanz. Ich beschwör euch, ihr Geister des Bösen und Geister des Guten. Der Kampf mit Zweigen und geweihtem Wasser wird entscheiden über das Leben des Neugeborenen. Finstere Sturmkämpfer und wabernde Durchsichtige, die ihr vor unserem Fenster euren schwebenden Tanz aufführt, ich rufe euch alle. Seid zur Stelle. Erfüllt die Vorahnungen der alten Berta.«

Nanini schüttelte sich. Frost und kalte Winde durchdrangen ihre Glieder. Marco schaute wütend auf das verhexte Weib. Am liebsten hätte er sie samt ihrer Sprüche aus dem Haus gejagt.

Als die Tür zur Kammer der Gebärenden sich öffnete, schrie Nanini elend auf. Sie wollte fliehen. Marco zerrte sie an ihrem schwarzen Kleid zurück. Sie nahmen den Bottich vom Boden und betraten die Kammer.

Der Medikus ergriff ein Leinentuch, benetzte es in der Wanne und wischte mit ihm der Landgräfin über das Gesicht. Er wusch ihr den Körper und die Hände. In einer Ecke murmelte die Amme ihre dunklen Deutungen, bis der Arzt ihr und dem Knecht gebot, vor der Tür zu stehen.

Die Zeit des Wartens neben der Hexe wurde dem Knecht unheimlich. Er sprang zurück in die Cucina und füllte in den Bottich über dem Feuer Wasser nach.

Der Tag verweigerte sich dem Licht. Die finsteren Wolken vor den Maueröffnungen fraßen jeden Schein. Marco entschied, die Geister des Bösen zu verjagen. Er entzündete Öllampen und Kerzen und stellte sie in den Räumen, Gängen und Fluren auf. Selbst Pechfackeln steckte er in die Eisenringe an den Wänden. Das vertraute warme Licht beruhigte ein wenig. Aus Türritzen und Gewölben zogen naßkalte Lüfte durch die Burg. Die Flammen der Lichter schwankten wie leichte Figuren, ließen Schatten wie durchsichtige Gestalten über Wände und Türen, Decken und Boden tanzen. Marco schwor, nie selbst ein Kind zu machen. Die Angst vor Hexen und vor Teufeln, Beschwörungen und Rezepturen, den Schreien und den Qualen einer Mutter verstörten seine Sinne.

Die Stimmen in der Schlafkammer wurden aufgeregter. Alessandra schrie vor Schmerzen. Die Amme hielt sich die Ohren zu, nervöse Sprüche murmelnd. Den Teufel mit dem Pferdefuß schien sie zu sehen, den sie an ihrer Brust bewahren sollte.

»Ungut ist es, im Bett zu liegen«, beschwor sie. »Mit ihren Röcken und Unterkleidern schamhaft bedeckt, muß die Frau in der Hocke den Säugling auf den Boden pressen. Keine Frau entleert ihre Blase im Liegen im Bett. So war es immer. So haben es die Mütter der Mütter und deren Mütter gemacht. Was vorher gut war, kann heut nicht schlecht sein.«

Der Medikus stieß die Tür auf und rief um Beistand. Marco hatte vor der Tür zu warten. Ihm war es recht so.

Nanini starrte mit Entsetzen auf das verworrene Bild, das sich ihr bot. Ein Medikus bei der Geburt, das war nicht gut. Unverständlich das Wasser und die vielen Tücher. Unverständlich die Frau, die im Liegen ihr Kind gebar. Unverständlich der Mann am Bette seiner Frau. Ihr fehlten die geheimnisvollen Formeln und die Kräuter, die Mixturen und die Käfer, Spinnen und Kröten. Die Amme schlug ein Kreuzzeichen über der Brust und streckte den Zeige- und den Mittelfinger gegen die Gräfin.

Alessandra hatte ihre Beine angewinkelt, die Knie weit auseinandergedrückt. Nanini bedeckte ihre Augen mit der Hand. Nur durch die Finger hindurch wagte sie einen neugierigen Blick zwischen die Oberschenkel ihrer Herrin. Die dehnte qualvoll ihre Scham. Langsam, viel zu langsam kämpfte sich ein kleiner Kopf aus der Sünde Öffnung.

Kein Mann durfte für die Amme das sündige Geschlecht einer Frau so neugierig betrachten, wie es der Medikus nun tat. Der Pfarrer in Friaul hatte es gelehrt. Selbst das Machen eines Kindes hatte nur im Dunkeln unter der Decke und ganz bekleidet zu geschehen. Für sie war es ein schlimmer Akt gewesen, schmerzvoll und ekelhaft. Sie erinnerte sich mit Schaudern an

das Stöhnen ihres Mannes, wie er sich schwitzend und schnaufend auf ihr plagte. Gott hatte sie glücklicherweise von dem Kerl befreit. Nun mußte sie dieses unchristliche Quetschen und Stöhnen unter den Augen von zwei gierigen Männern, wie sie glaubte, auch noch betrachten. Der Teufel hatte eine neue Sünde auf die Welt gebracht.
Die träumende Balia erhielt einen Puffer von dem Medikus. Sie hatte aufmerksam zu sein und stets die Tücher in der Wanne zu waschen. Abstoßend empfand sie diese Handlung.
Unter Schreien und Stöhnen der Mutter, unter den schamlosen Blicken der Männer auf das Sündentor der schönen Frau zwängte sich der Kopf des Säuglings in die Welt. Es dauerte sehr lange. Für Nanini lag das an der verbotenen Haltung ihrer Herrin. Im Hocken wäre es statthafter gewesen.
Der Arzt Nicolo blickte mit unruhigen Gebärden auf das Kind. Die Nabelschnur lag straff um den Hals. Aus dem dunklen Gesicht des Säuglings schien das Leben längst gewichen. Nicolo wagte nicht, die Schnur schon jetzt zu trennen. Er zerrte an dem Kopf, hieß die Mutter, mehr zu pressen, fauchte die Nanini an, die linnenen Tücher schneller einzuweichen. Erst jetzt erkannten die Betrachter der Geburt den Umhang um den Säugling, die Fruchtblase, die den kleinen Körper umhüllte.
»O weh, ich soll dich nähren an der Brust«, jammerte die Amme. »Die Weissagung ist erfüllt. Weh dir, du unglückseliges Kind. Du wirst ›unterwegs‹ sein. Du wirst dich treffen des Nachts mit den anderen und wirst kämpfen gegen die Streghoni. Dein Leben ist stets in Gefahr.«
Die Nanini fröstelte. Sie zog ihren Umhang dichter, als ein kalter Wind durch die Fenster fuhr. Der nervöse Medikus hieß sie zu schweigen und abzulassen von dem albernen Gerede.
Kein einziges Lebenszeichen gab der Säugling von sich, auch nicht, als er halb schon aus der Mutter schaute.
»O Gott, mein Sohn«, entfuhr es ängstlich dem Grafen, als der Medikus verstärkt an dem Neugeborenen zog, bis endlich aus dem engen Geschlecht der Mutter das ganze Kind erschien.

»Was heißt denn Sohn?« rief der Medikus bedrückt. »Ein Mädchen ist es, eine Tochter habt ihr.«
Das Kind zeigte keine Spur des Lebens. Um den kleinen Hals hatte sich die Nabelschnur gräßlich wie der Strick des Henkers gelegt. Der schwarze Todesmantel hing längst über dem winzigen Körper, um den noch die Fruchtblase gewickelt war, für die Nanini das Zeichen einer »Vestita«, einer bekleidet Geborenen. Der Medikus schnitt die Nabelschur durch und trennte mit einer Schere die Fruchtblase. Schlaff hingen Arme und Beine des Mädchens hinab. Verklebte Augenlider gaben niemandem Hoffnung.
Die erschöpfte Mutter hatte ihre gequälten Augen geschlossen, dem Vater rannen Tränen über die Wangen. Nanini murmelte Unverständliches. Der Medikus war ärgerlich.
Aus Gewohnheit wusch er das Neugeborene. Er lauschte mit seinem Hörrohr an der Brust des Kindes mit der Absicht, den Tod medizinisch zu belegen. Da vernahm er ein Geräusch. Er horchte noch einmal, aufmerksamer diesmal. Wieder vernahm er ein leises Pochen, zaghaft, das leichte Anklopfen an das Leben. Vorsichtig wusch er das Kind. Das warme Wasser in dem Bottich färbte sich dunkel.
Nicolo hoffte, daß das entwichene Leben zurück in den Körper fand. Plötzlich rief eine geheimnisvolle Stimme die Seele in den Körper zurück. Der Medikus schaute fragend auf. Alessandra hielt ihre Augen geschlossen. Ihre trockenen Lippen bewegten sich. Unhörbar flüsterte sie betende Worte. Eine machtvolle Seele schien den kleinen Körper zu zwingen, sie wieder aufzunehmen. Langsam drang der Geist in jedes Glied und in die Brust und versorgte die Lunge mit Atem. Die Rippen hoben sich, vorsichtig zunächst, dann kräftiger und stetig. Finger krümmten sich unruhig und sprunghaft. Die Beine begannen zu strampeln, die Arme schlugen um sich. Die Farbe des Kindes wechselte erst allmählich, dann schneller von dem Unheil drohenden Schwarz in das rosige Fleisch eines Neugeborenen. Die zurückgekehrte Seele prüfte die Funktionen ihres Körpers. Der

Mund öffnete sich, und ein lauter Schrei kündigte die endgültige Rückkehr des Lebens an.
Versteinert und zitternd, mit aufgerissenen Augen starrte Nanini auf die Verwandlung des toten Wesens in das lebendige Kind. Die Weissagungen der alten Berta erfüllten sich. Wie eine erstarrte Klaue griffen die beschworenen Erscheinungen an die Brust der Amme.
Die Vestite, die in der Blase Geborenen, sollten Glück erfahren in ihrem Leben, so hieß es im Volksmund. Für die Balia Nanini bedeutete es, das Mädchen war eine Benandantin, eine, die des Nachts aus ihrem Körper fuhr und gegen die Feinde, die Streghoni, kämpfte, ein unheildrohender Aberglaube aus der Hexenküche in Friaul.
Für den Burgherrn galt nur die eine Wahrheit, sein Kind lebte. Zärtlich schloß der Vater seine Frau in die Arme, küßte sie auf die Wange und stieß voller Stolz hervor: »Caterina Picchena lebt.«
Die nassen Nebel erfüllten das Zimmer. Kalt fühlten sich die Wände an. Es fehlte in dem Raum jegliche Wärmequelle. An Fenstern, Zimmerdecke und den schweren Balken sammelte sich die Feuchtigkeit. Durch die Ritzen der verschlossenen Tür zog ein kalter Wind. Die bedrückende Nässe legte sich bedrohlich auf die Brust der Menschen. Die Körper fröstelten. Nur die Schlafdecke der Gräfin hielt ein wenig Körperwärme zurück. Zu lange hatte Alessandra aufgedeckt gelegen.
Curzio Picchena trat zur Tür. Er gab dem Knecht einen Wink. Marco füllte die Öllampen nach und steckte neue Fackeln in die kunstvoll geschmiedeten Eisenringe an den Wänden. Das flackernde Licht spendete spärlich Wärme. An den Fensteröffnungen kämpfte der ausdringende Rauch gegen die einströmende Feuchtigkeit. Verrauchte Luft verhinderte ein freies Atmen.
Der Arzt salbte das Mädchen und legte es in die Wiege. Nicolo schaute zum Landgraf. Curzio Picchena hielt die Hand seiner Frau. Sein sorgenvoller Blick ging an dem späten, dunklen

Nachmittag hinaus durch die kleine Öffnung in der schweren Bruchsteinwand und begegnete dort der unwirtlichen Welt.
»Mein Gott, Graf Picchena, was macht Ihr für ein Gesicht«, sagte der Medikus lachend. »Ihr habt eine lebendige Tochter. Nicht jedem ist auf Anhieb dieses Glück beschert«, ermunterte er den Graf.
»Ich danke Euch, Nicolo.« Der Vater holte seinen Blick aus der Weite zurück zu seinem neugeborenen Kind.
Die schwächliche Amme stand sprachlos vor der Wanne, in der die Fruchtblase schwamm. Ihr Sinn war erfüllt von den düsteren Weissagungen der alten Berta. Sie ahnte eine böse Zukunft auf diesen neuen Menschen herabkommen. Sie war überzeugt, daß dieses Wesen kein von Gott gesegneter Mensch war. Der Allerhöchste hatte es von Beginn an verlassen und nicht unter seinen allmächtigen Schutz gestellt. Wie durfte dann sie, die fromme Amme, für das Wohl des Kindes sorgen? Die Dienste des Landgrafen forderten die Pflichterfüllung. Verweigern dieser Pflichten bedeutete Verbannung und Tod. Mit diesen verworrenen Gedanken im Kopf hob die Amme gemeinsam mit dem Knecht den Bottich hoch und brachte ihn hinaus. Ein Schauder überkam sie, als sie noch die Fruchtblase des Neugeborenen in dem schmutzigen Wasser fand. In der Cucina schrie sie ängstlich auf und lief mit gerafftem Rock davon. Marco rannte ihr nach und riß sie zurück. Widerwillig half sie dem Knecht, die Wanne in den Wald zu gießen. Sie bekreuzigte sich dreimal, fiel bebend auf die Knie und murmelte mit zitternden Lippen dunkle Beschwörungen.

Der Säugling sog die Milch des Grauens und Entsetzens in sich auf, die Amme fieberte und zitterte. Angstschweiß perlte auf der Haut der vollen Brust. Nanini wickelte das Kind in Tücher und legte es geschwind in das kleine Bett. Mit einer vernichtenden Bewegung zischte sie: »Hexe, du.«
Vorsichtigen Schrittes trat sie zur einzigen Fensteröffnung an der Wand und blickte auf die nasse Front der dunklen Fichten.

Niedrig hängende Wolken saugten den Rest des Tages auf. Einzelne zerzauste Wolkenfetzen zerrissen vor dem Zimmer. In dem Gespensterwald heulte ein einsamer Fuchs. Nanini ängstigte sich ob der drohenden Stimmung in der Natur. Sie steckte die Impannata, die in einem Rahmen befindliche Wachsleinwand, vor die Öffnung. Sie verschloß selbst die untere Lüftung, und als sie das dicke Brett zur Eindämmung der Kälte vor das Fenster schob, bemächtigte sich ihrer ein bodenloses Schaudern. Mit ihrem Tun verwehrte sie dem Diabolischen den Zutritt. Die ängstlichen Augen verrieten, daß sie den Leibhaftigen persönlich sah.
Die Neugeborene war für sie eine Benandantin. Eine »Vestita«, eine mit der Fruchtblase Bekleidete, galt von vornherein als Benandantin. Die Amme kannte die Kämpfe um Friaul zwischen den Benandanti und den Streghoni. Fruchtbarkeitsriten waren der Sinn.
»Höre zu, Marco«, gab sie ihre Geheimnisse preis, während sie in der Cucina Wannen und Bottiche säuberte. »Nicht nur Pferde und Kühe, Ochsen und Kälber, Schweine und Ziegen gibt es auf dieser Welt. Geister sind um uns, Geister umschwirren uns. Geister verwirken unser Leben, Geister machen uns auch glücklich.«
Mit gerunzelter Stirn warnte Marco die kleine Hexe mit der häßlichen Hakennase. »Es gibt Gott und die göttlichen Engel im Himmel. Es gibt den Teufel und seine teuflischen Kumpane in der Hölle. In das eine oder das andere Reich werden wir nach unserem Tode gehen. Gott wird uns belohnen oder strafen. Mit deinem Aberglauben wirst du dich in die Hölle reden.«
»Lach du und mach dich lustig. Wir aus Friaul kennen mehr als andere die Unterschiede zwischen den guten und den garstigen Geistern. Die guten Geister, sagt man, sind die Benandanti. Die bösen sind die Streghoni.«
»Na, dann ist ja alles in Ordnung«, versuchte der Knecht die Beschwörungen der Nanini abzuschwächen. »Du hast gesagt,

die kleine Gräfin Caterina ist eine Benandantin, also ein guter Geist. Was sorgst du dich, häßliches Weib?«

»Du wirst schon sehen, dummer Bursche, was es ist. Höre auf die Weissagungen der Berta.«

»Doch nicht auf dieses alte Pferdeweib. Die Berta sollte ihre Spindel zum Spinnen ihrer geheimnisvollen Fäden wechseln. Dann wird es bessere Nachrichten geben«, suchte der Knecht das Weib in seiner Nähe zu verhöhnen.

»Ich sag dir, lach du nur, du dummer Bursche, in nicht ferner Zukunft wirst du dich verfluchen, nicht das Richtige zur rechten Zeit getan zu haben. Doch höre zu. Über die Benandanti und die Streghoni will ich dir berichten.

In Friaul, in meiner Heimat, gibt es Geister, die fahren des Nachts aus ihren Körpern. Sie treffen sich an einem Ort, um gegeneinander zu kämpfen. Sie kämpfen um das Wohl der Menschen. Sie kämpfen für eine gute Ernte, so die Benandanti. Sie kämpfen für eine schlechte Ernte oder für die Zerstörung der Frucht, so die Streghoni.

Alle bekleidet Geborenen sind Benandanti. Das Kleid ist ein Zeichen Gottes. Ein Zeichen, das den Menschen Glück bringt.«

»Die kleine Gräfin hat dies gute Zeichen bei der Geburt getragen, also ist es gut für uns alle. Mach dir keine Sorgen, Balia, wir sind in einer guten Umgebung.«

»Auch die, die des Nachts für das Gute kämpfen, werden in ihrem Leben mit Verfolgung rechnen. Sie können nicht frei sein und nicht glücklich. Andere sehen sie bei den Kämpfen auf den grünen Wiesen, wenn sie ihre Körper verlassen haben und sich nur der Geist dorthin bewegt. Die sie sehen, werden darüber berichten und es weitererzählen. Man wird sie für Hexen halten und bestrafen. Auch die Kirche mag diese Benandanti nicht.«

»Sag, du ängstliches Weib«, fuhr Marco dazwischen, »wer hat dir von all dem Unsinn berichtet?«

»In Friaul verfolgt die Inquisition die Benandanti wie die Streghoni. Die Menschen sprechen darüber, wer Benandanti und wer Streghoni ist.«

»Mir scheint«, verspottete der Bursche die häßliche Amme, »ihr in Friaul, ihr redet einfach viel zuviel. Ihr schwatzt von bösen Geistern und von guten. Für die Kirche kann kein Mensch ein Geist sein. Auch kein guter Geist. Es steht nicht in der Bibel. Wenn ihr darüber schnabuliert, verfolgt die Kirche beide. Ich denke eher, ihr schwatzt davon, um einen ungeliebten Bruder oder Nebenbuhler der Inquisition in die Folterkammer zu schicken. Denn seltsam ist es schon, daß nur in diesem Friaul und Umgebung von geheimnisvollen Geschehnissen berichtet wird.«

»Du sollst, du ungläubiger Mensch, die ganze Wahrheit über deine neue Herrin wissen.« Nanini setzte ihren Bericht unbeirrt fort. »Wenn die Zeit gekommen ist, wird sie gerufen werden. Man kennt sie jetzt schon, sage ich dir, Marco. Man wird sie ansprechen. Sie wird gehen. Sie muß des Nachts dahinfahren. Ihre Seele wird aus dem Körper fahren. Der Körper bleibt starr im Bett zurück. Niemand darf ihn dann bewegen oder gar drehen. Die Seele gelangt sonst bei der Rückkehr nicht mehr in ihr Heim. Für alle Zeiten wird unglücklich sie umherirren.

Die Ausgefahrenen werden mit Fenchelzweigen gegen die Streghoni kämpfen. Mit einem Engel an ihrer Spitze schlagen sich die Benandanti für Christus und die Kirche. Sie verteidigen die gute Ernte. Andere Benandanti besuchen, wenn sie der nächtliche Ruf zu sich beordert, die Prozession der Toten.«

»Was ist nun das schon wieder?« fragte der Knecht. »Du bist verwirrt, du törichtes Weib.«

»In der Prozession der Toten, so heißt es, ziehen die Unredlichen nach ihrem Tod in einem stetigen Zug mit Traurigkeit und Verzweiflung, mit immerwährender Ängstlichkeit und Bitterkeit durch die Welt der Geister.«

Der Knecht schaute auf das gelbe, trockene Gesicht, auf dem sich die straffe Haut über den spitzen Knochen spannte. Die Hexe lebte in einer anderen Welt. Eine unglückliche Fügung hatte sie wohl in das Knochengerüst gesteckt. Ihre schwarze Kleidung verbarg nur notdürftig die menschliche Behausung.

Zuviel hatte die Amme in ihrer Heimat Friaul von den Benandanti, den Streghoni und den Hexern vernommen. Sie besaß einen Wirrwarr an Wissen über die nächtlichen Ausritte der Geister.

»Verwirf du deinen verwirrten Glauben, Nanini«, fuhr der Knecht sie böse funkelnd an, »dann wird kein Mensch was reden von Streghoni und Benandanti, von Geistern und den nächtlichen Kämpfern. Die Kirche mag es nicht, wenn ihre Lehren so verfälscht werden. Allzuleicht ist manch einer schon als Hexer oder Hexe auf dem Scheiterhaufen hingerichtet worden. Schür du das Feuer dieser Qual nicht auch noch. Sonst bist du die erste, die es böse trifft.«

Mit plötzlichem Geschrei und bösen Verwünschungen gegen den Knecht fuhr die Nanini auf und eilte mit fliegendem Rock in ihre Kammer.

Die kleine Gräfin schlief derweil unter einer seidenen Schlafdecke, die innen warm mit Fellen gefüttert war.

Nanini aber reichte noch am selben Tag so manches Mal dem Mädchen ihre Brust. In Anwesenheit der Mutter, Gräfin Alessandra, zeigte sich das düstere Weib freundlich und recht liebevoll. Kaum war sie alleine mit dem Kind, beschwor sie Tod und Teufel und versprühte manchen bösen Gedanken. Ihre trostlosen Gesänge von Hexen und Geistern, von undurchsichtigen Ängsten und Qualen umhüllten das Kind des Abends und des Morgens. In der geistererfüllten Dunkelheit der Nacht tastete sich die Nanini an die Wiege, holte mit Widerwillen den Säugling heraus und legte ihn mit Abscheu an die Brust. Dann begab sie sich mit dem Kind an der Brust wieder in ihr Bett. Nicht selten schlief sie dabei ein, während die kleine Caterina mühsam unter einem ihrer Arme nach Luft rang. Wurde die kleine Frau wieder wach, erschrak sie über den kurzen Atem des Kindes. Ihre Brust war kalt geworden, und die warmen, feuchten, saugenden Lippen des Säuglings machten dem bangen Weibe angst, und mit Widerwillen legte sie ihn erneut zum Trinken an.

Nach ein paar Tagen begab sich Nanini nach Castel San Gimignano. Die alte Berta war ihr Ziel. Die Wahrheit wollte sie erfahren, ihre Wahrheit, von der schrumpligen alten Frau, die ein zweites Gesicht hatte, die alle Heiligen und die Jungfrau Maria dazu um Rat und Eingebung anrief.
Berta schnaufte wie ein Büffel. Jeder auch nur wenig annehmbare Tag führte die Alte auf die Straße. Zwischen zwei Häuserreihen hockte sie auf einem schief in den Boden gerammten Grenzstein. Sie hockte da wie immer. Auf dem Stein war mit Hammer und Meißel die Zahl 1260 eingeschlagen. Manch einen gab es in der Stadt, der glaubte, die Berta sei älter als der Stein.
In den Archiven war zu lesen, daß Bertas Mann vor vielen Jahren schon verstorben war. Der Chronist hatte als Todesgrund hinzugefügt, ihr Mann sei ihrer Weissagung gefolgt. Seither empfing die Berta ihre Kunden ausschließlich auf diesem Stein, die Frauen, alte Weiber und auch junge, hübsche, und gar manchen Mann. Die Menschen lästerten und schimpften sie, wenn die Weissagungen nicht ihrem Wunsch entsprachen.
Immer aber ließ sich die alte Berta schon vor dem Drehen ihrer Spindel gut bezahlen. Sie kannte wohl den Undank ihrer Kunden. Wurde gar ein Gast wegen allzu schlechter Nachrichten böse und beschimpfte sie, so hörte man die Berta schnaufen bis zum alten Stadttor auf der anderen Seite. Mit Flüchen und Verwünschungen holte sie den Geist des Teufels auf ihn herab. Gar manch einer hatte im nachhinein sich schon gewünscht, lieber geschwiegen zu haben, als die Berta zu beschimpfen.
Nanini und die Berta waren ein bekanntes, seltsames Paar. Was manch ein Mann in einer Nacht in der Osteria bei Wein und Bier verwettete, das ließ die Balia Nanini bei der Berta. Die verdorrte Alte blieb auf ihrem Stein wie ein Denkmal sitzen. Nanini hockte sich daneben, als urinierte sie in die Gosse. Beide Weiber waren schwarz gekleidet, klein und hutzelig, mit abscheulichen Gesichtern und giftigen Mäulern. Der Speichel auf den Lippen schien selbst die Straßensteine zu verdampfen. Wenn die Menschen die beiden sahen, stießen sie sich an und erzählten

böse Geschichten. Doch wagte niemand, sie gemeinsam zu verhöhnen. Niemand, so hieß es, hätte den Fluch der Frauen überlebt. So blieben sie denn unter sich, und keiner traute sich, zu nah zu treten, um zu lauschen.

»Sie ist geboren, Berta, du hast es sicher schon vernommen.«

Die Alte drehte die Spindel, ohne sich zu äußern. Sie spann die Fäden ihrer Wolle, als ginge es um ein neues Festgewand. Das Ritual, die Eröffnung wurde beibehalten. Die Balia murmelte in die drehende Spindel hinein, die andere tat, als ginge es sie gar nichts an.

Dann nickte Berta weise und hielt die linke Hand nach oben auf. Nanini legte eine Münze auf die trockenen Finger. Die Alte bestätigte das Erscheinen eines unheilvollen Geschöpfes im Hause der Picchena.

»Geboren ist es in dem Zeichen der Hexen«, begann sie tonlos. »Es ist schwarz und schlecht von Atem. Es ist ein Geschöpf, nicht geboren unter dem Schutz der Heiligen Jungfrau. Der Fluch der Erben der Picchena liegt auf ihr, sie wird das Unglück anziehen und die Gesetze Gottes und des Papstes mißachten. Gib ihr die Brust, aber keine Liebe. Versorge sie mit dem Notwendigen, aber nicht mit Geborgenheit. Fluch der Picchena.«

Die Alte hatte mit geschlossenen Augen gesprochen. Sie wischte mit der linken Hand über den Tisch, als hätte sie etwas zu vernichten. Nanini sah sich in all ihren bösen Prophezeiungen bestätigt. Sie schwor sich, den Erkenntnissen der alten Weissagerin zu folgen.

Schon bald machte sie sich auf den Heimweg, da sie noch vor Abend in ihrer Kammer sein wollte. Sie erreichte die Burg im Dämmerlicht, bog kurz vor dem Hauptgebäude den schmalen Weg rechts ab, schlich links um das Haus herum und befand sich auf der Rückseite der Burg. Dunkel und drohend stand die mächtige Steineiche im Park. Nanini spürte seit der Geburt der Caterina eine unheimliche Verbindung mit dem drohenden Baum. Nun hob er sich gegen den noch ein wenig hellen Himmel ab und wies ihr den Weg zu dem Hintereingang, den sie

beim Weggehen offengelassen hatte. Die Tür aber war jetzt verschlossen. Ein eiskalter Schreck durchfuhr die Amme. Wie sollte sie hineingelangen, ohne ihre Herrschaft auf sich aufmerksam zu machen? Ihr würden Fragen nach Verbleib und dem Woher gestellt. Doch während sie ihr Unglück überdachte, öffnete sich die Tür von Geisterhand. Von innen, aus dem Dunkel des Eingangs, hörte sie die Stimme von Marco, dem Knecht.
»Wo bleibst du, du kindisches Weib?« rief er verärgert. »Was läßt du die Türe offen in dieser dunklen und gefährlichen Zeit?«
Noch ehe sie antwortete, durchfuhr sie eine warme Bestätigung der Richtigkeit des Handelns. Nanini erkannte die himmlische Kraft, die ihr mit dem Knecht zu Hilfe geeilt war.
»Sei still«, gebot sie Marco, »und geh zu Bett. Ich kümmere mich um die Kleine.« Sie ließ ihm nicht Gelegenheit, weitere Fragen zu stellen, eilte in ihr Zimmer, kleidete sich geschwind um und kümmerte sich rührend um den Säugling. Die Binsenmatten auf dem Boden dämpften ihre Schritte. Niemand im Haus außer dem Knecht hatte ihre Abwesenheit bemerkt. Die prallen Brüste schmerzten, wenn der Säugling sie berührte. Sie mochte nicht das liebliche Gefühl des saugenden Kindes an ihrer Brustwarze, sondern empfand Entsetzen beim Aussaugen durch die Kleine. Oft war die graue Hexe gewillt, ihre Brust dem Kinde zu entziehen. Doch die Schreie des Mädchens hielten sie an, sich weiter um sie zu kümmern.

Der unwirtliche Februar war noch frostiger als der feuchte Januar. Die Burg war dürftig nur erwärmt. In dem großen Salon loderte Tag und Nacht ein Feuer. Auch in der Küche brannte in einem mannshohen Kamin das Feuer, um die Speisen zu bereiten. In beiden Kaminen dürfe die Glut nicht erlöschen, hatte der Burgherr angeordnet. Aus dem Mauerwerk zog die Feuchtigkeit in alle Kammern, nur dort, wo die Kamine brannten, war es ein wenig trockener. Die Feuchtigkeit war für die Menschen ein ganz schlimmes Übel. Die Mauern, die Möbel und die Decken zogen die Nässe an und saugten sie auf. Husten und

Schwindsucht waren die Folgen einer durchdringenden naßkalten Luft, die die verkrampften Körper krumm werden ließ und ihnen oft genug das Leben raubte.
Die Geburt hatte der jungen Mutter den Lebenssaft ausgesaugt. Ein nasser Husten befiel sie, und das Atmen wurde so schwer, als lasteten Mühlsteine auf ihren Lungen. Die Kräfte ihres Körpers verließen sie, wie die Körner aus einer Sanduhr langsam und konstant sickern. Sie ahnte, wann das letzte dieser Körner aus dem Glase fallen würde. Manchmal saß die Burgherrin mit ihrem Säugling, eingewickelt in weiche linnene Tücher, an dem Kamin. Wiegend hielt sie das Kind im Arm und machte sich Gedanken über kommende Jahre und das Werden ihrer kleinen Tochter. Immer schwächer wurde sie, und die feuchte Jahreszeit schenkte ihr nicht die Wärme zur Erholung.
Als die Gräfin spürte, daß ihre Zeit gekommen war und daß ihre Kräfte ihren Körper bald ganz aufgeben würden, ließ sie sich ihre kleine Tochter bringen und befahl der Amme, den Salon zu verlassen. In dem Feuer knisterten die Holzscheite aus Buche und Pinie. Die harzigen Stücke barsten in kleine Teile. Glühende Holzreste fielen auf den Boden vor dem Kamin. Stark durchglühte Holzscheite stürzten in sich zusammen, loderten noch einmal auf und erloschen dann bald. Die knisternde Glut des Kaminfeuers schenkte den beiden Vertrautheit und Geborgenheit. Ruhig und gelassen lag das neue Menschenkind in den Armen seiner Mutter. An den Wänden des Salons spendeten auf Steinsimsen kleine Öllampen zusätzliches Licht. Die zuckenden Flammen warfen bewegte Schatten auf die Wände und auf den steinernen Fußboden. Die junge Mutter verfolgte das unruhige Spiel der tanzenden Dämone und wünschte eine ruhige Zukunft für ihre kleine Tochter.
»Ich werde dich nicht beschützen können«, sagte sie mit tränenerstickter Stimme. »Ich werde nicht mehr lange auf dieser Welt bleiben. Ich ahne den Tod. Meine Brust wird schwer, mein Herz wird schwach. Bald werde ich von dir gehen, muß dich zurücklassen. Ich werde dir keine Hilfe geben können. Du

mußt sehen, wie du alleine zurechtkommst. Dein Vater ist sehr ehrgeizig. Er wollte einen Sohn, aber er ist auch mit dir zufrieden. Mach ihm keine Vorwürfe, wenn ihn die wichtigen Angelegenheiten des Staates zu sehr von dir fernhalten.«
Die Mutter schaute ihrer vier Wochen alten Tochter in das zarte Gesicht. Mit wachen Augen blickte der Säugling seine Mutter an. Seine Augen waren ernst und unbeweglich. Sie schauten und schauten unentwegt in das Gesicht seiner Mutter.
Alessandra dachte darüber nach. Ist es dein erwachendes Interesse an den Dingen der Welt? Blickst du gerade dorthin, woher du gekommen bist? Findest du die Grausamkeit der Welt in diesem Moment bestätigt? Suchst du in meinen Augen den Sinn der Welt, oder erkennst du in mir jemanden, den du schon einmal kennengelernt hast? Siehst du die Zeichen in meinen Augen, daß ich bald scheiden muß, mein Kind?
Die Menschen schleppten einen Berg abergläubischer Geschichten mit sich herum. Wenn die Zeiten der Not und des Versagens die Herzen ergriff, eilte man zurück zu den Weissagungen der Alten und Hexen, zu den Seherinnen und Kartenlegerinnen. Ein Kind, das gerade geboren war, hatte seinen Blick noch genährt aus dem Jenseits. So ging der Glaube. Es hatte seherische Qualitäten. Es konnte erkennen, wenn die Mutter nicht mehr lange das irdische Leben mit ihm teilen würde. Wenn ein Kind sie mit sehr ernsten Augen und tiefgründigem Blick anschaute, durchfuhr es die Mutter wie eine Vorhersehung, die ihr kundtat, daß das neue Menschlein das Unglück der Mutter in ihrer Aura zu erkennen vermochte.
Noch nie zuvor hatte Alessandra einen derartig überirdischen Blick auf sich gespürt wie aus den Augen ihrer Tochter. Der Mund der kleinen Caterina formte ein zaghaftes Lächeln, und die Augen sprühten vor Glück, als wollten sie sagen: Mach dir keine Sorgen, ich werde mein Leben leben. Um so mehr schmerzte es die Mutter, dieses glückliche Kindergesicht nicht lange begleiten zu dürfen. Zwischen ihr und ihrer kleinen Tochter entdeckte sie eine tief verwurzelte geistige Verwandt-

schaft. Das Gefühl der Zusammengehörigkeit entsprang aus tieferen Quellen als nur aus den Geburtswehen. Eine Ahnung der geistigen Verbundenheit, die über dieses Leben fortdauern würde, erfüllte ihr Herz. Sie betrachtete das Neugeborene als einen ebenbürtigen Menschen, dem sie sich sehr ähnlich fühlte.

»Die üblen Wirren des Lebens werden die Liebe überrollen. Diese Welt ist oberflächlich. Ich habe dich hier hineingeboren, und ich weiß gar nicht, ob wir, dein Vater und ich, das verantworten können. Bliebe ich auf Erden, würde ich mich um dein Wohlergehen kümmern. Bald werde ich es aus dem anderen Leben tun müssen. Ich hoffe, ich werde es können. Caterina, verzeih uns, daß wir dich gezeugt haben.«

Das kleine Wesen schien den Worten der Mutter aufmerksam zu lauschen, als Alessandra ihm beschwörend den letzten Rat gab.

»Versuche du selbst zu werden, mein Kind. Verkaufe dich nicht an die Interessen anderer. Bleibe stolz und wahrheitsliebend, bleibe ehrlich und aufrichtig.«

Alessandras schwache Augen ließen es nicht mehr zu, ihr Kind klar und deutlich zu sehen. Sie spürte das feste Band, die enge Verbindung zwischen ihnen beiden, die weit über diesen Körper hinaus Bestand hatte. Sie nahm das Kind hoch und legte seine Stirn an ihre Stirn, als wollte sie die ewige Einheit zwischen ihnen beiden besiegeln.

Dann rief sie nach der Amme und bat sie, die kleine Caterina liebevoll in ihr Bett zu bringen. Nanini lächelte die kränkliche Gräfin huldvoll an. Die Mutter spürte einen Hauch Kälte durch das Kaminzimmer ziehen, als die Amme ihr Kind in das Schlafgemach brachte. Die schmerzerfüllte Landgräfin verbarg nur mühsam ihre Tränen.

Curzio Picchena, der bald nach der Geburt seiner Tochter nach Florenz geeilt war, mußte wenig später den schrecklichen Tod seiner geliebten Frau Alessandra betrauern.

Nun saß er auf der Terrasse seiner Burg in dem leichten Beginn eines zaghaften Frühlings. Der alternde Mann weinte. Sein Leben schien nutzlos vertan. Er hatte, hoch an Jahren, diese noch junge Frau geehelicht und geliebt. Sie aber war ihm nun davongeeilt.

Picchena stützte seinen schwer gewordenen Kopf in seine linke Hand. Die Welt hatte er gesehen und kennengelernt. Er hatte sie genossen und verflucht. Als Beamter der florentinischen Granduca lernte er sehr schnell das intrigante Spiel um Macht und Einfluß. Korruption und Verrat zeichneten sich bald als Mitspieler auf dem Schachbrett der Unterdrückung aus. Oft genug war er an den Rand der Selbstverleugnung geraten. Er hatte Gefallen am Mitgestalten der mächtigsten Strukturen in Florenz gefunden.

Als er der reizenden Alessandra begegnete, hatte er zum erstenmal in seinem Leben erkannt, daß dieser Mensch nicht auf seinem Schachbrett stand, ein Mensch, der sich den vorgeschriebenen Gesetzen des königlichen Spieles widersetzte. Er mußte umdenken, umlernen gar, um sie für sich außerhalb der üblichen Gesetzmäßigkeiten zu gewinnen. Mit Stolz gedachte er des Tages, als ihm das gelang. Er überzeugte sie von seiner grenzenlosen Liebe.

Zu spät mußte er jetzt erkennen, daß sein Leben an der Seite dieser lieben Frau doch gerade erst begonnen hatte. Schon war es beendet.

Ein Geräusch ließ ihn in die Wirklichkeit zurückkehren. Nanini stand mit der kleinen Caterina auf dem Arm in der Tür.

»Ich denke, Eure Tochter braucht Euch jetzt«, meinte sie zaghaft und übergab ihm mit hölzernen Bewegungen und ausdruckslosem Gesicht das Kind.

Picchena war erstaunt über die plötzliche Zuneigung der Amme. Er nahm seine Tochter in den Arm und sah ihr lange in das kleine Gesicht.

»Schau, meine Tochter«, teilte er seine Gedanken dem zarten Geschöpf mit, »du bist der Stolz deines Vaters, der Stolz der freien Sippe der Picchena. Es waren stets Menschen, die sich

niemals die Freiheit haben abringen lassen. Unzählige Kriege haben meine Vorfahren geführt, sogar gegen die Florentiner. Selbst wenn sie der Gewalt unterlegen, von Tod und Verbannung bedroht waren, erschienen sie wieder. Sie haben stets aufs neue bewiesen, daß es im Leben etwas gibt, das mehr zählt als der Besitz von Ländereien und Handelshäusern – das Streben nach Freiheit und Gerechtigkeit. Dieses Streben sollte das Geleit in meinem Leben sein. Allzuoft habe ich es nicht geachtet, habe es verworfen. Die Bequemlichkeit des höfischen Lebens, die Verpflichtungen im Staate haben mich dazu verleitet. Doch niemals, mein Kind, niemals ist diese Flamme der Freiheit in mir erloschen. Das Licht leuchtet wie eine helle Fackel in meinem Herzen. In diesem strahlenden Licht sollst du heranwachsen, sollst deinen eigenen Weg der Freiheit gehen. Dies alles hier um uns herum wird dein Reich sein. Um dir zu helfen, den ganzen Schatz der Freiheit begreifbar zu machen, werde ich dir alles zur Verfügung stellen, was zur Bildung eines freien Menschen beitragen kann. Alle Bücher dieses Hauses, alle Briefe, alle Karten gehören dir, und sie werden dir helfen, das Wesen der Freiheit zu erfassen, manchmal nur über den schmerzlichen Umweg, von dem bitteren Trunk der Unfreiheit zu kosten. Du wirst die Mathematik studieren, die Geographie, die Geschichte, die Rhetorik, die Kunst und die Musik. Bald wirst du jedem überlegen sein, unabhängig von deinem Alter.
Kannst du dir vorstellen, mein Kind, das Fernrohr des hochgelehrten Herrn Galileo Galilei in deiner Hand zu halten? Kannst du dir vorstellen, mit freidenkenden Menschen zu disputieren? Und wundere dich nicht, wenn du bei deinem Blick in den Himmel deinen eigenen Geist dabei ertappst, wie er durch die Gestirne wandert. Du wirst so viel Wissen und Weisheit besitzen, daß dich die größten Herrscher dieser Welt verehren werden. Du wirst umgeben sein von Liebe und von Schönheit. Du wirst dein Land lieben, und niemals wirst du dich von den lieblichen toskanischen Hügeln fernhalten können. Dein Vater wird dich schützen, mein Kind. Ich liebe dich.«

# Galileo Galilei

Die Mutter war nun früh verstorben, der Vater eilte sich in Florenz, die Unfähigkeiten des Herrschergeschlechtes auf ein erträgliches Maß zu drücken. Lehrer aus der berühmten Schule von San Gimignano erteilten der heranwachsenden Gräfin Unterricht. In der Burg Picchena übte sie früh lesen und schreiben, ging mit den Zahlen der Mathematik und Physik um und disputierte mit dem Freund des Hauses Galileo Galilei über die Wandelbarkeit der Sterne. In den musischen Künsten unterwies sie der Mönch Pandolfini aus Florenz, ein junger, beschlagener Bursche aus dem Kloster San Frediano.

Unheilschwangere Sprüche murmelnd, schwebte wie seit Anbeginn die Amme Nanini durch die dunklen Gänge der Burg Picchena, verbreitete bei der einfältigen Dienerschaft Angst und Schrecken und malte bei jeglicher Gelegenheit den Teufel unter die Fresken an den Wänden in der Burg und in dem bescheidenen Palazzo in Florenz. Eine Zofe half der kleinen Gräfin bei ihrer Toilette, doch die Erziehung zur ersten Dame einer der angesehensten und einflußreichsten Familien am Herrscherhof oblag dem buckligen, hakennasigen und unscheinbaren Geist Nanini. Die von den Mächten des Unerklärlichen umwobene hutzlige Frau aus der Gegend um Friaul ließ nicht nach, ihre Schutzbefohlene darin anzuhalten, die Bibel zu studieren. Selbst des Lesens und Schreibens unkundig, war ihr der Drang des Mädchens, in den staubigen Schriften der Bibliothek zu wühlen, unverständlich und zeugte von teuflischen Kräften.

Wißbegierig und lerneifrig las dagegen das aufgeweckte Mädchen Tag für Tag in den Büchern ihres Vaters. Aus den Handschriften und Druckwerken erforschte sie das Wissen, das ihre

meist klerikalen Lehrer ihr vorenthielten und über das sie wohl selbst nicht verfügten.
In den lieblichen und schuldlosen Tagen des Heranwachsens auf Picchena gewann sie die Zuneigung der einfachen Bevölkerung, freundete sich mit den Landkindern an und erschien gerne als Gast in den Stuben der ärmsten Bauern. Die Bücher aus der Bibliothek erzählten von der Sucht zur Unterdrückung durch die Mächtigen, das Leben der Bauern enthüllte ihr bald die meist unbegrenzte Bereitschaft, unterdrückt zu werden. Zwischen diesen Polen wurde die Wißbegierige hin und her geworfen und fand kaum Gelegenheit, die Erkenntnisse aus den Büchern mit ihren Lehrern zu besprechen und die Dummheit der Bauern in den gleichen klerikalen Unterweisungen anzuprangern. Nur recht wenig ergab sich für die Lernende auch die Gelegenheit, mit dem Freund des Hauses und dem Vertrauten ihres Vaters Galileo Galilei zusammenzutreffen. Um so beflissener nutzte sie die Möglichkeit, ihren väterlichen Freund um das Wissen zu befragen, das er im Reich der Mathematik und der Sternenkunde gesammelt hatte. Galilei erzählte mit wahrer Hingabe von seinen Erkenntnissen, und seine Stimme donnerte lebendig und furchteinflößend über die einsamen Höhenzüge von Picchena, wenn er die Unwissenheit und Verstocktheit der Menschen beklagte. Als sich im August 1618 unerklärliche Lichterscheinungen am nächtlichen Himmel zeigten, wußte das kleine Mädchen, daß dieselben Menschen, die ihren lieben Freund, den großen Gelehrten Galileo Galilei, angeprangert hatten, ihn ängstlich um die Erklärung der Himmelswunder fragen würden.
Abend für Abend versammelte sich eine wachsende Zahl von Neugierigen auf der Piazza Granduca in Florenz, die aufgeregt und mit ernsten Gesichtern miteinander debattierten. Nach Sonnenuntergang, wenn auch das letzte Licht der Dämmerung dem finsteren Mantel der Nacht gewichen war, richteten sie den Blick fragend in den Himmel, vorbei an dem Turm des Palazzo Granduca nach Osten. Rundherum ließ man die Fackeln und

Kerzen, Öllampen und Kienspane erlöschen, um deutlicher die unheimliche Erscheinung wahrnehmen zu können. Für eine Weile schien ebenfalls das dustere Stimmengemurmel ein Ende zu finden, als störte jedes auch noch so kleine Geräusch die Betrachtung des Wunders am sternenübersäten Firmament. Zwischen den Reihen der reichen Palazzi blies ein kühler Abendwind und ließ die Sternenbeobachter frösteln. Immer mehr Menschen versammelten sich zu diesem ehrfurchtgebietenden Schauspiel, und es schien so, als würde jeder von ihnen die Nähe und die Wärme des anderen suchen, um nicht alleine mit dieser Erscheinung fertig werden zu müssen. Wer könnte dieses Geheimnis erklären, wo waren die Priester, die das Zeichen Gottes zu erläutern vermochten?
Bald begannen sich verschiedene Gruppen um die Wissenden zu scharen, die ihre eigene Deutung der Geschehnisse laut verkündeten. Trotz aller unterschiedlichen Weissagungen führte die leuchtende Erscheinung am Himmel alle irrenden und verängstigten Menschen in einem Punkt zusammen –, das, was dort hoch am Himmel stand, war ein deutlich sichtbares Zeichen aus der anderen, der jenseitigen Welt. Jeder wahrsagende Prediger, der seine Erklärungen mit größter und fester Überzeugungskraft laut tönend von sich gab, hatte mehr Zuhörer als ein Studiosus der Naturwissenschaften, der die Erscheinungen mit natürlichen Begebenheiten zu erklären suchte. Schnell übertroffen wurde ein solcher Redner durch Prediger, die ihre finstere Botschaft mit den Drohungen der Hölle und den wachsenden Sünden dieser Welt untermalten.
So mußte der Stern von Bethlehem leuchtend über der Krippe des Jesuskindes gestanden haben. Ein solcher Schweifstern barg eine Botschaft Gottes in sich. Die Aufgabe der Menschen war es, die Botschaft richtig zu deuten und die wichtigen Schlüsse daraus zu ziehen. Manch einer glaubte nun, daß das Ende der Welt nahte, das Jüngste Gericht mit der Strafe Gottes für alle Übeltaten seiner Erdenkinder. Vor vielen Jahrhunderten schon, um die Wende des ersten Jahrtausends herum, hatte man dieses

schreckliche Gericht des Allerhöchsten erwartet. Nun aber war es wirklich da. Die Menschen hatten genügend Sünden auf ihre Schultern geladen. Es war Zeit zur Umkehr, Zeit, seine Sünden zu bereuen, Zeit, alles Weltliche von sich zu werfen und die Gnade der göttlichen Vergebung zu erbitten.

Andere fragten sich, ob Engel ihre sanften Flügel heilend über die leidende Erde und die Menschheit legten. Drohten gar die Fürsten der Unterwelt ihr Kommen an? Oder forderte der allmächtige Gott mit den leuchtenden Zeichen von allen ein sittenstrengeres Leben und mehr Nächstenliebe? Im Stadtbild von Florenz vermehrten sich die Träger von Kutten und Priestergewändern. Sitte und Moral versanken dagegen im Staub der Straße. Das wortgetreue Nachäffen der Heiligen Schrift wog mehr als überzeugte Frömmigkeit. Sünde und um sich greifende Häresie vervielfachten sich im Sturmwind, dem unbekannt gebliebenen Erzeuger der Pest gleich. Die Inquisition machte auf alles Fremde Jagd. Eine mörderische Verfolgung entfesselten die Herrenhunde der Kirche, wie man die Dominikaner wenig schmeichelhaft nannte, auf alles, was abweichlerisch, nicht buchstabengetreu und einfach anders als gewohnt war. Die unerbittliche Verfolgung schien geradezu die Häresie anzuziehen, Hexen und Hexer in ungeahntem Ausmaß zu vermehren. Inquisitorische Verhöre, menschenverachtende Folter und Morde versetzten die Verbliebenen in Angst und Schrecken. Grausame Kriege und die Bedrohung durch die Inquisition, unheilvoller Sittenverfall, Armut, Seuchen und eine schier grenzenlose Arroganz der Mächtigen dem Volk gegenüber schürten Angst und Not. Sich vor dem Ungewissen fürchtend, schaute jeder mit frömmelndem Blick auf die unheilverkündenden Zeichen am nächtlichen Himmel.

Der große Gelehrte Galileo Galilei, Mathematiker und Astronom, Lehrer und Schützling des Großherzogs Cosimo II., nutzte die Gelegenheit, den Schweifstern mit seinem starken Fernrohr und vor allem mit Vernunft zu betrachten. Schon früh hatte Vincenzio Galilei seinen Sohn gelehrt, den selbsternann-

ten Autoritäten in allen Bereichen nicht ungeprüft zu folgen. Er verlangte einen vollen Beweis für jegliche Behauptung.
Bereits in jungen Jahren war Cosimo II. von Galileo Galilei unterwiesen worden. Die Darstellungskraft und die Begeisterungsfähigkeit des Wissenschaftlers, die Leichtigkeit, mit der er seinerzeit den Großprinz in der Mathematik und Physik unterrichtet hatte, überzeugten den jungen Cosimo II. von den wirklichen Fähigkeiten des Astronoms. Galilei hatte zudem so wunderbar wahrhafte Prophezeiungen über ihn und sein dauerhaftes Wohlergehen aus der Sternenkonstellation am Tage seiner Geburt herausgelesen, daß Cosimo überzeugt war, ein solch hochgelehrter Mann könne keine bösen Absichten im Sinne haben. So schirmte er ihn gegenüber dem Heiligen Offizium ab.
Wie lange aber würde der achtundzwanzigjährige Großherzog der Toskana seine schützende Hand über den Mathematiker halten können, wenn die »Herrenhunde« der Inquisition, Harpyien gleich, jeden geringsten Schwächeanfall des mediceischen Sprößlings belauerten, um eine Bresche in den Schutzwall zu schlagen? Diese Frage stellte sich oft genug der erste Staatssekretär, Curzio Picchena, der es nicht erdulden mochte, daß ein freidenkerischer Geist wie Galilei in die Fänge der Willkür und der unterjochenden Machenschaften der Inquisition geriet. Zudem nährte er gegenüber dem Hochgelehrten eine Freundschaft, die aus seiner Bewunderung für den Mut und die aufrechte Haltung des Forschers gegen die Bedrohung aus dem Heiligen Offizium heraus entstanden war. So lenkte Curzio Picchena weise die Aufmerksamkeit des Großherzogs auf die tödlichen Gefahren, in denen sich Galilei durch die Ergebnisse seiner Wissenschaft im Angesicht der Inquisition befand.
Die Frage nach der Bedeutung der nächtlichen Erscheinungen beschäftigte auch den Staatssekretär. Um sie zu beantworten, lud er seinen Freund, den Sternenforscher, ein, seine Himmelsbeobachtungen in der staubfreien Luft in der Umgebung von Picchena fortzuführen. Mit großer Freude hatte der Astronom die Einladung angenommen.

An jenem sonnigen Nachmittag stand Galileo Galilei mit seinem Fernrohr auf der Terrasse der Burg Picchena. Die klar geschliffenen Linsen aus Holland und die Kunstfertigkeit seines eigenen Zusammenbaus ließen jegliches Objekt, das sich in einer Entfernung von zwölf Meilen befand, so nah wie die Hand am Körper erscheinen. Die klare Luft der toskanischen Höhen versprach für die Nacht genaue und einmalige Beobachtungen.
Aus dem Haus näherte sich fröhlich die kleine Gräfin, sichtbar willens, mit dem Fernrohr einen Blick in die Welt zu wagen. »Verehrter Freund«, hatte der Forscher zu seinem Gönner gesagt, »Eure Tochter ist mir in den Gesprächen willkommener als manch ein gelehrter Studiosus oder gar ein Dominikaner. Caterina versteht mit der Offenheit des Kindes, und sie begreift ohne Vorurteil verbildeter Bürger. Sie disputiert im Ringen um Erkenntnisse und nicht um Erhalt der eigenen Meinung.«

»Galileo, zeigt mir Euer Fernrohr«, bat das kleine Mädchen lächelnd, »von dem man sich so viel erzählt. Erklärt mir, was es ist. Was kann man damit machen? Vater hat mir einiges darüber berichtet. Doch nun will ich es von Euch erfahren. Ihr sollt in Venedig auf dem Turm von San Marco den Patriziern der Stadt gezeigt haben, wozu es gut ist. Was ist so interessant daran? Ihr habt eins Eurer Fernrohre gar den Senatoren von Venedig geschenkt. Stimmt das?«
»Wenn man Menschen überzeugen will, muß man ihnen den Beweis an Beispielen und Erlebnissen vor Augen führen.«
Galileo suchte unverhohlen das Gespräch mit seiner jungen Freundin. »Natürlich verstehe ich das, aber was geschah damals wirklich?«
»Ich habe einfach die Senatoren gebeten, mir auf den Kampanile von San Marco zu folgen.«
»Wann war das, Signor Galilei, sagt, wann war das?«
»Das war anno 1609, in dem Jahr, in dem Cosimo II. zum Großherzog der Toskana gekrönt wurde.«

»Ja«, ergänzte Caterina, »und ich war schon längst geboren. Ich war ein Jahr alt. Aber, bitte, Signor Galilei, erzählt weiter.«
Galilei schaute auf seine faltenreichen Hände und die knochigen Finger.

»So, wie ich Berechnungen und Beweise im Kopf entwickle und sie mit der Hilfe meiner Finger für mich und die anderen zu Papier bringe, so ist es wichtig, die Menschen das Neue anfassen und erleben zu lassen, damit es im Kopf die Überzeugung stützt. Ich bin also mit den Senatoren auf den Turm von San Marco gestiegen. Der Turm ist nahezu einhundert Meter hoch. Der Aufstieg war recht mühselig. Aber es hat sich für sie und für mich gelohnt. Der erste Senator erreichte keuchend das Plateau des Kampanile, auf dem ich mit meinen Gehilfen das Fernrohr auf einen Stutzen aufgebaut hatte. Schwitzend und nach Luft ringend, verlegen lächelnd und, wie mir schien, doch ein wenig böse auf mich, zeigte er auf das Fernrohr.

›Das also ist das Ding, weswegen ich mich so anstrengen muß.‹
Ich erklärte ihm, daß er den Lohn für seine Mühen bald erhalten würde, sofern er das linke Auge zuhalten und mit dem rechten durch das Rohr schauen würde. Er tat so, wie ich ihn geheißen hatte, und bückte sich ein wenig. Er schaute durch das Rohr und wich entsetzt zurück.

›Ha, was ist das?‹ rief er unsicher aus und schaute gleich ein zweites Mal hindurch. Er hielt sich an dem Ständer fest und wollte nicht von dannen gehen, bis ihn die anderen, sehr neugierig geworden, höflich mit vielen Worten zur Seite drängten. Gräfin, Ihr könnt Euch das nicht vorstellen – wie kleine Jungen haben sie sich gestritten, wer als nächster und wie lange durchschauen durfte. Schließlich aber hatten alle einmal den Blick gewagt. Eine heftige Diskussion entstand. Man bewunderte das Fernrohr, sich selbst, die Stadt und ein wenig mich. Der erste Senator rief laut, verblüfft auf mich schauend: ›Das ist das Ergebnis unseres freien Venedig und unserer Universitätsstadt Padua. Gelobt sei die freie Wissenschaft.‹

Unersättlich haben alle noch einmal durch das Fernrohr ge-

schaut. Ihr könnt Euch die Überraschung gar nicht groß genug vorstellen. Seht das etwa so. Der Ort Murano ist zwei Meilen vom Kampanile entfernt. Mit dem Fernrohr sahen die Senatoren deutlich die Menschen in die Kirche San Giacomo hineingehen.«
Galilei lehnte sich auf seinem Stuhl zurück. Sein Bart wallte an seinem Kinn, als spräche er mit seinem eigenen Ich. Die Selbstverständlichkeiten schwirrten durch den Kopf, die derart viel Unruhe stifteten.
»Darf ich einmal durchschauen, hochgelehrter Galilei«, ereiferte sich Caterina.
»Ja, selbstverständlich, Caterina. Mich freut es, wenn Ihr Euch dafür begeistert. Es ist gut, sehr gut, wenn Ihr Euch mit Gesetzen der Natur beschäftigt.«
Der weise Gelehrte lächelte.
Er führte das Mädchen zu dem eineinviertel Ellen langen Rohr.
»Das hier, meine Gräfin, das ist es. Kommt her, stellt Euch neben mich. So, so ist's richtig. Jetzt geht mit einem Auge näher ran, das andere Auge schließt, wenn möglich. Mit den Händen haltet Ihr hier das Rohr. So tut Ihr recht.«
Aufgeregt, mit zitternden Fingern, versuchte sie das Rohr zu halten.
»Aber ich sehe nichts!« rief sie enttäuscht.
Der große Mann lachte und half ihr.
»Nein, natürlich nicht, Ihr richtet es ja in den Himmel. Hier, seht hierher. Haltet das Rohr auf die alte Steineiche. Seht Ihr jetzt?« wollte er wissen.
»O ja, Galilei, ich sehe etwas. O ja, das ist wundervoll, ich sehe die Äste der Eiche ganz nah.«
Mit einer Bewegung wollte sie die Äste greifen. Ihre Wangen glühten, und sie hüpfte aufgeregt umher. »Laßt mich noch mehr der nahen Dinge schauen.«
»Wir werden zu später Stunde das Himmelsbild betrachten. Wenn Ihr denn wollt, schau'n wir auf den Mond, noch bevor

sich seine Bahn am Horizont erhebt, so können wir einen Blick auf die Sterne des Himmels werfen.«
Ein anderes Bild erfaßte dann die kleine Gräfin.
»Galilei, was bedeutet es, wenn Ihr behauptet, die Erde kreise um die Sonne und nicht die Sonne um die Erde? Ich sehe, wenn die Sonne sich im Osten erhebt, dann zieht sie ihre Bahn zum Westen und beendet dort den Tag.«
»Die Erde, meine Freundin, macht ständig zwei Bewegungen zur selben Zeit. Sie dreht sich um sich selbst. Das geschieht an einem Tag und in der Nacht. Im Verlaufe eines Jahres aber dreht sie ihre Bahn einmal um die Sonne. Wir nehmen an, das ist die Sonne.« Mit einem Stab wies er auf eine Amphore, die ein paar Schritte weiter stand. »Dieser Stein hier«, er hielt einen faustgroßen Brocken in der Hand, »soll die Erde sein.«
Dann zeigte er ihr an dem nahen Beispiel das Prinzip der Drehung von der Erde und der Sonne.
Er sah sogleich, daß das Mädchen es verstanden hatte, und nickte lächelnd.
»Wenn das so einfach ist, wie Ihr es sagt«, fragte die Tochter seines Freundes in der Burg, »was ist der Grund dann für den Ärger, den Ihr habt in Rom?«
»Die Kirche Roms vertritt unseren höchsten Gott, den Herrn auf unserer Erde. Die Heilige Schrift lehrt, was wir denken und auch glauben müssen. Ein Teil der Herren jedoch, so scheint es mir, hat anderes im Sinn. Die Inquisition verfolgt rechtens alles, was den Irrweg verbreitet, einige jedoch haben selbst den rechten Weg verloren. So werden auch Lehre und Menschen verfolgt, die nichts an Unrecht getan haben. Und so glauben diese Herren, daß meine Lehre gegen die Heilige Schrift steht.«
»Wie das, Galilei? Wie können Entdeckungen, die bewiesen sind, gegen die Schrift sein? Wenn Gott allwissend ist, wird er nicht gegen das Wissen sein, das sich Menschen schwerlich genug erringen.«
»Doch fürchten einige Lehrer der Kirche um die wahre wörtliche Lehre in der Schrift. Eher glaube ich jedoch, sie fürchten

um die Macht. Daher verlangt die Kirche, daß ich alle Ergebnisse meiner Forschungen, die ich auf dem Papier niedergelegt habe, und alle meine Äußerungen ›ex suppositione‹, aus eigenen Vermutungen heraus mache.«

»Aber wenn die Vermutungen doch der Wahrheit entsprechen?« warf das Mädchen ein.

»Schon immer hat es Menschen gegeben, und ich denke, es wird weiterhin so sein, die trotz Beweises eines anderen die Wahrheit nicht erkennen wollen. Es liegt daran, daß sie die eingefahrenen Machtgefüge nicht ändern, die eigenen Pfründe nicht verlieren wollen. Schaut, Kopernikus ist Euch bekannt. Er hat die Bewegung der Erde um die Sonne vor mir längst erkannt. Die Herren der Inquisition, die noch nicht einmal sein Werk gelesen haben, verdammten ihn und jede seiner Wahrheiten. Ebenso geschah es mit Giordano Bruno.«

»Wer ist er, und was hat er getan?«

»Anno 1600 wurde Bruno schmählich auf dem Scheiterhaufen verbrannt. Bei lebendigem Leibe.«

»O mein Gott, wie furchtbar!« rief das Mädchen aus. »Was hat er denn getan? Warum nur wurde er verbrannt?«

Sie schaute entsetzt mit weit geöffneten Augen auf den Freund.

»Giordano war ein Mönch, Dominikaner gar und Philosoph. Im Namen Gottes wurde er verbrannt. Kopernikus hat er verteidigt und die Lehren für Rechtens erklärt. Ein weiser Mann, der aufzeigte, daß das Universum viele Sonnen habe wie die unsrige. Und alle Sterne seien auch nur Sonnen, um die herum Planeten kreisten, so wie die Erde und die Venus um die Sonne. Das allein war seine Schuld, deswegen wurde er verfolgt, gefoltert und verbrannt. Ihm wurden Daumenschrauben angelegt, und auf der Bank hat man aufs gräßlichste ihn gestreckt. Er hat gelitten und ist gestorben für seine Überzeugung.

Ich frag mich nur: War denn sein Leiden sinnvoll, oder forderte er vergeblich den Respekt? Die Wahrheit wird dennoch eines Tages leuchten und ihr Recht verlangen. Vor vielen hundert Jahren gab's dergleichen Qual in Rom. Die Reihenfolge war

nur andersherum. Mit grausamer Unterdrückung wurden die Jünger Christi verfolgt und gequält. Den Löwen wurden sie zum Fraße vorgeworfen.
Mir scheint, sie alle haben nichts dazugelernt. Gerade heute in der Zeit, da zählen die strengsten Anhänger Christi zu den härtesten Verfolgern jedweder Abweichung und neuerer Ideen, die Jesuiten und Dominikaner.«
Galilei lehnte sich auf dem Stuhl zurück und atmete tief ein und aus.
Die junge Gräfin starrte mit weitem Blick auf die uralte Steineiche, als suchte sie in dem festen Holz des alten Baumes Bestätigung und Wahrheit. Um ihren schönen Mund legte sich Entschlossenheit und Widerstand.
»Welch bösartiger Mord an Bruno, der vorgibt, im Namen Gottes zu entscheiden. Was ist es, was die Menschen so menschenfeindlich handeln läßt?«
Galilei antwortete nicht sogleich. Zu viele Geschehnisse der letzten Zeit verstand er nicht. Als gläubiger und frommer Mann wurde er nun selbst verfolgt. Weil wirkliche Ergebnisse der Mathematik und der Physik die anderen nur nicht sehen konnten oder nicht sehen wollten.
»Dabei muß ich noch vorsichtig sein, Caterina, daß ich nicht auch gefoltert werde.«
»O nein, Galilei«, rief das junge Mädchen aus, »niemals darf dies geschehen. Kann Euch Vater nicht beschützen? Was ist mit Cosimo, dem Großherzog? Oder bleibt einfach hier auf dieser Burg. Schon immer haben die Picchena das freiheitliche Gedankengut verteidigt, so hat es Vater mir erzählt, und so ist es nachzulesen in vielen der Bücher und Schriften.«
»Das tun sie auch heute noch, mein ehrenwertes Fräulein. Gerade Euer Vater ist ein eifriger Verfechter meiner Thesen. Mit Unterstützung Eures Vaters kam ich von Padua nach Florenz. Euer hochverehrter Vater war es auch, der mich im Jahre 1616 rechtzeitig gewarnt hat, Rom zu verlassen und nach Florenz zurückzukehren.«

»Meister Galilei, mein Lehrer, der Mönch Pandolfini, sagt, die Lehren der Heiligen Schrift sind wahr, sie sind das Absolute des Wissens.«
»Die Heilige Schrift ist wahr, Caterina, doch in manchen Fällen spricht sie in Bildern und in Gleichnissen. Nur so konnten wir Menschen, als uns noch viel des Wissens fehlte, den Sinn der Schrift verstehen.«
»Was hat Kopernikus verkündet, warum wird seine Lehre abgelehnt?«
»Bereits vor hundert Jahren, anno 1505, da hat Kopernikus geglaubt, daß sich die Erde um die Sonne dreht. Ich aber bin jetzt in der Lage, die Lehren von Kopernikus mit Zahlen und mit Worten zu belegen.«

Die Sonne hatte sich sichtbar weiterbewegt. Die Schatten der Bäume wurden länger. Ein Bediensteter brachte frische Säfte und ein wenig Obst. Caterina trank einen Saft und schlenderte in den wildwüchsigen Park neben der Terrasse. Sie schritt zur alten Eiche, die ihr bereits in frühen Kindheitstagen Trost und Zuflucht gespendet hatte. Beeindruckt von den Worten Galileis über die verwirrenden Machenschaften der allmächtigen Kirche, suchte sie den festen Kontakt mit der Rinde des Baumes. Mit ihren Fingern fuhr sie die Borke entlang und spürte die rissigen Formen. Dann bückte sie sich und pflückte ein paar Blumen, die sie zärtlich an die Nase hielt. Sie atmete tief ein und bewunderte die winzigen Blüten. Träumend lag sie neben dem Baum im Grase, blickte durch das Astwerk zur Sonne und erkannte, daß sich die Sonne ohne Zweifel von links nach rechts, von Osten nach Westen bewegte. Die Erde sollte sich nun um die Sonne bewegen? Sie ließ diesen Gedanken erst mal stehen. Was aber hat das alles mit der Verfolgung ihres väterlichen Freundes zu tun? fragte sie sich. Warum kann die Kirche diese Wahrheit nicht erkennen? Es war für sie nicht zu verstehen.

Als der Mond über den Horizont stieg und sein fahles Licht über die Erde legte, war der Schweifstern nur noch schwach zu sehen. Da wandten sie den Blick dem hellen Himmelskörper zu. Hingerissen von der Schönheit der Bilder, gewannen die Entdeckungen des Freundes Galilei für sie noch mehr an Bedeutung und Erkenntnis. Berge und Täler, im Sonnenlicht gleißende Höhenzüge und dunkle Schattenlöcher erklärte ihr der Astronom.
Sie trat einen Schritt vom Fernrohr zurück, schaute den großen Meister an und umarmte ihn, überwältigt von der unfaßbaren Schönheit des Himmelskörpers. Ihre sprachlose Zuneigung zeigte ebenso das unverständliche Geschehen um Galilei herum.
»Ich bewundere Euch«, flüsterte sie, als gäbe es ein Geheimnis zu bewahren. »Ich verstehe Euch, wenn Ihr Eure Erkenntnisse vor der nicht verstehenden Welt verteidigen müßt. Gott hat es so gewollt.«
Galileis Lächeln in der Dunkelheit erreichte das Herz der jungen Gräfin. Curzio Picchena zeigte sich überwältigt von dem Eindruck, den seine Tochter hinterließ. Die Einmaligkeit des gemeinsamen Erlebnisses verschaffte dem Augenblick seine schöpferische, verbindende Bedeutung.
Mit und ohne Glas schauten sie in die unendliche Weite des von Sternen funkelnden Himmels und verstanden mehr von der Welt, als es jeder Disput erklären könnte. Die klare Luft über Picchena ließ jedes noch so geringste Sternenfunkeln hindurch. In der abendlichen Kühle hatten sich Staub und Flimmern auf die Erde und die Blätter der Bäume gesenkt. Nicht eine Wolke, nicht ein einziger Nebelschleier hinderte den Blick in die Weite des Alls.
Die unermeßliche Erkenntnis der unverstandenen Welt inspirierte ihre Betrachtungen über das Leben. Sie hingen ihren Gedanken nach. Die beiden Männer zeigten sich als große Realisten. Gerade daher wußten sie, was ihnen die nächste Zukunft bringen würde. Die junge Gräfin erhaschte mit dem Blick in

die unendliche Weite der Sternenwelt einen Hauch und eine Ahnung ihres eigenen geheimnisvollen Lebens.
Der Staatssekretär wähnte in dem exzentrischen Frömmlertum der beiden Großherzoginnen Christina von Lothringen und Maria Magdalena einen nicht zu bewältigenden Berg von politischen Schwierigkeiten, die auf sie alle zukommen würden. Die das Straßenbild von Florenz beherrschenden Kutten und Klerikergewänder zeigten wie eine Welle an den Gestaden der Toskana das Heranrollen eines gewaltigen Sturmes.
Anders als sein guter Freund sah Galilei die bedrohende Zukunft unmittelbar auf sich zukommen. Die letzte Schlacht über seine Erkenntnisse hatte er in Rom verloren. Die Inquisition ließ von der Kanzel verkünden, daß die Bücher von Kopernikus und all seiner Nachfolger verboten worden seien und eingezogen werden müßten. Wie könnte er, der die neuen Erkenntnisse handgreiflich erfahren hatte, die Wahrheit verschweigen, seinen richtigen Weg auf Druck der Kleriker verfälschen? Er kannte sein Ziel, das er mit wissenschaftlichen Methoden weiterverfolgen mußte. Seine Gegner aber zeigten sich unerbittlich und unermüdlich in ihrem Bemühen, seine Aussagen zu bekämpfen, ihn erst gar nicht zu Wort kommen zu lassen. Gerade die Inquisition, die Wachhunde der Kirche, vornehmlich Kardinal Bellarmin, die Jesuiten und Dominikaner gaben sich unnachgiebig. Schlimmste Zeiten stürmten auf den Forscher ein. Der freie Weg in eine wissenschaftliche Öffnung war nicht auszumachen. Doch fühlte er den Mut und die Standhaftigkeit des erkennenden Wissenschaftlers. Um keinen Preis der Welt würde er bereit sein, seine Erkenntnisse zu verschweigen.
Die Offenheit und Unbescholtenheit der Jugend erlaubten der jungen Gräfin Caterina, die Forschungen des Astronomen zu verstehen. Der Streit um die Wahrheit der Erkenntnisse stürzte sie jedoch in einen scheinbar unlösbaren Konflikt. Mit Eifer verfocht sie das sinnenhafte Reden über die neuen Erfahrungen und Erkenntnisse, widerwärtig dagegen war ihr das unbedeutende Geschwätz bei Hofe im Kreise der ersten Damen der Tos-

kana. So, wie sie mit Begeisterung in den glanzvollen Sternenhimmel schaute, wie sie die Weite des Firmaments erkennen konnte, so klar und gefahrvoll sah sie die Zukunft ihres eigenen Lebens. Die Unterwürfigkeit der meisten ihres Geschlechtes war ihr zuwider, die vorgestrickten Rollen ihres Daseins würde sie sich nicht überziehen können.

Über der in nächtliches Dunkel getauchten Terrasse der Burg Picchena hing das seidenweiche Bild des Mondes. Ein Bild der Liebe und ein Symbol von Forscherdrang und wissenschaftlicher Wahrheit. Die Sehnsucht nach einer friedlichen Welt umfing die drei Menschen. Jeder kam aus seiner eigenen Welt. Jeder dachte an den Fortgang der Dinge aus seiner eigenen Sicht. Alle aber wollten den Frieden, den es wohl gerade jetzt nicht mehr zu geben schien.

Nach einer Weile verabschiedete sich das junge Mädchen und begab sich zu Bett.

Auf diese Stunde hatte Curzio Picchena gewartet, denn er hatte mit seinem Freund einige wichtige Dinge zu besprechen.

Die beiden rückten näher an dem runden Tisch auf der Terrasse zusammen. Sie hatten sich ein Öllicht bringen lassen, das nun in einer Terrakotta-Schale windgeschützt flackerte und die Gläser mit dem roten toskanischen Wein funkeln ließ. Verschwörern gleich, schienen die Männer an geheimen Plänen zu arbeiten. Der Eindruck war nicht zu Unrecht so geheimnisvoll.

Curzio Picchena, im stolzen Alter von fünfundsechzig Jahren, pflegte seinen sauber gestutzten Vollbart und wirkte Ehrfurcht heischend. Das Gesicht des elf Jahre jüngeren Galileo Galilei umwallte ein trotziger, wilder Vollbart und verbarg nur schwach sein energisches, herrisch wirkendes Kinn. Seine buschigen Brauen prangten störrisch über seinen Augen.

Noch einmal kostete Picchena von dem guten Rotwein, bevor er vorsichtig begann.

»Galileo, ich mache mir sehr viele Gedanken um Euch. Ihr wißt, wie sehr ich Eure Forschungen beobachte, und Ihr kennt meine Überzeugungen von Eurer Theorie.«

Der mächtige Schädel des unnachgiebigen Astronomen bewegte sich langsam, fast drohend zu Picchena. Der Schein des flackernden Lichtes spielte in seinem zerfurchten Gesicht, und die Schatten ließen ihn noch mürrischer erscheinen. Dem Freund Curzio war das ungebändigte Temperament in dem wuchtigen Kopf vertraut, und er fürchtete den aufbrausenden Charakter. Ging es um Wahrheit seiner Forschungen, ließ der Wissenschaftler keine Kompromisse zu. Seine Augen verkleinerten sich, und sein unter dem Bart verschwindender Mund wurde noch schmaler.
Picchena schaute seinen Freund ernst an.
»Hochverehrter Galilei, Ihr müßt mehr Vorsicht walten lassen. Ihr habt Freunde, die Euch schützen. Wie lange sie Euch aber noch beschützen wollen und können, ist nicht vorherzusehen. Ich habe gehört, daß Ihr beabsichtigt, so lange nach Rom zu reisen und immer wieder Euer Tun zu verteidigen, bis Ihr Einsicht und Verständnis gefunden habt. Ich flehe Euch in Eurem eigenen Interesse an, laßt davon ab. Gebt diese Idee auf. Es wird Euer Untergang sein. Die Kirche ist allmächtig, die Inquisition ist unnachsichtig dem gegenüber, den sie einmal in ihren Klauen hat. Ich kann es nicht dulden, daß Ihr Euch leichtfertig in diese tödliche Gefahr begebt.«
Galilei hob langsam sein Glas und nahm bedächtig einen Schluck. Er schaute Picchena durchdringend an und sprach ernst und ruhig. »Ich glaube, daß es in der Welt keinen größeren Haß gibt als den der Unwissenheit gegen das Wissen. Um den Haß zu beseitigen, muß das Unwissen beseitigt werden.«
»Gebt Euer Vorhaben auf, Euch stets in Rom zu verteidigen. Bleibt im Großherzogtum, und widmet Euch den Forschungen.«
»Curzio, wenn ich sie in Ruhe machen könnte, dann ja. Aber das ist ein Trugschluß von Euch. Ich werde mich niemals in Ruhe meinen Forschungen widmen können. Ja, ja«, die Stimme Galileis hob sich, »wenn ich in meinen Wänden bleiben, alleine für mich meinen Entwicklungen nachgehen, über meine Ent-

deckungen schweigen, nichts veröffentlichen und die Planeten und die Sonne dort lassen würde, wo sie die Kirche gerne behalten möchte, dann würden die Verfolger mich in Ruhe lassen. Vielleicht, Curzio, vielleicht würden sie mich dann in Ruhe lassen ...« Die Stimme des Naturforschers wurde lauter. »Curzio, was verlangt Ihr von mir? Ich soll das, was den Kern meines Lebens ausmacht, einfach fallenlassen? Ich soll über das Ergebnis meiner Arbeit schweigen, es gar verleugnen? Ich soll wegen ein paar Hitzköpfen in der Inquisition die Wissenschaft verleugnen, die das Bild der Welt verändern würde? Ich, Galileo Galilei, habe der Welt mehr zu sagen als ein paar Spione und Theologen. Curzio, ich habe viele Freunde in Rom und in Florenz und in der ganzen Welt. Man kann einen Galilei nicht einfach von der Bildfläche verschwinden lassen.«
Picchena erkannte wieder Galileis aufbrausendes Temperament. Er versuchte noch vorsichtiger zu sein.
»Sicher habt Ihr Freunde. Doch wo werden Eure Freunde sein, wenn Ihr in Rom vor der Inquisition stehen werdet, wenn Ihr nicht die Chance erhaltet, aus Rom herauszukommen? Galileo, Ihr wart schon einmal in einer ernsten Gefahr.
Was war anno 1616, als Ihr die Audienz bei Bellarmin, dem höchsten aller Theologen, erhalten solltet? Er hat Euch empfangen, ja, natürlich«, Picchena sprach eindringlich auf Galilei ein, »aber wer hat Euch gleichzeitig empfangen? Die Inquisition! Die Dominikaner! Die Scharfmacher! Nicht nur das, Galilei, sie haben Euch erst gar nicht angehört. Sie haben Euch den fertigen und vorbereiteten Erlaß vorgelegt: ›... *die Idee, daß sich die Erde um die Sonne dreht, dumm, absurd sowie philosophisch und formal häretisch ist, denn sie widerspricht ausdrücklich der Heiligen Schrift* ...‹ Das war der Inhalt, den man Euch bei der Audienz vermittelt hat. War das nicht Warnung genug?« Curzio senkte seine Stimme fast zum Flüstern. »Ihr bekommt keine zweite Chance. Ihr seid ein Fanatiker der Wahrheit. Die Inquisition ist ein Fanatiker der Worte, der einzelnen Worte, Galileo, aus der Heiligen Schrift. Wollt Ihr Euch den Dummköpfen aus-

liefern, die leider die Macht besitzen? Gegen verbohrten Fanatismus, Galileo, könnt Ihr nichts ausrichten. Wer die Wahrheit nicht hören will«, Curzio Picchena betonte scharf das Wort »will«, »der hat andere Gründe, der ist an der Wahrheit nicht interessiert.«

»Nein, nein, Curzio«, stieß Galilei aus, »ich werde immer wieder nach Rom gehen. Ich will, ich muß die Kirche überzeugen.«

»Galileo, Bellarmins Schergen werden Euch nicht wieder frei nach Hause lassen. Der Arm des Großherzogs ist kurz. Er reicht nicht bis nach Rom. Wer soll Euch beschützen? Wenn Ihr von der Inquisition gefoltert und hingerichtet werdet, werden vielleicht sogar Eure Beschützer schwach und schwankend. Dann ist es zu spät.«

»Ich werde mich an die Großherzogin Christina von Lothringen wenden.«

»Christina ist nicht Cosimo, der Euch von Anbeginn an als Lehrer schätzte. Natürlich habt Ihr auch die Unterstützung von Christina. Doch glaubt mir«, Curzio senkte seine Stimme nochmals, so daß sich Galileo näher zu ihm beugen mußte, »seid Ihr erst einmal in Rom, in den Fängen der Inquisition, wird sie nichts mehr für Euch tun können. Die Großherzogin hat einzig das Wohl der Kirche im Kopf. Die alte Dame entwickelt sich zu einer bigotten Heiligen. Wenn es darauf ankommt, Galileo, dann könnt Ihr nicht auf sie zählen. Im Zweifel steht Christina zur Kirche. Die Kirche ist, wenn es um Euren Fall geht, die Inquisition. Die Inquisition, Galileo, hat Eure Vernichtung geplant. Seht Ihr nicht, wie sich die Schlinge in all den Jahren enger und enger um Euren Hals gelegt hat und noch legt? Die Professoren von Pisa, die Euren Ruhm nicht vertragen können, der Dominikaner Tomasso Caccini mit seiner Predigt in Santa Maria Novella, Pater Niccolò Lorini, der Eure Ideen öffentlich ›im Gegensatz zur Heiligen Schrift stehend‹ erklärt, und nicht zuletzt Kardinal Bellarmin, Gott hab ihn selig, hat die Weichen für Eure Anklage längst gestellt. Die Wachhunde warten nur darauf, Euch zu zerfleischen.«

Galilei lehnte sich auf seinem Stuhl zurück und schaute in das Firmament. Er dachte lange nach. Als der Mond untergegangen war, hatte sich eine tiefe Dunkelheit über das Land gelegt. Der leichte Sommerwind rauschte in den hohen Steineichen. Am Himmel flackerten Tausende und Abertausende Sterne.

»Macht es Sinn, die Wahrheit zu verbergen? Kann ich den Mantel des Schweigens über Tatsachen decken? Es ist doch Wahrheit, Curzio. Die Erde ist rund, und sie kreist um die Sonne, so wie die anderen Planeten auch. Was, Curzio Picchena, was ist an dieser Tatsache denn so bedrohlich für die Kirche? Nichts, gar nichts. Und wenn es denn so wäre, was würde es an dieser Tatsache ändern, wenn ich, Galileo Galilei, nunmehr diese Tatsache verleugnete, mein Schüler aber vor der gleichen Frage wie ich stehen würde? Soll auch er diese Tatsache verleugnen? Sollen alle Nachfolger, alle Sternenforscher diese Tatsache verleugnen? Werden wir bald nur noch die Meute von Menschen auf der Erde dulden, die geduckten Hauptes, quasi Steine suchend, herumrennt, weil sie nicht wagt, in den Himmel zu schauen? Nein, Curzio Picchena, die Wahrheit läßt sich nicht durch Gewalt unterdrücken. Die Lüge läßt sich nicht mit Gewalt aufrechterhalten.«

»Galileo«, Curzio setzte zu einem letzten Versuch an, »dann geht wenigstens zurück nach Padua an die Universität oder nach Venedig. Dort denkt man freier, bis dorthin reicht der Arm der Inquisition nicht.«

»Ihr wißt, Curzio Picchena, ich bin von Padua nach Florenz zurückgekehrt. In meine Heimat. Das war mein Wunsch. Die Erde dreht sich um die Sonne, in Venedig wie in Florenz, sogar wie in Rom, das werden auch meine Gegner erkennen müssen. Die Flucht, wohin auch immer, ist kein Ausweg. Der Heilige Vater Urban VIII. hat mich über die kanonische Rechtsprechung des Heiligen Offiziums informiert, als er noch Kardinal Maffeo Barberini war. Für die Rechtsprechung dieses Gerichtes, Curzio Picchena, gibt es keine Grenzen. Dieses Gericht ist für jeden Menschen dieser Erde zuständig, gleichgültig, wo er sich befindet, welcher Nationalität er ist oder welcher Religion er angehört. Die Emissäre des Heiligen Offiziums würden mich überall aufspüren. Welcher Herrscher könnte mich über all die Zeit Tag und Nacht schützen? Dann müßte ich schon eingekerkert sein. Und nun noch mein wichtigster Grund, nach Rom zu reisen und dort meine Erkenntnisse darzulegen und meine Theorien zu erklären.« Galileo hob leicht seine Stimme und schaute dem Staatssekretär in die Augen. »Was für ein Mann wäre ich, wenn ich mein Lebenswerk verleugnen würde? Glaubt mir eins, Picchena, eher würde ich sterben, als meine Forschungsarbeit zu verleugnen.« Er schaute sinnend über den klaren nächtlichen Himmel. »Nein, nein, Curzio, es ist entschieden, die Sache muß bis zum Ende geklärt werden.«

Curzio Picchena legte Galileo eine Hand auf die Schulter. Der alte Mann wußte in diesem Moment, welch schweren Weg sich der Forscher vorgenommen hatte. Er ahnte, mit welch unbarmherziger Macht die Wachhunde des Glaubens das ketzerische Abweichen des Astronomen verfolgen und ahnden würden.

»Ich werde, wenn Ihr in Rom seid, versuchen, über unsere Botschaft und unsere Mittelsmänner ständig Informationen zu erhalten. Ich werde die Großherzogin Christina von Lothringen bitten, ihren Einfluß in Rom geltend zu machen.«

Curzio Picchena nahm das Glas zur Hand und nickte Galileo zu. Der Astronom ergriff ebenfalls sein Glas und lächelte.

»Ich werde die Herren überzeugen, Curzio.«

»Galileo, ich bin mit Euch, wenn Ihr in Rom seid.«

# Der Schmied Datini

Die Welt ist voller Wunder, schönes Fräulein.«
Der Händler, mit scharf geschnittener Nase und dunklem Haarschopf, vergaß die anderen Kunden und erklärte dem neugierigen Mädchen seine wohlriechenden Auslagen.
Auf dem kleinen Marktplatz von Castel San Gimignano tummelten sich wie jeden Morgen unzählige Menschen. Tuch- und Gewürzhändler, Seidenverkäufer aus fremden Ländern, bucklige Bauerngestalten, geschickte Handwerker, lumpige Künstler, raffinierte Bettler, dreckige Tagelöhner und halbnackte Kinder, die von Kopf bis Fuß mit Kot und Schlamm bespritzt waren, suchten ihr Glück zu machen.
Die Düfte des toskanischen Zitronenkrauts und des frischen Basilikums, vermischt mit dem durchdringenden Geruch des Pfeffers, der Nelken und des Safrans aus dem fernen Asien, reizten die Nase der jungen Gräfin, die mit ihrer Amme in den Kostbarkeiten eines Duft- und Gewürzhändlers schnüffelte.
»In der großen weiten Welt, Signorina, hole ich mir dort einen Sack voll und da einen Krug voll. Meine Freude genieße ich an den Reisen mehr als nur an dem Kaufen und Verkaufen. Überall dort, wo diese herrlichen Waren für Euren Speisentisch wachsen und von klugen Menschen bearbeitet werden, bin ich selbst mit meinem Karren und manchmal bloß mit einem Sack gewesen. Es gibt ferne Länder, in die man nur gelangt, wenn man viele Wochen und Monate unterwegs ist.
Glaubt mir, schönes Kind, in manchen Ländern duftet es von Sonnenaufgang bis Sonnenuntergang nach den herrlichsten Kräutern und Früchten, nach verschiedensten Teemischungen und nach Kaffee. Nach Sonnenuntergang betupfen sich die schönsten Frauen, die mein Auge je mit Wonne aufgenommen

hat, mit Essenzen, die aus den lieblichsten Blüten seltener Pflanzen in kleinen Tropfen herausgepreßt wurden.«

Unruhig zupfte Nanini an dem Ärmel ihrer Schutzbefohlenen.

»Dieser dunkle Fremde will nur Eure Sinne betören«, unterbrach sie bissig die Rede des Handelsmannes. »Seine Worte sind nichts für Euer empfindsames Gemüt.«

»Und diese ehrwürdige Fuchtel mit der Nase eines Raben und dem Buckel eines Zwerges betrachtet die Welt mit den Augen eines Aasgeiers, mein Kind«, erwiderte der Händler, die Balia dabei noch nicht einmal eines kurzen Blickes würdigend. Um so lebendiger sprach er zu dem kleinen Mädchen. »Für manch eine Nase ist selbst ein Misthaufen zu schade oder der Abort seiner Herrin. Und manch ein ausgetrockneter Buckel dürfte nur einen Sack Heu für den Esel tragen, nicht aber die duftenden Kräuter und Gewürze aus den bunten Ländern der aufgehenden Morgenröte. Schönheit, mein strahlendes Kind, läßt sich mit Düften untermalen, der Liebreiz eines jungen Fräuleins gewinnt an geheimnisvoller Ausstrahlung. Nicht einen Tropfen würde ich an ein häßliches Weib verschwenden. Die Schönheit aber, mein Kind, die Schönheit ist selbst der sprudelnde Quell dieser göttlichen Geheimnisse. Ein Tropfen reinsten Öles, gewonnen aus Tausenden von rot leuchtenden Rosenblättern, sehnt sich nach der Vereinigung mit einer himmlischen Tochter.«

Die kleine Gräfin hatte sich von dem Zupfen der Amme befreit.

Mit erhobener Stimme rezitierte der Händler die Hymnen auf die Gräfin wie die Verse von Tasso. Seine Stimme lag wie ein schwerer, süßlicher Geruch über den Marktfrauen, als er sich weiter an das Mädchen wandte.

»Schaut her, mein Fräulein, Eure Schönheit ist eine Ehre für den Rosenduft. Aus dem Land der schönsten Frauen, Indien, sehnt er sich nach der Vereinigung mit Euch zu seiner höchsten Vollendung. Reicht mir Euer liebliches Ohr, mein schönes Kind, und ich werde Euch beglücken.«

Sie zögerte nicht einen Augenblick und beugte sich lächelnd vor.
»Zart und verführerisch wie ein feiner Sonnenstrahl auf einem Blütenblatt, so will ich einen Tropfen dieses kostbaren Öles hinter Euer Ohr auftragen.«
Aus einem kleinen Tonkrug tropfte der geschickte Händler ein wenig Öl auf einen Finger und verschenkte den wertvollen Tropfen auf ihren Halsansatz. Dann schnupperte er an dem Ohrläppchen seiner Auserwählten. Er sog den berauschenden Duft von ihren Haaren ein, schloß seine dunklen Augen, breitete seine Arme aus und versammelte die schönsten und lieblichsten Worte.
Caterina strahlte den überschwenglichen Mann begeistert an, derweil die Augen der Amme böse funkelten, als wollte sie den Schmeichler des Betruges bezichtigen.
»Wartet ruhig ein paar Jahre«, fauchte sie den Gewürzhändler an. »Wenn meine Caterina dem reifen Alter näher kommt, werden Eure trockenen Falten im Gesicht nur noch dem Fraß der Würmer unter der Erde dienen.«
»Schönes Fräulein«, schwärmte der Händler unbeirrt fort, »der Duft der Rose ist wie für Eure Schönheit geschaffen. Als Gott der Herr die Rose schuf, muß er Eure Wohlgestalt und Euren Liebreiz vor Augen gehabt haben. Die alte Fuchtel neben Euch dagegen muß einem stinkenden Esel entsprungen sein.« Sein Gesicht wurde zitronensauer, als er sich zur Nanini wandte. Dann lächelte er wieder die kleine Gräfin an. »Ihr werdet glücklich erkennen, wie sich die Menschen freundlich nach Eurem Gesicht umschauen werden. Doch habt keine allzu große Besorgnis, daß Euch zu viele der unersättlichen Mannsbilder verfolgen werden, solange Ihr von dieser schlechten Laune, dem Totengräber jeglicher Schönheit, begleitet werdet.«
Mit einem Gerstenhalm, den er schnell von dem Tisch einer Bäuerin ergriffen hatte, wies der Gewürzhändler auf die schwarz gekleidete Frau.
»Gottloser Türke, schändlicher Jude, mörderischer Heide«,

zischte die grämige Amme zornig. Kaum jemand verstand ihre Verwünschungen. »Wir werden Euch noch die Maske der schändlichen Lüge von Eurem Gesicht reißen.«
Der Händler, ein Gemisch aus sizilianischer Haut, indisch feingeschnittenem Gesicht und der Schläue aus dem fernen Morgenland, beugte sich mit seinem Haupt nahe zum Boden, als seine Arme die untertänige Bewegung vollendeten, dieweil sich das versammelte Volk um die junge Gräfin drängte und bei seiner Geste lachte. Manch einer fragte nach dem Namen des Händlers. Andere versuchten an dem Ohr der Gräfin zu schnuppern.
»Nun, ihr Frauen und Mädchen«, rief der Händler, als sich Nanini und Caterina entfernten, »so werdet alle hübsch und lieblich wie sie mit meinem göttlichen Rosenöl, das jedem Mann die Sinne raubt.«
Die Frauen lachten. Manch ein Ölkrügelchen wechselte noch in die Hände eines Fräuleins.
»Krämerseelen, die nur Beleidigendes auf ihren lügnerischen Lippen tragen«, knurrte Nanini finster.
Das Mädchen reagierte nicht. Es war das Geleier der keifenden Amme gewohnt.
Nanini vernahm von weitem das Schnaufen der alten Berta und stand schon bald wie zufällig neben der die Zukunft vorhersagenden Hexe und schätzte sich glücklich, ungestört mit der Berta die unglaublichsten Geheimnisse aus den Grafen- und Fürstenhäusern zu bereden.
Zwischen den bunten Auslagen der Händler sprang das Mädchen fröhlich hindurch. Hier erfüllte sich das lebendige, wahre Leben. Hier gab es spannende Geschichten, seltsame Menschen und freche Kerle. Junge Burschen prügelten sich, klauten Obst von den Verkaufsständen und zogen den Marktweibern Gesichter. Ein braungebrannter hemdloser Bauernjunge in einer zerrissenen Hose und mit nackten Füßen zeigte ihr die Zunge. Die kleine Gräfin lief auf den frechen Kerl zu, streckte ihm ebenfalls die Zunge heraus und gab ihm eine Ohrfeige. Bevor sich der

Junge rächen konnte, verschwand Caterina in einer kleinen Seitengasse.
Sie schlenderte durch die enge Straße und lief in andere Wege hinein. An diesem bunten Ort Castel San Gimignano erfuhr sie das Auf und Nieder der Nachbarn. Sie erlebte hautnah mit, wie der Stellmacher das Holz für die Wagenräder bog, wie der Schreiner einen Schrank baute. Sie faßte einen Webstuhl an, schaute dem Färber beim Färben zu und beobachtete den Händler, der die duftenden Gewürze aus großen Transportsäcken in kleinere umfüllte und wie er in Schubladen Mehl, Zucker und Salz schüttete.
Ganz besondere Aufmerksamkeit erwies sie der Arbeit des Schmiedes. Datini war ein rechtschaffener Mann mit vielen exzellenten Fähigkeiten. Im Auftrag ihres Vaters hatte er in der Burg Picchena eiserne Gitterstäbe an den Fenstern angebracht, ein neues breites Eisentor vor den Eingang zur Burg gesetzt und an der schmalen Treppe in den finsteren Keller hinab das schwarze Geländer erneuert. Bei diesen schweren Arbeiten fand er in der kleinen Gräfin eine interessierte Zuschauerin. Und auch seine Arbeiten in der Werkstatt faszinierten sie. Aus starrem Eisen schuf Datini wahre Kunstwerke. Unter seinen Fingern schmolz das harte Metall butterweich dahin, nahm ungeahnte Formen an und diente den Menschen zur Augenweide, zum Nutzen und zur Sicherheit. So mußten die Ritter mit wuchtigem Schwert gekämpft haben, wie Datini mit seinem kraftvollen Arm den Hammer schwang. Er war ein wahrer Held. Schon immer hatte sie dem gesprächigen Mann viele Fragen gestellt, sicher, daß er sie bereitwillig beantwortete.
Das Feuer, das Eisen und das Wasser gehörten zusammen, so hatte Datini über seine Arbeit sinniert. In das Feuer aus schwarzer Kohle blase Roberto, der Lehrjunge, mit dem Blasebalg die Luft hinein. Luft sei die beste Nahrung für das Feuer. Bei viel Nahrung werde das Feuer heißer und immer heißer, bis die Glut nicht mehr rot, sondern weiß sei. Das Eisen werde weich. Auf dem Amboß forme er es mit einem Hammer. Wenn es erkaltet

sei, müsse er es wieder in die Glut zum Weichwerden legen, so lange, bis er mit seiner Arbeit zufrieden sei. Auch wenn das Eisen nicht mehr glühe, sei es noch sehr heiß, so warnte er. Jeder Mensch würde sich daran verbrennen. Er stecke es in das Wasserfaß, um es zu kühlen und zu härten. Dann dampfe, zische und spritze es, als wären alle Höllengeister losgelassen. Das Wasser mache das Eisen auch noch härter, hatte ihr Datini erklärt. Sie hatte ihn dabei mit großen Augen angeschaut.
Die Pferde erhielten Hufeisen als ihre Schuhe, um besser gehen zu können. Auf den Rädern der Kutsche des Landgrafen lagen Eisenreifen. Sicherer und widerstandsfähiger würden die Holzräder dadurch. Der Beruf des Schmiedes sei sehr wichtig und sehr interessant.
Bei jedem ihrer Besuche in der Stadt führte ihr Weg sie zu dem Schmied Datini.
Beim Abholen des Mädchens aus der Schmiede wurde die knorrige und verwirrte Amme von einem Grauen überfallen. Dieses Handwerk war ihr unheimlich. Flammendes Feuer, raubtierartiges Fauchen, das Zischen und die rote Glut fuhren direkt aus der Hölle. Der Teufel selbst hauste in der Esse. Mit rechten Dingen konnte es nicht zugehen, wenn Datini das starre Eisen bewegen und sogar Formen daraus zu schmieden vermochte. Die alte Berta hatte der Nanini mit aufgerissenen Augen und speiendem Mund berichtet, der Teufel komme abends aus dem Schornstein wie ein feuriger Geist geschossen und verflüchtige sich auf geheimnisvolle Weise in die Geisterwelt.
Voller Sorge hatte Nanini ihrem Schützling von den großen Besitztümern des Schmiedes erzählt, der sich ein zweites Haus gekauft habe. Dort wolle er seinen Lebensabend verbringen, wenn er einmal alt sei und den Hammer nicht mehr schwingen könne. Wie er so viel Geld mit dem Eisen verdienen könne, erschiene allen christlichen Menschen verdächtig. Weil der Teufel die Hände im Spiel habe, hatte sie auf der Burg geäußert. Der Landgraf hatte nur gelacht. Sie sei ein abergläubisches Weib, solle mit ihrem Hexen- und Teufelswahn endlich aufhö-

ren. Der Datini verdiene deswegen so viel Geld, weil er fleißig sei. Er arbeite viel, und er arbeite vor allen Dingen sehr gut. Deswegen würden ihm die Leute gerne etwas mehr bezahlen. Nanini hatte das nicht begreifen können. Das war über ihren Verstand gegangen. Sie arbeitete auch sehr viel, und dennoch konnte sie keine Reichtümer anhäufen. Da war noch etwas anderes im Spiel, das wußte sie. Es konnte nicht nur der Fleiß sein. Der Teufel, der Teufel hatte den Datini gekauft.

Caterina sah dem kräftigen Mann beim Schmieden zu. Glut fauchte, Wasser zischte. Der Lehrjunge zog an der Leine für den Blasebalg und blies ständig frische Luft in die Glut.

»Was macht Ihr da?« Sie wies auf das Stück Eisen. »Was wird das?«

»Schaut, Gräfin, das wird das Scharnier für ein schweres Holztor. Das glühende Stück Eisen, das ich gerade in der Zange habe, wird am Tor befestigt. Ich rolle eine Öse auf, hämmere das eine Ende rund, so wie bei diesem fertigen Stück dort drüben. Dann kann das Tor in den Scharnierstift eingehängt werden.«

»Was habt Ihr da an Euren Händen?« fragte sie neugierig weiter, als sie die Verbände an der rechten und der linken Hand entdeckte. »Habt Ihr Euch verletzt?«

»Ja, ein wenig verletzt«, antwortete er sehr langsam. »Die Nägel von den Daumen sind gespalten.«

Den Datini sprangen die grauenvollen Geschehnisse wie ein schlechter Traum an. Nur mit Wut erinnerte er sich daran, konnte den verfluchten Tag nicht vergessen, als die böse Tat geschehen war. Mehr automatisch antwortete er der jungen Gräfin, als daß er wirklich bei der Sache gewesen wäre. Das teuflische Unrecht, als ihm die Unholde die Hände zerquetscht hatten, brachten sein Blut in einen Zornesrausch.

Vor ein paar Wochen hatte er abends noch lange am Amboß gestanden. Das Tor zu seiner heißen Werkstatt war offen. Mit dem Rücken zum Eingang, formte er ein Stück Eisen, als er sich beobachtet fühlte. Er drehte sich um und sah drei Männer in

Mönchskutten. Mit einem deutlichen Blick auf seinen Amboß befahlen sie ihm, sofort aufzuhören.

»Womit soll ich aufhören, Pater?« fragte er unwillig »Ich habe viel zu tun, ich muß meine Aufträge fertigmachen. Meine Kunden warten darauf.«

»Die können noch eine Weile warten. Du wirst jetzt erst einmal mit uns kommen. Wir müssen dich etwas fragen.«

»Dann fragt doch hier, Signori, alldieweil ich weiterarbeiten kann«, murrte er verstimmt.

Die Hand des Teufels schien nun wahrhaftig nach ihm zu greifen, als er in die hageren, bleichen Gesichter der ärmlichen Galgenvögel schaute.

»Von wem kommt Ihr, was wollt Ihr von mir?« Der Schmied schwang den Hammer und hielt das Stück Eisen in der Hand, das er am liebsten den Brüdern um die Ohren gejagt hätte.

»Wir haben ein paar Fragen an dich. Wir kommen von der heiligen Inquisition.«

Datini erstarrte wie ein plötzlich erkaltetes Stück Eisen. Um seinen Kopf zog sich das starre Band des Todes.

»Ich habe nichts und niemandem etwas getan!« rief er entsetzt aus und wollte den Hammer erneut schwingen.

»Dann ist es ja gut«, sagte tödlich lächelnd der erste Mönch. »Wenn das so ist, dann habt Ihr nichts zu befürchten. Also kommt jetzt.«

Datini dachte nicht an Widerstand. Vielleicht würde man ihn nur über einen anderen Delinquenten befragen. Sein Hammer fiel zu Boden, das heiße Eisen versank zischend in dem Kühlwasser. Sie griffen ihn bei den Armen und zerrten ihn hinaus.

Der Lehrling lief in die Stube, um das Geschehen zu berichten. Frau Datini rannte aus dem Wohnraum und wollte nach dem Rechten sehen. Ihr Mann war bereits in einen Wagen gestoßen worden, der schleunigst davonfuhr. Sie lief schreiend ein Stück des Weges hinterher, stolperte, fiel in den Staub der Straße und blieb dort liegen.

Die Häscher rasten mit Datini in das benachbarte San Gimignano. Viel hatte der Schmied von den Erzählungen über die Folter der Inquisition vernommen. Die Wirklichkeit blieb stets weit weg von ihm. Es war etwas, was ihn nicht berührte. Unterhalb der Piazza della Cisterna sollten die schrecklichen Folterkeller sein. Er hatte sich niemals darum gekümmert, und es schien besser zu sein, über diese Dinge nicht zuviel zu wissen. Entsetzt stellte er nun fest, daß die Mörderbrüder mit ihm genau den Eingang zu den Todeskellern wählten. Er stolperte mit den Mönchen einige Stufen in dunkle Räume, die nur spärlich mit Öllämpchen erleuchtet waren. In einem großen Saal hatten sich finster blickende Männer in Roben versammelt.

Wie ein unwirklicher Traum, wie ein Marionettentheater auf dem Markt spielten sich die geisterhaften Szenen vor seinen Augen ab. Welche Raubtiere hatten ihn in diese Höhle der Unmenschlichkeit gezerrt? Kalte Feindseligkeit schlug ihm von den Männern entgegen. Ihre düsteren Gesichter mit wortloser Anklage blickten ihn vorausstrafend an. Sein Herz schlug schneller, sein Atem ging hektisch. Nichts Gutes hatte man bisher vernommen von Leuten, die einmal zur Inquisition geführt wurden. Was wollten die dunklen, böse dreinschauenden Gesichter von ihm?

In dem steinernen Gewölbe echote die Stimme des Inquisitors. Der dröhnende Widerhall fragte ihn nach seinem Namen, nach seinem Vater und seiner Mutter.

»Datini, wißt Ihr, warum Ihr hier seid?« wollte der Mönch in der Mitte an einem langen Tisch von ihm wissen.

Der Schmied schüttelte verzweifelt den Kopf. Er konnte noch nicht einmal den Grund seines Verhörs ahnen.

»Datini, Ihr steht mit dem Teufel im Bunde«, verlas der Ankläger. »Ihr werdet beschuldigt, Eure Arbeit nicht alleine und nicht auf natürliche Weise zu schaffen. Ihr werdet beschuldigt, den Teufel zu Hilfe zu holen. Und das nicht nur in Zeiten, wenn es stürmt und dräut, sondern ebenso, wenn es ruhig und warm ist, wenn jeder Vorgang sorgfältig beobachtet werden kann.«

Wie ein Unwetter schlugen die kalten Worte auf ihn ein, sprachlos stand er den Ungeheuerlichkeiten gegenüber, als der Ankläger die Worte wie Peitschenhiebe auf ihn niederprasseln ließ.
»Ihr werdet beschuldigt, Euch Reichtümer zu verschaffen, die eines Christenmenschen unwürdig sind. Ihr verdient Eure Scudi im Namen des Teufels. Ihr seid angeklagt, wachsenden Besitz in Castel San Gimignano an Euch zu reißen, Euch einzuschleichen, um die Stadt unter Eure und die Herrschaft des Teufels zu bringen. Ihr seid gefragt, wie es kommt, daß Ihr Eure Produkte bis nach Florenz, nach Lucca und nach Siena verkaufen könnt, obwohl es auch dort gute Schmiedemeister gibt, die im Namen des Herrn arbeiten und schaffen? Welche Macht gibt Euch der Böse, damit Ihr Eure Reichtümer vermehren könnt und schon jetzt eine Gefahr für die Stadt seid?«
Unter den ungeheuerlichen Vorwürfen, Verdächtigungen und Beschuldigungen zuckte der Angeklagte zusammen wie unter einem Glut speienden Vulkan.
Der Ankläger legte die Schrift zur Seite und forderte ihn auf: »Gesteht, Schmiedemeister, und Ihr werdet ohne Folter davonkommen.«
Bis zu diesem Augenblick hatte er mit offenen Augen und offenem Mund die unglaublichen Anklagen gehört. Es mußte ein Irrtum sein. Es konnte nicht wahr sein, daß er gemeint war. Ein Irrtum, den es aufzuklären galt. Und so antwortete er denn: »Ehrenwerte Patres, das kann nur eine Verwechslung sein. Ich bin nicht der, den Ihr verdächtigt. Der, den Ihr sucht, ist nicht hier. Laßt mich in Frieden und zum Wohle der Bürger von Castel San Gimignano meine Arbeit machen. Ich bin ein gottesfürchtiger Christ. Ich richte mich nach der Heiligen Schrift. Ich lese die Bibel im Kreise meiner Familie. Ich besuche den Gottesdienst, sooft es nur geht. Ich beichte einmal im Jahr. Ich erziehe meine Kinder im christlichen Glauben. Laßt mich jetzt gehen.«
»Schweig!« fuhr der Ankläger ihn an. »Es reicht. Ihr nehmt das

heilige Gericht nicht ernst. Das ist ein schweres Vergehen. Ihr verschlimmert Eure Lage. Gesteht.«

»Hohe Herren, ich weiß nicht, was ich gestehen soll«, sagte Datini unsicher.

»Da seht Ihr es, hohes Gericht«, keifte der Ankläger, »er weiß nicht einmal, was er zu gestehen hat. Wir haben ihm die Klageschrift vorgelesen, wir haben alle Anklagepunkte genau aufgezählt. Und er weiß nicht, wegen welcher Tat er angeklagt ist. Der Teufel vernebelt seine Stirn. Gestehe er jetzt, oder er wird gefoltert.«

»Ich würde gestehen, hohe Herren, wenn ich wüßte, was ich gestehen soll. Aber das hier, das muß ein Irrtum sein. Wer hat mich beschuldigt?«

»Es waren reine Christenmenschen, Datini, Menschen, die die Heilige Schrift in Ehren halten, die sich nicht persönlich bereichern, Menschen, die Euch helfen, die Euch retten wollen.«

»Das sind feine Leute, die mich retten wollen, mich aber gleichzeitig vor die Inquisition zerren, die zuschauen wollen, wie ich gefoltert werde.«

»Da seht Ihr es selbst, er glaubt den reinen Christenmenschen nicht.«

Mit weißem Gesicht und hoher Stimme spuckte der Ankläger seine Anschuldigungen aus. Seine Augen trieften vor Nässe.

Eine Sturmwolke braute sich in Datinis Kopf zusammen. Wer hatte ihn denunziert und weswegen? Ein »reiner Christenmensch« hatte mit seinen Anschuldigungen genügt. Sein Wohlstand, fleißig und mit viel Geschick erarbeitet, wurde ihm geneidet. Das war sein Verbrechen, gut und fleißig zu sein. Waren diese Geier der zerstörerischen Qual jemals an irgendeiner Wahrheit interessiert, waren nicht längst vor einem mörderischen Prozeß die vernichtenden Urteile strafend gefallen, auch wenn der ahnungslose Delinquent noch nicht einmal wußte, warum er befragt werden sollte?

»Was schlagt Ihr vor, Monsignore Checco, was sollen wir tun?« fragte nun der Richter süffisant.

Auf den Namen Checco reagierten unvermittelt alle Eingeweide Datinis. Checco, Checco, das war der andere Schmied in dem Ort Castel San Gimignano. Ein Faulpelz, eher in der Osteria zu finden als am Amboß. Er versoff sein Geld. Er arbeitete zuwenig. Ein hinterhältiger, gemeiner Geselle. Der Ankläger war ein Onkel des unfähigen Handwerkers.
»Herr, wenn Ihr meint, ich verdiene zuviel, dann will ich bereit sein, anderen zu helfen, Witwen und Waisen zu unterstützen«, suchte Datini verzweifelt seine Haut zu retten.
»Da seht Ihr es, Monsignore, jetzt will er sich auch noch über die armen Seelen der Stadt lustig machen. Er ist ein durchtriebener Teufelsdiener.«
Nun ergriff der Richter das Wort. »Datini, glaubt Ihr an Gott?«
»So wie es die heilige Kirche lehrt.«
Aus den Kellergewölben drangen dumpfe, schwere Schläge, Räder quietschten. Die Schreie gequälter Seelen zeugten von schrecklichen Foltern. Dann war die geöffnete Tür wohl wieder zugefallen, und die Schreie verstummten.
Der Ankläger sah die unruhig flackernden Augen des Angeklagten und grinste feindselig, als er fortfuhr: »Welche Gedanken hat er zur Schöpfung?«
Schöpfung, Herrgott, die Schöpfung, an alles mochte er denken, nur jetzt nicht an die Schöpfung. »Herr, so wie es die Kirche lehrt.«
Datini wußte, daß ihn die Inquisition in eine Falle locken wollte. Er mußte mit all seinen Antworten vorsichtig sein. Wenn man es schaffte, ihn in Widersprüche zu verwickeln, würden sie ihm Häresie vorwerfen. Eines der schwersten Vergehen in der Zeit des ketzerischen Lutherismus. Datini bemühte sich, der Lehre entsprechend zu antworten.
»Wie lehrt es die Kirche?«
Der Schmied überlegte nur einen Augenblick. Er hatte seine eigenen Gedanken und Vorstellungen zur Schöpfungsgeschichte. »So wie es die Kirche lehrt«, antwortete Datini. »Gott erschuf die Welt in sechs Tagen, und am siebten Tag ruhte er.«

»Wie konnte Gott die Welt mit all ihren Erscheinungen in sechs Tagen erschaffen? Ist das nicht eher nur ein Beispiel für die Erschaffung durch Gott?«

»Herr, ich habe mir darüber auch so manche Gedanken gemacht. Ich glaube, daß sich die Welt aus einem Chaos erschaffen hat.«

»Was meint er damit?« forschte listig der Inquisitor.

Datini erkannte zu spät, daß er in diese Falle getappt war. Er wollte sich wieder herausreden. »Nun, Herr, es ist schon ein Wunder, daß Gott alles in sechs Tagen erschaffen hat.«

»Vielleicht sind doch die sechs Tage nur ein Beispiel für einen längeren Zeitraum?« bohrte der Inquisitor sofort nach.

»Das kann sein. Das glaube ich auch, Herr«, gab Datini willfährig zu.

»Was glaubt er, in wieviel Tagen wurde die Welt erschaffen?«

»Nun, wenn die Welt aus einem Chaos entstanden ist, kann es sein, daß es viel länger gedauert hat.«

»Was hat länger gedauert?«

»Nun, bis sich die Welt aus dem Chaos entwickelt hat. Das wird wohl eine ganze Weile gedauert haben.«

»Wie lange kann das gedauert haben?«

»Ich denke, Herr, das wird noch viele, viele Jahre gedauert haben.«

»So, er glaubt also, daß die Welt nicht von Gott erschaffen wurde?«

»Doch, Herr, das glaube ich wohl. Nur anders.«

»Anders als was?«

»Nun, anders als in nur sechs Tagen.«

»Er glaubt also nicht der Heiligen Schrift?«

»Doch, Herr, ich glaube, was die Heilige Schrift sagt, vielleicht aber nur länger.«

»Also glaubt er nicht den Worten der Heiligen Schrift.«

»Herr, ich meine, daß die Heilige Schrift nur von einem Beispiel gesprochen hat. Daß dies gewissermaßen eine Geschichte ist, die ein Beispiel erzählt.«

»Er geht also davon aus, daß die Heilige Schrift Geschichten erzählt?«

»Nein, Herr, das glaube ich nicht.«

»Ja, was glaubt er denn? Hat er über seine Ideen mit einem anderen gesprochen?«

»Nein, Herr, das habe ich nicht. Ich habe mit niemandem darüber gesprochen.«

»Das besagt, daß er etwas hat, worüber er mit niemandem gesprochen hat.«

»Das hat man immer, Herr, etwas, worüber man nicht mit anderen spricht.«

»Also hat er etwas zu verschweigen. Er leugnet die Heilige Schrift und hat das zu verschweigen.«

»Herr, ich verschweige nichts. Ich ...«

»Also hat er doch darüber geredet. Mit wem hat er darüber geredet?«

Datini wußte, daß er längst ins Netz gegangen war.

»Ich habe mit niemandem darüber geredet.«

»Hat er nicht vor zwei Wochen mit Checco darüber geredet?«

»Herr, ich habe, als mich Checco gefragt hat, im Scherz gesagt, daß ich nicht so schnell aus einem Chaos ein gutes Stück Schmiedekunst machen könne.«

»Was hat er noch dem Checco gesagt?«

»Nichts, Herr.«

»Er hat doch dem Checco auf seine Fragen geantwortet, daß er glaube, daß die Welt auch einmal ein solches Chaos gewesen sei und daß sich aus dem Chaos die geordnete Welt gebildet habe.«

»Das habe ich gesagt, weil mich der Checco danach gefragt hat. Ich meine aber damit nicht die Schöpfungsgeschichte.«

»So, was meint er denn damit? Macht er einen Unterschied? Gibt es die Schöpfungsgeschichte der Heiligen Schrift und dazu noch eine andere Schöpfungsgeschichte? Vielleicht die des Teufels, seine eigene etwa?«

»Nein, Herr, das habe ich nicht gesagt, das habe ich auch nicht so gemeint. Es gibt nur eine Schöpfungsgeschichte.«

»Und das ist die seinige, die aus dem Chaos entstand. Seine Schöpfungsgeschichte ist die des Teufels. Er scheint wohl mit dem Teufel im Bunde zu stehen?«

»Nein, Herr, das habe ich nicht gesagt.«

Nun war er dem Inquisitor endgültig auf den Leim gegangen. Durch die Art der Fragestellung hielt ihm der Inquisitor das Messer an den Hals. Oft genug hatte er von Verhören und Folterungen vernommen, bei denen sich die Opfer selbst verhaspelt und etwas gesagt und gestanden hatten, was sie gar nicht gestehen wollten, geschweige denn gestehen konnten. Die Art der Fragestellung gab dem Opfer nur die Möglichkeit, im Sinne des Inquisitors zu antworten, und diese Antwort war gleich die Anklage. Bei den schnell aufeinanderfolgenden Fragen war dem Delinquenten nicht die Möglichkeit gegeben, eine Frage erschöpfend zu beantworten.

»Herr«, begann er von neuem, »Herr, ich glaube das, was in der Heiligen Schrift steht.«

»Und er glaubt an eine Schöpfungsgeschichte, die aus dem Chaos entstand. Wer hat ihm diese Schöpfungsgeschichte eingegeben?«

»Niemand, Herr, es sind so gewisse Gedanken.«

»Will er sagen, daß er selbst, aus eigenem Erkennen, eine neue Schöpfungsgeschichte erfunden hat?«

»Nein, Herr ...«

»Dann hat ihm also doch jemand die abartige Schöpfungsgeschichte eingegeben?«

»Nein, Herr, ich meine, ja, ich hab einmal jemanden darüber reden hören.«

»Aha, er hat sich mit jemandem darüber ausgetauscht. War das der Teufel persönlich, der ihm sagte, er müsse das glauben, und er hat ihm die vielen Arbeiten dafür gegeben? Hat er seine Seele dafür verkauft und Gott abschwören müssen? Hat er die Sakramente dafür verleugnen und das Kreuz zertreten müssen?«

Er paßte jetzt genau in die vorgefertigte Form einer Ketzervorstellung der Kirche. Er erwies sich als Ketzer mit Teufelsverschwörung und kämpfte gegen die Kirche. Das war Grund genug, ihn zu foltern, um noch weitere Verschwörer ans Tageslicht zu holen, ebenso zu bestrafen und möglichst zu vernichten.

»Der Delinquent wird zur Folter geführt, bis er gesteht.«

Datini erstarrte. Entsetztes Unverständnis stand ihm im Gesicht geschrieben. Was hatte er getan, was sollte er getan haben? Was erwartete ihn jetzt?

Zwei Männer faßten ihn an den Armen und schleppten ihn einen Gang entlang. Sie gingen eine schmale Steintreppe hinunter bis in einen weiteren Gang in den unterirdischen Gewölben. Datini erschauerte, als die Schreie der Gefolterten an sein Ohr drangen. Sein Rücken spannte sich, die Muskeln verkrampften sich. Folter! wurde es ihm auf einmal klar. Was er immer nur über andere gehört hatte, sollte mit ihm geschehen. Plötzlich und unerwartet, ohne Schuld, ohne irgendeine böse Tat wurde er in den Folterkeller gezerrt.

Eine schwere eichene Tür wurde aufgerissen, eine finstere Höhle erwartete ihn. In dem feuchten, dunklen Raum war kaum etwas zu erkennen. Seine Augen mußten sich erst an das Unsichtbare gewöhnen. Die Unsicherheit, die Bodenlosigkeit wurden durch das unheimliche Zwielicht noch vergrößert. Er war ein Ertrinkender in der grausamen Welt des Fassungslosen. Wie in einer schweren Welle, die ihm den Boden unter den Füßen wegriß, taumelte er in eine unendliche Tiefe. Er stürzte über Steine. Die Henker rissen ihn wieder hoch. Sie schlugen ihn brutal gegen eine steinerne Wand. Datini knallte mit dem Kopf gegen einen scharfen Vorsprung. Über den Nacken spürte er sein warmes Blut laufen. Er wischte sich mit der Hand über den Hals und griff sich an die Augen. Die blutverschmierten Finger verwischten sein Gesicht.

Deutlicher nahm er langsam die Umgebung wahr, die ihn starr werden ließ. Auf eisernen Mordgeräten quälten sich zuckende Leiber, eingesperrt in Zangen und auf Nagelstühlen. Auf einer beweglichen Bank wand sich ein schwerer Mann, der an den

ausgestreckten Händen und Füßen gefesselt war. Ein hölzernes Rad, von zwei stöhnenden Folterknechten gedreht, zerrte den Körper auseinander. Die zum Zerreißen angespannte Haut wurde von den Schergen so lange überdehnt, bis sie mit einem häßlichen Knall platzte. Gelenke brachen knirschend, Knochen sprangen mit einem häßlichen Geräusch auseinander. Eine junge Frau war am Hals mit einem eisernen Ring auf einer Bank gefesselt, die Hände seitwärts festgebunden. Im Mund steckte ein scheußlicher Knebel. Ihre Füße waren am Ende der Bank wie angenagelt. Das Weib wand sich, versuchte vergeblich den Knebel auszuspucken. Zwei der Knechte rissen ihr die Kleider vom Leib und zogen ihre Beine auseinander. Der erste drang gierig in ihr Geschlecht. Mit einem tierischen Stöhnen ließ er von ihr ab, und der zweite bemächtigte sich des Weibes.
»Wir machen dir noch einen Engel, du Hexe. Dann weißt du wenigstens, wie das ist, mit Engeln zu schlafen. Es wird Zeit für dich.«
Ein dritter Folterknecht ließ von einem Gequälten in der eisernen Jungfrau ab und schlurfte wollüstig herbei.
»Ich hatte heute noch kein Vergnügen«, rief er krächzend und stürzte sich auf die Gefesselte. »Willst du einmal spüren, was ein rechter Kerl ist?« Er lachte gierig und öffnete seine Hose. Die Qualen und die nackte Frau erregten ihn, und er stieß in sie hinein. Stumm, geknebelt wand sie sich unter dem Diener der Kirche und fiel vor Schmerz in eine Ohnmacht. Die Schergen ließen von ihr ab und lösten die Fesseln.
»Du bist morgen wieder dran, freue dich auf ordentliche Kerle«, höhnten sie. Sie hoben das Opfer hoch. Wie ein nasser Sack fiel das gepeinigte Geschöpf in sich zusammen, rutschte zur Seite und schlug auf den steinernen Boden. Der Kopf riß an einer Steinkante auf. Blut spritzte heraus. Schon gierte ein anderer Folterknecht nach ihr.
»Schade um die Gunst der Stunde, aber noch ist sie warm.«
Er riß den Leichnam hoch, knallte ihn auf die Bank und stieß sein Glied in das tote Geschlecht. Datini war entsetzt. Es konnte

nicht sein, es durfte nicht sein, was er miterleben mußte. Sie waren von Tieren umgeben. Ungeheuer hatten die Gewalt über menschliche Geschöpfe übernommen. Der Schmied dachte nicht an die Gefahr, in der er sich selbst befand. Er wollte die tote Frau den geifernden Männern entreißen. Seine muskulösen Arme schlugen wie ein Schmiedehammer auf seine beiden Wärter ein. Getroffen stürzten sie in die Foltergeräte. Ein furchtbarer Aufschrei hallte durch den düsteren Keller.
Mit haßverzerrten Gesichtern stürzten sich mehrere auf Datini, der sein rechtes Knie blitzartig hochzog und es einem der Tiere in den Unterleib rammte. Der Aufschrei eines entmannten Stieres könnte nicht gräßlicher durch die Hallen dröhnen. Die noch aufrechten Ratten der Unterwelt warfen ihm ein Netz über den Körper, fesselten ihn und legten ihn an die Daumenschrauben. Langsam drehten sie die Gewinde zu. Datini spürte den wachsenden Druck auf den Nägeln seiner Daumen. Gräßlich quietschte das rostige Gelenk. Die Schmerzen wurden für den Gemarterten unerträglich. Die Haut spannte sich. Die Daumen wurden platt, der rechte mehr als der linke. Wohl drehte der Knecht zur rechten schneller als der auf der linken Seite. Der Gequälte spürte das Blut in die Haut schießen. Mit einem häßlichen Geräusch riß die Haut, der rechte Daumen platzte auf, und das Blut spritzte ihm ins Gesicht. Der Schmied schrie nicht. Schon manchmal hatte er sich in der Werkstatt schwer verletzt, hatte ein glühendes Stück Eisen auf die Füße fallen lassen. Den blutrünstigen Mordgesellen wollte er diesen Triumph der schreienden Kreatur und des um Gnade winselnden Opfers nicht gönnen. Die Knechte spannten die Schrauben weiter an. Datini dachte an seine Arbeit, an seine Frau und seinen Sohn. Wie sollte er mit kaputten Daumen arbeiten können? Er wand sich, doch er schwieg. Die Haut des zweiten Daumens platzte mit einem Knall auf. Blut spritzte auf die Mörder. Datini schrie nicht. Er sammelte Speichel in seinem Mund und rotzte einem Folterknecht mitten ins Gesicht. Der ließ unmittelbar von seiner Schraube ab, stürzte sich auf den Gequälten und versetzte ihm

einen Faustschlag. Datini fühlte warmes Blut über die Wangen rinnen. Die Schrauben knarrten und quietschten.
In dem Moment flog die Tür auf, und beschützt von zwei Wärtern, schritt ein hoher Würdenträger in den Folterkeller.
»Für heute genug«, ließ er wissen, »der hohe Besuch schenkt Euch die Gnade der Freiheit.«
Die Folterknechte schauten atemlos und fragend den Ankömmling an, und ihre Gesichter verkündeten verlorene Lust ob entgangener Folterfreuden.
Man band Datini los. Er war nahe an einer Ohnmacht, sammelte alle Kräfte und wankte aus dem kirchlichen Raum. Auf dem Weg durch den Keller schleppte er sich an dem entmannten Stier vorbei.
»Dafür wirst du zahlen«, zischte der Lump. »Niemals werde ich deine Fresse vergessen, bis du zugrunde gegangen sein wirst.«
Datini schlich sich an den Wänden entlang die Stufen hoch. Er stand schwankend auf der Piazza della Cisterna und versuchte sich zu orientieren. Er atmete tief durch, einen Moment seine Schmerzen vergessend. Was nun? Er stand ganz allein auf dem Platz, in dem kühlen Abendwind ohne Umhang. In der Schmiede war es heiß gewesen. Die Wunden hatten aufgehört zu bluten. Beide Daumen waren zerquetscht. Er wagte nicht, seine Hände zu bewegen. Die Haut spannte sich sofort, und die Daumen rissen wieder auf.

Als Caterina ihrem Vater von Datini berichtete, erschrak der Landgraf. Er hatte von der Verhaftung des Schmiedes gehört, sich aber seither nicht mehr um ihn gekümmert. Er nahm sich vor, seinem alten Kumpanen die Stange zu halten und ihm einen neuen Auftrag zu geben. Das Geländer an der Terrasse mußte ohnehin schon längst erneuert werden. Nun, das konnte jetzt geschehen.
Der Staatssekretär machte sich frohe Gedanken über seine Tochter. Sie spielte die Laute gekonnt, sprach gut französisch und war auch in allen anderen Wissensgebieten eine gelehrige

Schülerin, wie er von ihren Lehrern erfuhr. Der alternde Graf war stolz auf seine Tochter, die ohne Mutter aufwachsen mußte. Sie war zwar erst dreizehn Jahre alt, aber so langsam mußte er Ausschau halten, welcher Herr aus der Gesellschaft der Metropole für eine Heirat in Frage kommen könnte. Noch behütete er seine Tochter in der geschützten, aber rauhen Umgebung von Picchena. Hier konnte sie sich frei entfalten, hier würde sie alles Wissenswerte zum Leben lernen. Nach Florenz in seine Villa kam sie nur ab und zu.

Es war üblich, daß die jungen Damen des florentinischen Adels lange Zeit durch ihre Mütter und Väter von den heiratsfähigen Männern ferngehalten wurden. Das Gerangel um die Töchter und der Tausch der »Ware Frau« würde noch früh genug in das politische Geschäft eingebracht werden können. Eine Heirat war auch als politischer Akt zu sehen. Curzio Picchena, ein alter Fuchs auf diplomatischem Felde, bedachte diesen Umstand sehr wohl. Er wollte sich aber seine Freiheit für die Entscheidung zu einem Bräutigam nicht durch ein zu frühes Einleiten des Verfahrens nehmen. Lieber war es ihm, seine Tochter würde in der totalen Obhut der guten Nanini eine freie Jugend erleben. Mit ihrer Bildung würde sie ihren Ehemann beeindrucken und vielleicht sogar das Regiment des Hauses nach ihrer Hochzeit übernehmen können. Manche der Frauen in Florenz waren, auch wenn die Männer nach außen die bestimmenden Figuren für das gesellschaftliche Leben waren, die eigentlichen Herrscherinnen in den Familien. Er traute seiner Tochter eine solche Rolle zu.

In diesen Gedanken zeigte sich seine große Kenntnis der Höfe Europas und das Verfahren bei den Vermählungen. Das florentinische Herrscherhaus demonstrierte allerdings gerade jetzt sehr deutlich die Schwächen eines über Jahrhunderte hinweg regierenden Geschlechtes. In diesem Jahre, 1621, war ein Medici Großherzog, dessen Stärke nicht das politische Geschäft war. An die Führungsspitze eines Staates wie die Toskana mit ihren Adelsfamilien, die oft genug einen Handelskrieg gegeneinander führten, gehörte aber ein starker Herrscher, der in der Politik mehr als nur eine machbare Notwendigkeit sah. Florenz brauchte, schon allein um sich gegen den Kirchenstaat in Rom behaupten zu können, mehr Weisheit und eine bewußte und besonnene Durchsetzungskraft.

Hübsch, vermögend und gebildet, dachte der kluge Staatsmann, als er seiner Tochter beim Lesen eines Buches zuschaute. Was will ein Mensch noch mehr? Er würde sich um die Zukunft seiner Tochter nicht sorgen müssen. Sie hatte alles das, was einen Menschen erfolgreich und glücklich machen könnte.

Das Mädchen schaute von ihrem Buch auf und lächelte, da es sich von seinem Vater beobachtet fühlte. Sie beide waren eine starke Gemeinschaft. Sie dachte an all die vielen Geschichten, die ihr Vater von seinen Reisen in die Länder Europas und sogar Afrikas erzählt hatte. Eines Tages würde er sie mitnehmen in diese fremden Länder, nach Spanien, Frankreich und über die Alpen. Was würde sie dort alles erleben? Wie schön mußte die Welt sein, wie schön wäre es, freundliche Menschen kennenzulernen, auf denen nicht nur der Fluch der Kriege lastete – Gedanken, die mehr oder weniger klar durch ihren Kopf gingen. Manchmal hatte sie auch Angst, von ihrem Vater in einem Kuhhandel einem Manne versprochen zu werden, den sie nicht lieben könnte. Sie wollte auf keinen Fall das Produkt einer Erwägung sein, die über das Glück der beteiligten Menschen die Vernunft einer politischen Ehe stellte. Zuviel hatte sie davon gelesen, wie die Männer und Frauen der Adelsgeschlechter diesen politischen Einflüssen zum Opfer fielen, wie sie das von anderen geplante Spiel mitzuspielen hatten, keineswegs aber dabei glücklich waren. Die Männer suchten sich nach einer unglücklichen Hochzeit ihre Mätressen und gingen in die Bordelle von Florenz, die Frauen verschrieben sich einem Liebhaber und wurden dafür enthauptet.

Welch eine verkommene Welt, erregte sie sich und wußte, daß es ihr Vater nie zulassen würde, daß sie nicht selbst über ihren künftigen Ehemann entscheiden könnte.

Und so träumte sie von der Liebe.
Die Liebe war ihr etwas sehr Heiliges. Heiliger als vieles, was sich sonst heilig nannte. Die Liebe, die sie in ihrem Leben erwarten wollte, sollte ihr die Erfüllung aller Träume und Wünsche bringen. Für die Liebe wollte sie sich aufheben, der Liebe wollte sie treu dienen. Den Mann, den sie einmal aus Liebe heiraten würde, den wollte sie, so wie er sie, für alle Zeiten gern haben und nur für ihn da sein. Sie stellte sich ein sehr schönes Leben auf der Burg Picchena vor, mit vielen Kindern, die aus Liebe geboren würden. Eine Villa in Florenz sollte das Leben abrunden, in der sie hin und wieder mit der höfischen Gesellschaft den Kontakt halten würden. Den Kern ihres Lebens aber wollte die kleine Caterina, die sich das so in ihren Träumen vorstellte, mit ihrem Mann und den vielen Kindern auf Picchena verbringen.
Die Verse, zu denen sie immer wieder griff, hatte der große Dichter der Renaissance Torquato Tasso verfaßt, die schöne Schäfergeschichte *Aminta*, in der er die endlose Kraft der Liebe darstellte. Einige Zeilen gefielen der jungen Caterina besonders. Sie hatte sie auswendig gelernt. Immer wieder sagte sie sich diese Verse vor.

Ich folge dir, Sylvia, ich komme,
in deiner Nähe zu sein,
wenn du sie nicht verweigerst,
und stürb zufrieden, wär ich nur gewiß,
daß dich nicht stören wird,
wenn ich dir folge, und
daß dein Zorn mit deinem Tode auch erloschen.
Sylvia, ich folge dir, ich komme.

# Der Denunziant

Das Hämmern auf seinem Amboß ist leiser geworden. Die Esse spuckt nicht mehr unentwegt feurige Glut aus dem Schornstein. Das Tor zu seiner Schmiede steht offen. Nur noch selten hat die alte Berta den Teufel des Nachts aus seinem Hause fahren sehen. Die heilige römische Kirche hat ihn auf den Weg der Wahrheit zurückgeführt. Seine Seele kann gerettet werden. Unergründlich sind Gottes Wege, allwissend seine Beschlüsse. Der Teufel hat sich von dannen geschlichen«, erklärte Nanini der vierzehnjährigen Gräfin auf ihrem Weg zum Markt nach Castel San Gimignano.

»Das gerade mag Grund genug für mich sein, meinen Freund, den alten Schmied, zu besuchen.«

Caterina stellte sich den Vorstellungen der störrischen Nanini energisch in den Weg. »Ich glaube nicht den Gerüchten, deinen Weihegesängen, den vermoderten Weissagungen deiner alten Berta. Mich kotzen deine unheilvollen Gesänge an. Ich will selbst sehen, was dahintersteckt. Ich will mich selbst überzeugen, wie es Datini geht. Nanini, die wehevollen Aussprüche von euch Weibern mögen im Moment Befriedigung verheißen. Mach dir mit deinen Hexen aber auch Gedanken darüber, wie du über Menschen urteilst, sie zur Vernichtung treibst.«

Die Amme war erschrocken stehengeblieben. Mit offenem Mund verstand sie die Wahrheit ihrer Welt nicht mehr. Sie schaute hinter dem Mädchen her. Ihre Schutzbefohlene hatte sich längst auf den Weg gemacht, war ihr in Castel San Gimignano davongeeilt.

Curzio Picchenas Tochter suchte den schnellsten Weg zu ihrem Freund, dem Schmied Datini.

Sie erschrak, als sie in der Werkstatt anlangte.

Das Feuer in der Esse glühte eher spärlich als kraftvoll. Der Lehrjunge räumte mit traurigem Blick einige alte Eisenstücke zur Seite. Schon vor dem Tor hatte ihr der fröhliche Klang des Zuschlaghammers mit seinem gewaltigen »ping, ping« auf dem Amboß gefehlt. Es war ihr alles zu geheimnisvoll. Caterina blickte verstört zum Meister.

Er stand an seinem Amboß. Eher zögernd als schaffend schmiedete er unsicher das Eisen. Seine Wangen waren eingefallen, Verletzungen im Gesicht und an den Händen zeugten von einer grausamen Behandlung. Der Blick des Schmiedes, wenn auch verdeckt durch geschwollene Augenbrauen, war ungebrochen und stolz. Es war der Blick eines ehrlichen Mannes, der den geraden und gerechten Weg kannte. Datini lächelte ein wenig, als er die kleine Gräfin wahrnahm.

»Seid mir gegrüßt, mein Fräulein«, sagte er liebevoll. »Allzulang habe ich nicht das Vergnügen gehabt, Euch begegnen zu dürfen. Es ist mir eine Wohltat, Euch zu sehen. Doch schmerzt es mich gleichermaßen, daß Ihr mich in diesem Zustand erleben müßt.«

»Seid mir ebenso gegrüßt.« Caterina stellte sich direkt vor den Schmied, so daß er seine Arbeit unterbrechen mußte. »Ich habe von Eurem Mißgeschick gehört und beeilte mich, Euch zu treffen.«

In ihrem Gesicht stand das Entsetzen geschrieben.

»Nun, das wäre später besser gewesen, dann hätten wir lachen und scherzen können. Doch verzeiht, Caterina, daß mir jetzt nicht nach Lachen zumute ist.« Sein Gesicht verzog sich vor Schmerz.

»Was ist geschehen, Datini, wer hat Euch so zugerichtet? Und vor allen Dingen, warum?«

»Es bleibt mir verborgen, und es wird Euch verborgen bleiben«, flüsterte der Schmied beinahe. »Gestattet mir, darüber zu schweigen. Es ist meine Pflicht zu schweigen. Es ist auch mein Leben zu schweigen.«

»So schweigt denn, Datini, wenn Ihr es müßt. So schweige

jeder auf dieser Welt, damit die sich Gehör verschaffen, die sich an keine Regeln halten, es sei denn an ihre eigenen.«
Datini wandte sich seinen Werkzeugen zu. Er wollte nicht über die vorgefallenen Ereignisse sprechen. Etwas Geheimnisvolles umrankte die Geschehnisse. War er doch schuldig? Hatte die Inquisition recht, ihn zu verhören, ihn zu foltern?
»Wenn Ihr schweigt, so ist das ein Zeichen dafür, daß Ihr schuldig seid«, blieb sie hartnäckig.
Datini sah sie finster an. »So laßt mich doch in Ruhe«, erwiderte er verärgert. »Was wißt Ihr von den Geschehnissen, wie sie unter der Erde in San Gimignano herrschen?«
Dann bemerkte er, daß er schon zuviel erzählt hatte, und schwieg aufs neue. Er nahm seinen Hammer in die Hand, holte ein Eisen aus dem Feuer und schlug unkonzentriert auf das glühende Stück Metall. Er beachtete ihre Anwesenheit nicht, als wollte er ihr signalisieren, daß sie gehen sollte. Dennoch wagte er es nicht, die junge Herrin direkt aufzufordern, seine Werkstatt zu verlassen. Sie schaute ihm eine Weile zu, bis sie von neuem begann.
»Nur wer etwas zu verbergen hat, der spricht nicht. Es wird Euch nicht gut bekommen zu schweigen. Oder glaubt Ihr, das Geschehene würde dann ungeschehen?«
»Gräfin, wenn Ihr ein wenig Verständnis für mich hättet, so würdet Ihr mich jetzt in Ruhe lassen. Fahrt nach Hause, widmet Euch Euren Studien, lernt Sprachen, die Musik und die Kunst. Ihr helft mir, wenn ich nicht mit Euch rede.«
Der Schmied flehte sie an, doch dafür hatte sie erst recht kein Verständnis.
»Wie kann ich Euch helfen, wenn ich nicht mit Euch rede? Wie kann ich Euch unterstützen, wenn ich mich abwende? Ich denke, ich kann Euch helfen, wenn Ihr mir sagt, was geschehen ist.«
»Caterina, Gräfin, noch nicht einmal Euer Vater hat die Macht, mir zu helfen. Wenn die Inquisition ein Vorgehen für richtig erachtet, dann ist es richtig. Keine Macht in Florenz ist stark

genug, sich dagegenzustellen. Die Inquisition ist das Mächtigste dieser Welt. Es ist besser, mit ihr nichts zu tun zu haben. Es ist gescheiter, sein Leben so zu gestalten, daß die Inquisition keinen Anlaß zur Klage oder zu Nachforschungen hat.«

»Bei Euch hatte die Inquisition Anlaß zu Klagen?« forschte sie provozierend.

Der Schmied schaute zwischen zwei Hammerschlägen entsetzt zu ihr auf.

»Wie kommt Ihr darauf? Wie könnt Ihr so etwas behaupten? Ich habe stets so gelebt, daß ich keinen Anlaß zu Klagen gegeben habe.«

»Ist das der Grund, warum sie Euch geholt haben?«

Datini hatte sich in eine Falle hineingeredet. Er wußte, daß es das beste war, nicht über seine Lage zu sprechen. Es wäre auch zu gefährlich. Konnte er dem Mädchen trauen? Wie sollte sie die Gefährlichkeit der Situation erkennen? Wenn sie plauderte, dann würde er dafür büßen müssen. Das beste wäre zu schweigen, alles zu vergessen, die Wunden nicht neu entstehen zu lassen, dafür zu sorgen, daß niemand einen Grund zur Klage hatte. Doch das war auch vorher so gewesen. Und dennoch war er vor die Inquisition zitiert worden.

»Geht hinaus«, hörte er sich selbst sagen, »daß jeder sehen kann, daß Ihr gegangen seid, macht einen großen Bogen, und kommt durch den Hintereingang wieder herein. Dann können wir reden.«

Sie verließ ohne zu grüßen die Werkstatt, schlenderte gemütlich über die Straße, machte einen Bogen und erschien unbemerkt im Hintereingang des Hauses von Datini. Die Tür stand offen. Die Frau des Schmiedes schaute das Mädchen sorgenvoll an. Was hatte ihr Mann, daß er dieser kleinen Person sein Leben anvertraute? Sie verschwand verständnislos in den oberen Schlafräumen.

»Es gibt Dinge auf dieser Welt, die sind so grausam, daß man sie nicht schildern kann«, begann der Schmied hastig mit seiner Erzählung.

Es trieb ihn wie den Sünder, der bei der Beichte erst zögerte und dann überstürzt alle Sünden seines Lebens loswerden wollte, obwohl er nicht so recht wußte, ob sein Beichtvater ihn überhaupt verstand.

Der Gequälte wußte ebenso nicht, ob die junge Gräfin Zugang zu seinen Schilderungen finden würde. Wahrscheinlich war es falsch, den Irrsinn seiner Erlebnisse zu berichten. Aber sie war bisher die einzige gewesen, die nach seinem Leid gefragt hatte. Vielleicht hatte sie doch die Mittel, mit der Macht ihres Vaters ein Gesuch bei den Medici einzureichen, daß man den unschuldigen Datini in Ruhe ließe. Es war eine letzte Hoffnung. Nach der ersten Folter hatte er noch an einen Irrtum geglaubt. Doch dann hatte die Inquisition ihn erneut geholt und ihn einer noch furchtbareren Folter unterzogen. Beim drittenmal würde er die Tortur, die immer grausamer wurde, nicht überleben. Es war seine letzte Hoffnung, mit Caterina Picchena zu reden, obgleich sie noch so jung war.

Wenn sie ihren Vater informierte und der Landgraf sich für seinen alten Schmied einsetzen würde, könnte das eine Chance sein. Er selbst hätte nicht den Mut aufgebracht, sich mit einem Gesuch direkt an den Grafen aus der Burg Picchena zu wenden. Er hatte noch nicht einmal daran gedacht. Bisher hatte für ihn nur das Gebot des Schweigens gegolten. Die mörderischen Vorkommnisse der kleinen Gräfin zu schildern, war für ihn eine letzte Hoffnung.

»Was heißt rechtschaffen leben?« fragte er. »Ich habe immer geglaubt, daß ich rechtschaffen gelebt habe. Ich habe meine Arbeit getan, ich gehe zur Kirche, ich verehre die Heilige Jungfrau. Ich bete und tue Gutes. Doch das alles war nicht genug. Die Inquisition hat mich erneut zu einer Vernehmung geholt. Sie beschuldigt mich der Verbindung mit dem Teufel. Sie klagt mich der Hexerei an.«

Datini war außer Atem geraten.

»Was ist es, was man Euch vorwirft?«

»Mein Erfolg ist es.«

»Euer Erfolg? Datini, das kann nicht sein. Man kann Euch doch nicht Euren Erfolg vorwerfen.«
»Gerade das ist es. Weil ich als Schmied mein gutes Auskommen habe, weil mir die Werkstücke gelingen, weil ich jedes Pferd beschlagen kann, weil ich Arbeit habe, viel Arbeit, ist man neidisch auf mich. Der Inquisitor fragt mich immer nach meinem Rezept, nach dem Geheimnis meines Erfolges. Er fragt mich danach, wie ich mit dem Teufel zusammenarbeite.«
»Verzeiht, Datini, Ihr arbeitet doch wohl nicht mit dem Teufel zusammen?« Sie erschauerte.
»Nein, Gott bewahre! Jetzt fangt Ihr an zu zweifeln.«
»Nein, nein, ich zweifle nicht an Euch. Ich glaube Euch. Ich kenne Euch sehr gut. Warum soll das, was Ihr jetzt tut, anders sein als das, was Ihr vorher getan habt? Ich habe Euch bei Eurer Arbeit bei uns auf der Burg, aber auch oft genug hier in Eurer Werkstatt zugeschaut. Ich habe Euch beobachtet, wie Ihr geschickt die Werkstoffe schmiedet, wie Ihr das Eisen lenkt und die Löcher in Scharniere macht. Ich habe gesehen, wie Ihr das Geländer für eine Treppe dreht, das Gitter für ein Fenster zusammenschmiedet. Ich habe erfahren, wie schnell Ihr bei der Arbeit seid, daß Euch niemand ablenken kann, daß Ihr nicht wie viele Handwerker mal eben zwischendurch einen Toskaner trinkt. Es ist lustig, Euch zuzuschauen. Alles geht schnell und meisterlich.«
»Nur das ist es wohl, was mir vorgeworfen wird. Meine schnelle und gute Arbeit. Mein gutes Geld, das ich damit verdiene. Die Gilde der Schmiede beobachtet es auch mit Stolz, daß einer ihrer Diener ein Meister ist, der über die Grenzen von Castel San Gimignano und die umliegenden Städte und Dörfer hinaus einen guten Namen hat. Es gibt Leute, die neiden uns den Ruhm und das Geld. Die neiden sogar der Gilde den Ruhm. Sie neiden vor allen Dingen mir meinen Wohlstand.«
»Warum neiden sie Euch Euren Wohlstand?« Sie schaute ihn unsicher an.
»Neid und Eifersucht sind die häßlichen Schwestern des Erfol-

ges und des Wohlstandes. Leute, Bürger aus Castel, sogar ein Schmied aus Castel neidet mir meinen Erfolg. Er sucht und sucht, bis er gefunden hat, was er mir anlasten kann. Auch wenn es nichts ist, wenn es nichts gibt, was er mir anlasten kann, dann erfindet er es, dann ist es etwas Geheimnisvolles, das nicht erklärbar ist. So hat man eben erfunden, daß mein Erfolg mit dem Teufel in Zusammenhang steht.«

»Warum mit dem Teufel? Das begreife ich nicht.«

»Seht, Ihr versteht es auch nicht. Es ist auch nicht zu verstehen. Es ist nicht zu beweisen, doch das Gegenteil auch nicht. Und das ist das Gefährliche. Ich soll vor der Inquisition gestehen. Ich soll gestehen, daß ich mit dem Teufel zusammenarbeite. Doch ich kann dergleichen nicht gestehen, weil nichts davon wahr ist. Aber glaubt mir, wenn die Inquisition Euch eines Vergehens beschuldigen will, dann werden sie auch Gründe und sogenannte Beweise finden.«

»Wer hat denn behauptet, daß Ihr mit dem Teufel …«

»Behauptet hat es die Inquisition. Der Inquisition hat es ein anderer Schmied mitgeteilt. Ich will darüber nicht sprechen, weil es nur Vermutungen von mir sind. Aber da gibt es Zusammenhänge.«

»Was habt Ihr bei der Inquisition erlebt?«

»Darüber kann und werde ich nicht reden. Das unterliegt der Schweigepflicht. Es wird alles genau aufgeschrieben, aber darüber reden darf ich nicht. Ich habe mich dazu verpflichtet.«

»Datini, erzählt mir, was Ihr erlebt habt. Wie soll ich meinem Vater Euer Leid schildern, wenn Ihr mir nicht erzählt, was Euch geschehen ist. Mein Vater würde sagen: Nun, so schlimm kann das doch nicht sein. Er lebt ja noch ganz gut.«

Ihm stieg vor Zorn die Röte ins Gesicht. Doch er besann sich sogleich. Für einen Außenstehenden war nicht zu erkennen, welch grausame Geschehnisse wirklich in dem Folterkeller passierten.

»Ihr seid zu jung, zu klein, als daß Ihr das alles verstehen könntet. Es würde zuviel für Euch sein.«

»Zu klein, zu jung!« Sie war erregt aufgesprungen. »Immer bin ich zu klein, zu jung. Ich bin nicht zu klein, daß mich die Balia schlagen darf, ich bin nicht zu klein, daß ich den Streit, aber auch das Stöhnen und das Geifern der Knechte und Mägde auf dem Heuboden miterleben darf. Ich höre das wollüstige Stöhnen der Frauen im Heu, wenn sich der Knecht auf sie stürzt. Vielleicht darf ich es mitbekommen, weil es zufällig passiert und weil ich es zufällig mitkriege. Aber ich kriege es mit.« Sie hatte sich wieder ruhig auf den Stuhl gesetzt. »Ich habe sehr viel durch die Bücher erfahren, die in dem Bücherschrank meines Vaters stehen. Den ganzen Tag kann ich lesen. Seit Jahren lese ich. Ich habe stets das gelesen, was ich wollte. Ich habe nicht nur die Räubergeschichten und die Liebesgedichte verschlungen. Ich habe Briefe und Zeugenaussagen, ich habe die Geständnisse der Gefolterten gelesen. Ich habe mir meine Gedanken darüber gemacht und mit meinem Vater darüber disputiert. Wir haben über das Unrecht auf dieser Welt gesprochen. Was ich sehe, das sehe ich. Wie kann mir jemand gegenüber behaupten, da sei nicht wahr?«
Ihre Wangen glühten rot. Ihr Zorn auf die Menschheit hatte ihr Blut in Wallungen versetzt. In der kurzen Unterbrechung atmete sie schnell und hastig.
Datini schaute sie an. Das Mädchen verstand mehr von dieser Welt als die meisten Männer und Frauen aus seiner Umgebung. Dieses kleine Wesen könnte ein Wort bei seinem Vater für ihn, den gefolterten Schmied, einlegen. Er war gewillt zu erzählen.
»Ihr, Datini, Ihr seid wohl in der Lage zu verstehen, Ihr seid in der Lage, den Schmerz der Folter zu akzeptieren, zu begreifen, warum man das mit Euch macht? Für Euch sind diese Quälereien nicht zuviel?«
Ohne eine weitere Erklärung begann er zu berichten. Er schilderte die unglaublichen Geschehnisse von dem ersten Mal, als man ihn zur Inquisition holte. Er schilderte, wie er nun vor zwei Wochen erneut abends spät zur Inquisition geschafft wurde. Wie ihm dieselben lächerlichen Dinge vorgeworfen worden

waren. Wie das Verhör zu einer einzigen Lächerlichkeit wurde, in dem weder der Kläger noch der Beklagte an die Wahrheit der Vorwürfe glauben konnte, die dennoch gemacht wurden.
Er schilderte mit schnellen, dann mit schleppenden und stokkenden Worten, wie man ihn in San Gimignano in die Folterkatakomben unterhalb der Piazza della Cisterna geschleppt hatte. Wenige Meter unter dem belebten Platz, dort, wo keine Menschenseele die verzweifelten Angst- und Schmerzensschreie der gequälten Delinquenten hören konnte. Wie Folterer und Inquisitoren ihre Lust an dem Leid anderer ausließen, wie sie mit Freuden und Befriedigung an der Verzweiflung der Männer und Frauen teilnahmen.
»Glaubt mir eines, es werden viel mehr Frauen gefoltert als Männer. Für jede Frau in unserer Umgebung besteht die Gefahr, daß sie eines Tages in diesen Kellern landet. Es ist nicht wichtig, was sie getan hat. Es ist noch nicht einmal wichtig, ob sie sich überhaupt etwas hat zuschulden kommen lassen.
Es ist entsetzlich, wie die Männer ihre Freude haben an den gequälten weiblichen Geschöpfen. Sie ziehen sie nackt aus. Sie ergötzen sich an den Körpern, sie liebkosen und quälen die Brüste gleichermaßen. Es gibt keine Frauen, die quälen, die anderen Menschen in dem Folterkeller Leid zufügen. Aber die meisten, denen Leid zugefügt wird, sind Frauen. Sie werden wir nicht wiedersehen. Die anderen werden für ihr Leben gezeichnet sein. Sie werden Krüppel sein, an Leib und Seele.«
Der Schmied machte eine Pause. Das Mädchen versuchte mit Entsetzen die Grausamkeiten zu begreifen. Die Worte, die sie soeben gehört hatte, wollten erst einmal verkraftet werden. Doch nun mitten in seiner Erzählung kannte Datini keine Grenzen. Jetzt sollte sie die ganze Wahrheit erfahren. Auch wenn sie noch so jung war. Es war keineswegs gesagt, daß seine eigene Frau die Geschehnisse besser verstehen und verkraften würde, seine Frau, die in ihrem aberwitzigen Glauben an die heilige römische Kirche die Untaten derselben oft genug nicht wahrhaben wollte. Datini hatte zu Gott gebetet, daß dies alles

nicht seine Kirche sei, daß dies nicht in Jesu Christi Namen geschehe.
Sprudelnd quollen die Worte aus seinem Mund hervor. »Als man mich in den Folterkeller schleppte, lag eine nackte Frau auf einer Streckbank. Man führte mich vor sie hin. Ich sollte die Folter sehen, miterleben. Man wollte mich abschrecken. Die Frau war an Füßen und Armen mit Seilen festgebunden. Unter ihrem Rücken waren auf der Holzbank Rollen mit Nägeln befestigt. Die Seile liefen über Winden, die von den Unmenschen gedreht wurden. Die Gequälte wurde auseinandergezerrt. Ich hörte das Knacken der Schultern und der Gelenke. Ich spürte das Reißen ihrer Muskeln. Kniegelenke und Hüften zersprangen mit einem unmenschlichen Geräusch. Das arme Wesen schrie zu Beginn entsetzlich. Es versuchte sich unter den Schmerzen zu drehen. Doch die Bewegungen wurden bald weniger und weniger. Muskeln, Gelenke und Sehnen waren dazu nicht mehr in der Lage. Die Frau war gelähmt, die Gliedmaßen verstümmelt. Man kümmerte sich einfach nicht mehr um sie. ›Noch ein paar Tage‹, sagte der mörderische Inquisitor, ›wird sie so liegenbleiben. Dann wird sie tot sein. Wir überlassen es der Gnade Gottes, ob er sie in sein Reich aufnehmen wird.‹ Der Inquisitor Roms wandte sich mit einem häßlichen Grinsen von der gefolterten Frau ab.«
»O Gott!« stieß Caterina entsetzt aus. »Ich habe so etwas gelesen. Doch Ihr, Datini, schildert es so lebendig. Ihr habt es miterlebt. Wie furchtbar. Was ist mit Euch? Was hat man mit Euch gemacht?«
»Die Fratze des Inquisitors fragte mich noch einmal, ob ich gestehen wolle. Ich fragte zurück, was ich gestehen solle. Ich hätte doch niemandem etwas zuleide getan. Ein Folterknecht stieß mich gegen ein Gerät aus Holz und Eisen. Dabei zog ich mir die Verletzungen im Gesicht zu. Das Gerät, gegen das ich gefallen war, waren die Daumenschrauben. Man hatte es für mich vorgesehen.«
Datini hob seine beiden Hände hoch. Er schaute schmerzerfüllt

darauf. Tränen rannen ihm über das Gesicht. An der rechten Hand war der Daumen in einem festen Verband. Die linke zeigte den kleinen Finger in einem schmutzigen Tuch.

»Ich weine nicht wegen der Schmerzen, Gräfin. Ich weine, weil man mir meine Hände zerstört hat, die Hände, mit denen ich meine Arbeit verrichte. Ich kann noch den Hammer schwingen, kann noch das Eisen halten und drehen, aber nicht mehr so fest und so flink wie ehedem. Sie zerstören bewußt meine Arbeit. Das ist es, was man will. Daran könnt Ihr erkennen, was der Sinn meiner Folter ist.« Er betrachtete erneut seine Finger und ließ die zerquetschten Hände in seinen Schoß sinken. »Es ist nicht die schlimmste Qual, die ich erlitten habe. Aber man hat mir den größten Teil meiner Fertigkeiten genommen. Man tat es im Namen Gottes.«

Der Schmied schaute mit geröteten Augen dem jungen Mädchen ins Gesicht. Caterina erfuhr eine Wärme in ihrem Herzen, die sich dem gefolterten Mann zuwandte. Sie wußte keine Entgegnung, sie wußte nichts zu sagen. Vielleicht hatte das Gespräch Datini ein wenig Trost bedeutet. Versprechen konnte sie nichts, und vielleicht hatte sie den Mann noch einmal gequält, als sie seine Schilderungen forderte. Doch in ihrem Herzen entstand gleichzeitig ein unendlicher Haß gegen all diejenigen, die vorgaben, den Menschen und Gott zu dienen, die aber doch nur ihr eigenes Glück und ihre eigene Lust im Vordergrund sahen.

Nach einer Weile verabschiedete Datini das Mädchen.

»Ich danke Euch, daß Ihr mir zugehört habt. Ihr müßt jetzt gehen. Die Leute werden sonst aufmerksam. Geht wieder durch den Hinterausgang.«

Ihr Blick verriet Leid und Verständnis, doch noch immer fand sie keine Worte. Zu groß und zu entsetzlich waren die Schmerzen, von denen sie bei den Schilderungen ihres Freundes erfaßt wurde. Sie nickte einfach und wandte sich ab. Der Trubel der Straße umfing sie schnell.

Datini packte in seinen Pferdekarren Werkzeuge und Nägel, neue Scharniere und ein metallenes Gartentor. Er gebot seinem Lehrling, die Schmiede ordentlich aufzuräumen und zu putzen. Er würde den Rest des Tages dafür nutzen müssen.

Datini fuhr mit lautem »hüah, hüah« einen Bogen um die Schmiede, schwenkte nach Osten in Richtung Colle di Val d'Elsa und bog nach wenigen hundert Metern nach links in den bewaldeten Weg ein.

In weniger als einer Stunde würde er die Burg Picchena erreicht haben. Dann könnte er all sein Leid, seine Schmach und die ungeheuerliche Bedrohung durch die Inquisition dem Herrn von Picchena und Vertrauten am Hofe der Medici darlegen.

Er fragte sich nicht mehr, ob es richtig gewesen war, dem jungen Mädchen die grauenvollen Dinge aus den Verhören und der Folter zu schildern. Es hatte sich gezeigt, daß es richtig gewesen war. Der Erfolg gab ihm recht. Er hatte eine Audienz bei dem Landgrafen. Das war die beste Möglichkeit, seine Verfolgungen durch die Inquisition abzuschütteln und endlich wieder in Frieden leben zu können. Datini ließ seinem Pferd die Zügel ein wenig lockerer. Der Gaul freute sich über das bißchen Freiheit und lief den ersten Teil des Weges in leichtem Galopp. Durch den dichten Wald des großen Herrschaftsgebietes der Picchena fielen einzelne Sonnenstrahlen glitzernd zwischen den Ästen und dem Laub auf den braunen, feuchten Waldboden und spielten dort mit schwankenden Gräsern, kleinen Ästen und Blättern, die noch aus dem vergangenen Jahr den Weg bedeckten. Datini atmete die frische Brise aus dem kühlen Wald tief ein.

In seiner Schmiede, von Häusern umgeben, stand im Sommer die heiße Luft, angefüllt mit dem Urin, dem Kot und dem Schweiß der Pferde. Der beißende Dampf der Abfälle, sprühende Funken aus der Esse und spritzende Metallstückchen gehörten zwar zu seiner täglichen Arbeit und signalisierten ihm lebendige Tätigkeit und ein gutes Geschäft, doch jetzt freute er sich wieder einmal über eine Arbeit außerhalb seiner Werkstatt.

Vor allen Dingen, wenn es auf dem Weg durch diesen wundervollen Wald und die Leben spendende frische Luft ging. Er war so zufrieden, wie er es nicht mehr in den letzten Wochen gewesen war. Sein Leben nahm eine glückliche Wende.
Die Quälereien würden sicher bald vergessen sein. Die Hoffnung, allein die Hoffnung auf bessere Tage ließ ihn euphorisch werden. So wie er es früher, als junger, kraftstrotzender Bursche des öfteren getan hatte, begann er bald ein Lied zu pfeifen und fiel nach kurzer Zeit mit seiner tiefen Stimme in die Melodie ein. Datini sang ein Lied. Nach Jahren, nach vielen Jahren sang Datini zum erstenmal wieder ein Lied. Er erreichte ausgelassen die Burg Picchena. Caterina empfing ihn und führte ihn zu ihrem Vater.
Der Landgraf begrüßte den Schmied freundlich. Lange berichtete Datini von seinen Quälereien, von der Unglaublichkeit der Verfolgung, von seiner Unschuld und von den Ängsten, die ihn nachts quälten. Viele Worte wurden gewechselt zwischen den beiden. Es herrschte eine vertraute Atmosphäre. Für Datini war es wie ein Stück Heimat, wie die Zuflucht. Es war für ihn der sichere Hort eines befreundeten Menschen. Niemand konnte die Worte, die gesprochen wurden, mithören. Der Graf hatte die Türen geschlossen und seine Dienerschaft geheißen, ihn alleine mit Datini zu lassen.
Nach Stunden des Berichtes verabschiedete Picchena den Schmied aus seiner Audienz. Datini wandte sich an Marco, und beide ersetzten das Gartentor am Hinterausgang des Parks. Dann packte er sein Werkzeug wieder zusammen, lud das alte Gartentor auf, holte sein Pferd von der Weide, schirrte es an und lenkte sein Gespann frohen Mutes zurück auf den kühlen Weg in den Wald hinein.

Noch am frühen Nachmittag, Datini hatte seine Werkstatt soeben verlassen, da schaute der Schmied Checco in Castel San Gimignano bei seinem Zunftbruder Datini vorbei. Er hatte immer eine flotte Rede auf der Zunge, mit der er seine hinterhältigen Bemerkungen gegen andere loslassen konnte. Schnell erfuhr er von dem Burschen, daß sich der Meister zur Burg Picchena begeben hatte.
Checco hatte kaum die Werkstatt verlassen, als er flink wie ein Wiesel zu laufen begann. Er eilte in die Locanda Romana. Die häßliche Spelunke hatte den schönen Namen nicht verdient. Sie lag an der Straße von Volterra nach Colle di Val d'Elsa. Hier kehrte allerlei Gesindel ein, verarmte Reisende, denen man ihre Habe geraubt hatte oder denen einfach das Geld unterwegs ausgegangen war, Diebe und Strolche und ein paar Huren, die ihre schönsten Jahre längst hinter sich hatten.
Durch die kleinen Fenster fiel selbst bei Sonnenschein nur wenig Licht in den niedrigen Raum. An den verdreckten Tischen hingen Spieler und Vagabunden und Söldner, die bereit waren, für ein paar Taler das Schwert gegen jedermann zu erheben. Bei manch einer Prügelei flogen nicht selten Tische und Stühle durch die Locanda, die an den Wänden oder auf den Knochen anderer Gäste zerschellten. Die Kaschemme war ein Ort außerhalb der Gesetze. Hierhin reichte nicht das Recht des toskanischen Staates. Oft genug hatte der Vikar aus San Gimignano im Auftrag und auf Befehl der Herrscher in Florenz Soldaten in dieses finstere Loch geschickt. Die Soldaten wurden in Schlägereien verwickelt, ihre Uniformen zerrissen und sie selbst mit Fleisch und Hundekot beworfen und mit Bier und Wein übergossen. Finstere Gesellen, die sich Gäste der Locanda nannten, wurden ab und an verhaftet, und man sah sie nie mehr, oder sie wurden je nach Lust und Laune des Vikars wieder auf freien Fuß gesetzt. So wurde auch nach einer Erstürmung der Locanda durch Soldaten nach kurzer Zeit das Treiben in dem brodelnden Tiegel fortgesetzt.
Der Wirt hatte viele Freunde unter den Offizieren und Kleri-

kern, die ihn aus jeder Anklage befreiten. »Piero Il Magnifico, Duca di Castel San Gimignano«, so ließ sich dieser alte Haudegen von Fremden in seiner Locanda nennen. Messer Piero hieß er vor Gericht. Freunde durften Piero zu ihm sagen. Der Duca di Castel San Gimignano nahm innerhalb der dunklen Kneipe seine Titel ernst. So wurde hier verfahren. Hier herrschte sein Gesetz. Es war das Gesetz der Gesetzlosen, der Armen, der Hungerleider, aber auch der Ahnungslosen, der Obdachsuchenden, der Einsamen und der Huren. Duca Piero war strenggläubig. Er schätzte die Kleriker in seinem Reich, das gerade einmal vierzig mal dreißig Ellen maß. Die verehrten gottesfürchtigen Männer genossen besondere Rechte bei dem Duca. Vor allen Dingen, wenn er sie aus der finsteren Welt der Inquisitoren kannte. Es war ihm eine Ehre, einen Pfaffen zu bewirten, er schenkte ihm freies Bier aus und vermittelte ihm schnell eines der alten Mädchen, das sich an seiner Theke herumtrieb. Dafür konnte er sicher sein, nach der nächsten »gazija«, einem Strafzug oder besser gesagt einem Beutezug des Vikars, schnell wieder auf freien Fuß gesetzt zu werden. Es fand sich stets jemand, der seine Unschuld bewies und dafür sorgte, daß dieser Quell der eigenen Freuden nicht verschüttet wurde. Ein Araber hatte wohl einmal vor Jahren dieses Wort in der Kaschemme des Duca eingeführt. Seitdem war er stolz auf seine »gazija« oder »razia« und »razzia«, wie sie bei ihm genannt wurde. Sie waren ein Beweis für die Rechtmäßigkeit seiner Locanda Romana. Er konnte sich einen Schützer des Rechts nennen, geschützt von dem herrschenden Recht.
Checco, der Schmied, hatte die Locanda Romana zu seiner Burg und zu seinem Palazzo gekürt. Piero genoß die untertänigsten Ehrerbietungen des Checco, der ihn mit nützlichen Informationen versorgte.

Checco erreichte außer Atem die Locanda. Der schmächtige, krüpplige Freund des geheimnisumwitterten Duca stürzte aus dem sonnenumfluteten Tageslicht in die dunkle Höhle der Unterversorgten. Er hielt sich am Rahmen der schweren Eichentür fest und versuchte sich zu orientieren. Bierdunst quoll ihm entgegen, ein wirres Sprachenspiel, der Gestank nach Schweiß, Bier, Wein und Erbrochenem verschlug ihm den Atem. Checco faßte sich schnell. Er taumelte zum Schanktisch. Der Duca stellte einen Krug weißen Toskaner vor ihn hin, um die Bedeutung dieses Mannes wissend. Hastig nahm der Vasall den ersten Schluck, holte tief Luft und schaute zu dem mächtigen Wirt auf. Wohl erst jetzt war ihm bewußt geworden, wo er gelandet war. Er nahm noch einen Schluck und spürte die Wirkung des schweren Weins. Es war ihm, als hätte ihn ein Geist verfolgt oder der Teufel persönlich. Die günstige Möglichkeit, die sich ihm bot, mußte er schnell nutzen. Es war keine Zeit zu verlieren.

»Piero«, stammelte Checco ohne ausreichenden Atem, »zwei Leute, zwei Leute für mich. Du weißt schon, zu allem bereit.«

Piero sah den Haß in den Augen des Freundes. Das konnte ein lohnendes Geschäft werden. Der Duca spürte, daß jetzt die Stunde gekommen war, sich der Dienste von Checcos Onkel, dem großen Monsignore mit den hervorragenden Verbindungen zur Inquisition, zu versichern. Er schob den Weinkrug noch näher an den Schmied heran. Checco ergriff ihn und nahm einen gehörigen Schluck. Der Duca schaute ihn an, ergriff seine Hand und spürte mit Befriedigung, wie die Finger seines verschworenen Freundes zitterten. Das war gut so.

Er wies mit einem leichten Kopfnicken auf zwei finstere Gesellen, die am äußeren Ende seiner Kaschemme einen trostlosen Eindruck machten. Der heimtückische Schmied ging ohne Zögern zu ihnen.

»Wozu seid ihr bereit?« fragte er hastig die beiden.

»Was zahlst du, mein Freund?« Der Strolch grinste unverschämt in das hektische Gesicht des Schmiedes. »Du willst etwas von uns, also, was zahlst du?«

»Ihr wollt etwas von mir, also wieviel?« zischte Checco unruhig. Die Diebe hatten die Unsicherheit des Schmiedes und seine

Not erkannt. Der eine lehnte sich ruhig zurück und kostete seine Überlegenheit aus.
»Gut«, murrte Checco, »zehn blanke Taler, für jeden von euch fünf.«
Er hob dabei beide Hände und spreizte jedem der Tagediebe die fünf Finger ins Gesicht.
»Und was, mein Freund, ist die Aufgabe?«
Der erste Strolch erkannte die Höhe der Belohnung. So viel Geld hatten beide zusammen lange nicht gesehen.
»Eine Kleinigkeit, eine Kleinigkeit. Nur eine kleine Kleinigkeit«, sagte Checco hastig, ohne daran zu denken, daß seine Unruhe die Forderung ständig erhöhte.
»Nun gut, du sagst, eine Kleinigkeit. Welche Kleinigkeit?«
Checco blinzelte unruhig in der Locanda umher. Er war sich seines Auftrages, den er zu geben hatte, nicht sicher. Er duckte sich über den Tisch wie ein Fuchs, legte die Arme vor sich auf die schwere Eichenplatte und schaute die beiden fremden Vögel herausfordernd an.
»Ihr werdet einem Mann auflauern und ihn überfallen, auf dem Wege hierher. Er kommt mit seinem Pferdewagen durch den Wald. Es gibt genügend Gelegenheit, euch zu verstecken. Er ist alleine mit seinem Pferd. Ihr seid zu zweit. Ihr schlagt ihm ein Eisen über den Schädel. Dann kommt ihr wieder hierher. Das ist alles.« Mit unruhig flackernden Augen lehnte er sich zurück und atmete tief. Die unheildrohende Schwere seiner Worte machte ihm zu schaffen. Es war raus, es war getan. »Zehn blanke Geldstücke, zehn Taler. Fünf für jeden von euch. Entscheidet euch, jetzt, schnell«, raunte er den beiden zu.
»Fünfzehn«, flüsterte der erste, gierig geworden.
Die glühenden Augen der beiden Strolche verrieten sie. Sie würden jede Tat für dieses Geld ausführen. Er brauchte nicht draufzulegen.
Schwerfällig erhob er sich. Seine spitze Nase leuchtete weiß wie ein Blumenkohl aus seinem dürren Gesicht.
»Wenn ihr nicht wollt …«

Den Rest des Satzes ließ er in der Luft hängen. Sie sollten sich danach sehnen.

»Ist ja gut, ist ja gut«, sagte der zweite, dem der Magen seit Tagen in den Kniekehlen hing.

Angesichts seines sicheren Sieges gönnte sich der Freund der Inquisition eine kurze Atempause. Seine wäßrigen Augen sprangen von einem zum anderen.

»Für jeden von euch zwei Taler vorab, jetzt und hier. Wenn ihr erfolgreich wart, kommt ihr hierher zurück. Dann gibt es den Rest. Ich brauche ein Beweisstück.«

»Welchen Beweis?«

»Ich will den kleinen Finger der linken Hand«, flüsterte er mit dünnen Lippen. Seine Stimme wurde immer schwächer, die Köpfe der Verschwörer steckten wie Aasgeier beratschlagend zusammen.

Die beiden Wegelagerer schauten sich entsetzt an. Die aufgerissenen Augen verrieten, daß sie noch nie einen Menschen umgebracht hatten. Sie schüttelten beide den Kopf.

»Dann eben nicht.« Ihr Auftraggeber erhob sich.

»Halt!« rief einer von ihnen.

Der Schmied setzte sich erneut. »Also, was ist? Wenn ihr weiter so lange redet, will ich nicht mehr.«

Die Worte verfehlten nicht ihre Wirkung. Der Hunger trieb sie zu ihrer Tat.

Checco beschrieb ihnen genau, an welcher Stelle sie auf der Straße nach Colle links in den Wald abbiegen mußten, wie weit es bis zur Burg Picchena war, wann der Schmied mit seinem Fuhrwerk aufgebrochen war, wie lange er dort wahrscheinlich zu tun hatte und wann er vermutlich zurückkehren würde. Die beiden Wegelagerer hatten noch ausreichend Zeit. Checco gab jedem der beiden zwei Taler in die Hand und schickte sie los. Sie sollten nur anfangs kräftig laufen, um rechtzeitig in den Wald zu gelangen.

Datini war nach der Anstrengung des Tages auf seinem Wagen in einen Dämmerzustand geraten. Erleichtert und beruhigt fuhr er auf seinem Pferdekarren durch den kühlen Wald zurück. Die Zeit war gut für den Schmied, die Zeit war schön und ruhig. Alle Zeichen schienen ihm Frieden und einen langen Lebensabend im Kreise seiner Familie zu verheißen.
Die Sonne stand immer noch hoch genug am Himmel, so daß der Waldweg trotz des dichten Laubdaches ausreichend beleuchtet war. Die Zweige bewegten sich leicht im Wind und ließen die weichen abendlichen Sonnenstrahlen rötlichweiß glitzernd durch die Bäume fallen. Schatten und Licht wechselten schnell, so daß die Konturen verschwammen.
Auf einmal war Datini hellwach. Seine aufmerksamen Sinne hatten eine Veränderung festgestellt. Geräusche, die nicht hierhergehörten, Bewegungen, die nicht von den Bäumen kamen, ließen seine Aufmerksamkeit wachsen. Er verengte seine Augenlider und trieb sein Pferd an.
Plötzlich standen sie vor dem Wagen, mitten auf dem Weg, zwei finster aussehende Gesellen, die freundlich erscheinen wollten, aber dennoch Strauchdiebe waren. Die beiden hoben ihre Arme und signalisierten Friedfertigkeit.
»Signore, nehmt uns bitte mit, wir haben eine lange Tagesreise hinter uns«, rief einer der beiden.
»Wohin des Wegs?« fragte Datini. »Ihr habt wohl kein Gepäck dabei?«
»Nein, Herr, man hat uns schon vor drei Tagen bestohlen. Seht unsere häßlichen Bärte. Wir hatten uns im Wald verirrt. Laßt uns aufsitzen, Herr, einen rechts neben Euch und den anderen links.«
Niemals würde er das tun, dessen war sich der Schmied sicher. Vielleicht waren die beiden harmlose heruntergekommene Gesellen. Wenn aber nicht? Er mußte stets bereit sein, sich seiner Haut zu wehren. Besser wäre es, nicht anzuhalten, doch da rief er schon »hoh, hoh« und zog an den Zügeln seines Pferdes. Er behielt die Zügel in der Hand und sprang von seinem Wagen.

»Wohl denn, so springt auf und rutscht beide gleich nach rechts. Mein Pferd ist gewohnt, mich links zu sehen.« So kann ich mich besser verteidigen, dachte er, wenn der Angriff nur von einer Seite kommen kann. Dabei hielt er die beiden fest im Auge, und die Zügel ließ er nicht locker.

Die Vagabunden hockten sich notgedrungen ganz nach rechts auf die Bank. Vielleicht waren die beiden tatsächlich nur ausgeraubte und bestohlene Wanderer. Er ließ sein Pferd anziehen, und die beiden Mitreisenden begannen alsgleich zu plaudern und über allerlei Geschehnisse zu schwatzen. Dem Schmied fiel dabei der nach Wein stinkende Atem seines Nachbarn auf. Alle seine Sinne hießen ihn, bereit zu sein.

»Gebt mir die Zügel, Herr, ich will Euch ein wenig entlasten«, bot der Nachbar allzu freundlich an.

»Es ist nicht Sitte, dies zu tun«, erwiderte Datini. Er war sich sicherer als zuvor, daß die beiden Böses im Schilde führten. »Ich hab die Wache zu halten. Noch bin ich frisch. Mein Pferd ist mich gewohnt. So ruht ihr beide euch ein wenig aus.«

Plötzlich griff der Kerl neben ihm in die Zügel, und der andere sprang gar auf und packte ihn am Hals.

»Wir werden Euch die Sitte zeigen«, rief der rechte und zerrte an den Leinen.

Die Wachsamkeit des Schmiedes zahlte sich nun aus. Er wehrte sich des Griffes an den Hals und schlug im ersten Gefecht mit einem Fausthieb den außen Sitzenden vom Bock. Der stürzte mit einem Schrei in den Wald. Der zweite, wohl ein wenig kräftiger, begann allein den Kampf mit dem Kutscher, derweil sich der erste aus dem Unterholz erhob, hinter dem Wagen herrannte und sich auf den Bock zu schwingen drohte.

Aufgeschreckt durch die laute Prügelei, scheu gemacht durch heftige Bewegung, rannte der Gaul im Galopp, und der Wagen schlug hin und her. Datini war es gewohnt, sich auch auf einem unsicheren Gefährt zu halten. Der Strauchdieb verlor durch einen kräftigen Schlag das Gleichgewicht und stürzte kopfüber in den Wald, wo er, so schien es, schwer verletzt liegenblieb.

Schon hatte sich der andere erneut von hinten auf den Wagen aufgeschwungen. Schnell genug bemerkte es der Angegriffene, sprang nach hinten, ergriff trotz seiner verletzten Hände ein Eisen des alten Tores, schwang es mächtig und schleuderte es dem Angreifer gegen die Brust. Mit einem wilden Aufschrei stürzte der Getroffene in hohem Bogen über die Kante des Wagens, schlug mit einem lauten Krachen auf den Weg auf und blieb regungslos liegen.
Datini zügelte sein Pferd, sprang ab und lief zurück, den anderen der Wegelagerer zu erwischen. Schmerzverzerrt lag der auf dem Weg und stöhnte jämmerlich. Doch gar zu sehr verletzt zu sein schien er nicht. Datini wälzte ihn mit seinem Fuß auf die Seite und schaute ihm ins Gesicht.
»Oh, Erbarmen, Herr, was habt Ihr mit uns gemacht?«
Der Strolch blutete. Mit weit aufgerissenen Augen erflehte er jammernd Vergebung. Datini packte ihn zornig, warf ihn auf den Karren und band ihn fest. Dann holte er den Toten und schmiß ihn neben seinen Kumpanen. An den Haaren zerrte er den Mörder mit der einen Hand, mit der anderen packte er ihn am Hals.
»Wer hat dich gedungen, Elender?« rief er wutentbrannt.
»Niemand, Herr«, stöhnte mit schwacher Stimme der Wegelagerer, »wir waren hungrig und wollten ein wenig Geld zum Essen.«
»Wer hat dich gedungen, du feiger Mörder, sag es, oder ich schlage dir deine restlichen Zähne aus deinem stinkenden Maul.«
Datini riß an seinen Haaren.
»Haltet ein«, stöhnte der Überwältigte. »Ich will Euch alles sagen, Herr, doch verschont mich mit weiterer Qual.«
Der Schmied ließ die Gurgel des Angreifers los, seine Haare aber hielt er weiter fest im Griff.
»Nun denn, du Mörder, wer war es?«
»In der Locanda, Herr«, stöhnte der Strolch unter Schmerzen, »in der Locanda mit Namen Romana, Herr, stieß mit dem Wirt

ein Mann auf uns. Er gab uns Geld und versprach uns weitere Taler, wenn wir Euch umbringen würden.«

»So, so, du Halunke, und du hast so einfach zugestimmt?«

»Herr, verzeiht, ich bin Euer ewiger Diener, aber laßt mich leben.«

»Du wirst mit mir in die Locanda gehen, mein Freund«, zischte ihn Datini an. »Du wirst mir den zeigen, der Euch gedungen hat.«

»Ja, Herr, ich will alles tun, was Ihr verlangt, aber laßt mich leben.«

Der geknebelte Mörder spuckte Blut und rang nach Atem.

»Wo ist das Geld, du Hurensohn?« rief Datini.

Der Verletzte streckte ihm seine fest geschlossene Faust entgegen. Noch jetzt mußte der Überfallene die Finger mit Gewalt öffnen, um die zwei Täler herauszulösen. Desgleichen bei dem Getöteten. Daher waren beide so ungleich schwach gewesen, weil sie krampfhaft das wenige Geld festhielten.

»Was hat euch der Mann noch mehr geboten?«

»Jedem noch weitere drei Taler, Herr. Ich will sie nicht mehr haben.«

»Du Hundesohn, du wirst sie auch nicht mehr bekommen. Sei froh, wenn du das alles überlebst. Ich werde dich dem Piero zum Fraße vorwerfen. Der wird wissen, was er mit euch zu tun hat.«

»Laßt mich leben, Herr«, jammerte die armselige Gestalt. »Ich will Euch zeigen, wer uns gedungen hat.«

Das Gefährt befand sich kurz vor der Ausfahrt aus dem Wald auf die Straße nach Castel San Gimignano. In wenigen Minuten war der Schmied vor der Locanda Romana, hielt sein Pferd an, sprang von dem Wagen und zerrte den verletzten Mörder mit herunter. Der Strolch fiel mit seinem Gesicht in den Staub und schrie jämmerlich auf. Der Lärm in der Locanda übertönte auch dieses Geschrei, so daß noch niemand ihre Ankunft bemerkt hatte.

»Du wirst sofort auf den zeigen, der euch gedungen hat. Wenn

du fliehen willst, werde ich dir mit einem Schlag dein Genick brechen«, fauchte ihn der Schmied an.
Der Mörder zuckte ängstlich zusammen, willig, allen Befehlen seines neuen Herrn zu gehorchen.
Datini trat gegen die schwere Tür der Locanda Romana und befand sich mit einem Satz mitten in der Kaschemme. Den gedungenen Täter hielt er an den Haaren fest. In dem finsteren Raum herrschte augenblicklich eine tiefe Stille. Zwielichtige Gestalten waren vor Angst und Entsetzen, andere vor Erstaunen plötzlich ganz ruhig.
Der wütende Schmied riß seinen Gefangenen an den Haaren hoch. Der drehte sich in die Richtung des Tisches, an dem sie das Komplott geschmiedet hatten. Checco hockte wie versteinert an der eichenen Platte. Er glaubte nun wirklich, dem Teufel zu begegnen, den Leibhaftigen zu sehen. Seine Augen fielen ihm vor Entsetzen fast aus dem Kopf. Sein Gesicht war noch dünner als sonst. Er war nicht einer Bewegung fähig. Der Mörder sagte kein Wort.
Datini ging drohend und langsam, sehr langsam auf den Tisch des Checco zu. Die Starre des Denunzianten hatte seinen Körper gelähmt. Mit stierem Blick hockte er auf seinem Stuhl, eine armselige Gestalt voller Angst und Feigheit.
Mit einem gewaltigen plötzlichen Schwung warf Datini den Mörder dem Checco direkt auf den Körper. Checco sah das margere Haupt des anderen auf sich zufliegen. Er erkannte die Gefahr, doch er war unfähig, sich zu bewegen. Dann krachten die beiden Köpfe aufeinander. Knochen schlugen hart auf, und Schädel schienen zu splittern. Blut spritzte über Tische, in die Bierkrüge und Weingläser und auf den Boden, den in der Nähe Sitzenden auf die Strümpfe und die spitzen Lederschuhe.
In einem Knäuel blieben Mörder und Auftraggeber auf der Erde liegen. Doch Datini hatte noch nicht genug. Voller Wut packte er den Checco bei den blutigen Haaren und zerrte ihn hoch. Der Mann glotzte seinen Bezwinger mit schierem Entsetzen an.

»Wo ist das Judasgeld für die Tat, du Mörder?« schrie ihn Datini an.

Dann riß er den Beutel von Checcos Gürtel und warf die Münzen wütend in die entsetzt schweigenden Menschen.

»Damit kann sich jeder bereichern, der gleiches tun will«, schrie Datini. »Dieser Mensch«, dabei schleuderte er seinen Arm symbolisch auf Checco, »dieser Mensch ist unwürdig, unter uns zu leben. Er hat die Mörder gedungen. Dieser hier«, fuhr er pathetisch fort und wies auf den überlebenden Mörder, »dieser hier ist sein williges Werkzeug. Die armselige und erbärmliche Gestalt ließ sich für ein paar Taler zum Mord anheuern. Gott hat sie bestraft. Sie werden Krüppel sein, für alle Zeiten.«

Datini schaute stolz in die Runde. Er sah jedem der Männer nacheinander in die Augen. Die meisten senkten erniedrigt ihren Blick, andere hielten ihm stand und nickten ganz leicht. Der Schmied bewegte sich langsam hinaus. Als er an dem Ausschank vorbeikam, blieb er eine Weile stehen und schaute dem Duca verächtlich in die Augen, ohne ein Wort zu sagen. Wie zwei Kampfstiere standen sich die Männer gegenüber. Keiner senkte den Blick. Keiner zuckte auch nur mit seinem Augenlid. Dann ging Datini hinaus. Er warf den Toten vor die Tür der Kaschemme, band sein Pferd los und lenkte es zu seinem Heim.

Ein Aufschrei des Entsetzens hallte durch die Burg Picchena, als die junge Gräfin von dem mörderischen Geschehen erfuhr. Doch sie beließ es nicht dabei, sie schrieb es nicht einem unabwendbaren Schicksal zu. Nur einige wenige Augenblicke war die Tochter des Landgrafen von ihrem Schmerz gelähmt. Dann stürzte sie nach draußen in den Pferdestall. Ihr Vater Curzio Picchena hatte erst vor einer Stunde seinen Sommersitz in Richtung Florenz verlassen. In seiner Kutsche, bewacht und geschützt von vier bewaffneten Soldaten der großherzoglichen

Garde, war er von seiner Tochter liebevoll verabschiedet worden.
Caterina hatte seit frühester Kindheit auf Pferden gesessen. Wie ein Wildfang war sie über die Höhenzüge und die Täler ihrer wunderbaren toskanischen Heimat gefegt. Nicht das stolze Dahinschreiten in eleganten Kleidern auf dem Rücken eines langsam gehenden Pferdes war ihr Traum gewesen. Der abenteuerliche Ritt in Hosen, meist ohne Sattel, hatte das junge Mädchen berauscht.
Im Stall striegelte Marco die Pferde.
»Los, satteln!« rief seine Herrin.
Marco schaute sie ungläubig an.
Völlig außer sich, schrie sie erneut: »Satteln!«
Marco gehorchte wie im Traum.
Auf dem Rücken ihres schnellsten Pferdes stob sie aus dem Gelände, ihrem Vater hinterher. Alles Schreien und Rufen, jedes Flehen und Bitten ihrer Bediensteten hörte sie nicht mehr. Sie war bereits auf dem Weg durch den Wald in Richtung Colle di Val d'Elsa. Sie wußte, welchen Weg ihr Vater nehmen würde, da er ihr vorher noch geschildert hatte, welche Staatsbediensteten er aufsuchen wollte. Trainiert durch die vielen Ritte in ihren frühen Kindheitstagen, war sie sehr geübt. Sie kannte die Abkürzungen und Wege, die sie direkt durch den Wald führten.
Marco nahm erst nach einigen Augenblicken wahr, was wirklich geschehen war und was jetzt gerade geschah. Voller Angst und Entsetzen sattelte er ein zweites Pferd und machte sich an die Verfolgung. Doch es war ihm unmöglich, seine Herrin auch nur annähernd einzuholen. Er verirrte sich und kehrte schließlich unverrichteter Dinge in die Burg zurück.
Caterina wußte, daß ihr Vater einen Vorsprung von einer Stunde hatte. Da der Troß in der Zwischenzeit auch weiterfuhr, würde sie im günstigsten Fall die Kutsche in eineinhalb bis zwei Stunden einholen können. Das hieß für sie ein steifer Ritt bis Colle di Val d'Elsa. Ihre einzige Sorge galt ihrem Pferd, das hof-

fentlich durchhalten würde. Mehrmals drohte sie von Zweigen und Sträuchern von dem Rücken ihres Pferdes heruntergefegt zu werden. Manchmal hing sie nur noch schief im Sattel.
Auf Feldern und Wiesen schauten die Bauern entsetzt auf, als sie das junge Mädchen dahinrasen sahen. Manche erkannten sie und ahnten nichts Gutes. Caterina trieb den achtjährigen Wallach unermüdlich an. Auf gerader Strecke beugte sie sich über den Hals des gehetzten Tieres und sprach mit ihm.
»Halte durch, mein Freund. Dieses eine Mal verlange ich das von dir. Halte durch. Du wirst es nicht verstehen, aber es muß sein.«
Als verstünde er ihre Worte, erhöhte der Wallach sein Tempo und hetzte mit dem Mädchen über die Wege, Wiesen und Felder, tauchte unter Bäumen durch und galoppierte an Bauernhöfen vorbei. Sein Rücken war schweißnaß, Schaum stand ihm vor dem Maul. Aber das Mädchen brauchte ihr Lieblingspferd nicht mehr anzutreiben. Es wurde nicht gejagt. Es wurde gezogen, als wüßte es, wo das Ziel lag und wie schnell es diese Strecke überwinden müßte.
Die letzten Worte des Schmiedes gingen der jungen Gräfin nicht mehr aus dem Kopf.
»Noch nicht einmal Euer Vater hat die Macht, mir zu helfen. Wenn die Inquisition ein Vorgehen für richtig erachtet, dann ist es richtig.«
Noch nicht einmal mein Vater konnte helfen, dachte sie.
Sie sah den Schmied Datini am Amboß mit den beiden zerquetschten Händen, die den Hammer nicht mehr fest genug halten konnten. Es war das letzte Bild, das sie von ihm hatte.

In der Residenz des Vikars von Colle machte sie ihren ersten Halt. Sie rief nach ihrem Vater. Entsetzt schauten die Bediensteten auf das erschöpfte Mädchen und den schweißnassen Wallach. Dann teilten sie der jungen Picchena mit, daß der Staatssekretär noch nicht eingetroffen sei, man ihn aber jeden

Augenblick erwarte. Durch die Abkürzungen, die sie geritten war, hatte sie die Staatskarosse überholt. Sie ließ ihr Pferd absatteln und pflegen und wartete auf ihren Vater.
Curzio Picchena schaute ungläubig, als würde er seine Tochter nicht erkennen. Dann runzelte er entgeistert die Stirn, als er ihr gegenübertrat.
»Um des Herrn willen, was machst du denn hier?«
»Vater, Datini ist tot. Er ist verhört, gefoltert und enthauptet worden!« rief seine Tochter voller Verzweiflung unter Tränen aus.
Sie erzählte in schnellen Worten, was sie aus San Gimignano erfahren hatte. Der Landgraf hörte sich die unglaubliche Geschichte seiner Tochter an. Es war zu spät zum Eingreifen. Es hatte auch keinen Sinn, nach San Gimignano zurückzufahren. Er erklärte seiner Tochter, daß er keinerlei Einfluß auf die Inquisition habe, daß das Gericht der Kirche dem Sinne nach ein totalitärer Staat im Staate sei, daß selbst die Medici nicht hätten eingreifen können. Er sprach lange mit seiner Tochter, vermochte sie indes kaum zu besänftigen und schickte sie in der Begleitung von zwei Soldaten des Vikars zur Burg zurück. Ein Bote berichtete ihm von den Geschehnissen.

Trotz der frühen Morgenstunde hatten sich viele Bürger aus San Gimignano auf der Piazza versammelt. Datini, selbst nicht mehr fähig zu gehen, nicht einmal mehr fähig zu schreien, wurde vor das Todesinstrument geschleppt. Der Richter verkündete das Urteil.
»Im Namen der heiligen römischen Kirche ist dieser Mann für schuldig befunden der Ketzerei, der Verschwörung mit dem Teufel, des Mordes an einem harmlosen Wanderer und der schweren Körperverletzung eines zweiten Wanderers und des allseits bekannten und ehrenwerten Schmiedes und Mitgliedes der Gilde der Schmiede aus Castel San Gimignano, unseres Schmiedemeisters Checco. Das Gericht der heiligen Inquisition hat den Delinquenten befragt, und dieser hat gestanden. Datini

wird dem Tode übergeben. Wir befehlen seine Seele dem barmherzigen Gott. Möge der Herr ihn aufnehmen in sein ewiges Reich.«

Der Delinquent war nicht mehr fähig, auf seinen Beinen zu stehen. Die Glieder waren zerschmettert. Doch seine Sinne waren wach. Er hing in den Armen der Wächter. Sein Haupt hielt er aufrecht, soweit es ging. Er blickte in die Gesichter der sensationslüsternen Zuschauer.
Ihn schmerzte die Anklage, obwohl er sich unschuldig fühlte, ihn schmerzte es, sein Weib und seinen Sohn zurücklassen zu müssen. Ihn schmerzte das Unrecht dieser Welt. Am meisten jedoch schmerzte ihn die harmlose Dummheit seiner Mitbürger aus der Stadt, die er so gut kannte. Nur diese Dumpfheit der vertrauten Menschen um ihn herum ließ es zu, daß ein solches Unrecht geschehen konnte.

Die Wächter legten den Delinquenten zu Boden und schoben seinen Kopf in einen hölzernen Halbring. Beine und Körper wurden festgebunden. Datini erlebte jede Sekunde bewußt mit. Der Henker zog das lange Seil an. »Im Namen Gottes«, murmelte eine dunkle Stimme. Das scharfe Messer knirschte in seiner Führung. Es bewegte sich nach oben. Datini hörte ein plötzliches Rauschen über sich. Die Menschen um ihn herum wirbelten durcheinander. Himmel war unten und Erde war oben. Er spürte seinen Hinterkopf rollend auf den Holzplanken aufschlagen, dann wurde es dunkel um ihn herum.
Die Menschen, die Zuschauer, die Gaffer, die frommen Leute, Heilsbringer und Sensationssüchtigen wandten sich entsetzt ab. Sie murmelten miteinander. Gott möge helfen oder ähnliches. Dann trotteten sie stumpfsinnig in ihr tägliches Leben.

# Die Vergewaltigung

Ach ja«, stöhnte Nanini, und sie legte die alles umfassende Qual der Welt in diesen Seufzer, »es ist eine Last, Pater. Nun könnt Ihr Euch vorstellen, wie schwierig es für unsereins ist, einen solchen Wildfang zu bändigen. Die Wissenschaften, die Kunst des Disputierens, Mathematik und wie dies alles sich so nennt sind für meine Ziehtochter das Teufelszeug, das diese Welt schnell durcheinanderbringt. Die Ordnung in den Familien, in den Räten unserer Stadt und den Gemeinden wird durch Frauen, die zuviel denken, durcheinandergebracht und verwirrt.«

Pandolfini war erstaunt ob der weisen Worte der Amme.

»Sie ist alt genug, um verheiratet zu werden. Es wäre an der Zeit, daß die junge Gräfin einen Mann zugesprochen bekommt, den ihr der Landgraf ausgesucht hat. Dann wäre sie unter einer sicheren Haube. Glaubt mir, Pater Pandolfini, für mich ist diese Aufgabe, den Wildfang zu bändigen, zu schwer geworden. Ich finde, meine Caterina beschäftigt sich zuviel mit den gelehrten Büchern. Sie hängt den Reden des Galileo Galilei an, der bei der Kirche in Ungnade geraten ist. Mit einem reichen Herrn hier aus Florenz verehelicht, würde sie Kinder zeugen und eine gute Mutter sein. Sie ist eine hübsche Frau. Verzeiht mir, Pater, wenn ich Euch das so einfach sage. Jeder aber kann es sehen, daß unsere Caterina eine reife Frau geworden ist. Ihr schöner Körper ist zu schade, als daß sich nur ihr Kopf betätigt.«

»Und der betätigt sich weiß Gott genug.« Pandolfini dachte an das schwierige Gespräch mit der jungen Gräfin, das er erst soeben geführt hatte.

»Die Frauen, Pater Pandolfini«, fuhr die dumme Nanini mit ihren klugen Reden fort, »sollten rechtzeitig dafür Sorge tragen, dem Manne zu gefallen. Ihr Körper muß der fruchtbare Boden sein, in den der Mann den Samen für die Fortpflanzung legt. Er muß der wunderbare Kelch für den Akt der immer neuen göttlichen Schöpfung sein. Das hat mich vor langer Zeit Monsignore Alberto gelehrt, der Pfarrer meiner Heimatgemeinde im Lande Friaul. Die junge Gräfin täte besser daran, sich den Pflichten ihres Leibes zu widmen, als sich mit Astronomen und Philosophen zu beschäftigen.«

Pandolfini gefielen diese Worte. Mit Genuß dachte er an die wohlgestalteten Formen seiner jungen Schülerin. So, wie die Amme an die Aufgaben des Leibes der jungen Frau erinnerte, so wuchs unter seinem heiligen Kleide die männliche Bestätigung der Pflichten einer Frau. Die Amme schwatzte sonst viel dummes Zeug, dem niemand so recht Glauben schenken konnte, doch hierin hatte sie recht.

»Auch meine Meinung, hochverehrte Nanini, ist gebildet wie die Eurige. Ich kenne den Körper dieser jungen Gräfin nicht.«

Bei diesen Worten spitzte die Betreuerin des Mädchens ihre Lippen und nickte, als wollte sie eine nichtgestellte Vermutung bestätigen. »Ein Lehrer, ein Mönch gar so wie ich«, ereiferte sich mit roten Wangen der Lehrer, »darf nicht den Reizen seiner Schülerin erliegen. An den Verstand hab ich mich stets zu richten. Die geistigen Kräfte sind es, die ich bilden muß.«

Bei seinen Lehrstunden suchte Pandolfini genügend Raum zwischen sich und seine Schülerin zu legen. Lehrte er sie im Unterricht den Klang der Noten, die Technik des Lautenspieles, blieb er einige Schritte von ihr entfernt, um nicht dem sinnlichen Duft ihres goldenen Haares zu verfallen. Die Versuchung setzte ihm jedoch so sehr zu, daß er oft nicht den notwendigen Abstand wahren konnte. Welch Wunder, eines Tages verfiel er seiner eigenen Lüsternheit.

Der junge Mönch näherte sich Caterina, um ihr die richtige Handhabung der Laute zu demonstrieren. Er beugte sich von hinten über die Rundungen des schönen Körpers, schob seine

Hände links und rechts an ihrem schlanken Hals vorbei und zeigte ihr die Griffe auf der Laute. Die Berührung ihrer zarten Haut, die körperliche Nähe ließen sein heißes Blut unter der Mönchskutte wie einen feurigen Springbrunnen emporschnellen. Der Duft ihres weichen Haares, ihr Gesicht neben dem seinen und die Signale des jungen und doch so vollen Busens an seinen Armen ließen ihn die Kontrolle über sich und sein Gelübde vergessen. Mit zittrigen Händen erfaßte er die Brüste seiner Schülerin. Seine Wangen suchten ihr Gesicht. Ermutigt von ihrem Schweigen, fuhr er gierig über die zarten Rundungen und gab dabei unartikulierte Laute von sich.

Blitzartig schlug ihm das Mädchen ins Gesicht und wies ihm die Tür.

»Verschwindet, Pandolfini«, befahl sie zornig. »Ich bin nicht Eure Hure, die Ihr wie ein geiler Bock befallen könnt. Schert Euch von dannen. Ihr habt mein Vertrauen und das meines Vaters mißbraucht. Ich will Euch niemals wiedersehen. Raus aus unserer Burg.« Wütend wies sie ihm die Tür.

Wie ein geschlagener Hund schlich der Pater aus dem Zimmer und kehrte außer Atem zurück in sein Kloster. Dort begab er sich in seine Zelle und grübelte über seine Schmach nach. Er erkannte die Gefahr, in der er sich befand. Niemals würde er als Lehrer in die Villa Picchena zurückkehren können. Niemals aber auch würde er als Lehrer von einer der anderen reichen Familien beauftragt werden. Sein Abt würde ihn in eine verlassene Gegend verbannen. Er sah sein Leben an einem gefährlichen Abgrund. Seiner Schande war er sich bewußt. Doch nicht die Tat war das Übel. Schlimmer war die Gefahr, entdeckt zu werden. Die Angst und die Not über seine dunkle Zukunft waren sein Leid. Nur eine Möglichkeit gab es, sein Gesicht zu wahren. Er mußte vor seinen Abt treten, um später wieder dem Staatssekretär Picchena begegnen zu können. Folglich begab er sich unmittelbar zu Piero, seinem Abt.

»Pater«, hub der Verräter sogleich an, »Ihr wißt, daß ich die junge Picchena in Musik und in der Lehre unseres heiligen katholischen Glaubens unterrichte. Habt Verständnis, daß ich dies nicht mehr kann. Ich kann nicht länger in der Nähe dieser Frau bleiben.«

»Was ist, Pandolfini, sagt, was macht Euch so aufgeregt?« suchte zögernd der Abt nach dem Grund des Besuches. Er legte seine Beschäftigung zur Seite und schaute den Mönch neugierig an.

»Pater, mein Seelenheil ist bedroht«, schluchzte Pandolfini unter bitteren Tränen. »Meine Schülerin, die Gräfin Caterina Picchena, ich kann es Euch nicht sagen, die Gräfin Picchena hat nur eines im Sinn. O Gott, Pater, es ist zu schwer.«

Der Mönch warf sich zu Boden, schlug seine Stirn auf den Stein und küßte den Rocksaum des Abtes.

»Nun steht auf, Pandolfini. Was ist geschehen, was hat Euch so bestürzt gemacht?«

»Sie will mich zu den irdischen Gelüsten verführen, Pater. Heute, als ich mit ihr die Künste der Musik abhandelte und ihr die Griffe an der Laute zeigen wollte, da, da ... da hielt sie meine Hand fest und führte sie zu ihrer Brust. Oh, wie schlimm, Vater. Sie führte meine Hand über ihre festen Brüste. Dann wandte sie ihr Gesicht mir zu und versuchte mich zu küssen. Pater, ich spürte, der Teufel wollte mich verführen. Wie soll ich armer Mönch einem Mädchen dieser Schönheit widerstehen? Vergebt mir, Herr, aber der Duft ihres Haares ist verführerisch, ihr liebliches Gesicht mit den weichen Wangen läßt mich erzittern, und ihre reifen Brüste sind wie Pfirsiche in meiner Hand.«

Die wohlüberlegten Worte des jungen Mönches verfehlten ihre Wirkung nicht. Lüstern und mit roten Wangen, die zu glühen drohten, lag der zu fett geratene Abt lüstern in seinem Sessel. Er versuchte zu erkennen, was geschehen war, und zeigte wißbegieriges Verständnis.

»Pandolfini, ich verstehe Euch. Um Euer Seelenheil zu retten, muß ich in allen Einzelheiten wissen, wie die Schuld über Euch gekommen ist.«

Die Freude über den gelungenen Streich ließ Pandolfini sicher werden. Ein reifes Stück spielte er seinem Herrn vor und wußte gleichzeitig, wie er die Lüsternheit des Abtes lenken konnte.

»Ich war wie üblich bei der jungen Gräfin. Ihr wißt, ihr Vater hat mich gebeten, die Caterina während seiner Abwesenheit zu unterrichten und auf ihr körperliches und seelisches Heil zu achten. Monsignore, nichts als dies habe ich stets im Sinn gehabt. Mein Gott, wie soll ich vor den zurückgekehrten Landgrafen treten mit der Schmach, daß ich ein Opfer seiner jungen Tochter bin. Wie kann ich jemals ihm wieder unter die Augen treten?« Erschöpft machte er eine Pause.

»Sprecht weiter, fahrt fort!« rief derweil der Abt, begierig auf die Schilderung des Mönches.

»Nun, ich unterwies heute die Gräfin in der Kunst des Lautenspieles, wie ich es bereits öfter getan habe, dem Auftrag des Herrn gemäß.«

Piero rutschte unruhig auf seinem Stuhl hin und her. Sein Mund öffnete sich, Speichel lief über die wulstigen Lippen.

»Na und, was weiter, wie kam die Sünde über sie?«

»Ich habe mich stets weit genug von ihr entfernt gehalten. Pater, verzeiht mir, ich habe dabei sogar manchmal meine Pflicht versäumt.«

»Zur Sache, kommt zur Sache. Welche Griffe wolltet Ihr sie lehren?«

»Gott verzeih mir«, fuhr der Mönch umständlich fort und schaute listig auf den Abt. »Wir erreichten eine Stelle, Pater ...«

»Welche Stelle, los, sagt es«, drängte ihn der Abt.

»Wie, was meint Ihr, welche Stelle?« fragte der Mönch.

»Mein Gott, erzählt weiter, Pandolfini.«

Piero konnte sich kaum noch bezähmen. Das verbale Abenteuer, dem er gerade entgegenging, ließ ihn seine Umwelt vergessen.

»Ja, wie gesagt, wir kamen an eine Stelle, an der die schöne Gräfin nicht wußte, wie sie den Griff an der Laute nehmen sollte. Sie rief mich zu sich, ich solle mich nicht so anstellen. Pater, ich ...«

Mit wäßrigen Augen und nassem Mund forschte der Abt gierig weiter. »Ja, und? Na macht schon ...«
»Ich wage es gar nicht zu erzählen, Pater. Sie ergriff plötzlich meine Hand und ließ sie nicht mehr los. Ich zerrte und zerrte und wollte entfliehen, doch sie hielt mich fest. Mit den Kräften der Sünde zog sie mich zu sich heran und führte ... o Gott ... ja, und führte meine Hand an ihre zarte Brust.«
»Berichtet weiter über diese schamlose Sünde. Wie ist ihre Brust?«
Piero bemerkte seine unzulässige Frage zu spät und begann zu stottern. »Mein ... mein Gott, Ihr macht mich selbst ganz verrückt. Ich meine natürlich, wie hat sie das getan?«
»Pater, Ihr müßtet diese wundervolle junge Brust spüren. Welches Fleisch kann dieser Verführung widerstehen. Welche arme Seele kann noch gerettet werden, wenn sie so von dem schändlichen Satan attackiert wird. Sie zog meine Hand immer weiter über ihr zartes Fleisch und, ja, und sie rieb sie auf ihrer vollen Brust. Ich fühlte, o Gott, nein Pater, das kann ich nicht sagen.«
»Pandolfini, es ist Eure Christenpflicht, die ganze Wahrheit zu erzählen.«
Piero versuchte amtliche Kälte in seine Stimme zu legen. Seine gierigen Augen und seine nassen Lippen straften seine kühlen Worte Lügen. Die Gier des Abtes blieb dem Mönch nicht verborgen. Er war willens, die Gunst der Stunde für sich zu nutzen.
»Wie soll ich Euch schützen, wenn Ihr nicht alles sagt?« Piero schaute auf den Mund des Mönchs, um nicht ein einziges Wort der Sinnesfreuden zu verlieren.
»Ja, dann muß ich es sagen, Herr, ich spürte die festen Warzen ihrer Brüste, die sich aufgerichtet hatten aus Lüsternheit«, schwelgte der Lehrer in seinen Erfindungen.
Der Mönch stockte und verbarg sein Gesicht in seiner Hand.
»Über diese festen Warzen der jungen Brüste rieb sie immer wieder meine Hand, und ich vermochte mich nicht zu entwinden. Könnt Ihr Euch das vorstellen, Pater?«

Piero ließ alle Vorsicht fallen. »Ja, ich kann es, Pandolfini, ich kann mir auch vorstellen, daß Ihr Euch der Sünde nicht zu entwinden vermochtet, aber wie ging es dann weiter? Was tat die Verwerfliche, wie hat sie Euch verführt?«

»Sie zerrte meine Hand, ich sage, Pater, sie zerrte meine Hand, und ich konnte mich nicht dem erwehren …«

»Jetzt macht schon weiter.«

»Ja, sie zerrte meine Hand bis hin zu ihrem Schoß und stieß sie zwischen ihre … ihre … Beine …«

»O Gott«, entfuhr es dem Abt, »wie wunderbar!«

»Was … was sagtet Ihr?«

»Nichts, nichts sagte ich. Ihr habt was gesagt.«

Der Mönch betrachtete mit Kalkül den winselnden Abt, bis er stöhnend mit seiner Erfindung fortfuhr. »Ja, dann zerrte sie meine Hand zwischen ihre Beine. Ich spürte die heißen Schenkel. Da raffte ich noch einmal alle Kraft zusammen und entriß mich ihrer Wollust.«

»Dummkopf!«

»Was … was sagtet Ihr?«

»Eh, ich sagte, ja, ich sagte Dummkopf, weil Ihr es nicht verstanden hattet, Euch viel früher aus dieser Gefahr zu entwinden. Noch früher, Pandolfini, Ihr hättet es gar nicht so weit kommen lassen dürfen. Aber ich verzeihe Euch. Wie solltet Ihr mit der teuflischen List der jungen Gräfin rechnen? Das beweist Eure Unschuld.«

Pandolfini glaubte nicht zu verstehen. Sollte das große Unheil so leicht an ihm vorbeigegangen sein? Sollte er so schnell mit dem Unglück fertig geworden sein? Doch wollte er keine neue und größere Gefahr heraufbeschwören. Er neigte seinen Kopf in Demut und bekreuzigte sich.

»Der Herr vergebe mir«, bettelte er vieldeutig.

Piero aber raffte den Saum seiner Kutte zusammen. »Ich eile fort in den Palazzo Picchena, dem teuflischen Unhold seine Grenze zu setzen.«

»Vater, ich danke Euch«, murmelte sein Mönch. Er wandte sich ab, schlurfte mit einem Lächeln auf den Lippen in die Klosterkapelle und betete.

Abt Piero indes eilte atemlos seinem Ziel entgegen. Er traf auf die Amme. Die fromme Nanini erschrak ob des aufgeregten Abtes und fragte ihn eilfertig nach seinem Begehr.

Piero stutzte einen Augenblick. Sein scharfer Verstand erkannte blitzschnell die Gunst der Stunde. Die Begegnung mit Nanini, die er stets als frömmelndes und abergläubisches Weib gescholten hatte, gab seinem Vorhaben eine günstige Wendung. Nanini hatte des öfteren über die teuflische Abstammung Caterinas gejammert. Nun kam ihm dieses Weib günstig.

»Signora«, so sprach er das abergläubische Weib an, »es ist eine schwere Sünde geschehen, der heiligen Mutter Kirche ist ein Unrecht geschehen, das kaum wiedergutzumachen ist.«

»Vater, um des Herrn willen«, fragte Nanini entsetzt, »was haben wir damit zu tun? Haben wir ein Unrecht begangen?«

Für die Amme gab es kein größeres Unheil, als der Kirche ein Leid anzutun.

»Nanini, Ihr selbst habt sicher kein Unrecht begangen.«

Die dürre Frau holte tief Atem, daß es in den Rippen knackte.

»Um des Herrn willen, die junge Gräfin. Sie hat ein Unrecht getan.« Schnell und eindringlich sprudelte er die Erfindungen des Mönches heraus, wobei er nichts ausließ. Einzelne Details schmückte er erotisch aus und ergötzte sich an seinen lustvollen Worten.

»Könnt Ihr Euch vorstellen, Nanini, welche Sünde unserem frommen Bruder geschehen ist? Es ist ein Verbrechen, es ist nicht wiedergutzumachen.«

»Hab ich so etwas doch geahnt.« Nanini glotzte mit ihren Kuhaugen den Kirchenmann an. »Ich hab es gewußt, Monsignore. Ich hab schon immer zu den Heiligen gebetet, wie das mal enden soll. Meine Herrin, nein, welch ein schändliches Wesen. Den Bruder der Kirche so gierig zu verführen. Dank Gott, Pater, daß ihr Pandolfini mit seinem christlichen Charakter widerstehen konnte. Signorina, hab ich ihr schon immer gesagt,

was beschäftigt Ihr Euch mit Sachen, die nicht in der Bibel stehen? Was interessiert Ihr Euch für den Mond und die Sterne? Wer dreht sich um was, was interessiert es Euch? Gott ist unser Beschützer. Betet zu Gott, geht in die Kirche und seid fromm. Pater, glaubt mir, ich gehe regelmäßig zur Kirche und noch zur Andacht. Ich bete jeden Tag. Ich versichere Euch …«
Piero sah sich durch die Unschuldsbeteuerungen der Amme in seinem Verlangen zurückgehalten. Am wenigsten konnte er jetzt das Gejammer dieses Weibes gebrauchen.
»Ich glaube Euch, Nanini, Ihr seid nicht in Gefahr. Ihr seid gottesfürchtig und fromm. Die ehrenwerte Gräfin Caterina ist in Gefahr, aus dem Schutz der heiligen Kirche verstoßen zu werden. Ich muß sie retten, wo ist sie?«
Für die abergläubische Amme erfüllten sich die schlimmsten Weissagungen der alten Berta. Sie war dem Abt eilfertig zu Diensten.
»Sie ist in ihrer Kammer. Pater, darf ich Euch dorthin begleiten?«
»Ja, ja, Nanini, hinbegleiten, dann aber laßt mich alleine mit der Sünderin, hört Ihr? Ich werde die Tür von innen verschließen. Steht auch nicht draußen und lauscht, denn es geht um die heilige Beichte, Nanini, Ihr wißt, die Beichte unterliegt einem strengen Geheimnis. Wenn Ihr lauscht und das Beichtgeheimnis verletzt, werdet Ihr direkt in die Hölle fahren.«
»O Gott!« Die Amme warf sich vor dem Abt auf den Boden und bekreuzigte sich dreimal. »Pater, warum sagt Ihr so etwas? Ich werde niemals das Beichtgeheimnis verletzen. Ich werde in den unteren Räumen bleiben, bis Ihr wieder herunterkommt.«
»So ist's recht, Nanini«, beteuerte Piero. »Wenn Ihr weiter so brav bleibt, werdet Ihr in das ewige Himmelreich zu den Engeln einkehren. Aber nicht lauschen. Die Beichte ist ein Sakrament. Es kann lange dauern, Nanini, bis ich die Beichte abgenommen habe. Ich werde bei der Gräfin verweilen, bis sie ihre Buße erfüllt hat. Sie wird schwer sein, die Buße, es kann lange dauern. Nun auf zu Caterina.«

Pieros Rücken straffte sich. An seiner Haltung nahm die Nanini die ganze Autorität der Kirche wahr.
»Gleich, Pater!« Die Amme raffte ihr langes Kleid zusammen und stürmte vor dem Abt die Treppe hoch. Sie klopfte an die Tür der Gräfin und rief forsch: »Caterina, öffnet. Abt Piero ist da, er will Euch sprechen!«
Die Tür öffnete sich einen Spalt, und das Mädchen stand aufgeregt dahinter.
»Gut, daß Ihr kommt, Vater, es ist etwas Schreckliches geschehen. Ich will Pandolfini niemals wiedersehen«, bestürmte die junge Gräfin den Abt.
Piero schloß die Tür. Sein wuchtiger Körper füllte den Rahmen aus.
»Signorina, ich weiß, was vorgefallen ist, Pater Pandolfini hat mir alles berichtet. Ich will in Ruhe und im Sinne unseres Herrn mit Euch darüber sprechen. Wir sollten nicht gestört werden. Daher gestattet mir, daß ich die Tür verriegle.«
Sie forschte in seinen runden Augen und nickte dann zögerlich.
Abt Piero schloß die Tür sorgfältig. Seine fleischigen, schweißnassen Hände zitterten. In seinen Augen leuchtete die Begierde, seine Lippen bebten, als er das reife Mädchen mit den lüsternen Augen des unbefriedigten Mannes betrachtete. Seine Begierde drängte nach Erfüllung. Caterinas Wangen glühten vor Zorn, ihre langen Haare umschlossen zart das Gesicht. Im Rhythmus des schnellen Atems wogten ihre vollen Brüste. Der Kirchenmann mußte sein Vorhaben sorgfältig vorbereiten, um das Einverständnis des Mädchens zu erlangen.
Er bewegte sich langsam mit einem arglistigen Lächeln auf sie zu. »Ehrenwerte Gräfin, Caterina Picchena, mein Mönch Pandolfini hat mir all die sündhaften Taten geschildert, Ihr braucht mir nichts mehr zu erzählen. Seid unbesorgt.«
Die junge Frau vertraute dem Abt. Für die schändliche Tat fehlten ihr die Worte.
»Vater, wenn Pandolfini Euch alles erzählt hat, dann werdet Ihr

auch verstehen, daß ich ihn niemals wiedersehen will. Er betritt niemals mehr mein Studierzimmer.«

»Kind Gottes, Gräfin Caterina, ich kann Euch verstehen. Nach einer solchen Tat will man den anderen nicht mehr wiedersehen. Ich kenne das, mein Kind. Ich habe das oft im Beichtstuhl erlebt. Es ist unverzeihlich.« Der Abt strich dem Mädchen über das lange blonde Haar, wobei nicht zu erkennen war, was er mit »unverzeihlich« meinte.

»Dennoch, hochverehrte Gräfin, es ist eine schwere Sünde für Euch. Ihr müßt beichten und Buße tun.«

»Was, eine schwere Sünde für mich?« rief sie entsetzt mit Blitze sprühenden Augen. »Was soll das heißen, Vater, warum für mich? Wird die Frau schon deswegen bestraft, weil sie eine Frau ist? Ist die Begierde des Mannes dadurch verziehen, weil seiner Lüsternheit nach jeder Frau nicht Einhalt geboten werden kann? Welche Buße habt Ihr Pandolfini auferlegt?«

»Glaubt mir, Gräfin, es ist für ihn eine schwere Last, seine Buße ist schwer, unendlich schwer. Wie wird er Euch jemals wieder unter die Augen kommen können?«

»Niemals wieder, sage ich, niemals wieder will ich ihn sehen.« Das Mädchen funkelte den Abt mit gewitterdrohenden Augen an. Ihr flammender Zorn reizte seine Begierde.

»Ja, meine Gräfin, das ist verständlich. Doch für Euch ist es wichtig, daß Ihr Buße tut. Seid Ihr bereit dazu?«

Mit der linken Hand drückte er das Gebetbuch fest auf die Brust. Sie sollte nicht sein Herz pochen hören. Mit dem geneigten Kopf verbarg er die zitternden, feuchten Lippen. Seine rechte Hand fuhr erneut über ihr langes seidenweiches Haar.

»Gräfin, wir müssen diese Sache aus der Welt schaffen, seid Ihr bereit?«

»Ja, natürlich, ich bin bereit. Aber sagt mir, wie Ihr diese Sache, und überhaupt, welche Sache Ihr aus der Welt schaffen wollt?«

»Tut Buße. Und ich will Euch erklären, wie.«

»Gut, Vater, wenn Ihr denn meint.« Caterina schaute den Abt unsicher an.

»Aber sagt mir noch vorher, welche Buße Ihr Pandolfini auferlegt habt.«
»Caterina, das ist nicht Eure Sache. Es geht um Eure Buße. Ich will Euch vor der Buße über die Liebe erzählen. Die Ehe ist ein heiliger Akt. Niemand weiß besser als der Stand der Priester und Mönche, welch heiliger Quell in dem Vollzug der Ehe liegt. Mit der Weihe ist dem Stand der Priester die Erkenntnis über die Vermählung gegeben. Ein Priester, und natürlich erst recht ein erfahrener Abt, weiß am besten, was der Vollzug der Ehe bedeutet. Das Einswerden mit Gott liegt darin verborgen. Deshalb müßt Ihr auch den körperlichen Verkehr heilig halten.«
Sie schaute Piero zweifelnd an, nicht sicher, wie sie seine Worte verstehen sollte. Was hatte das alles mit dem Versuch der Verführung durch Pandolfini zu tun?
»Nun, die heilige Ehe und ja auch der Geschlechtsverkehr sind heilig.« Dem Abt entrang sich bei diesen Worten ein schwitzendes Keuchen. »Also, die Ehe und der Geschlechtsverkehr sind heilig. Es ist besser, den Akt vor der Ehe mit einem Priester zu üben. Nur so kann das Sakrament der Ehe im Sinne der heiligen römischen Kirche nachvollzogen werden.«
Piero stammelte aus gieriger Lust unsinnige Sätze.
»Pater Piero, was soll das?« rief Caterina aus. »Beherrscht Euch. Erinnert Euch Eures Standes. Geht jetzt, laßt mich in Ruhe!« Sie wies ihm die Tür.
»Caterina, die Buße, die Buße müßt Ihr noch tun. Ich erkläre mich bereit, die Buße mit Euch gemeinsam zu tun. Das ist ein großes Opfer für mich.«
Mit zittrigen Händen und einem wollüstigen Aufstöhnen warf er das Gebetbuch mit Wucht auf den Boden und packte blitzschnell die Hände des Mädchens. Sie sah den Körperkoloß auf sich zustürzen, wie eine einbrechende Burgmauer den Schutzsuchenden unter sich begräbt. Vor Entsetzen schrie sie laut auf und wollte sich ihm entwinden. Mit einemmal wurde ihr die Grausamkeit ihrer Vergewaltigung durch den teuflischen Abt bewußt. Der unförmige Mann warf sie zu Boden und stürzte

sich auf sie. Mit schnellem Griff stülpte er das Samtkleid mit dem Unterkleid über ihren Kopf, griff an die knielange baumwollene Unterwäsche und zerriß sie mit einem Ruck. Unter ihrem eigenen Wäscheberg nach Luft schnappend, wand sie sich in Todesangst, versuchte sich loszureißen. Mit entsetzten Hilfeschreien stieß sie ihm ihr Knie in den Bauch. Der Widerstand des jungen Mädchens machte ihn rasend. Seine Gier lechzte nach Befriedigung. Er wühlte sich durch ihre Wäsche und riß das Kleid von den Brüsten. Das volle, zarte Fleisch in wunderschönen Rundungen raubte ihm die Sinne. Ihre Fluchtversuche ließen ihre Brust beben. Sein bärtiges Gesicht riß ihre weichen Hügel auf. Mit der rechten Hand würgte er sie. Selbst einen Mord nahm er in Kauf. Die Angst zu ersticken ließ ihren Widerstand einfrieren. Unter seiner Kutte zerrte er sein stocksteifes Glied hervor. Unter tödlicher Angst, ekelhafter Abscheu und grenzenlosem Haß erlebte sie die Erniedrigung durch den Mann Gottes, der mit unmenschlichem Brüllen sein Ding brutal zwischen ihre Beine stieß. Sie schrie vor Schmerz. Der Vergewaltiger würgte sie. Sein pralles Glied zerriß schmerzhaft ihre jungfräuliche Scham. Mit seinem Unterleib stieß er wild sein Glied in ihre Scheide, bis er sich mit einem Stöhnen in sie ergoß. Dann fiel er ermattet wie ein nasser Sack zurück. Sie lag nur einen Augenblick erschöpft auf dem Boden. Halbnackt sprang sie auf und stürzte sich auf den Vergewaltiger. Bevor Piero sich schützen konnte, trat sie gegen seinen Körper und in sein fettes Gesicht. Er schrie entsetzt auf. Eine breite Schramme mit einer roten Blutspur zeichnete seine Wangen und die Stirn. Piero entwand sich ihr, kam auf die Beine und hielt sie fest. Mit der Kraft der Verzweiflung rammte sie ihm ihr rechtes Knie in die Hoden. Einem wundgeschossenen Eber gleich schrie er auf und stürzte zur Tür. Jetzt wurde er zum Gefangenen seiner eigenen List. Sie griff ihn von hinten und fuhr mit ihren Nägeln über seine schwabbligen Wangen. Zum Öffnen der Tür mußte er einen Schritt zurücktreten und lief dabei in die Arme seines Opfers. Das Mädchen versetzte ihm einen kräftigen Schlag in den

Rücken. Piero stürzte mit dem Schädel gegen die sich öffnende Tür. Seine Stirn platzte auf, Blut spritzte. Mit einem letzten Aufschrei sackte er ohnmächtig zu Boden.
Die Vergewaltigte schrie laut um Hilfe. Ihr Ruf war unnötig, denn neben der Tür lehnte ihre Amme Nanini, entsetzt und unfähig, eine Hand zu rühren. Sie hatte die Vergewaltigung verfolgt. Mit einem feindseligen Blick schaute sie auf ihre Ziehtochter.
»Signorina, was macht Ihr …, was habt Ihr gemacht?«
Aufgelöst beugte sie sich über den Täter und befühlte ihn zärtlich. An den nackten Schenkeln des Mädchens tropfte der ekelhafte Saft hinab.
Nanini hatte den Abt zu einem Sessel geschleppt. Sie wusch dem Gottesmann das Blut aus dem Gesicht. Eine breite Schramme von Caterinas Schuh und tiefe Wunden von ihren Fingernägeln glühten wie Feuermale darin. Er beugte sich jammernd über sein gequetschtes Glied. Als er langsam zu sich kam, faßte ihn Nanini unter den Arm und half ihm in eine Gästekammer. Dann lief sie, den Arzt zu holen.

In seinem Park der Villa Arcetri, nur einen Steinwurf südlich von Florenz, wandelte der Gelehrte Galileo Galilei gesenkten Hauptes unter den uralten Bäumen. Die Lösung der ungelösten Probleme suchte er diesmal nicht in den Sternen. Kein Fernglas dieser Welt hätte ihm helfen können, da sich sein Blick nach innen richtete. Wie könnte er die Gelehrten der Kirche, die Inquisition, die Patres der Dominikaner, seine Heiligkeit Papst Urban VIII. überzeugen?
Immer wieder zog es ihn zurück an seinen Schreibtisch. Er brachte ein paar Sätze zu Papier, schaute sie kritisch an und verwarf sie wieder. Er nahm das Papier, zerknüllte es in seiner Faust und schleuderte es ärgerlich in den Kamin. Erneut wandelte er

auf den Wegen der tiefschürfenden Überlegungen in seinem Park der Villa Arcetri.

Was bewegt die Dominikaner, meine Forschungen abzulehnen? Warum hetzen sie selbst den Papst gegen mich auf, da doch sogar Gelehrte aus ihren Reihen meine Erkenntnisse als nützlich, ja, als richtig ansehen? Oder sind es gar nicht diese Erkenntnisse, die sie ablehnen? Sind es andere Beweggründe? Warum lassen sie sich nicht von der Mathematik, von der Physik überzeugen? Mit seinem neuen Werk, dem *Saggiatore*, wollte er dem Unverständnis zu Leibe rücken.

Über den steilen Weg aus Florenz sah er einen Reiter zur Anhöhe des Hügels kommen. Vor der Villa hielt er an und winkte mit einem Schriftstück in der Hand, als er den alten Mann entdeckt hatte. An den Insignien erkannte Galilei einen Brief aus dem Palazzo Picchena. Er brach das Siegel auf, zog die Schnüre auseinander und entrollte das Schreiben. Er war sogleich tief in die Zeilen versunken, den Brief seiner jugendlichen Freundin lesend.

*»Hochverehrter, hochgelehrter Galilei,*

*wenn es die wenige Zeit, die Ihr, mein hochgeschätzter Freund, für meine Euch so belanglosen Zeilen erübrigen könnt, erlaubt, bitte ich Euch um ein wenig Aufmerksamkeit für die Geschehnisse, die mir vor ein paar Tagen in dem Palazzo meines geliebten Vaters in Florenz zugestoßen sind.*

*Nichts darf so wichtig sein, daß es Euch, verehrter Herr Galilei, in Eurer Arbeit für die Beweisführung Eurer Erkenntnisse beim Heiligen Stuhl zuviel Zeit raubt. Daher nehme ich auch an und habe alles Verständnis dafür, daß Ihr meinen Brief nicht sogleich lesen werdet. Wenn Ihr dennoch die Zeit für ein solch unwesentliches Unterfangen erübrigen könntet, wäre ich Euch zu tiefem Dank verpflichtet.*

*Ich bitte Euch um Nachsicht, großer Gelehrter, wenn ich mich sehr schwer tue und auch noch nicht weiß, wie ich meine Zeilen beginnen soll. Ich bin mir sehr unsicher, ob ich überhaupt über die Ungeheuerlichkeit, die mir geschehen ist, berichten kann. Mein Mund scheint zum Schweigen verpflichtet, mein Herz wagt nicht die Bösartigkeit in Worte zu fassen. Voller Scham frage ich mich, soll ich, wie ein neuer Ausdruck in unseren Kreisen besagt, mit der Tür in das Haus fallen oder soll ich die Geschehnisse langsam vorbereiten und alles sorgfältig aufbauen? So wird wohl mein Brief für einen Mathematiker eher konfus als logisch sein.*

*Ihr wißt, hochgelehrter Galilei, daß mein Streben nach viel Wissen und großen Fertigkeiten mit umfangreichen Studien und Lehrstunden in der Villa Picchena angefüllt ist. Ich wage es nicht, an Erkenntnisse, wie Ihr sie habt, zu denken, doch will ich zumindest all dies, was Forscher und Wissenschaftler entdecken und entwickeln, verstehen können.*

*Mein über alles geliebter Vater hat mich dem Lehrer Pandolfini des Klosters San Frediano anvertraut. Gerade jetzt, da mein Vater für einige Wochen in Venedig weilt, sollte ich die Zeit mit umfangreichen Studien und Übungen nutzen. So habe ich denn auch keine Möglichkeit, mit meinem Vater über das Geschehene zu sprechen. Bis ein Brief ihn erreicht hätte und ich eine Antwort erhalten würde, verginge sehr viel Zeit. Außerdem möchte ich nicht die hochpolitischen Geschäfte meines Vaters stören.*

*So vernehmt denn, hochgelehrter Meister Galilei, meine Klagen, die mein Herz zerrütten und meine Seele in eine tiefe Traurigkeit gestürzt haben.*

*Vor wenigen Tagen hat mich, Gott möge ihn für alle Zeiten verdammen, der Abt Piero brutal vergewaltigt. Noch jetzt sehe ich seinen runden rotglühenden Glatzkopf mit seinen häßlichen triefenden Schweinsaugen, seiner knolligen leuchtenden Nase, seinem sabbernden, schwulstigen Mund vor mir. Ich zittere vor Todesangst, und Abscheu erfüllt mich. Meinen Körper und meine Seele hat der Niederträchtige geraubt. Wie ein ungebändigtes Stück Vieh, um seiner unbefriedigten Lust willen, stieß er mich in den Dreck.*

*Großer Gelehrter, hochverehrter Galilei, wie kann ich Euch mit meinen furchtbaren Erlebnissen belästigen? Nehmt in Euer Herz auf, daß meine Seele voller Verzweiflung, mein Herz voller Abscheu ist. Auch wenn ich Euch meinen Schmerz nicht übermitteln kann. Denn einfacher ist es für mich, ohne große Gefühle über diese Sache zu schreiben. Mir ist, als wäre meine Liebe zu den Menschen gestorben. Mit diesem Ungeheuer in einer Mönchskutte ist nicht nur die Liebe, es sind auch das Vertrauen, die Zuversicht und, ich mag es kaum sagen, die Freude auf mein Leben dahingegangen. Eine tiefe schwarze Leere hat sich meiner bemächtigt. Ich weiß noch nicht einmal, ob es gut ist, Euch diesen Brief zu schreiben ...«*

Die letzte Zeile, verwischt und wohl von einer Träne durchnäßt, war für Galilei kaum entzifferbar. Der nüchterne Mathematiker hielt mit Entsetzen im Lesen inne. Welch schreckliche Untat, welche Erniedrigung hatte die Tochter seines Freundes erleiden müssen. In seinem Herzen sah er stets nur die fröhliche und eifrig um Wissen bemühte kleine Caterina. In seinen Augen war sie wirklich noch ein kleines Mädchen, gescheit im Denken und im Reden. Ein junges Mädchen, das nach Wahrheit, Recht und Aufrichtigkeit strebte. Was nur hatte dieser Unhold aus ihrem fröhlichen Wesen gemacht? Er widmete sich wieder ihren Zeilen.

*»Dieser Mensch hat sich an mir vergangen. Mit der Täuschung der Kutte eines Kirchenherrn, unter dem Vorwand eines ehrenwerten Tuns, ja, ich habe das traurige Gefühl, sogar mit der vorgetäuschten Billigung der Kirche ist dieser Teufel in meine Kammer eingedrungen und hat die Bedürfnisse seines Körpers an mir befriedigt. Auch wenn ich davon ausgehen muß, daß Pandolfini seinem Abt nur Lügen erzählt hat, wie kann dieses Ungeheuer die erlogene Geschichte für seine persönlichen Wünsche so ausnutzen?*

*Dieser breite, fette Kerl hat mich wie ein Stück Vieh genom-*

*men. Ich habe versucht mich zu wehren, mich zu entwinden. Ein Eber aus den Wäldern meines Vaters geht liebevoller mit seiner Sau um. Piero ist ein Ungeheuer, ein Monstrum in der Kutte eines Mönches. Hätte er sich doch des Nachts zu einer der Puttanen im Katzenviertel getrollt. Warum hat er sich nicht bei einem Besuch bei den Karmeliterinnen sein Vergnügen geholt? Die hätten ihn mit offenen Armen empfangen. Was ist in diesen Teufel gefahren, daß er mich wie ein Raubtier überfällt, meine Gefühle der Unversehrtheit, des Unversehrtseins in den Schmutz der florentinischen Kloake stößt wie Hundekot?*
*Welchen Wert hat ein Mädchen, eine Frau? Wie steht es mit ihrer Unverletzbarkeit? Ich gestehe, ich habe bei all den vielen Geschichten, die ich in der Bibliothek meines Vaters studieren konnte, die Geschehnisse bald nur noch vor dem geschichtlichen Hintergrund gesehen. Den buchstäblichen Verkauf von Frauen an Familien mit gleichzeitiger hoher Mitgift, die Abschiebung von Frauen in die hinterlegensten Gemächer der Palazzi oder entfernt liegende Villen, eiskalten Mord an Ehefrauen, Verbannung außer Landes und lebenslängliche Haft in den schlimmsten Verliesen und Kerkern. Das sind oft die Schicksale der Frauen, die wie ein Stück Vieh von einem Bauern an den anderen verschachert werden. Das einzelne Schicksal, die menschliche Not, die hinter jeder dieser Geschichten steht, bleibt den meisten Menschen verborgen.*
*Mit welchem Recht stürzte sich diese Masse Fleisch auf mich, verletzt nicht nur meinen Körper, zerstört vielmehr meine Achtung vor den Menschen, zerstört einen einmal gehegten glücklichen Traum von mir, dereinst friedlich und in Verständnis untereinander mit einem geliebten Mann mein Leben zu verbringen?«*

Gebeugter und bedächtiger als zuvor nahm Galilei seine Wanderung zwischen den altehrwürdigen Bäumen wieder auf. Den Brief der jungen Gräfin hielt er fest in seinen auf dem Rücken verschränkten Händen.

Was weiß ich schon von den Menschen? nahm er den Dialog mit sich selbst wieder auf. Der große alte Forscher war erschüttert über die brutale Vergewaltigung seiner geliebten Freundin. In einer ersten jähzornigen Anwandlung hätte er dem Piero am liebsten ein Messer zwischen die Rippen gejagt. Mehr Sinnvolles wußte auch er nicht zu sagen, geschweige denn zu tun. Was ist das menschliche Verhalten? Es ist für ihn leichter, den Umlauf eines Planeten zu berechnen, als zu ergründen, was menschliche Verhaltensweisen sind, und schon gar, vorherzusagen, wie sich ein Mensch verhalten wird. Viel zu oft hatte er in seinem Leben selbst erfahren müssen, daß Menschen uneinsichtig sind und Unverständliches tun. Viel zu viele der Grausamkeiten hatte er erleben müssen. Die Geschichten erzählten weniger von dem großen Glück der Menschen als von ihrem Unglück und ihrer Niedertracht. Aus seiner Erfahrung heraus war das, was man landläufig »menschliches Verhalten« nennt, Unterdrückung und Quälerei, Verleumdung und üble Nachrede, Selbstsucht, Lug und Trug. Wie man dem aber begegnen sollte, wie man das menschliche Verhalten verbessern könnte, das entzog sich seinem Fernrohr und seinen mathematischen Berechnungen. Es entzog sich sogar seinen logischen Überlegungen.

»Welch ein Glück für mich, Caterina Picchena, daß Ihr nicht zugegen seid. Ich wüßte Euch in Eurem Leid keine Antwort und keine Erklärung zu geben.« Diese Worte leise murmelnd, las er weiter.

Als hätte sie seine Gedanken vorab erraten, brachte Caterina ihren Brief zu Ende.

*»Treuer Freund meines Vaters, darf ich auch sagen, mein treuer Freund? Verehrter Messer Galilei. Ihr möget nüchterne Sprachlosigkeit aus meinen Zeilen erkennen. Vielleicht ist das der richtige Sinn, den ich selbst empfinde. In meinem Schmerz bin ich schmerzlos geworden. In meinen Zornesausbrüchen bin ich sprachlos geworden. Auch wenn meine Seele nach Rache*

*schreit. Kann mir jemals wieder die Genugtuung widerfahren, die mein Leid zu löschen vermag? Nicht die Angst ist es, die mir zu schaffen macht. Das grenzenlose Unverständnis über die unwürdige Tat lähmt meine Zunge, läßt meine Gedanken zu Salzsäulen erstarren.*

*Wenn Ihr diese Zeilen lest, erwarte ich nicht von Euch den Rat des erfahrenen Mannes, die tröstenden Worte des gelehrten Astronomen. Daß Ihr nunmehr von meinem Leid erfahren habt, soll mir in dieser Stunde genug des Mitfühlens sein. Was anderes könnt ich sonst erwarten?*

*Meine Achtung habe ich selbst vor mir. Meine Ehre lebt in mir. Der Mond dreht sich weiterhin um die Erde. Die Erde wird sich ewig noch um die Sonne wenden. Was kümmert sie die Reden der Verlogenen?*

*Ich gedenke der lehrreichen Stunden mit Euch auf Picchena oder in Florenz. Ich werde Euer gedenken, wenn schwatzhafte Dummköpfe mit Stolz und Arroganz die Wahrheit verneinen. Stets die Eure, bleibe ich in hoher Achtung vor allen Euren Erkenntnissen*

*Eure Caterina Picchena.«*

Als Galileo von der baldigen Rückkehr seines Freundes hörte, schickte er dem Senator und Staatssekretär einen Boten entgegen, er möge in Pantassieve, einem Städtchen etwa einen halben Tagesritt von Florenz entfernt, auf ihn warten. Galileo machte sich mit dem Arzt Ottavio Brenzoni sogleich auf den Weg, um den Senator vor seiner Ankunft in Florenz zu sprechen. In der Abendstunde traf man aufeinander und freute sich der glücklichen Rückkehr des Senators.

Nach dem Austausch von Höflichkeiten ergriff Ottavio zögerlich das Wort. Er schaute plötzlich auf und begann zu schildern, wie er zu Caterina gerufen war und wie er den Abt in seiner Kutte, die Tochter Picchenas, aber auch die Amme vorgefunden hatte. Er schilderte mit der Methodik des Arztes, wohl wissend, daß er, wenn er über das Leid Caterinas, der lieblichen Tochter seines Freundes, mit allzuviel Gefühlen berichten würde, die Rede nicht länger sachlich halten könnte und sich stets unterbrechen müßte, um die Tränen aus seinen Augen zu trocknen. Galileo berichtete daraufhin von dem Brief der Tochter des Grafen und wie das Schriftstück ihn entsetzt habe.

Schweigend und mit dunkler Miene hörte sich der Senator die Reden seiner Freunde an. Viele politische Schicksale hatte er miterlebt, Krankheiten und Seuchen, Kriege, Mord und Totschlag erfahren, sogar das Siechtum und den Tod seiner geliebten Frau Alessandra nach Caterinas Geburt erdulden müssen. Das aber, was ihm nun zu Ohren gekommen war, war ein grausamer Schicksalsschlag.

Ausführlich setzten ihn die Herren über das Geschehen der Tat in Kenntnis, über die Verfassung seiner lieben Tochter Caterina, aber auch über die Reden in Florenz, die schadenfroh eine Untat seiner Tochter schilderten.

Noch immer schweigend schaute der Senator in die Augen seiner Freunde. Um seinen Mund arbeitete es zornig. Das war der schwerste Schlag, den Curzio Picchena, der Landgraf aus edlem kämpferischem Geschlecht nach dem allzu frühen Weggang seiner geliebten Frau Alessandra erleiden mußte. Das war das Unrecht in seiner übelsten Form. Das Vertrauen, das er dem Lehrer Pandolfini und seinem Abt geschenkt hatte, war so übel mißbraucht, daß es die Seele töten wollte.

Am nächsten Morgen fiel dem Grafen Picchena die Heimfahrt unendlich schwer. Wie könnte er nun seiner Tochter in die Augen sehen, welche Worte würde er ihr als erste sagen?

Picchena strebte, ohne erst in den Palazzo Granducale einzukehren, direkt zu seiner Villa an der Piazza dei Giudicci zu. Mit traurigem Herzen erreichte er das Eingangsportal, und eher als

er dachte stand da schon seine so gequälte Tochter Caterina vor ihm auf der breiten Treppe.
Sein Schritt stockte für einen Moment. Ernst und liebevoll schaute er in die getrübten Augen seines Kindes und schloß es schweigend in die Arme. Endlich den Trost des Vaters, des einzigen nahen Menschen, den sie so unendlich liebte, zu spüren, begann Caterina still zu weinen. Sie ließ den Tränen freien Lauf. Ohne den Ausbruch der Trauer auch nur eine Sekunde zu dämmen, hielt der Graf das Mädchen fest in seinen Armen.
»Caterina.« Das Wort, das sie so lange aus seinem Mund vermißt hatte, ließ erneut die Tränen ohne Hemmung fließen.
Dann führte der Vater seine so sehr verletzte Tochter langsam in den Salon und setzte sich mit ihr auf die Bank. Er ließ sie keinen Moment aus seinem Arm und versuchte so den Schutz und die Liebe nachzuholen, die sie in ihrem schlimmsten Augenblick gebraucht hätte.
Caterina löste sich von ihm. Sie schluchzte noch ein wenig, dann fragte sie: »Vater, ich hoffe, es geht dir gut?«
»Mir ging es gut, meine Tochter, bis gestern, als ich von deinem Unglück hörte. Ottavio und Galileo haben mir berichtet.«
Sie lächelte ein wenig. Die treuen Freunde hatten Wort gehalten. So war es müßig, jetzt das ganze Leid zu wiederholen. Es war gesagt, was wohl gesagt werden mußte. Das war gut so.
Wenig später forderte der Graf die Rechenschaft von der Amme Nanini. Verschüchtert stand sie in der Ecke, zitternd ein Schnupftuch in der Hand haltend.
»Schlimm ist die böse Tat«, murmelte sie, »schlimm, was den heiligen Männern geschehen ist.«
»Was ist den heiligen Männern geschehen, Nanini?« fragte der Graf energisch. »Aber, Amme, ich warne dich, bleibe bei der Wahrheit. Nicht die Strafe der Menschen ist die schlimmste. Gott wird dich unendlich härter strafen, wenn du die Unwahrheit sagst und verhinderst, daß die bösen Buben ihre Gerechtigkeit erlangen.«
Schwankend wie eine Espe im Wind, zitternd wie das Rohr im

Schilf, gab die Nanini sogleich zu, daß Piero, der ungeheuerliche Mönch, die Tat nicht nur begangen, sondern sie auch vorbereitet habe. Sie wollte schauen, Gott verzeihe ihr, welche Buße der Mönch der Caterina auferlegen würde. Er habe sie mehrmals weggejagt, doch habe sie später sehr wohl gesehen, wie das Mönchlein der Caterina weh getan habe.
»Warum hast du nichts unternommen, du ungetreue Magd«, fauchte Picchena sie an. »Warum hast du ihr nicht geholfen, sie nicht beschützt? Du bist die Ziehmutter dieses Kindes, die Milch hat sie aus deiner Brust getrunken. Du aber läßt sie leiden wie ein Stück Vieh. Du erbärmliches Wesen, deine Angst bringt Menschen um und dich dazu, du nutzloses Weib. Nimm deine Habe und verschwinde auf der Stelle. Ich will dich unter meinem Dache niemals wiedersehen. Begegne ich dir hier noch einmal, so lasse ich dich prügeln.«
Er faßte sie mit eigenen Händen, zerrte sie aus der Ecke des Zimmers, in die sie sich verkrochen hatte, und warf sie durch die offene Tür. Die Nanini stürzte, richtete sich auf und floh schreiend vor dem schäumenden Zorn des Herrn.
Curzio Picchena brüllte in seiner Wut nach dem Knecht Marco, der mit ihnen in Florenz weilte.
»Wo warst du, als die grausige Tat geschah? Warum hast du Caterina nicht beschützt? Was geht hier in diesem Hause vor? Soll ich dich prügeln lassen, bis du Antwort gibst?«
Traurig, aber ruhig stand Marco vor seinem Herrn. Er wartete, bis der Zornesausbruch des Senators beendet war, dann sagte er: »Herr, ich war außer Haus. Ich machte Besorgungen. Als ich zurückkehrte, hörte ich von der bösen Tat. Die Mönche hatten längst das Weite gesucht. Die Nanini beschuldigte Eure Tochter. Doch von Caterina hörte ich dann die Wahrheit. Herr, glaubt mir, ich habe eine große Angst vor der Hölle und vor jeglicher Strafe Gottes. Die Mönche aber hätte ich eigenhändig zu Tode geprügelt, hätte ich die Schandtat miterlebt. Mein Fräulein, die Gräfin Caterina … wer konnte ihr so Schlechtes antun …« Der Diener stockte, seine Stimme zitterte. Weinend

warf er sich vor dem Landgraf auf die Knie. »Herr, schlagt mich, straft mich, ich will an dem Leid Eurer Tochter teilnehmen. Wie konnte so etwas geschehen? Es ist meine Schuld, daß ich zu eilfertig zu Besorgungen gegangen bin. Ich hätte im Haus bleiben müssen, als dieser Pandolfini kam. Ich hab ihn nie leiden mögen. Stets warf er seine schändlichen Blicke auf das junge Fräulein, unanständig und eines Mönches nicht würdig. Hätte ich bloß das getan, was ich immer tun wollte, nämlich niemals das Haus zu verlassen, solange dieser gierige Pandolfini anwesend war. Es ist meine Schuld, Herr.« Marco sackte in sich zusammen und fiel vollends zu Boden. »Herr, wozu ist ein Diener da, wenn er seine Herrschaft nicht beschützen kann? Ich fühle, daß ich schuldig bin, und Ihr verringert mein Leid, wenn Ihr mich bestraft. Ich habe es verdient.«

»Steh auf, Marco«, forderte der Landgraf streng, um seine Empfindungen für den Diener Marco nicht sichtbar werden zu lassen. »Du mußt mit deinem Leid alleine fertig werden. Doch glaub mir eins, ähnlich wie du fühle auch ich.«

Marco erhob sich und drückte mit tränennassem Gesicht seine Dankbarkeit und seine nimmer aufhörende Ergebenheit gegenüber den Picchenas aus.

»Herr, noch auf ein Wort«, bat er, bevor er den Raum verließ.

»Was gibt es, Marco?«

»Herr, mit Eurem Einverständnis, ich habe die Nanini verprügelt, habe sie windelweich geschlagen. Ich war so zornig, daß ich meine ganze Wut an ihr ausgelassen habe. Die Nanini, diese Hexe, konnte zwei Tage nicht arbeiten. Ich habe ihre Arbeit miterledigen müssen. Aber, so verzeiht mir, Herr, ich habe die Arbeit mit Freude entrichtet.«

»Marco, du weißt, daß es einem Diener verboten ist, andere Diener zu prügeln. Tue so etwas nie wieder«, fügte er milde hinzu. »Und nun mach dich an die Arbeit. Übrigens, Marco«, rief er dem hinausschleichenden Diener nach, »richtig hast du gehandelt.«

Verlegen ob des hohen Lobes seiner Herrschaft, flüchtete er

noch schneller aus dem Raum. Doch dann hörte er erneut die Stimme des Senators.
»Herr, was kann ich tun?«
»Marco, ich werde heute noch um eine Audienz bei der Großherzogin bitten. Sorge du dafür, daß Caterina in Sicherheit ist.«
»Herr, mit meinem Leben werd ich sie beschützen.«

Im Audienzsaal des Palazzo Granducale, umgeben von den Hofdamen und zwei kirchlichen Beratern, nahm die Großherzogin Großmutter, Christina von Lothringen, die Grüße der Stadt Venedig entgegen. Curzio Picchena hatte um diese Audienz gebeten. Sie war ihm gewährt worden, da er gerade erst von Venedig zurückgekehrt war. Nach Beendigung seiner Berichte ergriff die Großherzogin das Wort.
»Das ist gut so, Picchena, Ihr habt offensichtlich ausgezeichnete Arbeit geleistet. Wir werden in den nächsten Tagen die Dinge im Detail besprechen und Entscheidungen treffen.«
Picchena verneigte sich und verharrte noch einen Augenblick.
»Gibt es noch etwas, Senator?« Christina di Lorena lächelte vielsagend.
»Großherzogin, darf ich um ein persönliches Wort bitten?«
Die Fürstin entließ mit einer Handbewegung die Hofdamen. Die Kleriker blieben im Raum.
»Ich bitte um ein ganz persönliches Wort.«
»Nun, Ihr könnt frei sprechen«, erwiderte die Großherzogin. »Meine beiden Berater haben mein Vertrauen und werden, wenn sie überhaupt gefragt werden, sich sicherlich neutral verhalten. Also, was gibt es?«
Niemals zuvor waren seine Gespräche mit den Herrschern von solch persönlicher Natur gewesen. Nun ging es um seine eigene Familie, seine Tochter Caterina, um ihr Recht und die Bestra-

fung der Täter, damit für Caterina ein Zeichen der Rehabilitierung gesetzt würde. Für das weitere Leben seiner Tochter war sein Erfolg von übergroßer Bedeutung.
»Eure Durchlauchtigste Hoheit«, begann Picchena, doch dann stockte er, nach den richtigen Worten suchend.
»Nun, Senator, wo sind die Schwierigkeiten?« fragte Christina mit einem süffisanten Lächeln. Sie hatte sichtlich Freude an dem unsicheren Verhalten ihres Staatsmannes.
Eine große Pause ohne Worte, ohne Bemerkungen füllte den Raum.
»Eure Durchlaucht«, begann er erneut, um dann sicherer fortzufahren, »Ihr wißt um das Geschehen mit meiner Tochter Caterina. Ich hatte sie und ihr Wohl dem Lehrer Pandolfini, dem Mönch aus San Frediano, anvertraut. In meiner Abwesenheit ist Gräßliches passiert. Meine Tochter ist von Pandolfini und dem Abt Piero aufs schändlichste mißbraucht und gequält worden. Piero hat sich an ihr vergangen. Er hat sie mit Gewalt genommen. Er hat ihr Leben ruiniert. Bestraft Piero, aber auch Pandolfini. Beide müssen aus Florenz verbannt werden. Es muß ein Zeichen gesetzt werden, damit meine Tochter, wenn es überhaupt noch möglich ist, wieder in Frieden leben kann. Fürstin, es darf keine Rücksicht darauf genommen werden, daß die beiden Täter in einem Orden eines Klosters sind. Gebt mir und meiner Tochter das Recht zurück, gebt meiner Tochter die Ehre wieder.«
Picchena beendete seine Rede. Er hatte zuviel gesprochen, zuwenig auf die Wirkung seiner Worte auf die Großherzogin geachtet. Er war zu sehr mit sich selbst beschäftigt gewesen. Die Kleriker grinsten überheblich. Wie er dieses arrogante Grinsen haßte. Nur der Schutz der bigotten Herzogin erlaubte ihnen dieses Grinsen.
»Verzeiht, Hoheit«, begann er erneut.
»Senator, Ihr habt euren Wunsch vorgetragen. Gibt es noch etwas zu sagen?«
»Eure Hoheit, ich bitte im Namen meiner jungen Tochter …«

»Senator«, unterbrach die Großherzogin ihn, »wir werden Euch das Ergebnis der Verhandlungen mitteilen.«
»Großherzogin, was heißt hier Verhandlungen? Es müßte Euch leichtfallen, dort Recht walten zu lassen, wo Recht sein muß.«
»Landgraf«, fuhr sie ihn nun an, »Ihr geht zu weit. Was ist denn das Recht? Ist es nicht das Recht eines gepeinigten Abtes unserer aller heiligen Kirche, das hier schändlich von einem jungen Ding verletzt wurde? Wart Ihr dabei, Graf Picchena, als das Teuflische geschehen ist? Was hat Eure Tochter unseren heiligen Männern angetan? In ihrer Gier nach Leben, nach Genuß ist sie in ihrer Verwerflichkeit zu weit gegangen. Pandolfini, dieser kleine Mönch, berichtete mir, er habe sich schon seit langer Zeit den gierigen Blicken, Bemerkungen und Berührungen Eurer Tochter ausgesetzt gesehen. Was sagt Ihr dazu, Picchena? Diese frommen Herren unserer heiligen Kirche sind Zeugen dessen, was uns der Mönch Pandolfini und der Abt Piero berichtet haben.«
Mehr entsetzt als um Bestätigung suchend, blickte sich Curzio Picchena um und geradewegs in die unschuldigen Gesichter der beiden Kleriker. Wie Kinder nickten sie, die Version der Geschichte zu bestätigen. Picchena stieg die Zornesröte ins Gesicht.
»Großherzogin, erlaubt, das ist nicht wahr, was die Mönche berichtet haben. Umgekehrt ist es gewesen, Piero und Pandolfini haben meine unschuldige Tochter aufs brutalste mißbraucht, sie haben Caterina die weibliche Unschuld, die Unschuld der Kindheit und die Unschuld des Lebens geraubt.«
»Picchena, zügelt Eure Worte!« rief Christina empört. »Wollt Ihr die heiligen Männer der Kirche beschuldigen, die einen lebenslangen Schwur auf unseren Herrn Jesus Christus, der für uns alle am Kreuze gestorben ist, abgelegt haben? Wollt Ihr im Angesicht der beiden geistlichen Brüder, die hier Zeuge unseres Gespräches sind, behaupten, daß gleich zwei Mönche Eure kleine Tochter verführt haben? Oder ist es nicht eher so gewesen, daß das kleine Biest die Diener Gottes in einem teuflischen

Werk zu einer der schlimmsten Sünden verführt hat? Es ist schlimm genug für Piero und Pandolfini, daß sie sich trotz aller Sittenstrenge, die sie sonst auszeichnet, zu dieser Sünde haben hinreißen lassen, verführt durch Eurer Tochter, Picchena. Ihr solltet lieber darangehen, den Wissensdurst Eure Tochter, von der man sagt, sie wisse schon alles«, setzte Christina hinzu, »in die richtigen frommen Wege zu leiten. Eure Tochter Caterina muß lernen, mehr mit dem Gebetbuch und der Heiligen Schrift im Sinne unseres Herrn umzugehen als mit den Erkenntnissen der Physik und Astronomie. Gebt sie in ein Kloster unter strenger Aufsicht einer Äbtissin und ihrer Nonnen. Das ist das wahre Leben, das die Tochter eines Landgrafen, der auch noch die Geschicke unseres Landes beeinflußt, lernen sollte. Picchena, Ihr müßt Euch fragen, ob Ihr versagt habt? Ihr mögt ein guter Staatsmann sein, ich behaupte sogar, Ihr seid einer«, warf Christina ein, und ihre Stimme beruhigte sich, »ob Ihr ein guter Vater seid, der seine Tochter für unseren Herrn erzieht, mögt Ihr selbst entscheiden. Nun gut, so höret unser Urteil: Mit dem Rat unserer heiligen Kirche versehen, haben wir folgendes entschieden: Eure Tochter Caterina Picchena, die einen tiefgläubigen Mönch und einen Abt des heiligen Franziskus teuflisch und mit weiblicher List verführt hat, nur um ihrer körperlichen Lust Befriedigung zu schenken, wird dank der Gnade des Großherzogtums nicht weiter bestraft. Die Verachtung der Mitbürger, die Last, nicht rein in den heiligen Stand der Ehe eintreten zu können, und die erschwerte Suche nach einem gottesfürchtigen und standesgemäßen Ehemann seien ihr Strafe genug. Senator, ich will Euch nicht verhehlen, daß die beiden verführten Franziskaner um eine milde Strafe für Eure Tochter gebeten haben. Das ist wahrer Charakter, der sich in den Dienern Gottes zeigt.«
»Eure Hoheit, selbst die Amme, die Nanini, hat gestanden, daß Caterina, meine Tochter, von Piero mißbraucht wurde«, rief Curzio Picchena verzweifelt. Er war bis dahin sprachlos den Anschuldigungen gefolgt.
»Picchena, welchen Druck mögt Ihr auf die fromme Nanini

ausgeübt haben? Womit habt Ihr der einfachen Frau gedroht? Piero und Pandolfini berichteten uns, wie fromm und gottesfürchtig dieses arme Frauenzimmer stets gewesen sei. Jetzt habt Ihr sie noch zu einer Lüge verführt. Die beiden geistlichen Herren, denke ich, können diese Sprache bestätigen.«
Curzio schaute sich um, um erneut das lächerliche und doch so tödliche Nicken der beiden Pfaffen zu sehen.
»Großherzogin, im Namen des Rechtes des Staates Toskana bitte ich Euch um Einsicht. Das ist keine faire Verhandlung. Laßt Caterina, den Arzt Ottavio Brenzoni, laßt Galileo Galilei und laßt sogar die Amme Nanini von der Tat berichten, um Euch ein gutes Urteil bilden zu können.«
»Senator, Landgraf Curzio Picchena, in Anerkennung Eurer Verdienste um den Staat Toskana und das Herrscherhaus der Medici werde ich Eure bösartigen Anschuldigungen nicht weiter verfolgen«, sagte die Großherzogin mit kühler Stimme. »Ihr seid entlassen.«
»Großherzogin, so leiht mir noch einmal Euer Ohr. Der allseits anerkannte Arzt Ottavio Brenzoni hat direkt nach der Tat sowohl den Abt als auch meine Tochter untersucht. Er bestätigt, daß die Verletzungen meiner Tochter durch einen brutalen Angriff und die körperliche Kraft eines Vergewaltigers entstanden, die Verletzungen des Abtes aber durch die Abwehr meiner Tochter geschehen sind.«
»Curzio Picchena«, entgegnete die Großherzogin, nun wütend geworden, »der Arzt Brenzoni scheint ja ein allwissender Mediziner zu sein. Mir ist aber bekannt, daß er Euer Freund dazu ist.« Ihre Stimme war scharf geworden. Sie blickte den Senator mit zusammengekniffenen Augen an. »Curzio Picchena, ein letztes Mal, Ihr seid entlassen.« Mit zorniger Bewegung ihres rechten Armes wies ihm die Großherzogin die Tür.
Der Staatssekretär erstarrte vor Entsetzen. Diese Behandlung war ihm noch niemals widerfahren. Das war nicht nur eine Beleidigung seiner Tochter, das war die Beleidigung seiner Arbeit als Politiker. In dieser Sekunde dachte er mit Hochachtung an

sein stolzes Herrschergeschlecht aus der Burg Picchena und mit Abscheu an die immerwährende Arroganz der Medici. Verrottete Krämerseelen, verkommenes, nutzloses Pack, waren seine letzten Gedanken.
Er verneigte sich tief enttäuscht, verließ das Audienzzimmer in aufrechter Haltung und schritt verächtlich an den beiden Pfaffen vorbei. Beim Hinausgang in den Liliensaal warf er einen Blick auf die Inschrift in dem mit Justitia geschmückten steinernen Torbogen: »*Diligte justitiam qui iudicatis terram*«. O ja – achtet die Gerechtigkeit hoch, Ihr, die Ihr über die Welt richtet. Heuchlerische Pharisäerin, erzürnte er sich in Gedanken, als er unter dem Marmorfries des Tores hindurchschritt. Die Arroganz der Vorurteile feierte Triumphe.
Seine Enttäuschung beugte sein Haupt. Das Unrecht an seiner Tochter war leidvoll genug gewesen, die Unfähigkeit ihres Vaters, sie in einer schweren Stunde beschützen zu können, und seine Bedeutungslosigkeit trotz seiner Verdienste um Florenz im Angesicht der Lügen einer verschworenen Gemeinschaft, mußte ihr das Vertrauen in Gesetze, Recht und Moral nehmen. Geschlagen begab er sich zurück zu seiner Tochter.
Als sie sein enttäuschtes Gesicht und seine eingefallenen Wangen sah, lächelte sie.
»Vater, laß es gut sein. Nicht Christina di Lorena wird mein Leben bestimmen. Ich werde meinen eigenen Weg finden. Ich achte deinen Versuch, mir selbst bei der Großherzogin Gehör zu verschaffen. Ich danke dir.«
Nun war es an Curzio, Trost bei seiner Tochter zu suchen. Er umarmte sie und mußte an sich halten, um nicht in Tränen auszubrechen.

# Der Ehevertrag

Vom Ufer des Arno aus schaute das geschändete Mädchen singenden Gondelfahrern und schimpfenden Steuerleuten der kleinen Lastkähne zu. Der rege Fährbetrieb auf dem Fluß stand dem Kutschen-, Reiter- und Sänftenverkehr auf den Straßen in nichts nach. Unter dem Ponte Vecchio bedrohten hinuntergeworfene Fleischstücke und vielerlei anderer Unrat die Schiffer und ihre Passagiere. Es war durch einen Erlaß des Granduca längst verboten, Abfälle über den Brückenrand in das Flußwasser zu werfen. Für den Metzger auf dem Ponte Vecchio schien das eine der vielen Verordnungen zu sein, die ohne Wirkung bleiben sollte. Es war auch grundsätzlich verboten, eine Metzgerei auf der Brücke zu betreiben. Wen störte es? Der Ponte Vecchio mit seinen vielen kleinen Geschäften zu beiden Seiten galt als ein Herzstück des florentinischen Kleingeschäftes. Kein Besucher der Stadt, kein Reisender verließ Florenz, ohne sich auf dem Ponte Vecchio mit einem Goldring, einem Silberarmband, einem Seidentuch oder sonstigen Andenken versorgt zu haben. An den Uferrändern wuschen Frauen ihre Wäsche. Sie schlugen die Beinkleider, Hemden, Röcke und Strümpfe auf die Steine. Das Klatschen der nassen Stücke untermalte das Schnattern der Wäscherinnen mit einem rhythmischen Takt. Berauschend, voller Abenteuer, farbenfreudiger, lebendiger als jedes Gemälde in den Uffizien bot sich das Leben auf der Lebensader Arno und den Straßen rundherum dar.

Das Mädchen bewunderte die Kunstfertigkeit der Handeltreibenden. Direkt am Ufer des Flusses hatten reisende Kaufleute auf zusammengestellten Brettern ihre Produkte ausgelegt. Mit farbigen Worten priesen sie gestenreich ihre Angebote aus aller Herren Länder an.

»Signorina, kommt näher heran«, rief einer dieser fliegenden Händler. »Schaut Euch diese wunderbaren Stoffe aus dem fernen Riesenreich der Chinesen an. Auf gebeugten Rücken alter Frauen, krummen Buckeln von kleinen Knaben und zierlichen Mädchen, in sturen Eselskarawanen und auf riesenhaften Seglern durch stürmische See haben sie viele tausend Meilen hinter sich gebracht, ehe sie Euch hier zu Füßen liegen. Wunderbare bemalte Seidenstoffe in prächtigen Farben, bedruckt mit Motiven aus der exotischen Kultur ferner Reiche. Drachen, ein chinesischer Kaiser und die herrlichen Tempel. Betrachtet die strahlenden Kunstwerke. Dies hier wäre ein herrlicher Schal für Euren leuchtenden Hals.«
Der Händler neigte sein sonnen- und windgegerbtes Gesicht nah zu der jungen Gräfin. Sie schaute ihm in die dunklen Augen, die sie vielversprechend anlachten.
»Signorina, Euch verkaufe ich die Ware zu einem besonders niedrigen Preis.«
Mit einer sanften Bewegung legte er ihr den Seidenschal um den Hals und kreuzte ihn über ihrer Brust.
»Wunderbar, Signorina, wunderbar. Der Seidenschal aus dem fernen China kleidet Euch, meine schöne Dame, gar zu prächtig, als daß ich ihn Euch wieder abnehmen könnte.«
Der Händler vergaß bei all seinen betörenden Worten nicht, seine Ware so laut und beschönigend anzubieten, daß alle Umstehenden sich für den herrlichen Schal zu interessieren begannen.
»Ja, Signorina, dieser Schal ziert Euren schlanken Hals, er schmückt Euch und macht Euch noch göttlicher, als Ihr es zuvor schon wart«, rief er laut. »Wem fällt etwas Schöneres ein als diese Signorina mit der Zierde Chinas?«
»Herrlich, wunderbar sieht sie darin aus«, rief ein altes Weib unter den Umstehenden. »Eine solche Zurschaustellung kann ihr gerade recht sein. Sie kann es wunderbar bei ihrem Beruf nutzen. Dann hat sie noch mehr davon.« Das gehässige Weib machte mit ihren Armen unzweideutige Bewegungen, und das

Volk lachte. »Sie wird ihn sicher der Kirche schenken, vielleicht auch nur einigen Patres oder einem Abt.« Erneut verfiel die Menge in ein widerliches Lachen. Der Händler wußte nicht, was um ihn herum geschah. »Verkauft ihn ruhig an die Gräfin«, rief die bucklige Alte, »sie kann einen guten Preis bezahlen. Sie hat genügend Scudis. Seit neuestem noch mehr.«
Das unbedachte Volk schaute dem Geschehen schadenfreudig zu.
Ein junger Mann drängte sich energisch durch die Menge, an seiner Livree als Page des Großherzogs zu erkennen. Er stürzte sich unvermittelt auf die giftige Alte und schlug ihr ins Gesicht.
»Das ist dein Lohn, du ehrlose Hexe!« rief er zornig. »Ganz Florenz soll über dich lachen, und alle sollen erzählen, ein Page des Großherzogs hat die alte Hexe entlarvt und sie öffentlich gebrandmarkt. Und wenn du willst, häßliches Weib, werde ich deine törichten Sünden noch weiter tilgen, damit du nicht in Schuld und Sühne leben mußt. Da, hast du noch eine«, und er schlug ihr auf die andere Seite des Gesichtes, daß die Alte aufheulte.
»Er schlägt mich, er schlägt ein altes Weib«, zeterte sie.
»Nein, nein, ich schlage keine alte Frau. O nein!« widersprach der Page. »Ich strafe nur die Hexe, damit sie ihre Sünden bereut und Buße tut. Ich rette dich vor der Inquisition. Und jetzt renn nach Hause, du giftspeiende Lügnerin, du verderbte Ketzerin. Was weiß ich, was du für einen alten saftlosen Sack zu Hause hast, der sich auf deine leeren Brüste stürzen wird. Wahrscheinlich wird er noch nicht einmal das tun. Kann sich einer von euch, Männer, vorstellen, mit diesem ledernen Geschöpf unter eine Decke zu kriechen?« Mit diesen Worten wandte er sich triumphierend an die Umstehenden.
»Lieber würde ich einen Grabstein umarmen«, wehrte einer der Männer ab, und er konnte sich des Spaßes beim Volk sicher sein.
»Hör zu, du stinkende Häme«, schleuderte der Page seine Mißachtung der Alten ins Gesicht, »ich denke, selbst dein Mann hat

alle Freude an dir verloren. Hab ich ihn nicht neulich erst hinter der Tür einer Kurzberockten verschwinden sehen?«
»Recht hat er gehabt«, hörte man wieder die Stimme des Mannes aus dem Volk.
»Freude muß sein, aber nicht mit einer solchen alten Schachtel«, rief ein anderer. »Die ist gar gut genug als trockenes Brennmaterial für den Scheiterhaufen.«
Unter den Attacken duckte das alte Weib seinen eckigen Kopf.
»Wer hätte schon Spaß an dir?«
Die Menge lachte und scherzte über sie. Verunsichert schaute sich die Alte um, blickte zornig den jungen Burschen an und schrie entsetzt auf, ehe sie fortlief.
»Was glotzt ihr hier noch lange herum?« rief der Page des Großherzogs und trieb die Menge auseinander. »Wißt ihr, daß die Gräfin unschuldig ist, ihr Gaffer? Es ist bewiesen und bezeugt, daß der herzlose Abt dies junge Fräulein auf seinem Gewissen hat. Bereut eure Sünden, und macht euch von dannen.«
Die Menschen in der Menge waren stumm geworden. Der eine oder andere begann nachzudenken, senkte verschämt seinen Kopf und ging still davon.
»Mutig, recht mutig, mein junger Freund«, lobte der erstaunte Händler. »Auch wenn Ihr mein Geschäft verdorben habt, Ihr seid ein mutiger Kerl. Tapfer, solche Leute wie Ihr. Kaum sonst, daß sich einer gegen die Gaffer und Tratscher so mutig zeigt, wie Ihr es bewiesen habt. Aber sagt an, was ist es mit dieser Sache. Doch bevor Ihr mich aufklärt, will ich Euch belohnen, alleine Eures Mutes wegen. Könnt Ihr dem zustimmen, mein Freund, daß wir zwei dieser hübschen Signorina, die Ihr so tapfer beschützt, ein gemeinsames Geschenk machen? Wir schenken ihr diesen wunderschönen Schal aus Seide aus dem fernen China. Ihr aber, mein Freund, solltet ihn Eurer schönen Beschützten überreichen.«
Die Beine schienen ihren Dienst zu versagen, als der Page dem Mädchen den Schal umlegen sollte.

»Euch, Signorina, Euch zu Ehren«, stotterte er verlegen und hielt den Seidenschal in seiner Hand.
»Nun, mein Freund, Ihr wart so tapfer, als ginge es mit dem Schwert gegen eine Armee der Gauner. Nun beweist diesen anderen Mut, Eurer Herzensdame zu begegnen«, ermunterte ihn der Handelsmann.
Der Page setzte von neuem an. »Gräfin, darf ich Euch diesen Schal als Verehrung von diesem edlen Händler und meiner Unbedeutendheit überreichen?« brachte er in gestelzten Worten hervor.
Der Händler lachte laut und rief: »So ist's recht, junger Freund. Das war ein gutes Ding, das Ihr da geleistet habt. Solche tapferen Menschen wie Euch findet man nur wenige auf Gottes Boden. Die Pest haben wir bezwungen, die meisten Seuchen haben wir eingedämmt, doch die schlimmste Seuche haben wir noch nicht im Griff. Wißt Ihr, welches die schlimmste aller Seuchen ist, Signorina?« fragte er lachend.
Caterina hatte die ganze Szene verletzt, dann überrascht und schließlich sehr freundlich beobachtet. Sie stand nahe bei dem Pagen, der ihr den Schal überreichte.
»Ihr werdet es mir gleich sagen.«
»Ja, ich werde es Euch gleich sagen, doch erst wollen wir diesen heiligen Akt nicht stören. Nichts ist berauschender, als der Liebe einen Dienst zu erweisen. Nur zu«, wandte er sich wieder fröhlich an den Pagen.
Der Diener des Großherzogs hob den weichen Schal hoch und legte ihn der jungen Gräfin um den schlanken Hals. Zum erstenmal konnte er der verehrten Gräfin so nahe sein. Sein Atem ging stoßweise. Er sog genüßlich den sinnlichen Duft ihres goldenen Haares auf, gewahrte die wunderschöne weiße Haut und versank tief in ihren blauen Augen. Ihre vollen Lippen lächelten ihn an. So mutig und kämpferisch er sich zuvor gezeigt hatte, so weich wurden nun seine Knie.
Caterina half ihm aus seiner Verlegenheit.
»Wer seid Ihr?« wollte sie von ihm wissen.

»Ich bin Giorgio Salvori, Page des jungen Großherzogs, edle Gräfin«, sagte er glücklich. »Ich bin Euch des öfteren bei festlichen Anlässen begegnet. Ihr habt mich niemals ernsthaft bemerkt.«

»Nun, dafür seid Ihr mir jetzt um so mehr aufgefallen«, entgegnete sie und fuhr fort: »Wie weich und zart er sich auf meiner Haut anfühlt.« Sie berührte mit den Händen den Seidenschal. »Ihr aber, ihr beide, ihr seid wirkliche Herren. Ich werde den Schal in Dankbarkeit tragen und mich stets an eure Tapferkeit und Großmut erinnern.« Sie wandte sich dem Händler zu. »Ihr seid uns noch die Antwort auf Eure eigene Frage schuldig. Welches nun, weitgereister Handelsmann, ist die schlimmste aller Seuchen?«

»Die schlimmste aller Seuchen, Signorina, das ist die Feigheit und die Angst der Menschen.«

»Wie wahr, wie wahr«, bestätigte Caterina. »Nun laßt mich aber gehen, es hat schon zuviel Aufregung gegeben.«

Der Page und der Händler verneigten sich. Der Fremde rief ihr nach: »Auf baldiges Wiedersehen.«

Mit wenigen Worten schilderte Salvori dem Händler den Grund seines Eingriffes.

»Nun, Ihr sagt es«, entgegnete der Händler, »die Lüge ist eine weitere unheimliche Seuche.«

Giorgio Salvori zog mit einem freundlichen Blick von dannen, in seinem Rücken noch eine Weile die Stimme des Händlers vernehmend, der laut rief: »Bürger von Florenz, schaut euch die himmlischen Schals aus dem fernen China an. Ein solcher Schal hat eine junge Fürstin rehabilitiert. Ein solcher Schal schmückt und ziert den wunderschönen Hals der edelsten Dame eurer Stadt. Vernehmet die Geschichte. Vergewaltigt und verleumdet von seinen Missetätern, mußte dieses Menschenkind die Schmach und Schande der Bürger dieser Stadt über sich ergehen lassen. Doch ein junger Held rettete die Gräfin vor den Anfeindungen der alten Weiber. Der Held entriß sie der Hexe und kämpfte gegen die Hurensöhne. Als Zeichen des glorreichen Sieges trägt sie, die so wundersam Gerettete, diesen Schal aus feinster Seide aus dem Land der Mitte um ihren zierlichen Hals. Kommt, Leute, kauft diesen prächtigen Schal, den Erretter des Menschengeschlechtes. Tragt das Symbol der Tapferkeit und der Ehrlichkeit.«

Bürger, die seinen Trödlerstand belagerten, diskutierten die Neuigkeit, die keine war. Sie nutzten sie, um sich zu rehabilitieren.

»Ich hab es gleich gesagt«, wetterte ein Waschweib von dem Ufer des Arno, »die Gräfin war immer so freundlich und nett. Niemals hätte sie einen Mann der Kirche verführt. Außerdem, Leute, sie ist doch noch viel zu jung.«

»Wie hätte sie auch einen Abt verführen können? Ein Mädchen, ein Kind noch? Wohl sind ihre Lehrer die schändlichen Missetäter.«

»Ja, ja, woher sollen wir auch die Wahrheit wissen?« warf eine Fischverkäuferin ein. »Wenn man uns so belügt?«

Nicht lange nach der Begegnung mit dem mutigen Pagen von Ferdinand II. sammelten sich die Anzeichen für Caterina Picchena, daß sie ein Kind aus der Vergewaltigung erwartete. Ihr Vater schickte sie heim auf die Burg Picchena. Dort sollte sie in sauberer, natürlicher Umgebung, in der frischen Luft der hohen Toskana gesund die nächsten Monate verbringen.

Ein anderer Beschützer wich auf Picchena nicht mehr von ihrer Seite. Der Knecht Marco hatte Florenz mit ihr verlassen, und seine Treue als Diener der Gräfin wurde sprichwörtlich. Wie ein blutrünstiger Wachhund lief er neben ihr, wenn sie den wunderbaren Park, der die Burg Picchena nach Süden umschloß, durchstreifte. Sie erfreute sich an den sommerlichen Geschenken der Natur, den herrlichen Blumen und Wiesen, den Fichten und vor allen Dingen an der alten Steineiche. Unter dem Schat-

ten des alten Baumes nutzte sie die Zeit für ihre Studien. Marco brachte manch ein Buch aus der Bibliothek ihres Vaters in den Garten. Sie studierte die Erkenntnisse Galileo Galileis und erbaute sich an den Werken Boccaccios.
Von ihrem tönenden Instrument blickte die kleine Gräfin auf und schaute in den weiten Himmel, der wie eine gewaltige Kuppel eines Domes über dem Tal lag. Drohende Wolken hatten sich über der Burg Picchena zusammengebraut. Aber weithin in der Ferne war der helle blaue Himmel zu sehen. Der Regen peitschte hinter dem nächsten Hügel die Erde. Das Licht am Horizont, die Regenwand und die Dunkelheit über ihrer Burg gaben dem Schauspiel der Natur einen weichen, unsicheren Schein.
Dann schlug sie auf ihrer Laute traurige Weisen des großen Monteverdi an.

»Laßt mich sterben,
laßt mich sterben,
Wer denn, glaubt ihr, soll mich trösten,
Bei diesem harten Los,
In solch unendlicher Qual?
Laßt mich sterben.«

Als es hieß, zum Palio nach Siena zu fahren, wich Marco das Blut aus dem Gesicht. Seine Freunde hatten ihm viel von dem magischen, aber mörderischen Pferderennen erzählt. Von dem lebenslustigen Volk, das über eine Woche in ausschweifenden Exzessen und Feierlichkeiten schwelgte. Von dem brutalen Wettkampf auf dem Rücken von Pferden, der oft ein schlimmes Ende fand. Wie könnte er in diesem überschäumenden Tumult seine kleine Herrin beschützen und auf sie aufpassen? Wie sollte er selbst den vielen erotischen Versuchungen und Verführungskünsten einer gänzlich durcheinandergeratenen Stadt widerstehen können? Und doch war »Il Palio« für ihn wie für jeden Toskaner ein magisches Wort.

Dieser Tag des berühmten wie berüchtigten Pferderennens auf der Piazza del Foro stellte für die Stadt an der alten Via Francigena und für die Dörfler ihrer Umgebung den Höhepunkt des Jahres dar. Ein glitzernder Traum, der die armen Bauern hoffen ließ, einmal in ihrem trostlosen Leben einen höheren Rang als ein Fürst einnehmen zu können. Ihre Pferde vom Feld, kräftig mit starker Muskulatur, widerstandsfähig und unempfindlich, liefen gegen die Barberi der Fürsten. Die araberähnlichen, genügsamen, kräftigen und doch sehr schnellen Pferde des Adels wurden in der Maremma gezüchtet, dem Küstenstrich zwischen Castiglione und dem Monte Argentario. Beide, die kräftigen Bauernpferde wie auch die rassigen Renner, konnten ihre Chance wahrnehmen. Todesmutige Bauernjungen trainierten mit unbändigem Siegeswillen das ganze Jahr über ihre Gäule. Ihr gestriegeltes Pferd in dem sonst trostlosen Dasein auf ihren armseligen Höfen nur einmal auf dem Palio zum glorreichen Sieg zu führen, war der endgültige Traum eines jeden tapferen Burschen vom Lande. Wenn er mit dem höchsten Erfolg gekrönt war, war für die sichere Zukunft gesorgt. Unsummen Geldes spielten bei dem abenteuerlichen Rennen eine außergewöhnliche Rolle. Die wilden Fantini, Desperados auf den ungesattelten Rücken der Pferde, mußten nicht nur exzellente Reiter sein. Ebenso draufgängerische, todesmutige Qualitäten und Verhandlungsgeschick wurden verlangt, wenn sie sich an eine Contrada verdingten. Betrug, Bestechung und Hinterlist setzten vermögende Auftraggeber und pokernde Reiter im Kampf um die besten Plätze, schnellsten Pferde und den höchsten Lohn ein. Verräter nannte das Volk die Fantini, die wegen eines höheren Soldes zur anderen Partei überliefen.

Wochen vorher wuchs die Spannung. Steigende Nervosität hielt die Stadt in Atem. Eine Mischung aus Freiheitsgefühl, rücksichtslosem Mut und unerfüllten Ambitionen knisterte in den Contraden. Die ehrwürdigen Adelsgeschlechter, die reichen Handelsfamilien gierten auf dem Foro nach Machterweiterung und Einfluß. Ein glänzender Sieg im Palio verhieß beides. Tage

vor dem mörderischen Kampf waren die prächtig geschmückten Paläste Schauplatz eines Geschlechterhandels unter den mächtigsten Familien.
Fortbestand der Sippe, Erweiterung der Einflußsphäre, Aufrechterhaltung ihres Machtanspruches trieben die Familienoberhäupter zu einer Art Hochzeitsjahrmarkt. Unverheiratete Töchter, gewissermaßen »schwierige Fälle« kamen unter den Versteigerungshammer. Wie preziöse, seltene Waren wurden die schwer Vermittelbaren ausgestellt. Die gekonnte Inszenierung der Schau beeinflußte die Höhe des Preises. Belastende Mitgiften sollten vermieden werden. Im Vorfeld des Palio boten Einladungen der Fürsten und der hohen Politiker das Umfeld, die Attraktivität der Ware »Frau« in einem angemessenen Rahmen darstellen und betrachten zu können. Ein Markt der Eitelkeiten, eine Messe der besten Angebote, ein Überblick über die vergessenen Jungfrauen der toskanischen Herrscherhäuser.
All diese ränkesüchtigen Hintergründe waren dem treuen Marco nicht bekannt. Er schwankte zwischen Ängstlichkeit und Neugierde, zwischen Verantwortung und Abenteuerlust. Seine Sorgen begründete er gegenüber der Gräfin mit der Schwierigkeit, seine junge Herrin in der unermeßlichen Menge von wild gewordenen Menschen im Auge behalten zu können.
»Was kann mir noch Schlimmeres geschehen, als was ich bereits erdulden mußte?« erwiderte seine Herrin mit einem ironischen Ton in der Stimme.

Über die Via Roma und die Via di Pantaneto hielt der hohe Staatsgast Einzug in das Zentrum von Siena zum Forum. Jeweils zwei in glitzernde Uniformen gesteckte und mit Musketen bewaffnete Gardisten, vorneweg und hinter dem Troß, beschützten die herrschaftlichen Reisenden vor zerlumpten Wegelagerern und anderem lichtscheuen Gesindel. An der Porta Romana nahmen berittene Soldaten der Leibgarde des Gonfaloniere, der höchsten Gerichtsinstanz, den hochgeehrten Staatssekretär der Toskana in Empfang.

Der Troß zog über die mit roten Backsteinen gepflasterte Piazza del Foro bis zum Palazzo dei Nove. Vor der ehrwürdigen, mit zehn Portalen ausgestatteten Backsteinfassade hielt die Karosse an. Caterina bewunderte die schlichte und leichte Eleganz des Turmes della Mangia. Aus dem Palast ragte schlank dieser ebenfalls aus Backstein gemauerte Turm in den Himmel, der an seiner Spitze aus weißem Travertin einer Lilie ähnelte. Der Gonfaloniere empfing seinen Staatsgast in der Sala di Balia. In seiner prächtigen Kleidung schien er geradewegs aus einer der spätgotischen Fresken des Sienesers Martino di Bartolomeo entstiegen zu sein. Umgeben von mehreren Senatoren, hieß er den Staatssekretär der Medici und seine Tochter willkommen.

Der folgende ruhelose Tag erklang in der Stadt von den klirrenden, schwatzenden, singenden und knisternden Vorbereitungen des Rennens auf der Piazza del Foro. An allen Fensterbänken der umliegenden Palazzi lagen rote, samtene Tücher und Kissen aus. In besonderem Glanz präsentierte sich der Palazzo dei Nove. Fahnen aller teilnehmenden Contraden wehten als Symbol für die Einheit der Stadt. Eine leuchtende Fahne auf dem mächtigen Torre del Mangia verkündete stolz »Libertà«.
Siena war im Besitz von erfolgreichen Bankhäusern, der rege Handelsverkehr über die Francigena blühte. Allerorts wurde die Stadt mit Hochachtung »Tochter der Straße« genannt. Die Metropole lag direkt an der Francigena, dem berühmten Handelsweg von den nördlichen Regionen nach Rom. Die Stadt profitierte als Umschlagplatz für Waren, als Tauschzentrale und als Einkaufs- und Verkaufszentrum. Caterina stellte sich vor, wieviel Händler vor einhundert Jahren täglich in Siena haltmachten. Sie aßen ihre Suppe und ihren Fisch und tranken ihren Wein in der Osteria Castanio, sie bezahlten für Übernachtungen in den Locanda di Capone. Reisende aus italienischen Landen, aus Frankreich, Holland, Österreich, Polen und Ungarn hinterließen ihre Spuren in dieser schönen Stadt.
Aber nicht nur das. Vom Golf von Follonica bis zur Halbinsel

des Monte Argentario reichte sein Herrschaftsgebiet. Die Häfen Castiglion della Pescaia, Talamone, Porto S. Stefano und Port'Ercole waren mit reich beladenen Handelsschiffen überfüllt. Viele stolze Bankhäuser, glanzvolle Handelsfamilien, Goldschmiedemeister, kleinere Geschäfte und günstig gelegene Übernachtungshäuser hatten unermeßlichen Reichtum angesammelt. Die hohen Lagertürme in Siena barsten schier von Waren. »Wenn du über die Hügel nach Siena kommst, erkennst du die vielen hohen Türme. Früher gab es noch viel mehr dieser protzigen Familiensymbole in der Stadt. Es schien, als reiste man auf eine schwarze Wand zu, derartig viele hohe Türme zeigten überlegen den Reichtum der Sieneser«, hatte ihr der Landgraf aus der Geschichte berichtet. Das glückliche Bild der von Florenz südlich gelegenen Stadt stach wie ein Dorn ins Auge des großen Cosimo I. Er beschäftigte sich in der Mitte des 16. Jahrhunderts damit, sein Imperium zu vergrößern. Der Gedanke, wie er seinen Einfluß auf die Francigena, die geschützten Häfen Sienas geltend machen könnte, raubte ihm die Nachtruhe. Der Weg nach Rom mußte in der Hand der Familie Medici sein. Was anderes konnte sich Cosimo nicht vorstellen. Die unermeßlich reiche Mitgift Sienas, die sich stolz »Tochter der Straße« nennen ließ, lockte ihn. Also versicherte er sich der Unterstützung des habsburgischen Kaisers Karl V. Die Begründung war schnell herbeigeführt. So mutete Cosimo I. seinen Landsleuten und seinem Freund Karl V. Unglaubliches zu. Er behauptete schlichtweg, die Sieneser bedrohten sein Land, den Wohlstand von Florenz. Er müsse diese Bedrohung beenden, also der Herrschaft der Stadt Siena ein Ende bereiten. In einem grausamen, brutalen Krieg zerstörte er das Territorium der einstmals so prächtigen Metropole. Nach einer langen, sechzehn Monate andauernden Belagerung ergaben sich die Sieneser. Zum Schluß hatten selbst mutige Frauen und geübte Kinder die Stadtmauern verteidigt. Der Bevölkerung war grausame Schmach angetan worden. Von vierzigtausend Bürgern überlebten schließlich nur sechstausend das Gemetzel. Hunderte,

Tausende befanden sich ängstlich auf der Flucht. Grausame Not, tödliche Krankheiten, mörderische Seuchen und tiefstes Elend setzten manch einer ehemals selbstbewußten Sippe ein schreckliches Ende. In den Straßen der Stadt, am Wegesrand, in den Häfen verendeten die Menschen wie Tiere. Das elende Jammern der maßlos Gequälten erfüllte die von zerstückelten Leichnamen gräßlich stinkende Luft. Es gab keinen Gott, zu dem die Sieneser seit Jahrhunderten gebetet hatten, der der Not Einhalt gebot und den Schwachen die Erlösung schenkte. Diesen liebevollen Himmelsherrn aber nahmen die Florentiner für sich in Anspruch. In frommen Dankgottesdiensten machte der grausame Diktator Cosimo I. deutlich, daß der bestehende Gott sein Gott war. Er, der auch Florenz unter seine brutale Gewalt mit menschenverachtenden Folterungen, heimtückischen Morden, geplanten und angekündigten Serienenthauptungen und demonstrativen Verbannungen gebracht hatte, dankte dem Gott Roms für die himmlische Unterstützung. Der mörderische Überfall auf Siena brachte ihm noch weitere Genugtuung und Rache. Die gegeißelte Stadt hatte vor Jahren die Verbannten aus Cosimos Reich beherbergt.

»Ihr scheint Euch mit Eurer reizenden Tochter hier wohl zu fühlen, ehrenwerter Staatssekretär. Ist sie nicht ein wenig zu jung, um sie jetzt alleine zu lassen?«

Die verwitwete alte Dame des Hauses Buondelmonti stellte sich am Arm ihres Sohnes, des Pfarrers aus Impruneta, dem Landgrafen in den Weg.

»Hochgeschätzte Gräfin, welche Freude erfüllt mein Herz, Euch zu diesem bewegenden Anlaß begrüßen zu dürfen. Ich fühle mich hochgeehrt, Don Alessandro«, wandte er sich auch an den Pfarrer, »mit Euch gemeinsam in dieser prächtigen Sala del Mappamondo plaudern zu dürfen.«

»Eine hervorragende Idee der Stadtoberen von Siena, Exzellenz, die ehrenhaften Personen von Florenz in den Palazzo dei Nove einzuladen.«

Alessandro de'Buondelmonti verneigte sich vor dem Grafen. »Wie ist das Befinden des hochverdienten Lorenzo del Senatore Altobianco de'Buondelmonti, Eurem wundervollen Sohn, meine Gräfin? Ich hoffe sehr, ich werde ihn ebenso wie Euch hier begrüßen dürfen?«

»Mein Erstgeborener befindet sich bedauerlicherweise in einem Zustand nicht einwandfreier Gesundheit, hochverehrter Picchena. Er ist ein wenig bettlägerig. Wir dürfen Euch die allerfreundschaftlichsten Grüße übermitteln.«

»Ich bin Euch zu tiefem Dank verpflichtet, hochgeschätzte Gräfin de'Buondelmonti, und bitte Euch, dem ehrenwerten Lorenzo del Senatore meine besten Wünsche zur Genesung zu überbringen.«

»Nun, verehrter Landgraf, es ist uns eine Ehre, mit Euch die Gunst der Stunde nutzen zu können. Es ist ein guter Brauch, wichtige Handelsgeschäfte im verborgenen zu tätigen. Wir können unsere Übereinkunft in aller Stille, unbeobachtet von der Florentiner Gesellschaft, überdenken.«

»Ich verstehe Euch nicht recht, Landgräfin, was wollt Ihr überdenken? Unsere Vereinbarung besteht. Ich meine, alle Verträge sollten eingehalten werden. Ich nehme an, Ihr wollt mir darüber eine Versicherung abgeben.«

Curzio Picchena hatte sich seit Tagen gefragt, was die alte Wachtel von ihm noch wollte. Seitdem ihr ältester Sohn Lorenzo von der Schwindsucht befallen war, der zweite Sohn seit vielen Jahren die Priestertracht trug und ihre beiden Töchter sich unfähig für jegliches Geschäftsgebaren zeigten, hatte die energische Witwe das Geschäft der Buondelmonti wieder übernommen. Es war schwierig mit diesem garstigen Weib zu verhandeln, das hatte er längst erkennen müssen.

Aus seinem Sessel betrachtete er Alessandro, dessen kugelrunder Kopf aus dem Priestertalar wie ein Radieschen hervorlugte und ebenso rot leuchtete.

»Verehrter Landgraf Picchena«, hub die alte Witwe erneut an, »Ihr kennt den Fall besser, als ihn jeder andere kennt. Ihr solltet wissen, daß sich der Preis selbstverständlich mehr als verdreifacht hat. Die Bedingungen sind für Euch schlechter geworden. Ich schlage Euch, mein ehrenwerter Herr, vor, neu zu verhandeln. Ein guter Handelsmann weiß, daß die Qualität den Preis beeinflußt.«

Alte Krämerseele, dachte der Graf, du würdest deine schwarze Seele noch verschachern. Paß auf, daß dir nicht selbst das Fell über die Ohren gezogen wird! Mit ruhiger Stimme entgegnete er: »Euch, meine verehrte Landgräfin de'Buondelmonti, ist seit jeher bekannt, daß die Verträge, die einmal abgeschlossen wurden, einzuhalten sind.«

»So haben wir es stets in unserer erfolgreichen Familie gehalten. Daher sind die Buondelmonti zu einer vermögenden Handelsfamilie aufgestiegen, mit Banken in ganz Europa, mit Niederlassungen in allen Teilen dieser Welt. Währenddessen, hochverehrter Landgraf Picchena, haben sich Eure Vorfahren mit anderen herumgeprügelt.«

»Und für die Freiheit gekämpft, von der Ihr, verehrte Gräfin, stets profitiert habt.« Picchena war ärgerlich geworden. Ihm war das ganze Theater zuwider. Er hatte nicht mehr viel Lust, mit dem alten Weib zu verhandeln. »Wenn es Euch beliebt, verehrte Gräfin de'Buondelmonti, könnt Ihr den Handel rückgängig machen. Dann sollten wir jetzt schnell einen Schlußstrich unter die Angelegenheit ziehen. Noch ist Zeit dazu.«

Curzio Picchena wußte, daß er seine Position stärken konnte, wenn er sein totales Desinteresse zeigte.

»Aber, aber«, ereiferte sich denn auch sofort der rotköpfige Pfarrer aus Impruneta, »warum werdet Ihr denn gleich die Flinte ins Korn werfen? Meine gütigste Frau Mama spricht doch nicht von einem Aufheben des Handels. Sie erwähnte nur die Anhebung des Preises. Die Bedingungen, die Voraussetzungen stimmen nicht mehr.«

»Wenn Ihr damit meint, verehrtester Don Alessandro, Euer Herr Bruder, der Markgraf Lorenzo de'Buondelmonti, sei noch kränker als zuvor, dann ist das wohl richtig.«

»Ihr solltet nicht die Krankheit eines armen Menschenkindes derart leichtnehmen, verehrtester Landgraf«, fiel ihm die Gräfin de'Buondelmonti aufgeregt ins Wort. »Mein Sohn, der geschätzte Lorenzo, ist und bleibt ein angesehener Graf und erfahrener Handelsmann in Florenz. Eure Tochter ist es, liebenswerter Staatssekretär, die eine Wandlung durchgemacht hat. Sprechen wir es aus. Sie ist nicht mehr so viel wert. Sie trägt ein uneheliches Kind unter dem Herzen.«
Die sterbende Wachtel atmete erschöpft durch und ließ ihren fetten Körper in dem alten Sofa zurückfallen, glücklich, die Sache beim Namen genannt zu haben.
Picchena hatte geahnt, warum die beiden Buondelmonti ihn zu einem Gespräch aus Anlaß des Palio gebeten hatten. Doch jetzt, da die Sache so deutlich beim Namen genannt wurde, ging ihm ein Stich durch das Herz. Seine kleine geliebte Caterina, sie sollte hier verhandelt werden. Sie sollte zur Schlachtbank geführt werden wie eine Kuh zum Schlachter.
Zornig erwiderte er: »Ein Kind, das einer aus Eurer Sippschaft, Don Alessandro, mit verbrecherischer Gewalt und gegen jede Gebote Gottes meiner Tochter eingepflanzt hat. Das, Verehrtester, werde ich Euch Klerikern niemals verzeihen.«
Don Alessandro saß neben seiner Mutter zurückgelehnt auf dem Sofa. Sein rundes Gesicht schien noch runder zu werden, seine Wangen leuchteten. Die Augen fielen ihm fast aus dem Kopf. Don Alessandro zeigte ein hinterlistiges Lächeln.
»Eure Tochter, Landgraf Picchena, scheint uns nicht mehr so viel wert zu sein. Unser Preis ist gestiegen. Schließlich heiratet sie in eine der reichsten Familien unserer geliebten Stadt Florenz ein. Sie wird sich zu den edelsten Familien der Stadt zählen dürfen.«
Verruchter Krämer, arbeitete es in Picchena, du hast weder die Weihe des Pfarrers noch meine Tochter als Schwägerin verdient. Laut fuhr er fort: »Meine gebildete Tochter ist für Euren kranken Sohn wahrlich ein Geschenk des gütigen Himmels. Vergeßt nicht die Krankheit Eures Sohnes, Landgräfin, und auch Euch,

Don Alessandro, gebe ich zu bedenken, daß Euer Bruder nicht der Stärkste für einen Zeugungsakt sein dürfte. Ihr werdet möglicherweise dem Herrn danken, daß er Eurem Hause das Kind meiner Tochter geschenkt hat.«

»Möglicherweise«, entgegnete er noch immer lächelnd.

»Bedenkt, daß die Schwindsucht Eures Sohnes, verehrte Gräfin, eine unerträgliche Belastung für meine Tochter sein wird.«

»Dafür, verehrter Staatssekretär, haben wir die Klausel in den Vertrag gebracht, daß Eure Tochter, die kleine Caterina, nur viermal im Jahr zum ehelichen Beischlaf bereit sein muß.«

Curzio lächelte in sich hinein, als er die Worte »zum ehelichen Beischlaf« vernahm.

»Wir bringen jetzt noch hinein, geehrter Picchena, daß der Bastard Eurer Tochter als das Kind unseres Lorenzo de'Buondelmonti mit allen Rechten angenommen wird. Wenn es ein Junge ist, wird er der stolze Erbe des Stammes der Buondelmonti sein, reich, geehrt, behütet durch die Sippe der Buondelmonti und geschützt durch den Segen der Kirche.«

»Ein großes Entgegenkommen«, sagte Alessandro. »Der Preis allerdings, die Mitgift, hochverehrter Staatssekretär, ist leider gestiegen, auf das Dreifache.«

»Ich stimme Euch, Landgräfin de'Buondelmonti zu, die Bedingungen unseres Vertrages haben sich geändert. Der Vertrag ist ungültig. Der Vertrag ist aufgelöst.« Curzio Picchena hatte sich ruhig erhoben. Mit eiskalter Stimme fügte er hinzu: »Wer wird schon einen schwindsüchtigen alten Mann heiraten? Meine Tochter hat ausreichend Vermögen, ihr Leben glücklich mit ihrem Kind in Picchena zu verbringen.«

»Seid nicht gleich so verletzt, Landgraf.« Die Witwe Buondelmonti hatte sich nervös erhoben, faßte den Graf am Ärmel und zupfte ihn wieder zum Sessel. »Wir werden doch wohl noch ein Angebot machen dürfen, verehrter Staatssekretär. Das Doppelte des Preises wäre uns die Sache schon wert. Bedenkt den Schutz, den Eure Tochter für alle Zeiten genießen wird.«

»Und den Segen Gottes für eine ehrenwerte Ehe und für ein

zuvor uneheliches Kind. Die Mutter Kirche nimmt das Kind in ihren Schutz auf.«

»Für das Doppelte des vereinbarten Preises, Don Alessandro!« fauchte Picchena. »Ihr seid also bereit, das Kind meiner Tochter gegen Geld zu taufen? Ohne diese Mitgift nicht!«

»Wo ist denn da etwas Falsches daran?« fragte der Bruder des Lorenzo unschuldig.

»Falsch ist Eure Politik, Don Alessandro, Geld gegen Seele. Das ist nicht mein Weg, verehrte Gräfin. Ich verzichte.«

»Nun ja, hochverehrter Staatssekretär, beruhigt Euch. Wir sind einverstanden. Wir beabsichtigten von vornherein, Euch unser Einverständnis mit der Mitgift auch unter den vorhandenen neuen Bedingungen mitzuteilen, nicht wahr, mein Sohn Alessandro?«

»Ja, natürlich, meine geehrte und geliebte Mutter. Einverstanden.«

Ein listiges Lächeln lag auf dem Gesicht des Pfarrers.

Curzio Picchena entdeckte in den Augen des Don Alessandro einen glühenden Funken, der ihn wie ein Pfeil in den Schädel traf.

Du wirst schon sehen, was du und deine Tochter davon habt, verkündete dieser teuflische Blitz.

Ein gespanntes Raunen wogte über die viele tausend Köpfe umfassende Menge, die sich im Forum vor dem Palazzo dei Nove versammelt hatte. Vier Schläge tönten von der Uhr am Torre della Mangia. Livrierte Diener sperrten die Rennstrecke ab. Die brodelnde Masse im Innenraum drohte überzukochen. Auf engstem Raum preßten sich jung und alt, Mann und Frau, die fanatischen Anhänger der jeweiligen Contrada aneinander. Feindselig gestimmte Gruppen begannen Siegeslieder zu singen und riefen Schmährufe gegen den Kontrahenten.

Auf ein Zeichen des Gonfaloniere zogen zwanzig berittene Soldaten auf prächtigen Schimmeln über die Via del Porrione in das Forum. Begleitet von dem erlösenden Beifall und den be-

geisternden Jubelrufen der Zuschauer, beschleunigten die Reiter ihr Tempo, um nach eineinhalb Runden auf der Rennbahn im Galopp den Foro über die Via del Porrione zu verlassen.
Fanfarenklänge erfüllten den Platz, als zum Auftakt in einem farbenprächtigen Zug die Gilden der Stadt Siena ihre Aufwartung machten. Eine endlos scheinende Aneinanderreihung von waffenstarrenden Rittern, gepanzerten Soldaten, bunt gekleideten Fahnenschwenkern und Armbrustschützen demonstrierte den Stolz der ehemaligen Metropole.
In einer prunkvoll ausgestatteten Loge nahm der Gonfaloniere Platz. An seiner Seite beehrte er den Staatssekretär mit seiner Tochter aus Florenz. Von den mit weißen Tüchern ausgelegten Tribünen vor dem Palazzo dei Nove bewunderten die Ehrengäste die unruhig tänzelnden Rennpferde, die nacheinander vorgeführt wurden. Anfeuernde, begeisterte Rufe der fanatischen Anhängerschaft bejubelten ihren Fantino, der ihre Ehre ins Ziel tragen sollte. Grafen und Gräfinnen im Geleit von Edelmännern und Hofdamen verliehen an den außenstehenden Tribünen dem Fest seinen farbenprächtigen Schmuck. An anderen Stellen schauten Frauen und Bewerberinnen aus vergoldeten Zirkuswagen zu. Aus den Fenstern der Palazzi lehnten sich die edlen Damen und die Töchter der reichen Handelsfamilien. Auf den Balkonen sah man Fürsten und Marquise mit Federhüten und goldenen Halsketten. Junge Burschen und Kinder hingen in Bäumen und auf Dächern und schauten von dort dem Rennen zu.
Martialisch und waffenstarrend, metallisch behelmt, mit langen Speeren in der rechten Hand und mit kampferprobten Panzerausrüstungen versehen, stellten sich die Soldaten der jeweiligen Contrada vor. An der Absperrung der Tribüne schnaubten die feurigen Rosse mit Schaum vor ihren Mäulern. Der heiße Atem der Fantini, die zitternden Flanken der tänzelnden Rennpferde ließen die Fanatiker vor Ehrfurcht erbeben.
Einem vibrierenden Echo gleich, warfen die ehrwürdigen Steinwände der Palazzi um den Foro das Raunen und die jubelnden

Aufschreie der Masse in den Platz zurück. Der Zug vor dem Palio vereinigte noch einmal die Sieneser in ihrem stolzen Bewußtsein. Stille legte sich über die Menge, als der Carroccio, gezogen von vier weißen Ochsen, in die Rennbahn einscherte. Das Volk von Siena ehrte schweigend den Gonfaloniere. Das Banner Sienas, die Balzana, präsentierte sich hinter dem Carriccio am Schluß einer ehrfürchtigen Menge.
Wie das langsame Anrollen eines kommenden Gewitters vibrierte die Luft. Zu lange dauerte die Spannung an. Das Murmeln wuchs zu einem wabernden Grollen. Jubelnde Contradaioli hatten das Glück ihres Lebens auf den Rücken eines einzigen Pferdes verwettet, das brutal zum Erfolg gepeitscht werden mußte.
Die Stunde der Entscheidung rückte heran. Für Verwegene war es die Stunde des Glückes oder des Unterganges. Mit glühenden Gesichtern schrien sich die Besessenen in der Mitte des Foro ihre Anspannung aus der Seele.
Einem schmetternden Fanfarenstoß folgte ein Augenblick der totalen Stille. Die stolzen, hochgereckten Fantini ritten auf ihren nervösen Barberini oder den kräftigeren Bauernpferden aus dem Hof des Palazzo dei Nove auf die Rennbahn.
Den Start, die Mossa, bestimmte das letzte nervöse Pferd, sobald es tänzelnd in den Startraum gelangt war. Versuch und Mißerfolg, Eintänzeln und Zurückweichen des letzten Pferdes wurden begleitet von aufbrausenden und abschwellenden Anfeuerungsrufen der Menge.
Mit dem gewaltigen Aufschrei, vergleichbar mit dem eines sich in den mörderischen Kampf stürzenden Heeres, lohnten die Sieneser den geglückten Start.
Das Volk von Siena schüttelte sich unter einer Massenhysterie. Das Forum dröhnte unter den rasenden Hufen der Heißblüter. Je nach Verlauf von Glück und Mißgeschick schrien, fluchten, weinten und verwünschten die Contradaioli Pferd und Reiter. Frauen rauften sich die Haare, Männer drohten über die Absperrung zu springen. Mit aufwirbelndem Aschestaub hetzten

die Reiter über die enge Rennbahn, und die kräftigen Pferdeleiber jagten unmittelbar an den Gästen aus Picchena vorbei.
Der rasenden Meute gleich stürzten sich die Gedanken der jungen Gräfin in eine drohende, ungewisse Dunkelheit. Wohin führte sie der Wahnsinn ihres vergewaltigten Körpers, welchen ausgeheckten Planes machte sich ihr Vater schuldig? Noch ahnte sie nur die Machenschaften einer selbstherrlichen, überheblichen Sippschaft. Vergewaltigt, verhandelt, verschachert und verschmäht, sollte dies das Ende ihres jungen Lebens sein? Verraten und verkauft an einen Menschen, den sie nicht liebte. Ihre Träume, ihre Sehnsüchte und ihre Liebe, genährt aus den Erzählungen von Tasso, übernommen von den Straßensängern und Fahrensleuten, gefestigt durch das eigene erwachende Leben, stürzten aus ihrer Seele und blieben zerschmettert in dem Staub eines von anderen bestimmten Lebens liegen. So wie der Fantino in der Spitzkehre am Palazzo Ragnoni mit seinem Oberschenkel gegen die Steinbegrenzung knallte, in hohem Bogen von seinem Pferd durch die Luft flog und mit zerschmetterten Gliedmaßen unter die Hufe der nachfolgenden Reiter geriet, fühlte sie sich zertreten und überrollt von den Zwängen ihres Daseins. Die von Menschenblut schmutzig braun gefärbte Rennbahnasche legte sich auf ihre Seele und verdarb ihr Glück.
Caterina schrie, den johlenden Zuschauern gleich, doch ihr Wehklagen galt nicht dem tödlich verletzten Fantino. Ihre Seele schrie ihr Unglück hinaus in die fremde, kalte Welt. Niemand vernahm ihr Jammern und Schluchzen. In der Versammlung aller Freuden und Qual, die von Tausenden von Menschen die Luft über Siena zittern ließ, zerstob ihr verzweifelter Ruf nach ein wenig Glück und Wärme wie der zarte Gesang eines Vogels im stürmischen Wind.
Ein nächster Fantino schlug heftig mit dem Ochsenriemen auf das verzerrte Gesicht seines Gegners. Blutige Striemen erschienen auf Wangen und Stirn des Reiters. Der erschrockene Fantino zögerte nur einen Augenblick, da stemmte sich ein Bauern-

gaul in der Kehre San Martino zwischen die Führenden. Die Fantini peitschten aufeinander ein, versuchten sich vom Pferd zu stürzen. Ein wildes, mörderisches Jagen nach Geld und Gold, nach Ruhm und fadenscheinigem Glück ließ die Reiter in einen rücksichtslosen, brutalen Kampf, jeder gegen jeden, versinken. Wer schließlich gewann, hatte kein Herz für den Verlierer. Am Ausgang der viel zu engen Kurve San Martino donnerte ein Reiter gegen die grob behauenen Bretter der Absperrung. Das braunschwarze, schlanke Pferd verweilte verwirrt an dem hohen Gatter. An dem schmalen Kopf des Barbero klaffte unterhalb des Auges ein breiter Riß. Verstört und von Schmerzen gepeinigt, tanzte das Pferd im Kreise. Die Gaffer johlten, so wie die Menge bei anderer Gelegenheit dem Feuertod eines Ketzers zujubelte. Mal erstarrte die Menge vor Ergriffenheit über den Mut eines rücksichtslosen Draufgängers, mal war sie hingerissen und aufgewühlt bei dem Todessturz eines Pferdes. Gewaltiger als alle Balladen und Heiligenlieder, dramatischer als die verdammenden Predigten der Bettelmönche wurde die Meute der Menschen erfaßt von den Leidenschaften und unbeugsamen Kämpfern zu Pferde.

Caterina schlug für einen Moment entsetzt die Hände vor die Augen. Je mörderischer das Rennen wurde, desto tobsüchtiger schrien die Contradaioli ihr Glück, ihr Entsetzen oder ihren Haß aus dem Leibe. Nur noch eine wogende, brüllende Masse tobte im Innenraum. Es ging um Leben und Tod. Es ging um Ehre und Stolz, um Anerkennung, Verachtung und Haß. Wie blutrünstige Soldaten in einer Schlacht rissen die Zuschauer die Mäuler auf, rauften sich die Haar. Heiße Wangen, funkelnde Augen, schäumende Münder jubelten ihrem Fantino zu oder verfluchten entsetzt ihren Reiter.

Die Fantini prügelten aufeinander ein, als gälte es, die höchste Zahl der Verletzten zu erreichen. Der herrenlose Barbero jagte immer noch an dritter Stelle. Von zehn gestarteten Pferden waren noch sechs im Rennen, eines reiterlos. Zum letztenmal peitschten die Fantini ihre Pferde vorbei an der Capella di Piaz-

za und dem Palazzo dei Nove. Wie die Teufel schlugen die Fantini ihre Pferde. Es ging um Leben und Tod. Es ging um Ehre und Stolz, um Anerkennung, Verachtung und Haß.
Caterina starrte in die Menschenmasse in dem Innenraum. Ihre Gesichter waren verzerrt. Das Ende der Welt schien nahe. Die Fantini kämpften als fünfter Reiter der Apokalypse. Da war kein Spaß, da war kein Spiel. Tödlicher Krieg überflutete die Contradaioli.
Die Fratze des geifernden Abtes spie dem Mädchen erneut ins Gesicht, ließ sie Höllenqualen erleiden. Ihr Hilfeschrei mit weit aufgerissenen Augen und aufgereckten Armen beobachtete Landgraf Picchena mit wohlwollendem Lächeln. Die mutige Begeisterung seiner Tochter erfreute ihn. Ihre Tränen in den Augen über die Zerstörung ihres Lebens wertete Picchena als Freude über den Sieger.
Die Siegercontrada jubelte. Andere warfen aus Enttäuschung ihre Hüte in den Staub und zertraten ihre Fahnen. Der Jubel der Sieger übertönte alle Schmerzensschreie. Das siegreiche Bauernpferd wurde umarmt, geküßt, der Fantino in die Luft geworfen und wieder aufgefangen. Eine junge Frau riß ihre Bluse auf und bot dem stolzen Gewinner ihre nackten Brüste an. Verlierer wurden beschimpft und aus der Stadt gejagt.
Caterina erlebte den Verkauf ihres Lebens wie der einsame Wanderer, der aus der letzten Hütte gnadenlos in die eiskalte, stürmische Nacht gejagt wird, seinen Untergang vor Augen. Sie kannte sie nicht, sie ahnte nur die Verhandlungen ihres Vaters, sie ahnte den Verrat an seiner Tochter, sie ahnte die Feigheit des Grafen.

# Curzio Picchena

Wie ein drohendes Unwetter lag die kommende Auseinandersetzung zwischen Vater und Tochter in der Luft. Beide wußten, daß sie diesem Gespräch nicht länger aus dem Wege gehen konnten. Die angenehme Reise, das lange Zusammensein mit ihrem Vater, der Besuch des Palio, die Ehrerbietung der Stadtväter und die Aufwartung der Adligen war das nicht alles – nur Staffage, um ihr irgendeine Entscheidung schmackhaft zu machen? Beide hatten unruhig geschlafen, beide waren zu früher Stunde erwacht. Caterina hatte einen kurzen Spaziergang an der frischen Luft in die Stadt hinter sich, als sie nachdenklich in den Salon des Palazzo Sansedoni zurückkehrte. Curzio Picchena erwartete sie bereits. Er fragte nicht nach dem Woher, nur danach, ob sie eine gute, angenehme Nacht verbracht habe. Seine Tochter lächelte.

»Die Luft ist so frisch und rein. Ich würde gerne mit dir jetzt ein wenig durch die Stadt gehen«, sagte sie.

»Um diese Zeit?« gab er zurück. »Die meisten Menschen schlafen noch.«

»Gerade deswegen, weil die anderen schlafen. Tu mir den Gefallen, diese wunderschöne Stunde zu nutzen.«

Curzio warf sich den Umhang über und folgte wortlos seiner Tochter. Kaum daß sie den Palazzo Sansedoni hinter sich gelassen hatten, freute er sich über diesen frühen Spaziergang an ihrer Seite.

An einem Brunnen hielt Caterina inne. Sie lehnte sich mit dem Rücken gegen die Mauern, stützte ihre Hände auf die Brüstung und fragte unvermittelt: »Vater, was ist mit meinem Leben?«

Er blickte ihr ruhig in die Augen und legte seine Hand auf ihre Schulter.

Caterina ergriff langsam seine Hand und tat sie von ihrer Schulter weg.
Diesmal vernahm er mehr als zuvor die grenzenlose Traurigkeit, als sie wiederholte: »Vater, was ist mit meinem Leben?«
Er verstand den tiefen und ernsthaften Sinn ihrer Frage.
»Du bist mutig, laß uns darüber reden.«
»Genau das will ich, das will ich endlich!«
»Caterina, laß mich dir erklären ...«
»Ja, was?«
»Dein Leben hat eine Änderung erfahren, durch ... durch ...«
»Durch was?«
»Nun, durch die üble Tat des Abtes Piero.«
Sie fuhr bei diesem Namen zusammen, ihren Vater anstarrend.
»Und jetzt?«
»Ich habe einen guten Weg für dich gefunden. Einen Weg, der dich glücklich machen wird. Dich und dein Kind.«
Seine Tochter forderte ihn mit ihrem durchdringenden Blick heraus.
»Du hast einen guten Weg für uns gefunden? Ich habe mir selbst einen Weg ausgedacht. Mit dem werde ich zufrieden sein.«
Ihr Vater ging nicht auf ihre Worte ein. »Du wirst einen guten Namen tragen. Du wirst in einer guten Gesellschaft leben. Du brauchst dir um deine Zukunft keine Sorgen zu machen. Ich habe alles für dich gerichtet. Sei beruhigt, mein Kind.« Als er in der Reaktion seiner Tochter keinen Widerstand entdeckte, fuhr er nahezu fröhlich fort: »Dein Leben ist gesichert, dein Name ist gesichert, deine gesellschaftliche Stellung ist gesichert. Sei glücklich, Caterina.«
Laut lachend, als hätte er gerade ein glänzendes Geschäft abgeschlossen, fühlte er sich am Ziel seines Wunsches, seine Tochter gut zu versorgen.
Aus den dunklen Tiefen des Nichtverstehens heraus schaute das Mädchen seinen Vater entsetzt an. »Du hast einen Weg für mich gefunden. Ich werde einen guten Namen tragen. Ich wer-

de in guter Gesellschaft leben. Ich brauche mir um die Zukunft keine Sorgen zu machen. Du hast alles für mich gerichtet«, sagte sie leise. »Und was ist mit mir selbst, mit meinen Wünschen, mit meinen Gefühlen?« Ihr Blick signalisierte plötzlich Widerstand und Eigenwille.
»Mit dir?« fragte ihr Vater. »Das ist alles wegen dir, Caterina. Das habe ich alles wegen dir getan.« Er machte eine Pause. »Lorenzo del Senatore Altobianco de'Buondelmonti – welch ein klangvoller Name, mein Kind. Du wirst diesen Namen tragen. Und du wirst die Ehre und den Ruhm der Picchenas, unseres stolzen Geschlechtes, weiterführen. Eine der ruhmreichsten Familien in Florenz. Vermögend, geehrt und hochgeschätzt bei Hofe. Caterina, ich bin stolz auf dich.«
Picchena redete sich selbst in eine ungeahnte Begeisterung hinein. Der kühle Staatsmann erkannte den Nutzen dieser Verbindung, die er eingefädelt hatte. Seine Tochter, die schändlicherweise schwanger war, hatte er noch gut unterbringen können. Er schaute sie stolz an.
»Caterina, das wäre gelungen«, sagte er erfreut, »du heiratest in eines der nobelsten Häuser ein. De'Buondelmonti besitzt das Schloß in Impruneta, die dortige Kirche Santa Maria, darüber hinaus einundzwanzig weitere Kirchen, riesige Waldgebiete und Weiden, Ziegelbrennereien, Villen, unermeßlich weitläufige Ländereien im Val di Pesa, zusätzlich Palazzi in Florenz, Siena, San Gimignano mit gut vermieteten Geschäften, ein Vermögen, das seinesgleichen sucht.«
»Trotz dieses Vermögens ist der letzte Sproß schwerkrank, und ich werde diesen schwindsüchtigen Lorenzo nicht zum Manne nehmen«, tat sie ihren Willen ihrem Vater kund.
»Du wirst«, entgegnete er heftig und zornig. »Du wirst das tun, was die Familie von dir verlangt. Die Picchenas haben sich immer der Pflicht der Familie gestellt. Das wirst auch du tun.«
»Die Picchenas haben sich den Forderungen der Gesellschaft meist widersetzt, Vater. Es waren immer stolze Menschen gewesen, die sich um ihrer selbst willen behaupteten. Du warst es

doch, der mir die Briefe der aufständischen Vorfahren unserer Familie gezeigt hat. Ich habe sie mit Stolz gelesen. Den Rebellen fühle ich mich mehr hingezogen als den verweichlichten, schwindsüchtigen Buondelmonti. Vater, wie kannst du mir das antun?«

»Es ist das Beste für dich. Du wirst ein wunderschönes Leben an Lorenzo de'Buondelmontis Seite haben. Du bist sehr gebildet, stammst aus gutem Hause, du bist vermögend.«

»Gerade deswegen. Ich bin vermögend. Das habe ich dir zu verdanken. Dieses Vermögen hilft mir, meine Situation besser zu ertragen. Ich erwarte ein Kind von einem irren Abt. Das ist schlimm genug. Mein Vermögen aus deiner Hand hilft mir, das Beste daraus zu machen. Lieber lebe ich alleine mit meinem Kind auf der Burg Picchena, als in das Bett dieses schwindsüchtigen, nutzlosen Lorenzo zu kriechen.«

»Du weißt, wie wichtig eine starke Verbindung ist. Deine Kinder haben eine gute Zukunft vor sich.«

»Eine Zukunft des Vermögens wegen. Eine gekaufte Zukunft. Es werden Kinder mit einer unglücklichen Mutter sein. Nein, nein, nein, Vater, ich kann nicht, und ich werde nicht. Ich laß mich nicht verkaufen wie all die anderen Mädchen und Frauen aus der Gesellschaft von Florenz. Lieber heirate ich einen Bauern oder einen Schmied aus Castel San Gimignano. Vater, wie ich dieses Getue hasse.«

»Und doch ist es wichtig. Auch für dich, mein Kind. Du willst leben? Du wirst leben an Lorenzos Seite. Was nützt dir deine Freiheit auf Picchena, wenn Hunger und Kälte im Winter, wenn Seuchen und alles andere Krankheitswerk dir deine Freiheit nehmen? Was nützt es den Menschen, wenn sie die Pest hinwegrafft?«

»Was nützt mir das Leben, Vater, wenn mich die Pest eines vergifteten Lebens in einer unwillkommenen Familie zu Tode quält. Lieber will ich an einem schnellen Pesttod sterben als bei den Buondelmonti dahinsiechen. Unser Vermögen ist groß genug. Ich kann es verwalten, ich kann wirtschaften. Ich werde mein Leben mit meinem Kind bestreiten, besser und angenehmer, vor allem freier als in der Villa Buondelmonti. Lieber will ich alleine und hier auf dem Lande in der Burg Picchena leben als in der verseuchten Villa Buondelmonti.«

»Es schickt sich nicht für eine junge Frau, alleine zu leben. Du weißt, wie die Leute reden.«

»Ach so, das ist es, was du willst. Ich soll und muß mich dem Gerede der Leute anpassen? Nie und nimmer, und wenn du mich mit Gewalt verheiratest, werde ich dennoch meinen eigenen Weg gehen. Ich bitte dich, Vater, schenke mir das Leben und nicht den siechenden Tod.«

Sie fiel vor ihrem Vater auf die Knie. Dem Staatssekretär war diese Geste in der Öffentlichkeit peinlich. Er fürchtete von fremden Menschen beobachtet zu werden. Und so hob er sie auf und machte ein Zeichen, daß sie weitergehen sollte.

»Schau, sei vernünftig«, begann er von neuem. »Der einzige mögliche Weg ist der, den ich dir vorgeschlagen habe.«

»Was ist vernünftig? Willst du deine Ehre retten oder die meinige? Ich lege keinen Wert auf eine Ehre, die nur den anderen zu Diensten ist.«

»Du hast eine Verpflichtung unserer Sippe gegenüber. Auch mir gegenüber. Ich habe dies alles aufgebaut. Du wirst eine würdige Nachfolgerin sein. Niemand von uns ist je nach seiner Liebe bei seiner Vermählung gefragt worden. Ich hatte das große Glück, deine Mutter lieben zu lernen, weil sie mich liebte. Sie gab sich mir ganz hin, sie schenkte mir das Glück, so schenkte ich es ihr. Und so wird es auch bei dir sein. Du wirst gehorchen. Wir werden jetzt in den Palazzo Sansedoni zurückkehren. Die Entscheidung steht fest.«

Caterina war überrascht, ihren Vater in dieser Strenge zu erleben. Ihr Widerstand regte sich.

»Ich werde trotz Verehelichung mit dem alten Buondelmonti meinen eigenen Weg gehen, oder ich werde sterben.«

Ihre Enttäuschung war übermächtig, als hätte sie ihren Vater verloren. Ein Riß zog durch ihr Herz, ihr Verstand wollte den

Zwängen schon lange nicht mehr folgen. Wie hatte ihr Vater doch versprochen, ihre Wünsche, ihre Gefühle bei einer Verehelichung zu berücksichtigen? Jetzt hatte er sie über ihren Willen und Wunsch hinweg an eine reiche Familie in Florenz verschachert.
Zum zweitenmal in ihrem Leben fühlte sie sich vergewaltigt. Diesmal, bald noch schlimmer als das erstemal, durch ihren eigenen Vater. Eine Leere zog in ihren Körper. Sie mochte nicht mehr seine Berührung, seinen Blick, seine angebliche Fürsorge. Sie verachtete ihn. Er hatte sie mehr enttäuscht als ein besessener Mönch. Sie würde in Zukunft ohne ihn auskommen müssen, selbst wenn er in ihrer unmittelbaren Nähe wäre. Was hab ich getan, und wo, o Gott, und wann ist es geschehen, daß mein Leben, nein, ich selbst zerstört wurde nur im Interesse anderer? dröhnte es in ihrem Kopf. Doch ihr Vater Curzio war nicht imstande, diese grelle Sprache zu hören und zu verstehen. Caterina begab sich in ihr Gemach. Durch die säulenbewehrten Bögen ihres nach oben spitz zulaufenden Fensters schaute sie auf die nahezu leere Piazza del Foro. Ihr Blick ging in eine ferne Leere.
Ein Madrigal des zeitgenössischen Komponisten Claudio Monteverdi bewegte ihre Sinne. Nach den Strophen des Giovanni Battista Guarini sang sie leise für die dahinziehenden Wolken am Firmament.

Kein Krieg mehr!
Erbarmen! Erbarmen!
Ihr schönen Augen,
Ihr triumphierenden Augen,
Gegen wen bewaffnet ihr euch?
Gegen ein Herz,
Das schon gefangen ist und sich euch ergibt?
Tötet die Widerspenstigen!
Tötet den, der sich bewaffnet und verteidigt!
Nicht den, der besiegt ist und euch verehrt!

Wollt ihr, daß ich sterbe?
Ich werde sterben, aber als der Eurige,
Und die Qualen des Todes
Werde ich fühlen, ja, aber es wird euch keinen Ruhm bringen.

»Es wird euch keinen Ruhm bringen, keinen Ruhm bringen, keinen Ruhm bringen«, wiederholte Caterina.

Der triste Weg zurück in die Burg Picchena über Colle di Val d'Elsa und Castel San Gimignano war holprig. Trotz der guten Federung der Karosse wurden die Passagiere arg durchgeschüttelt. Caterina und ihr Vater saßen alleine in der Kutsche. Ihre Stimmung war gedrückt. Die erlebnisreichen Tage in Siena hatten trotz der teilweise ausgelassenen Fröhlichkeit einen bitteren Geschmack hinterlassen.
Curzio hätte seiner Tochter gerne die Ehe mit Lorenzo erspart. Er schaute mit traurigem Blick aus dem Fenster der Kutsche über die Hügel und Täler seiner geliebten Toskana. Wovon hingen Glück und Unglück eines Lebens, einer Familie oder sogar einer ganzen Sippe ab? Er verstand, warum sich seine Vorfahren den Ruf von Rebellen, von Unruhestiftern und Streithähnen erworben hatten. Sicher waren einige seiner Vorväter herrschsüchtig und streitbar gewesen, doch eines konnte er aus der Geschichte seiner Sippe ablesen, und das, genau das erfüllte ihn in diesem Moment mit Stolz. Die Picchenas waren ein Geschlecht, das sich über die Jahrhunderte hinweg in ihrem Reich behauptet hatte. Niemals gaben sie auf, sie waren stets wachsam gewesen und hatten, wenn es notwendig war, den Kampf gesucht. Sie hatten Widerstand geleistet gegen eine verbogene Moral, gegen lächerliche Sitten und kleinstädtische Normen, die den einzelnen Menschen und sein Streben nach Glück vernachlässigten. Caterina war eine echte Picchena.

Sein Mädchen kauerte neben ihm und schaute zur anderen Seite der Kutsche aus dem Fenster. Ihr gingen ähnliche Gedanken durch den Kopf. Sie würde den Kampf aufnehmen. Sie wollte ihn aufnehmen, den unerbittlichen Kampf mit denjenigen, die ihr Leben zu bestimmen trachteten, die überheblich versuchten, sie zu lenken, sie in eine endlose Reihe aller gegeißelten Frauen einzugliedern, die seit Jahrhunderten ihren ungewollten Platz vorgeschrieben bekamen, die willenlose Objekte von herrschsüchtigen Vätern und Ehemännern, von verantwortungslosen Brüdern und Schwägern, von selbstherrlichen Politikern und Geschäftsleuten, von Kirchenfürsten und von Königen waren. Sie würde sich zu wehren wissen. Und wenn sie einer Familien- und Kulturtradition Folge leisten müßte, würde sie innerhalb dieses Zwanges ihren eigenen größten Freiraum suchen. Doch so weit war es noch nicht. Sie kämpfte verbissen um ihre Existenz.

»Vater, warum Lorenzo?« fragte sie unvermittelt.

Nicht der Wille oder der Wunsch waren maßgeblich, sondern die Machbarkeit der Maßnahmen, das hatte er in vielen Jahren als Staatsmann erfahren müssen.

»Caterina, wir können das Rad der Entwicklung nicht zurückdrehen. In deiner Situation brauchst du eine Familie, die für dich da ist, deren Namen dir Schutz gibt. Eingebettet in die Sippe der Buondelmonti, wird es niemand wagen, dich anzutasten. Die Sippe ist das Sicherheitsschloß für dein Leben. Diese Ehe wird Schlimmeres von dir abwenden helfen.«

»Und diese Ehe mit dem kranken, schwerkranken Lorenzo wird mir Sicherheit geben? Und wer gibt mir das Glück? Das bißchen Glück, das ich in meinem Leben haben möchte, kann er mir das geben?«

»Wenn du ihn nicht heiratest, könnte dein Leben in der Inquisition enden.«

»Warum das, Vater?« Sie erschrak heftig.

»Das Geld, Caterina, würde dir nicht fehlen. Ich werde genug hinterlassen, für dich und dein Kind. Die Burg Picchena ist dein. Die Höfe, die zu unserem Besitz gehören. Der Palazzo in Florenz. Aber gerade das ist es, was dich zerstören würde. Die weltlichen und die kirchlichen Machthaber sind nicht willens, dir dein Glück zu überlassen. Sogar das gemeine Volk würde sich gegen dich stellen. Was du tun würdest in einem Leben alleine mit deinem Kind und deinen Bediensteten, wäre in den Augen der anderen nicht statthaft. Sie würden dein Glück zerstören. Einige Denunzianten, zwei Denunzianten reichen aus, dich vor die Inquisition, auf den Scheiterhaufen zu bringen.«

»Wer soll gegen mich zeugen, und warum?« Ungläubig schaute sie ihren Vater an. »Es kann doch nicht sein, daß man mich denunziert, ich habe doch nichts getan.«

»Es geht nicht darum, was du getan oder was du nicht getan hast, mein Kind. Die Macht ist gierig wie die Pest. Wenn diese Seuche in falsche Hände kommt, wenn sie bei blutrünstigen und machtwollüstigen Menschen liegt, dann ist sie ansteckend wie die schlimmsten unserer Krankheiten. Jeder kann durch sie wahllos ergriffen und vernichtet werden. Niemand kennt mehr den anderen, Freunde verlassen sich, Verwandte weichen sich aus, Nachbarn wenden sich ab. Bist du einmal der Pest bezichtigt, glaubt jeder die Pestbeulen schon auf deiner Haut zu sehen. Er fragt nicht mehr, ob es wahr ist, daß du krank bist. Die Gefahr, daß deine Nähe ansteckend ist, ist zu groß. Niemand wird dir helfen, niemand wird versuchen, dich zu retten. Jeder wird versuchen, sich selber zu retten, dich zu meiden.

Caterina, glaubst du, jeder, der in der Inquisition gefoltert oder ermordet wurde, wäre schuldig gewesen? Ich sage es dir, fast niemand! In unserem Volk ist eine unbeschreibliche Hysterie erzeugt worden. Einer braucht bloß auf den anderen zu zeigen, schon ist er denunziert. Die Mordgesellen sind schneller unterwegs, als du es dir träumen läßt. Es geht schon lange nicht mehr um Schuld oder Nichtschuld. Inquisition und Folter sind nicht auf eine bestimmte Zeit fixiert. Sie sind zeitlos. Die Inquisitoren, auch wenn sie sich früher anders genannt haben oder sich in Zukunft anders nennen werden, haben ein angeborenes Verlangen, andere Menschen leiden zu sehen. Sie sind gierig nach Unterdrückung und Blut, sie befriedigen sich an der Qual der Leidenden. Ja, es ist tatsächlich so, sie befriedigen sich sexuell, während sie die anderen quälen. Der Folterer ergötzt sich an der Qual seiner Delinquenten. Warum gibt es so viele Folterknechte? Man braucht sie noch nicht einmal dazu zu zwingen. Sie tun es mit Begeisterung, sie berauschen sich an dem Blut ihrer Opfer. Es existieren genügend Berichte, mein Kind, daß Männer einen Orgasmus bekommen und ejakulieren, während sie foltern. Ich habe solche Berichte gesammelt. Ich habe sie sehr gut aufgehoben. Niemand darf es wissen, daß ich diese Sammlung besitze. Ich erzähle es dir, um dich zu warnen, dich vor den Menschen in acht zu nehmen. Ich wünschte, ich könnte dir das alles ersparen. Aber ich will dich davor bewahren, daß du blind in dein Unglück rennst. Wenn ich einmal nicht mehr da bin, wer wird dich dann beschützen? Lieber ein schwindsüchtiger Lorenzo aus dem Hause Buondelmonti, als alleine mit einem unehelichen Kind zu leben, den Neid des Pöbels zu erwecken und ständigen Verdächtigungen ausgesetzt zu sein.«

»Mit Verdächtigungen kann ich leben, Vater, wenn ich meine Freiheit habe.«

»Wenn es bei den Verdächtigungen bliebe. Aus Verdächtigungen werden Anschuldigungen, aus Anschuldigungen werden Klagen, und aus Klagen wird die Folter. Schließlich landest du auf dem Scheiterhaufen oder im Kerker. Davor, Caterina, möge Gott dich bewahren.«

»Warum soll mich jemand anschuldigen, ich habe niemandem etwas getan, und ich werde auch in Zukunft niemandem etwas tun.«

»Caterina, was hast du dem Abt Piero getan?«

Sie schaute entsetzt zu ihrem Vater auf. »Glaubst du, Vater, ich hätte dem Abt etwas getan? Ich hätte den Abt, dieses fette, gewalttätige Schwein, von mir aus angefaßt?« Sie brach in Tränen aus, da sie sich erneut von ihrem Vater zutiefst enttäuscht fühlte.

»Caterina, beruhige dich. Ich glaube dir. Mehr als das, ich bin fest von dir überzeugt.«

»Warum fragst du dann danach, was ich dem Abt Piero getan habe?«

Curzio nahm sie zärtlich in seine Arme. »Ich konnte dir diesen Schmerz nicht ersparen. Ich wollte dir an diesem Beispiel mit deiner Person beweisen, wie schnell du in die Zangen der Betrüger und wollüstigen Verbrecher gerätst. Ich selbst habe dich nicht davor beschützen können. Obwohl ich bei Hofe gut angesehen bin und sicherlich eine mächtige Position habe, konnte ich dich nicht beschützen. Du bist hübsch, du bist gebildet, du bist begabt, du bist selbständig. Du bist eine Frau. Das alles ruft genügend Neider und den primitiven Haß anderer Menschen hervor. Du hast es erlebt. Schon bist du schuldig. Haben dich andere Menschen, hat dich das gemeine Volk etwa beschützt? Nein, sie rufen dir eher noch Gemeinheiten und Lügen hinterher. Auch sie erfreuen sich an deinem Leid. Die Hexenjagd beginnt.«

»Vater, warum bezichtigst du mich, eine Hexe zu sein?«

»Nein, das tu ich nicht, Caterina, ich will dir an deinem eigenen Beispiel verständlich machen, was dir später noch geschehen kann. Wenn die Inquisition das so will, dann bist du in ihren Augen und in den Augen des Volkes eine Hexe. Man findet genügend Anschuldigungen, weil man sie sucht. Sie werden systematisch gesucht. Jeder geringste Saufbold wird mit Stolz eine böse Tat von dir erfinden. Wenn du einmal einen Menschen mit Worten, mit Gesten verletzt hast, wird er danach suchen, wie er den Vorwurf der Hexe bestätigen kann. Die Familie der Buondelmonti ist mächtig genug, dich in ihren Reihen zu beschützen.«

»Die Buondelmonti lieben mich nicht. Ich bin für sie eine Aussätzige mit einem unehelichen Kind. Die Weiber der Buondelmonti betrachten mich eifersüchtig und neidisch. Ich habe ihnen nichts getan. Sie behandeln mich wie Dreck.«

»Und doch nehmen sie dich auf, weil du für ihre Familie ein

wichtiger Bestandteil bist. Du hast die Schmach eines unehelichen Kindes, sie haben die Schmach, daß der letzte ihrer männlichen Vertreter schwindsüchtig ist. Sie brauchen dich, so wie du sie brauchst. Das wird dir den ausreichenden Schutz vor Angriffen geben, solange du der Familie der Buondelmonti treu bist. Bemühe dich darum.«

»Ist das der Handel, Vater, den du mit den Buondelmonti ausgemacht hast? Bin ich so verhandelt worden, wie ein Stück Vieh, das man zum Bullen führt?«

»Caterina, ich habe es abgewägt. Es ist das Beste für dich.«

»Vater, ich werde mich nicht in das eine Unglück stürzen, um mich vor einem anderen zu retten. Ich nehme die Unsicherheit und die Gefahr auf mich.«

Caterina schaute stumm in die Landschaft. Sie erblickte nicht die Schönheit ihrer Heimat. Sie sah nicht die prächtigen Weinfelder, die grünen Wiesen, die lieblichen Hügel und Täler. Sie sah grausig verstümmelte Gestalten, hilflose, jammernde Menschen. Eine Geschichte, die sie in der Bibliothek ihres Vaters gelesen hatte. Der große Sohn der Toskana, Giovanni Boccaccio, geboren nicht weit von San Gimignano in der Stadt Certaldo, hatte die Zeit der großen Pest um 1348 miterlebt und genau beschrieben. Er hatte erlebt, wie Brüder die Brüder, Schwestern die Schwestern, Männer ihre Frauen, Frauen ihre Männer, wie die Ärzte die Kranken und die Priester den Sterbenden im Stich gelassen hatten. Wenn die Pest die Kinder ereilt hatte, wurden sie von ihren Müttern verlassen. Die Kleinen jammerten um einen Schluck Wasser, um ein wenig Liebe. Alleine, von niemandem betreut, lagen sie auf ihren kleinen Strohsäcken, einsam und hilflos. Voller Qual, von den Beulen einer stinkenden Seuche zerfressen. Die Liebe der Mütter, der Väter und Verwandten hörte dort auf, wo die Pest erkennbar war.

Jetzt sprach ihr Vater von Verantwortung. Wo würde sie bleiben, wenn tatsächlich sie, seine Tochter, von der Seuche der

Pest befallen würde. In wenigen Minuten wäre es vorbei mit der Verantwortung. Die Liebe würde diesen Berg nicht erklimmen.

Was ist denn noch die Liebe, wenn sie in der ersten Bewährungsstunde versagt? Caterina wollte die ›Verantwortung‹ nicht mehr hören. Sie hätte gerne mehr von der Liebe gehört, mehr von ihr erfahren, von der Liebe des Vaters zu seiner Tochter. Ihre Amme hatte sie betrogen. Ihre Mutter war sehr früh gestorben. Sie konnte sich nicht an sie erinnern. Der Lehrer hatte sie vergewaltigt, die Damen bei Hofe schwatzten über Kleider, über reiche Beute und über Vermögen, oft genug auch über Liebschaften, Untreue und geschlechtliches Leben. Die Freunde aus der Bauernschaft waren ihr selbst aus den Augen geraten. Der Freund Galileo war als hochgeehrter Mathematiker und Astronom in Lebensgefahr, weil er seine eigenen Ideen entwickelte. Jetzt sprach ihr Vater von Verantwortung. Er sprach nicht von Liebe, von der Liebe zu seiner Tochter. An Liebe konnte sie sich nicht erinnern.

Ihre Wangen wurden feucht. Tränen rannen ihr über das Gesicht. Tränen, die von ihrer Einsamkeit und Verlassenheit erfüllt waren. Sie hatte Sehnsucht nach Liebe, nach einer selbstlosen Liebe, die nicht danach fragte, wohin diese Liebe führen würde, was sie von dieser Liebe erwarten durfte. Nur grenzenlose Liebe und Hingabe ohne Rücksicht auf Folgen und Konsequenzen.

Dieser Wunsch, dieser Anspruch konnte wohl von der Welt nicht erfüllt werden. Die Menschen waren zu solcher Liebe nicht fähig. Die Menschen sprachen davon wie von einem Relikt aus vergangener und vergessener Zeit. Es muß diese Zeit gegeben haben, dachte sie. Doch niemand wußte mehr, wann und wie diese Zeit gewesen war. Sie war für immer vorbei und für die Menschen nicht mehr greifbar.

Sie drehte ihren Kopf und schaute ihren Vater an. Ihre Augen waren gerötet, der Mund vom Weinen verzerrt. Sie nickte schweigend.

Ihr erfahrener Vater sah sich in seinem Bemühen um seine Tochter bestätigt. Sie aber verwies ihn im selben Augenblick in die Masse der flüchtenden Feiglinge.
Schweigend saßen sie nebeneinander, jeder seinen Gedanken und seinem Schmerz nachhängend. Eine Leere ergriff das einsame Mädchen. Das war nicht das Leben, das sie sich gewünscht hatte. Das war nicht die Liebe, die sie sich herbeisehnte. Ihr fielen wieder Verse aus der Lieblingsdichtung ihrer Kindheit ein, aus den Erzählungen von Torquato Tasso. Sie hatte diese Reime sehr geliebt und auswendig gelernt.

Heilige Gesetze der Liebe und Natur;
geweihtes Band, das edle Treue aus
schönem Begehren wob;
ein fester Knoten, teures, starkes Garn,
sanftes Joch und unbeschwerte Last,
die ihr das menschliche Zusammensein erfreulich macht,
durch die ein Herz und eine Seele zwei Körper regiert,
durch die kein Ende der Liebesfreude,
eh nicht die letzte bittre Stunde schlägt.
Freude, Ruhe, Seelenfrieden
im flüchtigen Leben;
im Unglück süßes Heil und tiefes Vergessen;
wer anders als ihr weist uns den Weg zu Gott?

# Die Ehe

Das gesamte erworbene Wissen der Welt schien in den bis zur Decke reichenden Regalen der väterlichen Bibliothek verborgen. Vielleicht auch das Glück dieser Welt und das Leid. Von dem Glück hatte sie noch nicht viel erfahren. Mehr aber von Krankheit, Seuchen und Tod, von Kriegen und Intrigen.

Caterina versuchte durch die wertvollen Ledereinbände der vielen Bücher, Schriften und Mitschriften von geheimen Gesprächen hindurchzuschauen, um eine befriedigende Antwort auf ihre Fragen zu finden. Die Kernfrage, die sie bewegte, war die Suche nach ihrem Glück, nach eigenen Entscheidungen, nach einem Weg, den sie selbst bestimmen wollte. Sie war nicht willens, den Pfad ihres Daseins als eine Kette von zufälligen Ereignissen hinzunehmen, als eine Verknüpfung mehr oder weniger willkürlicher Geschehnisse. Der fünfzehnjährigen Frau erschien über all die glatten, ordentlich sortierten einzelnen Bücher hinweg ein einziges großes Fragezeichen zu liegen. Das Fragezeichen symbolisierte ihre tiefste Sehnsucht nach dem »Ich«. Wer bin ich, was will ich, welche Entscheidungen muß ich treffen? Nach alldem, was sie bisher gelesen hatte, vermutete sie, daß hinter keinem einzigen dieser Lederrücken die Antwort auf ihre Frage zu finden war.

Nicht die interessanten Geschichten und Meinungen anderer Menschen, nicht die heroischen Taten von selbständigen Frauen, die aus dem Dunkel der Geschichte in das Licht der Bewunderung herausgetreten waren gegenüber einer beherrschenden und unterdrückenden Männerwelt, enthielten die Antwort auf ihre drängende Frage. Diese Antwort müßte sie sich selbst geben.

Von dem Schreibpult an dem offenen Fenster schaute sie eine

Weile zwischen den Fensterbögen hinaus auf den gemächlich fließenden Arno. Dichter, undurchdringlicher Regen ging über dem tristen Florenz nieder. An dem oberen äußeren Fenstersims sammelte sich Wasser und tropfte direkt vor ihren Augen in die Tiefe. Wie dünne Schnüre fiel der Regen auf den Arno. Kleine Punkte tanzten beim Aufprall auf der Oberfläche des Flusses. Sie schaute wieder auf die Tropfen vor ihrem Fenster, die sich einzeln lösten und selbständig ihren Weg suchten.

Was ist eigentlich Wasser? fragte sie sich. Ist es eine Ansammlung einzelner, individueller Tropfen, die sich zeitweise zu einem gemeinsamen Ganzen zusammenfinden, eine Weile zusammenbleiben, um sich bald wieder als Tropfen, genauso wie sie es vorher waren, zu trennen? Oder gibt es den einzelnen Tropfen in der gleichen Form und Zusammensetzung später nicht mehr, wenn er sich erst einmal mit anderen Tropfen vermischt hatte?

Auch in der Masse von Menschen bei einem Volksfest auf der Piazza Granduca oder auf dem Palio in Siena bleibe ich immer ich selbst. Ich gehe in die Menge als Caterina hinein und vermische mich mit den Menschen. Selbst in dieser Menge bleibe ich immer Caterina, auch wenn von dem höchsten Stadtturm aus ein Besucher nur noch eine Masse Menschen erkennen und mich als Caterina nicht wahrnehmen kann. Ich kann auch jederzeit wieder als Caterina heraustreten. Hätte der Besucher auf dem höchsten Stadtturm ein Fernrohr von Galileo, dann könnte er mich als Caterina erkennen. Meine Liebe und mein Leid, meine Freude und meine Schmerzen, mein Glück und meine Traurigkeit bleiben mir stets erhalten, ob ich mich mit der Masse vermische oder ob ich alleine hier in dieser Bibliothek meines Vaters ein Buch lese. Ich will und ich werde diese meine eigenen Gefühle bewahren, selbst wenn man mir die Anpassung an das Leben der Buondelmonti vorschreibt. Nur die Frauen, die nicht wissen, welches ihre Gefühle sind, was sie wollen, wohin sie gehen sollen, lassen sich in einem Strom wie dem Fluß Arno

treiben. Das Flußbett ist ihre Bestimmung. Nur die Menge Wasser gibt ihnen Sinn und Halt.
Was tat zur Zeit ihr väterlicher Freund, der Forscher Galileo Galilei, den sie seit längerem nicht mehr gesehen hatte? Sie erwog, in die wichtigste Forschung einzusteigen, die es für einen Menschen geben konnte. Die Erforschung des eigenen Ich, die Suche nach sich selbst. Eine Forschung, bei der ihr sogar Galileo nicht würde helfen können. Ehe sie sich's versah, hatte Caterina eine Feder in der Hand und ihr Schreibpapier vor sich ausgebreitet.

*»Ehrwürdiger, hochgelehrter Herr,*
*in meiner tiefen Einsamkeit suche ich Trost bei Euch, auf eine Antwort hoffend, die für mich erkennbar auch nicht von Euch gegeben werden kann. Dennoch, mein Freund, richte ich mich an Eure Weisheit. Vielleicht mit dem Ergebnis, von Euch auch nur eine enttäuschende Nachricht zu erhalten.*
*Wie Ihr aus den vielen Gesprächen mit meinem Vater wohl wissen werdet, werde ich in wenigen Wochen den Bund der Ehe mit einer der größten und reichsten Familien eingehen. Der Vertrag zu der Ehe spricht im wesentlichen die Rechte und Pflichten und die Vorteile der beiden Familien aus. Von den Gefühlen, Sehnsüchten und Wünschen der beteiligten Menschen, Graf Lorenzo und mir, Caterina, wird nicht gesprochen. Sicher werde ich nicht den Mann ehelichen, dem ich in grenzenloser Liebe und Zuneigung verbunden sein werde. Ich muß einen sehr kranken, ja todkranken Mann als Gatten nehmen. Einen Mann, der an Schwindsucht leidet und dessen Lungen wohl nicht mehr lange ihren Dienst erfüllen werden. Dies, ehrwürdiger Herr, ist für mich ein großes Leid. Ich achte den Kranken, ich verneige mich vor seinem Leid. Doch, kann das der Grund sein, daß ich ihn zum Manne nehmen muß, um die Familie Buondelmonti am Leben zu erhalten?*
*In dem Ehevertrag, den mein geehrter Vater mit der reichen Familie vereinbart hat, steht geschrieben, daß ich den Herrn*

*Buondelmonti mindestens viermal im Jahr zwecks Begattung in seinem Zimmer aufsuchen muß. Dafür gewährt mir die Familie ihren Schutz. Dafür erklärt sie von vornherein, mein Kind, das noch in mir ist und das aus dem unglückseligen Überfall des Abtes Piero erwuchs, als ihr eigenes, rechtmäßiges Kind anzuerkennen. Dafür genieße ich den Schutz der mächtigen Buondelmonti. Mein Vater zahlt die Mitgift von dreißigtausend Scudi. So viel scheine ich wert zu sein. Doch, edler und innig geliebter Freund, all dies, was ich nun werde genießen können, will ich gar nicht. Ich werde all diese Nutzen gar nicht haben wollen. Ich pfeife auf die Buondelmonti. Zum Teufel mit den Sitten und Gebräuchen einer florentinischen, hoffärtigen Gesellschaft, die von Grund auf verkommen und dem Untergang geweiht ist. Mir würde es mehr als genügen, wenn ich und mein Kind mit dem Vermögen, das mir mein Vater dereinst hinterlassen wird, ein rechtschaffenes Leben auf der Burg Picchena verbringen könnte.*
*Welcher Art sind die Interessen, in deren Sinne ich handeln muß? Welcher Art sind die Meinungen, Sitten und Gebräuche der Menschen, die ich befolgen muß? Das, was ich in meinem Leben endlich haben will, das ist die Liebe. Nun weiß ich, daß ich die Liebe nicht bestellen kann. Jetzt aber werde ich in etwas hineingetrieben, von dem ich von vornherein die Ahnung habe, daß es das Gegenteil der Liebe sein wird.*
*Hat das Leben für mich keine Liebe?*
*Da ich weiß, daß es vielen Frauen so ergeht wie mir, frage ich: Warum lassen die Menschen nicht zu, daß sich die Liebe ihr Recht erobert?*
*Gäbe es aber die Liebe nicht, hätten die Menschen ihr Recht auf das Leben verwirkt. Ohne die Liebe gibt es Krieg und Mord und Totschlag. Ohne die Liebe gibt es nur das Gegeneinander, den Kampf um die Macht und die Beherrschung der anderen. Ohne die Liebe ist das Leben traurig und leer.*
*Meine Mutter ist zu früh von mir gegangen. Sie hat mich sehr geliebt, wie mir mein Vater berichtet. Mein Vater liebt mich.*

*Wie ich aber sehe, ist seine Liebe auf Politik und andauernde Familieninteressen begründet.*
*Meine kommende Ehe wird lieblos sein. Die Schwestern meines zukünftigen Gatten und seine Mutter betrachten mich als willfährig Gebärende. Ihr Interesse ist allein die Zeugung und die Geburt eines Familienerben. Ich wage gar nicht daran zu denken, was geschehen würde, wenn ich nur Mädchen gebären würde. Ich bin in diesem Vertrag allein die Ware, die ausgehandelt wurde, so, wie es in Florenz und sicherlich auch anderswo Sitte ist. Braucht man wegen der Sitten aber die Beteiligten nicht nach ihren Gefühlen zu fragen? Was der wahre Sinn solcher Verträge sein soll, ist mir uneinsichtig geblieben und wird niemals die Zustimmung meines Verstandes erhalten können.*
*Hochgelehrter Freund, ich erlebe die Welt durch das Glas meiner Empfindungen, meiner Gefühle, wie Ihr die Welt der Sterne durch Euer Fernrohr erlebt. Kann auch nur einer Eurer Feinde den Zipfel einer Ahnung erfassen, welche bewegenden Momente Euer Herz berühren, wenn Ihr in dunkler Nacht auf dem Hügel Arcetri durch Euer Glas schaut und die Welt in neuen Dimensionen erkennt? Wenn Ihr die Tiefe der Finsternis durch Euer Fernrohr erhellt seht durch die im Glas größer gewordenen Lichtpunkte? Es mag Euch seltsam erscheinen, doch wenn ich an meinen mir zugeteilten Gemahl denke, erinnere ich mich der Angriffe der Kirche auf Eure Forschungen.*
*Durch das große Leid meiner Vergewaltigung habe ich die Pflicht, ein Kind auszutragen, das ich nicht haben will. Durch das nicht in der Ehe gezeugte Kind bin ich für die Kirche schuldig geworden. Nicht nur das Kind wird mir zur Last gelegt. Das Vergehen des teuflischen Abtes wird mir ebenso angelastet. Welch satanisch konstruierter Kreislauf.*
*Kann ich an Euch, hochgelehrter Herr, die Frage stellen, wie Ihr Eure Empfindungen im Zaume haltet, wenn die Inquisitoren der Dominikaner und der Jesuiten den Kreislauf der Erde*

*um die Sonne und nicht das bis dahin gelehrte umgedrehte Geschehen Euch als Schuld auslegen? Werden die Ereignisse, in denen wir uns befinden, und die Wahrheit um diese Ereignisse herum höher bewertet als die Empfindungen, die mit uns zusammenhängen?*

*Der Traum meines Lebens, hochgelehrter Galilei, ist nicht Aminta. Meine Sehnsucht ist die unendliche Treue dieses Hirtenjungen zu seiner Liebe. Sollte ich je von den wertvollsten Gefühlen, die sich meiner bemächtigt haben, Abstand nehmen müssen, würde ich lieber in den Tod gehen.*

*Welche herrschsüchtige Anmaßung der ›Wachhunde des Glaubens‹, so nennt man ja wohl die Inquisition, von Euch, mein hochverehrter Freund, die Aufgabe der entdeckten Wahrheit zu verlangen. Ist es nicht ein großes Leid, als müßtet Ihr ein Stück Eures Lebens dahingeben? Das Leid des Gequälten ist nicht die augenblickliche Qual. Das verletzte Selbstwertgefühl ist die andauernde Last.*

*Wie während der lieblichsten Freudentage auf Picchena, hochverehrter Galilei, so sehe ich mich auch heute vor dem Tor zu einem unendlichen Jammertal an Eurer Seite. Tiefe Traurigkeit hat mein noch so kleines Herz befallen. Ich sehe keinen Ausweg. Die Verweigerung der Ehe mit dem Buondelmonti würde die Schnüffelhunde der Inquisition auf meine Fährte führen. Das Dasein an der Seite des schwindsüchtigen Lorenzo läßt mich ein ›normales, gesichertes‹ Leben ohne Liebe und Träume fristen. Ein geiler Abt hat sich in mein Leben eingemischt.*

*Hochgelehrter Galilei, in welchem der vielen wertvollen Bücher in den Regalen der Bibliothek meines Vaters läßt sich der wahre Weg für mein Leben finden?*

*In der Erkenntnis, verehrter Galileo, daß mein Weg nicht leicht sein wird, grüße ich Euch.*

*Eure immer und ewig verbundene*

*Caterina Picchena.«*

Erneut stand sie vor den vielen Handschriften und gedruckten Büchern. Sie nahm einzelne Werke aus dem Regal, die sie vor langer Zeit mit viel Begeisterung verschlungen hatte. Nicht weit von der Burg Picchena entfernt, nur einen Steinwurf weg von San Gimignano, hatte der Dichter Boccaccio in seinem Werk *Il Decamerone* Grausames über die Pest des Jahres 1348 in Einzelheiten zu berichten gewußt. In dem Proemio fand Caterina die traurige Zukunft ihres eigenen Daseins bitter zusammengefaßt.

»... Furchtsam und schamhaft halten die Frauen in ihrem zarten Busen die Flammen der Liebe verborgen, welche stärker sind als die offenen, wie alle wissen, die es erfahren haben und erfahren. Darüber hinaus werden sie die meiste Zeit vom Willen, von der Laune, von den Befehlen der Väter, Mütter, Brüder, Ehemänner gezwungen, im engen Raum ihrer Kemenaten eingeschlossen auszuharren; und fast untätig sitzen sie nun dort und wenden – halb mit, halb wider Willen – vielfache Gedanken hin und her, die unmöglich immer heiter sein können. Und wenn solche Gedanken in ihrem Herzen eine schwermütige, von feurigem Begehren getragene Stimmung wecken, so wird diese sie mit Traurigkeit belasten, sofern sie nicht von anderen Gedanken vertrieben wird ...«

Die sehnsuchtsvolle Erwartung der Zärtlichkeit und süßen Annäherung war aus ihrem Herz gewichen. Sie sah die Liebe als Zweckverbindung der Gesellschaft verkommen. Manche Nächte hatte sie in ihrem Zimmer wach gelegen, wohlbehütet von starken Mauern, einer Schar Knechte und Mägde, der eher giftigen Amme Nanini, umsorgt von Lehrern und Propheten.
Sie hatte mit ihren suchenden Augen Strukturen an die dunkle Zimmerdecke gemalt, die manchmal vom fahlen Mondlicht durch die offenen Fenster ein wenig erhellt wurden. Ihre Gedanken wanderten zu Clarice Orsini, der Gemahlin von Lorenzo Il Magnifico. Die schöne Römerin war von ihrem Gemahl in ihre Landvilla Caffagiolo verbannt worden, wo sie ein Leben

lang gegen die kahlen Mauern starren und ihr Dasein in trostloser Langeweile fristen mußte.
Die Liebe in der verordneten Ehe ist tot, nur die in Liebe entbrannten Gatten wissen ihr Leben zu bestehen. Wie glücklich wäre ich, in Leidenschaft geliebt zu werden. Wie würdelos betrogen sich gekaufte Gatten. Das und genau das war es gewesen, was nicht der Sinn und Zweck in ihrer eigenen Ehe sein konnte. Das Schicksal wies ihr einen anderen Weg. In manch nächtlicher Stunde war ihr die gräßliche Fratze ihres brutalen Vergewaltigers als von ihr besitzergreifender Dämon erschienen, der sich gierig auf ihren Körper gestürzt und seine Lust an ihr befriedigt hatte. Von ihren eigenen Empfindungen hatte er nicht die geringste Notiz genommen. Die geheimsten Träume ihres jungen Lebens hatte er mit seiner Gier in einem einzigen Moment vernichtet.
Die Dichter beklagten zuhauf den Sittenverfall, den Hochmut, den Geiz und den Neid der Florentiner. Wie Dokumente ihrer eigenen Erlebnisse empfand sie die Klagen der Poeten und Künstler. Da strebten die Kaufleute, Adligen und Kirchenfürsten nach Einfluß, rücksichtslos und sittenlos die Macht gegenüber den Schwächeren nutzend. Die aber, die Schwachen und Abhängigen, ergaben sich duldsam dem Mißbrauch der Starken und Brutalen. Priester und Mönche wetterten über Ehebruch und Sodomie von der Kanzel, klagten Fürsten und Mächtige namentlich an. Doch manch einer dieser strengen Prediger wandelte seine Gesinnung mit leichtem Lächeln, wenn ihm selbst ein feiner Profit zu winken schien.
»Unsere Stadt ist mehr als von Liebe und Glauben von jedweder Art des Betruges erfüllt«, so ließ Boccaccio seine Filomena wettern, und Dante beklagte bitter und zynisch die »wohlregierte Stadt«.
Die alte Witwe Elsa de'Buondelmonti war nicht bereit, sich selbst die Wahrheit einzugestehen. Ihre Sippschaft hatte sich durch Lug und Trug, durch Korruption, Intrigen und Unterdrückung den verbliebenen Lebenssaft aus den Rippen gesaugt.

Das einstmals feurige und mutige Blut in den Adern der Vorfahren war in ihrem letzten Sproß zu einem quälend langsam fließenden Eiter verkommen.

Auf der Piazza Santa Trinita, gegenüber der mächtigsten und ältesten florentinischen Kirche, rund um die hohe Säule della Giustizia sammelten sich seit den frühen Morgenstunden die Bürger. Faulenzende Adlige und Handwerker, reiche Kaufleute und arme Bauern stellten sich, in Gruppen schwatzend, ehrfurchtsvoll die Frage, ob die Braut mit diesem Schwindsüchtigen glücklich werden könnte. Taschendiebe hatten ihre hohe Zeit, Gaukler und Komödianten vertrieben den Wartenden die bangen Minuten. Huren schlichen aus dem Paradiso dei Gatti, dem Katzenparadies, herbei, ihre Qualitäten den lüsternen Herren anpreisend.
Bei trockenem Wetter, wie an jenem Tag, hing ein übelriechender Dunst über den Straßen. Urin und Kot von den in den frühen Morgenstunden aus den Fenstern gekippten Segette sammelten sich in den engen Gassen. Ab und an wurden auf Befehl des Granduca die Straßen von dem menschlichen Dreck befreit. Reiche Familien flohen an heißen Tagen vor der Gefahr verpesteter Miasmen in ihre Sommerquartiere auf den Hügeln rund um Florenz.
Herolde zogen durch die Stadt und verkündeten Fanfaren gleich neue Verordnungen der Bürgerschaft. Ausrufer von Familien beklagten trotz der Feierlichkeit der Hochzeit den Tod eines lieben Verwandten. In den engen Gassen der Stadt am Arno war ein Wagenverkehr nicht möglich. Vornehme und Reiche ließen sich in Sänften durch das Gewühl der Menschen tragen. Junge Burschen übten sich im Wettkampf und schlugen mit Stangen und Holzschwertern aufeinander ein, bis die Köpfe blutig waren.

Gegenüber dem Palast der Buondelmonti strömten die Menschen in die Kirche Santa Trinita. Zu groß war das Interesse an Herrscherhäusern, »gefallenen« Mädchen und schlichtweg gesellschaftlichen Ereignissen. In der Kirche fanden fromme Frauen, züchtige Mädchen, aber auch betrunkene und neugierige Bettler und Taschendiebe, ehrenwerte Senatoren und niedere Huren Einlaß. Sie waren gekommen, um in erster Linie die Braut zu betrachten. Prachtvolle Edelsteine schmückten ihr Mieder, ließen aber einen Blick frei auf die jugendlich zart geformte Brust. Ihre hohe Stirn zeugte von geistiger Kraft, und ihre klaren Augen erwiderten herausfordernd jeden neugierigen Blick, der zu lange in ihrem Gesicht nach Wollust forschte. Der Schleier faßte nur teilweise die langen blonden Haare. Ihr voller Mund sprach ohne Worte von Liebe und Leidenschaft. An ihrer Seite lieferte der schmächtige, kränkelnde Markgraf ein jammervolles Bild einer kraftlosen Gestalt, die neben der stolzen Picchena einem dürren Holzstab glich.
So tuschelten die Gaffer über die wunderschöne Braut, deren Kind unter dem weit fallenden Kleid das hoheitliche Gesicht noch verschönert hatte. Die Florentiner waren es gewohnt, daß Mann und Frau dem Recht und dem Anspruch der Familie zu Genüge sein mußten. Nicht von Liebe und Sehnsucht sprach der Pöbel, er fragte sich, welchen Zwecken und Diensten die Braut zu gehorchen hatte.

In der Kirche gab sich fromm als Abgesandter des Fürstenhauses Prinz Giovanni Carlo, zweitältester Sohn Cosimo II. Der zwölfjährige Knabe bestaunte die nur drei Jahre ältere Braut. Nun, da das Entzücken der Florentiner der schönsten Braut zu Füßen lag, die es wohl seit langer Zeit gegeben hatte, konnte sich der Knabe diesem Sog von Glanz, Bewunderung und Stolz nicht entziehen. Er verfolgte die durch die hohen Glasfenster von Santa Trinita fallenden einzelnen Sonnenstrahlen, die, Silberfäden gleich, auf das reife Gesicht der jungen Braut fielen. Sich der Machtfülle der Medici und seinem vorgezeichneten

Weg als Kardinal mit hohem Ansehen und Einfluß bewußt, forderte der Knabe mit Blicken den Kontakt zur schönsten Frau in Florenz. Er war es, der in seinem hohen Amt als Botschafter des Großherzogs, bekleidet mit goldbetresstem Umhang, geschmückt mit den Würden eines Staatsmannes, zu Ehren dieser Schönen abgesandt war und direkt neben dem Priester seinen Platz gefunden hatte.

Doch die stolze Braut wandte sich von der pompösen Machtdemonstration ab. Schon früher hatte sie bei höfischen Festen stets Verachtung für dieses Geburtsrecht gezeigt, und sie gewährte auch jetzt dem Knaben nicht einen Blick. Sie zeigte sich fromm, gottesfürchtig und keusch. Sie spielte das Spiel, das von ihr verlangt war. Sie blickte in die kränkelnden und wäßrigen Augen ihres Gatten, als sie ihm das Jawort gab. Signora, Gräfin de'Buondelmonti lächelte. Dieses Lächeln galt nicht dem Gemahl. Es galt der Verachtung dieser Ehe. In diesem Moment spürte sie den starren Blick des Sprößlings der Medici auf sich ruhen. Sie hob verächtlich ihren Kopf, und ein sternenfunkelnder Bannstrahl traf den jungen Prinzen. Mit ihren hellblauen Augen fixierte sie seine Stirn, schmetterte ihm ihre Verhöhnung entgegen. Sie schaute dem jungen Medici so lange verächtlich in die Augen, bis der Zwölfjährige vor Scham die Lider senkte. Erst dann wandte sich die junge Braut von ihm ab, wohlwissend, daß sie einen Sprengsatz in das Nest gelegt hatte. Das war ihr Weg, das wußte sie nun. Der Kampf begann früher, als sie gedacht hatte.

Verruchtes Florenz, so nimm zur Kenntnis, ich will, was ich will. Ich werde weder Fürsten noch den hohen Herren der Kirche willens sein.

Der eintönige Gesang der Gottesdiener, das frömmelnde Spiel der Orgel und die brummelnden Gebete rauschten an ihr vorbei wie das Murmeln des Baches in Picchena. Wegen ihr, der trefflichsten Braut seit langer Zeit, waren die neugierigen Menschen in die Kirche Santa Trinita hereingeströmt. Wegen ihr, dem Stern am Himmel des klatschsüchtigen Florenz, trafen sich draußen auf der Piazza vor dem Palazzo de'Buondelmonti die bunt gekleideten Bauern und Handwerker, die Priester, Mönche und Nonnen. Aus Anlaß ihrer Hochzeit trieben sich die trickreichen Diebe herum und vergnügten sich die geschäftstüchtigen Huren. Aus Anlaß ihrer Vermählung waren sie alle erschienen. Die zerlumpten Armen und die trostlos Bedrückten schnitten sich ihre Scheibe von diesem glanzvollen Auftritt ab, zehrten von dem, was ihnen selbst verwehrt war. Alle waren da, sie zu sehen. Nur sie, sie selbst, die junge Caterina Picchena, war nicht da. Ihr Körper folgte dem Arm des schwachen Lorenzo del Senatore Altobianco de'Buondelmonti. Der Name stand so im Gegensatz zum gebrechlichen Grafen, daß sie sich gerade noch an diesem festhalten konnte. Ihr Geist, ihr Ich, ihr Leben waren in der Bibliothek ihres Vaters in Picchena, in dieser wunderschönen Burg im Hochland der rauheren Toskana.

In der Portantina wurde sie von prächtig Livrierten die wenigen Schritte, die den Palast von der Kirche trennten, durch die jubelnde Menge getragen. Der Graf hatte noch vor dem Altar einen Schwächeanfall erlitten. Er war mit verschleierten Fenstern vorausgetragen worden. Caterina lächelte auf ihrem kurzen Weg durch die begeistert rufenden Toskaner. Sie winkte ein wenig durch das kleine Fenster in der bunt geschmückten Sänfte. Schwanger, wie sie war, vermied sie es, die Sänfte zu verlassen und sich unters Volk zu mischen. So war sie bald im Palast ihres Gatten, in dem eine fürstliche Feier mit Festessen zu ihren Ehren anberaumt war. Von der Loggia, gegenüber Santa Trinita, winkte sie kühl lächelnd in die Menge. Sie wußte, das Spiel mußte gespielt werden. Die Florentiner würden sich bald wieder mit ihren eigenen Lustbarkeiten beschäftigen.

1516 geplant, war der mächtige Palazzo als Zweckbau erstellt worden. Die geschäftstüchtige Oberschicht in den toskanischen Städten hatte sich gleichermaßen strotzende Burgen, überdimensionierte Lager, sichere Verwaltungshäuser und bequemen

Wohnraum geschaffen. Der Glanz der Paläste zeugte vom überschäumenden Reichtum und süchtigem Selbstbewußtsein seiner Bewohner wie von Überheblichkeit und Herrschsucht. Die reichen Handelsfamilien verknüpften in den Palazzi die Notwendigkeiten der Geschäfte mit den privaten Bedürfnissen. Produktion, Lagerhaltung, Verkaufsgeschäfte und Wohnräume waren in demselben Gebäude untergebracht. Eher als nüchterne Festung denn als schmuckes Bauwerk war das massive Erdgeschoß anzusehen. Hinter mächtigen Bruchsteinmauern fanden kühle Lagerraume, angefüllt mit Olivenöl, Wein, Leinen und Seidenstoffen, und die Geschäftsräume ihren Platz.

Durch große Torbögen fuhren die Ochsenkarren mit den Waren direkt in den Palazzo. Hinter verschlossenen Toren und den hoch liegenden, kleinen und stets vergitterten Fenstern wurden die Güter in Sicherheit gebracht. Die hohen, gewölbeartigen Hallen im Erdgeschoß bargen neben den Lagerhallen auf die Straße ragende, mit Holzdächern geschützte Ladenlokale und Verkaufsräume, Kontore, Werkstätten und Produktionsräume.

Das erste Stockwerk wies den protzigen Schmuck an Fassaden und Innenräumen auf, die den Reichtum der Familie signalisierte. Dieses »piano nobile«, das edle Stockwerk, beherbergte die Wohn- und Lebensräume der Familie. Gemälde der bedeutendsten Künstler, Fresken, wertvolle Bilderteppiche aus der Manufaktur der Gobelins, fein verarbeitete Schränke, schwere Truhen, Marmortische, goldgerahmte Spiegel, reichverzierte Kamine und Kronleuchter stellten die notwendige Staffage eines übersättigten Patriziertums dar. Kinder der hochherrschaftlichen Familien und die Bediensteten bewohnten das oberste Stockwerk. Um einen mächtigen, mit Bäumen bepflanzten Innenhof zog sich das Treppenhaus mit breiten Steinstufen vom Erdgeschoß in die oberen Stockwerke. Die linke Hälfte im primo piano wurde nahezu komplett von dem prachtvollen Salon eingenommen. Sieben hohe Rundbogenfenster auf der Frontseite erlaubten einen Blick auf die Piazza Santa Trinita mit der gegenüberliegenden Kirche und der nur wenige Meter von dem

Palazzo entfernt aufragenden und von Cosimo I. errichteten Säule della Giustizia.
Aus den beiden rechten Fenstern überblickte die jungvermählte Gräfin den Platz vor dem Palast. Hinter diesen Fenstern lagen ihre Räume nebst Kemenate.
Die Allegorie der Gerechtigkeit thronte auf einer Plattform an der Spitze der Säule hoch über der Piazza. Leicht hätte die Göttin des Rechts dem fahlen Leben in den Räumen der beiden Stockwerke zuschauen und selbst in die Loggia auf der dritten Etage der Buondelmonti blicken können. Verschämt hatte sie sich jedoch abgewandt und sah mit Gerichtsstab und Waagschalen auf die Mutter aller Kirchen in Florenz.
Lorenzo nächtigte meist alleine im Trakt gegenüber dem Salon. Lange Flure verbanden die Kammern. Am Ende des rückwärtigen Ganges führte in den Palazzo Buondelmonti ein kleineres Treppenhaus in den parkähnlichen Garten. Von wuchtigen Mauern umzäunt, bot der Park unter einer mächtigen Pinie einen Zugang über die Seitengasse. Der Zahn der Zeit hatte an der Mauer genagt. Der häßliche Durchbruch störte die ästhetische Architektur des Palastes.

Zur Feierlichkeit war im Salon des piano nobile geladen. Die Ehrenwerten und die Reichen aus Florenz, sie gaben dem Paar die Ehre. Die lange Tafel war belegt mit den edelsten Porzellanen und Silberbestecken, die mit Elfenbeingriffen verziert waren. Gräfin Picchena, verheiratete Buondelmonti, begab sich in Begleitung ihrer Damigelle, ihrer Hofdamen, zu Tisch, und das feierliche Mahl begann. Es wurden Reden gehalten und gutgemeinte Sprüche vorgetragen. Die Silberbecher klangen, schmatzende Münder stopften sich mit Kapaun und Ente, mit Hirsch und Rehbraten voll. Die geistige Abwesenheit der jungen Braut wurde mit Schüchternheit und Keuschheit und mit der Sorge um ihren Gatten interpretiert. So ließ man die Neuvermählte in Ruhe, nachdem man genug der überschwenglichen Wünsche und glückbringenden Reime vorgetragen hatte.

Wie durch einen Silberschleier nahm die Braut die vielen Menschen um sich herum wahr. Ihr wacher Verstand befand sich unvermittelt in der Kathedrale Santa Maria del Fiore. Die unglaublichen Berichte hatte sie in den Büchern und Schriften der Bibliothek in Picchena studiert. Die schrecklichen Schilderungen über das Attentat am 26. April 1478, als Lorenzo und sein Bruder Giuliano in dem Gotteshaus ermordet werden sollten. Unter der Führung von Erzbischof Francesco Salviati war der geplante Meuchelmord vorbereitet worden. Während des Gottesdienstes in der Kathedrale stürzten sich die gedungenen Täter auf die jungen Medici.
Getroffen von dem Mörder Bandini, fiel Giuliano tot zu Boden. Lorenzo entkam. Der Umsturz war gescheitert. Caterina sah das überraschte und schmerzverzerrte Gesicht des jungen Mannes, die panische Flucht des Lorenzo, der sich den tödlichen Angriffen entziehen konnte. Waren es dieselben wankelmütigen Menschen, die sich hier bei dem großen Festmahl vergnügten, die ihr zujubelten, alberne Trinksprüche auf sie hielten, die aber morgen und übermorgen über sie herfallen würden wie die Aasgeier über den geschwächten Wanderer. Zuviel hatte sie erfahren müssen über den plötzlichen unmotivierten Umschwung von Meinungen und Menschen, heute ein Freund, morgen ein Feind.
Mutter Elsa, die Schwestern Laudomia und Ginevra und Bruder Alessandro, die diesem Austausch ihres letzten Sprosses mit der Ware Caterina Picchena zugestimmt hatten, überwachten eifersüchtig die Ausstrahlung und außerordentliche Wirkung dieser hübschen und selbstbewußten Frau. Noch hatte sie nicht einen Atemzug gegen die ängstlich behütete Sippenherrschaft der Buondelmonti unternommen, noch war sie nur die zweckgerichtete Auserkorene der reichen, dünnhäutigen Familie. Schon erzeugte sie geifernde Eifersucht in diesem toten Hause. Aufgrund des Ehevertrages war sie nur verpflichtet, ihrem Gatten viermal im Jahr beizuschlafen, sein krankes Sperma zu empfangen und ihm möglichst einen Sohn zu schenken. Sie war in der

gegenwärtigen Geschichte der sterbenden Sippe die gedungene Wasserträgerin für den letzten Überlebensversuch. Es lag nicht im Sinn der stolzen Braut, außer dieser Pflichtübung ihr weiteres Vergnügen im Bette des Buondelmonti zu suchen.

Zur Unterhaltung der Gäste trug während des Hochzeitsmales ein Knabenchor, begleitet von einem Cembalo, mehrstimmige Madrigale von Monteverdi vor.

Süße Nachtigall,
Du rufst deine
Liebe Gefährtin
Mit deinem Gesang: Komm,
Mein Herz.

Mir nützt Gesang nicht,
Ich habe keine Flügel wie du.
Dich glückliches Vögelein
Belohnt die holde Natur mit deiner Freude:
Gab sie dir auch das Wissen nicht,
So gab sie dir doch das Glück.

Das traurige Lied mit einem Text von Giovanni Battista Guarini legte sich schwermütig auf die empfindsame Seele der Caterina. Warum sangen die Knaben nur solch traurige Weisen? Sie sollten der fröhlichen Unterhaltung dienen, der Freude und der lieblichen Einstimmung auf eine schöne Zeit. Doch wie das gefühlvolle Liebeslied den Verliebten erbaut, so trifft es den trostlosen Einsamen mit spitzem Speer in seine ungeschützte Brust. Die einsame Braut vernahm den lieblichen Gesang der Nachtigall in ihrer geliebten Burg Picchena.
Was hinderte sie, dem lockenden Vogel zu folgen? Gab die Natur auch der Nachtigall das Wissen nicht, so gab sie ihr doch das Glück. Ja, genauso war es. Sie hatte das Wissen. Aber was nützte ihr das Wissen, wenn sie niemals das Glück genießen konnte?

Unter den Klängen des Cembalos und mit dem Gesang des Chores forderte der Zeremonienmeister zum Tanze auf. Caterina schwebte, argwöhnisch beobachtet von den jungferlichen Schwestern ihres im Bette leidenden Gatten, an der Hand eines Pagen aus dem großherzoglichen Hause. Die augenblickliche Verbindung zu einem Zuträger des kommenden Herrschers war den Schwestern Ehre genug, um es ihrer Schwägerin erlauben zu dürfen, diesen Freuden ausnahmsweise nachzugehen.
Giorgio Salvori, war er nicht der junge, tapfere Page, der sie in der Nähe des Ponte Vecchio vor den dummdreisten Angriffen einer schwatzenden Gesellschaft mannhaft beschützt hatte, der sie offen verteidigt und ihr den weichen Seidenschal des freundlichen Händlers um den Hals gelegt hatte?
In den Tanzschritten bewegte sie sich von ihm fort in die Arme eines Edlen, dann wieder zurück zu ihm. Der kurze Augenblick an seiner Seite entsprach am Tage ihrer Vermählung viel eher ihren sehnsüchtigen Gefühlen als der Gedanke an ihren kranken Vermählten.
Wie das wiegende Rauschen der Baumkronen im Wind drehte sich die Welt an ihr vorbei. Nicht die augenblickliche Wirklichkeit erlebte sie. Das Gefühl einer träumerischen Empfindung schenkte ihr mehr geborgene Heimat als die vertraglich gesicherte, rechtmäßige Zugehörigkeit zu dieser düsteren Handelsfamilie. In diesem Rauschen, das ihr alle Begehr der Liebe und Zuneigung zuflüsterte, entschwand sie den Blicken der Buondelmonti und spiegelte ihr Glück in den flackernden Kerzen einer glänzenden Ballnacht.
Salvori, der Held, der ihr auf offener Straße seine höchste Wertschätzung so schlagkräftig gezeigt hatte. Ein von Herzen guter Edelmann, der sich täglich bei Hofe bewegte wie der Diener in ihrem Palazzo. Sie fühlte atemschwer den jungen kräftigen Arm, der sich auf den ihrigen legte, den herausfordernden, endlich nicht so schüchternen Blick in seinem hübschen Gesicht, das nicht verrotteten, angeborenen Familienadel zeigte, sondern lebendiges kraftvolles Selbstbewußtsein ausstrahlte. Nicht

die erste Nacht, bereits der erste verführerische Abend ihrer jungen Ehe lenkte Caterina in ein verwirrendes Spiel von Leidenschaft und Liebe. Noch während des Tanzes fror sie ihr höfisches Lächeln auf ihrem Gesicht ein. Mit einem Ruck wandte sie sich dem jungen Pagen zu, erregte ihn mit einem offenen herausfordernden Blick.

Giorgio Salvori, hieß dieser Blick, entscheide dich, sag, was dein Begehr ist.

Der Page führte die junge Gemahlin des letzten Buondelmonti nach einem kurzen Tanz zurück an den Hochzeitstisch zu ihren neuen Schwestern. Huldvoll, aber würdelos lächelnd und eifersüchtelnd mit spitzer Zunge kommentierend, bedankten sich die Schwägerinnen für die Ehre, die der Page des Großherzogs dem Hause Buondelmonti angedeihen ließ. Kaum hatte sich der freundliche Kavalier auch nur einen halben Schritt abgewandt, zischten sie der jungen Braut in die Ohren.

»Ihr mußtet nicht so übertrieben Eure Zuneigung zeigen.«

Caterina ergriff ein weißes Spitzentüchlein, tupfte sich ein wenig den Schweiß aus der Stirn und lächelte überlegen die beiden Damen an.

»Die Verbindung wird den Familien dienen und die politischen Bande festigen«, bestimmte sie mehrdeutig. Sie schaute den Schwestern fest in die Augen. Diese wichen ihr aus. Ihr Haß auf die schöne, gesunde Gräfin vom Lande nahm von nun an zu.

Zu später Stunde entschwebte die Braut der Hochzeitsgesellschaft. Sie begab sich zu Bett, begleitet von zwei Zofen, die sich ab jetzt ihrer annahmen. Beschwingt von den Klängen einer reinen Musik, getragen von der Hoffnung nach Erfüllung einer ersehnten Liebe, glitt sie über die Flure ihrer neuen Gemächer der Schlafkammer zu. Sie passierten das einsame Gemach ihres Gatten, als sie bemerkte, wie sich ein Riegel der schweren Tür langsam und geheimnisvoll bewegte.

»Still«, wies die Gräfin ihre beiden Kammerzofen an. Sie drückte die Mädchen zurück an die Wand. Sie selbst tat nur einen halben Schritt nach vorne. An den langen Flurwänden hingen laut knisternd einige Fackeln und Kienspane, die ein unruhiges Licht auf den dunklen Flur warfen. Doch was Caterina interessierte, war einzig und allein dieser sich leicht bewegende Riegel an der Tür der Schlafkammer ihres Gemahls.

Der Riegel war geöffnet. Langsam schob sich die Tür nach außen. Ein rotbetresster Ärmel zeigte sich. Ein langer Haarschopf folgte. Caterina erkannte ihn sogleich, ein Jüngling aus dem Madrigalchor. Die beiden Kammerjungfern sahen zu Boden. Die Gräfin lächelte und hob ihren Blick. Sie wußte von nun an, daß sie mal den einen, mal den anderen hübschen Knaben in ihrem Palazzo zu Gesicht bekommen würde. Sie gewährte ohne Murren ihrem Gatten diese erwünschte Lust. Indem sie darüber hinwegschaute, gönnte sie sich die Freiheit ihres eigenen Genusses und der eigenen ersehnten Zärtlichkeit.

Der kleine Buondelmonti, gezeugter Sproß aus der Vergewaltigung durch den Abt Piero, wurde der Mutter fortgenommen und in einem Kloster erzogen. Selbst der Gemahl Lorenzo vergaß, daß der Kleine ein Bastard war. Er hatte mit dieser Vermählung seine Pflicht getan. Doch wer wußte schon, wie lange ein kleines Menschenleben halten würde? So forderten seine Schwestern den Markgrafen immer häufiger auf, seine Gattin an ihren Ehevertrag zu erinnern.

Lorenzo war keineswegs von seiner Gemahlin angetan. Noch weniger hegte er den Wunsch, mit der einstmals vergewaltigten Caterina das Bett zum Zwecke der Zeugung zu teilen. Von Anbeginn schlief Caterina in einem anderen Schlafgemach. Sie hatte stets betont, daß sie die bedauerliche Krankheit ihres siechen Gemahls berücksichtigen und seine schwächliche Gesundheit schützen müsse. Ein Vergnügen konnte sie in der zwangsvollstreckten Vertragseinhaltung mit dem schwindsüchtigen, nicht geliebten Manne ohnehin nicht ausmachen. Sie verweigerte sich, solange es eben ging. Und Lorenzo verweigerte sich ebenfalls, solange es ging. Dafür entdeckte das geübte Auge mehr junge Pagen in dem Palazzo. Hübsche Kerle, wie Caterina zustimmend anerkennen mußte. Doch den Ehevertrag hatte sie einzuhalten. Andernfalls hätte man sie aus dem Hause geworfen, zur Unehre ihres Vaters und der eigenen.

Wie der erste Geschlechtsvollzug, den Caterina unter Zwang erleben mußte, so gedieh auch ihr zweiter in ihrem Alter von sechzehn Jahren zu einem herzlosen Akt mit Widerwillen und Ekel, mit Abscheu und Erbrechen. Neugierig hatten sich Laudomia und Ginevra in der Kammer des Markgrafen eingefunden, um die liebliche Stimmung mit Gewalt vorzubereiten. Der Tag, an dem der Ehevertrag mit gemeinsamem Beischlaf zu erfüllen war, wurde von ihnen festgelegt. Die Gräfin fügte sich in die Riten. Lächelnd verabschiedeten sich die Schwestern aus dem Schlafraum ihres Bruders mit besten Wünschen zum guten Gelingen.

Der Graf quälte sich. In wenigen Minuten war alles vorbei.

»Sollte ich Euch nicht eher einen Eurer sanften Knaben in Euer Gemach bitten?« fragte Caterina den erschöpften Gemahl.

Buondelmonti lächelte nur ein wenig, nickte und bestätigte ganz offen seine erwünschte Zuneigung. Ihm war es schließlich ebenso gleichgültig, was seine Frau über ihn dachte, wie das, was er über sie dachte. Bedauerlich war nur, daß sie ihre angedeuteten Versprechungen nicht wahr machen würde.

An dem Fenster ihres Schlafgemaches stehend, schaute Caterina mit traurigem Blick auf die dunklen Gassen und die Piazza Santa Trinita. Die Nacht hatte die Menschen in ihre Häuser getrieben. Die Straßen waren dunkel. Die Zeit für einen erholsamen Spaziergang zu gefährlich. Wie gespenstische Schatten bewegten sich undefinierbare Gestalten an der Kirche vorbei über die Piazza Santa Trinita. Es mag der eine oder andere Mensch dazwischen gewesen sein, der seinen Heimweg zu spät angetreten hatte und deswegen in die dunkle Nacht geraten war. Ein Edelmann, der gerade über den Platz vorbeizog, ließ sich in einer

Sänfte tragen, beschützt von vier bewaffneten Söldnern. Noch ein paar Trunkenbolde schwankten über die Piazza, die zu später Stunde aus einem Gasthaus kamen und weinselig die Gefahr, überfallen zu werden, nicht erkannten oder einfach ignorierten. Bunte Vögel, die in der Nacht durch die Straßen schwirrten. Dann wurde die Piazza wieder in nächtliche Stille gehüllt. Caterinas Sehnsüchte wurden von ihren Sinnen hinausgetragen an einen Ort, den sie nicht kannte. Sie wußte nicht, wo der Mensch ihrer Träume schlief, wo ihn in diesem Augenblick hoffentlich ebenso süße Erinnerungen quälten wie sie. Noch nach vielen Monaten spürte sie die Berührungen seines Körpers auf ihrer Haut. Es war nicht die Hochzeitsfeier mit Lorenzo de'Buondelmonti, es waren ihre ganz speziellen Tänze mit dem jungen Pagen des Großherzogs, die ihre Nächte erfüllten. Bisher hatte sie ihn nur wenige Male berührt, hatte ihn mehr durch Zufall bei Festlichkeiten in dem Palazzo Granduca gesehen. Jedesmal durchfuhr ein Blitz ihren Körper. Ihn liebte sie inzwischen mehr als alles andere auf der Welt. Mit ihm wollte sie zusammensein. Noch hatte sie aber außer ein paar Höflichkeitsfloskeln keine Worte mit ihm gewechselt. Sie wußte nicht, wie sie es anstellen sollte, den Pagen für ihr Herz zu gewinnen, damit er den Mut aufbringen würde, ihre Nähe zu suchen. Caterina bemerkte wohl, wie der Page sich ihr näherte, sobald sie die Säle der Medici betrat, wenn sie an der Hand ihres Vaters zu einem festlichen Bankett erschien. Er hatte sie oft wie unbeabsichtigt berührt, doch es konnte nicht immer Zufall sein. Wenn es Absicht war, dann begehrte er sie auch. Sie war sich sicher, daß er sie liebte und daß er ihre Nähe suchte. Es gelang ihm aber nicht, wirklich heimlich in ihre Nähe zu kommen, so daß sie sich begegnen konnten. Warum erschien er nicht? Wie oft hatte sie schon an diesem Fenster gestanden und darauf gewartet, daß Giorgio Salvori vor dem Palazzo auftauchte. Wie häufig hatte sie ihre Sehnsüchte hinausgeschickt in die leeren Straßen der dunklen Stadt mit ihren Herzenswünschen. All ihr Sehnen, alle ihre Wünsche waren klein und unerfüllt geblieben.

# Giancarlo de'Medici

Müde und enttäuscht trat sie einen Schritt vom Fenster zurück. Es war Zeit, sich schlafen zu legen. Mit einem letzten Blick auf die Finsternis der Piazza Santa Trinita entdeckte sie schemenhaft eine dunkle Gestalt hinter der Säule der Gerechtigkeit. Der Mensch hatte Übles vor, weil er sich als Einbrecher einschleichen wollte. Oder, oder … er hatte das Liebste vor, was ihr in den Sinn kam. Es war nicht zu erkennen, mit wem sie es zu tun hatte. Ihr Körper bebte. Ihre Augen, ihre Sinne mußten ihn erahnt haben, ihn, den sie so sehr herbeisehnte.

Vorsichtig bewegte sie sich näher an das Fenster heran. Sie durfte sich nicht zu offensichtlich zeigen. Vielleicht war ein Beobachter darauf angesetzt, sie und ihr Verhalten zur nächtlichen Zeit zu kontrollieren. Vielleicht wollten die Schergen ihrer beiden Schwägerinnen sie in eine Falle locken, um sie einer unehelichen Tat zu bezichtigen. Anschließend würde sie in Schimpf und Schande auf die Straße gejagt werden. Die vertragliche Zeugungspflicht für einen Nachfolger im Hause des Gemahls wäre längst erfüllt.

Wenn der geheimnisvolle Beobachter etwas mehr aus dem Dunkel der Säule der Gerechtigkeit heraustreten würde, so daß sie ihn besser erkennen könnte. Plötzlich machte die Gestalt einen kleinen Schritt zur Seite. Der Mann trat für einen Augenblick sichtbar neben die Säule, um gleich darauf wieder zu verschwinden. Dieser göttliche Augenblick aber, dieser kurze Moment hatte gereicht. Giorgio Salvori! Caterina hatte ihn erkannt. Das Herz der jungen Frau schlug hämmernd gegen ihre Brust. Ihre Schläfen pochten. Ihr geliebter Mann war gekommen, sie zu sehen. Sie zögerte nur wenige Sekunden.

Wenn sie ihn jetzt alleine ließ, nicht ein Signal ihrer Liebe schenkte, könnte er in seiner Hoffnungslosigkeit zurückkehren, seine Träume begraben und niemals mehr versuchen, sie wiederzusehen. Blitzschnell handelte sie. In die dunkle Nacht hinein gab sie Handzeichen in der Hoffnung, daß er sie verstand. Aus dem dunklen Raum heraus beobachtete sie mit klopfendem Herzen die Piazza. Nach einer Weile löste sich die Gestalt aus der Dunkelheit und ging nach links. Er überquerte schnell den Platz und hielt sich dicht an einer Hauswand, bis er ihren Blikken entschwunden war.

Die junge Frau des Buondelmonti öffnete zögernd die Tür ihres Schlafgemaches. Eine Weile lauschte sie in die Flure des geräumigen Palazzo. Es herrschte nächtliche Stille. Niemand rührte sich. Sie schloß leise die Tür hinter sich. Mit einem gequälten Quietschen bewegten sich die Scharniere. Lauschend stand sie still, ob das Öffnen und Schließen der Tür gehört worden war. Auf Zehenspitzen huschte sie den Südkorridor entlang. Dunkelheit umschloß sie. Doch sie kannte den Weg. Sie war ihn öfter gegangen, wenn sie in den rückwärtigen Teil, den Bereich des Gartens, wollte, um dort ungestört zu lesen. Und sie wußte, wo die Wäschetruhen, die in dem Flur ein Hindernis auf ihrem Weg hätten sein können, standen. Am Ende des Korridors spendete ein Fenster ein wenig mehr Licht. Eine schwere Eichentür mit blank geputzten, aber scheuernden Scharnieren versperrte dort den Weg in den Garten. Sie schob den Eisenriegel langsam zurück. Das metallene Geräusch war durchaus geeignet, das ganze Haus aufzuwecken. Sie drückte die schwere Klinke hinunter, hielt sie fest und zog die Tür langsam auf. Es schien ihr unendlich lange, bis sie sich in ihren Angeln bewegte. Dann schloß sie sie vorsichtig wieder hinter sich. Über die steile Treppe huschte die flinke Frau die steinernen Stufen hinab in das untere Stockwerk. Wieder befand sich hier eine schwere, verschlossene Tür. Das Scheuern von Metall auf Metall beim Öffnen lief die Steintreppen hoch und verfing sich an dem oberen Tor, als wollte es dort einen Durchgang suchen, um alle Bewohner über ihre Absicht zu informieren. Ganz langsam zog sie das Tor auf. Auf dieser Seite des Palazzo befanden sich keine Schlafräume. Hier konnte sie niemand so leicht hören. Wenig später stand sie im Torbogen zum Garten. Wie eine Verräterin lauschte sie in die schwarze Nacht. Noch gab die Dunkelheit niemanden preis. Einen angstvollen Moment lang glaubte sie in eine Falle geraten zu sein. Mit bohrendem Blick versuchte sie in der Finsternis den sehnsüchtig erwarteten Mann zu entdecken. Das sanfte Wiegen der Äste und Blätter in dem lauen Nachtwind waren die einzigen erkennbaren Bewegungen. Eine Katze ließ aus einem fremden Garten ihr gräßliches Liebesheulen hören. Grillen zirpten einsam ihr nächtliches Lied. Fledermäuse huschten mit lautlosem Flügelschlag schattenhaft durch die Bäume. Entnervt vermutete Caterina, Giorgio habe nicht den richtigen Weg gefunden, er habe ihre Signale nicht richtig gedeutet. Die Schreckensbilder aus dieser Unsicherheit trieben Tränen in ihre Augen. In letzter Verzweiflung trat sie einen Schritt vor und stellte sich in den zarten Schein der funkelnden Sterne. Aus dem Dunkel des Gebüsches löste sich vorsichtig eine Gestalt.

»Giorgio«, flüsterte sie aufgeregt.

Er huschte zu ihr. Sie schloß ihn in die Arme. Er löste sich, wissend, daß die Gefahr nicht vorüber war, und drückte sie in den Torbogen. Mit leisen Bewegungen tasteten sie sich den langen Weg durch die kalten Flure zurück. Die eisernen Riegel schrien ihr verhaßtes Lied. Endlich waren sie in ihrem Schlafgemach angelangt. Sorgfältig verschloß sie die Tür von innen.

Durch das Dreibogenfenster fiel nur ganz schwach das Sternenlicht in ihre Kemenate. Zwei dunkle Schatten umarmten sich, drückten sich fest aneinander, küßten sich unendlich lange.

»Caterina ... ich weiß nicht ... ich müßte ... «, versuchte Giorgio stockend und sehr leise sich zu erklären.

»Pscht«, hauchte sie und drückte ihm zwei Finger auf die Lippen. Sein Ohr vibrierte erregt von ihrer zarten Flüsterstimme. Ein glücklicher Schauer lief über seinen Rücken und tauchte seinen Körper in ahnungsvolles Sehnen.

»Wir haben zuviel Zeit mit Reden auf den Festen verloren. Du bist gekommen. Du bist da. Laß uns genießen. Wir wollen den Krug der Liebe trinken bis zur Neige.«
Keine Scham hielt sie zurück. Kein Nachdenken über ihren röchelnden, hustenden Gatten sollte ihr die Süße der Liebe vergällen. Sie schob den jungen Freund auf das große Bett. Getrieben von ihrem sehnsuchtsvollen Verlangen, legte sie ihre Kleidung ab.
»Ich will, daß du mich berührst. Ich will deine Hände, deine Finger spüren. Ich will, daß du gut zu mir bist«, hauchte sie in sein Ohr.
Bei der Dunkelheit blieb ihm nur die Ahnung ihres lieblichen Körpers, das Ertasten ihrer zarten Konturen. Sehnsüchtig nahm er die festen Brüste gegen das dunkle Grau des Himmels im Fenster wahr. Auf ihrem Bett liebkoste er den mädchenhaften Körper, spürte das vibrierende Zittern der empfänglichen Haut. Hinter einer Wolke befreite sich ein matt leuchtender Stern. Sein schwaches Funkeln, ein vergessener Lichtschein von irgendwoher, legte sich sanft auf die beiden Liebenden. Der Duft ihrer langen Haare, ihr heißer Atem, der wiegende Schoß ... Giorgio entrückte in dieser weichen Stille in einen unendlichen, nur in Empfindungen schwingenden Raum.
Die jungen Brüste an seinem Körper, die Schenkel zwischen seinen Beinen. Er neigte sich zärtlich über das schöne Gesicht, küßte ihre Augen, ihre Wangen und ihren Mund. Ihre feuchten Augen machten ihn unendlich traurig. Sie weinte leise. Er wich zurück.
»Was ist dir? Fühlst du, daß ich Unrecht an dir tue? Habe ich dich verletzt? Soll ich gehen?«
Die mädchenhafte Frau zog ihn zärtlich zu sich. Sie flüsterte kaum hörbar: »Nein, nein. Ich weine, weil ich unendlich glücklich bin. Ich kann das Glück der Stunde nicht erfassen.«
Er schaute in das zarte Gesicht. Mit seinen Fingerkuppen streichelte er über die Konturen ihrer glühenden Wangen und der schön geformten Nase. Langsam näherte er sich dem gierigen

Mund und küßte zärtlich die heißen Lippen. In ihrer unerfüllten Sehnsucht preßte sie ihn an sich. Sie bebte vor Erwartung. Der geliebte Mann schenkte ihr die so lange entbehrte Erfüllung.
Sie trank zum erstenmal die heiße Liebe eines selbsterwählten Mannes, Sie liebten sich und nahmen keine Rücksicht auf die Geräusche, die verräterisch durch die Stille der Nacht schwangen.
»Ich bin glücklich«, hauchte sie. »Du mußt wiederkommen, Giorgio, mein Giorgio. Mein Herz hat sich nach dir verzehrt. Meine Tage begannen mit den Gedanken an dich, sie endeten in der unerfüllten Sehnsucht nach dir. Mein Leben in der mörderischen Enge dieses riesenhaften Palazzo ist reich an irdischen Gütern und beladen mit Schmuck und goldenen Ketten. Diese Ketten sind die klirrenden Fesseln um meinen Hals. Mein Leben ist arm an Liebe und Zuneigung. Meine Sehnsüchte schwingen täglich hinaus in den Palazzo, in dem du deinem Herrn dienst. Was habe ich all die vielen Tage ertragen in der Sehnsucht nach dir.« Caterina streichelte mit zarten Fingern über das Antlitz des jungen Mannes. »Du bist die Erfüllung meiner Sehnsucht, dich liebe ich. Laß mich niemals wieder allein. Geh nicht fort Giorgio, geh nicht fort.«
Die Sterne des Himmels funkelten strahlend durch das offene Fenster.
Er erhob sich leise. Der gefährliche Weg für die Gräfin führte erneut durch die Korridore und Treppen und wieder zurück. Sie nahm sich vor, einem der Diener den Auftrag zu geben, die Scharniere mit Öl zu versehen.

Ihre schwebenden, wie von leichten Flügeln getragenen Bewegungen durch den Palazzo wiesen Lorenzos Schwestern am nächsten Morgen auf die glückliche und fröhliche Stimmung ihrer Schwägerin hin.
»Das hat dir gutgetan, meine Liebe, heute nacht, so scheint es.«

Laudomia und Ginevra, die sich nur gemeinsam zu bewegen schienen, erfreuten sich ob des Erfolges ihres Bruders.
»Das solltest du des öfteren haben«, gurrten sie.
»Ja, meine Freundinnen, genau das ist es, was ich brauche. Ich muß es öfter haben.« Sie lachte die beiden vertrockneten alten Mädchen herzlich und offen an. »Das ist es, was auch ihr braucht. Ihr könntet euer Leben sehr ändern und mehr Freude an der Liebe des Lebens haben«, meinte sie herausfordernd. Ihr war es recht gleichgültig, ob die Schwestern ihre Bemerkung verstanden. »Die Liebe macht den Menschen glücklich, auch und besonders die Liebe, die man zwischen den Beinen spürt.«
»Zet«, entrüsteten sich beide mit aufgeworfenen Lippen. Sie drehten sich ob dieser obszönen Bemerkung abrupt um und verschwanden in den langen, mit Ahnenporträts geschmückten Fluren des Palazzo.

Die korrekte Einhaltung des Ehevertrages und die liebevolle Begegnung mit dem Pagen des Großherzogs in derselben Nacht machten für die junge Gräfin die Erfüllung ihrer wahren Liebe zu einem einfachen Spiel. Eine erneute Schwangerschaft war kein Problem mehr. Wenn sie sich denn einstellte, so war es das Kind des Buondelmonti. Wenn nicht, genoß sie über eine längere Zeit ihre wahre Liebe. Der Wunsch der Familie, der Wunsch der Schwestern nach genügend männlichen Nachfolgern kam Caterina entgegen. Sie konnte den Pagen so oft in ihrer Kemenate lieben, wie sie es wünschte.
Als unbefriedigenden Ausgleich müßte sie ab und an mit dem kranken Lorenzo das Bett teilen. Schwach, wie er war, verkürzte der Buondelmonti die ihm verbliebene Zeit mit seiner Gemahlin nach eigenem Wunsch auf ein Mindestmaß. Das Verhältnis zwischen ihr und Lorenzos Schwestern erlebte zusehends eine fröhliche Aufwertung. Das Verständnis zwischen der Braut und dem Gemahl interessierte letztlich niemanden. Es interessierte den Grafen nicht. Es interessierte die Gräfin nicht. Sie erfüllte ihre vertraglichen Pflichten, um sich ihrer wahren Liebe hinge-

ben zu können. Eine von Liebe gesegnete Nacht mit Giorgio, nach der sie mit rot geränderten Augen und ein wenig müde zum Morgenmahl erschien, erkannten die Damen des Hauses als aufopferungsvolle Leistung für die Familie der Buondelmonti. Niemand kam auf die Idee, den Gemahl nach seinen Gefühlen zu fragen. Er lebte sein bescheidenes Dasein und genoß den Zuspruch von Caterina, Laudomia und Ginevra. Vor allem schätzte er die Liebe seiner hübschen Knaben. Nahezu peinlich waren die Schwestern bemüht, die häufiger werdenden Eskapaden ihres Bruders zu verbergen. Die Gemahlin zeigte Verständnis.
Bald war der erstarkten Sippe der Buondelmonti ein weiterer Knabe geboren. Mit einem Lächeln quittierte die Mutter die dunklen Haare und die ausgeprägte Nase des Kindes, die einem Giorgio Salvori alle Ehre eingebracht hätten.

Die Tage nach der Geburt ihres zweiten Sohnes erschienen Caterina unerbittlich lang. Sie saß gelangweilt an dem Fenster und beobachtete die hin und her laufenden Menschen vor der Kirche Santa Trinita, in der Hoffnung, ihr Geliebter würde ihr wie am ersten Abend ein Zeichen geben. Jeden Anlaß nahm sie wahr, im Palast der Medici zu erscheinen, um ihren Giorgio zu suchen. Obwohl sie wenig Interesse für politische Angelegenheiten hatte, konnte sie feststellen, daß ihre Meinung und ihr Urteilsvermögen bei manch einem Vertreter der florentinischen Häuser gefragt waren. In der Tat brillierte sie stets durch ihr Wissen, das sich von der Geschichte über die Kunst, die Architektur, den Handel bis hin zu neuesten Ergebnissen in der Astronomie erstreckte. Vor allem aber fühlte sich die männliche Gesellschaft von ihrer überstrahlenden Schönheit angezogen, die von einem selbstbewußten Blick gekrönt wurde. Andere Damen der Gesellschaft verloren stets gegen sie an Aufmerksamkeit und wirkten blaß.

Unterdessen wuchsen im Hause der Medici zwei Söhne heran, die gleichermaßen Gefallen an der Tochter des Senators Curzio Picchena fanden. Der zwei Jahre jüngere Ferdinando II., der nach dem Tode seines Vaters Cosimo II. bis zu seinem siebzehnten Lebensjahr politisch von seiner Mutter und Großmutter vertreten wurde, übernahm langsam und allmählich die Regierungsgeschäfte in Florenz. An seiner Seite sprach in den ersten Jahren der zweitälteste Sproß der Familie, Prinz Giovanni Carlo de Medici, drei Jahre jünger als die Gräfin, ein gewaltiges Wort mit. Als Kronprinz wurde Ferdinand zum Großherzog auserkoren. Der Zweitälteste würde bald ein hohes Kirchenamt bekleiden. An diesem Brauch hielt man fest.
Giancarlo, ein wahrer Despot, spielte sich nicht nur selbst als Berater des jungen Ferdinand auf, der stumme Anzeichen von Angst gegenüber seinem herrschsüchtigen, brutaleren Bruder zeigte. Der Prinz, der es nicht verwinden konnte, vom Schicksal nur für die zweite Rolle am großherzoglichen Hofe auserkoren zu sein, eiferte auch seinem liederlichen Vorbild Großonkel Francesco I1. nach, der in seinem Herrscheramt mehr der Liebe, Leidenschaft und Genußsucht gefrönt hatte als seinen Pflichten als Landesherr. Luxus, schöne Frauen und der glühende Funke des Weins hatten es Giancarlo ebenfalls angetan. Sein herrschsüchtiger Sinn erlaubte es ihm, sich stets die Wünsche nach diesen Gelüsten erfüllen zu können.
Knapp drei Jahre trennten ihn von Caterina. Niemals hatte er ihren arroganten Blick, ihren niederschmetternden Bannstrahl während ihrer Hochzeit vergessen. Niemals seitdem war es Giancarlo gelungen, die Aufmerksamkeit der jungen Frau zu erringen. Je mehr sie sich von ihm abwandte und ihn mit Mißachtung peinigte, desto mehr entbrannte sein Herz nach der jungen Picchena. Mit dem leuchtenden Stern in der florentinischen Gesellschaft hätte sich der Prinz aus dem Hause Medici allzugern geschmückt. Sie sollte ihm zu Füßen liegen.
Dem Brauch der Mächtigen entsprechend, war nun Giancarlo Kardinal geworden. Die Priesterweihe war dazu nicht erforder-

lich. Der Prinz segnete seine Machtbesessenheit mit rauschenden Festen und zügellosen Frauengeschichten. Bald gingen Gerüchte ob seiner perversen Liebesabenteuer in Florenz um.
Unerwartet erhielt die Gräfin eines Tages eine Botschaft von Giorgio Salvori, mit der Bitte, sich in den Gärten des Kardinals Giancarlo de'Medici, den berühmten Orti Oricellari, zu treffen. Die wundervollen Gärten boten mit ihren dichten Büschen und Bäumen ein wie dafür geschaffenes Terrain.

Unbemerkt verließ sie den finsteren Palast an der Piazza Trinita über den Seitenausgang zur Via delle Therme. Sie freute sich auf dieses liebevolle Wiedersehen mit Salvori. Glücklich eilte sie über die Wege zu dem ihr bekannten Treffpunkt in den Orti Oricellari. Unweit des Klosters Santa Anna Maria, zwischen zwei mächtigen Platanen, würde Giorgio auf sie warten. Ein dunkler Schleier verdeckte ihr Gesicht. Wenige Schritte vor den Bäumen lüftete sie den Schleier und schaute lächelnd zu ihrem geliebten Salvori.
In ihr entsetztes Gesicht fuhr eine plötzliche Kälte. Ihr Körper wurde starr. Entgeistert blickte sie auf den Mann, der sich vor ihr an eine der beiden Platanen lehnte. Giancarlo de'Medici grinste sie in einer fordernden Weise an, daß ihr die Zornesröte ins Gesicht stieg.
»Signora, ich darf den prächtigen Pagen entschuldigen. Er hat mir freiwillig Platz gemacht. Er tritt seine Rechte gewissermaßen an die Kirche ab.«
Giancarlo ging mit einem zynischen Lächeln einen Schritt auf sie zu. In seinem Gesicht spielte ein triumphierendes Siegerlächeln.
»Was fällt Euch ein, Eure Eminenz? Was soll das, was wollt Ihr hier?« rief sie dem verhaßten Medici zu.
»Nun, ich sagte bereits, ich nehme die Stelle des Pagen Salvori ein, ehrwürdige Gräfin, Caterina Picchena. Ihr werdet doch wohl gerne einen Kardinal aus Rom gegen einen einfachen Pagen eintauschen?«

»Was heißt das, eintauschen? Ich verstehe nicht.« Sie rang nach Luft. Sie hatte für einen Augenblick die Sinne verloren. »Sagt mir, was Ihr hier wollt?«
»Ich will das gleiche wie der Giorgio. Nichts anderes, nichts mehr und nichts weniger. Ich denke, dann wißt Ihr schon, was ich will?«
»Und was würde Giorgio hier wollen, wenn er denn hier wäre?« In ihrem Gesicht spiegelte sich blanker Haß.
»Ich denke, er wünschte sich Eure Liebe. Aber so schnell will ich nicht sein. Wir sollten ein wenig plaudern und uns in meinen Gemächern im Palazzo Pitti verabreden.«
Carlo machte einen weiteren Schritt auf seine ersehnte Liebhaberin zu.
»Und was, Eure Eminenz, meint Ihr, bin ich?«
Sie hob ihr Kinn an. Ihr Mund war schmal geworden.
»Nun, für ein Schäferstündchen werdet Ihr schon gut sein«, entgegnete überheblich der Kardinal. »Warum sollten wir uns nicht einmal gemeinsam der Liebe erfreuen?«
»Eminenz, es würde Euch, des Kardinals der heiligen römischen Kirche und des Bruders unserer Durchlauchtigsten Hoheit, besser geziemen, wenn Ihr solche Anwandlungen nicht an die Gattin des Lorenzo del Senatore Altobianco richten würdet.«
»Na, meine junge schöne Freundin, nicht gleich so förmlich. Lassen wir die hohen Herren dort, wo sie hingehören, in den Palazzi. Hier sind wir unter uns. Kommt, Caterina.« Der Kardinal stürzte sich auf sie. »Ihr habt es schon mit einem Abt gekonnt, habe ich mir sagen lassen, und mit einem Pagen und mit einem schwindsüchtigen Grafen. Das ist nur das, was ich weiß. Ich weiß nicht, wieviel Bauernlümmel dazugehören? Ein Kardinal wird Euch doch nicht zu gering erscheinen?«
Trotz ihres Zorns fand sie ihre Fassung wieder. Sie wußte, daß sie überlegt und vernünftig handeln mußte. Sie dachte einen kurzen Moment nach, wie sie dem Ansinnen des Giancarlo am ehesten begegnen sollte. Sie könnte sich auf der Stelle umdrehen und fortlaufen. Das sähe aus wie eine Flucht, die der hohe

Mann aber auch als eine Einladung auslegen könnte. Sie könnte ihm ein verächtliches Nein entgegenschleudern. Das würde ihrer Eitelkeit entsprechen, könnte aber den Bruder des Großherzogs zu weiteren Versuchen animieren. Sie entschied sich für eine ironische Version der Ablehnung, die allerdings an Deutlichkeit nichts zu wünschen übriglassen würde.

»Nein, Eminenz«, entgegnete sie, »nicht zu gering könntet Ihr mir erscheinen, keineswegs. Aber zu hoch und zu weit fort. Ihr seid zu weit weg von mir. Gestattet mir, daß meine Liebe zu Gott es nicht zuläßt, daß ein Kardinal sich an mir versündigt.« Und zornig fügte sie hinzu: »Geht in ein Kloster, dort werdet Ihr hinreichend willfährige Nonnen finden, die Euch mit Freuden zu Diensten sein werden. Ich bin sicher, Ihr kennt bereits jetzt genügend Gottesdienerinnen, die den Dienst an Euch und mit Euch für einen Dienst an Gott erachten, wie ein Gebet oder ein Fasten. Mich aber laßt in Ruhe.«

Caterina duldete keinen weiteren Widerspruch des Kardinals. Sie drehte sich auf der Stelle um und lief aus dem Park hinaus, den verblüfften Medici hinter sich lassend.

Er rief tief verletzt und wütend: »Gräfin, das werdet Ihr bereuen.«

Nichts werde ich bereuen, dachte sie und lief immer schneller. Sie beeilte sich, aus den grünen Gärten herauszukommen. Ihr Weg führte sie an der Ponte Santa Trinita vorbei zurück zu dem Palazzo. In den belebten Straßen konnte sie langsamer gehen. Die Gefahr, von Giancarlo de'Medici verfolgt zu werden, erschien ihr unter den vielen Menschen geringer.

Sie blieb an einer Häuserwand stehen und dachte darüber nach, was geschehen war. Sie konnte es noch immer nicht fassen. Es war keine Ausnahme, daß der geile Kardinal einer Frau nachstellte.

Aber ihr Giorgio? Giorgio Salvori, hatte er sie verraten? Hatte er ihre Liebe verkauft gegen das Ansehen bei Hofe, vielleicht gegen eine Beförderung? Hatte er ihr gemeinsames Glück aufs Spiel gesetzt? Was war in den Pagen gefahren, daß er sie kaltherzig zu verraten vermochte? Konnte das Giorgio gewesen sein? Hätte er es fertigbringen können? Ihre Enttäuschung ließ keinen Spielraum für klare Gedanken. Hatte Giorgio sie direkt an den Kardinal verkaufen wollen wie eine Straßenhure aus dem Katzenparadies? Sie beeilte sich, in den Palazzo Buondelmonti zu gelangen. Sie würde überlegen müssen, wie sie schnell ein Treffen mit Giorgio vereinbaren konnte.

Der Page ließ sich in den nächsten Tagen und Wochen nicht sehen. Anders als der Verräter suchte Giancarlo in den Räumen der Medici die Nähe seiner begehrten Dame. Ihre Verpflichtungen zu Festessen, Banketten und Staatsempfängen nahmen zu. Eine dieser Verpflichtungen war ein Festbankett im Palazzo Pitti. Der schwindsüchtige Markgraf aus dem Palazzo gegenüber der Kirche San Trinita hatte sich wieder einmal mit der Begründung entschuldigen lassen, er litte zu sehr unter seiner schleichenden Erkrankung. Die Markgräfin war nur mit ein paar Hofdamen erschienen.

Um so besser, dachte Giancarlo.

Er geleitete die Gräfin an einen ausgesuchten Tisch. Ein französischer Söldner, Offizier Marzial Frains d'Aix, in den Diensten der Medici, sollte ihr Gesellschaft leisten. Ein prächtiges Bankett, die schönste Dame aus Florenz an seiner Seite, das war eine Unterhaltung, wie sie dieser Franzose aus der Provence liebte.

Die Zufälle hatten dem heimtückischen Kardinal in die Hände gespielt. Er stellte mit Vergnügen fest, daß sich die junge Gräfin angeregt mit dem Soldaten unterhielt. Es schien sich mehr als nur eine Unterhaltung bei einem Festbankett anzubahnen. Giancarlo ließ die Dinge laufen. Je länger, desto besser, dachte er schmunzelnd.

Eine Frau durfte ihn nicht zweimal beleidigen. Eine Abfuhr ließ er sich nur einmal geben. Das reichte für alle Zeiten. Die Folgen hatte sie sich selbst zuzuschreiben. Seine Haßliebe steuerte seinen Plan für die nächsten Schritte und schob die Menschen wie

Schachfiguren in seinem Kopf auf neue Positionen, auf denen sie sich sicher fühlten und beim nächsten Zug in Gefahr gerieten. Es war an der Zeit, den jungen Pagen Giorgio Salvori als Joker in dem Spiel der Könige einzusetzen. Wie ein Blitz durchfuhr es die Gräfin, als sie mitten in den wärmsten Berichten des draufgängerischen Franzosen den Pagen des Großherzogs vor sich entdeckte, wie er nach dem Rechten sah und die Diener anleitete.

Dem schwatzenden Franzosen fiel die Zerstreutheit seiner Begleiterin nicht auf.

Nach einigen weiteren Minuten entschuldigte sie sich bei ihrem Tischherrn und schritt durch den Saal auf die Ausgangstür zu. Dort hatte sie Giorgio kurz zuvor entdeckt. Neben ihm fiel ihr Seidentüchlein zu Boden, und gleichzeitig stieß sie wie unbeabsichtigt den Pagen an.

»Oh, es ist unverzeihlich von mir, mein Herr, wie soll ich das wieder gutmachen?«

»Es ist die alleinige Schuld meiner Unbedachtsamkeit, Signora«, entgegnete Giorgio. »Jetzt ist Euch auch noch das seidene Tüchlein zu Boden gefallen. Wie soll ich das jemals wieder gutmachen. Ich hoffe, Ihr könnt mir das verzeihen.«

»Wir sehen uns in zwei Minuten im Park«, zischte sie ihm zu. Dann nahm sie mit einer herablassenden Miene das Tüchlein, das der Page aufgehoben hatte. Sie begab sich durch die vielen Menschen aus dem Saal, schlüpfte unbeobachtet durch eine Tür und suchte in der warmen Sommernacht den untreuen Pagen.

»Wie konntest du mich an Giancarlo verraten, du Hundesohn?« fauchte sie, als er sich nach wenigen Minuten im Park einstellte.

»Caterina, verzeih«, stammelte er verlegen, »Giancarlo hat mich erpreßt. Er hatte von unserer Beziehung erfahren. Meine nächste Begegnung mit dir mußte ich ihm zwangsweise überlassen. Er drohte mir, mich mit allen Mitteln zu bestrafen, wenn ich ihm nicht fügig wäre.«

Der Page näherte sich ihr lustvoll, um sie in die Arme zu schließen.

»Laß ab«, fuhr sie ihn an. »Wie kannst du es wagen, mich berühren zu wollen. Du hast mich verraten. Du bist eine feige Memme wie alle anderen Männer. Kehre zurück in deinen gesichtslosen Palazzo, treffe weiterhin deine feigen Entscheidungen. Mich aber, Salvori, laßt fortan in Ruhe. Ihr seid für mich längst gestorben. Einen Feigling kann ich nicht zum Freund haben.«

»Caterina, hör zu. Verzeih mir, gib mir eine neue Gelegenheit. Es tut mir leid.« Salvori wollte nicht glauben, daß ihn die Gräfin so kalt fallenlassen konnte.

»Salvori, schert Euch hinweg. Ich will nichts mehr mit Euch zu tun haben. Ihr seid ein Verräter. Was macht der Offizier mit einem Verräter in der Schlacht? Antwortet.«

»Ich denke, er läßt ihn hinrichten, Caterina. Nun sei aber nicht so grausam zu mir. Ich habe einmal versagt. Verzeih mir.«

»Das war das eine Mal zuviel, Salvori. Ihr habt nicht nur versagt, Ihr habt mich verraten. Ihr habt meine Liebe verraten. Ihr seid feige gewesen. Ihr werdet auch das nächste Mal feige sein.« Sie schaute den jungen Mann, den sie viele Monate geliebt und der sie so entsetzlich enttäuscht hatte, fassungslos an. »Giorgio, warum hast du das getan?« fragte sie dann plötzlich mit weicher und zärtlicher Stimme. »Warum hast du mich an den geilen Kardinal verkaufen wollen? Deine Arbeit als Page ist dir wichtiger als die Liebe zu mir. Warum hast du das nur getan, Giorgio?«

Durch die von einem leichten nächtlichen Wind kaum bewegten Äste einer großen Platane fiel das fahle Mondlicht auf das Gesicht der Gräfin. Eine neue schmerzliche Sehnsucht nach dieser lieblichen Frau überkam den Pagen. Er wurde sich seines Vergehens in vollem Umfang bewußt und bereute in dieser Sekunde nichts mehr als sein jämmerliches Versagen.

»Caterina, es war dumm von mir. Bitte verzeih mir. Ich verstehe mich selbst nicht mehr.«

Wenn sie auch bis jetzt noch gehofft hatte, irgendein anderer Schicksalsschlag hätte den Pagen zu seinem unseligen Tun

zwangsweise verleitet, so wußte sie es von nun an und unwiderruflich. Ihr geliebter Giorgio hatte sie wirklich an den Kardinal de'Medici verraten. Aus Angst, bestraft zu werden, aus Angst seine Position als Page zu verlieren, hatte er dem Drängen des ekelhaften Kirchenfürsten nachgegeben. Die Enttäuschung der einsamen Frau verkrampfte ihr Herz. Er konnte sie nicht geliebt haben. Sie war ihm nicht mehr wert als eine Hofdame, die er am nächsten Tag gegen eine andere austauschte.
»Du verstehst dich selbst nicht? Mich hast du niemals verstanden, Giorgio. Wenn du mich auch nur ein wenig verstanden hättest, wenn du mich auch nur ein bißchen geliebt hättest, dann hättest du für mich gekämpft. Die erste Attacke, mein Freund, hat dich aus dem Sattel geworfen. Gib dich den Zofen deines Herrn hin. Du suchst nicht die Liebe. Du suchst erotische Abenteuer. Noch einmal, Salvori, was macht der Offizier mit dem Verräter unter seinen Soldaten?«
»Er würde ihn sicher sofort hinrichten lassen, Caterina, aber bedenke ...«
»So warte auf deine Hinrichtung, Salvori, Verrat wird mit Hinrichtung bestraft, das sind deine Worte. Feigling. Nur noch Verachtung hegt mein Herz für ein kümmerliches Geschöpf wie dich.«
Sie wandte sich abrupt um und begab sich in den Palazzo. Mit einem Lächeln kehrte sie an die Tafel zurück, wo sie der abenteuerliche Franzose mit offener Freude erwartete. In dem Herzen der verratenen und enttäuschten Caterina Picchena loderte die Flamme des Hasses.
Unbeobachtet und unbemerkt war der Zusammenprall der Gräfin Picchena mit dem Pagen und ihre Begegnung im Park nicht geblieben. Giancarlos Spione schlüpften zwischen den Bäumen und den lange Schatten werfenden Öllampen hindurch, ihr Herr erwartete eine Nachricht.
Neben dem Franzosen gesellte sich an ihre Tafel zur Rechten der Botschafter aus Rom, der jüngste Sohn der Familie Albizzi. Mal wandte er sich zur einen, mal zur anderen Seite in seinen

Gesprächen. Während er sich nach rechts hin unterhielt, hörte er sehr aufmerksam den Gesprächen zu seiner Linken zu. Seinen Spionierauftrag nahm er sehr ernst, für seinen Auftraggeber die Absichten der Caterina Picchena zu erforschen. Den Soldat Frains d'Aix brachte der Kardinal als nützliche Bauernfigur in das Schachspiel, um seine Ziele besser verfolgen zu können.

»Eure Hochwohlgeborene«, setzte Frains auch bald seine Rede fort, »berichtet mir mehr über die wunderschöne Burg in Picchena, nahe San Gimignano. Mir war es nur ein einziges Mal vergönnt, in dieses herrliche Gebiet zu reisen. Ein Auftrag des Großherzogs hat mich mit ein paar Leuten in diese Gegend geführt. Ich sollte nachschauen, warum in einem Ort – und ganz besonders in einer Osteria – eine unverständliche Unruhe herrschte. Die Aufgabe war bald erfüllt. Seitdem schlage ich mich weiterhin in Florenz durch, nehme mal diesen, mal jenen Auftrag an. Mein Leben ist der Kampf, ist die Ehre, ist der Kampf für die Ehre. Aber ich rede zuviel. Sagt mir, wie sieht Eure Burg Picchena aus?«

»Gestattet mir noch eine weitere Frage, mein Herr aus der Provence. Ihr sagt, Ihr hattet die Aufgabe bald erfüllt. Wie habt Ihr sie erfüllt?«

»Ich habe mit meinen Soldaten für Ruhe und Ordnung gesorgt.«

»Wie habt Ihr das gemacht? Verratet mir, wie habt Ihr für Ruhe und Ordnung gesorgt?«

»Nun, meine hochwerte Dame, ich bin dort in die Osteria hineinmarschiert und habe dem Pöbel klargemacht, was florentinischer Frieden bedeutet. Ich drohte mit der Schließung der Spelunke. Das war recht einfach.«

Frains d'Aix schlug sich mit seinen Fäusten auf die Brust und lachte dröhnend.

»Habt Ihr auch danach gefragt, was wirklich geschehen ist?«

»Dazu, meine liebenswerte Prinzessin, war nicht die Zeit und nicht die Gelegenheit. Ich hatte einen Auftrag, den habe ich ausgeführt.«

»Ohne nachzufragen, ob sich die Leute überhaupt etwas haben zuschulden kommen lassen?«
»Ich verstehe nicht, meine über alles geschätzte Fürstin ...«
Caterina ging nicht weiter auf das Thema ein. Sie hatte erkannt, daß Frains Aufträge durchführte, ohne lange nach dem Wenn und Aber zu fragen. Sie setzte das Gespräch an einer früheren Stelle fort.
»Mein Herr Frains aus Aix in der Provence, dort in Picchena hat sich mein Leben abgespielt. Dort bin ich aufgewachsen. Wenige, die in dieser wunderschönen Gegend der Toskana, viel höher als hier unten in Florenz, zur Welt gekommen sind, hält es allzulange draußen in der Fremde. Sie haben Sehnsucht nach ihrer schönen Heimat. Es zieht sie zurück zu den Menschen, die sie lieben. Die Bauern und die Handwerker, die Händler, die Baumfäller und vielleicht sogar die Erzieherinnen und die Ammen. Sie alle können ehrlich miteinander umgehen. Das formt die Menschen. Das läßt sie wieder zurückfinden in diesen lieblichen Teil der Toskana. Lieblich ist er, obwohl die Natur ein wenig rauher ist als hier.«
»Gräfin, das hört sich an, als würdet Ihr nichts Schöneres und Besseres erlebt haben als die Menschen in Eurem Teil der Toskana. Doch sagt an, sind die Leute hier wirklich so viel schlechter als die einfachen dort draußen auf dem Lande?«
»Hier gibt es Verrat und Betrug«, entgegnete Caterina, »die Menschen sind machtbesessen, sie betrügen einander, sie beobachten einander, sie sind Verräter.«
Bei dieser Rede erinnerte sie sich all der schändlichen Taten, von denen sie in Picchena und in den Städten rundherum erfahren hatte. Die Denunziation des Schmiedes, die geifernde Amme Nanini, die kleinmütigen Bauern in ihrer unmittelbaren Nachbarschaft.
»Sind die Menschen, die Handwerker und Händler, die Frauen und Männer in Florenz wirklich anders als auf dem Lande oder in den Städten um Eure Burg herum?« wollte der Franzose wissen.

Eingedenk ihrer Erfahrungen und Erlebnisse antwortete sie: »Ich glaube, Ihr habt recht, Frains, sie sind alle gleich. Ob auf dem Lande oder hier in der Stadt Florenz. Volterra ist genauso feige wie Florenz, ich meine die Menschen. Sie haben keinen Charakter. Ob hier oder dort.«
»Sie haben keinen Charakter? Was meint Ihr damit?«
»Natürlich haben sie irgendeinen Charakter. Aber wie sieht ihr Charakter aus? Sie sind nicht stabil. Sie haben nicht die Stärke, ihre Meinung durchzusetzen. Sie haben keinen Standpunkt. Sie haben letztendlich keine Ehre. Sie verraten sich, sie verkaufen sich. Das Geld, das Ansehen ist ihnen das Wichtigste. Nicht, was sie sich selbst bedeuten, ist ihnen das Wichtigste, sondern das, was sie in den Augen der anderen sind. Eine einzige Verräterbande. Selbst der, der sich edel findet, ist im nächsten Augenblick, wenn ein wenig Druck ausgeübt wird, ein Verräter. Er verkauft seine Haut für ein paar lumpige Scudi.«
Frains schaute der stolzen Frau aufmerksam in die Augen. Er suchte nicht nur die Schönheit. Er suchte ihren Charakter, von dem sie soviel erzählte. Er suchte ihren Standort.
»Gräfin Picchena, wie seht Ihr einen Soldaten, einen so wie mich?«
Caterina wollte ihm nicht ausweichen. »Ihr habt einen Beruf. Diesen Beruf werde ich nie lieben können. Wenn Ihr aber Euren Beruf ehrenhaft ausübt, mag das in Ordnung sein.«
»Zu mir habt Ihr damit noch nichts gesagt.«
»Wie kann ich zu Euch etwas sagen, mein Herr, wenn ich Euch nicht kenne? Für jeden Menschen sollte seine Aufrichtigkeit und seine Gradlinigkeit bedeutend sein, ob er nun Soldat ist oder Kammerzofe. Laßt es gut sein. Nicht meine Meinung von Euch sollte Euch bedeutend sein, sondern Eure Meinung von Euch selbst, wenn Ihr denn eine habt. Oder, was meint Ihr dazu?«
Der Gast an der rechten Seite des Franzosen lauschte dem Gespräch aufmerksam. Bei ihren letzten Worten beugte sie sich blitzschnell nach vorne und sprach den Botschafter aus dem rei-

chen Geschlecht Albizzi direkt an. Der Spion des Kardinals wich entsetzt zurück und wandte sich schnell seiner Gesprächspartnerin auf der anderen Seite zu. Caterina lachte laut und schaute erneut den erregten Franzosen an.

Die komplizierten Gedankengänge seiner schönen Tischnachbarin brachte Frains in arge Verlegenheit. Die Frau neben ihm forderte eine offene Aussage über seine moralischen Werte. Was er gewohnt war, das waren strategische und taktische Überlegungen, wie er seine Aufgaben am besten erledigen konnte. Nach Ehrlichkeit wurde da weniger gefragt. Eher wurde um die Ehrlichkeit herum operiert. Strategisches Denken und taktisches Verhalten hatten auch auf sein Privatleben übergegriffen, das mußte er sich eingestehen. Ehrlichkeit und Gradlinigkeit waren des öfteren auf der Strecke geblieben.

Frains d'Aix rutschte unruhig auf seinem Stuhl hin und her. Die junge Gräfin forderte von ihm mehr, als er bei den höfischen Gesellschaften gewohnt war.

Dennoch saugte er die erotisierende Ausstrahlung seiner Nachbarin auf. Der Soldat, der seine Dienste an jeden verkaufte, der ihn gut bezahlte, suchte nach den Gründen dieses für ihn tiefsinnigen Gespräches. Ihm entging, daß er von zwei Seiten sehr aufmerksam beobachtet wurde.

Zu seiner Linken forderte ihn seine Gesprächspartnerin, die ihn in eine Falle lockte. Von der anderen Seite beobachtete der Spion des Kardinals den Fortgang des Gespräches scheinbar unbeteiligt. Doch mußte dieser niedrige Denunziant seinem Herrn bald einen Erfolg melden.

Die lange Geduld zahlte sich aus. Die Gräfin Picchena trieb ihre Sache zielgerecht in die gewünschte Richtung.

»Wenn Ihr etwas für mich tun wollt, Frains, dann sagt mir, was Euer Lohn zu sein hat.«

»Ich wäre stolz, alles für Euch zu tun, Gräfin Picchena. Ich stehe Euch zu Diensten. Mein Lohn wäre Euer Lächeln.«

Caterina lachte herzhaft. Der Spion des Kardinals war ganz erschrocken über so viel Offenheit. Weintrunken gaben sich

die Gäste gleich wieder ihren heißen und lauten Gesprächen hin.
»Frains, zeigt Euren Charakter.« Caterina schaute ihn durchdringend an. »Ich habe einen Auftrag für Euch.« Sie machte eine lange Pause, während der sie den heldenmütigen Franzosen eindringlich ansah.
»Was ist es, was ich für Euch tun kann?«
»Ich bin zutiefst beleidigt worden. Ihr sollt meine Rechte wahrnehmen.«
»Was heißt das, was ist das, Gräfin? Ich bin gewohnt, in den Kampf zu ziehen. Mich ehrlich zu schlagen. Zu kämpfen bis zum Sieg.«
»Oder bis zur Niederlage?«
»Oder bis zur Niederlage!«
Sie wartete auf eine Reaktion des Soldaten.
»Nun verratet mir schon, was ich für Euch tun darf?«
»Geht in den Kampf, mit einem Mann. Von Mann zu Mann.«
»Ein Duell?«
Frains d'Aix rief diese Worte erschrocken aus. Durch den Ausruf hellhörig geworden, lauschte der Spion des Kardinals dem Gespräch gierig, verdeckt durch die breiten Schultern des Franzosen.
»Nennt es, wie Ihr wollt. Aber ich sehe, daß Eure Worte zu Beginn Eurer Rede mutiger waren als Euer Tatendrang. Vergeßt es.«
»Es ist nur ungewohnt, Gräfin. Keineswegs zu abenteuerlich. Ich bin bereit. Ich bin noch keinem Kampf aus dem Wege gegangen. Was ist der Anlaß?«
Caterina neigte sich flüsternd zu ihm. Der Spion des Kardinals mühte sich vergeblich, die wichtigsten Worte zu verstehen. Die Musiker begannen zu spielen. Alle Unterhaltungen erstarben für eine Weile oder versanken in den Klängen der Musik.
Nur die Gräfin neigte sich direkt dem Ohr des Söldners zu.
»Ein Duell mit dem Pagen Salvori, diesem da«, fügte sie hinzu und wies auf Giorgio.

»Den Knaben soll ich ...?« stöhnte er entsetzt. »Ich vergehe mich nicht an Kindern. Wenn ich den anhauche, dann fällt er um.«
»Dann haucht ihn eben an, tapferer Held«, sprühte sie zornig. »Ihr sollt ihn nicht töten. Verpaßt ihm eine gehörige Lektion. Versetzt ihn in Angst und Schrecken.«
»Nun gut, so werde ich die stumpfeste aller Waffen nehmen, wenn ich ihn nicht gleich erschlagen will. Ich werde ihm eine Tracht Prügel verabreichen.«
Der Handel war perfekt. Die Ausführung stand bevor.

Edelsteine, Scudi, schöne Mädchen und den höchsten Lohn der Kirche, den Einzug ins ewige Leben, hatte Kardinal Giancarlo jedem seiner Pagen versprochen, der ihm für immer und ewig treu zu Diensten sein würde. Seine Sklaven hielten sich daran. Einem geriet der junge Bote, der im Auftrag der Gräfin Picchena unterwegs war, in die Fänge.
»Halt, Bursche«, herrschte er ihn an. »Wohin so eilig des Weges, mein junger Freund? Dies hier ist das Haus des Großherzogs und seiner ihm willkommenen Gäste. Doch kleine Diener unedler Art haben nichts zu suchen hier. Soll ich dich peitschen lassen oder köpfen?«
»Warum?« fragte ängstlich und zitternd der Knabe. »Laßt mich gehen, ich will meinen Freund besuchen.«
»Wer ist es denn, der Freund, du Naseweis? Sag es mir, sonst laß ich dich peitschen.«
»Meine Herrin wird Euch zeigen, wen Ihr peitschen könnt.«
»Deine Herrin? So, so. Wer ist denn deine Herrin, daß sie es mit dem Großherzog und dem Kardinal aufnehmen könnte?«
»Sie ist die edle Gräfin Caterina Picchena, die Gattin des hochangesehenen Markgrafen Lorenzo de'Buondelmonti, die Tochter des Senators und ersten Staatssekretärs der Großherzöge Curzio Picchena.«

»Bursche, du hast deine Lektionen gut gelernt. Das ist ein Zeichen deiner Weisheit. Doch sei vorsichtig, nicht in die Fänge der hohen Herren zu geraten. Paß auf, daß du nicht zerquetscht wirst von den Türen und Toren in den Sälen der Ersten dieses Staates.« Der Beauftragte des Hauses Medici lächelte listig.

»Ich danke dir, du bist ein wahrer Freund.«

»Und wahr, so will ich bleiben. Was hast du vor, sag an?«

»Meinen Freund, einen Pagen in diesen hohen Hallen, will ich suchen.«

»Wer ist er denn der Page? Ich kann dir besser auf die Sprünge helfen.«

»Mein Freund Giorgio, Giorgio Salvori, so ist sein Name.«

In den Augen des erfahrenen Mannes, der in den Diensten des Hauses Medici stand, zeigte sich kein Lächeln und kein Zögern. Nur Verständnis sicherte er dem jungen Burschen zu. Der war wohl hilflos und zu unbedarft, als daß er die Hinterhältigkeit des Mannes hätte erkennen können.

»Was willst du bei Giorgio? Ich führe dich gerne zu ihm, damit du dich nicht verläufst. Denn, so merke dir, unreifer Knabe, wir Diener, wir Pagen haben zusammenzuhalten. Also, was willst du bei ihm?«

»Eine Botschaft, wohl eine wichtige, hab ich zu bringen.«

Der Diener der Medici überlegte schnell. Caterina Picchena, Giorgio Salvori und eine Botschaft, das paßte allzugut zusammen. Das hatte er schon einmal gehört. Nun wollte er sich die Gunst des Kardinals verdienen.

»Komm mit«, sagte er dienstbeflissen, »ich führe dich zu ihm.«

Durch Gänge und Räume, Etagen und über Treppen brachte er den Knaben geradewegs zu ihm, zu Kardinal Giancarlo, der in dem Palazzo weilte.

»Gib her die Nachricht.« Giancarlo lächelte den jungen Burschen an. »Ich will sie geradewegs meinem Pagen zuleiten. Er ist zur Stund beschäftigt.«

»Eure Eminenz, ich hab den Auftrag, die Botschaft direkt an den Giorgio zu leiten.«

»Das ehrt dich, mein junger Freund«, sagte der Kardinal listig lächelnd, »dennoch kannst du ihn jetzt nicht sehen. Der Großherzog nimmt seine Dienste in Anspruch. Ich werde deine Botschaft persönlich weiterleiten. Das verspreche ich dir. Nun geh zurück, berichte deiner Gräfin, der Auftrag sei erfüllt.«
Der Knabe dankte beflissen und eilte zurück in die Gemächer der Buondelmonti.
Giancarlo las derweil die Botschaft.

*»Giorgio, mein untreuer Freund,*
*wie konntest Du meine Seele so verletzen, indem Du mich hinterhältig an den Kardinal verraten hast? Meine Seele ist zutiefst betrübt, meine Sinne sehnen sich nach der Auflösung des unverständlichen Knotens. Wenn Du, mein einst so treuer Freund, noch ein wenig der Liebe zu mir verspürst, die Du offenbar einmal für mich in Deinem Herzen getragen hast, so stelle Dich meinen Fragen, antworte meiner sehnsüchtigen Seele auf die drängenden Wünsche. Bist Du bereit, mir Genugtuung zu leisten, so stelle Dich einem ehrenhaften Kampf, um mich zurückzuerobern.*
*Wenn Du mich liebst, immer noch liebst, wie Du mich einst geliebt hast, so befreie mich aus den Armen des Franzosen, den ich am Feste Deines Kardinals kennengelernt habe. Allzu aufdringlich versucht doch dieser Messer Frains mich zu umgarnen. Hole mich zurück in Dein Herz, erobere meine Liebe, so wie Du sie dereinst erobert hast, durch Deinen wagemutigen Auftritt für mich auf der Straße bei dem fernasiatischen Händler.*
*Erinnerst Du Dich noch? Nichts hätte mich damals glühender zu Dir hingezogen als Dein tapferer Kampf für mich gegen die Weiber und die Männer der Straße. Du hast es verstanden, mein Herz für Dich zu erobern.*
*Dein nächtlicher Gang vor der Villa an der Piazza Santa Trinita, Dein Suchen in den dunklen Straßen in Florenz in der Gefahr, von Straßenräubern oder von Bettlern überwältigt zu*

*werden, haben mir gezeigt, wie sehr Deine Liebe zu mir entbrannt war. Nichts, mein Giorgio, nichts, keine Gefahr hatte Dich aufhalten können. Deine Liebe, Deine Sehnsucht nach mir übertrafen jede Angst. Dein Einsatz für Deine Liebe zu mir hatte mein Herz zum Glühen gebracht.*
*Tapferer Giorgio, nun, da Du mich vor einiger Zeit an den Kardinal verraten hast, suche erneut all Deinen Mut zusammen. Erobere mich, wie Du es dereinst getan hast, obwohl Du damals nicht wissen konntest, wie mein Herz zu Dir stand.*
*Jetzt scheint es für Dich leichter zu sein, Dein Leben für mich zu wagen, da Du weißt und ich Dir mitteile, wie sehr meine Seele mit Dir verbunden ist. Zeige mir erneut Deinen Einsatz für mich, wenn Dein Herz noch in Liebe zu mir entbrannt ist.*
*Wenn dies nicht so ist, wie meine trauernde Seele sehnsüchtig erwartet, dann laß es mich schnell wissen. Dann will ich für alle Zeiten Dein Bild, Deine Liebe aus meiner Seele verbannen, dann will ich mich dem Schmerz der Verzweiflung hingeben.*
*Ich verzehre mich nach Deiner Antwort. Schon morgen will ich sie in meinen kleinen Händen halten.«*

»Caterina, du Hexe«, murmelte er.
Dann gab er schnell die Weisung, den Brief erneut sorgfältig zu schließen, ein Siegel aufzudrücken und ihn dem Pagen Salvori zu übermitteln.
»Laßt meinen Sekretär jetzt zu mir kommen«, befahl er anschließend und gab dem Manne gleich die Order. »Bereitet mir ein Essen, ein Dankesessen für alle Diener und Zofen am herzoglichen Hofe. Ich will euch den genauen Tag noch geben. Mag sein, es findet morgen oder übermorgen oder in ein paar Tagen statt. Ich will sehen, an welchem Tag ich die beste Gesundheit in mir fühle.«
Sein Sekretär tat, wie ihm geheißen. Unverständlich schien es ihm, doch wollte er dem Herrn zu Diensten sein.
Den Giorgio ließ Giancarlo schon seit geraumer Zeit beobachten. Den Brief, den dieser nun schrieb, fing er genauso ab wie

den Brief der Caterina, den er in Händen gehalten hatte. Schnell las er die Zeilen, gab das Dokument weiter an den Boten und entschied, das Festessen zum Dank an seine Diener vor dem Tag des Duells stattfinden zu lassen. So geschah es denn auch.

Den Widersacher in der Liebe zu Caterina ließ er selbst keinen Moment aus den Augen. Er kümmerte sich um ihn und ließ ihn bewirten mit den besten Speisen und den nachhaltigsten Getränken. Der Kardinal gab sich großzügig, beehrte jeden der Diener in eigener Person mit seinen guten Worten und ließ erneut den Wein in die Becher seiner Pagen und anderen Bediensteten einschenken.

Giorgio Salvori behandelte er mit großer Sorgfalt und zufriedener Genugtuung. Persönlich schenkte ihm der Prinz Wein nach. Giorgio war sich indes des kommenden Morgens bewußt, an dem er die Treue zu seiner Caterina beweisen wollte. Die Angst hatte sich längst seiner bemächtigt. Er begoß seine Not mit immer mehr Wein, gab sich ganz dem Rausche hin und genoß die wohltuenden und lobenden Worte aus dem Hause der Medici. Bald würde er zudem seine geliebte Caterina wieder in den Armen halten. Jetzt durfte er erst einmal der Ehre und des Vertrauens seines hohen Herrn gewiß sein. Er begab sich mit dem Kardinal und einigen seiner engsten Vertrauten in den Garten Boboli. Sie wandelten zwischen den Bäumen einher. In der Dunkelheit der ruhigen Nacht begaben sie sich in Richtung der Brücke, die über einen kleinen Fluß führte. Die Gruppe der Pagen und Bediensteten hatte sich zerstreut. Hier gingen zwei, dort drei. Man teilte sich und schlenderte auf verschiedenen Wegen. Geschickt hatte es der Kardinal verstanden, sich mit Salvori hinter zwei Bäumen abzusetzen, so daß niemand mehr wußte und später berichten konnte, wer eigentlich an wessen Seite war. Auf der Brücke geriet der stark unter dem Wein stehende Giorgio ins Straucheln. Das leichte Schwanken auf unsicheren Beinen brauchte Giancarlo nur durch einen einzigen kleinen Stoß seines Wanderstockes zu unterstützen, und Giorgio stürzte über das niedrige Geländer in den Fluß. Der arme Betrunkene rührte sich nicht einmal mehr, sondern lag mit dem Gesicht im Wasser, wo er denn auch ertrank. Giancarlo gesellte sich hinter der Brücke einigen seiner Vertrauten zu und sprach leutselig über diese und jene Belange. Niemand würde sich später daran erinnern können, daß sich Giancarlo auch nur einen Augenblick von dieser Gesellschaft entfernt hatte.

Der tote Page war bald entdeckt und die Nachricht dem Kardinal zugetragen.

»Wie traurig ist es doch«, so hub er klagend seine Rede an, »daß kleinherzige und weiche Gesellen das Lob ihres Herrn nicht ertragen können und im aufblühenden Stolze zu sehr zum Weine greifen. So endet denn ein Tag, der dem Danke gewidmet sein soll und der Ehre, mit einem schrecklichen Geschehnis. Doch Freunde«, so wandte sich Giancarlo an seine drei Diener, die den Jungen gefunden hatten, »schweigt über das Geschehnis. Wir wollen nicht die gute Laune und die verdiente Freude der anderen versauern. Es soll euer Fehler nicht sein, die Sache nicht weiterzutragen. Sie wird uns noch zu Nutze sein. Ihr aber erhaltet als Dank für eure verschwiegene Treue als erstes dies Geschenk.«

Aus seiner Kette brach der Kardinal ein paar Edelsteine und gab sie seinen treuen Dienern. Voller Stolz und Ehrerbietung fielen sie auf die Knie und senkten das Haupt.

»Nicht hier, ihr Schwachsinnigen«, fuhr Giancarlo sie an. »Denkt daran, niemand ahnt etwas von des Burschen Tod. Schafft ihn fort. Ich will euch wissen lassen, wo ihr den Knaben heute nacht hinschaffen könnt. Es wird ein wahres Fest. Denjenigen, die euch nach dem Pagen fragen, sagt, er sei in seine Kemenate gebracht worden, wo er seinen Rausch ausschlafen könne.«

Seine Diener eilten beflissen, ihrem Herren die Treue zu beweisen.

Im Osten der Orti Oricellari, jenseits der Stadtmauern, fielen die ersten Sonnenstrahlen über die Hügel und trafen auf die alte Kastanie, die zum Treffpunkt des Duells erkoren worden war. Sanfter Tau lag auf den Gräsern. Die ersten Vögel begannen zaghaft ihr Morgenlied. Unter der Anhöhe lag Florenz in friedlicher Stille. Die Bürger waren noch schläfrig, die meisten würden das Bett einem frühen Sich-Erheben vorziehen. So friedvoll war das Bild, daß es eher geschaffen schien, Liebende aufzunehmen und zu umarmen, denn als Hintergrund für ein tödliches Duell.

Marzial Frains d'Aix löste sich bald aus einem nahen Gebüsch und stellte sich unter die Kastanie, um seinem Gegner seine Ankunft anzuzeigen. Vergeblich wartete er auf den Kontrahenten. Schon schob er die unverzeihliche Verspätung des Jünglings dessen Fest am Vorabend zu. Nach vielen Minuten wandte er sich erlöst ab. Er würde dem jungen Burschen keine Lektion erteilen müssen, von der er niemals hätte wissen können, wie sie ausgehen würde. Der Heißsporn könnte wahrhaftig zu seinem Schwert greifen und den Soldaten in arge Verlegenheit bringen. Daraufhin hätte er sich wehren müssen. Nun, da er nicht erschien, war es für alle besser so.

Gerade wollte sich Frains dem Tale zuwenden, als Krieger des Großherzogs herbeieilten, um sich dem Franzosen in den Weg zu stellen. Eben noch hatte er geglaubt, der Salvori käme mit großem Troß daher, als die Soldaten des Großherzogs ihn umzingelten.

»Ihr seid gefaßt!« rief der Hauptmann. »Ihr steht unter Arrest, bis der Tod des Burschen geklärt scheint.«

»Welcher Tod von welchem Burschen?« stieß Frains zornig hervor. »Ich habe mir nichts zuschulden kommen lassen.«

»Dann sagt mir doch, was hat Euch hierhergeführt?«

»Ich, ich ... ich bin ...«

»Schon gut«, sagte der Hauptmann, »Ihr seid festgenommen. Ich verhafte Euch im Namen des Großherzogs wegen des Mordes im Duell an dem Pagen des Großherzogs Giorgio Salvori.«

Es bedurfte keines Beweises und keines gerichtlichen Verfahrens. Die hohe Kunst der Rechtswissenschaft war nicht einmal gefordert. Man sparte die Kosten für die gerichtliche Auseinandersetzung. Was eindeutig und klar war, war eben so.
Es gab unbestechliche Zeugen, die vor dem Großherzog aussagten, sie hätten eine eifrige Korrespondenz zwischen dem französischen Haudegen und dem Pagen seiner Hoheit festgestellt. Es gab sogar Zeugen, die berichteten, der Page habe ihnen von einem bevorstehenden Duell mit dem Frains d'Aix berichtet, wobei es um die Gunst der Picchena gehen sollte. Schließlich habe man sich, durch Aussagen gewarnt, zum Ort des Kampfes im Morgengrauen begeben und die Leiche des Giorgio Salvori gefunden. Der Franzose habe gerade versucht, sich aus dem Staub zu machen.
Duelle waren von der Autorität der Medici bei Todesstrafe untersagt. Der Franzose, zwar als treuer Diener des Fürsten geschätzt, hatte gegen die Gesetze des Großherzogtums verstoßen. Er wurde noch am selben Tage per Dekret des Landes verwiesen.
»... und sollte er jemals wieder innerhalb der Grenzen der Toskana erscheinen, er mit der sofortigen Hinrichtung zu bestrafen sei ...«, hieß es in dem Erlaß des herzoglichen Hofes.
Giancarlo hatte sich seinen düsteren Vollstreckungsbefehl fasziniert angeschaut, hatte ihn seinem Bruder, dem jungen und unerfahrenen Ferdinand II., vorgelegt und mit seinem Zeigefinger der rechten Hand auf die Stelle gewiesen, an der Ferdinand unterzeichnen sollte. Mehr widerwillig als gehorchend unterschrieb der junge Medici. Zu viele im Hause seiner Sippe schienen über ihn bestimmen zu wollen. Nicht nur seine herrschsüchtige Großmutter und Mutter, nicht nur seine Brüder, gerade auch der Zweitälteste und hohe Würdenträger Roms, der despotische Giancarlo, begann Entscheidungen über seinen Kopf hinweg zu treffen.
Doch was sagte ihm, dem unerfahrenen Medici, schon eine Caterina Picchena, ein Frains d'Aix aus Frankreich, was sagte

ihm der Name eines Senators Picchena, der sich um den Staat verdient gemacht hatte? Er, Ferdinand, mußte seinen eigenen Weg hier und jetzt finden. Er gab seinem Bruder nach und entschied in seinem Innersten, sich schnell den Einflüssen der Verwandtschaft zu entledigen. Dazu gehörte allerdings, daß er Entscheidungen, die er wegen des fehlenden Sachwissens nicht verstehen konnte, anderen überlassen mußte.

Giancarlo beteuerte seinem Bruder seine absolute Loyalität, verwies ihn auf die Notwendigkeit, in diesen moralischen Dingen hart durchzugreifen, und versicherte dem jungen Fürsten: »Eure Exzellenz, wenn Ihr die Toskana mit starker Hand regieren wollt, müßt Ihr Eure Aufmerksamkeit auf die wichtigen Ereignisse dieses Staates bündeln. Die kleinen und unwichtigen Dinge überlaßt Euren Helfern. Kein Staatsmann kann alle Entscheidungen alleine treffen.«

Ferdinand hatte die Verbannung des Franzosen unterschrieben. Frains d'Aix erhielt noch am selben Tag den Befehl, den Staat Toskana innerhalb von vierundzwanzig Stunden zu verlassen.

Als er das Dekret las, war er eher zufrieden als unglücklich. Er ahnte, daß es für ihn viel schlimmer hätte kommen können. Der Tod mit einer Reihe von Foltern vorab oder aber auch der Kerker in einem der bösen Verliese wären weitaus das schlimmere Übel gewesen. Die Verbannung in sein eigenes Heimatland Frankreich war ein recht mildes Urteil. Er unterschrieb schnell den Erlaß aus dem großherzoglichen Hause und begann bereits sein Hab und Gut in seine Holztruhe zu packen.

# Der Tod des Vaters

Hütet euch vor dem Bettler, der für sich selbst bettelt, er täuscht euch eine Krankheit, ein verstümmeltes Bein vor. Hütet euch vor den nackten Oberkörpern der Männer, die sich geißeln und euch glauben machen wollen, sie täten es um Jesu willen. Hütet euch vor den kranken Bettlern, denen der Schaum vor dem Munde steht, es ist nur ein Stück Seife, das sie hinter den Lippen führen. Hütet euch vor den Zerlumpten, denen die Fetzen am Leibe hängen, sie kleiden sich abends fein für das festliche Mahl. Hütet euch vor den Blinden, die mit einem in die Ferne gerichteten Blick euer Mitleid erregen und ihre Reichtümer auf den Banken gesammelt haben.«

Die monotone, stockende Stimme jammerte diese Worte in einem harten Sprechgesang. Caterina Picchena horchte aufmerksam auf diese Stimme. Der Ton war ihr bekannt. Das Jammern war eine eindeutige Botschaft.

Aus der Collegiata, dem Dom von San Gimignano, in dem sie der heiligen Messe beigewohnt hatte, war sie die breiten Stufen hinabgestiegen und über die Piazza del Duomo, vorbei an dem Palazzo del Popolo, zur Piazza della Cisterna geschlendert. Der kurze Spaziergang durch die alte Stadt war ein Genuß für sie, nahezu unbemerkt von der Bevölkerung, die sie seit längerer Zeit nicht gesehen hatte.

Auf der Piazza della Cisterna priesen die Händler an diesem Markttag ihre Waren auf ausgebreiteten Tüchern an. San Gimignano schien eine dem Untergang geweihte Stadt zu sein. Vorbei war der Glanz der alten reichen Familien, die noch zur Zeit der Unabhängigkeit von Florenz mit den hohen Türmen an ihren Häusern die Macht ihrer Geschlechter präsentierten. San Gimignano schien allmählich von der Welt vergessen zu werden. Die einstmals mächtige Metropole, an einem der wichtigsten Handelswege der Toskana gelegen, entwickelte sich zu einem Provinznest zurück, das von der Gnade der reichen florentinischen Herrscherhäuser abhängig zu sein schien. So zeigte denn auch der Markt auf der Piazza della Cisterna eher den Charakter eines Bauernmarktes als den Glanz des Warenaustauschplatzes einer lebendigen Kultur- und Handelsmetropole. Hier versorgten sich die Bürger der Stadt und der umliegenden Höfe mit den Gütern des täglichen Bedarfes und weniger mit den Waren, die das Leben mit Luxus und überflüssigen Dingen schmückte. Selbst Gaukler, die in anderen Städten das Treiben auf den Märkten mit ihren fröhlichen Künsten unterhielten, fehlten.

Der Singsang der jammernden Stimme mit Warnungen, Drohungen und Verwünschungen auf dem Marktplatz beschäftigte ihre Sinne. Die Stimme wurde lauter, sie wurde eindringlicher, sie wurde bekannter.

Vor dem Eingang eines alten Hauses hockte sie mit eingefallenem Gesicht, die Amme Nanini. Die von ihrem Vater aus dem Hause gejagte ungetreue Amme, die ihre Schutzbefohlene schändlich verleumdet hatte. Einige Schritte vor dem jammernswerten Geschöpf hielt Caterina inne. Die Beine voreinander gekreuzt, den linken Arm auf ihrem Knie abgestützt und die knochigen Finger dürr wie trockene Äste bettelnd geöffnet, saß die Nanini auf dem steinernen Boden. Ihr Vogelkopf war in ihren Schoß gesunken. Sie beachtete nicht die Vorbeigehenden und bedankte sich nicht bei denen, die ihr eine Münze in die Hand warfen. Eine elende Gestalt, verschmutzt und verkommen, von der Welt verstoßen.

Caterina trat einen Schritt auf die treulose Amme zu und gab Marco einen Wink, er solle der Alten eine Münze in die Hand werfen. Bevor der Diener seine Börse öffnen konnte, schloß die alte Hexe ihre Hand und formte sie zu einer drohenden Faust.

»Nicht annehmen will ich die Saat aus dem Hause Picchena«, spie sie ihren vergifteten Atem aus, während ihr Kopf mit ge-

schlossenen Augen weiter in ihrem Schoß hing. »Versagen will ich mir Speise und Trank, bevor ich den stinkenden Sold annehme einer untergehenden Sippe. Laßt mich in Frieden. Und Frieden ist es nicht, wenn Ihr in der Nähe seid.«
Von der teuflischen Art der Frau erstarrte die erschrockene Gräfin. Mit geschlossenen Augen und gesenktem Haupt war sie von der Nanini erkannt worden. Sie machte einen Schritt auf ihre Amme zu. Die verkommene Hexe rutschte in ihrem schwarzen Umhang ein Stück weiter zurück. Kleiner und jämmerlicher wirkte die dürre Gestalt.
»Nanini, du lebst. Deine Strafe hätte der Tod sein können. So sei froh, daß du noch da bist und nicht vergangen unter den Schmerzen einer unerträglichen Folter.«
Selbst Marco zuckte unter den eisigen Worten seiner Herrin zusammen. Er zitterte und bat: »Gräfin, laßt uns heimwärts gehen. Wir haben noch einen weiten Weg vor uns.«
Caterina aber rief zornig: »Was verschmähst du mein Geschenk, du untreue Alte. Es war deine Schuld, daß ein solches Unrecht an mir geschehen konnte. Du verdienst, was dir geschieht. Doch bete ich weiterhin zu Gott, er möge dir verzeihen.«
»Ich brauche nicht Euer Gebet, noch brauche ich Euren Lohn. Verschmähen will ich für alle Zeit den Anblick Eurer Gestalt und den des Landgrafen Picchena. Höret, Benandantin, noch eine letzte gute Tat will ich Euch tun. Höret und begreift, der Landgraf wird der nächste sein, der in die gräßliche Maske des Todes starrt. Keine zwei Tage werden vergehen, und der kalte Arm des schwarzen Mannes greift sich den Herrn.«
»Schweig, du Hexe, das soll eine gute Tat sein, dein Gerede und deine böse Sicht? So kann ich denn verzichten auf deine Weissagung und deine schauerlichen Geschichten. Mein Vater, der Landgraf und Senator am Hofe des Herrschers der Toskana, ist gesund. Er obliegt nicht den bösen Scherzen deiner stinkenden Zunge. Vergehen magst du in dem Reich des Bösen, verzehren mag dein Leid den schandhaften Körper, verwelken mag deine trockene Haut in den staubigen Straßen als schmutzige Bettle-

rin. Nie mehr soll dein schandhaft Maul den Namen meiner Familie nennen. Deine Seele möge unruhevoll über alle Jahrtausende hinweg wie ein geschlagen Tier auf der Erde herumirren. Verwese bei lebendigem Leib, du Teufelin.«

Ob der grauenhaften Verwünschungen seiner Herrin war Marco erstarrt.

»Fürstin, laßt uns gehen. Es ist nicht gut, an diesem Ort länger zu verweilen.«

»So höret noch ein Wort«, hub die Teufelin erneut an. »Caterina Picchena, schon seit Geburt wart Ihr eine Benandantin, bekleidet geboren mit der Haube der Fruchtbarkeitsboten und der Verteidiger der Ernten und der Fruchtbarkeit der Felder. Das ist, was die Leute in Friaul zu sagen haben. Wann reitet Ihr erneut auf Katzen und Hasen zu Euren nächtlichen Versammlungen, wann tanzt Ihr ums Getreide und Gemüse. Sagt an, wann wird es sein? Ich will Euch begleiten, ich von den Streghoni.

Doch wir werden nicht beschützen und nicht kämpfen um der Fruchtbarkeit willen. Wir werden auf den Bier- und Weinfässern tanzen und auf ihnen reiten zu den Feldern, die ihr beschützt. Wir werden in den Wein harnen und auf die Felder urinieren. Wir werden den Kampf mit euch, den Benandanti, aufnehmen. Höret! Ihr wißt, ich komme aus dem Gebiet Friaul. Dort, wo die angestammte Heimat der Benandanti ist. Doch wir werden euch vertreiben bis in die Abgründe der Hölle.

Caterina Picchena, ich habe Euch an meiner Brust gesäugt. Mit jedem Tropfen Milch habt Ihr das Unglück aufgesaugt. Ich habe Euch vom ersten Tage an verdammt, ich habe Euch verflucht und mit falschem Zeugnis den Abt vor Euch gerettet, den heiligen Mann, der Euch als Sühne wie ein Stück Vieh genommen hat.

Euer Sohn, dieser Bastard an Eurer Hand, ist die Frucht einer häßlichen und gewalttätigen Zeugung. Ihr nennt ihn den Sohn des Grafen Buondelmonti. Er aber ist der Sproß des Abtes Piero, der seinen Stiel in Euch rammte, wie der Krieger sein

Schwert in die Brust seines Feindes stieß. Ein Kirchenmann hat Euch gebraucht wie der Knecht die Ziege im Stall. Das Geschöpf, das daraus geboren wurde, ist des Unglücks böse Frucht. Verflucht wird er sein und unglücklich, ebenso wie Ihr, Caterina Picchena. Und der Abt Piero lebt fürderhin in Freuden und im christlichen Glauben.«

Die Worte der alten Hexe fielen stinkend in den Staub, und grell lachend bleckte sie ihre verfaulten Zähne der jungen Frau mit ihrem Kinde zu.

Am Arm ihres Knechtes wurde Caterina hinfortgeführt. Der Sohn Lorenzo begann zu weinen. Er hatte die bösen Worte des alten Weibes aufgenommen wie eine faule, stinkende Frucht. Ängstlich drückte er sich an den Rock seiner Mutter. Marco eilte sich, seine Herrin zu ihrer Kutsche zu bringen, um schnellstens zurück zur Burg Picchena zu gelangen.

Vor der alten Teufelin hatte sich eine schreiende Menschenmenge gebildet, die wild gestikulierend durcheinanderrief.

»Sie ist eine Hexe, sie ist eine Hexe. Schaut, ihre Hände sind wie Krallen. Sie hat den düsteren Blick der Hölle. Des Teufels Fratze starrt aus ihren Augen. Ihr habt es alle gehört. Sie hat Gott verleugnet, sie hat einen heiligen Mann, den Abt Piero, einer solch bösen Tat beschuldigt. Sie hat die Kirche verhöhnt, sie ist eine Ketzerin. Sie muß auf den Scheiterhaufen.«

»Was schreit ihr da durcheinander«, rief einer. »Laßt diese Frau in Ruhe, sie ist krank. Das ist alles. Sie ist eine verwirrte Bettlerin. Sie ist nicht ganz klar im Kopf. Laßt sie in Ruhe. Sie hat viel gelitten.«

»Viel gelitten, viel gelitten. Eine Teufelin ist sie«, schrien die ersten wieder. »Ihr Platz ist der Scheiterhaufen. Sie muß verhört werden. Sie soll gefoltert werden.«

»Laßt sie doch in Ruhe«, versuchte der erste zu beschwichtigen, »sie muß erst einmal zu Sinnen kommen.«

»Der da, der gehört zu ihr«, rief ein dritter, »er soll gleich mit gefoltert werden.«

»Was wollt ihr jetzt von mir, laßt die Alte gehen.«

Durch die sich angesammelte Menge bewegten sich zwei Reiter. »Platz da, zerstreut euch! Was ist hier los?« rief der Offizier.
»Die da ist eine Ketzerin, sie hat einen frommen Mann des Unrechts beschuldigt. Sie hat Verwünschungen ausgestoßen und die junge Picchena verhext«, mischte sich die Vorlaute ein. »Sie ist eine Hexe. Sie kennt sich bei den Benandanti und den Streghoni aus. Sie kennt alle Einzelheiten, weil sie selbst dazugehört.«
Nanini murmelte längst wieder mit gesenktem Haupt und offen gehaltener Hand ihr Sprüche über betrügerische Bettler, und sie stieß ihre Verwünschungen in ein imaginäres Publikum. Einer der Soldaten war von seinem Pferd gestiegen und ging auf die bettelnde Alte zu.
»Was ist, was fehlt dir?« fragte er und stieß sie mit seinem Stiefel an.
»Da hört ihr es«, rief die Frau aus dem Publikum erneut, »sie stellt die Armen und Kranken als Betrüger dar. Sie verwünscht gläubige und rechtschaffene Bürger.«
»Glaubt ihr nicht, dieser Verleumderin«, warf der mutige Mann ein, »sie ist nur eine arme verlassene Frau, die viel Unglück in ihrem Leben erfahren hat.«
»Viel Unglück stimmt«, entgegnete die Frau, »Unglück hat sie über andere gebracht. Sie ist eine gefährliche Hexe. Sie ist gefährlich für uns alle.« Dabei bekreuzigte sie sich. »Wenn ihr Gottes Widersacher frei herumlaufen laßt, kommt die Strafe über uns alle. Der Herr segne uns.«
Die Umstehenden murmelten Zustimmung. Die Abneigung, ja, die Angst, stand ihnen ins Gesicht geschrieben. Sie wollten jetzt Klarheit.
»Wenn Ihr sie nicht mitnehmt und den Fratres des heiligen Dominikus überstellt«, wandte sich ein dritter an den Soldaten, »werden wir Euch mit anzeigen.«
»Hüte deine Zunge«, wandte sich der Soldat drohend an den Mann, »sonst kommst noch du mit uns.«
»Seht ihr es?« rief das giftige Weib. »Jetzt beschuldigt er un-

schuldige Christenmenschen, die Hexe aber will er frei herumlaufen lassen.«
Die Bürger nahmen eine drohende Haltung gegenüber den Soldaten ein.
»Wenn ihr uns, gläubige Christenmenschen, nicht vor der Hexe beschützen könnt, dann müssen wir uns selber helfen«, warf einer ein, spuckte vor dem Soldaten aus und traktierte die Nanini mit seinen Stiefeln.
»Halt!« brüllte der Soldat zornig, dann drängte er die Umstehenden beiseite, griff der Nanini kurz entschlossen unter den Arm und führte sie fort, während ihm der andere Soldat mit dessen Pferd folgte.
Die Umstehenden schauten sich siegessicher an.
»So weit ist es schon gekommen, daß wir uns selbst beschützen müssen, weil die Soldaten lieber eine Teufelin verteidigen als die guten Gläubigen.«
Der junge Mann, der die Nanini zu Beginn verteidigt hatte, stand noch immer mit funkelnden Augen in der Menge. Er reckte seine Faust in die Höhe und schimpfte zornig: »Abergläubisches Pack. Wer sagt euch, daß ihr auch nur einen Scudi besser seid als diese arme verwirrte Frau. Ihr meint, weil ihr den Namen Jesu führt und die Worte ›gutgläubig‹ und ›fromm‹ so freigebig verteilt, seid ihr schon die Besseren in dieser Stadt.«
»Ist er nicht der Sohn des Schmiedes aus Castel San Gimignano?« fragte eine geifernde Stimme hektisch.
»Ja, richtig«, warf eine andere ein. »Ihr seid doch der Älteste des Hexers aus dieser Stadt. War dein Vater nicht schon in der Folter? Ist er nicht als Ketzer enthauptet worden?«
»Ihr solltet euch mehr um euer eigenes Seelenheil kümmern. Geht an eure Herde oder in eure Ställe, oder macht euch mit euren Mägden zu schaffen.« Der junge Mann nahm seinerseits eine bedrohliche Haltung ein und trat einige Schritte auf die größer werdende Menge zu. Schreiend stoben sie auseinander und fühlten sich in ihrer Angst bestätigt, auch dieser könnte ein Teufel sein.

Der Sohn des Schmiedes aus Castel San Gimignano wandte sich angewidert ab, verschwand in einer kleinen Gasse, suchte bald darauf sein Pferd und ritt wutentbrannt den Weg nach Castel zurück, dieweil er dachte: Mit solch einer kleingläubigen Masse von Menschen könnte man jedwede Stimmung erzeugen, ob berechtigt oder unberechtigt, sie müßte nur mit viel Gefühl, mit viel Angst und viel Aberglauben vorgetragen werden.

Die Nanini stand bald im Verhör. Der Inquisitor aus San Gimignano persönlich, Vincenzo Maculano, nahm sich ihrer an. Das Verhör gestaltete sich äußerst schwierig. Auf keine seiner Fragen erhielt er die Antwort, die in sein Konzept paßte. Mit schwankendem Oberkörper und geschlossenen Augen murmelte die Alte unverständliche Worte, ein Sammelsurium von Begriffen wie Benandanti und Streghoni, von Beschwörungsformeln und Beschuldigungen. Selbst nach mehrmaliger Folter erhielt der Wahrer des echten Glaubens keine brauchbaren Antworten. Letztendlich erkannte er in dem störrischen Weib eine Häretikerin und Hexe.
Das Urteil lautete: »Einsperren im zweibeinigen Käfig, der am Torre grossa, dem großen Turm, an der Piazza del Duomo als Warnung an ihre Hexenschwestern aufgehängt wird.«
Unter der Anteilnahme der glotzenden Gaffer wurde die gefolterte Nanini ein paar Tage später lebend und nackt in ein Gestell aus Metallbändern gezwängt. Die Beine waren gespreizt. Sie konnte weder Arme noch Beine, noch ihren Kopf bewegen. Der Käfig war eng wie ein Anzug. Mit Ausrufern und Fanfaren kündigte die Stadt das Ereignis an. Tausende von Zuschauern erlebten bei einem Volksfest, wie der Käfig am großen Turm hochgezogen wurde. Er blieb dort viele Wochen als grausige Mahnung für die Menschen hängen. Die Nanini litt höllische Qualen. In der Mittagszeit verbrannte die Südsonne ihren Körper, sie litt grenzenlosen Durst und Hunger. Nachts fror sie entsetzlich. Die aufgeplatzte Haut entzündete sich schnell, und Fliegen und Würmer fraßen den Körper langsam auf. Vögel

setzten sich auf den Metallrahmen und pickten die Würmer aus den Wunden. Es stank auf der Piazza del Duomo entsetzlich nach Verwesung. Einzelne Teile des angefaulten Fleisches fielen auf die Straße, auf der sich die Hunde um die Reste stritten. Die Bürger eilten über die Piazza und wagten es nicht, zu den Fleischfetzen hochzuschauen.
»Wann ist endlich ein Ende mit dem Gestank?« hörte man allenthalben fragen. »Wird die Hexe nicht bald abgehängt?«

Es war der 14. Juni 1626. Der gehetzte Reiter in der Uniform der Palastgarde des Großherzogs nahm den kürzesten Weg von Florenz nach San Gimignano. Die heiße Sommersonne brannte unbarmherzig vom wolkenfreien Himmel. Die glühende Luft über den Höhenzügen und Tälern der Toskana flimmerte wie über einem offenen Feuer. Der feine Staub der ungepflasterten Wege wurde von den Hufen des galoppierenden Pferdes aufgewirbelt und stieg mit der heißen Luft auf. Das Pferd hüllte sich in eine eigene Schutzschicht aus schmierigem Fett und Schweiß. Der Schweiß auf seinem und des Reiters Körper zog den trockenen Staub wie ein Magnet an, vermischte sich mit ihm und bildete auf der Haut eine braune Brühe.
Der Gardesoldat legte sich flach an den Hals des Pferdes und trieb seinen Braunen zur Eile an. Er kannte den Weg, da er ihn des öfteren mit seinem Herrn geritten war. Weit vor der Stadt Certaldo, die auf dem Gipfel eines Hügels wie die Krone auf dem Haupte einer Majestät lag, auf der Höhe der kleinen Podere Rita Tre Colli, waren die hohen Türme der Stadt San Gimignano auszumachen. Bis nach San Gimignano würde es noch zwei Stunden dauern. Dann hatte er von da aus gegen den steilen Berg anzureiten, bis er endlich nach einer weiteren Stunde die Burg Picchena sehen würde.
Der Offizier mußte sich beeilen, wenn er noch vor der Dämme-

rung sein Ziel erreichen wollte. Die Orte Certaldo und San Gimignano rückten allmählich näher. Doch behinderten immer wieder Hügel und kleinere Gipfel den direkten Weg. Die Strekke zog sich schier unendlich in die Länge. Der Offizier gönnte sich keine Pause, er spürte auch die Erschöpfung nicht. Eher dachte er an die Belastung seines müden Pferdes und ob es diese Strapaze, diesen Ritt über viele Stunden in der glühenden Hitze durchhalten würde.

Von San Gimignano aus hatte er noch das steilste Stück zurückzulegen. Der Weg führte durch einen kühlen Wald, der Tier und Mensch eine Erleichterung bot. Die Straße war nicht mehr so staubig, und die von dem grünen Laub der Bäume und dem feuchten Waldboden gekühlte und angefeuchtete Luft ließ beide befreiter atmen. Dennoch hetzte der Bote das Tier mit seinen Sporen gegen den Hügel und trieb es bis zur Erschöpfung an. Es führte kein direkter Weg von San Gimignano zur Burg Picchena. Der Höhenzug mit der Burg war von drei Seiten durch sehr steile Hänge schlecht zugänglich. Zunächst mußten sie den Umweg über Castel San Gimignano reiten, um dann nach einer kurzen Strecke nach Osten schließlich ein Stück zurück nach Norden über den Kamm zur Burg zu jagen.

Niemand im Castel bemerkte den Boten aus Florenz, da der Weg am östlichen Rande der Ortschaft vorbeiführte. Das Pferd schwenkte bald auf den recht schmalen Weg des Höhenkammes ein. Noch wenige Meilen, und die friedliche Burg Picchena lag vor ihnen. Der Reiter hatte stets den Anblick dieser kleinen Festung geliebt. Hier hatte er ein anderes Leben als das in Florenz kennengelernt. Dort die brodelnde Stadt mit den vielen Menschen, mit bunten Geschäften, marktschreierischen Gauklern und Komödianten, mit engen Gassen, in denen es gerade bei dieser Hitze unerträglich stank. Hier die Stille und Einsamkeit einer Burg mitten in einem dichten Wald. Er liebte die saubere, gereinigte, frische Luft, die das Atmen erleichterte und die seinen Körper wie ein klarer Schleier umfing. Der Reiter hielt einen Moment inne. Das Pferd schnaubte und tänzelte auf der

Stelle, als wollte es auslaufen. Es schüttelte den mächtigen Hals, und in weißen Flocken flog der schaumige Schweiß durch die kühle Luft. Der Gardist besann sich einen Augenblick, wischte sich mit einem Tuch den Schweiß aus dem Gesicht, ordnete seine Uniform und vergewisserte sich mit einem Griff an seine Brusttasche, daß er die Nachricht, die er zu überbringen hatte, bei sich trug. Dann gab er seinem Pferd die Zügel frei, und mit langsamem Schritt näherte er sich der Burg.
Der Bote hatte die Stufen zum Eingangstor noch nicht erreicht, als die Tür aufgestoßen wurde und die Gräfin unter den Bogen trat. Die schöne Frau stand still wie ein Denkmal vor ihrer Burg. Stolzen Hauptes und ruhig erwartete sie den Offizier.
Er hielt vor den Stufen, die zum Tor hinaufführten, stieg langsam von seinem Pferd, legte die Zügel um das Geländer und schritt zögernd die Stufen hoch. Vor Caterina Picchena blieb er stehen, grüßte militärisch, griff nach dem Brief und überreichte ihn der Gräfin.
Caterina hielt den Brief in der Hand und machte keinerlei Anstalten, ihn zu öffnen und die Nachricht zu lesen. Sie schaute dem Boten fest in die Augen.
»Der Landgraf?« fragte sie.
»Der Landgraf«, antwortete der Soldat. »Heute morgen, als die Sonne aufging.«
»Wie?« fragte sie leise, aber mit fester Stimme.
»Der Landgraf war am Tag zuvor aus Paris zurückgekehrt. Er hatte eine Infektion mitgebracht und fühlte sich sehr schwach. Der Arzt war bei ihm. Er konnte ihm nicht mehr helfen, wußte nicht einmal, welche Krankheit es war. Er starb friedlich und wie es schien, ohne Schmerzen. In diesem Umschlag befinden sich die letzten Worte Eures Herrn Vaters an Euch. Ich bin beauftragt, Euch die Trauer des Großherzogs und seiner Familie und den Schmerz der Senatoren zu übermitteln.«
Die trauernde Frau schaute den durchgeschwitzten Mann ernst an.
»Ich danke Euch, Offizier, laßt Euch versorgen.«

»Gräfin, noch ein Wort«, bat der Bote. »Darf ich Euch mein tiefstes Mitgefühl zum Ausdruck bringen. Ich habe viele Jahre dem Landgrafen gedient, ich habe niemanden so bewundert wie ihn. Ich habe ihn geliebt, wenn Ihr mir dieses persönliche Wort erlaubt.«

Die Stimme des Offiziers versagte, Tränen traten ihm in die Augen. Er grüßte erneut militärisch und wandte sich ab. Ein Diener erschien und versorgte den Mann und das Pferd. Die Gräfin stand noch einen Moment wie erstarrt in der Tür. Langsam begab sie sich in ihre Gemächer. Sie ließ sich auf einen Stuhl fallen und schaute zum Fenster hinaus auf den Park, in dem sie viele glückliche Stunden mit ihrem Vater verbracht hatte.

»Vater«, flüsterte sie und begann bitterlich zu weinen. In diesem Moment hatte sie alles verloren, was ihr Leben sinnvoll gemacht hatte. Ihr Vater war nicht nur ihr Schutz in der gierigen, gefräßigen Welt, er hatte ihrem Leben einen ehrenhaften Sinn gegeben. Sie würde sich nie wieder mit ihm unterhalten, ihre Gedanken austauschen können. Mit zitternden Händen öffnete sie den eingerollten Brief. Sie faltete ihn auseinander wie ein ehrwürdiges Zeugnis aus liebevoller vergangener Zeit und fand darin die Zeilen ihres Vaters.

Mit zittriger Schrift hatte ihr Vater die letzten Worte an sie gerichtet.

*»Mein über alles geliebtes Kind, ich habe von meiner Reise eine Infektion mitgebracht, die mich sehr plagt. Auch unser Freund, der Arzt, der doch nie so schnell versagt, weiß nicht, was es ist. Ich spüre eine große Schwäche, und ich merke, daß meine Kräfte schwinden. Ich bin sicher, daß das Leben aus meinem Körper weicht und daß keine Energie mehr in das hohle Körpergefäß nachströmt. Ich werde Dich nicht mehr wiedersehen, Caterina. Das ist es, was mich am meisten schmerzt. Ich hätte Dir noch viel zu sagen, aber ich werde es nicht können.*

*Ich habe in diesem Leben erfolgreich gearbeitet, sagen die Leute.*

*Doch ich selbst weiß, es war nicht erfolgreich genug. Ich habe nicht genug für die Menschen getan. Ich habe viele nicht schützen können. Ich bin untröstlich, meinen Freund Galileo nicht in Sicherheit zu wissen. Doch noch viel mehr mache ich mir Gedanken um Dein Leben. Unter den gegebenen Umständen bin ich sicher, daß wir das Beste für Dich getan haben. In der Familie der Buondelmonti bist Du sicher aufgehoben. Erfülle Du Deine Pflichten, dann werden sie die ihrigen erfüllen. Lebe in der Ehrfurcht zu Gott. Betrachte Deinen Weg auf dieser Erde als Prüfung für ein besseres Dasein. Das wird Dir alle kommenden Schmerzen erleichtern.*

*Leb wohl, mein Kind. Ich liebe Dich mehr als mich selbst.*

*Dein Vater.«*

Mit zitternden Händen legte sie den Brief auf den kleinen Tisch. Sie stützte ihre Ellbogen auf das glänzende Holz, hielt ihre Finger vor den fest geschlossenen Mund und schaute durch das Fenster in eine trostlose unendliche Tiefe. Tränen der tiefen Trauer, der Einsamkeit und der Ratlosigkeit rannen ihr über die Wangen und näßten ihre Hände. Sie öffnete den Mund ein wenig, um Atem zu holen. Dann schloß sie die Augen fest und schluchzte wie ein kleines Mädchen. In diesem Moment war sie die kleine Caterina, die sich in der Ruhe der Burg Picchena stets so sehr auf die heile Rückkehr ihres Vaters gefreut hatte, die um ihn herumtollte und sich in seiner Nähe so absolut sicher und gefestigt gefühlt hatte. Es würde diese Ankünfte ihres Vaters, die für sie zum Symbol ihrer festen Lebenshaltung geworden waren, nie wieder geben. Wie hatte sie die Gespräche mit dem Landgrafen geliebt, selbst wenn sie völlig anderer Meinung waren. Wie hatte sie es geliebt, wenn sie durch den duftenden Wald spazierengegangen waren und der große Politiker ihr die Wirren des Lebens darlegte und über alle Verbrechen der Welt gesprochen hatte. Wenn er bescheiden, allzu bescheiden, seine Möglichkeiten erklärte, für die Florentiner und die Toskaner das Leben einigermaßen erträglich zu gestalten. Die lebendigen

Gespräche, die ruhende Sicherheit und letztlich der liebevolle Beistand und die grenzenlose Liebe, alles, was ihr Vater ihr bedeutet hatte, war mit dieser einen grausamen Nachricht dahin. Wie eine dunkle, drohende Wolke umhüllte ein schwarzer Mantel ihre Sinne. Die Einsamkeit, kalt und naß, ergriff ihren Körper, Verzweiflung ihre trauernde Seele. Sie schien in tödlichen Kerkermauern in eine unendliche Tiefe zu stürzen. Ihren Kopf auf die Hände stützend, weinte sie viele lange Minuten.

# Die Pest von 1630

Pest in der Lombardei« berichteten gleich mehrere geheime Boten und Kuriere nach Florenz in die Zentrale an der Piazza Santa Trinita. Bevor noch die Bürger über diese schreckliche Nachricht in Florenz disputieren konnten, beschlossen die Herrscher im Palazzo Buondelmonti Bedeutendes. Die Schnelligkeit der Entschlußfindung, gepaart mit der Sicherheit im Handeln, entschied über Leben oder Tod, über Siechtum oder Gesundheit. Die nackte Sorge um das Überleben, die gräßliche Angst vor den grauenvollen Vorkommnissen der großen Pest vor dreihundert Jahren und ihrer immer wiederkehrenden Todesschwadrone bestimmte das Handeln.

Man mußte sofort raus aufs Land. Mutter Elsa und die Schwestern Laudomia und Ginevra sorgten sich um ihren kranken Hüter der Fortpflanzung, Lorenzo, den eine zusätzliche Infektion unweigerlich dahinraffen würde.

Die unerträgliche Enge der Stadt Florenz, der dichte Menschenverkehr, der Dreck in den Gassen und Straßen, der Kot und die stinkenden Abwässer, in denen sich die Ratten suhlten, waren die prächtigste Brutstätte für die Pestflöhe. Doch ahnte man von diesem Träger der unheimlichen Seuche noch nichts. Die strikte Isolierung der von der Pest Befallenen galt als einziger Schutz gegen die Seuche. Ratten und Flöhe blieben weiterhin die Lebensgesellen der Menschen.

Als gefährlichster Feind wütete erneut das Gerücht. Üble Nachreden wuchsen und hielten sich auch an Orten, an denen kaum Menschen zusammenkamen. Schnell stellte es sich für die »Eingeweihten« heraus, wer für dieses Unglück verantwortlich war. Man zeigte auf die Zigeuner, Gaukler und vor allem auf die Juden. Niemand fragte: Warum die Juden? Niemand suchte nach der Wahrheit. Kaum jemand, der mit Vernunft und mit dem Verstand an die Erklärung einer solchen Katastrophe heranging.

Die Unkenntnis von schützenden Maßnahmen trug dazu bei, die Krankheit schnell zu verbreiten. Die frommen Gläubigen flehten in allen Kirchen Gott um Verschonung an. Sie drängten sich dicht an dicht unter den hohen Gewölben der Kathedralen. Priester wetterten von den Kanzeln über die Sünden der Menschen, mahnten reuige Buße und hohe Opfergaben an.

»Wie ich euch sehe, lebt ihr in Saus und Braus.« Der Mönch hob seine polternde Stimme an, und seine runde Nase leuchtete in der Morgensonne, die durch die Fenster der Kirche Santa Trinita fiel. »Ihr habt zuviel zum Essen, ihr lebt nicht von dem einfachen Fleisch des Schweines, von den Früchten der Felder und dem klaren Wasser. Ihr laßt euch die Pastete aus Frankreich kommen, den Wein aus Bordeaux und den Seidenstoff aus China. Vor allem aber, ihr Lüstlinge, ihr treibt es zu sehr miteinander«, fuhr der Mönch mit donnernder Stimme fort. »Das sind die Strafen Gottes. Das Leid der Menschen soll die Sühne sein für eure Sünden. Der Mann, der mit der anderen verheirateten Frau ins Bett geht, das wollüstige Treiben bei den Festen und Feierlichkeiten. Jetzt habt ihr eure Strafe für eure Schandtaten. Gott bestraft uns alle für die Sünden der Einzelnen. Kehrt um, tuet Buße.« Die Worte des Predigers rauschten wie ein Bach an Caterinas Ohr vorbei, bis eine fremde Stimme aus einem Seitenschiff ihre Aufmerksamkeit erregte.

»Vater«, rief eine einfache Frau aus dem Volke dem Mönch zu, »Vater, helft mir. Sagt mir, was ich tun soll. Ich brauche Euren Rat. Ich lebe in Armut. Ich habe sieben Kinder geboren. Vier hat der Herr schon zu sich geholt. Ich feiere keine Feste, ich schlafe nicht mit anderen Männern, ich schlafe noch nicht einmal mehr mit meinem eigenen Mann.« Während dieser letzten Worte ging ein Raunen durch die verängstigte Menge. Die Frau fuhr schließlich fort: »Ich arbeite den lieben langen Tag in einer

Gerberei. Meine Hände sind von dem Wasser und den vielen Farben ganz rauh geworden. Jetzt überfällt die Pest unsere Stadt. Ich hoffe, sie verschont unser Haus. Ich hoffe, sie verschont unsere Familie, meinen Mann und mich und meine restlichen Kinder. Vater, sagt mir, was soll ich tun?«

Der Mönch zeigte sich überrascht, eine einfache Frau so reden zu hören, während eine unerkannte Stimme aus der Menge laut rief: »Er weiß es selbst nicht. Er schläft auch nicht mit anderen Frauen, oder vielleicht doch?«

Trotz des tödlichen Ernstes in der Kirche begannen viele zu lachen.

Dennoch richtete sich der Mönch ruhig an die einfache Frau. »Tue auch du Buße. Die Pest ist die Strafe für uns alle. Vielleicht seid ihr einmal froh, daß diese Pest über euch gekommen ist.« Dann wandte er sich mit einer Drohgebärde wieder den Gläubigen zu. »Die Hölle wartet vielleicht auf euch. Die Hölle wird die Sünder in sich braten lassen. Das Feuer ist schon angeheizt. In großen Töpfen sitzen die Leiber und schmoren in heißem Wasser. Andere werden am Spieß gebraten oder zerhackt und den Vögeln zum Fraß vorgeworfen.«

»So peinigt uns auch schon die Inquisition hier auf Erden«, rief ein Angstloser dazwischen. Die Menge erstarrte.

Unbeirrt fuhr der Prediger fort: »Gehet hin und tuet Buße. Der Teufel wartet auf euch. Euer Leben in Sünde und Schande hat nur einen einzigen Weg. Den Weg in die finstere Hölle.«

Eine Wolke schob sich gerade vor die Sonne. Die hellen Strahlen, die noch eben durch das Bleiglas auf den Boden der Kirche gefallen waren, zogen sich ängstlich zurück, und Dunkelheit untermalte die Worte des Predigers. Ein Kind weinte. Frauen schluchzten. Andere senkten ihr Haupt und schauten auf den kahlen Steinboden. Verkrampfte Gestalten drängten sich aneinander, husteten, niesten und schauten entsetzt zu ihrem heiligen Mann auf. Furcht verbreitete sich. Die Welt war hoffnungslos. Die Menschen fanden in den Worten des Gottesmannes keinen Trost. Die Gestalten wurden kleiner und ärmlicher, die Verzweiflung verzehrte sie.

Nach den Drohungen und Vorwürfen der Predigt in der Kirche begab sich die Gräfin durch die Menge der Menschen auf einen Weg abseits der Piazza Trinita. Sie vermied den gegenüberliegenden Palast, in dem sie Sicherheit und Schutz vor der Krankheit hätte finden können. Diese Sicherheit suchte sie nicht. Ein noch unbekanntes Ziel, ein nicht gesuchter Ort zog sie unwillkürlich an. Die zeternden Menschen verloren sich schnell, ihren Häusern zustrebend.

Einsam stand die Gräfin auf der Straße. Hinter der nächsten Gasse fand sie sich an einem kleinen Weg am Arno wieder. Ein wenig glaubte sie die frische Frühlingsluft atmen zu können.

Der stickige Dunst in der Kirche, vermengt mit den drohenden Worten des Predigers, hatte sie in Unruhe und Schrecken versetzt. Sie hatte keinen Blick für die beginnende Blüte der wunderschönen Platanen, für die aufbrechenden Knospen der am Straßenrand stehenden Sträucher. Ein klatschendes Geräusch schreckte sie auf. In den Arno hatte jemand gerade einen toten, vergifteten Körper geworfen. Die aufgeblähte schwarze Leiche kam wieder hoch und schwamm mit dem Gesicht nach unten in dem trägen Wasser. Eine bunte Jacke, die der Tote noch trug, war mit Luft gefüllt und schwebte direkt über dem Leichnam. Ein wildes Geschrei von Soldaten verfolgte den Mann, der den Pesttoten in den Fluß geworfen hatte. In dem Durcheinander prügelte sich der unehrliche Totengräber mit den Gardisten.

Caterina wandte sich ab und lief verzweifelt durch die Gassen und Straßen von Florenz, die schnell den Geruch von Gräbern und verwesenden Leichen annahmen. Das jämmerliche Versagen in den Häusern und vor den Türen schnürte ihr die Kehle zu. Hinter nicht verglasten Fenstern jammerten Menschen, flehten um Wasser und Brot. Ein Kind rief weinend nach seiner Mutter, doch niemand schien es hören zu wollen. Aus einem anderen Haus stürzten Bürger in panischer Flucht mit fliegenden Röcken.

»Pest, Pest!« schrien sie.
Panische Flucht war der einzige Ratgeber. Die Erzählungen des Dichters aus Certaldo kehrten in die Erinnerung der Gräfin zurück. Was er vor einigen Jahrhunderten mit tödlichem Ernst beschrieben hatte, überfiel sie jetzt als grausame Wahrheit ihrer eigenen Zeit. Als spielten Komödianten die schlimmsten Geschehnisse aus diesen Erzählungen auf einer Bühne, so glichen die wirklichen Begebenheiten den Worten aus dem *Decamerone* von Boccaccio.
Aus dem offenen Fenster eines kleinen Hauses rief ein sterbendes Kind klagend nach seiner Mutter, die aus der Haustür lief und fluchtartig die Straße hinunter entschwand. Die bettelnde Stimme des Kindes wurde leiser und dünner, bis sie in einem der vielen Röcheln endete, das den nahenden Tod kennzeichnete. Ein paar Schritte weiter kamen mehrere Männer aus einem Haus und trugen einen in weiße Tücher eingewickelten Leichnam, den sie auf der Straße auf einen anderen Pesttoten warfen. Mit einem dichten Tuch vor ihrem Gesicht versuchte Caterina dem unerträglichen Gestank auszuweichen.
Ist das hier noch die Straße in einer Menschenstadt? fragte sie sich.
Die Figuren, die aus den Häusern oder über die Straßen liefen, schienen nichts miteinander zu tun zu haben. Der Vater verließ seinen Sohn, die Mutter ihre Tochter. Ehepaare mieden sich, und Freunde rannten voreinander fort. Es schien der Untergang der Menschheit zu sein. Wenn Menschheit etwas mit Liebe, Nächstenliebe, zu tun hatte, dann gab es diese nicht mehr.
Was nützt euch eure Religion, wenn sie euch in diesem Moment im Stich läßt? ging es ihr durch den Kopf
Es gab nur noch einzelne Menschen, die einen einzigen Drang hatten, nämlich die anderen zu fliehen, alle zu verlassen, alleine irgendwo ihr Heil zu suchen.
Priester durchquerten die Straßen mit schwenkenden Behältnissen, aus denen wohlriechende Düfte quollen. Ihr jammernder, eintöniger Singsang versetzte die verbleibenden Menschen in

Bestürzung und tödliche Gottesfurcht. Das Ende der Menschheit schien nahe. Das Unfaßbare geschah. Die Menschheit löste sich auf. Gaukler und fahrende Sänger, Juden und Hexen, mißliebige Menschen, die anders lebten, wurden zu Ausgestoßenen erklärt. Rachsüchtige Männer und Frauen nutzten die Gelegenheit, Andersdenkende zu verfolgen. Manch einer, der nicht von der Pest ergriffen war, fiel noch als letzter oder vorletzter der Inquisition vor der großen Katastrophe zum Opfer. Wer anders war als die Masse, der hatte sein Recht auf das Leben verwirkt. Es wurde konstruiert, erfunden und beschuldigt. Kleinste Geschehnisse, die im normalen täglichen Leben übersehen worden waren, grub man aus, belud sie mit Gift und Galle und drehte daraus dem Widersacher einen Henkersstrick.

Die nackte Furcht zeigte sich als die schlimmste aller Seuchen. Unkontrolliert, ungeprüft stürzten sich die Menschen in ihrer fatalen Mutlosigkeit auf einen ausgesuchten Gegner. Was noch vor wenigen Tagen von Nachbarn, Freunden und Verwandten als Kultur und Moral verstanden war, entschwand in dem Sturm des Grauens und der Verzweiflung. Christen vergaßen ihr Christentum.

In diesem apokalyptischen Florenz fragte sich Caterina nach dem Sinn der Welt. Der große Dichter Petrarca hatte zur Zeit der Pest 1348 die Hilfe Gottes in Frage gestellt: »... oder sollte doch stimmen, daß Gott sich um die irdische Welt nicht kümmert?«

Oder ist Gott vielleicht viel zu weit weg von uns, als daß er unsere Nöte sehen könnte? ergänzte sie die Gedanken Petrarcas. Unfähig waren für sie vor allem auch die großtönenden Mediziner, die seit Jahrhunderten nichts der Pest entgegenzusetzen hatten.

Auch über sie hatte Petrarca philosophiert: »... Doch sind weder die Unwissenheit noch die Seuche selbst so hassenswert wie die Flausen und Fabeln der Leute, die, obgleich sie alles behaupten, nichts wissen, deren Mund, obgleich an Lügen gewöhnt, am Ende freilich ebenfalls schweigt. Ihre Dreistigkeit hatte ihn zunächst geöffnet, entsprechend ihrem Eigensinn, doch ihr eigenes Erstaunen ließ sie schließlich verstummen.« Nun sind die Feiglinge allenthalben zu erkennen, dachte die in Florenz zurückgebliebene Gräfin. Mutlos entschwinden sie in ihre vermeintliche Sicherheit. Hinter sich lassen sie ein tödliches Band vergifteter Brunnen und beschuldigter Hexen. Die Großspurigen und Selbstherrlichen haben als erste die Stadt verlassen. Hasenfüßig rettete sich jeder, wie er konnte. Nicht das Ausweichen der Menschen auf das Land erweckt meinen Zorn. Hochmut und Hoffart sind die Brüder und Schwestern von Feigheit und Furcht.

Nach ihrer erschreckenden Wanderung durch die Grausamkeiten dieser Theaterwelt stand Caterina unerwartet wieder vor dem Palazzo an der Piazza Santa Trinita. Die Familie Buondelmonti war längst in ihre Landvillen im Val di Pesa geflüchtet. Die Kinder hatte sie mitgenommen. Die einsame Gräfin verspürte nur noch den Drang, ebenfalls diese unselige Stadt auf dem schnellsten Wege zu verlassen. Sie sehnte sich nach Picchena, der Fluchtburg nahe San Gimignano. In den frischen und feuchten Wäldern ihrer Heimat würde sie Ruhe und Frieden finden können.

Über das ganze Land breitete der Schwarze Tod seinen unheilvollen Teppich mit panischer Furcht und atemloser Beklommenheit aus. Aus allen Landesteilen Italiens raubte die berichtete Dramatik der Geschehnisse den verängstigten Menschen jegliche Nächstenliebe. Die Medizin hatte kein Mittel gegen die Pest außer Ausräuchern der Stadt mit Kräuteressenzen oder Theriak, einem Sammelsurium von toten Substanzen, Schlangenfleisch, Vipernextrakten, Krötenpulver und Opiaten. Wenn Priester noch in den ersten Tagen in Prozessionen durch das

Land zogen und als Rettung die Reliquien von Heiligen zur Schau stellten, weigerten sie sich bald, den Sterbenden das letzte Sakrament zu geben. Sie stellten die geweihten Öle gewissermaßen zur Selbstbedienung einfach auf den Altar und verschwanden. Dennoch wuchs das materielle Vermögen der Kirche in dieser Zeit immens an. Als ganze Familien und Sippen dahingerafft wurden, vermachten die zuletzt Sterbenden noch schnell ihre weltlichen Güter der Kirche Roms. Sie hofften sich mit dieser Schenkung den Weg in die Glückseligkeit zu erkaufen.

Der erste Pestfall hatte sich südlich von Volterra in der Podere delle Monache di Santa Chiara angekündigt. Eine Woche später wurden bereits über hundert Fälle in Volterra und San Gimignano ausgewiesen, so daß die volterranische Behörde für das Gesundheitswesen, l'Ufficio della Sanitá, zu stärkeren Maßnahmen gezwungen war. Sie schickte Reiter durch das Land, mit der Aufgabe, Häuser mit Pestinfizierten oder als solche Geltenden zuzumauern und jeden Menschen zu erschießen, der sich den Verordnungen widersetzte. So wurden die Ärzte und Totengräber, die noch zu Beginn der Epidemie gegen reichliche Entlohnung ihren Dienst verrichteten, mit der Armbrust bedroht, ihre Pflichten zu erfüllen.
In Volterra wie in San Gimignano blieben die Stadttore jedwedem Besucher verschlossen, was bittere Armut und Hungersnot innerhalb der Stadtmauern nach sich zog. Der drohende Tod raubte den Menschen die letzte Möglichkeit zu politischen Handlungen. Die Prioren starben einer nach dem anderen und wurden nicht mehr ersetzt. In der Stadt herrschte das reinste Chaos. Jeder richtete sich nach der Devise: Rette sich, wer kann.

Auf Picchena bereiteten sich die wenigen Menschen unter der Anleitung ihrer Herrin wie auf einen Krieg vor. Die Gefahr von Seuchen, bösartigen Krankheiten und der heimtückische Tod lauerten überall. Es galt, für eine längere Zeit nahezu unabhän-

gig zu werden. Caterina verbot Besuche in der Stadt oder auf Bauernhöfen. Wie ein einsames Schiff unter Quarantäne weit vor dem Hafen ankert, rüstete sich die Burg für eine unbestimmte Dauer der Unabhängigkeit. Es sollte niemand in Picchena eingelassen werden, niemand durfte die Burg verlassen.
Der Anbau von Nahrungsmitteln wurde vorbereitet. Im Park hackten Mägde zusätzliche Beete für Gemüse und Bodenfrüchte auf, Roggen und Gerste wurden zum Backen von Brot gehortet. Zusätzlich zu dem Brunnen im Hof an der Einfahrt ließ Marco einen alten Ziehbrunnen hinter der Terrasse, der seit Jahren ausgedient hatte, ausbessern und tiefer graben. Aus vierzig Ellen Tiefe sprudelte frisches Trinkwasser bis auf zwanzig Ellen in dem breiten Brunnen hoch.
Einer Festung gleich trotzte die Burg Krankheiten und Seuchen. Gäste fanden keinen Einlaß mehr, als die Besatzung des Kastells Kunde erhielt, daß die unheimliche Pest weite Landstriche überzogen hatte. Ein großes Tor schützte den Zugang zur Zitadelle gegen die Pest. Fremde mühten sich vergeblich um Einlaß. Die Herrin der Befestigung beschwor ihre Bediensteten und redete ihnen jeden Tag ins Gewissen, nicht leichtsinnig zu sein und das Leben aller unbedacht aufs Spiel zu setzen.
»Laßt alle Tore stets verschlossen«, hämmerte sie ihren Leuten ein. »Denkt an die kommende Zeit, wenn ihr gesund und vor allem lebendig eure Verwandten begrüßen könnt.«
Wie ein Schiff auf hoher See, das auf sich selbst gestellt war, so lebten die Bediensteten bald mit ihrer Herrin Picchena alleine auf ihrem Anwesen und verteidigten ihre Burg gegen Eingriffe von außen. Jeder Mann und jede Frau erhielt am frühen Morgen seine Arbeit zugeteilt. Langeweile als Explosionsherd eines Ausbruchsversuches hatte in dem Quarantäneschloß keine Chance. Faulheit und Müßiggang ließ Caterina doppelt bestrafen. Männer und Frauen lernten Arbeiten verrichten, deren Fertigkeiten ihnen zuvor verlorengegangen waren. Säen und Ernten, Dreschen und Mahlen, Brot backen und Obst haltbar machen, Kisten und Kästen bauen, Holz hacken, Gräben zie-

hen, Mauern errichten, reparieren und Wache halten, ständig gab es genügend Arbeiten zu verrichten, um die Menschen von der grausamen Seuche abzulenken.

Marco führte seine Arbeiter mit der Zielsetzung: Wer nicht abends todmüde in sein Bett fällt, hat tagsüber zuwenig geleistet. Persönlich achtete er darauf, daß die beiden Brunnen nach dem Holen von Wasser stets gut abgedeckt und verschlossen wurden.

Der Friede in ihrer Zitadelle aber war trügerisch. Unbemerkt von den Einwohnern tobte um die Burg Picchena herum der mörderische Krieg der grausamsten aller Seuchen. Nach einigen Wochen vorgetäuschter Sicherheit schlich sich die Fürstin aus dem Haus. Mit Wehmut und unendlicher Sehnsucht an vergangene, traumerfüllte Tage durchwanderte sie den Weg ihrer ersten Liebe. Es schien, als wären die schmalen Pfade, die sie in ihrer Kindheit gegangen war, seit ihrem fünfzehnten Lebensjahr von niemandem mehr betreten worden. Das Gras war hoch gewachsen, Äste hingen über den Weg, und manch ein Spinnengewebe glänzte, benetzt mit Tautröpfchen, gegen das Licht der Frühlingssonne, als hätte die Gestalterin dieses Kunstwerkes Edelsteine eingewoben. Der Weg zu dem einsamen Gehöft, das sie anstrebte, durch die duftenden, satten Wiesen, vorbei an erwachenden Waldrändern und entlang an murmelnden Bächen und kleinen, in der Sonne ruhenden Teichen erfüllte Caterinas Herz mit sehnsuchtsvoller Liebe zu ihrer Heimat. Eine Amsel sang in der kühlen Morgenluft. Das Grün der Wiesen, ebenso wie die kraftstrotzenden, aufplatzenden Blattknospen und die in der Frühlingsluft mit Begeisterung schwätzenden Spatzen erweckten in Caterina das romantische Leben ihrer frühen Kindheitstage aufs neue.

Nichts in der Natur ließ auch nur annähernd die drohende, tödliche Gefahr der Pest vermuten. Gräser und Blattwerk, Bäche und Vögel blieben unbeeindruckt von der Bedrohung des Menschen durch den Schwarzen Tod.

Das Hoftor des Podere Perdomini stand offen. Es herrschte

eine merkwürdige Stille auf dem Gelände. Caterina lauschte eine Weile am Tor in den schweigsamen Tag. Leise flüsterte der Wind in den Blättern der Pappeln, unter denen sie mit ihrem Freund gesessen hatte. Sie schien selbst das zarte Wiegen der Grashalme an der Hauswand zu hören. Vereinzelt zirpten ein paar Grillen, die sich in der jungen Frühlingssonne wärmten. Die Hauswand entlang huschten einige Salamander. In diesen ersten Minuten fürchtete sich die Besucherin, die friedvolle Geborgenheit weiter zu erforschen.
Dann durchschritt sie das geöffnete Tor. Sie klopfte vernehmlich an die Tür, die zur Cucina führte. Auch dort vernahm sie kein Geräusch. Die Stallungen waren leer. Wie ein Eindringling stieß sie die Tür zur Cucina auf. Auch hier niemand. In dem Kamin knisterte eine letzte Glut. Sie schaute sich ängstlich um, verließ die Cucina und die Stube, ging hinaus und verschloß hinter sich die Küchentür. Mit wenigen Schritten war sie um das Haus herumgegangen. Eine merkwürdige, beängstigende Stille schwieg sie unheilvoll an.
Von ferne vernahm sie vage das Schnaufen der Kühe auf der Weide. Im Hof meldeten sich einige Hühner, die gackernd auf der Erde scharrten. Die Sonne des nahenden Sommers glühte vom Firmament. Die Luft stand still. Selbst die Äste der Bäume ruhten ohne Bewegung in der Mittagshitze. Käfer huschten über die Erde. Das Zirpen der Grillen untermalte die unwirkliche Stille, und eine unglaubliche Friedlichkeit lag über dem Podere. Eine unheimliche Friedlichkeit, die sich durch irgend etwas von der unterschied, die sie von früher kannte. Es war eine tödliche Friedlichkeit.
Mit gespannter Aufmerksamkeit schritt sie weiter am Haus entlang. Die Treppe an der Hauswand, die in das obere Stockwerk führte, zog sie magnetisch an. Sie stieg die Stufen hinauf, langsam, als beginge sie ein Unrecht, als würde sie von einem Unbekannten beobachtet, der ihr Tun nicht für richtig hielt. Immer wieder schaute sie sich um, nach unten, zur Seite, nach oben.
Ein merkwürdiger Geruch strömte aus dem oberen Stockwerk

die Treppe herab, ein Geruch nach verbrannten Kräutern, nach Lorbeer, Thymian, Weihrauch, ein Gemisch aus verschiedensten Pflanzen, die man hier im Garten vorfand.
Sie stand an der Tür. Langsam drückte sie die Klinke hinunter. Die Tür öffnete sich leicht. Einen Augenblick verharrte sie. Sie mußte sich erst ein wenig an das Dämmerlicht in dem Flur gewöhnen. Dann ging sie langsam nach rechts und öffnete vorsichtig jede Tür. Die Räume waren leer. Das Haus schien ausgestorben.
Dennoch fühlte sie sich auf geheimnisvolle Weise beobachtet, als schritte jemand hinter ihr her, als würde sie von etwas Geheimnisvollem verfolgt, als ahnte eine rätselhafte Kraft ihr Eindringen in die Räume. Sie fand keine Erklärung. Es war wie ein Mysterium, wie ein Gesicht, das sie erlebte. Ihre Nackenhaare sträubten sich. Ihr Mund stand offen. Wechselweise liefen ihr heiße und kalte Schauer über den Rücken. Am liebsten wäre sie sofort umgekehrt, hätte das ganze Gelände fluchtartig verlassen und wäre in ihr Heim zurückgegangen. Wie von einer seltsamen Macht getrieben aber setzte sie einen Fuß vor den anderen.
Sie schaute nach links, ging vorsichtig auf die andere Seite des Flures. Eine weitere Tür. Nichts.
Wie erstarrt hielt sie inne. Da, ein Geräusch. Hinter einer Wand, hinter einer anderen Tür ein Jammern. Sie verließ langsam den Raum, folgte dem Jammern im Flur, lauschte angestrengt. Die nächste Kammer schien den Quell für das leise Jammern zu verbergen. Quietschend und knarrend ließ sich die Tür öffnen.
Als schlüge ihr jemand unerwartet mit der Faust ins Gesicht, so prallte sie wieder zurück. Ein unerträglicher Gestank nach Fäulnis schlug ihr entgegen. Sie wich dem Gestank aus und knallte mit dem Hinterkopf gegen die Türkante.
In dem angedunkelten Zimmer lag auf dem einzigen Bett neben Strohmatten Julio, der fünfjährige Sohn der Perdominis, abgemagert, mit blauschwarzen Blattern und stinkenden Beulen übersät. Seine hohlen Augen starrten gegen die dunklen

Balken an der Decke. Er nahm die Besucherin nicht mehr wahr. Die trockenen, aufgeplatzten Lippen lechzten nach Wasser. Julio lag im Todeskampf, von gräßlichen Fieberkrämpfen geschüttelt, das Gesicht vor Schmerz verzerrt.
Entsetzt blieb die ungebetene Besucherin vor dem Bett des Knaben stehen. Mit weit aufgerissenen Augen war sie einer Handlung unfähig. Ihr erster Gedanke riet ihr zur Flucht. Zurück nach Picchena. Was hatte sie hier zu suchen? Die selbst auferlegten Gesetze gegen die Pest in der eigenen Festung hatte sie schmählich übertreten. Ihr Verstoß bedeutete Lebensgefahr für alle in der Burg. Schnell hinaus, bevor sich die Seuche übertragen konnte. Sie lief die hölzerne Stiege hinunter und rannte zum Hof. Dort beugte sie sich über den Rand des Brunnens. Die Sonne ließ sie dürsten. Welchen Durst mochte erst das Kind verspüren? Sie hatte sein Leid, seine Einsamkeit erkannt. Durfte sie da noch fliehen? Sollte sie sich davonstehlen wie ein feiges Weib, das nur die eigene Rettung im Sinn hatte? Waren all die Gedanken, die sie zuvor über die Menschen in der Zeit der Pest gehabt hatte, vergeblich gewesen? War sie nicht ebenso selbstsüchtig wie alle anderen? Der Bruder Petrarcas, der als Mönch alle seine Brüder aufopfernd bis in den Tod gepflegt hatte, ohne selbst zu erkranken, kam ihr in Erinnerung. Sie verharrte still am Brunnen, bis sie die Pflicht empfand, dem einsamen Kind zu helfen.
Leise öffnete sie die Tür der Schlafkammer, sich ihren Rocksaum vor das Gesicht haltend, um den Pesthauch ertragen zu können. Sie reichte mit ausgestreckter Hand einen Becher voll Wasser an die Lippen dieses einsamen Menschen. Das sterbende Kind trank. Eine winzig kleine Befriedigung in den zerstörten Gesichtszügen, dann fiel der Kopf erschöpft zurück in das Kissen. Ein dürrer Arm griff nach ihrer Hand. Über das faulende Gesicht des Knaben hatte sich die Haut an einigen Stellen dünn und durchsichtig wie ein Blatt Pergament gespannt. Ein leichtes Lächeln huschte über die mit schwarzen Beulen bedeckte Gesichtshaut.

»Mama, Mama.«
Das Leid des Knaben begann von neuem. Noch einmal hielt die junge Gräfin dem Kind den Becher an die Lippen. Noch einmal trank der vom Tode gezeichnete Körper. Diesmal gieriger als das erstemal. Dann fiel er vollends erschöpft zurück. Der Atem hatte schlagartig aufgehört.
Auf dem Fußboden verfingen sich zwischen den Strohsäcken ihre Füße in den alten Kleidern des Knaben. Sie befreite sich erschrocken von den stinkenden Stoffetzen. Langsam, so als wollte sie niemanden wecken, schritt sie die Stufen an der Außenwand des Hauses hinab.
Die Bauersfamilie war wohl noch den ganzen Tag auf dem Feld bei der Arbeit. Oder waren sie alle vor der Pest ihres Sohnes geflohen? Caterina wollte nicht auf ihre Rückkehr warten.
Das grausame Schicksal war in die Familie der Perdominis eingebrochen. Wie würde es enden? Wer war vielleicht noch erkrankt? Sie wollte, sie konnte niemandem einen Vorwurf machen. Wer hatte in dieser Situation recht? War es nicht auch die Aufgabe und die Pflicht der Eltern, die anderen Kinder und sich selbst am Leben zu erhalten? Mußte nicht das jüngste Kind geopfert werden, damit die anderen überleben konnten?
Zu Tode erschreckt lief sie zur Burg zurück. Die Flucht hatte den Sinn, die anderen zu retten, aber auch, um die Perdominis nicht wissen zu lassen, daß sie von deren Leid und Schmach, von der Art ihrer Entscheidung Kenntnis bekommen hatte. Außerdem flüchtete sie, um sie ebenfalls nicht wissen zu lassen, daß sie dem kleinen Jungen zu trinken gegeben hatte. Ihre Hilfe sollte nicht als Dank heischende Tat gesehen werden. Die Tat trug in sich keine willentliche Entscheidung. Es war ein selbstverständliches Tun, das sie nicht beeinflussen konnte. Es war nicht ihr Verdienst. Ihr inneres Gesetz war die Lenkung. Erst kurz vor der Burg verlangsamte sie ihre Schritte, um sich zu erholen und um Atem zu schöpfen. Niemand sollte bemerken, was geschehen war. Alles sollte normal wirken. Sie wollte ihre

kleine Familie nicht in Angst und Schrecken versetzen. Ruhig ging sie durch das hintere Tor in den Park.
Die Herrin von Picchena stieg in ihre Schlafkammer. Dort goß sie sich aus dem bereitstehenden Krug Wasser in eine Schüssel und wusch sich das verschwitzte Gesicht und die Hände. Erst jetzt fühlte sie sich wieder sauber und rein. Sie schloß die Läden vor den Fenstern, entkleidete sich, legte sich in die weichen Kissen und schlief sofort ein.
Das sterbende Gesicht des Kindes hatte sich ihr tief eingeprägt. Es verfolgte sie bis in ihre Träume. Es lag eine Verzweiflung auf diesem Gesicht, eine Trostlosigkeit und völlige Verlassenheit selbst von Mutter und Vater. Es war die grenzenlose Enttäuschung eines jungen Menschen, der bis dahin Liebe und Fürsorge, Zuwendung und Geborgenheit erfahren hatte. Es war das furchtbare Erlebnis, in dem Moment der höchsten Not ganz alleine zu sein, mehr noch, bewußt allein gelassen zu sein. Es war das Gesicht, geprägt von der Einsamkeit in einem unendlichen Weltraum, ohne Zuneigung, ohne Wärme, in der bitteren Kälte einer unverstandenen Welt. Alle diese Gefühle hatten sich in einem Ausdruck von Angst versammelt, die eine Angst aus vielen Jahrhunderten und Jahrtausenden war.
Caterina träumte, sie verlasse ihr Schlafgemach. Sie sah ihren Körper im Bett liegen, schaute unbeeindruckt auf sich selbst, erhob sich, begab sich aus dem Fenster und bewegte sich in den dunklen Raum ohne Grenzen. Sie bewegte sich auf die Sterne zu, die sie als Kind immer hatte erreichen wollen. Jetzt auf einmal war es ganz leicht. Nur der Gedanke versetzte sie in Erstaunen, daß sie früher immer geglaubt hatte, das sei schwierig. Jetzt bewegte sie sich dahin, wohin sie wollte, so schnell, wie sie wollte, und es war ganz einfach. Sie begegnete in dem All dem kleinen Jungen aus dem Hofe der Perdominis. Er lächelte sie an. Sie nahm ihn an die Hand, und beide flogen leicht und fröhlich weiter in eine ferne, glückliche Zukunft.

Viele Stunden waren mit dem unruhigen Schlaf vergangen. Es war sicher Zeit für das Abendmahl. An dem Lichterschein, der von außen durch die Fensterbogen in das Zimmer fiel, bemerkte sie belustigt, daß sie den ganzen Tag und die ganze Nacht geschlafen hatte. Es war bereits der frühe Morgen des nächsten Tages.
Ihre Sinne waren klar. Ihr rechter Arm schmerzte. In der Tür stand ihre Kammerjungfrau. Die Gräfin sah den offenen, stummen Mund. Schrie das Mädchen oder nicht? Vielleicht hatte es schon geschrien, und sie hatte es nicht gehört. Die Kammerjungfrau stürzte fluchtartig aus der Tür. Rufe und Schreie ertönten im Haus, Geräusche von eiligen Schritten, Türen wurden geschlagen, aufgeregte Gespräche geführt. Die Herrin war noch zu müde. Erschöpft schlief sie wieder ein. Nur für einige Minuten. Dann erwachte sie erneut. Schmerzen plagten sie mehr noch als zuvor. Ein unangenehmer Geruch erfüllte den Raum. Sie rief nach der Kammerjungfrau. Die Stimme versagte. Schlief sie noch? War sie wach? Die Schmerzen und der Geruch signalisierten ihr, daß sie wach war. Sie setzte sich auf, und dabei fiel ihr Blick auf ihren nackten rechten Arm.
Sie schrie entsetzt aus Leibeskräften. Schwarze Blattern hatten sich auf der Haut gebildet. Sie hob den Arm und schaute ängstlich unter die Armbeuge. Beulen. Die Pest.
»Die Pest«, flüsterte sie, »die Pest, die Pest, die Pest ...«, und ihre Stimme schwoll an zu einem grauenvollen Todesgesang, den sie sich aus der Lunge schrie. Einen Moment dachte sie nach. Das Unfaßbare war geschehen.
Panische Todesangst schnürte sie ein. Sie brauchte Hilfe.
Verzweifelt rief sie nach ihrer Kammerjungfrau. Die Antwort war das Schweigen der Burg.
»Maaarco!« drang ihr gepreßter Schrei durch die stillen Räume. »Maarco, wo bist du denn? Hole einen Arzt, ich brauche Hilfe.«
Ihr verzweifelter Ruf lief die Treppen hinunter in die Räume zu den Bediensteten und verhallte in den engen Korridoren. Eine

eisige Stille blieb zurück, die gleichsam Einsamkeit, Verzweiflung und Tod bedeutete.
»Maarco, du treuer Knecht, eile herbei, hilf mir«, rief sie verärgert. »Marco, hörst du, du sollst einen Arzt holen«, rief sie erneut, nun wutentbrannt.
Dann horchte sie in die Stille, horchte nach draußen in das Gebäude, in die Flure, die Kammern, auf den Hof. Vor den Fenstern wiegte sich langsam das Astwerk der Eichen.
»Marco«, fragte die Gräfin leise, »Marco, Marco?« Sie flüsterte, als wollte sie die Bestätigung, die ihr das Schweigen der Burg verkündete, nicht wahrhaben.
Eine ängstliche Traurigkeit überfiel sie. Sie blickte erneut in das Gesicht des Kindes aus dem Podere Perdomini.
»Nein«, rief sie plötzlich laut, »nein, nein, nein!« Ihre Stimme wiederholte leiser: »Nein, nein.«
Noch einmal übermannte der Schlaf für ein paar Stunden die einsame Gräfin. Als sie erwachte, war die Gewißheit um so grauenvoller. Die Schmerzen waren unerträglich geworden. Es juckte, biß, kratzte, brannte auf ihrer Haut, in ihrem Fleisch. Arme und Körper zeigten diese häßlichen Nekrosen. Langsam quälte sie sich aus dem Bett. Noch konnte sie gehen. Mühevoll zwar, aber sie konnte gehen. In dem unteren Trakt holte sie einen Krug mit Wasser. Die Räume waren verlassen. Die Türen standen offen. Sie schloß sie und schleppte sich in ihr Gemach zurück. Das schwermütige Wissen, von der Pest befallen zu sein, ließ alle Kraft aus ihrem Körper weichen. Eine trostlose Niedergeschlagenheit bemächtigte sich ihrer.
Bei einem Hustenanfall verlor sie für eine Weile das Bewußtsein. Rasende Kopfschmerzen, vermischt mit apathischer Benommenheit, und heftige Fieberschübe schüttelten ihren Körper. Es war ihr heiß und kalt zugleich. Die Qual des Körpers versetzte sie in panische Angst. Und ständig das nicht aufhören wollende Jucken und Brennen und Beißen, das wie von Millionen Ameisen kratzende Beißen. Vor sich hin dämmernd, wußte sie nicht, ob erst Minuten oder Stunden vergangen waren. Die Beulen

auf ihrem Körper wurden größer. Sie platzten auf und ließen stinkenden Eiter frei. Zusehends verschlimmerte sich ihre Krankheit. Überall juckte es fürchterlich. Sie kratzte sich unkontrolliert, und es juckte noch mehr.
Ihr Körper war eine einzige faule, stinkende Hülle. Das Fieber stieg. Sie phantasierte, redete vor sich hin. Die aufgeplatzten Lippen schmerzten, als sie aus dem Krug Wasser trank. Sie trank einen großen Schluck und noch einen und noch einen. Für einen kurzen Augenblick war der Genuß des Wassers größer als die Schmerzen. Bald verfiel sie erneut in Halluzinationen. Geistige Umnachtung ließ sie in eine tiefe Depression fallen. In den wenigen Momenten, in denen sich ihr Körper eine Atempause gönnte, die Schmerzen für sie nicht spürbar waren, schöpfte die Pestkranke Mut.
Was schrieb Guy de Chauliac, der Leibarzt der Päpste, nach der großen Pest im 14. Jahrhundert? Was hatte sie in seinen Ausführungen *Chirurgia Magna* über die verschiedenen Formen der Pest gelesen? Gab es Hoffnung für sie? In ihrem Hustenspeichel war kein Blut. War es die schwächere Art der Pest? Nicht die Lungenpest? Die ekelhaften Beulen an ihrem Körper zeigten es, die Beulenpest versuchte ihr Leben zu ruinieren.
Ich will überleben, ich werde überleben. Mein Körper wehrt sich gegen den Tod. Ich wehre mich gegen den Tod.
Sie lauschte zitternd in die verlassenen Räume der Burg. Nicht ein einziges Geräusch wies auf einen Bewohner hin. Sie wollte schreien. Die Stimme versagte. Tränen rannen über ihr Gesicht. Das Salz in den Wunden brannte. Mit einem letzten Aufbäumen kämpfte sie gegen die aufkommende tiefe Traurigkeit an. Nach einem neuen Hustenanfall blickte sie auf ihren Speichel. Sie sah kein Blut.
Ich werde überleben. Bei diesem Gedanken überfiel sie ein taumelnder Schwindel. Mit rasender Geschwindigkeit sauste sie zwischen den Sternen hindurch in eine unendliche Finsternis.
In einem wachen Moment vernahm sie plötzlich Geräusche. Sie dachte an Marco, versuchte ihn zu rufen. Ihre Stimme klang

wie das Krächzen eines Raben. Die Tür wurde aufgestoßen. Ein Wegelagerer stand wild gestikulierend und drohend im Eingang. Als er die fast gänzlich entkleidete Todkranke entdeckte, stürzte er unter Schreien die Treppe hinunter und rannte aus dem Haus.
Der Pestkranken war der aufdringliche Besucher gleichgültig. Sie konnte keine Gefühle für ihn entwickeln. Sie dachte nur: Ich werde überleben, ich werde gesund. Und mit diesen Gedanken verfiel sie erneut in einen todesähnlichen Schlaf. In einem Anfall von Wahnideen wurde sie von schwarzen, bedrohlichen, fledermausähnlichen Vogelkreaturen umschwirrt. Mit Krallen wie Zinken, Speeren mit Widerhaken und häßlichen Gesichtern, aus denen die blutunterlaufenen Augen heraustraten, griffen sie die Menschen von ihren Feldern und aus ihren Betten, entrissen sie den wenigen anwesenden Engeln und warfen sie in das ewige Feuer der Hölle. Unschuldige Kinder und kranke Greise, fromme Betschwestern und betrügerische Pfaffen, noble Edelfrauen sowie arme Huren, korrupte Kaufleute und gewalttätige Äbte verschwanden ebenso in den Teufelsqualen der Unterwelt wie ehrenhafte Bürger, opferbereite Priester und Gelehrte. Die häßlich schreienden Gestalten mit ihren langen schwarzen Ohren und stinkenden Schwänzen machten bei ihren Mordbesuchen keinen Unterschied zwischen gut und böse, alt und jung, arm und reich. Wahllos verschleppten sie die Menschen wie zufällig von der Erde in die Vernichtung. Sie entwand sich den Krallen einer scheußlichen Kreatur. Eine andere teuflische Fledermaus stürzte sich mit dampfenden Lippen und einem gräßlichen Speer in der Hand auf sie.
Sie schleuderte ihm ihre eigene Botschaft entgegen: »Ich lebe« hieß ihr eigener Speer, stellte sich dem Ungeheuer mit sicherer Miene in den Weg und wich keinen Fingerbreit von ihrem Standpunkt ab. Mit einem krächzenden Lachen, bösartigen Verwünschungen und Flüchen rauschte die ungeheure Gestalt an ihr vorbei, ohne sie ernsthaft gefährden zu können. Sie atmete noch im Traum tief ein und erwachte erneut.

Ihre Kräfte ließen nach. Der Durst war entsetzlich. Und wieder überwältigte sie der Schlaf. War sie wach oder schlief sie, lebte sie noch oder war sie längst auf der langen Reise durch die jenseitigen Gefilde? Es war wie ein Leben zwischen den Welten. Die Schmerzen spürte sie kaum noch. Hoffnung und Bangen, Versagen und todesmutiger Kampf zerrten an ihrer Lebenskraft.
Ich lebe und bin gesund. Keine teuflische Macht dieser Welt wird mich vernichten können.

Die Wände in ihrem Schlafgemach schwiegen sie an. Die Burg Picchena verschluckte das Leid ihrer Herrin. Sie ließ kein Signal der Schmach und der Pein in die Welt der Menschen dringen. Was hätte es auch genutzt? Gab es da draußen überhaupt noch Menschen? Wozu hätte es sie geben sollen? Durch das offene Bogenfenster drang das Krächzen einer Elster. Eine Amsel flötete. Caterina versank erneut in einen Dämmerschlaf, aus dem sie irgendwann erwachte. War es der dritte Tag oder der fünfte? Stille um sie herum. Ein entsetzlicher Durst quälte sie.
Die starre Dunkelheit des Himmelsraumes nahm sie wieder auf. Riesige schwarze Gebilde, sich drehende Kreise und Spiralen fielen mit ungeahnten Geschwindigkeiten drohend auf sie ein. Die Angst der Unendlichkeit erfaßte sie. Geisterhafte Ungetüme und bedrohende teuflische Ungeheuer stürzten sich auf sie. Sie verlor ihren Halt, entschwand in einer bodenlosen Tiefe. Auf der anderen Seite spürte sie die Freiheit des grenzenlosen Fliegens. Ein Licht erschien in der Ferne, ein Licht, so hell und so lebendig wie ein junger Frühlingstag. Neugierig schwebte sie, angetrieben allein durch ihre Gedanken, auf dieses Licht zu. Ihre Schmerzen schienen durch dieses Licht gelindert, ja sogar vollkommen fort zu sein. Sie liebte dieses Licht, und das Licht gab ihr Stärke und Erholung. Sie war eins mit diesem Licht, sie war das Licht. Ihre Augen taten von der Helligkeit weh.
Sie öffnete die Lider. Durch das glaslose Fenster fiel die Sonne direkt in ihr Gesicht. Ihre Augen waren geblendet.

Konnte sie besser sehen als zuvor? Besser als beim letzten Aufwachen? Sie schaute auf ihren Körper. Waren die Pusteln kleiner geworden? Oder irrte sie sich? Mit schmerzverzerrtem Gesicht blickte sie neugierig auf einige aufgeplatzte schwarze Blasen. Sie fühlte sich stärker als noch beim letzten Wachsein. Langsam, mit übermenschlicher Kraftanstrengung streifte Caterina ihr Nachtgewand über dem linken Arm zurück, bis die Haut vollständig zu sehen war. Sie ekelte sich vor den schwelenden Pestbeulen. Das Drama der Seuche stieß die vom Tod Gezeichnete in eine kalte, grausame Einsamkeit. Doch nur für wenige Sekunden. Der Lichtschein am Fenster erhellte auch für einen kurzen Moment ihre Sinne. Die stinkenden Beulen hatten sich nicht vermehrt.

Ich lebe! stieß sie lautlos aus.

Allein dieser Gedanke raubte ihr erneut das Bewußtsein. Nach dem Erwachen griff die einsame Gräfin zum Wasserkrug. Die letzten Schlucke rannen ihr über die schmerzenden Lippen, der Krug fiel aus der Hand und zerschellte auf dem Steinboden. Beim nächsten Erwachen wußte sie, daß sie dem Leben zurückgegeben war.

Die erneuerte Kraft in ihrem Körper zeigte ihr deutlich, daß sie die schreckliche Seuche überlebt hatte. Es mochten Tage, vielleicht eine oder zwei Wochen vergangen sein. Ein entsetzlicher Hunger quälte sie. Doch wagte sie es nicht, etwas zu essen. Die folgenden Stunden und Tage vergingen mit Schlafen und Wachen. Jeder Schlaf war erholsamer als der vorhergegangene. In ihren wachen Zuständen betrachtete sie mit weit geöffneten Augen die Zimmerdecke und die bemalten Wände. Die Vorhänge und das umrandete Bett aus Seide und deutschem Linnen waren zurückgezogen. Das nicht mit einem Dach versehene Bett erlaubte ihr einen Blick auf die bunten Ornamente und die Schnitzereien im Balkenwerk der Zimmerdecke. In einige Freskenmalereien an den Wänden hatte sich die Gräfin schon in ihren Kindheitstagen verliebt. In lebendigen, prächtigen Farben flatterten große, bunte Vögel zwischen exotischen Bäumen.

Eine phantastische Landschaft, die ihr in den traurigen Tagen ihrer Einsamkeit und Krankheit ein wenig Zuversicht schenkte. Am Kopfende des Bettes spendete in einem phantasievollen leuchtenden Gemälde die Mutter Gottes mit dem Jesuskind auf dem Arm Kraft und das Vertrauen in eine neue Zukunft. Die Coltre, die Bettdecke aus Seide, war längst ausgetauscht gegen die wärmere Decke aus französischem Tuch, die innen mit Fehfellen, dem Pelz des sibirischen Eichhörnchens, gefüttert war. Als sie unter die warme Decke gekrochen war, hatte sie sich mit Tränen in den Augen an ihren geliebten Vater erinnert, der ihr nach einer langen Reise diese wärmende Decke geschenkt hatte. Zwischenzeitlich stieg Caterina in die unteren Räume. Sie bereitete sich ein kärgliches Essen, nahm ein wenig Nahrung zu sich. Langsam kehrte die Energie in den Körper zurück. Einige offene Wunden schmerzten noch. Es wurden immer weniger. Bald schaffte sie es, sich anzukleiden.
Durch die geöffneten Fenster im ersten Stock, in dem sich alle Schlafräume befanden, fielen die funkelnden Sonnenstrahlen in das Treppenhaus und erhellten ein wenig das untere Geschoß. Die schützenden Fensterläden waren wohl alle geschlossen. Es lag noch genügend Holz neben dem offenen Kamin. Die Glut schien seit Wochen erloschen zu sein. An ein paar trockene Reisigzweige legte sie mit dem Fucile Feuer an. Sie schlug mit Stein und Stahl Funken, die den Zunder entflammten, den sie an das Reisig hielt. Die kleinen Flammen leckten schnell an den trokkenen Zweigen, und das Feuer griff bald um sich. In dem hohen Rauchfang stand die kalte Luft wie ein Pfropfen und verwehrte dem Qualm den leichten Abzug. Caterina rang nach Atem, und ein entsetzlicher Husten schüttelte ihre Brust, als sich der schwere Rauch über die Kaminumrandung in den Salon wälzte. Sie flüchtete über die Treppe in den ersten Stock, um an den geöffneten Fenstern frische Luft zu ergattern. Der beißende Rauch hatte sie längst verfolgt, und sie drohte zu ersticken. Endlich preßte das heiße Feuer den Luftpfropfen explosionsartig durch den Kamin nach draußen, und der Rauch suchte sich

gierig seinen Weg in den Himmel. Das entfachte Feuer fraß sich durch Zweige, Äste und gespaltene Holzstücke. In dem breiten Kamin glühte bald das knisternde Holz. Die Gräfin lud es mit langen Eisengabeln in den Focolare, einen kleinen tragbaren Ofen, den sie neben ihr Bett stellte.

Es war an der Zeit, das Haus zu verlassen. Sie freute sich auf ihren Garten, auf das Gemüse, das Obst und die Beeren. Warm gekleidet begab sie sich zur Terrassentür. In den schönsten Farben hatte sie sich die Wiederentdeckung ihrer geliebten Natur ausgemalt. Als erstes wollte sie den Blick über die Terrasse in den Park genießen. Ihre uralte Kastanie und die hohen Fichten sollten die ersten sein, die sie begrüßen würde.

An der Wand neben der Tür hing immer noch unberührt der Schlüssel. Wie bei einem feierlichen Akt steckte sie ihn in das schwere Schloß. Quietschend, wie immer, ließ sich das Schloß drehen und öffnen. Sie drückte die Klinke hinunter, zog die schwere Eichentüre auf und taumelte fassungslos zurück, als sie merkte, daß der Ausgang von außen zugemauert war. Eben war sie erst den kalten, nackten und knöchernen Gliedern des Todes entkommen. Jetzt mußte sie erkennen, daß die Tür zugemauert worden war. Sie schaute ungläubig auf die geöffnete Tür und wieder sprachlos auf die rote Ziegelwand. Dann lief sie zum Hinterausgang des Gebäudes und öffnete dort die Tür. Erneut stand sie vor einer Ziegelwand. Gehetzt und planlos eilte sie zum Haupteingang. Schwere Bruchsteine, mit Mörtel verbunden, starrten sie kalt und nackt an. In Panik rannte sie in das Kellergeschoß und riß die Tür auf. Finsternis erwartete sie. Wohin sie auch in ihrer tödlichen Angst lief, alle Türen waren von außen zugemauert. Die unteren Fenster waren ohnehin mit festen Eisenstäben gesichert.

Nackte Angst vor dem Hungertod in einem zugemauerten Verlies befiel sie. Und dann erfaßte sie ein unbändiger Zorn auf die Verwaltung, daß man ihre Burg zu ihrem Sarkophag gemacht hatte.

Der Zorn in ihrem Herzen ließ sie wieder zur Vernunft zurück-

kehren. Sie suchte eine Öllampe, entzündete das Licht und begab sich in das große Kaminzimmer. Dort setzte sie sich in einen Sessel vor das flackernde Feuer und überlegte.
Für einen Augenblick erschrak sie vor der gräßlichen Tat. Aber nur für einen Augenblick. »Niemand wird mich hier einmauern«, sagte sie. Dann schrie sie die Wände an: »Ich bin der Pest entkommen. Ich werde auch hier einen Ausweg finden.«
Die Bilder der zugemauerten Türe und Tore vor Augen, erkannte sie ihre Chance. An einer der Mauern hatte sie einen kleinen Lichtschein entdeckt. Er verhieß Nähe zum Tag. Ein Durchbruch mochte dort möglich sein. Erschöpft schleppte sie sich in ihre Kammer und schlief bis zum nächsten Morgen.
Wo hatte sie den Lichtschein gesehen? Diese Mauer könnte die schwächste sein. Bald fand sie die Stelle im Keller. Bei geöffneter Tür blickte sie durch ein winziges Loch in der festen Mauer, gerade groß genug, daß man einen Roggenhalm hätte hindurchstecken können.
Warum war das geschehen? Wer wollte sie umbringen?
Sie versuchte eine schlüssige Erklärung für die Ereignisse während ihrer Krankheit zu finden. Aus den jüngsten Anordnungen des Granduca zum Beginn der Epidemie kannte sie die Verpflichtung der Städte, jedes Haus zumauern zu lassen, in das die Pest Einzug gehalten hatte.
Waren die Behörden in Castel San Gimignano von ihren eigenen Bediensteten, vielleicht sogar von Marco über ihre Krankheit informiert worden? Hatten die übergeordneten Behörden in San Gimignano das Gebäude zumauern lassen, obwohl sie noch gar nicht wußten, ob sie tot war?
Hinter der Grausamkeit des Geschehens versuchte sie den Sinn zu verstehen. Eingemauerte Pesttote konnten niemanden mehr infizieren. Im Interesse der anderen wurden nicht nur Tote, sondern auch die Pestkranken eingemauert.
Ihren wieder aufkommenden Zorn unterdrückte sie und überlegte. In den Kellerräumen mußte sich irgendwo eine schwere Eisenstange befinden, die Marco des öfteren benutzt hatte, um

einen Wagen beim Wechsel eines Rades anzuheben. Mit der Öllampe in der Hand fand sie bald diese Stange. Wie sollte sie vorgehen? Nach der schweren Erkrankung war es für sie nicht leicht, die lange Eisenstange hochzuheben. Und würde sie kraftvolle Stöße gegen die Wand ausführen können? Sie zwang sich zur Ruhe, untersuchte die Wand, um die Stelle ausfindig zu machen, die am leichtesten nachgeben würde. In Höhe des Oberschenkels entdeckte sie eine Stelle, die nicht sehr sorgfältig verbaut war. Ein kleiner Tisch, den sie vor die Wand schob, unterstützte ihr Vorhaben. Sie legte die Stange darauf, holte weit aus und stieß das Eisen wie einen Rammbock gegen die vermeintlich schwache Stelle. Wieder und wieder mußte sie zustoßen.

Nach einer Weile bröckelte ein erster Ziegel ab und ermunterte sie, weiterzumachen. Ihr Zorn ließ es nicht zu, daß sie ermattete. Sie holte einen Hammer und klopfte die benachbarten Steine lose. Stück für Stück wurde das Loch in der Wand größer. Noch reichte die Öffnung nicht, um einen Arm durchzustecken. Atemlos und mit wunden Händen lag sie erschöpft über dem Tisch. Sie entschied sich, morgen weiterzumachen.

Am nächsten Tag ging sie mit neuem Mut an ihre Aufgabe. Sie hatte die Mauer des Kellereingangs am Nachmittag komplett beseitigt. Mehr wollte sie zunächst nicht erreichen. Es war nicht nötig, weitere zugemauerte Tore und Türen zu öffnen. Sie waren eher fester Schutz gegen vagabundierende Wegelagerer.

Die Morgensonne in dem Park schenkte ihrem gepeinigten Körper eine wohltuende Wärme. Frische Luft ließ sie freier atmen und wieder Mut schöpfen. Sie richtete sich nach den empfohlenen vorsorgenden Maßnahmen der Ärzte gegen die Pest. Blütenblätter und getrocknete Kräuter trug sie zusammen, holte von den in der Nähe stehenden Fichten und Kiefern das sichtbare und angetrocknete Harz heraus, das sie in einem Blechnapf sammelte. Schließlich füllte sie Schalen mit den Kräutern, fügte einige kleinere Reisigzweige hinzu und entzündete sie. In den Blechnapf legte sie zu dem Harz glühende Holzstückchen aus dem Kamin. Alle Türen waren geöffnet. Der Weihrauch und die Essenzen strömten in sämtliche Räume der Burg, um den Pestgestank zu vertreiben. Die einsame Gräfin verbrannte das erste stinkende Nachtgewand im Kamin, dann die verschmierte Bettwäsche und alle giftigen Kleidungsstücke, mit denen sie während ihrer Krankheit in Kontakt gekommen war.

Als sie sich nahezu vollständig erholt hatte, begann sie das Haus zu reinigen. Sie putzte und schrubbte, wischte jede Türklinke, lüftete immer wieder die Betten und ließ viel Luft in die Räume. Die glimmenden Duftstäbchen vor ihrem kleinen Hausaltar verbreiteten einen angenehmen Geruch. Endgültig war die Pest aus ihrem Haus verjagt. Wochen zuvor waren ihre Bediensteten vor der Pest geflohen und hatten sie im Stich gelassen. Die schmerzliche Erkenntnis des Verlassenseins überfiel sie erneut. Konnte sie dem entsetzten Marco, der Kammerjungfer Margot, dem fleißigen Gärtner, der guten Köchin und den anderen ihre übereilte Flucht übelnehmen? Liefen nicht in diesen schrecklichen Tagen die unwissenden Menschen angsterfüllt, schreiend und unglücklich von dannen? Flohen nicht selbst Ärzte, Priester und Philosophen vor dem unendlichen Grauen, für das es nirgendwo eine Rettung zu geben schien? War nicht die Flucht das von dem Großherzog verordnete beste Verhalten? Hatten nicht die Behörden selbst ihr Haus zumauern lassen, war dies nicht eine andere Art der Flucht? Wer war schon in der Lage, in das gräßliche Antlitz des stinkenden Todes zu schauen? Auch wenn die kirchlich gebotene Nächstenliebe jämmerlich auf der Strekke geblieben war, als die furchtbarste aller Krankheiten das Land überschwemmt hatte, fand sie nicht die Worte, nicht einmal Gedanken, die Menschen zu verurteilen, die sie im Stich gelassen hatten.

Jeder, der sich ihrer angenommen hätte, jeder, der sie auch nur ein wenig gepflegt hätte, läge als stinkender Leichnam auf einem von Fliegen überfallenen Haufen Pestopfer. So traurig es war, und so schwer die Erkenntnis über die Schwächen der Menschen anzunehmen war, sie konnte ihre Dienerschaft nicht verurteilen. Es waren Kräfte gefordert, über die Menschen nicht verfügten.

Sie war traurig, unendlich traurig über die bestätigte Erkenntnis, daß eines der höchsten Gebote Gottes, nämlich »Du sollst deinen Nächsten lieben wie dich selbst«, in der Stunde der Wahrheit, in dem Augenblick, da die Handlung, die Tat gefordert war, versagt hatte.

Knapp dem garstigen Tode entronnen, verlassen in Picchena, fragte sie sich nach dem Sinn einer Kirche, die mit äußerlichem Pomp protzte, die eine glanzvolle Kultstätte nach der anderen baute, in der die größten Künstler zum Ausschmücken beschäftigt waren, einer Kirche, die mit Hilfe der Inquisition ihren Machtanspruch menschenverachtend durchsetzte, die Menschen in Angst und Schrecken jagte, deren Vertreter sich einen Namen machten durch lüsterne Abenteuer, durch gesellschaftlichen Glanz und Gier nach Überfluß, und die ausschließlich an ihren persönlichen Nutzen dachten.

Die einzigen Lebewesen in ihrer Nähe waren die fünf Pferde. Sie grasten auf der gegenüberliegenden Anhöhe, die bis ins Tal zu dem kleinen Bach reichte. Sie sandte ihren Freunden aus der Ferne eine Grußbotschaft und nahm sich vor, sich so bald wie möglich um die Tiere zu kümmern.

Die Früchte, die der Garten in dieser schönen warmen Zeit hervorbrachte, halfen ihr, die Tage zu überstehen. Das frische Wasser aus den Tiefen der Berge gab ihr die Zuversicht, ihre vollen Körperkräfte in Kürze wiederzuerlangen.

Schon bald nahm sie sich vor, ihre Freunde, die Pferde, von der Koppel zu holen. Freudig wurde sie von den Tieren begrüßt. Immer wieder stießen sie ihre Mäuler an ihre Schulter und zeigten ihre Zuneigung. Die Gruppe ging langsam den Hang hinunter. Die Sorge um die Tiere, das Beisammensein mit ihren Pferden, war für die junge Gräfin der Neubeginn des Lebens.

Das Alleinsein hatte ein Ende. Ihre Partner nahmen ihr die Einsamkeit und waren ihr auf dem Weg zurück in die Welt behilflich. Sie brachte die Pferde in den Stall und versorgte sie.

Im beginnenden strahlenden Sommer führte sie ihre Vierbeiner an den kühlen Bach zur Tränke. Die Tiere schnaubten unruhig. Ihre Herrin schaute nach dem Grund. Ein Reiter näherte sich. Er achtete nicht auf die Frau. Sein Blick war starr auf die Burg gerichtet, als suchte er dort die Menschen, die nicht mehr da waren. Er ritt langsam weiter, sich der Herrin der Burg bis auf fünfzig Meter nähernd. Dann wandte er den Kopf.
Mit festem Blick schaute sie ihm in die Augen. Sie hatte ihn sogleich erkannt. Seiner eigenen Erkenntnis folgte ein entsetzter Ruck durch den Körper. Als entdeckte er einen Geist von einem Menschen, den er hier nicht mehr vermutete, lähmten für einen Moment das Entsetzen und die Angst seine Handlungsmöglichkeit. Dann stieß er den Absatz seines Stiefels in die Flanken des Tieres und stob mit einem lauten »Hüah« davon. Caterina schwang sich auf ihren ungesattelten Hengst, legte sich weit über den Hals des Tieres, hielt sich an der langen Mähne fest, trieb nun ihrerseits ihre Fersen in die Flanken des Tieres und setzte dem Flüchtenden nach. Mit einem riesigen Satz sprang sie über das Gatter hinter Marco her. Sie war erheblich jünger als er und wieder gesund. Ihr Pferd war schneller als der alte Gaul des Verwalters. Ihr Ritt war jugendlicher, elastischer. Sie näherte sich dem Flüchtenden, setzte sich vor das fliehende Pferd und stellte sich ihm schließlich in den Weg. Marco hielt an. Die Pferde schnauften. Der alternde Mann vermochte nicht, dem Blick seiner Herrin, die er so würdelos im Stich gelassen hatte, zu begegnen. Er wollte ausweichen, doch sie war schneller. Er wußte, daß er sich seinem Versagen stellen mußte. Die Pferde begrüßten sich unruhig. Die Menschen erkannten eine Mauer zwischen sich, eine Mauer aus Hoffnung und Angst, aus Versagen und Verantwortung. Der Knecht blickte auf den Boden der Wiese, als suchte er in dem frischen Gras nach seiner

stolzen Vergangenheit. Caterinas Hengst tänzelte quer vor Marcos Stute. Das Schweigen wurde unerträglich. Sie schaute auf seinen gekrümmten Rücken. Antworten auf die Fragen während ihrer Qualen, ihrer Todesängste, ihrer Einsamkeit und totalen Verlassenheit waren gefordert. Er wußte die Antworten selbst nicht. Ihre nicht ausgesprochenen, peinigenden Fragen waren ihm vertrauter als seine fehlenden Antworten. Seine erbärmliche Angst vor dem Tod hatte ihn all seine Versprechungen und Verpflichtungen nicht nur gegenüber der Gräfin, sondern auch gegenüber sich selbst vergessen lassen. In der entscheidenden Sekunde hatte er versagt. Der einzige Moment in seinem Leben, der von ihm das ehrenvolle, wahrhaftige Tun verlangt hatte, sah ihn stürzen und fliehen. Seine großartigen Gelübde und Schwüre verloschen in einer einzigen Sekunde wie ein kurzes Strohfeuer. Sein jammervolles Versagen preßte ihn in seine eigene Demütigung. Stolz aufgerichtet, blickte Caterina unentwegt auf sein tief geneigtes Haupt. Ihre schweigende Frage war keine Strafe. Längst verzieh sie. Sie verstand den Menschen in seiner Armseligkeit hinter diesem Kopf. Sie brauchte nicht die Demütigung, die Unterwerfung. Sie schenkte ihm Verständnis und Nächstenliebe. Endlich blickte er auf. Gequält, das ganze Leid seines Versagens in seinen Augen, zuckten seine Mundwinkel. Marco begann zu weinen. Er schaute sie an, und still flossen die Tränen.
»Marco, die Pferde brauchen frisches Stroh im Stall«, sagte sie nur.
Entgeistert, als verstünde er nicht, was geschah, sah er Caterina an. Seine Tränen versiegten.
»Wenn du nicht bald das Stroh wechselst, nehme ich dir das übel«, fuhr sie fort.
»Ja, Herrin«, erwiderte er.
Marco griff in die Zügel seines Pferdes und lenkte es zur Burg Picchena. Hintereinander ritten sie zurück. Caterina sprang von ihrem Pferd und überließ es ihm.
»Kümmere dich um den Hengst.«

Sie wartete keine Antwort ab, sondern begab sich in das Haus und machte sich in der Küche zu schaffen. Als sie das Mal bereitet hatte, rief sie ihn zum Abendbrot. Marco wusch sich und setzte sich bedrückt an den langen Tisch.
Er schwieg und starrte auf seinen Teller. Seine Gedanken und Gefühle marterten sein Hirn. Seine unendliche Qual, das Wissen, seine Herrin im Stich gelassen zu haben, hieß ihn schweigen.
Die vermauerten Türen und Tore der Burg erfüllten seine Seele mit tiefer Traurigkeit. In Küche und Kammern sammelte er halb abgebrannte Kerzen und kleine Öllampen, bevor er sich zur Ruhe in seine Kammer begab.
Glücklich, wieder einen Menschen im Hause zu haben, mit dem sie sich austauschen und dem sie einen Teil ihrer täglichen Last abgeben konnte, fiel die Gräfin in einen tiefen, traumlosen Schlaf.

Die Sonne schien bereits warm in ihr Schlafgemach, als eine fröhliche Amsel sie mit ihrem melodiösen Lied weckte. Sie erhob sich, bereitete die Morgenmahlzeit zu und ging auf die Weide, um den arbeitenden Marco zum Essen zu holen. Die Pferde wieherten auf der Koppel. Die Frische des neuen Tages auf der waldreichen Anhöhe von Picchena ließ das Leid der Menschen um sie herum vergessen.
Die Zeit wird das Leid nicht verringern, ging ihr durch den Kopf. Vielleicht aber wird der eine oder andere sein Leid manchmal ein wenig vergessen. Sie wußte, daß Marco sehr schwer an seinem Versagen zu tragen hatte.
Sie rief ihn, erhielt aber keine Antwort. Sie rief lauter. Marco hatte wohl endlich zu seinem verdienten Schlaf gefunden. Caterina begab sich in den kleinen Querflügel und rief erneut. Sie erhielt keine Antwort. Sie klopfte an die Tür seiner Kammer. Diese war nicht verriegelt. Welch ein Leichtsinn, dachte sie und öffnete sie.
Ein entsetzter Schrei entrang sich ihrer Brust.

Mit weit aufgerissenen Augen starrte sie auf den an einem Balken hängenden Körper. Um einen schweren Nagel in dem Eichenholz, an dem sonst Marcos Kleider hingen, war das Seil befestigt. Sein Leichnam schaukelte sacht in dem Luftzug, der durch das offene Fenster in die Kammer drang.

Erstarrt stand Caterina in der Tür. »Marco«, flüsterte sie. »Marco, jetzt läßt du mich wirklich alleine.«

Ihre Augen blieben trocken. Sie zitterte am ganzen Leib, ihre Beine wollten ihren Dienst versagen. Langsam tastete sie sich auf dem Holzfußboden an den hängenden Körper. Sie überwand ihr Grauen und faßte die schwebenden Beine an. Der Körper war steif. Seit Stunden schien er tot zu sein. Sie wich entsetzt wieder zurück bis an die Tür, stürzte durch das Treppenhaus in den Hof und mußte sich dort übergeben. Ihr Magen würgte die letzten Reste der Speisen heraus, bis sie sich die grüne Galle aus dem Körper quälte. Husten überfiel sie und raubte ihr den letzten Atem.

Ein leichter Wind blies über die Anhöhe Picchena, ein friedlicher Tag kündigte sich in der Natur an, an dem die Gräfin Picchena ihren Knecht und Verwalter eigenhändig beerdigen mußte. In einer seiner Taschen entdeckte sie ein Stück Papier. Das war wohl die letzte Botschaft, die er seiner Herrin noch vermitteln wollte. Sie las sie neben dem offenen Grab.

*»Ich empfand mich unwürdig zu leben. Ich wollte nie wieder in die Burg zurückkehren. Ich nahm an, Ihr wäret längst tot. Ich irrte durch die Ortschaften, dort, wo man mich nicht kannte. Die Menschen verjagten mich. Sie verstießen mich. Sie riefen mir bereits von weitem zu, ich solle mich von dannen scheren. Sie hetzten die Hunde auf mich.*

*So war auf einmal mein ganzes Leben. Ich schlug nur noch um mich, verteidigte mich, versuchte meine billige Haut zu retten. Ich aß Wasserrüben und holte mir gerade das, was auf den Feldern wuchs, ob reif oder nicht. Roggen und Gerste sammelte ich. Zerrieb die Ähren zwischen meinen Fingern. Kaute mit meinen alten Zähnen die Körner, wie ein Huhn sie pickt und frißt. Ich trank das Wasser aus den Bächen, legte mich in den Wald zum Schlafen, manchmal in eine einsame Scheune. Ich hatte Angst, auf Menschen zu stoßen, den Fragen antworten zu müssen, verbergen zu müssen, was meine Tat war.*

*Ich habe für alle Zeiten einen bösen Makel auf meine arme Seele geladen. Ich irrte viele Tage und Wochen durch die Natur. Mein Leben wurde einsam. Ich hatte Sehnsucht nach meiner Burg Picchena. Ich hatte Sehnsucht nach Euch, Gräfin, ich wünschte mir, ich hätte mein Verschulden rückgängig machen können. Ich wäre lieber neben Euch an der Pest gestorben, als dieses Leid des Versagens immer wieder vor Augen haben zu müssen. Ich konnte dieser Qual nicht entfliehen. Ich wußte, daß Ihr tot wart, gestorben unter unsäglichem Leid, verlassen von den Menschen, denen Ihr vertraut, denen Ihr ein sicheres Zuhause gegeben hattet. Je mehr ich mich damit auseinandersetzen mußte, desto mehr kamen mir einzelne Bilder in den Sinn. Eure Liebe zu uns, Eure Fürsorge, mit der Ihr Euch um uns gekümmert habt. Auf der anderen Seite das Leid, das Euch angetan worden war. Ich hatte geschworen, Euch zu beschützen. Da, wo ich es wirklich einmal gekonnt hätte, habe ich so erbärmlich versagt.«*

Im Sommer 1631 bliesen sie endlich und voller Freude vor den Toren der Burg Picchena zum Ende der Schlacht mit der schrecklichen Pest. Seit Wochen hatte es keine Ansteckungen und keine Toten mehr gegeben. Auf der Burg wurde ein Freudenfest gefeiert.

Für Caterina war es eine besinnliche Stunde. Ihre Einschätzung der Menschen hatte sich gewandelt. Sie würde bald nach Florenz zurückkehren, um die vertraglichen Verpflichtungen ihrer Ehe mit Lorenzo de'Buondelmonti, wenn er denn noch lebte, wiederaufzunehmen.

# Brief an Galilei

Im Dämmerlicht der untergehenden Sonne schlich sich in einer Mönchskutte dicht an den Mauern des Klosters von San Matteo in Arcetri eine finstere Gestalt entlang. Man rechnete das Jahr 1634. Der Mönch blieb, bedeckt durch hohe Sträucher, einen Moment stehen. Er erhob sein Haupt und schaute sich suchend um. Dann erblickte er das Ziel seines Weges. Unweit von dem Kloster sah er, wie es in der Beschreibung stand, die man ihm mit auf dem Weg gegeben hatte, die weiße Front einer alternden Villa. Deutlich konnte er an der Vorderseite die drei kleinen Fenster unmittelbar unter dem Dach und die beiden großen Fenster im Parterre erkennen. Neben dem höheren Gebäude schloß sich ein niedrigeres an, das deutlich eine Pforte zeigte, die drei Steintreppen aufwies. Zwischen Tor und dem höheren Gebäude machte er ein weiteres schmales Fenster aus, dessen Zugang mit Eisengittern versperrt schien. Das Fenster war aber weder mit Glas noch mit einem Rahmen verschlossen.
Nachdem der Mönch die untergehende Sonne in seinem sicheren Versteck abgewartet hatte, begab er sich durch niedriges Gesträuch, zwischen dichten Olivenbäumen hindurch, zu der alten Villa Il Gioiello. Bevor er den Fuß auf den mit Steinen ausgelegten Weg vor dem Tor setzte, blieb er noch einmal stehen, versicherte sich, daß niemand ihn beobachtete und sehen konnte, und schlich dann direkt zu dem schmalen Fenster neben dem Tor. Noch einmal schaute er sich witternd um wie ein Reh, zog dann einen Brief unter seiner Kutte hervor, schob ihn zwischen die Eisenstäbe hindurch und hörte, wie das Papier zu Boden glitt und auf steinernen Fußboden fiel.
Der Mönch zog seine Kapuze dichter über den Kopf, schaute sich erneut um und schlich zurück in das niedrige Gebüsch.

In der einsamen, stillen Villa Il Gioiello öffnete sich am späten Abend eine hölzerne Tür zu einem Raum mit einem Kamin, in dem ein kleines Feuer brannte. Der greise, bärtige Mann hielt ein kleines Öllicht in der Hand. Auf dem steinernen Boden entdeckte er den Brief und steckte ihn in sein Wams. Dann schürte er das Feuer kräftig an, damit die auflodernden Flammen ein wenig mehr Licht hergaben, und nahm auch noch ein brennendes Holzscheit in die Hand. Das Augenlicht des alternden Wissenschaftlers war geschwächt, so daß er trotz aller Bemühungen die Schrift nicht entziffern konnte. In der Nacht wanderte Galilei unruhig durch sein Haus. Immer wieder begab er sich zu dem Kamin, legte ein Scheit Holz nach und versuchte das Schriftstück zu entziffern.
Erst am frühen Morgen, als die toskanische Sonne, lange bevor sie über die Hügel klettern konnte, den Mantel der Nacht von der Landschaft zog und die Bäume und Häuser in einen hellen Lichterschein tauchte, war es ihm möglich, die Schriftzeichen auf dem Papier zu erkennen. Große Freude erfüllte sein Herz, als er in dem Namenszug unter dem Schreiben die Zeichen seiner jugendlichen Freundin, Caterina Picchena sah.

*»Mein verehrter Freund Galilei,*
*drei Jahre sind vergangen seit der großen Pest in der Toskana. Nichts habe ich in der Zwischenzeit von Euch vernommen. Mit Erschrecken, verehrter Galileo, habe ich nun von Eurer Verfolgung erfahren. Was ist es wirklich, was man Euch in Rom vorgeworfen hat? Sind es die Erkenntnisse und die Ergebnisse Eurer langen Forschung, die den Herren des Heiligen Offiziums nicht geheuer vorkommen? Oder ist es Euer Geschick, mit solchen Forschungen in Europa die Augen der wissenschaftlichen Welt auf Euch zu lenken? Kann es wirklich die Frage sein, ob sich die Erde um sich selbst und um die Sonne dreht? Ich habe vernommen, und am herzoglichen Hofe spricht man davon, daß selbst einige wissenschaftliche Mitarbeiter bei den Dominikanern, bei den Jesuiten und beim Heiligen Offizium Eure*

*Meinung vertreten. Sind es andere Gründe, wegen derer man Euch verhaftet, bedroht und schließlich verurteilt hat? Sind es letztlich vielleicht nur Eifersüchteleien, daß man Euch diese frühzeitigen Ergebnisse Eurer Arbeit nicht gegönnt hat? Wollten einige Herren der Kirche diese Erkenntnisse selbst veröffentlichen und waren nur zu spät dran?*
*Verehrter Herr, mein Herz war während Eures Aufenthaltes in Rom bei Euch. Ich habe mit Euch gelitten, und ich habe versucht, meine Zuversicht Euch zu übermitteln. Doch es war wohl alles vergebens.*
*Cosimo II., Euer Beschützer und der Verteidiger Eurer Ideen, ist längst tot. Mein Vater, der Senator und erste Staatssekretär, ist auch verstorben. Beide Männer waren sicher die letzten Verfechter einer freiheitlichen toskanischen Welt, die nicht nur durch die Ansprüche und die grenzenlose Machtfülle einer unersättlichen Kirche geprägt war. Mit dem Tode dieser beiden Kämpfer für die Trennung von Staat und Kirche sind die letzten Hindernisse eines reinen Kirchenstaates beseitigt worden. Ferdinand II. hat zum wiederholten Male seine Schwäche und seine Unfähigkeit bewiesen, dem Heiligen Offizium entgegenzutreten. Unter seiner Nutzlosigkeit mußtet und müßt Ihr leiden. Cosimo II. hätte es nicht geduldet, daß sein großer Wissenschaftler, sein Lehrer und der Träger des toskanischen Ansehens in der Welt so erbärmlich auf dem Altar der kirchlichen Machtfülle geopfert würde. Mein Vater, verehrter Galilei, Euer engster Freund, hätte alle seine Beziehungen in die Wege geleitet, um Euch aus den Fängen der Kirche gänzlich zu befreien. Doch was nutzt Euch das Wenn und Aber?*
*Mein Herz, mein bester Freund, ist mit Euch. Mein Herz leidet und versteht Euch. Wie Ihr wißt, mein lieber Galilei, habe ich selbst die Machtfülle der kirchlichen Institutionen erleiden müssen. Ich habe erfahren müssen, daß nicht das wirkliche Recht eine vernünftige Rolle in der Kirche spielt. Es sind die Interessen, die Wünsche und Ziele bestimmter Gruppen, die alleine das Recht für sich in Anspruch nehmen, es nach eigenem*

*Gutdünken auslegen. Die Menschen, die bei einem solch verfehlten rechtlichen Denken leiden müssen und zerstört werden, sind den Predigern und Klerikern gleichgültig. Sie haben kein Empfinden für das freiheitliche Leben eines Einzelnen.*

*Galilei, mein Freund, mein väterlicher Freund, der Ihr mir so viele gelehrsame Stunden in meinem Leben geschenkt habt, ich fühle mit Euch. Daß die Würdenträger dieser Institution Gottes auf Erden mich verletzt haben, ist grausam, doch ich habe es verkraftet. Was meine Sinne nicht annehmen wollen, was mein Verstand nicht erdulden kann, ist, daß ein solch gelehrter Mann, wie Ihr es seid, mit hinterlistigen und täuschenden Manövern in Fallen gelockt wird, die ihn und die Welt um die Erkenntnisse seiner Arbeit und um seinen Ruhm bringen sollen.*

*Welch bösartiger Hetzer kann diese Schuld, die er auf sich geladen hat, vor unser aller Herrgott verantworten? Dereinst, mein Freund, werden wir die Täter vor unserem Herrgott ausfindig machen und sie dem Richter vorführen.*

*Wenn es Euch beliebt, schreibt mir, wie es Euch in den Jahren Eurer Verfolgung, in der Anklage und bei der Verurteilung ergangen ist. Ich möchte auch aus den Stunden Eures Leides noch lernen und die Erkenntnisse Eurer Schmach in meinem Leben nutzen können. Allzulange habe ich von Euch nichts mehr gehört. Vergeßt Eure kleine Caterina Picchena nicht.*

*Wenn Ihr mir eine Antwort geben wollt, so wird sie der Bote meines Briefes in genau zwei Tagen dort wieder abholen, wo Ihr meinen Brief vorgefunden habt.*

*Ich grüße Euch, mein hochgelehrter, hochwürdiger Freund, noch einmal. Ich bin stets verpflichtet, Euch zu danken und Euer Ansehen in Ehren zu halten. Laßt mich an Eurer Weisheit, die auch in der Verbannung noch die Menschheit überstrahlt, für meinen weiteren Weg teilhaben.*

*Eure immer und ewig dankbare und bewundernde*

*Caterina Picchena.«*

In der frühen Morgenstunde las Galilei den Brief immer und immer wieder. Schließlich verschwanden die Schriftzeichen vor seinen Augen. Der Trost dieser Frau aus dem starken Geschlecht der Picchena schenkte ihm Wärme und Zuversicht. Sein Herz wurde weich, und er sehnte sich nach den erbaulichen Stunden in der Burg Picchena zurück. Er sah das kleine neugierige Mädchen vor sich, das mit ihm gemeinsam die Laute spielte. Er hörte noch immer ihre neugierigen Fragen. Er sah ihr Leid, das man ihr in der Villa durch den verdorbenen Abt angetan hatte, aber auch die verfehlte Hochzeit, die ihr Vater mit dem Buondelmonti bestimmt hatte.
So sehr sehnte er sich nach der jungen Frau, die jetzt in der Stunde der Not und des Leides seiner gedachte.
Noch einmal schaute er auf den Brief, ehe er das Schreiben dem glühenden Feuer im Kamin übergab. Die Holzscheite nahmen sich des Papieres und der Schrift an. Das verräterische Dokument war vernichtet. Es existierte nicht mehr. Die Schergen aus der Inquisition würden nicht die Spur eines Beweises für seinen Kontakt nach Florenz finden können. So ging er mit allen Schriftstücken um, die ihm seine wenigen verbliebenen Freunde in den Stunden der Trauer und der Not schenkten. Er gedachte dabei auch der Briefe seiner Tochter, Schwester Maria Celeste aus dem Kloster San Matteo. Die Briefe seiner Tochter waren die einer pflichtbewußten Frau, die Briefe seiner Freundin Caterina indessen die eines zur Freiheit erzogenen Geistes, zu dem sein ganzes Wesen sich hingezogen fühlte.

Zitternd hielt Caterina einige Tage später die Antwort des geschätzten Wissenschaftlers in ihren Händen. Sie wartete die Nacht ab, um sich in Ruhe beim Kerzenschein dem Brief ihres väterlichen Freundes zu widmen. Die Antwort, das wußte sie, würde eine Nachricht aus einer anderen Welt sein, aus einer Welt aber, die ihr näher stand als das höfische Getue um sie herum.

*»Meine verehrte Caterina,*
*ich grüße Euch und wünsche mir, daß diese meine Zeilen Euch in guter Gesundheit vorfinden. Eure Offenheit und Eure Ehrlichkeit haben mich betroffen gemacht. Wie habe ich mit Sehnsucht eine Zeile, mit Eurer Feder zu Papier gebracht, erwartet. Ich war an Euch verzweifelt. Ich hatte geglaubt, daß Ihr mich vergessen habt.*
*Ihr habt mich nun beschämt. Nicht nur, daß Ihr mir geschrieben habt, ließ mein Herz entflammen. Die Ehrlichkeit Eures Ausdruckes, die Mißachtung jeglicher Gefahr, die Ihr mit Eurem Schreiben eingegangen seid, ließ mich meine junge und so stolze Caterina Picchena wiedererkennen.*
*Ihr habt mir Trost und Zuversicht in mein enges Leben gebracht. Meine Tage, die ganz und gar der Wissenschaft gewidmet sind, haben mit Eurem Brief einen neuen und wärmenden Sonnenstrahl erhalten, der mein Dasein erträglicher und ein ganzes Stück fröhlicher werden läßt.*
*Ich habe Euren Brief mehrere Male gelesen und ihn dann dem sicheren Feuer anvertraut. Ihr müßt wissen, meine liebe Caterina, daß ich in Verbannung lebe, gleichwohl als lebte ich auf einem Schiff unter Quarantäne. Schergen der Inquisition überwachen mich. Sie berichten nahezu alle meine Wege und Taten an das Heilige Offizium. Diese Schergen werden sicher eines Tages auch meinen Tod überwachen und erst dann Ruhe geben, wenn sie sich davon überzeugt haben, daß der alte Galilei wirklich tot ist. Daher waren Eure Vorsichtsmaßnahmen, die Ihr mit dem Boten Eures Briefes ergriffen habt, sehr wohlüberlegt und sinnvoll.*
*Beim Lesen Eures Briefes durchlebte ich seit langer Zeit wieder einmal die schönen gemeinsamen Tage auf der Burg Picchena in der angenehmen Gesellschaft des ersten Staatssekretärs, Eures verehrten Herrn Vaters Curzio Picchena. Wie lebendig sehe ich noch heute Euer jugendliches und drangvolles Temperament in meinen langsam erlöschenden Augen. Doch der Herr hat es so gerichtet, daß meine Augen dazu nicht mehr notwen-*

*dig sind. Das gemeinsame Lautenspiel, die gemeinsamen Betrachtungen von Mond und den Planeten durch mein Fernglas in den klaren Nächten auf Picchena sind mir mehr in Erinnerung als viele andere sogenannte wichtige Ereignisse. Was wirklich wichtig und von Bedeutung ist, wird in einem Leben, dessen Höhepunkt überschritten ist, auf ein Mindestmaß zurückgeführt. Was wirklich wichtig ist in diesen Tagen der bitteren Erkenntnis von Machtmißbrauch, von Falschheit, Mißgunst und Unterdrückung sind noch nicht einmal meine wissenschaftlichen Forschungen und Untersuchungen. Ich betreibe sie weiter, ja, natürlich. Doch manchmal habe ich mir schon gesagt, daß ich alle diese Erkenntnisse vor einer ziellosen und unfähigen Menschheit genausogut hätte verbergen können. Viele der Menschen sind es einfach nicht wert, daß sie mit Erkenntnissen der Forschungen bekannt gemacht werden. Ihre dümmliche Arroganz beleidigt jeden wissenschaftlich denkenden Menschen.*

*Doch was ist nun, gerade in diesen Tagen, von besonderer Bedeutung für mich? Es sind meine Tochter und die wenigen Freunde, die mich, selten genug, weil sie nicht dürfen, besuchen, und die Briefe der Menschen, die mir nahestehen. Euer Brief, verehrte Frau aus dem Hause eines stolzen Geschlechtes, hat in mein alterndes Herz die Flamme der Erneuerung getragen. Die Inbrunst einer kämpfenden Seele erwachte erneut durch die heilenden Worte Eurer Zuneigung. Die Wärme Eurer Anteilnahme, die unvergessene Vertrautheit aus vergangenen Tagen geben mir Kraft und Trost. Schließlich auch den Mut zum Widerstand. Es ist letztlich die uneingeschränkte Liebe, die sich mir durch die mir nahestehenden Menschen zuwendet.*

*Feigheit und ängstliche, gemeine Wesen habe ich zur Genüge kennengelernt. Es sind immer wieder die gleichen kleindenkenden Geschöpfe, die sich einem Menschen zuwenden, solange er mächtig und akzeptiert ist, und sich sogleich von dem Menschen, den sie eben noch bewundert haben, abwenden, wenn es ihnen einfach opportun erscheint. Meine liebe Caterina, das sind nicht die Bausteine, aus denen eine zukünftige feste und glorreiche Welt gebaut werden kann. Diese Geschöpfe bilden noch nicht einmal die Steine, auf denen sich ein Gerüst aufstellen läßt. Ich würde meinem Maurermeister nicht erlauben, auf ein solches Gerüst zu steigen. Ich mag nicht über andere Menschen ein Urteil fällen, doch die feige Herde ist zu zahlreich. Fast bin ich geneigt zu sagen, die feige Herde hat die scharfen Hunde, von denen sie bewacht wird, selbst geschaffen.*

*Die Liebe und die Zuneigung, die Wärme und die Bereitschaft, einen Menschen anzunehmen, der neue Gedanken in die Welt trägt, das sind die wirklichen Bausteine einer neuen Wissenschaft und einer neuen Welt. Ich neige dazu zu sagen, einer neuen Menschheit. Wenn Ihr Euch die Feigheit der Menschen anschaut, dann findet Ihr darin sowohl einen Großherzog als auch einen Bauern, einen Kardinal wie einen Mönch, eine Fürstin wie eine Hure.*

*Doch was rede ich über andere. Laßt mich darstellen, wo der große Galilei seine eigenen engen Grenzen entdeckt hat. Ich will nicht den ersten Stein werfen auf die kleinen Versager. Ich will mein eigenes Versagen bekennen, dann könnt Ihr selbst urteilen.*

*Ich hatte meinem Verstand, der Brillanz meiner gelehrten Rede zuviel zugetraut. Ich glaubte, die Tatsachen, die erforschten und erkannten Geschehnisse dieser Welt sind Beweis genug für die Anerkennung und die Verteidigung gegen hinterhältige Angriffe.*

*Ich habe mich bemüht, mit Rom eine Klärung herbeizuführen. Im Jahre 1616 hat mir der Herr Kardinal Bellarmin noch gesagt, daß die Meinung des Kopernikus, die Erde und die Planeten drehen sich um die Sonne, absolut genommen der Heiligen Schrift zuwiderlaufe und deshalb weder aufrechterhalten noch verfochten werden dürfe, sie aber ex suppositione verwendet und benutzt werden könne. Später haben mir die Männer der Heiligen Kongregation im ersten Verhör mein Verständnis vorgeworfen. Sie drehten die Worte des Herrn Bellarmin um und behaupteten: ›Die Streitfrage anlangend, welche die obengenannte Meinung vom Stillstand der Sonne und der Bewegung der Erde betrifft, so wurde von der Heiligen Kongregation des Index‹ beschlossen, daß selbige Meinung absolut genommen der Heiligen Schrift zuwiderlaufe und allein ex suppositione annehmbar wäre, dergestalt, wie Kopernikus sie behandelt.‹*

*1616 bin ich aus freien Stücken nach Rom gegangen, ohne gerufen zu sein, um die Sicherheit zu erlangen, daß ich keine andere als die heilige und katholische Meinung aufrechterhalte und was für mich zu tun geboten sei. Ich sprach zu den Herren Kardinälen Bellarmin, Araceli, Sant'Eusebio, Bonzi und d'Ascoli. Ich nenne Euch, verehrte Caterina, die Namen, um Euch aufzuzeigen, wie sehr ich bemüht war, eine Klärung vor einem Streit herbeizuführen.*

*Doch befand ich mich dennoch auf einmal im Verhör. 1633, am 12. April, wurde ich zum erstenmal von der Inquisition verhört. Weiteren Verhören wurde ich im selbigen Jahre am 30. April, am 10. Mai und am 22. Juni unterzogen. Bei diesem letzten Verhör drohten die Herren mir mit der Folter und zwangen mich, meinen Erkenntnissen und Theorien abzuschwören.*

*Ich verschmähte die Eitelkeiten und Empfindlichkeiten der kleinen Geister, die sich überall um die Mächtigen scharen wie die Soldaten um den erfolgreichen Feldherrn.*

*Ich gierte danach, mit der Kunst der Worte die Wahrheit zu übertragen. Ich achtete nicht auf Äußerungen meiner Freunde, die mich vor einem kompakten Gebilde wie dem Heiligen Offizium warnten. Ich war überheblich. Meine Fernrohre und meine mathematischen Erkenntnisse, die Experimente und die geistigen Dispute drangen nicht in die Herzen der Menschen, die sich für verantwortlich erklärt hatten. Wenn ich einen Beweis vorlegte, traf mich wie aus einem Hinterhalt der vergiftete Pfeil einer niederträchtigen Verleumdung. Ich begann die un-*

*sichtbaren Angriffe zu fürchten. Ein Heer mit einem Fahnenträger und starken Schwertkämpfern in vorderster Front ist sichtbar und parierbar. Die Heckenschützen und hinterhältigen Feiglinge sind es, die mehr zu fürchten sind. Sie stellen sich nicht dem Kampf. Ihre Waffen sind unehrlich und niederträchtig.*

*Die Kälte in Rom, die meiner Arbeit und mir entgegenblies, war bald nicht mehr von mir zu ertragen. Ich spürte auf einmal, daß meine schützenden Freunde, auf die ich in der Not so viele Male wie auf einen rettenden Anker hingewiesen hatte, nicht mehr das Schild des Schutzes für mich vor sich hertragen konnten. Sie waren tot. Cosimo II. hatte seine Macht an einen jungen Burschen und die bigotte Mutter und Großmutter übergeben. Der erste Staatssekretär und einflußreichste Mann im Palazzo Granducale, der wahre Beschützer und Berater beim Großherzog, Euer Vater Curzio Picchena, hatte sich aus seinem Körper zurückgezogen. Sein schützender politischer Arm war mit ihm in das Grab gestiegen. Einige andere Beschützer bezogen ihren Einfluß nur von den beiden erstgenannten Mächtigen. Die Schar der Kämpfer war mit einemmal sehr klein geworden. Die Keifer und Verleumder wuchsen in der Zahl mächtig an.*

*Gerüchte, verehrte Caterina, sind gefährlicher als erkennbare Waffen. Ein Gerücht braucht noch nicht einmal bewiesen zu werden. Seine ständige Wiederholung ist Gefahr genug. Das Gerücht bildet sich zur tödlichen Waffe. Es ist wie ein fliegender Pfeil, der, einmal abgeschossen, nicht mehr zurückgehalten werden kann. Um die Mächtigen herum, auch um die kleinen Mächtigen, gibt es immer genügend Huren, die sich nicht scheuen, sich für ein lobendes Wort oder ein paar Taler zu prostituieren.*

*In dem Gewirr der Anschuldigungen und der inquisitorischen Vernehmungen, meine liebevolle Freundin, bekam ich Angst. Ich fürchtete mich um mein kleines Dasein. Mein Leben war mir plötzlich sehr viel wert. Ich fürchtete mich aber auch vor*

*Strafen, vor der Qual einer Folter. Ich war klein, so klein wie ein ängstlicher Hase. Mein Geist fürchtete sich vor einem zerquetschten Finger. Mir wurden leidende Menschen auf der Streckbank gezeigt, die höllisch schrien. Nackte Körper, in die man mit einem Trichter unendliche Mengen Wasser füllte, bis der Bauch zu platzen drohte. Dies geschah mir alles im Auftrage des Heiligen Offiziums.*

*Caterina, wenn Ihr wollt, so urteilt über mich. Ich werde mich nicht wehren. Ich will auch nicht versuchen, mich zu rechtfertigen.*

*Als ich mich jedoch in dieser Not wiedersah, stellte ich mir selbst diese eine Frage: Warum? Warum sollte ich unter der Gewalt dieser Scheusale leiden und mein Leben hingeben? Im Gegenteil, ich erging mich in den Überlegungen, daß meine Forschungen, die der Wahrheit dienten, sich in jedem Falle durchsetzen würden. Mit oder ohne Folter, die Erde dreht sich um die Sonne, ob die Inquisitoren, die Teufel unter den Christen, das wollen oder nicht, ob sie foltern oder nicht. Ich entdeckte, daß meine Leiden im Angesicht dieser schwachsinnigen Quäler unnütz sein würden. Ein lebender Galilei kann mehr Aussagen in die Welt transportieren als ein gequälter und sprachloser.*

*Ich stritt alle meine Erkenntnisse ab. So wie es das hohe Gericht von mir verlangte.*

*Nun lebe ich in der Verbannung. Ich darf diese meine Landvilla und die Gärten nicht verlassen. Ich bin recht einsam. Die Verleumdung meiner selbst sind die Gedanken, die mich nächtelang quälen, wenn ich schlaflos durch die finsteren Räume irre. Was ist der Wert einer Erkenntnis, die man verleugnet? Was ist das Leben wert, das sich selbst verleugnet?*

*Ich stelle mir aber auch die Frage, wer bestimmt, was und wieviel ein Mensch wert ist?*

*Caterina Picchena, meine teure Freundin, antwortet auf diese Fragen für Euch selbst. Antwortet nicht für mich. Für mich muß ich meine eigenen Antworten finden. Was ist der Mensch wert, der sich seine Antworten stets von anderen vorgeben läßt?*

*Ich erinnere mich an eine kleine Caterina Picchena, die ich vor langer Zeit auf der Burg Picchena in einen Disput verwickelt habe. Mit einem stolzen Schwert in der Hand, focht dieses junge Mädchen für seine Gedanken, für seine Meinungen und seine Überzeugungen. Mit Begeisterung nahm ich diese Caterina Picchena wahr. Mit Vernunft und sogenannter Lebenserfahrung versuchte ich meine Mißbilligung zu begründen. Wie war es doch billig von mir. Wie unverständlich. Ich hatte unrecht.*
*Wenn Ihr, Caterina Picchena, in der Zukunft Eures Daseins vor ähnliche Aufgaben gestellt werdet, wie ich sie vor kurzem zu entscheiden hatte, wenn Ihr Euch fragt, wie die richtige Entscheidung auszusehen habe, dann erinnert Euch immer an das Bild der streitlustigen jungen Caterina in der Burg der Picchena, die schon vor vielen Jahrhunderten so viele freiheitliche Geister beherbergt hat. Der junge aggressive Geist mit all der Widerstandskraft, die in ihm begründet ist, ist der einzige richtige Weg für eine gemeinsame freiheitliche Zukunft der Menschheit. Dieses Ziel ist immer lebens- und erstrebenswert.*
*Wenn Ihr dereinst fragt, was Ihr für den alternden Galilei tun könntet, so ist es genau dies. Folgt mir nicht nach. Aber beherzigt meine flehenden Worte.*
*Ich sehe Euch, Tochter aus dem stolzen Hause eines ehrwürdigen Geschlechtes, mit Achtung und Liebe. Was die Vorväter dereinst mit dem Schwert besorgt haben, das verrichtet heute mit Worten und den notwendigen Taten.*
*Der guten Vorschläge sind genug gesprochen. Trefft Eure eigenen Entscheidungen. Trefft immer und ewig die Entscheidung nach dem Ziel: Was ist es, was das Leben bis in die Ewigkeit hinein lebenswert macht?*
*In großer Liebe und Zuneigung*

*Euer Galileo Galilei.«*

Caterina hatte mit Herzklopfen die mahnerischen Worte des großen Galilei gelesen. Die Worte, die er mehr an sich selbst geschrieben zu haben schien als an sie. Dennoch gingen ihr die

Gedanken des gelehrten Mannes sehr zu Herzen. Sie sah den alternden Galilei in seinem dunklen Hause des Nachts umherirren und sich über seine Entscheidungen Gedanken und Vorwürfe machen. Sie dankte den ehrlichen und wahren Worten des großen Freundes.

Sie nahm eine kupferne Schale, legte das Papier dort hinein und hielt die brennende Kerze daran. Mit flackerndem Licht verging der Brief. Die Worte aber bewahrte sie sehr sorgfältig in ihrem Herzen.

# Die Hochzeit Ferdinands II.

Er war einfach tot. Er lag harmlos in seinem Bett. Die Augen hatte er noch geöffnet, seine rechte Hand schien an seinen dürren Hals zu greifen. Das schmale Gesicht war fest von der trokkenen Haut umspannt. Schneeweiße, dünne Haare umhüllten dürftig sein Haupt. Einer Spinne gleich, lag die dürre linke Hand mit den spitzen Fingern und knochigen Gelenken auf dem Bett. Als wollte er sich das letzte Wort verkneifen, waren die schmalen Lippen in den Mund über ein paar restliche faule Zähne gefallen. Nichtssagend, wie er sich in seinem Leben dargestellt hatte, so war Lorenzo del Senatore Altobianco de'Buondelmonti aus diesem Leben geschieden.

Um so mehr Lärm machten Laudomia und Ginevra. Die Mutter war längst verstorben. Alten Klageweibern gleich, huben die Schwestern ein Jammergeschrei an, das im Gegensatz zu ihren Gefühlen stand. Nach einer halben Stunde war auch das vorbei. Sie jammerten leiser in Anbetracht der Tatsache, daß sie sich in Zukunft weniger um den schwindsüchtigen Bruder kümmern mußten. Caterinas Söhne Lorenzo und Leonardo würden eines Tages das Erbe der Buondelmonti übernehmen und die Geschäfte zum Wohle der ganzen Familie weiterbetreiben können.

Mit Weinen und Wehklagen, schmerzerfülltem Jammern und Lamentieren wurde der letzte zeugungsfähige de'Buondelmonti zu Grabe getragen. Er, der die vergangenen Monate nur noch im Bett verbringen konnte, wurde unter Anteilnahme der reichen Bürger von Florenz beerdigt. Die Schwestern warfen sich über seinen Sarg, viele der Anverwandten taten das gleiche. Seine beiden Söhne, wenn es denn seine waren, hatten den Vater selten zu Gesicht bekommen. Ihr Schmerz hielt sich nicht nur aus dem Unverständnis der frühen Kindheit in Grenzen. Um so größer stellte sich das inszenierte Theater von Laudomia und Ginevra zur Schau. Leidvoll, mit kummervollem Blick betrachteten die trauernden Bürger von Florenz das schwesterliche Paar. Sie ergriffen einer nach dem anderen Caterinas zarte Hand, hielten sie lange und drückten über die in Falten gelegte Stirn den grenzenlosen Schmerz der Welt aus. Die verwitwete Gräfin de'Buondelmonti blickte ernst auf das widerliche Schauspiel. Der Friedhof als Bühne, die Trauergäste als Gaukler in einer Schmierenkomödie. Das sittsame Getue ekelte sie an. Der Ehrlichste in dem vorgeführten Drama schien noch Alessandro de'Buondelmonti zu sein. Seine rollenden Augen hatten längst den toten Bruder und den Sarg vergessen. Wie ein Luchs beobachtete er seine Schwägerin. Nicht die Menge ihrer Tränen interessierte ihn. Wie er die Mitgift der Witwe seiner Familie sichern könnte, diese einzige Frage leuchtete über seiner Stirn. Alessandro nahm noch am Grabe Caterina in den Arm und führte sie zu einer Bank auf dem Friedhof, um ihr weiteres Vorhaben zu ergründen.

»Eure Gefühle für den Grafen sind so tot wie Lorenzo selbst«, suchte der Pfarrer ein Gespräch.

»Und genauso tot für Eure Familie«, setzte sie hinzu, noch bevor er den nächsten Satz sagen konnte.

»Dennoch, mein tiefstes Mitgefühl begleitet Euch«, stotterte Alessandro, aus seinen flüssigen Gedanken geworfen. Doch schnell fuhr er fort: »Ich ahne, wie schmerzlich Euch der Tod Eures Gatten getroffen hat. Der Herr, unser aller Gott, möge Euch über die einsamen und traurigen Zeiten, die nun auf Euch zukommen werden, hinweghelfen. Ich denke, Eure Söhne werden Euch mit der Liebe zu ihrer Mutter trösten. Ich denke auch, daß Ihr die vorgeschriebene Trauerzeit von einem Jahr mehr als einhalten werdet. Sicher werdet Ihr, meine Teuerste, von nun an Euer ganzes Leben dem Witwendasein und der Frömmigkeit widmen. Eure Söhne haben es verdient, daß Ihr den Vater in Ehren haltet und das Vermögen der Familie Buondelmonti mehren und nicht leichtsinnig aufs Spiel setzen werdet.«

»Hochverehrter Alessandro, Schwager und hochgeschätzter Pfarrer von Impruneta, Eure Worte vernehme ich wohl, doch weiß ich nichts mit ihnen anzufangen. Wenn Ihr Euch ein wenig deutlicher und gerader ausdrücken könntet.«

Alessandro war für sie der Inbegriff der schlechten Familientradition. Seine Überheblichkeit wie der Posten des Pfarrers in Impruneta rührten allein aus dem Recht der reichen, spendenfreudigen Familie.

»O ja, hochverehrte Gräfin«, setzte Alessandro an, »das werde ich wohl können.«

»Mir sind Eure Worte nicht klar, mein verehrter Schwager«, brachte sie ihn in Verlegenheit. »Wenn Ihr die außerordentliche Güte hättet, mir einiges deutlicher zu erklären.« Sie wußte längst, worauf es der Pfarrer abgesehen hatte, doch wollte sie dieses Spiel mitspielen, und sei es nur, um ihre Überzeugung dem ungeliebten Pfarrer an den Kopf zu werfen.

»Verehrte Gräfin, mein Bruder ist nun tot, Gott möge ihn in sein Himmelreich aufnehmen. Er hat über viele Eurer Seitensprünge als Ehrenmann hinweggesehen. Er hat sie geduldet, seine Ehre und seine Liebe zu seiner Familie hatten ihn gelehrt, nicht zu klagen. Doch Ihr, Caterina, werdet nun unter strengerer Beobachtung stehen. Euer Leben gehört nicht nur Euch alleine, es ist auch das Leben Eurer Kinder und das Eurer Familie Buondelmonti.«

»Ich nahm an, verehrter Pfarrer, ich hätte all die Jahre in der Villa der Buondelmonti so unter Kontrolle gestanden, daß sich die Aufmerksamkeit, die ich durch Euch und Eure Schwestern erfahren habe, nicht mehr vergrößern könnte. Was das ehrenwerte Leben Eures Herrn Bruders, meines Ehemannes, anbetraf, war es sicher alles andere als im Sinne der Kirche geführt. Da macht Ihr wohl einen Unterschied, der nicht ziemlich ist.«

»Euer Eigennutz, verehrte Caterina, nimmt noch nicht einmal am Tage der Beisetzung Eures Gatten ein wenig Rücksicht.«

»Worauf, Alessandro Buondelmonti? Worauf soll ich Rücksicht nehmen? Das wird mir nun bei Gott nicht klar. Soll ich Rücksicht nehmen auf die Liebschaften Eures Bruders mit jungen hübschen Knaben trotz seiner Vermählung mit mir? Soll ich Rücksicht nehmen auf Euch als Pfarrer? Oder soll ich gar Rücksicht nehmen allein auf das Vermögen der Familie Buondelmonti, damit es nicht durch eine neue Heirat meinerseits geschwächt wird?«

»Ihr habt Euch an die Regeln der Familien zu halten. Ihr habt mit Eurem hochverehrten Herrn Vater einen Vertrag mit unserer Familie abgeschlossen. Den habt Ihr, Caterina Picchena, einzuhalten.«

»Vergeßt nicht, Alessandro, ich habe den Vertrag eingehalten. Ich habe meinen Gatten vertragsgemäß mehrfach in seinem schwindsüchtigen Bette besucht. Er hatte keinen Gefallen an mir gefunden. Er zog es vor, seine Liebe den Knaben zuzuwenden. Mich hat er nehmen müssen. So gesehen war auch Lorenzo ein Opfer der Familientradition geworden. Seine Liebe galt nicht mir. Er mochte Frauen nicht, und mich ganz besonders nicht. Obwohl, verehrter Pfarrer, wie Ihr es selbst angedeutet habt, es genügend andere Männer gibt und immer gegeben hat, die mich in ihr Herz geschlossen haben. Dazu darf ich selbst Träger von hohen Kirchenämtern zählen. Ich wiederhole und versichere Euch noch einmal, mein verehrter Herr Schwager, die Männer hatten sich eingebildet, mich in ihr Herz einzuschließen, mit meinen eigenen Wünschen hat dieser Umstand wenig zu tun. Und wenn Ihr das auch so seht, wie Ihr es sehen wollt, meine Sache war es nicht.«

»Der Gerüchte und der Aussagen gibt es genügend in Florenz über Euren Lebenswandel.«

»Wenn Ihr denn wollt, Alessandro Buondelmonti, dann haltet Euch weiterhin an die Gerüchte. Das Geschwätz der Leute scheint für Euch eher der Quell des Wissens zu sein als die Wahrheit.«

»Für das Leben in der Gemeinschaft ist die Meinung der Gemeinschaftsmitglieder von ganz besonderer Bedeutung. Es muß Euch wichtig sein, was die Leute um Euch herum von Euch denken.«

»Verehrter Herr Schwager, muß ich nun mein Leben an die Gerüchte anpassen, oder sollten die Leute nicht lieber ihre Meinung über mich der Wahrheit angleichen?«

»Wenn es Gerüchte gibt, meine liebenswerte Caterina, müßt Ihr Euch fragen, wer diese Gerüchte in die Welt gesetzt hat? Oder deutlicher, verehrte Gräfin, Ihr müßt Euch fragen lassen, was Ihr selbst dazu beigetragen habt, daß solche Gerüchte über Euch entstehen konnten.«

»Vielleicht helft Ihr dem einen oder anderen Sünder im Beichtstuhl, Monsignore, aus der Verstrickung der üblen Nachrede herauszukommen. Hat nicht Gott uns das Gebot ›Du sollst kein falsches Zeugnis geben wider deinen Nächsten‹ hinterlassen?«

»Wie könnt Ihr das Gebot Gottes für Eure Missetaten nutzen?«

Ab und zu erfuhr das Gespräch eine Unterbrechung, alldieweil die tristen Mienen der Trauergäste, die dem Ernst des Todesfalles angemessen waren, einem hitzigeren Gespräch Einhalt geboten. Buondelmonti neigte sein Haupt den Grüßenden zu und bedankte sich für die Ehrerbietung. Die Witwe blickte nicht auf. Ihr Zorn galt den verlogenen Worten und der immer noch verborgenen Absicht ihres Schwagers.

»Wenn Ihr, verehrter Alessandro Buondelmonti, mich der Missetaten bezichtigt, so schaut Euch doch zunächst einmal in Eurer eigenen Herde um. Wenn Ihr bei Pfarrern und Mönchen, bei Bischöfen und Kardinälen, aber auch bei Nonnen und Novizinnen keinen Fehl und Tadel entdeckt, dann kommt zu mir zurück zu einem Gespräch, das einer Beichte ähnlich wird. Doch bin ich mir sicher, daß ich, wenn Ihr es ehrlich meint, lange auf Eure Rückkehr werde warten müssen.«

»Eure Art, meine Schwägerin, ist gestützt von Stolz und Uneinsichtigkeit.«

»Während Eure Vorwürfe mich nicht treffen, da sie an mir vorübergehen. Nicht kann mich der Pfeil verletzen, der sein Ziel verfehlt.«

»Ihr solltet Euch wenigstens in Zukunft der allzu offensichtlichen Begierde enthalten und nichts unternehmen, was dem Ansehen schaden könnte.«

»Ihr meint, mein hochverehrter Herr Schwager, ich sollte mich dem enthalten, was Eurem Reichtum schaden könnte. Wohlweislich ist auch mir bekannt, daß meine Mitgift mit mir zurückginge in die Burg Picchena, wenn ich mich neu vermählen würde. Einem neuen Bunde könnte ich mein ganzes Vermögen, eingeschlossen die Ländereien und die Villen des Herrschaftssitzes, neu vermachen. Euer einziges Trachten richtet sich nach dem Erhalt und nach der Erweiterung Eures Vermögens, des Vermögens der Buondelmonti. Nach meinem glücklichen Leben, nach meinem Wohlsein schaut Ihr nicht. Doch glaubt mir eins und vernehmt von mir, mein Schwager. Mit fünfzehn Jahren habe ich mich einem Vertrag gebeugt, den mein Vater mit den Buondelmonti geschlossen hat. Ich war durch einen Eurer Zunft gedemütigt und geschwängert. Euer Bruder hatte schon starke Anzeichen der Schwindsucht. So schien der Vertrag für die Ehe zwischen beiden Parteien als gute Lösung. Den Familien mag er gedient haben, den beteiligten Menschen nicht. Lorenzo nicht und mir nicht. Nun nehmet aber eines zur Kenntnis: Ich werde mich kein zweites Mal der Tradition und den Interessen anderer beugen. Meinen eigenen Weg will ich gehen. Mein Glück will ich verfolgen. Mein Leben wird von mir bestimmt. Ich werde es so leben, wie ich will.«

»Eure Worte richten sich nicht nur gegen jede Tradition und jedes Machtgefüge. Sie richten sich gegen die Familie, die Euch in schweren Zeiten den Schutz gegeben hat, den Ihr benötigt habt. Schlimmer noch als das ist, daß sich Eure Worte gegen die eigenen Söhne richten.«

»Die Söhne habt ihr längst mir enteignet. Wie sind es noch meine Söhne, wenn sie nicht mit mir zusammenleben dürfen. Eure Darstellung meiner Ehe und meines Lebens hat meinen Söhnen längst geschadet. Ihr und Eure Schwestern habt sie mir entfremdet. Die Meinung meiner Söhne ist nichts anderes als das von Euch vorgekaute Geschwätz. Sie ist mir nichts wert. Ich kann sie übersehen.«

»Hütet Euch, Caterina, weder der freche Sinn noch die flinke Zunge schützen Euch vor Schmerz und Ungemach. Entfällt der Schutz der Buondelmonti von Euren Schultern, dann könnte Euer Unglück bald erscheinen.«

»Wenn Ihr mir drohen wollt, mein verehrter Schwager, dann drückt Euch gleich viel deutlicher aus. Doch Drohungen nehme ich nicht an. Sonst müßte mein ganzes Leben nur nach den Klängen anderer Melodien tanzen.«

»Ihr könnt nicht immer gegen die Wellen des Arno schwimmen.«

»Doch schwämme ich nur mit seinen Strömen, so würde ich bald an fremden, ungewollten Ufern landen, so würde ich die Orientierung meines Dahintreibens bald verlieren. Nur durch die Erkenntnis, was gegen mich ist, erfahre ich, was gut für mich ist. Laßt es dabei bewenden, Schwager Alessandro. Nehmt zur Kenntnis, ich geh' meinen Weg, wie ich es längst entschieden.«

»Ihr führt wohl eine flotte Zunge. Der Wörter ermangelt es Euch nicht. Doch glaubt mir eines, wer zum Schluß das richtige Liedlein pfeift, hat recht.«

»Das mag wohl Eure Ansicht sein. Die meinige ist es nicht. Nicht nur das richtige Liedlein will ich haben, es muß auch wohl mein eigen Liedlein sein. Vielleicht, Herr Schwager, ist Euch dies zu neu.«

»Eure Schandtaten werden Euch noch töten.«

»Derweil nur Ihr bestimmt, was Schandtaten eigentlich sind. Gehabt Euch wohl, mein Schwager. Ich denke, gar manche Erkenntnis habt Ihr hier gewinnen können.«

Caterina erhob sich, verbeugte sich vor dem Pfarrer und schloß sich den heimwärts gehenden Trauergästen an.

Verbohrt und verstockt blieb der Pfarrer zurück. Seine Schwägerin hatte ihn beleidigt, und das mit Absicht, wie er annahm.

Er sprach voll Zorn daraufhin zu sich selbst: »Warte nur, du kleine Hure, du kennst die Regeln nicht, die du verschmähst. Du wirst an einem einzigen Tage schnell erkennen, wer dir erlaubt zu leben, wie du willst, oder du wirst es nicht. Die Macht der Kirche reicht über das tägliche Dasein hinaus. Mit Gottes Wort und Lob zum Himmel, mit Angst und Drohung vor der Hölle werd ich das Boot schnell dorthin steuern, wo es uns am ehesten gefällt. Nur, diese Richtung wird nicht deine sein.«
Zornig erhob sich auch der Pfarrer Alessandro de'Buondelmonti und eilte sich, den Trauergästen den himmlischen Segen zu erteilen.

Nun hatten die Buondelmonti eine Nuß zu knacken. Sie hieß Caterina Picchena, Witwe Buondelmonti. Die Söhne blieben laut Gesetz im Sippenhaus des Vaters, des verstorbenen Markgrafen. Sie waren längst der Mutter entfremdet. Die Ehefrau des Dahingeschiedenen und Mutter der Kinder sollte sich an Regeln aus dem Hause halten und nicht erneut das Sakrament der Ehe suchen. Denn eine neue Ehe hätte die reichen Buondelmonti die Mitgift der Picchena samt Burg und Ländereien gekostet. Man entschloß sich, Caterina gut zu behandeln und zu beobachten.
Wie zur Beerdigung legte die verwitwete Gräfin auch weiterhin keine allzu große Trauer an den Tag. Schließlich war sie froh, nicht mehr der vertraglichen Pflichten wegen in das Bett des hüstelnden, schwitzenden und abgemagerten Ehegatten steigen zu müssen. Die Angst vor der Ansteckung mit der Schwindsucht hatte ihr ohnehin jegliches Vergnügen an dem pflichtgemäßen Akt genommen. Sie war schließlich so weit gegangen, daß sie ihrem Gatten ein Leinentuch über Mund und Nase gelegt hatte, wenn er auf seine Rechte aus dem Vertrag pochte, was, Gott sei es gedankt, sehr selten war.

Pech- und Wachsfackeln, Kienspane und Laternen, kunstvoll aus Papier erstellt oder aus Eisen und sogar vergoldete, schmückten am Abend jedes Fenster der prächtigen Paläste und kündigten von königlichen Feierlichkeiten. Auch einfache Kerzen in vielen Größen und Stärken standen in den offenen Fenstern der Palazzi, Klöster und der einfachen Häuser. Die Dunkelheit der Nacht war hinfortgejagt. Florenz erstrahlte in einem Lichtermeer. Mit weichem, rötlich schimmernden Schein erhellten die Straßen und Piazzi den nächtlichen Himmelsbogen. Niemand ließ es sich nehmen, dem prunkvollen Ereignis sein eigenes Funkeln und Glitzern hinzuzusetzen. Seit Tagen fieberte die Bevölkerung dem großen Freudentag entgegen. Am Vorabend seiner Hochzeit erwartete der junge Großherzog Ferdinand II. Herzöge und Fürsten, Grafen und Edelleute, weltliche und kirchliche Würdenträger.

Il Serenissimo Signore Duca di Parma traf als erster tags darauf in Florenz ein, umgeben von stolz einherreitenden Gruppen adliger Ritter. Der Reichtum an Schattierungen, Nuancen und verschiedenen Färbungen der flackernden Straßenlichter hüllte den Duca di Parma und sein Gefolge in eine Zauberwelt der Farben und Glanzlichter. Auf dem Zaumzeug der Pferde, den Speeren und Musketen der bewaffneten Soldaten glitzerten die Lichtstrahlen der Tausenden von Fackeln und Laternen, und die Rüstungen der gepanzerten Ritter funkelten wie Edelsteine im Sonnenlicht.

Im Garten Boboli auf der Rückseite des Palazzo Pitti flammten seit dem frühen Abend Tausende von farbig glimmenden Lichtern auf. Heerscharen von Gärtnern und Dienern eilten wie dunkle Gnome zwischen den Bäumen und Sträuchern, überprüften die brennenden Fackeln, ersetzten sie durch neue und ließen das wogende Lichtermeer nicht einen Augenblick versiegen. Aus den Sälen rund um den Cortile dell'Ammannati im Palast nahmen Exzellenzen und Eminenzen, Bischöfe und Kardinäle, Fürsten und Grafen an der erleuchteten Freude teil. Kardinal Caponi und Kardinal Sacchetti, tugendhafte Söhne des

toskanischen Landes, repräsentierten als Abgeordnete Roms die Mächtigen der Kirche.
Freude und Frohsinn, Glanz und Pomp, Vergnügungen und Überschwenglichkeit waren die Zeichen der Zeit. Der Hochzeitstag von Ferdinand II. und seiner Cousine Vittoria della Rovere stellte die Festlichkeiten der vergangenen Jahrzehnte und Jahrhunderte in den Schatten. Sprühender Elan, eine scheinbar vitale Gesellschaft, Reichtum und Pomp zeugten in jeder Straße und auf allen Plätzen von der Herrlichkeit der Toskana und der Medici. Der sechsundzwanzig Jahre alte Großherzog liebte den Luxus und das Vergnügen. Die noch immer aktive Großherzogin Christina di Lorena, Großmutter des Bräutigams, war selbst dem glanzvollen Leben am Hofe zugetan. Die Vermählung ihres Enkels Ferdinand mit ihrer Enkelin Vittoria della Rovere aus dem Herzogtum Urbino wollte sie als das glanzvollste Fest des Jahrhunderts feiern.
Gezogen von vier heißblütigen Rössern, rollte die Karosse der Herzogin von Urbino, Vittoria, durch die Straßen der Stadt zur Kirche San Giovanni. Innen und außen belegte weinroter Samt die Seiten der Staatskutsche, durchwebt mit goldenen Fäden in verschiedenen Ornamenten. Das Wappen der Medici prangte an den Seiten. Sechs Punkte, fünf von ihnen in hellem Rot gehalten, der sechste über den anderen in opaleszierendem Blau. Die Zeichen des Herrschergeschlechtes, die von der Nachkommenschaft reicher Ärzte und Apotheker kündete. Schillernde Panasche aus Pfauenfedern wippten elegant auf den schlanken Köpfen der rassigen Pferde. Goldglänzend hob sich das Zaumzeug leuchtend von den Köpfen der Rappen ab. Anna, die hübsche einundzwanzigjährige Schwester des Großherzogs, und die Herzogin von Guisa hatten zu beiden Seiten neben der Braut in der geschlossenen Kutsche Platz genommen. Die Cento Corazze tedesche, einhundert deutsche gepanzerte Soldaten, die persönliche Garde Ferdinands II., gaben der Kutsche der Herzogin von Urbino das Geleit.
Für den Vormittag des 6. Juli 1637 hatte der Regent dem Mar-

quis Cammillo dal Monte Capitano della Guardia a Cavallo, dem Kapitän der berittenen Garde, den Befehl erteilt, vor seiner Truppe mit gezogener Pistole zu reiten. Der gepanzerte Waffenrock des Marquis funkelte in den gleißenden Sonnenstrahlen. Einhundert Soldaten der leichten Kavallerie, jeweils zwei Reiter nebeneinander, bekleidet mit der Livree seiner Hoheit, führten mit ihm den Festzug an. In der ersten Reihe hielt Graf Giovanni Batista Laderchi stolz das goldgelb leuchtende Kornett. Als Feldmeister fungierten im Auftrag des Großherzogs der Marquis Francesco Coppoli Coppiero und der Marquis Gabrielo Riccardi. Ihrem Befehl folgten zahlreiche Reiterknechte, die für die Ordnung zu sorgen hatten.
Hinter der Staatskarosse der Braut kamen die Kutschen mit den Hofdamen und anderen Prinzessinnen. Die florentinischen Damen der oberen Familien, der adligen und der reichen Geschlechter, schlossen sich ihnen in den nachfolgenden Kutschen an. Es war ein schier unendlicher Zug, der sich durch Florenz bewegte. Der prächtige Reiterzug wie auch die geschmückten Prunkkarossen sammelten sich an der Piazza dei Pitti, und der Aufbau des Zuges benötigte den Platz bis zur Piazza Santa Felicita. Bei der Abfahrt ging es zunächst über die Piazza Santa Felice und über die Via Maggio. Sie überquerten den Arno über die Brücke Santa Trinita.
In einer der prächtigsten Kutschen hinter der Großherzogin geleitete Caterina Picchena mit den Schwestern des ehrenwerten Hauses Buondelmonti den hochzeitlichen Zug. An der Piazza Santa Trinita fuhren sie an ihrem eigenen Palazzo vorbei. Dann ging es weiter zwischen den Tausenden Menschen hindurch, die sich aus Neugierde und aus Freude an den Straßen und Plätzen aufgestellt hatten. Das ganze Volk schien sich versammelt zu haben, hielt den Atem an und betrachtete den Pomp und das Gepränge. An dem Centauro vorbei, bewegte sich der Zug zum Baptisterium, Piazza San Giovanni.
Die Kutsche der Braut hielt vor der Kirche San Giovanni an. Ausschließlich in Begleitung ihrer Hofdamen und ihrer persön-

lichen berittenen Garde betrat die Herzogin von Urbino unter der Begleitung von Musikinstrumenten am Arm des Prinzen Giancarlo de'Medici das Baptisterium. Don Orsino war die Ehre zuteil geworden, die fünf Ellen lange Schleppe ihres weißen Brautkleides zu tragen. Die in rote Umhänge gekleideten achtundvierzig Senatoren neigten ihr Haupt und beugten die Knie.

Damit das Volk der Braut bei dem Fußgang zum Dom nicht zu nahe kommen und die neue Großherzogin dennoch gebührend betrachten konnte, hatte sich der Architekt Gherardo Silvani etwas Gutes einfallen lassen. Die Portale der prächtigen Kirchen San Giovanni und Santa Maria del Fiore, in der die Trauung stattfand, verband eine phantastische drei Ellen hohe Brücke. Zu beiden Seiten nahmen auf niedrigen Tribünen die hochangesehenen Familien Platz. Das neugierige Volk durfte mit Muße und ehrfürchtigem Abstand die junge Braut betrachten.

Als Vittoria della Rovere am Arm des Prinzen Giancarlo de'Medici die neun schneeweißen, vierzehn Ellen breiten Marmorstufen zur Brücke hinaufstieg, ließ der leidenschaftliche Jubel des Volkes von Florenz die fünfzehnjährige Braut über die Stufen hinwegschweben. Die enthusiastische Erregung der Männer und Frauen, der Kinder und selbst der Alten versetzte die junge Fürstin in ein Traumgebilde von Lebenslust und überschwenglicher Zuneigung. Ihr Schritt stockte für einen kurzen Augenblick, sie verneigte sich nach rechts und links, bevor sie ihren traumwandlerischen Gang zur Kirche wiederaufnahm. Der schwärmerische Jubel der Menschen erstarb für einen Atemzug. Sie erkannten das Besondere an dieser Geste.

Die Loggia der Brücke ruhte auf gesinterten weißen Marmorsäulen im dorischen Stil, mit bronzenen Kapitellen. Den römischen Bogen zwischen zwei Säulen trugen Architrave aus weißem carrarischem Marmor. Darauf lagen orientalische Friese aus grünem Marmor, die aus Prato kamen. Auf deren Gesimse prangten eingravierte Reliefs in weißem Marmor. Die Arkaden wurden verdeckt von tiefblauen Überhängen aus Samt. Mit

Kupfer gefärbte falsche Balken mit goldenen Rosetten zierten den blauen Stoff.
Das Kunstwerk gewann mit der schwebenden Braut in weißem Hochzeitskleid seinen wahren Sinn. Wie eine Allegorie auf das glückliche Lebensziel in einer vollkommenen Ehe versinnbildlichte Caterina Picchena das glanzvolle Bauwerk mit der Bewegung der jungen Herzogin. Ein Sinnbild für das Eintauchen in eine glückliche Zeit. An der Seite des mächtigsten Mannes der Toskana, unter den Fittichen einer der reichsten Familien, in den Mauern des prächtigen Palazzo Pitti müßte diese junge Frau ein glückliches Dasein genießen können.
Caterina wußte, daß es anders kommen würde. Sie kannte Vittoria della Rovere seit längerer Zeit. Die Herzogin wurde seit ihrem fünften Lebensjahr von ihrer Großmutter, der herrschsüchtigen und bigotten Großherzogin der Toskana Christina di Lorena, erzogen. Die adlige Herzogin aus der Herrscherfamilie della Rovere von Urbino, fünf Tagereisen von Florenz nach Westen, mußte nach einer traurigen Kindheit die Erziehung ausgerechnet dieser Herrscherin über sich ergehen lassen. Der Vater der kleinen Vittoria, ein Hallodri, hatte sich am urbinischen Hof einen Teufel um das Wohl seiner Gattin geschert. Er starb auch schon, als er kaum achtzehn geworden war. Die Mutter, Claudia de'Medici, des Großherzogs Tante, verließ bald darauf das Renaissanceschloß in Urbino und kehrte in den Schoß ihrer Mutter zurück. Das fünfzehn Monate alte Mädchen dagegen blieb bei seinem Großvater. Bis, es kam der Gräfin Picchena so bekannt vor, die Familien handelseinig wurden und die kleine Prinzessin mit dem Großprinz verlobten. Nach kurzer Zeit wurde die künftige Großherzogin der Toskana bei den Nonnen im Kloster Crocetto in Florenz mit geistiger Borniertheit, Engstirnigkeit und Neid erzogen. Nach einer Verweildauer von vier Jahren im Kloster wurde das arme Geschöpf dem männlichsten Herrscher am Hofe, Christina von Lothringen, ausgeliefert. Ohne menschliche Wärme, aber mit bigotter Gläubigkeit, Sucht nach oberflächlichem Gepränge, übertriebenem

Ehrgeiz, Eitelkeit und Neid prägte die Großmutter die Wesenszüge des Mädchens.
Trotz des traumhaften Triumphzuges über die herrlichste Marmorbrücke, die sie jemals gesehen hatte, trotz des anmutigen Bildes, das die junge Braut den Florentinern bot, erinnerte sich Caterina daran, daß sie es niemals länger in der Nähe dieses kleinen überheblichen Biestes ausgehalten hatte. So kühl wie der Marmor der Silvanischen Brücke schien ihre Gefühlswelt zu sein. Ferdinand seinerseits liebte einen seiner Pagen. Auch er kannte seine kleine Cousine, mit der er nun verheiratet wurde, sehr genau. Etliche Jahre hatten sie zusammen im Palazzo Pitti gelebt. Ferdinand äußerte sich denn auch vordem über die vielen Möglichkeiten, sich in diesem überdimensionierten Palast aus dem Weg gehen zu können und daß man sich über Wochen noch nicht einmal sehen müßte.
Einem Schmetterling gleich schwebte an diesem heißen Tag die kühle, hochmütige Braut am Arm des Prinzen Giancarlo die zwölf weißen Marmorstufen der Loggia hinab zum Portal der Kirche. Dort empfing sie Signor Niccolini, der Erzbischof von Florenz. Er reichte der fünfzehnjährigen Frau das Kreuz. Vittoria della Rovere de Urbino kniete auf einem roten Samtkissen nieder, führte das Kreuz an die Lippen und küßte die Füße des Korpus. Atemlose Stille herrschte, als aus einem versteckt gehaltenen Seitentor hinter dem schweren Stoffvorhang Seine Durchlauchtigste Hoheit, der Großherzog Ferdinando II., erschien und der Braut aus ihrer ehrfürchtigen Haltung emporhalf. In Begleitung des Herzogs von Parma, des Herzogs von Guisa und des Prinzen Leopoldo de'Medici hielt das Brautpaar durch das Hauptportal Einzug in das Kirchenschiff, die Schöpfung des florentinischen Meisters Brunelleschi. Nahezu einhundertsiebzig Ellen legten sie in Begleitung bis unter die Kuppel im Kreuz von Haupt- und Querschiff zurück. Hier hielten sie eine Weile an. In einhundertsechzig Ellen über sich spürten sie das Jüngste Gericht, das grandiose Fresco des Meisters Giorgio Vasari. Die hochstehende Sonne schickte ihre funkelnden Strah-

len durch die kunstvoll bemalten Glasfenster in der Kuppel. Am Altar erwartete Monsignore Piccolomini, Erzbischof von Siena, und die Bischöfe Monsignore Venturi, Robbia, Serristori und Salviati den feierlichen Zug. Monsignore Salviati überreichte seiner Durchlauchtigsten Hoheit die Krone. Der Großherzog schaute der jungen Braut in die Augen. Sie kniete auf einem Samtkissen nieder, hielt ihren Kopf aufrecht, und Ferdinando II. legte das funkelnde und leuchtende Prunkstück der Braut auf den dunkelhaarigen Kopf. Vier Chöre begleiteten die Zeremonie mit gesungenen Gebeten.
Die Artillerie schoß Salut von der Cittadella und allen Burgen der Stadt. Vielstimmiges Glockengeläut erklang vom Kampanile, allen Kirchtürmen der Stadt und des Palazzo Granduca. Sie kündeten der Bevölkerung von dem Vollzug des freudigen Ereignisses.
Zurück im Palazzo Pitti, strebten die Gäste, Kleriker und hochrangige Mitglieder der angesehensten Häuser der Toskana und Europas, über die breite Ammannatistiege aus dem 16. Jahrhundert in den ersten Stock zur Galleria delle Statue und in die Sala delle Nicchie. Von hier aus verteilten sie sich in die Säle und Galerien, in Appartamenti und zu den großen Fenstern, um einen Blick auf das Volk auf der Straße zu werfen.
Die Menge der eingeladenen herrschaftlichen Häuser erlaubten es der verwitweten Gräfin, sich wie zufällig aus den Fängen ihrer Buondelmonti-Begleitung zu lösen. Sie streifte durch die prachtvollen Galerien und schaute sich Gemälde und Statuen, wunderschöne Möbelstücke, die Stuckkunst im Sala Bianca, handwerkliche Gebilde der großherzoglichen Werkstätten und Schmuck aus der florentinischen Gold- und Silberschmiedemanufaktur an. Ihr Weg schien ziellos, ihre Zeit ohne Hast zu sein. In dem einfallenden Licht durch die gewaltigen Fensterbögen leuchteten die Roben und die Juwelen der Damen. Funkelnde Diamanten, Sternsaphire, Rubine, Smaragde und rosaroter Morganit, einfache Amethyste, gelb bis braun leuchtende Topase und in mehreren Farben schimmernde Turmaline be-

schwerten Finger und Hände. Opalartige Perlen oder Bernstein aus dem Samland verdeckten die Halsfalten alternder Gräfinnen.

Durch das Menschengewirr hindurch am anderen Ende im Sala di Venere leuchtete der Hinterkopf eines schwarzhaarigen Mannes. Im selben Moment verdeckten flanierende Grafen, bummelnde Hofdamen und eilig laufende Diener den Blick. Der Schopf war verschwunden. Vielleicht war er niemals da, wahrscheinlich gab es viele solche Haarschöpfe unter den Gästen aus zahlreichen Nationen.
Welches Bild sie auch von nun an betrachtete, der Haarschopf ließ sie nicht mehr in Ruhe. War er es gewesen oder nicht? Konnte es sein oder war es unmöglich? Der Soldat aus der Provence war unter Mitwirkung des Prinzen Giancarlo von dem Granduca persönlich verbannt worden.
Caterina streifte durch das Meer an Gepränge, vorbei an prunkvollen Vasen aus der Ming-Dynastie, übersah die gleißenden facettenreichen Edelsteine an den Hälsen von Matronen, hatte keinen Blick mehr für die Kunstwerke der glorreichen Epoche. Sie schaute und ging, sie ging und schaute nur nach einem schwarzen Schopf. Sie wechselte eilig die Räume, als hätte sie ihr Kind verloren. Im selben Saal zurück, wurde sie von fremden Grafen und Edelleuten seltsam gemustert. Dann verschwand sie erneut, um einen Rundgang durch alle geöffneten Räume zu unternehmen. Ihr selbst schien es bald lächerlich, sich immer wieder denselben Blicken gieriger Männer auszusetzen, die ihre Unsicherheit und ihr Suchen bemerkt hatten.
*Die bußfertige Maria Magdalena* hatte Tizian in der ersten Hälfte des 16. Jahrhunderts für den Herzog von Urbino gemalt. Jetzt zierte das großartige Kunstwerk den Palazzo Pitti. Claudia, die Tante Ferdinands, oder vielleicht Vittoria oder sogar der Prinz Leopoldo in seiner Leidenschaft für große Künstler hatte dieses Werk nach Florenz geschafft.
»Ein außergewöhnliches Werk eines außergewöhnlichen Men-

schen«, sagte die Gräfin vor dem Bild wie zu sich selbst. Ihr Herz klopfte, daß sich der Busen auf und ab bewegte.
»Die Sinnlichkeit der jungen Frau mit den goldgelben Haaren, die sanft über die bernsteinfarbene Haut des freien Busens gleiten, erinnert mich an schönste Stunden vergangener Tage«, erwiderte der Mann mit dem schwarzen Hinterschopf vor dem Bild, ohne sich umzudrehen.
»Der Ausdruck im Antlitz des Mädchens«, fuhr die Gräfin fort, »zeigt eine bittende Sehnsucht, die Offenheit ihrer Seele. Nicht nur ihr Körper, ihre prallen Brüste verraten den Wunsch der Bittenden. Sie spricht aus ihrer Seele die Worte: ›Ich will endlich dem Glück nahe sein.‹«
»Ihr habt viel Sinn für die Kunst, hochgeehrte Gräfin Caterina Picchena«, entgegnete der schwarze Schopf. »Euch als Führerin zu haben, könnte mein Verständnis erweitern.«
»Nicht nur die Galerien des Palastes, alle Kunstwerke in Florenz warten auf Euch, Marzial Frains d'Aix.«
Langsam bewegte sich der Mann vor ihr und drehte sich allmählich um. Das Herz der Gräfin hämmerte gegen die weichen Brüste. Am liebsten hätte sie den Mann an diese Brust gedrückt, um dem inneren Schlagen Einhalt zu gebieten.
Ihr Blick versenkte sich in dem seinigen. Er schaute sie aufmerksam an und lächelte.
»Gräfin Picchena, es ist eine Weile her, daß wir ...«
»Wie kann es sein, daß Ihr als Verbannter des Großherzogs an seiner Hochzeit teilnehmt?«
Durch den Garten Boboli spazierten der französische Soldat und die Gräfin, an den Wasserspielen vorbei.
»Nun, ich habe eine Einladung des Großherzogs, von ihm persönlich unterzeichnet.«
Frains zog einen Brief aus seinem Umhang und fächelte sich mit dem Papier in der Hand Luft zu.
»Und die Verbannung?«
»Darüber steht kein Wort in der Einladung. Also habe ich mich auf den Weg gemacht. Es ist ein weiter Weg, wie Ihr wißt. Ein

weiter Weg zum Glück. Doch diesmal bin ich willens, ihn bis zum Ende zu gehen.«

»Welches Glück denn sprecht Ihr an?«

»Das Glück, das ich zu schnell hab seinerzeit verlassen.«

»Und was, mein Herr, meint Ihr damit? So drückt Euch deutlicher noch aus.«

»Ich wollt mich nicht dem Knaben Giorgio zum Kampfe stellen aus einer Lust und Laune. Die Dame meines Herzens wollte ich gewinnen. Doch hat sich der eine nicht gestellt, die Dame aber verlor ich schnell darauf.«

»Ihr redet mir zu sehr mit wirren Worten. Was war mit Giorgio? Ich verstehe nicht.«

»So wißt Ihr nicht?«

»Was soll ich wissen? Nun erklärt Euch endlich.«

»Es gab keinen Grund, mich zu verdammen. Den Giorgio bekam ich niemals zu Gesicht. Es fand kein Duell mit ihm statt. Ihr wißt das nicht? Die Spatzen pfeifen doch den Betrug des Kardinals der Medici von den Dächern. Nur Ihr, Ihr solltet das nicht wissen?«

»Ich habe nie verstanden, wie Ihr den Knaben umbringen konntet.«

Frains d'Aix blieb abrupt stehen. »Was meint Ihr damit, den Knaben umbringen?«

»Nun ja, Ihr hattet doch versprochen, daß Ihr ihm nur eine Lehre erteilen wolltet. Auch wenn ich ursprünglich von Euch mehr verlangt hatte. Der Grund für Eure Verbannung war doch, daß Ihr den Burschen im Duell getötet habt.«

»Gräfin Caterina Picchena«, der provencalische Soldat faßte sie bei den Schultern, »wer sagt, ich hätte den Burschen im Kampf getötet?«

»Das war gegen die Abmachung, das war der Grund für die Verbannung.«

Der Franzose nahm die Hände von den Schultern der Gräfin und ging weiter. Dann sagte er sehr leise: »Ich habe den Burschen noch nicht einmal gesehen, geschweige denn mit ihm gekämpft. Als ich an dem Morgen zum Schauplatz des Duells kam, war kein Giorgio da. Ich glaubte schon, er würde Angst haben und sich nicht stellen wollen. Ich war gerade im Begriff, mich auf den Rückweg zu machen, als die Schergen des Giancarlo auftauchten. Sie hatten den toten Burschen bei sich und verhafteten mich sofort. Dann kam die Verbannung. Ich glaubte, auch Ihr seid verhaftet und verbannt worden. Daher habe ich mich nicht mehr gemeldet.«

Diesmal war Caterina stehengeblieben. »Ihr habt ihn gar nicht getötet? Die Schergen des Giancarlo haben Euch sofort verhaftet? Frains, das ... das ist unfaßbar.« Sie schüttelte langsam den Kopf. »Unglaublich, eine unglaubliche Intrige. Dem Mann ist alles zuzutrauen. Doch wer hat den Pagen dann getötet, wer hat für diese Intrige einen Mord begangen? Wer ist zu solch einer Tat fähig?«

»Ja, wer? Ich denke, die Antwort habt Ihr selbst gegeben.«

»Ich will nicht mehr zurück in den Palazzo, ich will raus hier aus diesem Garten. Wir müssen sehr vorsichtig sein. Giancarlo wird Euch entdeckt haben. Er wird uns längst zusammen gesehen haben. Wir müssen auf der Hut sein.«

»Gräfin Picchena, das ist nicht mein Leben, auf der Hut zu sein. Ich werde mich nicht verkriechen.«

Caterina nickte. Sie gingen auf die Piazza Santa Felicita, überquerten den Ponte Vecchio und stürzten sich in den Trubel. Auf allen Plätzen gab es Spiele oder Theaterstücke, Gaukler führten ihre Kunst vor, Fußballspiele und Rennen lockten allenthalben viele Menschen an.

Fernab der Medici und in der Nähe eines sie verstehenden Mannes atmete sie freier, und sie gelangten hinter eine Bühne, auf der es wohl lustige Stücke zu sehen gab. Das Volk lachte, man scherzte miteinander und erfreute sich am Dasein. Die gelöste Stimmung schlug auf beide über, ließ sie enger aneinanderrücken. Das Podium für die Gaukler war sehr hoch gebaut. Ein festes Holzgerüst lud zur ungesehenen Zweisamkeit ein. Ehe sie sich's versah, lagen sich beide unter der Bühne in den Armen.

Zwischen den breiten Brettern fiel nur wenig Licht auf das Grün der Wiese und bot zugleich den Schutz vor neugierigen Augen und Ohren. Mit kräftigen Sprüngen tobten über ihnen die Gaukler und ließen den Bühnenboden erzittern. Darunter wogten in wilder Umarmung der Offizier und seine Gräfin. Als spendete das jubelnde Volk den Beifall den Engumschlungenen, trieb er sie zu weiteren wilden Taten. Mit hochgezogenem Kleid und wehendem Haar glaubte sie von allen Menschen gesehen zu werden. So ließen sie denn voneinander, richteten die Haare, glätteten die Kleider, und Frains spähte nach draußen, den freien Ausgang zu erforschen. Als sie ihn kniend so von hinten sah, überfiel sie doch ein ungeheures Lachen. Als viel zu komisch erkannte sie den großen Held.
Arm in Arm verließen sie die Gaukler. Noch einmal lachte Caterina herzlich. Wann hatte sie zuletzt auch nur etwas so ähnlich Verrücktes getan? Sie hielten sich fest, lachten und scherzten und wollten niemals wieder auseinandergehen.

An einem heißen Sommertag wartete die Gräfin auf der Terrasse ihrer Burg. Erntestaub schwebte ständig in der Luft und belastete ihren Atem. Die Hitze lag schwer über dem Land und auf den Gemütern. Der erwartete Besucher sollte all diese Mühsal hinfortschwemmen. Dichte Staubwolken auf der Strecke von Colle hatten seine baldige Ankunft angekündigt.
»Er kommt! Er kommt!« schrie sie voller Freude ihrer Kammerzofe zu.
Als sie mit ihren Fingern sanft über ihren Busen strich, spürte sie den Schweiß und den Staub auf ihrer Haut. Mit heftigen Armbewegungen verjagte sie die Kinder, die mit Drescharbeiten auf der Terrasse beschäftigt waren. Mit der Hilfe ihrer Zofe legte sie das gelbe Samtkleid an, das sie an ihrem ersten gemeinsamen Abend getragen hatte. Lang, zu lang hatte sie sich nach diesem Augenblick des Wiedersehens gesehnt. Seit drei Wochen weilte sie bereits in Picchena, und keine Minute war vergangen, ohne daß sie an ihren geliebten Frains gedacht hätte. Jeden Tag sollte

er eintreffen, und jeden Tag hatte sie ihn vergeblich erwartet. Über ihr Mieder legte sie einen neuen Schal, den sie extra aus Paris nach Florenz hatte kommen lassen. Dieser neue Mosulstoff aus dem Orient hatte im Palazzo Pitti für Neugierde gesorgt. Vorne verschloß sie ihn mit einer von Rubinen umfaßten Kamee, die sie von ihrer Mutter bekommen hatte. Ein mit Rosenessenzen durchtränktes kleines Leinentuch an ihrer Taille, das sie zwischen den Falten ihres Samtkleides verbarg, sollte den unangenehmen Schweißgeruch übertönen, während die Zofe ihr Gesicht mit wertvollem Alabasterpuder aus einer Porzellandose bestäubte, um die Spuren des allzu langen Wartens auf ihn in der Sonne zu kaschieren.
Sie lief ihrem Geliebten entgegen, wie sie damals als junges Mädchen mit einem mit Freude erfüllten Herzen zu ihrem zurückkehrenden Vater gelaufen war.
Stürmisch umarmte sie ihn, küßte seine verschwitzten Wangen und geleitete ihn in die kühlen Innenräume. Frains küßte ihren gierigen Mund, fuhr sanft über ihre Brust, küßte ihre Schultern und ließ sich von ihr in die Schlafkammer führen. Das Bett, in dem sie als Mädchen die Zukunft oft geschmiedet hatte, in dem sie, der Verzweiflung nahe, die Pläne ihres Vaters trostlos überdachte, in dem sie die Leiden der großen Pest erlebte und wo sie doch schließlich dem neuen Leben begegnet war, dort liebten sie sich über Stunden, vergaßen all die Nöte und die Leiden und schenkten sich die Freude und die ganze Zärtlichkeit der Welt.
»Woran denkst du?« fragte sie abrupt, als sie merkte, daß sein Blick in die Ferne schweifte.
»Ich denke an einen großartigen Maler, der ein wundervolles Gemälde mit einer bußfertigen Magdalena gemalt hat. Der Glanz in deinen Augen, Caterina, erhellt mein Herz, dein voller Mund ist zärtlich zu meinem Körper, deine Brüste spenden mir Erregung und Lust.«
Sie lächelte, wies mit den Armen auf das Land hinter den Fenstern, sprach von ihrer Mutter und ihrem Vater, von Galilei und den schönen Stunden längst vergangener Zeit. Die Pest vergaß

sie nicht, die schrecklichen Tage, da sie eingekerkert war, den Tod von Marco, einem lieben Freund. Eine Sehnsucht ergriff sie, die gestillt sie wähnte, doch war die Erfüllung weiter fort denn je. Endlich aber entschied sie selbst, was zu tun und was zu lassen sei, so fühlte sie. Sie liebte, sie liebte ohne Begründung und Verantwortung, ohne Fragen und Antworten geben zu müssen. Lächelnd schaute sie Frains an.
»Und woran denkst du jetzt?« wollte er nun wissen.
»Ich denke an die Gaukler in Florenz, die soviel Freude uns geschenkt haben.«
Dann lachten beide und umarmten sich erneut. Bald schritten sie über die Terrasse in das Tal. Sehnsüchte des kleinen Mädchens Caterina, so oft in diesem Wald geträumt, erfüllten sich und schenkten ihr endlich Glück.
»Du bist der Einladung des Großherzogs gefolgt, dein Glück zu finden«, flüsterte sie zärtlich. »Die Träume meiner Jugend sehe ich erreicht, doch schon empfinde ich in meinem Herzen den neuen Traum, mit neuer Sehnsucht angefüllt.«
»Welches ist der Traum, wie kann ich ihn erfüllen?«
»Nicht du, mein Freund, wirst mir die letzte Sehnsucht stillen. Ich sehe einen weiten Weg vor mir, den ich noch gehen muß.«

Die nächsten Tage waren für Caterina voller Glückseligkeit. Ihr schien, als ob sie endlich in dem Hafen angelandet wäre, an dem sie ihr Glück auf dieser Erde genießen durfte. Das Wiedersehen an jenem Abend im Palazzo Pitti hatte ihr Leben gerettet. Zum erstenmal fühlte sie um sich herum Sicherheit und Geborgenheit. Je mehr sie sich von Tag zu Tag diesem Glück hingab, desto trüber blickte ihr geliebter Frains. Je mehr sie ihn mit Picchena, mit der Toskana, mit ihrem Leben vertraut machte, desto schweigsamer wurde er. Ob sie sich jemals von diesem Land trennen könnte? Ob sie jemals ein anderes Leben führen könnte? Solche und ähnliche Gedanken überwältigten ihn. Sie ist ein Kind der Toskana, sie liebt die satten Felder, die hügelige Landschaft, den Geruch der Olivenhaine, sie liebt Florenz, die Künste, die Paläste, die Gesellschaft gebildeter Menschen. Nichts könnte sie von der Toskana trennen.

Sie setzte sich in dem Gras auf, auf dem sie lagen, und wandte sich ihm zu. »Frains, sag mir endlich, was dir am Herzen liegt.«

»Komm mit mir nach Frankreich«, flehte er. »Was willst du noch hier? Ich kann dir keine Hochzeit am Königshofe bieten, wir können keine prunkvollen Feste feiern, die Edelsteine, die ich dir zu schenken in der Lage bin, werden am Meer gefundene Muscheln und Korallen sein. Doch sei versichert, am Rande der Stadt Aix in der Provence wirst du mit mir gemeinsam in unserer kleinen Hütte speisen können, ohne die Häscher des Giancarlo fürchten zu müssen.«

»Ist dies der Traum, den du uns noch erfüllen willst?«

»Es ist ein Teil dieses Traumes. Komm mit mir. Fangen wir ein völlig neues Leben an. Es ist hier nicht möglich, oder glaubst du, die Buondelmonti würden uns heiraten lassen?«

»Du hast recht. Aber laß mir Zeit, um die Vorbereitungen zu treffen.«

»Welche Vorbereitungen denn? Die Zeit drängt.«

»Ich muß mein restliches Vermögen sammeln. Die Ländereien in San Gimignano und in Colle will ich verkaufen.«

»Wenn du meinst …«

Sie schloß plötzlich mit ihren Fingern seine Lippen und stürzte sich auf ihn. Zum erstenmal betrachtete er ihre Gesichtszüge im Sonnenlicht. Er sog das Bild ihres Antlitzes in sich auf, den regelmäßigen Ansatz ihrer blonden Locken über einer ehrgeizigen Stirn, ihre in einem Blau leuchtenden Augen, das ihn an die weite See erinnerte. Vor allem faszinierte ihn ihr Mund, dessen hochgezogene Winkel ihr stets ein kindliches Lächeln verliehen. Sie war die hübscheste Frau, die er jemals umarmt hatte. Er streichelte ihr zierliches Antlitz und spürte sein Herz von Glück erfüllt.

Zurück in Florenz, mühte sich die verwitwete Gräfin, einen Teil ihrer Güter zu veräußern. Abends besuchte sie ihren Frains in seiner Locanda. Gemeinsam schmiedeten sie Pläne, wie sie mit dem Vermögen aus der Erbschaft der Picchena in der Provence leben wollten.

Ihre Zuneigung zu dem Franzosen war den Buondelmonti nicht verborgen geblieben. Es war bald sichtbar, daß Caterina schwanger war. Don Alessandro stellte sie zur Rede. Im Musikzimmer des Palazzo an der Piazza San Trinita saßen sie sich gegenüber. Don Alessandro wies mit einer harschen Handbewegung auf ihren Leib. Sie schwieg und schaute ihn herausfordernd an.

»Na und jetzt, was soll das?« polterte der Pfarrer los.

»Was meint Ihr, Don Alessandro? Was meint Ihr damit?«

»Ihr seid ein liederliches Weib. Es ist stadtbekannt, daß sich dieser Franzose wieder hier befindet. Ihr sucht ihn täglich auf. Kein Wunder, daß das dabei herauskommt.« Er wies erneut auf ihren Bauch. »Was soll jetzt werden?«

»Wenn es Euch denn so sehr interessiert, Hochwürden, das ist das Produkt von Liebe.«

»Nein«, schrie er, »dies«, und er wies erneut auf ihren Bauch, »dies ist das Produkt der Lüsternheit.«

»Wie Ihr wollt. Ich werde das Kind gebären. Soll ich es Alessandro nennen?«

Der Schwager rutschte unruhig auf seinem Sessel hin und her.

»Ihr werdet das Kind hier nicht bekommen.«

»Das habe ich auch nicht vor, Don Alessandro. Ich werde Marzial Frains d'Aix heiraten.«

»Gut, sehr gut«, meinte der listige Pfarrer. »Wie Ihr wißt, werdet Ihr dann auf Euer Vermögen verzichten müssen.«

»Verzichten, auf mein Vermögen? Wie käme ich dazu? Es steht nirgendwo geschrieben, daß ich auf mein Vermögen verzichten muß. Ich werde den Franzosen heiraten und mein Vermögen selbstverständlich mitnehmen.«

Don Alessandro, immer noch Pfarrer in Impruneta, hatte einen erhitzten Kopf bekommen. Seine Adern am Hals traten hervor. »Wir werden Euch die Zustimmung für die Ehe verweigern. Entweder Ihr verzichtet auf Euer Vermögen, und dann könnt Ihr den Burschen aus Frankreich heiraten, oder wir, die Kirche und der Großherzog, verweigern die Zustimmung.«

Die Gräfin war aufgesprungen. »Das ist Erpressung. Ich werde mich der Erpressung nicht beugen!« rief sie zornig.

»Caterina Picchena, hör zu, du kleine Göre.« Alessandro fuchtelte wild mit seinen fetten Händen vor ihr herum. »Als wir damals deiner Hochzeit mit unserem Lorenzo zugestimmt haben, geschah dies nur in der Hoffnung, mit dem Vermögen von Signor Curzio Picchena unser eigenes Vermögen zu restaurieren. Glaubst du, du dummes Weibsstück, sonst hätten wir diese Hochzeit gedeckt?

Obwohl der Picchenesi mit seiner Herkunft aus der Grafschaft Picchena prahlte, kannten wir seine bäuerliche Abstammung, geboren auf einem Podere der Picchenesi. Das Schlimmste aber war, daß wir uns über sein Vermögen Illusionen hingegeben hatten. Deine Mitgift, Göre, betrug dreißigtausend Scudi und Rinderherden. Zusammen machte das sechzigtausend Scudi. Das reicht gerade, einen Palazzo zu renovieren, nicht einen anderen wieder aufzubauen.« Der rotgesichtige Pfarrer holte tief Luft. Die Aufregung machte ihm zu schaffen. Immer noch fegte er mit seinen Fingern vor der sprachlosen Caterina herum. »Ihr solltet Euer Verhalten wohl überlegen. Ihr bekommt unsere Zustimmung zur Hochzeit, doch Ihr solltet Euch über unser Vorhaben freuen, den Glanz des Hauses Buondelmonti zu erneuern, so wie er einst in antiker Zeit war, als es das Haus der Medici noch gar nicht gab.« Der Pfarrer schnaufte.

Kalt und beherrscht begegnete ihm die Gräfin Caterina. »Jetzt ist es gesagt, Buondelmonti. Eure Ziele sind bekannt. Ihr habt den Handel nur in Euren Gedanken gemacht. Meine Zustimmung habt Ihr nicht.«

»Caterina Picchena, Ihr werdet ohne Vermögen das ehrenwerte

Haus der Buondelmonti verlassen. Ihr gehört nicht mehr zu unserer Familie. Die Vernunft, Gräfin Picchena, sollte Euch das richtige Verhalten diktieren. Ihr solltet glücklich sein, wenn wir die Ehre und das Ansehen der Familie Eurer beiden Söhne, den Glanz und die Schönheit des Palazzo in neuer Pracht erstrahlen lassen.«

»Restauriert mit dem Vermögen aus dem Val di Pesa. Stellt die Ehre Eurer Sippe wieder her, wenn Ihr ehrlich und korrekt seid, nicht hinterlistig, intrigant, bestechlich und erpresserisch. Das sollte Euer richtiger Weg sein, Don Alessandro, Pfarrer von Santa Maria dell'Impruneta. Ich auf alle Fälle, Hochwürden, werde den Signor Frains d'Aix ehelichen und mein Vermögen aus Picchena mitnehmen.«

Sie wandte sich abrupt um und verließ den Raum.

Don Alessandro schnaufte hinter ihr her, rief einige anzügliche Bemerkungen, schimpfte und fluchte irgend etwas von der gemeinsamen Macht des Staates, der Kirche und den reichen Buondelmonti.

Von ihren Besuchen bei dem Franzosen ließ sie sich durch die erpresserischen Anwandlungen des Schwagers in den nächsten Tagen nicht abhalten. Sie bereitete sich in Ruhe auf ein neues Leben mit dem Soldaten in der Provence vor.

Ihr plagt mich, Ihr quält mich wie ein Stück Vieh. Ich habe Euch tausendmal gesagt, zieht nicht so extrem. Ihr reißt mir beim Zupfen die Haut ab.«

Giancarlo drehte sich von seinem Sessel zum Spiegel. Er erkannte seine frisch enthaarte Brust nicht mehr. Er ließ sich seinen Hermelinumhang bringen und auf die Schultern legen. Neben ihm stand der verlegene Bader, aus seiner linken Faust schaute ein schwarzes Haarknäuel hervor, rechts hielt er eine Pinzette.

»Schluß jetzt, ich erwarte Besuch«, fuhr der Kardinal seinen Bediensteten unwirsch an.
In dem roten Audienzsaal des Palazzo Pitti wartete bereits Don Alessandro de'Buondelmonti.
»Eminenz, die Sorge um das Wohl der heiligen römischen Kirche führt mich zu Euch. Nehmt meinen tiefsten Dank entgegen, daß Ihr meiner Bitte nach einer Audienz so schnell stattgegeben habt.«
»Nun, Hochwürden, wenn es um das grundsätzliche Wohl unserer Kirche geht, sollte uns kein Weg zu weit und keine Mühsal zu anstrengend sein, den rechten Weg zu finden und die rechten Entscheidungen zu treffen. Eure ehrenwerte Familie, Monsignore Buondelmonti, ist der Kirche stets eine treue Dienerin gewesen. Manch ein Altar in und um Florenz, die Kirche in Impruneta und selbst manches Kloster weiß Eure Mildtätigkeit und Barmherzigkeit zu schätzen. Schon jetzt, Hochwürden, bitte ich Euch inständig, meine Grüße und die allerbesten Wünsche Euren beiden hochgeschätzten Schwestern zu überbringen. Allzu selten haben wir Gelegenheit, miteinander über die Geschicke der Familien und das Wohl unserer Kirche zu beraten. Daher, mein Sohn, drücke ich meine tiefe Befriedigung über dieses Zusammentreffen noch einmal aus. Seid mir herzlich willkommen.«
Alessandro Buondelmonti verbeugte sich tief vor dem Kardinal, erhob sich dann und blieb stehen.
»So nehmt doch Platz, Don Alessandro. Bedeutende Gespräche sollten wir nicht stehend führen.«
Giancarlo wies seinen Pagen Roberto mit einer unwirschen Handbewegung an, dem Pfarrer einen Stuhl zu bringen.
Der Page des Kardinals schleppte den breiten Sessel herbei und stellte ihn vor den Audienzthron. Dann wartete er geduldig auf weitere Instruktionen.
»Nun, was hat er noch? Gehe er vor die Tür, und warte er, bis ich ihn rufe.«
Roberto verbeugte sich und schlich die ersten Schritte rück-

wärts. Auf ein Zeichen des Kardinals hin drehte er sich um und verließ zügig den Audienzsaal. Von außen stellte er sich an die nur leicht angelehnte Tür. Die Stimmen der beiden Kirchenvertreter waren auch dort noch deutlich zu hören.
»Alessandro Buondelmonti, Ihr habt mich schriftlich wissen lassen, was Euer Begehr ist«.
Roberto hinter der Tür zeigte keinerlei Interesse für die Kirchenpolitik oder für die Verbindung zwischen der Kirche und dem Staat Toskana. Ihm sollte es gleich sein. Dann stellte er sich auf eine langweilige Wartezeit vor der Tür zum Audienzsaal ein. Er durfte auf keinen Fall einschlafen und mußte dem Ruf seines Herren sofort Folge leisten.
»Eminenz«, begann der Pfarrer aus Impruneta seine Vorstellung, »die große Sorge um die Belange der Mutter Kirche hat direkt etwas mit meiner Familie zu tun.«
»Ich weiß, ehrwürdiger Monsignore Buondelmonti, Ihr habt es mir in Eurem schriftlichen Begehr mitgeteilt. Ihr wißt um die grenzenlose Hochachtung, die ich Eurem Hause gegenüber hege. Leider nun ist Euer frommer Bruder, der Träger des Familiennamens und der Erbe des starken Handelsgeschlechtes Buondelmonti, Lorenzo del Senatore Altobianco de'Buondelmonti, zu früh an einer teuflischen Krankheit dahingeschieden. Ich habe an dem Leid Eurer Familie mitgetragen, Monsignore.« Der Kardinal verneigte sich vor dem Pfarrer, um ihm sein Mitgefühl zu zeigen. »Über die Gerüchte, die sich anschließend wie ein Verbrechen über unsere Stadt legten, will ich schweigen. Wir sollten nicht den Gerüchten unser Gehör schenken, sondern uns nur den Tatsachen widmen.«
»Doch die Gerüchte sind es, Eminenz, die den gläubigen Sinn meiner verehrten Mutter, Gott hab sie selig, verwirrten und meinen keuschen Schwestern die Nachtruhe rauben. Die Gerüchte lassen uns nicht zur Ruhe kommen. Ich wende mich in meinen berechtigten Zweifeln an Eure Eminenz mit der Bitte, diese Zweifel zu beseitigen. Es ist die Witwe meines verstorbenen Bruders, es ist Caterina Picchena, die unsere Ge-

müter aufheizt, es ist die treulose Gattin des ehrenwerten Lorenzo.«

»Nun, es ist nichts genauer bekannt geworden, Monsignore, doch sprach man schon vor der Beerdigung Eures Bruders von seltsamen Geschehnissen in Eurem Hause.« Giancarlo hatte sich mit einem süffisanten Lächeln zu Alessandro vorgebeugt. »Es hieß zur damaligen Zeit, daß einer meiner Pagen, ein gewisser Giorgio, die körperlichen Wünsche der Caterina Picchena befriedigte. Eurem Bruder wurden von den Schandmäulern Kontakte zu hübschen Knaben angelastet. Doch die verwerflichen Quatschmäuler wollen wir nicht noch ehren, mein Freund. Niemand soll das Ansehen des ehrenwerten Hauses Buondelmonti in den Schmutz ziehen. Später ist ja auch der Page Giorgio auf geheimnisvolle Art ums Leben gekommen.« Giancarlo beugte sich grinsend noch weiter vor. »Auch in dem Zusammenhang, mein Glaubensbruder, wurde die Picchena genannt.«

Don Alessandro entdeckte ein feuriges Aufglühen in den Augen des Kardinals. Dieses Licht machte ihm Mut.

»Es sind zu viele Gerüchte, die meine zu Spenden bereite Familie verleumden. Eine neue Gefahr droht vollends den Wert unserer Sippe in den Schmutz zu ziehen. Die Verläßlichkeit der ehrenwerten Familien aus Florenz steht auf dem Spiel. Die Gerechtigkeit fordert schnelles Handeln, Eminenz. Kein Kloster, keine Kirche wird sich in Zukunft stolz der Spenden, der Gemälde und der goldbelegten Altäre aus dem Hause Buondelmonti rühmen können. Wer wird schon gerne aus einem Mörderhaus, aus dem hinterlistige Mordgelüste, Ehebruch und Vergeudung gemeldet werden, seinen Ruhm beziehen?«

»Recht habt Ihr, mein Freund, Ihr solltet die Witwe in Eurem Palazzo zu mehr Anstand und einem Lebenswandel ohne Tadel auffordern.«

»Eminenz, man sagt, verzeiht mir, denn auch das ist nur ein Gerücht, daß selbst Euer Name mit den sittenlosen Umtrieben der Caterina in Verbindung gebracht wird. Ihr solltet einen

Riegel rechtzeitig vor die Öffnung des schlechten Leumunds legen.«

»Monsignore Alessandro, Ihr wißt, ich kann mich mit dem Namen der Medici vor falschem Zeugnis und hinterhältigen Gerüchten schützen. Doch wie steht es um die Mär, daß Ihr samt Caterinas ersten Buben doch wohl um ein gehöriges Erbteil bangt, das letztlich ihr, der Picchena, gebühren würde, wenn sie sich einen neuen Freund zum Manne nähme?«

»Ich sehe, Eure Durchlauchtigste Hoheit«, spann der Buondelmonti sogleich sein Fliegennetz erneut weiter, »daß wir genug an Gründen haben, im ehrlichen Sinne unserer Kirche dafür zu sorgen, daß Sittenstrenge, Keuschheit und die Ehrlichkeit an Kraft gewinnen.«

»Wie steht es um den Leumund, verehrter Buondelmonti? Caterina ist die Tochter des allseits bekannten Staatssekretärs Curzio Picchena. Nicht wenige der edlen Herren, vom Granduca bis zu Senatoren, von Wissenschaftlern bis zu Künstlern ehren den verstorbenen Senator Curzio. Manch Glanz fällt ab auf seine Tochter. Allseits wird ihr ein guter Leumund nachgesagt. Mehr als nur ein Mensch wird nach Caterina fragen.«

»Ihr seht, es ist an der Zeit, einen Quell des Ärgernisses aus der Welt zu schaffen.«

»Wen betrachtet Ihr, Monsignore Buondelmonti, als die Quelle allen Übels?«

»Hochverehrte Eminenz, mein bescheidenes Priesterherz wagt nicht zu sagen, daß der wahre Quell eines jeglichen Menschen Unglück die Frauen sind. Die Mutter Kirche sieht es lieber, wenn jede Frau sich in der Kirche in Bescheidenheit übt. Die Kirche hat der Frau geboten, sich aller Ämter zu enthalten. Mein Verstand geht nicht so weit zu behaupten, wie manch ein strenger Mönch und gar mancher Heiliger sich brüstete, die Frau an sich sei schon eine Sünde.«

»Und nicht gar, daß jede von ihnen eine Sünde wert ist.«

Giancarlo lachte so angestrengt aus vollem Hals, daß sein

Kopf ganz rot wurde. Er schlug sich laut brüllend auf seine Oberschenkel, die schamvoll unter seinem Talar versteckt waren.
Buondelmonti kannte die Anwandlungen seines Herrn, über alle Scherze laut zu lachen, wenn nur eine Frau dabei im Spiele war. Dennoch war der Pfaffe sehr verwirrt, den Kardinal so ausgelassen über Weiber palavern zu hören.
»Die Frau an sich, Monsignore, so sagtet Ihr, ist nicht von Natur aus Sünde. Obwohl, mein Freund, obwohl ...« Giancarlo schien erneut einen Lachkrampf zu bekommen.
Schnell griff der Pfarrer ein. »Die Frau an sich, so meine ich, ist nicht schon Sünde. Doch gibt es Frauen, die sind eher eine Sünde wert als andere, ach nein, was sag ich da, Eminenz, das ist nicht meine Rede ...«, verhaspelte sich Alessandro Buondelmonti.
Jetzt war es an Giancarlo, verblüfft auf seinen Pfarrer zu schauen. Erneut lachte er lauthals und unverschämt.
»Ich meine doch nur, mein hochverehrter Kirchenvater, es gibt Frauen, die sind eher der Sünde zugeneigt. Ich will damit sagen, sie sündigen mehr als andere.«
Der gestrenge Pfarrer fühlte sich vor seinem Kardinal recht unsicher. Er schaute verschämt zur Erde.
»Ja, ja, mein Buondelmonti.« Der Kardinal lachte immer noch aus vollem Herzen. »Es gibt tatsächlich Frauen, die mehr Verführungen genießen als andere. Doch will ich die Ernsthaftigkeit Eurer Rede nicht bezweifeln. Also, freiweg heraus mit der Rede. Wer ist das verführerische Weib in Florenz, um das sich selbst der Pfarrer von Santa Maria dell'Impruneta Sorgen macht?«
»Die Sorgen mach ich mir um Moral und Sitte ...«
»... und um die Ehre Eures Hauses und um das Erbe. Doch zurück zu Eurer Sittenstrenge und zu Euren Vorschlägen. Auch mir sind manche Liederlichkeit und manch ein Gerücht nicht angenehm. Ein schnelles Ende würde allen, Euch, mir und vor allem der Mutter Kirche dienlich sein. Also, frei heraus, Mon-

signore. Was schlagt ihr vor, Hochwürden? Wie kann das Leid, das vielfältig auf Euch geladen ist, von Euch genommen werden?«

»Von mir und meiner Familie und von Euch, Eminenz, muß der besudelte Name reingewaschen werden. Schickt die Treulose in die Abgeschiedenheit eines einsamen Klosters, aus dem sie niemals wird entfliehen können.«

»Die Idee ist gut, Hochwürden Buondelmonti. Es muß etwas Züchtigeres her.«

Der Kardinal wiegte nachdenklich sein Haupt. Er stützte sein Kinn in die linke Hand. Seine Augen wurden enger und enger, daß gar dem von Ferne beobachtenden Pagen angst und bange wurde. »Gut, gut«, bewertete er dann seine eigenen Gedanken. »Das ist sehr gut.« Und mit kalter Stimme fuhr er fort: »Ich kenne da ein gutes Kloster, mein verehrter Buondelmonti. Dort in der Abgeschiedenheit wird die Witwe Zeit und Muße haben, sich ganz und gar auf den wahren Herrn, unseren Gott, für immer einzustellen. Ich denke, ich werde den Granduca überzeugen.«

»Verratet mir doch dies Geheimnis, welch edles Kloster Ihr für die störrische Braut entdeckt habt.«

»Es ist das Kloster, das einen solchen Namen nicht verdient. Doch gebt Euch jetzt zufrieden. Der Rest ist Angelegenheit des Staates.«

Giancarlo zeigte auf seinem Gesicht ein niederträchtiges Grinsen.

Alessandro Buondelmonti nickte hocherfreut. »Die Ehre unseres Herrn bleibt gewahrt. Ich vertraue den wohlüberlegten und gerechten Entscheidungen Eurer Eminenz.«

Giancarlo de'Medici nickte beifällig. »Haltet ein, Monsignore. Euer Auftrag ist noch nicht beendet. Eine kleine Notwendigkeit noch aus Eurer Feder. Eure schriftlich gefaßten Anmerkungen für diese Audienz, Hochwürden, so gestattet es mir, werde ich als Begründung für einen Entscheid des Granduca verwenden müssen.«

Alessandro Buondelmonti verbeugte sich tief und bat um Entlassung aus der Audienz. Dann entfernte er sich, rückwärts zur Tür gehend.

Im Namen seiner Durchlauchtigsten Hoheit, des Großherzogs der Toskana, werdet Ihr, Caterina Picchena, verwitwete Buondelmonti, des unreifen, sittenlosen Lebenswandels bezichtigt. Ihr werdet beschuldigt, das Andenken Eures Vaters, des ersten Staatssekretärs und Senators des Großherzogtums der Toskana, Landgraf Curzio Picchena, in Unehren gehalten, das Ansehen Eures verstorbenen Gatten Lorenzo del Senatore Altobianco de'Buondelmonti besudelt und gegen die Rechte unserer heiligen römischen Kirche verstoßen zu haben. Darüber hinaus gewährleistet Ihr nicht, Euren Söhnen Lorenzo und Leonardo Buondelmonti ein gutes Vorbild zu sein, so daß die Reputation der ehrenwerten Familie Buondelmonti in den Schmutz gezogen wird.
Seine Durchlauchtigste Hoheit, Großherzog Ferdinand II., verfügt mit diesem Dekret, daß Ihr der Obhut der Schwestern der Karmeliterinnen von Santa Maria Maddalena degli Angeli überstellt werdet. Eure beiden Söhne verbleiben in der Obhut der Schwestern Eures toten Gemahls. Ihr werdet noch heute Eure Wohnstatt in das Kloster verlegen. Der Offizier, der Euch diese Botschaft überbringt, hat die Pflicht, den Vollzug des Befehls zu überwachen und Euch in das Kloster zu begleiten.«

Mit zittrigen Händen hielt ihr der Soldat das Dekret unter die Nase. Er hatte sich erst vor wenigen Minuten in dem Palazzo an der Piazza Santa Trinita anmelden lassen und sogleich nach der Gräfin verlangt. Im Salon in dem piano primo hatte sie ihn empfangen.
Plötzlich und unerwartet hatte die Nachricht bei ihr einge-

schlagen. Überwältigt starrte sie mit großen Augen den Mann an.

Was soll das? dachte sie. Was hat das zu bedeuten? Warum soll ich verbannt werden? Die Zusammenhänge sind nicht erkennbar. Verbannung in ein Kloster? Wegen unsittlichen Lebenswandels? Wegen Beleidigung, Andenken in Unehren gehalten, besudelt?

Sie wiederholte in ihrem Kopf die ungeheuren Vorwürfe. Das kann sie doch gar nicht sein. Das muß ein Fehler der Ordonanz sein.

Unerbittlich starrte das Siegel des Großherzogs sie an.

»Offizier, das muß doch wohl ein Irrtum sein. Ihr seid in dem falschen Haus. Die Vorwürfe, die ich höre, treffen nicht auf mich.«

Sie nahm das Schreiben in die Hand und wedelte mit dem Papier vor dem Gesicht des Überbringers.

»Es ist das richtige Haus, Gräfin, Ihr seid die richtige Person. Ich habe mich in Kenntnis gesetzt. Der hochgeehrte Kardinal, Seine Eminenz Giancarlo de'Medici, hat mir das Dekret persönlich übergeben. Macht Euch bereit, es wird Zeit.«

Der Offizier nahm eine dienstbeflissene Haltung an.

Caterina blickte sich unsicher um. Sie wußte nicht, was sie sagen, was sie tun sollte. Zu ungeheuerlich war die Botschaft. Zu unfaßbar die Nachricht.

Was ist das für eine erneute Schweinerei? Wer hat den Brief übergeben? Giancarlo, dieses Monster. Das Siegel mit der Unterzeichnung des Großherzogs ist darunter. Wer steckt hinter dem Anschlag? fragte sie sich. Buondelmonti, Don Alessandro, der Pfarrer aus Impruneta, muß der Urheber sein. Die gemeinen Anschuldigungen können nur aus seinem Gehirn entwichen sein. Das ist ein Anschlag von ihm, der einen abgrundtiefen Haß gegen alles hegt, was Picchena heißt. Er und sein kirchlicher Freund, der unmenschliche Giancarlo, haben das gemeinsam ausgeheckt. Die Schwestern Buondelmonti haben gewiß an diesem Komplott mitgewirkt. Sie alle haben seit geraumer Zeit die Notwendigkeit einer Schwägerin nicht mehr wahrhaben wollen. Ich habe meine Pflicht und Schuldigkeit getan.

»Laudomia, Ginevra«, rief sie zornig mit lauter Stimme in den Palast hinein.

Sie brauchte nicht lange zu warten. Wie zufällig befanden sich die beiden Jungfern direkt an der Tür zum Salon.

»Ihr habt uns gerufen?« Laudomia blickte sie mit flatternden Augenlidern an.

»Was können wir für Euch tun, verehrte Schwägerin?«

»Hier, was soll das?« Caterina wischte mit dem Dekret durch das Gesicht der älteren der beiden Schwestern. »Lest das, und sagt mir, was ihr damit zu tun habt. Ich werde dafür sorgen, daß ihr beide so schnell wie möglich in das Kloster geschickt werdet.«

»Wir?« rief die unscheinbare Ginevra. »Wir doch nicht, Ihr sollt doch ...«

Dann merkte sie, daß sie sich eben verraten hatte. Ihre Schwester versetzte ihr einen Puff in die Seite.

»So, ihr Zwergengestalten, ihr wißt also längst von dieser Ungeheuerlichkeit. Wahrscheinlich seid ihr die Anstifter.«

»Nein, nein«, stotterte die kleinere der beiden widerstandslos, »wir haben nur ...«

»Mir reicht's, ihr häßlichen Enten. Ihr wart also auch daran beteiligt.«

Die beiden Töchter des Hauses liefen rot an ob dieser gemeinen Beschimpfungen. Sie huben zu einem Protest an, doch ihre Stimmen blieben leer, ihre roten Augen verrieten die Wahrheit, die sie verschweigen wollten.

»Ihr geifernden Hexen, ihr habt mich nur als brauchbare Kuh, als Gebärmaschine, als Sippenretterin betrachtet. Die Mitgift unserer Familie Picchena ist euch das Edelste in eurem krankhaften Leben. Dem Lorenzo, eurem schwindsüchtigen Bruder, sollte ich im Bett für einen Akt bereitliegen, den er noch nicht einmal mannhaft durchstehen konnte. Er war so unfähig für eine Frau, wie ihr es für jeden Mann sein würdet.«

Laudomia und Ginevra flatterten am ganzen Körper, ihre spitzen Nasen wurden immer blasser. Sie waren keiner Entgegnung fähig. Der Offizier, der Bote des Giancarlo, stand ängstlich neben den Angriffen der Delinquentin. Vieles war nicht für seine Ohren bestimmt. Er wollte sie schließen, letztlich öffneten sie sich immer mehr.

»Ihr unfähigen Weiber, euer Ziel ist es stets gewesen, euren Bruder zu einem Weib zu führen, das euch den Erben bringt. Ihr habt jetzt zwei Erben, was wollt ihr noch mehr? Die Mitgift, schließlich alle Güter meines Vaterhauses? Ihr gierigen, giftigen Hexen. Jetzt steckt ihr dahinter, daß ich in ein Kloster geschickt werden soll. Gemeinsam mit eurem Bruder Alessandro. Auf der Beerdigung hat er mir das angedroht. Irdische Reichtümer sind euch bedeutender als ein bißchen Nächstenliebe.«

»Ihr seid erhitzt, Ihr solltet sehen, daß wir nichts damit zu tun haben«, erwiderte schließlich Laudomia.

»Kein Mann hat euch jemals geliebt«, fuhr Caterina fort, die Worte der Buondelmonti ignorierend. »Ihr wißt nicht, wie die Liebe zu einem Mann ist, ihr albernen Jungfrauen. Noch nicht einmal Lorenzo hat euch geliebt, der Pfaffe Alessandro verachtet euch. Was schürt ihr das Feuer der Hexenjagd? Könnt ihr es nicht abwarten, bis ich eines natürlichen Todes gestorben bin? Warum habt ihr Angst, die Güter der Picchena zu verlieren. Euer Reichtum geht über die Grenzen des Landes hinaus, eure Palazzi und Villen, eure Güter, eure Handelshäuser und sonstiges Vermögen, ihr gierigen Weiber, werden euch einen Strick um den Hals legen. Ihr werdet ersticken an euren Reichtümern, ihr werdet zugrunde gehen an eurem Unrecht, das ihr tut. Ihr werdet weder Freude auf Erden haben, noch wird sie euch im Himmel beschieden sein. Ihr sammelt die verdammten Geldstücke in einem Sack, in den Banken, nehmt es von den Armen, den Bauern, den Gläubigen, ja, sogar von den Gläubigen. Eure Kunden sind doch Gläubige, oder etwa nicht? Verkauft ihr eure Produkte etwa an Ungläubige, ihr Hohenpriester des Altertums. Ihr seid Frömmlerinnen und Scheinheilige, euer Leben ist keinen Pfifferling wert. Selbst wenn ihr irgendwann eines natürlichen Todes sterbt, werdet ihr stets zu leiden haben. Eine Frage wird euer jammervolles Leben bis zum Ende begleiten. Die Frage nach dem Sinn des Geldes, dem Nutzen des Reichtums. Euch hat all dies zu nichts befähigt. Noch nicht einmal zu klaren Gedanken über das Sein. Gott selbst hat euch gelehrt, daß euer letztes Hemd keine Taschen hat. Ihr hattet vorher nichts, jetzt nichts, und ihr werdet weiterhin nichts haben. Ihr seid arme Geistesgestörte, ihr seid unfähige Wesen, die durch Zufall in einen Reichtum hineingeboren sind. Ich verachte euch.«

Caterina atmete tief durch.

Die Schwestern Buondelmonti waren ob des Angriffs der Witwe ihres Bruders unfähig, klare Gedanken zu fassen. Als erste sprach Ginevra. Ihr tölpelhaftes Aussehen verlieh ihr auch den Sinn der Sprache.

Mit beiden vor Angst zitternden Händen versuchte sie vor ihrem Gesicht die Gedanken zu fassen.

»Aber Caterina, Ihr tut uns weh. Wir wollten doch nur, daß Ihr den Weg zu Gott wiederfindet.«

»Schweigt, dümmliche Hexe«, fauchte die Gräfin leise. »Ihr seid es nicht einmal wert, daß ich Euch antworte. Ich habe nicht den geringsten Wunsch, mit euch auch nur noch einen einzigen Tag unter einem gemeinsamen Dach zu leben. Verschwindet, ihr unfähigen Ratten.«

Mit einer energischen Handbewegung jagte sie die beiden von dannen.

Wie auf ein Kommando huschten die ängstlichen Jungfrauen aus dem Raum.

Die verbannte Gräfin schaute voller Stolz auf den Offizier.

»Ihr könntet auf Befehl dieses Kardinals ebensogut den Kot eines Pferdes von dannen tragen. Selbst dann würdet Ihr nicht danach fragen, warum und was das bedeutet.«

»Gräfin, ich bin ein pflichtbewußter Soldat.«

»Eben, das meine ich ja. Ihr habt keine eigene Entscheidungsfähigkeit. Ihr seid gerade reif, einen Kackstuhl hinwegzutragen.

Erspart mir aber jetzt Eure Antwort. Ich verzichte auf Ungeziefer. Wieviel Zeit habe ich, meine Sachen zu packen?«
Der Offizier schwieg verwirrt.
»Noch nicht einmal dazu seid Ihr befähigt.«
Zwei Soldaten aus der Garde des Großherzogs faßten sie links und rechts unter die Arme und führten sie hinaus.

# Im Kloster

Das Portal der Abtei Santa Maria Maddalena degli Angeli öffnete sich und schloß sich. Nach wenigen Minuten war Caterina Picchena eine Converse, eine Laienschwester. Unglücklich hockte sie in einer stumpfen Klosterzelle auf einer hölzernen Bank, ihre beiden Füße breit auseinandergestellt. Der weite Rock fiel zwischen den Knien durch. Sie stützte die Ellbogen auf. Ihren Kopf hielt sie in den Händen. Die traurige Gräfin wußte nichts zu sagen und nichts zu denken. Sie saß einfach so da und schien die Zeit und die Geschehnisse vergessen zu haben. Was war passiert? Welche finsteren Mächte hatten sich gegen sie verschworen? Sie hatte noch nicht einmal Zeit gehabt, ihren geliebten Frains wiederzusehen. Wo mochte er jetzt sein? Was mochte er über sie denken? Sie blickte auf die verschlossene schwere hölzerne Kommode, die ihr zwei Hilfskräfte unter das offene Zellenfenster geschoben hatten. Wohin mit den vielen Kleidern? Sie fröstelte ein wenig. Das Fenster ließ sich nicht verschließen.

»Die Entsagungen sind der Dienst an unserem Herrn«, vernahm sie wie aus weiter Ferne eine knarrende Stimme.

Schwester Oberin hatte sich wie ein Wachturm in der Zellentür aufgebaut. Caterina hatte ihr Hereinkommmen nicht gehört.

»Ihr werdet Euch daran gewöhnen, so wie sich alle hier daran gewöhnen. Dies ist kein Leben mit Bediensteten und Sklaven. Richtet Euch darauf ein, alles Notwendige selbst machen zu müssen. So hat es der Herr getan, so will er es, daß wir ihm nachfolgen, in Armut, Keuschheit, Bescheidenheit und Demut. Die Andacht beginnt in wenigen Minuten. Seid pünktlich, Converse Caterina.«

Die Oberin verschwand so unauffällig, wie sie erschienen war.

Die jüngste Converse starrte immer noch auf die schweren Schlösser ihrer hölzernen Truhe. Sie erhob sich und öffnete die Tür ihrer Zelle. Vor den nebeneinanderliegenden einzelnen Zellen lief das Dormitorium, der Gang, von dem aus die Zellen erreicht werden konnten. Die Conversen und die Nonnen eilten heraus, trafen sich im Dormitorium und gingen schweigend in die Klosterkirche zur Vesper. Liturgische Gebete wurden gesungen und zelebriert. Nach der Vesper traf man sich im Refektorium, dem gemeinsamen Speisesaal. Das Abendessen war einfach. Es bestand aus Brot, Wasser und Gemüse.
Die Oberin führte die Converse Picchena durch die Räume des Klosters.
Der Wärmeraum verfügte neben der Küche als einziger Raum im Kloster über eine Wärmequelle. Ein großer Kamin mit einem halbkreisförmigen, sehr hohen Rauchabzug vertrieb im Winter an besonders kalten Tagen ein wenig die Kälte. In dem niedrigen wuchtigen Raum stützten drei Säulen, die jeweils auf einem breiten Sockel ruhten und am oberen Kopf ein schönes Kapitell besaßen, die gewölbte Decke. Breite romanische Fenster ließen sehr viel Licht herein. Tische vor den Fenstern zeigten, zu welchem Zweck der Wärmeraum noch benutzt wurde. Hier konnten intellektuelle Studien und Schreibarbeiten erledigt werden.
»Und hier, Converse Caterina, begegnen wir uns jeden Morgen nach dem ersten Gottesdienst.« Die Oberin hatte mittlerweile mit Caterina den Kapitelsaal erreicht. »In diesem Kapitelsaal wird allmorgendlich ein Kapitel unserer Klosterregeln vorgelesen. Dort werde ich Euch morgen früh auch den anderen vorstellen. Der Kreuzgang, in dem wir uns jetzt befinden, ist ein Ort der Ruhe, der Besinnung und des Gebetes. Hier könnt Ihr auch geistigen Studien nachgehen und in Büchern arbeiten.
Das Kloster, Converse Caterina, ist ein Ort der Stille und der Erbauung. Es herrscht überall Ruhe und Gelassenheit. Euer Aufenthalt ist Eurer Besinnung gewidmet. Befreit Euch von den irdischen Gütern, den Lüsten und dem Streben nach Macht und Wohlstand. Besinnt Euch auf Euer zukünftiges himmli-

sches Leben unter den Engeln bei unserem höchsten Herrn. Sucht nicht den persönlichen Kontakt zu anderen Conversen und Nonnen. Pflegt die Begegnung nur für Eure Studien und Arbeiten oder beim gemeinsamen Gebet.
Das Kloster ist ein Ort, in dem sich die Mägde Christi mit ihren Schwestern treffen, die das gleiche gemeinsame Ziel auf einem gleichen Weg gehen wollen. Vermeidet es von Anbeginn, Euch an andere Schwestern zu halten. Niemals dürft Ihr die Zelle einer anderen Nonne oder Converse betreten oder eine andere Nonne zu Euch in Eure Zelle einladen oder bei Euch empfangen. Geht dem körperlichen Kontakt mit anderen Schwestern aus dem Wege. Verfallt nicht der Sünde, und gebt Euch nicht dem Genuß mit einem Manne hin. Solches Vergehen wird schwer bestraft. Die der Sünde Anheimgefallenen werden mit vielen Stockschlägen entlohnt.« Die Oberin schaute Caterina mit einem befehlenden Blick an, als sie die hinuntergezogenen Mundwinkel bemerkte. »Ihr scheint nicht zu verstehen. Ich gebe Euch die Regeln und Vorschriften. In Bescheidenheit und Demut leben wir. Unser Sinn ist Reinheit. Der weiße Umhang über der grauen Vesta spiegelt zusammen mit dem weißen Gürtel und den weißen Strümpfen das Symbol der Reinheit wider. Jungfräulichkeit über den Weg der Entsagung, des Nichts bis zur totalen Einwilligung der heiligen Anordnungen ist unser Weg. Jungfräulichkeit natürlich nur für die Nonnen hier«, erklärte die Oberin lächelnd, bevor sie mit der Aufzählung der grausamen Methoden fortfuhr. »Die Reinheit unseres Ordens muß zur Grundstimmung unserer besinnlichen Seele werden.«
Wohl einen Augenblick zu lang und zu unschlüssig blickte die neue Converse der Oberin in die Augen.
»Das ist noch lange nicht alles«, fuhr diese sogleich fort. »Ihr solltet wissen, wie das Gelübde der Nonnen lautet. Sie müssen immer beten, selbst bei anderen, wenn auch berechtigten Beschäftigungen. Sie sollen Gefallen finden an dem Leiden aus Liebe zu dem Seelenbräutigam.«
Die neue Schülerin sah verständnislos auf.

»Aus Liebe zu Christus«, erklärte die Oberin. »Kontemplation und Devotion ergänzen das geistliche Leben. Unsere Nonnen fasten und schweigen, sie beten mindestens sechzig Paternoster und sechzig Ave Maria jeden Tag. Zur Beichte und zur Kommunion wird wenigstens viermal am Tag Gelegenheit gegeben. Die Kirche muß täglich besucht werden. Wir spenden Almosen für die Armen und halten Disziplin bis zum Blutvergießen. In der Kirche und im Kapitel, Converse Picchena, herrscht stets absolute Stille. Das gilt auch für Euch. Ebenso wie die Demut in der Bekleidung. Des Nachts tragen unsere Nonnen nur ein Wollhemd.«
Diesmal blickte Caterina sie fragend an.
»Das ist warm genug, es bedarf keiner anderen Wärmequelle«, fuhr die Oberin fort. »Jede von euch muß sich dem Gebot der Priora, das bin ich, unterwerfen.«
Sie schaute mit einem abschätzenden Blick auf die neu Angekommene. Caterina zog ihre Mundwinkel verächtlich nach unten.
»Von Euch sagt man ja, Ihr gehorcht nur Euch selbst. Das wird sich bald ändern. Ich wiederhole noch einmal unseren Tagesablauf: Chorgebet, Messen und Meditation. Zweimal am Tag meditieren wir gemeinsam, im Anschluß an den grande ufficio, das Chorgebet während des Gottesdienstes. Unsere körperliche Arbeit ist zweitrangig, Wir verrichten sie nur, wenn es zeitlich möglich ist. Das ist wenig. Aber auch dabei wird gebetet. Wir verehren die heilige Maria als Symbol der absoluten, auch der körperlichen Reinheit. Vor allem, Converse Picchena, denkt daran, daß wir hier ausschließlich der geistigen Liebe das Opfer darbringen. Die Regeln für die Converse besagen«, ereiferte sie sich plötzlich, »die Regeln besagen, daß keine verheiratete oder einstmals verheiratete Frau ein weiteres Mal heiraten darf. Das gilt auch für die Witwen.«
Schwester Oberin schaute Caterina fast drohend an. Die Gräfin nickte, ihr Sinn schien verwirrt. Schwester Oberin verabschiedete sich.

Zurück in ihrer Zelle, warf sich Caterina auf das Bett und weinte zum erstenmal seit langer Zeit hemmungslos. Sie verstand die Geschehnisse nicht. Sie verstand den Sinn nicht.
Durch das glaslose Fenster fiel der Schein einzelner Sterne in die dunkle Klosterzelle. Wolkenfetzen wischten über den Himmel, verdeckten hier und da die leuchtenden Sterne. Vor dem Fenster wogten dicht belaubte Äste einer großen Linde im Wind und ließen dunkle Schatten, die noch dunkler waren als das wenige Restlicht im Raume, auf den Wänden tanzen. Eine Stimmung, die eher den Gegebenheiten der Burg Picchena glich. Picchena, das war der Traum, der sich lebendig aus den dunklen Schatten erhob und sich emporschwang in ihre Phantasie. Mit Macht drängte sich das Bild der väterlichen Burg in ihr Gemüt. Picchena war des Nachts so ruhig wie dieses Kloster. Doch Picchena verhieß ihr Vertrautheit, Bilder einer glücklichen Kindheit, Geborgenheit und Sicherheit unter der väterlichen Obhut. Sie dachte an ihren Vater, an die Bediensteten. Sie hatte keine Vorstellung von ihrer Mutter. Sie erinnerte sich an ihre Freunde aus Kindheitstagen, an das harte, aber glückliche Leben auf den Bauernhöfen, an die Tage, an denen sie mit den Bediensteten nach San Gimignano gefahren war, an die Markttage und die Erzählungen der Händler und der Handwerker. Nicht zuletzt gedachte sie der liebevollen Umarmungen von ihrem Franzosen, an die stürmischen und zärtlichen Berührungen.
Die klösterliche Stille in dieser nächtlichen Stunde stürzte sie in eine grenzenlose Einsamkeit. Sie befand sich in einem grauen Verlies, fiel in eine unendliche Tiefe, in der sie niemand aufzufangen schien. Caterina schaute durch das schmale Fenster in den wolkenverhangenen Himmel. Und plötzlich entschwand sie der trostlosen Wirklichkeit. Ihre Seele ließ den Körper auf dem Bett zurück. Sie erhob sich, schwebte durch das enge Fensterloch und hinaus in die unendliche Weite des dunklen Sternenhimmels. Sie erinnerte sich an Galileo, der sie mit dem Fernrohr in die Nacht hatte schauen lassen, der ihr eine wirkliche Größe der Sterne und Planeten hatte vermitteln wollen.

»Wahrscheinlich«, hatte Galileo zu ihr gesagt, »wahrscheinlich, Caterina, ist das alles viel größer und viel unendlicher, als wir uns dies heute vorstellen können. Nur reden können wir darüber nicht, noch nicht. Die Menschen tun sich sehr schwer, neue Erkenntnisse in ihr tägliches Leben aufzunehmen.«
Sie dachte mit Wärme an ihren väterlichen Freund. Mitten aus ihrer glücklichen Fahrt in die Sternenwelt wurde sie jäh in das dunkle Loch ihrer Klosterzelle zurückgerufen. Ihr Herz klopfte verräterisch schnell. Sie hatte Angst und wußte nicht, warum. Irgend etwas war geschehen, irgend jemand schien in ihrer Zelle zu sein. Sie hielt den Atem an und lauschte in die dunklen, schweigenden Wände hinein, um auszumachen, ob eine Person in der Zelle war. Sie erschrak, doch die Schatten an den Wänden gehörten den Ästen vor dem Fenster. Die Unsicherheit vergrößerte sich, als sie niemanden bemerkte. Ganz bestimmt hatte sie etwas gehört. Da war ein anderes Wesen.
»Hallo«, flüsterte sie. »Ist da jemand?«
Dann war das Geräusch wieder da. Über die Tür huschte ein Schatten. Sie bemerkte, daß das geheimnisvolle Geräusch von außen hereindrang, daß sich jemand an ihrer Zellentür zu schaffen machte. Erneut nahm sie ein leises, scharrendes Geräusch wahr. Wer konnte etwas von ihr wollen? Sie zündete eine Kerze an, hielt in der zugigen Zelle die Hand schützend vor die kleine Flamme, erhob sich von ihrer Liege und bewegte sich leise zur Tür. Jemand klopfte leicht. Das flackernde Kerzenlicht ließ die Schatten der wenigen im Raum stehenden Gegenstände an der Wand tanzen. Schrecken durchfuhr sie bei jedem neuen Bild, das sie entdeckte. Kalte Luft, die durch das offene Fenster in den kleinen Raum drang, ließ sie frösteln. Sie atmete kaum, wollte niemanden wissen lassen, daß sie hinter der Tür stand. Sie fürchtete, ihr Herzschlag könnte von jedermann wahrgenommen werden. Erneut hörte sie ein leichtes Klopfen, so als hätte der nächtliche Besucher Angst, entdeckt zu werden.
Eine dünne Stimme flüsterte: »Caterina!«
Die Stimme war nicht zu erkennen. Stammte sie von einer Non-

ne oder einer Converse? Wer wollte sich ihr auf diese geheimnisvolle Weise nähern? Sie hatte keine Freundin, niemanden, die sie bisher besonders angesprochen hätte. Wieder hörte sie die Stimme ihren Namen flüstern. Zitternd beleuchtete sie den Riegel an ihrer Tür, schob ihn langsam zurück und zog die Tür auf. Im Dunkel des Dormitoriums, direkt in dem geöffneten Türspalt, leuchtete ihre Kerze ein Gesicht an. Eine junge Frau in einem grauen Nachtgewand bat mit einer Handbewegung um Einlaß. Ihre Augen wirkten hohl, die Nase lang und unförmig, die Wangenknochen schienen mächtig hervorzutreten. Das Nachtgewand fiel über schmale Schultern. Unter dem grauen Kleid wölbte sich ein freier Busen, der noch nicht lange die Qual der Unterdrückung in einem Kloster erfahren hatte.
Caterina trat zur Seite und ließ die Frau herein. Die Fremde schritt leise bis an das andere Ende der Zelle und setzte sich ungefragt auf den einzigen Stuhl im Raum. Die wenigen Möbel und die Gestalt der fremden Frau wirkten gespenstisch. Caterina stellte die Kerze auf den kargen Nachttisch, der neben ihrem Bett stand. Die kleine Flamme zitterte unruhig in dem Luftzug, der durch das Fenster in den Raum drang. Das Gesicht der Fremden wirkte jetzt noch strenger und abstoßender als an der Tür. Die Augen bewegten sich hin und her. Ihr Körperschatten tanzte durch das unruhige Kerzenlicht rastlos auf der Zellenwand. Die Besucherin wirkte recht ruhig. Sie schien ein Ziel zu verfolgen, das ihr den Mut gab, nachts durch das Kloster zu schleichen. Dagegen zitterten die Hände und die Lippen der neuen Converse, erschöpft von dem traumatischen Schlaf, beunruhigt durch die Besucherin, voller Angst über eine unsichere Zukunft. Die Fremde blickte fest auf die zitternden Hände.
»Was wollt Ihr hier mitten in der Nacht von mir?« fragte die Gräfin leise. »Ihr wißt, daß Besuche in einer anderen Zelle, erst recht in der Nacht, verboten sind. Das hat mich die Schwester Oberin Suore Mattea bereits heute gelehrt. Ich will mich an diese Regel halten. Was bewegt Euch, sie zu durchbrechen? Wer seid Ihr?«

»Ich bin eine Converse, wie Ihr es seid. Mit einem Unterschied. Während Ihr erst heute eingetroffen seid, darbe ich bereits seit ein paar Wochen hier.«

»Woher kennt Ihr mich, woher nehmt Ihr den Mut, mich nachts zu besuchen, in meine Zelle einzudringen? Mattea wird uns beide bestrafen. Ich meinerseits will in meinem Leben endlich zur Ruhe gelangen.«

»Ich kenne Euch, verehrte Gräfin, Caterina Picchena, als eine Frau, die immer sich selbst dargestellt hat, als eine Frau, die bestimmt nicht freiwillig in dieses Kloster gekommen ist, als eine Frau, laßt mich das sagen, die hinter diesen Klostermauern nicht glücklich werden kann.«

»Was fällt Euch ein, so etwas zu behaupten? Ich sage Euch eins, ich bin eine getreue Gottesdienerin, ich will in der Kirche endlich meinen Seelenfrieden finden. Kommt nicht nachts daher und stört meine Ruhe. Ich werde Euch bei der Suore Mattea melden. Verschwindet aus meiner Zelle, laßt mich des Nachts ruhen.«

»Ich kenne Euch zu genau, Caterina, Ihr werdet mich nicht melden. Wenn Ihr es wollt, so geht doch hinaus und ruft nach Hilfe. Man wird Euch verdächtigen, sofort nach Eurem Eintritt in das Kloster eine andere Converse in Eure Kammer eingeladen zu haben, um Euer Fleisch zu beglücken. Ich bin bereits einige Wochen hier, habe mich sittsam und korrekt verhalten, man wirft mir nichts vor. Euren Einfluß auf Menschen, Männer wie Frauen, kennt man.«

»Was also wollt Ihr von mir. Seid Ihr auch eine von denjenigen, die mich noch tiefer in mein Unglück stürzen wollen?«

»Nichts dergleichen, Caterina Picchena, ich suche eine Verbündete, die mir hilft, die rechten Dinge an das Licht des Tages zu rücken. Ich bin auf dem gleichen Wege hergekommen wie Ihr. Ich will so schnell wie möglich hinaus. Hier herrscht nicht der Friede Gottes. Hier könnt Ihr nicht in Ruhe im Schoß der heiligen Kirche Euren endgültigen Seelenfrieden finden. Es wird nicht möglich sein.«

»Warum habt Ihr nicht Geduld, abzuwarten, bis ich meine eigenen Erfahrungen gemacht habe und Euch eher Glauben schenken kann? Warum müßt Ihr schnell, übereifrig, bereits am ersten Tage oder besser gesagt, in der ersten meiner Nächte in diesem Kloster meinen Frieden stören? Ich traue Euch nicht. Verlaßt meine Zelle, stört nicht weiter meinen Schlaf. Morgen früh um vier Uhr beginnt das Morgengebet. Ich will ausgeschlafen sein und mich den Diensten am Herrn widmen.«
»Ihr werdet Euch bald den Diensten an der Suore Mattea oder an anderen Nonnen widmen müssen, wenn Ihr nicht schnell, sehr schnell sehr wachsam seid.«
Die neue Converse erschrak ob dieser losen Rede.
»Was sagt Ihr da, was behauptet Ihr da? Ihr bringt Eure Oberin und andere Dienerinnen des Herrn in einen unerträglichen Verruf.«
»Das genau ist mein Wunsch, Euch heute nacht noch über die Geschehnisse in diesem Kloster zu informieren, Euch in Kenntnis zu setzen über das, was hier vor sich geht. Das ist der Grund, warum ich Euch so schnell, bereits heute schon, besuche. Ich will Euch teilhaben lassen an dem Vorgang eines Zeugnisses, das wir erst später wieder, in einigen Wochen, erleben können.«
Die nächtliche Besucherin flüsterte. Dennoch wirkte ihre Stimme entschieden und sicher.
»Was ist dies, was soll Eure Rede?« fragte Caterina, neugierig geworden.
»Überzeugt Euch selbst, folgt mir, ich will Euch in einige Geheimnisse einweihen, die Ihr alleine nur äußerst mühselig und erst sehr viel später erfahren könntet. Deswegen besuche ich Euch bereits heute.«
»Ich verstehe Euch nicht, ich will meine Ruhe haben«, wiederholte die Gräfin.
Ohne auf ihre Einwände einzugehen, fuhr die junge Besucherin fort: »Heute ist einer der Tage, besser gesagt, eine der Nächte, in denen ich Euch die Beweise liefern kann. Heute besucht Monsignore Sacchetti unser Kloster. Er ist auf der Durchreise.

Erst in einigen Wochen wird er zurück sein. Ich aber habe ihn heute bei seiner Ankunft entdeckt. Er übernachtet in unserem Kloster. Er ist ein heiliger Herr, ein Prediger aus einem heiligen Orden. Er predigt auf Straßen und in Kirchen. Ihr habt ihn schon in Florenz gehört. Er verdammt die Wissenschaft. Er nennt sich Wächter der Erkenntnisse der heiligen römischen Kirche. Er verdammt alle Erkenntnisse der Mathematik und der Astronomie. Er predigt das Beispiel des Ketzers Bruno, der auf dem Scheiterhaufen sein Leben ließ. Er brandmarkt Galileo Galilei und will auch ihn am liebsten auf dem Scheiterhaufen sehen.«

»Was ist das, was soll das?« fragte Caterina außer sich. »Wer will meinen Freund Galileo auf dem Scheiterhaufen sehen?«

Die fremde Frau lächelte in der Dunkelheit still vor sich hin. Sie wußte, daß sie mit diesen Worten in das frei fühlende Herz der jungen Gräfin getroffen hatte.

»Der Kirchenmann übernachtet heute hier, doch nicht nur das, er ist während seiner Nachtstunden unserer Suore Mattea, unserer heiligen Mutter, zu Diensten.«

»Was geht mich das an? Laßt mich in Frieden. Sie soll tun, was sie will.«

»Nicht so, Gräfin«, entgegnete die Besucherin, »Ihr werdet sonst Gefangene Eurer freiheitlichen Gedanken. Ich werde Euch noch einige weitere Kabinettstückchen erzählen. Wenn der hohe geistliche Herr nicht zur Übernachtung und sonstigen Diensten in diesem Kloster weilt, sucht sich die Mutter unseres Hauses einen anderen Zeitvertreib. Mangels fehlender Herren nimmt sie auch die Schwestern unserer Zunft, das heißt eine Laienschwester, die ihr dann zu Diensten sein, ihre Lust befriedigen muß.«

»Was interessiert mich das«, entgegnete Caterina erneut unwillig. »Laßt mich damit in Ruhe. Es ist nicht meine Sache. Die anderen sollen tun, was ihnen beliebt.«

»Nicht doch, verehrte Gräfin«, entgegnete ihre Besucherin ärgerlich. »Ihr könnt eben nicht tun, was Euch beliebt. Die Oberin wird Euch schon zeigen, wohin Euer Weg Euch des Nachts führen soll. Ihr seid hübsch, zu hübsch, muß ich sagen. Ihr habt ein schönes Gesicht, Ihr habt einen vollen Busen, Ihr habt wohl auch einen schönen Körper, dessen sich unsere heilige Mutter bedienen will. Ihr werdet ihr gehorsam sein müssen im Namen des heiligen Gottes, des Herrn über uns alle.«

»Wenn ich das nicht will, so werde ich es nicht tun, das ist meine freie Entscheidung«, fuhr die Gewarnte ärgerlich hoch.

»So glaubt es denn nur. Die Geschichte wird Euch eines anderen belehren. Habt Ihr den Abt in Euren jungen Jahren etwa auch gewollt?« fragte die junge Frau boshaft.

»Es ist wohl ein anderes, was der kräftige Mönch mit mir als Mädchen getan hat und was die Suore Mattea von mir als erfahrene Frau haben will. Glaubt mir, ich bin heute selbst kräftig genug.«

»Ihr habt recht, wenn Ihr sagt, daß die Oberin von Euch als erfahrene Frau etwas haben will. Das will sie sicherlich. Aber noch eins, Eure Kräfte werden Euch nicht reichen, um Euch zu wehren. Ihr braucht dazu nicht körperliche Kräfte. Was Ihr braucht, sind die Kräfte, Euch gegen Intrigen und Verleumdungen zu schützen. Und darin seid Ihr möglicherweise alleine. Ganz alleine. Es sei denn ...«

»Es sei denn was?«

»Es sei denn, Ihr habt Verbündete. Eine Verbündete wie mich zum Beispiel. Ich werde Euch nicht schützen können, genausowenig, wie Ihr mich schützen könnt. Gemeinsam werden wir aber vielleicht fliehen können.«

»Warum soll ich fliehen, wenn mich doch draußen nur Verfolgung, Neid und Haß erwarten. Lieber bleibe ich hier ...«

»... und diene der Äbtissin oder anderen älteren Nonnen in der Erfüllung ihrer sündigen Wünsche.«

Caterina schaute in der dunklen Zelle zu Boden. Niemals würde sie sich den Wünschen einer anderen Frau hingeben.

»Was ist Euer Begehr?« fragte sie die ihr noch fremde Converse.

»Folgt mir, ich werde Euch heute nacht den ersten Beweis der Untaten in diesem Hause bringen.«
Die Gräfin warf sich einen Umhang über die Schultern und ging zur Tür. Wortlos schlichen beide leise aus der Zelle und verschlossen die Tür hinter sich. In dem Dormitorium schauten sie sich um. Zwischen den Wänden herrschte völlige Stille.
»Ich bin Julia«, flüsterte die Fremde.
Die neue Converse folgte ihr auf den geheimnisvollen Pfaden, die sie durch die finsteren Gänge des Klosters hinaus in die kühle Nacht führten. Durch einen Kellerausgang schlichen sie nach draußen. Sie konnten keine Kerze und keine Fackel entzünden, um sich nicht selbst zu verraten. Die wenigen sichtbaren Sterne am Himmel warfen ein schwaches Licht auf die Erde. Die Gräfin fürchtete sich in den finsteren Hecken und Büschen. Die Erkenntnisse, die auf sie warteten, machten ihr zu schaffen. Es war die Angst vor einer sündigen Wirklichkeit, der sie sich unbedingt entziehen mußte.
Sie ergriff unwillkürlich den Arm der neuen Freundin. Julia faßte fest ihre Hand. An der hinteren Klostermauer entlang schlichen die Komplizinnen zwischen Brennesseln und Sträuchern. Es war ein mühseliger Weg, der ihre Beine zerkratzte und ihre Arme blutig riß. Julia glitt lautlos zu Boden und zog Caterina mit sich. Sie legte ihren Finger auf deren Lippen und gebot ihr zu schweigen.
Vor ihnen waren Geräusche zu hören. Sie nahmen Bewegungen in dem fast undurchdringlichen Gestrüpp wahr. Eine Person, eine Nonne, kroch vor ihnen gebückt an der Mauer entlang. Caterinas Herz schlug wild. Sie hatte Angst, entdeckt zu werden. Sie atmete nur durch den offenen Mund, um jedes Geräusch zu vermeiden. Julia ließ ihre Hand los und legte sich flach auf den Boden. Die grauen Umhänge verbargen die beiden Frauen in der Finsternis, doch sie erkannten sehr wohl, daß sie genauso entdeckt werden könnten, wie sie die Nonne entdeckt hatten.
Die Nonne schlich weiter an der Mauer entlang, bis sie unter

einem Fenster auf dem Boden hocken blieb. Sie schaute zu dem offenen Loch in dem Mauerwerk hinauf. Nur die schattenhaften Umrisse konnten von den beiden Conversen ausgemacht werden. Eine Weile lauschte die Nonne dort unter dem Fenster. Die jungen Frauen hörten ein leises Stöhnen der Beobachterin. Offenbar ergötzte sie sich an dem Genuß, der da irgendwo hinter der Klostermauer zu vernehmen war.

Ein schwaches Licht, das im Inneren hinter dem Fenster entzündet wurde, vertrieb die neugierige Nonne. Sie entfernte sich unhörbar in die andere Richtung, von den beiden Frauen fort. Julia wartete eine Weile, dann erhob sie sich und schlich zu dem nicht verglasten Loch in der Klostermauer. So war es ganz einfach, die Geschehnisse mit ihren Geräuschen hinter der Maueröffnung zu verfolgen. Julia duckte sich und setzte sich auf den Boden. Ihre neue Partnerin folgte ihr. Der Platz unter diesem Fenster schien ein frequentierter Ort zu sein, da sich rundherum kaum Sträucher oder Brennesseln befanden. Viele Nonnen und Conversen kannten diesen genüßlichen Platz offenbar. Die Akteure hinter dem Fenster, die Verursacher des Interesses, aber nicht.

Die junge Gräfin lauschte in die Nacht. Ihr Interesse galt diesem einen glaslosen Fenster. Sie vernahm nichts. Bald aber wurde ihr geschärftes Gehör fündig in der Dunkelheit. Unzweifelhaft, dies waren Geräusche eines Mannes und einer Frau. Die Herkunft und der Grund dieser Geräusche waren deutlich auszumachen. Es waren die Laute einer ungehemmten Liebesnacht. Es war auch eindeutig ein Mann mit im Spiel, der nicht nur der Oberin zu Diensten war, sondern der auch selbst seine Forderungen ungehemmt stellte.

»Merkt Euch diesen Baum hier«, flüsterte die neue Freundin Julia. »Unter diesem Baum liegt das Fenster der Zelle unserer Suore Mattea. Wenn hier nicht die Stimme des heiligen Herrn zu hören ist, so wird es die Stimme einer unserer Schwestern sein. Ich hoffe nicht, daß es irgendwann Eure Stimme sein wird.«

In der dunklen Nacht lief die Gräfin rot an. »Niemals«, flüsterte sie.
Dann erhoben sich die beiden heimlichen Lauscher und begaben sich zurück in die Zelle der Neuangekommenen.
»Was können wir tun?« fragte die Gräfin Picchena, froh darüber, unbemerkt geblieben zu sein.
»Wenn Ihr so denkt wie ich, dann müssen wir zusammenhalten, uns gegenseitig schützen, füreinander da sein. Vielleicht finden wir noch einige Komplizinnen. Das allerdings bezweifle ich. In diesem Kloster herrschen Angst, Feigheit und Untertänigkeit.«
»Warum erzählt Ihr das alles mir? Wie kommt Ihr dazu, ausgerechnet zu mir Vertrauen zu haben. Warum seid Ihr so sicher, daß ich Euch nicht an die Suore Mattea verrate?«
»Ihr habt mich nicht erkannt. Wahrscheinlich kennt Ihr mich noch nicht einmal. Ich war eine Dame bei Hofe. Ich war für Euch sicherlich nur eine der vielen unwürdigen Schwätzerinnen bei den Empfängen des Großherzogs, wenn Ihr an der Hand Eures Vaters die Ehrengäste des Staates Toskana begrüßt habt. Ich durfte nur aus der Entfernung zuschauen, den Männern eine gute Unterhaltung sein. Ich aber habe Euch bewundert. Ich merkte von Beginn an, Ihr wart nicht eine der üblichen nichtssagenden und nichtswissenden Geschöpfe, die nur den Männern dienlich sein wollten. Ihr wart anders.
Ich verfolgte einmal eine Unterhaltung, die Ihr noch als junges Mädchen mit einem der Abgesandten aus Frankreich hattet. Ich muß gestehen, ich hatte nichts davon verstanden, aber um so mehr bewunderte ich Euch. Ein leichter Haß gegen Euch wuchs sogar in meinem Herzen. Ich verstand nicht, warum Ihr soviel mehr wert sein solltet als ich. Hier aber und jetzt, Caterina Picchena, ist kein Platz für Haß, noch nicht einmal für Neid und Mißgunst. Wir müssen zusammenhalten, wir müssen eins sein, sonst werden wir hier zugrunde gehen.«
Die Rede der Frau und ihr Mut, sich grenzenlos ihr anzuvertrauen, beeindruckten die Gräfin. Sie faßte den Entschluß, der nächtlichen Besucherin Vertrauen entgegenzubringen.

»Ich bin auf Eurer Seite«, sagte sie spontan. »Ich bin die Eure. Ich danke für Euer Vertrauen. Was sollen wir tun?«
»Nichts zur Zeit. Nichts, was Aktivität oder Aktion bedeuten würde. Nur eines, wachsam müssen wir sein! Wir müssen uns gegenseitig informieren. Wenn eine von uns in Not ist, weiß die andere vielleicht eine Lösung, weil sie nicht so unter Druck steht.«
Caterina akzeptierte unausgesprochen die Vorherrschaft ihrer neuen Komplizin. Sie war länger in diesem Kloster, sie hatte die örtliche Erfahrung.
Die beiden Frauen reichten sich die Hände. Sie umarmten sich. Stillschweigend, ohne ein Wort, schworen sie sich die Treue im Kampf gegen die Unterdrückung. Sie legten sich gegenseitig einen Finger auf die Lippen zum Zeichen ihrer Verschwiegenheit. Dann löste sich Julia.
In den nächsten Tagen begegnete sie öfter in der Kirche ihrer Komplizin, doch kein Blick, kein Signal verriet die neue Partnerschaft.

Die Gräfin Picchena lernte schnell die Regeln des klösterlichen Lebens. Sie bemühte sich, die Vorschriften einzuhalten und auch bei den Handarbeiten zu beten. Sie war bei den Chorgebeten regelmäßig zur Stelle, sie meditierte mit den Nonnen und Conversen, eilte stets zur Messe und erschien pünktlich zum Essen.
Doch wo befand sich ihr wirklicher Sinn? Wo waren ihre Gedanken, ihre Gefühle, ihre Sehnsüchte? Die Pflichten des Ordens übernahm sie wie ein Webstuhl, der, mechanisch von den Füßen des Webers getreten, seine Aufgabe erfüllt. Ihre Meditationen liefen zu einem einzigen Ziel, jenseits des großen Meeres nach Aix. Ihre Sehnsucht eilte in die ferne Provence, in der sie noch niemals in ihrem Leben gewesen war, die sie nur aus den Erzählungen des Vaters und ihres Liebhabers kannte. Wie konnte sie zu einem Gott beten, der es erlaubt hatte, daß ihre Mutter so früh verstorben war, ihr Freund Datini zu Tode ge-

foltert wurde, sie aus der Ruhe der Burg Picchena in das schwindsüchtige Haus der Buondelmonti verjagt worden war, sie ihrer Kinder beraubt worden war und nicht zuletzt ihr der Mann ihrer größten Liebe vorenthalten wurde.
Es kann nicht mein Gott sein, der einen Kardinal so viel Unrecht tun läßt, dachte sie.
In ihren Gebeten, in den Meditationen flehte sie ihren Frains d'Aix an, er möge sie schnell nach Hause holen. Dies hier konnte niemals ihr Zuhause sein.
Erhebe dich, mein Freund, laß deine Treue alle deine Ängste und Nöte überwinden, mach dir Mut, verschaffe mir die Glückseligkeit der Heimkehr in deine Arme. Wie sehne ich mich nach dir. Wie will ich endlich in den Mauern deines kleinen Hauses Rast und Ruhe finden. Ein Blick von dir aus weiter Ferne, die leichte Berührung deiner Hand, der Hauch deines Atems werden mir das einzige wahre Glück auf dieser so trostlosen Erde verschaffen. Frains, hilf mir, schenke mir die Freiheit an deiner Seite.

In den Gemächern der Suore Mattea saß die Gräfin Picchena auf einem grünen Brokatstuhl. Ihre Arme lagen auf dem Schreibtisch vor ihr, Eine düstere Strafpredigt erwartete sie. Doch die Schwester Oberin auf der anderen Seite des großen Tisches schien milde gestimmt.
Caterina spürte zum erstenmal so etwas wie eine mütterliche Wärme, die ihr von der Leiterin des Klosters entgegenwehte. Sie hatte Strafe erwartet. Nun erfuhr sie Liebe und Verständnis. Sie war nahe daran, sich der Suore Mattea anzuvertrauen. In dem dämmrigen Offizium öffnete sich das Herz der Converse, als sie die Finger der Oberin auf ihren Unterarmen spürte. Mit streichelnden Bewegungen fuhr die Klosterfrau zärtlich über ihre empfindlichen und empfänglichen Unterarme. Ein leichter Schauer erfaßte die Converse. Sie wußte nicht so recht, wie sie diese Bewegungen deuten sollte. Als das Streicheln hartnäckiger wurde, erinnerte sie sich an die Worte ihrer Freundin Julia. Die

dunklen Schatten in dem wuchtigen Offizium verbargen ihre Gesichtsröte. Die zarten Bewegungen der Nonne ließen durchaus einen wohligen Schauer auf ihrer Haut zurück. Ihr Herz begann schneller zu schlagen. In den erotischen Wellenschlag, der sich ihres Körpers bemächtigte, mischte sich die Kälte der Angst vor einer unwiderruflichen Abhängigkeit.
Caterina zog ihre Arme langsam zurück. Die Finger der Nonne glitten ein letztes Mal über die empfindsamen Innenseiten ihrer Unterarme und blieben einsam und verweigert auf dem Schreibtisch liegen. Die Priora schaute sie mit zusammengekniffenen Augen an. Caterina erhob sich und verneigte sich. Sie wollte sich zurückziehen. Mit einer Handbewegung befahl ihr die Priora, sich wieder zu setzen.
»Converse Caterina Picchena«, begann sie aufs neue, »Ihr habt Besuch. Bereitet Euch auf den Empfang vor.«
Mattea erhob sich und ging langsam um den schweren Eichentisch herum. Beim Vorbeigehen legte sie ihre linke Hand auf die Schulter der Converse und ließ sie einen Wimpernschlag zu lange darauf liegen. Caterina entzog sich langsam der Hand. Die Priora verweilte noch einen Augenblick. Dann eilte sie raschen Schrittes davon und schloß die Tür hinter sich. Caterinas Herz schlug schneller. Was wollte diese Frau von ihr? Sie würde sich in Zukunft mehr in acht nehmen müssen. Mit dem Rücken zur Tür, schaute sie auf das gegenüberliegende Fenster. Als sich die Tür wieder schloß, fühlte sie einen durchdringenden Blick auf ihren Schultern. Der Besucher war hinter ihr stehengeblieben. Er wartete offensichtlich geduldig, daß sie sich umdrehte.
Eine schauerliche Kälte zog durch den Raum. Ihre Haut spannte sich. Die Nackenhaare sträubten sich unwillkürlich.
»Warum kommt Ihr nicht näher, Eminenz?«
Kardinal Giancarlo trat langsam näher, ging um den Tisch herum und hielt hinter der schweren Eichenplatte inne. Caterina hob den Blick und sah in die zynische Kälte ihres Erzfeindes. Sie blieb immer noch sitzen.
Giancarlo neigte leicht seinen Kopf.

»Ich höre mit Freuden, daß Ihr Euch hier wohl fühlt. Euer Eifer im Dienste des Herrn hat sehr zugenommen. Es gibt keine Klagen über Euch. Die Priora spricht von Euch nur mit Begeisterung und Faszination.«
Mit einem hochmütigen Lächeln um seinen Mund nahm Giancarlo Platz.
Die mutige Gräfin neigte ebenfalls leicht ihren Kopf. Sie blickte dem Medici offen ins Gesicht.
»Die Stille und Frömmigkeit eines Klosters kann die Menschen zu Einsicht und Demut bringen. Manch einem hohen Herrn könnte die Ruhe und Besinnlichkeit dieser Stätte zum wahren Segen sein.«
»Das ist es, weswegen ich hier bin.« Giancarlo lehnte sich auf seinem Stuhl zurück.
Caterina schaute ihn fragend an. »Ihr wollt eine Weile hier verbringen?«
»Eine Weile? Ja, aber nur eine kurze. Ihr wißt, zu viele Pflichten rufen mich.«
»Nun, dann solltet Ihr diese wenige Zeit nicht mit mir verschwenden.«
Nach diesen Worten erhob sie sich.
»Bleibt!« befahl der Kirchenfürst in barschem Ton.
Sie schaute ihm offen ins Gesicht. »Sagt an, was ist Euer Begehr?«
»Nun, ich wollte nach dem Wohlbefinden einer unserer höchsten Töchter sehen.«
»Ihr seht, mir geht es gut. Die Priora hat Euch alles berichtet.«
»Nichts jedoch geht über die eigene Anschauung.«
»Was also ist Euer Empfinden?« fragte sie kalt.
»Mir scheint, Euch geht es wirklich gut. Eine Trennung von dem Kloster dürfte Euch schwerfallen. Wir sollten es dabei belassen.«
Giancarlos rechter Ellbogen ruhte auf der Tischplatte. Er hatte sein Kinn in die Hand gestützt. Caterina zog ihre Mundwinkel hoch. Ihr Blick wurde noch eisiger.

»Wie Ihr, Eure Eminenz, es wünschen.«
»Doch gibt es da die Stadt Florenz, die Eurer harrt. Das Leben, die bunten Straßen und die vielen Menschen.«
Die Tochter des Senators gedachte der schönsten Stunden in Florenz. Ihr Blick weitete sich, und ein Lächeln erhellte ihre Züge.
»Ich kann Euch dahin zurückführen, Gräfin Picchena. Ein Wink von mir, und die Tore öffnen sich für Euch.«
»Dann tut es, Kardinal. Zeigt diesen Wink. Laßt mit Eurer Macht die Schlösser aufspringen. Ich bin neugierig auf Euer Vermögen.«
»Ja, herzallerliebste Gräfin, seht Ihr es ein? Es soll Euer Schaden nicht sein.«
Giancarlo hatte seinen Kopf weit über die Tischplatte geschoben. Sein erwartungsfrohes Gesicht zeigte eine Spur zuviel der fordernden Gier. Das Objekt seiner Begierde wich zurück.
»Kardinal, die Priora scheint nicht weit zu sein. Unterbreitet ihr Euren Willen, mich frei gehen zu lassen. Ich bin bereit.«
»Noch eine kurze Weile, Gräfin.« Das Zittern seiner Hände war nicht zu übersehen. »Eine Kleinigkeit seid Ihr mir schuldig.«
Die stolze Gräfin richtete sich im Sitz auf. »Diese Kleinigkeit, Kardinal, ist welchen Sinnes?«
»Nun, Ihr wißt schon, es erfordert von Euch nicht viel. Nur ein wenig Bereitschaft. Ein wenig Vernunft, und die Welt steht Euch wieder offen.«
»Wie meint Ihr dieses, Eminenz?«
Unterwürfig lechzte der Medici: »Zeigt mir ein wenig Eure Leidenschaft, und Ihr seid frei.«
»Welche Leidenschaft?« Die Gräfin ließ den Fisch im Netz zappeln. Sie würde dieses Netz niemals an Bord holen. Und doch fühlte sie den Fisch gefangen.
»Also gut, was ich meine, ist, mich mit Leidenschaft zu umarmen.« Giancarlo hatte sich erhoben. Er schickte sich an, um den Tisch herumzugehen und sich auf die Frau zu stürzen. »Picchena, nehmt meine Hände.«

Sie verharrte auf ihrem Stuhl, leicht die rechte Hand hebend. »Noch eine kleine Weile.«

Giancarlo war stehengeblieben. »Was gibt es?«

»Ihr hattet zuvor gesagt, die Gnade des Freiganges aus dem Kloster erfordere von mir nicht viel.«

»So ist es, bald seid Ihr entlassen.«

»Doch es erfordert von mir zu viel, Fürst der Kirche und der Medici.« Die Gräfin hatte die letzten Worte übermäßig betont. Dann fügte sie leise, fast flüsternd hinzu: »Es erfordert von mir die Überwindung meines Ekels.«

Die Tochter aus dem Hause Picchena hob sehr langsam ihren Kopf. Mit dem Daumen und dem Zeigefinger ihrer rechten Hand fuhr sie ihre Mundwinkel entlang und verharrte am Kinn. Als wollte sie die gesprochenen Worte mit Gewalt aus ihrem Mund herauspressen, drückten ihre Finger auf die Wangen, als sie leise, noch leiser als zuvor, ihre Worte wiederholte.

»Es erfordert von mir die Überwindung meines Ekels. Es ist der Ekel vor der Arroganz der Macht. Der Ekel vor der Selbstherrlichkeit der zufällig geborenen Fürsten.«

Giancarlo war zunächst erstarrt, dann näherte er sich, seinen vogelähnlichen Kopf vorschiebend, bis auf wenige Zentimeter dem Gesicht der Converse. Sein Blick war in einem engen Spalt seiner Augenlider eingefroren. Sein Mund stand offen. Er rang nach Worten.

Bevor er seinen strafenden Haß loswerden konnte, sprach Caterina Picchena langsam mit hart betonten Worten. »Ihr glaubt, Giancarlo, die Welt sei die Eurige. Ihr glaubt, auf Euer Fingerschnippen hin macht jede Frau die Beine für Euch breit. Das mag im allgemeinen stimmen, Eminenz, Kardinal Giancarlo de'Medici. Bei mir stimmt es nicht. Was Ihr zuvor die Freiheit nanntet, wäre für mich die Erniedrigung und die Selbstaufgabe.«

Bis auf eine Handbreit waren ihrer beider Gesichter einander nahe gekommen. Ihre Augen blitzten, und ihr haßerfüllter Blick durchbohrte die Augen des Kardinals.

Nach einigen Sekunden des sprachlosen Entsetzens faßte sich Giancarlo. Er griff die Picchena an den Armen und wollte ihr die Kleider vom Leibe reißen, als die Tür aufflog und Julia hereinstürzte.
»Verzeiht, Converse Picchena, Ihr dürft die Stunde des Gebetes nicht versäumen.«
Als bemerkte sie erst jetzt den Kardinal, fügte sie hinzu, wobei sie sich auf die Knie warf: »Eure Eminenz, niemand sagte mir, daß Ihr zugegen seid. Mich dünkt, die Gräfin Picchena scheint gefallen zu sein. Ihr habt sie wohl vor dem Sturz errettet.«
Giancarlo, der die Gräfin noch immer fest an den Armen hielt, blickte zornig fragend auf die Störerin.
»Ich danke Euch, Eure Eminenz«, sagte Caterina jetzt schnell, »Ihr habt mich vor einem bösen Sturz bewahrt. Doch nun, so bitte ich Euch, entlaßt mich zum Gebet.«
Bevor er noch antworten konnte, hatten sich die beiden Conversen aus dem Raum entfernt. In ihre Zelle zurückgekehrt, dankte sie Gott und Julia, unbeschadet das Offizium verlassen zu haben.

Sie ertrug das Getuschel und die spitzfindigen Gemeinheiten der Schwestern, sie arbeitete hart und fand sich stets rechtzeitig zum Gebet in der kleinen Kapelle ein. Seit einigen Tagen spürte die schöne Frau den wohlwollenden Blick der Priora auf sich ruhen. Sie wich diesen Annäherungen aus. Hingegen betonte sie ihre Frömmigkeit. Sie wollte niemandem, auch nicht einer Frau, auch nicht der Priora Mattea Anlaß für körperliche Begierde sein. Doch spürte sie verstärkt den wachsenden Kontaktwunsch der Oberin. Ein Ausweichen vor den gierigen Berührungen der Schwester Mattea wurde immer schwieriger. Julia, die Komplizin, war weiterhin wachsam. Und sie bemerkte die Wünsche der Priora und die wachsende Not ihrer Freundin. Sie warf sich heldenhaft zwischen die beiden Fronten und blieb, so gut es ging, in Caterinas Nähe. Eines Abends sagte die fromme Suore Mattea heimtückisch, die Zellentür der Gräfin Picchena sei doch wohl zum Empfang des Herrn stets offen. Kaum jedoch hatte die Oberin die Worte ausgesprochen, bat Julia ihre verängstigte Freundin zum zusätzlichen Gebet in die Kapelle um Mitternacht, um dem Herrn für ihre Gesundheit zu danken. Mit solchen und anderen listigen Taten verleidete sie der süchtigen Priora den Wunsch nach einer Zusammenkunft mit der Gräfin. Bald wandte sich die Oberin einem Neuankömmling zu, die die Privilegien eher zu genießen schien. Man ließ die Picchena in Ruhe. Sie war uninteressant geworden. Der Glanz des Adels, der Lichtschein einer Dame vom Hofe, selbst ihre unter der Kleidung einer Nonne verborgenen körperlichen Reize verblaßten in den Augen und Wünschen bestimmter Professen, Laienschwestern und der Priora.

# Die Heimkehr

Die Gedanken der einsamen Converse suchten in der Provence nach einer Stadt Aix. Dort erkannten sie ein Haus und darin einen starken Mann, der sich nach ihr verzehrte. Eingedenk der alles überstrahlenden Liebe, mit der sie der französische Soldat überhäuft hatte, gewann sein Bild in ihren Augen von Tag zu Tag mehr Konturen. Sein liebliches Antlitz überstrahlte die dunklen Nächte in der einsamen Zelle des Klosters. Wie schnell verblaßte die Erinnerung, und das geistige Bild mußte von ihr übertragen werden von den Gesichtern der Heiligen, den Antlitzen von den Gemälden aus der klostereigenen Kirche. Unter diesen Gesichtern suchte sie sich eines aus, das in ihrer Phantasie und Vorstellung dem Antlitz des Frains d'Aix am ehesten glich. Es war das Gesicht, dem sie sich im Gebet am meisten zuwandte.

Bernardo Buontalenti hatte 1551 dieses etwas unterlebensgroße Kruzifix in seinen jungen Jahren geschnitzt. Das Antlitz Christi stellte für die Gräfin die tiefe Reinheit der göttlichen Seele, Milde und Güte dar, Verständnis und eine allumfassende Liebe. Die Gesichtszüge am Kruzifix blieben, das Gesicht ihres Geliebten Frains nahm allmählich die Züge aus dem Kruzifix an. In der Kapelle rechts des Hauptschiffes kniend, murmelte sie inbrünstig ihre leidenschaftlichen Worte. Sehnsuchtsvoll streckte sie die Arme in Zwiesprache mit dem Christus, der für sie insgeheim ihr französischer Geliebter war, dem Kreuz entgegen. Häufiger kniete sie in den Wochen und Monaten vor der Chorkapelle. Mehr als es die Regeln des klösterlichen Lebens verlangten, betete sie vor dem Kreuz. Jeder Besuch vor dem Altar brachte sie mit ihrem geliebten Mann zusammen. Sie tauschte sich mit ihm aus, legte ihren Kummer und ihre Sorgen zu

Füßen des starken Mannes und forderte ihn auf, sie endlich aus diesen trostlosen Gewölben zu entführen.

»Wo bist du, mein Frains? Eile zu mir. Keine Qual, kein Leid will ich scheuen, wenn ich nur den Weg zu dir zurückfinde. Wie plötzlich hat man uns getrennt, unter dem scheinheiligen Vorwand, ich würde Unruhe und Unsittlichkeit in die Stadt bringen. Die gierigen Buondelmonti sind es, die uns getrennt haben, die mein Zusammensein mit dir verhindern wollen. Sie haben Angst, die reichen Krämer, eine kleine Ecke aus ihrem Vermögen abzugeben. Ich denke, es muß ein leichtes für dich sein, mich von hier zu entführen, mich des Nachts aus den Gewölben zu holen. Verkleide dich als wallfahrender Priester, der auf dem Weg nach Rom ist. Oder nimm dir ein paar Söldner. Ich bezahle sie. Haue mich hier heraus, so wie du dich manchmal in den Diensten der Medici geprügelt hast. Warum soll dies eine Mal gefährlicher sein? Wenn die Sonne untergegangen ist, wenn alle Conversen und Nonnen zur Andacht in die Kirche gerufen sind, kann ich mich heimlich aus dem Kloster schleichen. Ich habe den Weg bereits ausgekundschaftet. Ich lasse alle meine Kleider hier, ich werde glücklich sein, hinter dir auf einem Pferd zu sitzen, in deinen Armen über die Felder, Wiesen und durch die Wälder gen Frankreich zu fliegen. Unsere Liebe wird uns diese Flügel verleihen, die uns jedes Hindernis überbrücken lassen. Niemand soll uns mehr unter seine Fuchtel nehmen. Ich würde auf alles Vermögen verzichten, wenn ich nur bei dir sein könnte. Ich brauche keinen Palazzo, keine Villa, keine großen Feste, keine prunkvollen Feiern in Florenz. Ich brauche nur dich, mein Frains, höre mein Flehen, lausche meiner Stimme, die nur noch von der Liebe zu dir berichtet. Hol mich heim in das fremde Land der Provence. Dort will ich für alle Zeiten mit dir glücklich sein. Frains, ich liebe dich.«

Die Tränen in ihren Augen galten ganz alleine ihrem geliebten Mann, den sie endlich wiedersehen wollte, in dessen Armen sie das höchste Glück dieser Erde genießen wollte.

Sie fand sich manches Mal dabei, wie sie die zarten Gesichts-

züge des Kruzifixes mit ihren schlanken Fingern nachzog. Sie drückte in Gedanken das liebliche Gesicht an sich, küßte den Mund, umarmte den Körper.
Aus der Meditation mit ihrem Abgleiten erhob sie sich von den steinernen Stufen der Klosterkirche, wandte sich unvermittelt zur Chorkuppel und versenkte ihren Blick in das farbenprächtige Fresko der Engelsglorie. Nicht lange, und ihre Gedanken wanderten erneut zu Frains d'Aix. Ihre Leiden waren die Sehnsucht, das Kruzifix von Bernardo Buontalenti das Sinnbild ihrer Sehnsüchte. In der Nähe des Kreuzes fand sie keine Ruhe. Sie floh aus der Kirche, eilte durch den Kreuzgang in die Neri Kapelle, vertiefte sich in der Betrachtung der Marienkrönung und Glorie und wich entsetzt zurück, als sie in dem Fresko des heiligen Bernhard von Clairvaux die Züge ihres Franzosen wiederzuerkennen glaubte. In dem Martyrium des heiligen Achilleo in der Chorkapelle entdeckte sie ihr eigenes Leid. Jedes in wundervollen Farben leuchtende Fresko des Bernardino Poccetti, Martyrium oder Glorie, verwirrte ihre Sinne. Die winzigen Fenster hoch über der kleinen Seitenkapelle gegenüber dem Eingang warfen nur ein schwaches Licht in den hohen gewölbten Andachtsraum. Gierig saugten die vielen Fresken an Wänden und Kuppeln das Licht in ihre Gemälde auf, um sie zum Leben zu erwecken. Die betende Converse drehte sich in einem schneller werdenden Kreis, um den heiligen Sinn aller Bilder in sich aufzunehmen. Ihr Verständnis wurde geringer, ihr Suchen schneller. Ihre Füße wirbelten im Kreis, ihre Augen glitten über die schwach beleuchteten Himmelserscheinungen. Immer schneller drehte sie ihre Pirouette. Engelserscheinungen wirbelten durch Martyrien, Filippo Neri vermischte sich mit Bernhard von Clairvaux, in der Marienkrönung sah sie die Krone auf dem Haupt des Frains d'Aix. Farben vermischten sich, Figuren tauschten ihre Gesichter, die Krone in der Zange eines Teufels, das schreiende Gesicht eines Gequälten mit einem Heiligenschein. In den wahnwitzigen Umdrehungen ihres Körpers flog ihr Mantel einem Vogel gleich durch die Lüfte. Sie ver-

meinte sich zu erheben und engelsgleich in die Gemälde einzugehen, um eins mit ihrem Geliebten zu sein.
»Ihr solltet weiterschlafen«, waren die ersten Worte, die wie einzelne Sonnenstrahlen an ihr Ohr drangen. Die vertraute Stimme verhieß Frieden, das Geräusch des Lichtes war so angenehm, daß sie sich die Verschwendung eines weiteren Versenkens in die wirbelnden Abenteuer erlaubte. Das kühle Wasser an den trockenen Lippen schenkte Labsal und Zufriedenheit, die streichelnde Hand tiefe Beruhigung für Haut und Seele. Die ehrlichen Augen von Julia beugten sich über ihr Gesicht. Ein Lächeln signalisierte Frieden und Freundschaft, Ruhe und Willkommen.
Auf den fragenden Blick der Gräfin Picchena hin antwortete die Freundin: »Seit gestern abend darf ich Euren Schlaf bewachen. Niemand außer mir konnte die Erzählungen Eures Traumes verfolgen, Eure Liebe mit einem Franzosen begleiten. Seid beruhigt, den anderen war der Zutritt verwehrt. Ihr habt nur eine kleine Platzwunde am Kopf von dem Sturz auf den steinernen Boden in der Neri Kapelle. Wir haben die Wunde gut versorgt. Ich denke, daß Euer Kind sich angekündigt hat.« Sie wies auf Caterinas runden Bauch.
»Julia, ich war ...«, wollte die Erwachte erklären.
»Pscht, haltet Eure Lippen still. Noch im Bett habt Ihr versucht Euren Körper zu drehen, wie sich ein schwebender Vogel in die Lüfte erhebt. Ihr seid Eurem Ziel zugeflogen. Eurem Ziel in die Provence. Eure Vorstellungen, verehrte Gräfin Caterina Picchena, Eure Vorstellungen von Eurem Leben an der Seite dieses Mannes haben eine solch wirkliche Gestalt angenommen, daß ich an der Umsetzung Eures Vorhabens nicht einen Augenblick zweifle.«
»Julia, was habe ich erzählt? Worüber habe ich im Traum berichtet?«
»Nicht viel mehr und viel weniger, als daß Ihr vorhabt, aus diesem Kloster zu fliehen, um einen gewissen Frains d'Aix in der Provence zu besuchen, den Vater Eures Kindes. Seid unbesorgt,

meine liebe Caterina Picchena«, fügte Julia schnell hinzu, als sie das unruhige Flackern in den Augen ihrer Freundin bemerkte, »niemand außer mir hat auch nur ein einziges Wort aus Eurem Munde vernommen. In der Kapelle wart Ihr wohl ohnmächtig und nicht fähig, ein Wort von Euch zu geben. Erst später, als ich auf meine eigene Bitte hin den Auftrag der Schwester Oberin erhielt, an Eurer Ruhestatt zu wachen, habt Ihr in der Geborgenheit Eures Bettes über Eure Wünsche und Vorstellungen gesprochen. Denkt nicht weiter darüber nach, ich behalte diese Worte in meinem Herzen begraben. Nun ruht Euch noch ein wenig aus.«
In der Verzweiflung Ihres Lebens, umgeben von grauen Mauern, gedachte sie ihres väterlichen Freundes, des hochgelehrten Wissenschaftlers Galileo Galilei. Sich in die unergründliche Tiefe seines Leides zu versenken, sein Schicksal zu teilen, verschaffte ihr Ablenkung und Stärke in ihrem eigenen leidvollen Dasein. Bald schon übergab sie ein eingerolltes Pergament, das sie über viele Umwege in die Villa Arcetri sandte.

*»Hochgeschätzter Galilei, unerschöpflicher Quell der Freude für meine einsamen Stunden.*
*Mit Trauer habe ich Eure Verbannung vernommen. Wie konnte es sein, daß das Leben Euch, dem in Europa hochgeschätzten Wissenschaftler und Astronom, so übel mitgespielt hat? Was ist es wirklich, was man Euch in den Kreisen der Kirche vorwirft? Aus meinen Kenntnissen habt Ihr nichts getan, was einen solchen Schritt der Verbannung gerechtfertigt hätte. Wohl weiß ich um die Angst der Kirche wegen der Ketzerei. Die Lutheraner haben Rom mächtig zugesetzt. Aber war es in manchen Fällen nicht von Wichtigkeit, was der Herr Luther als schändliches Tun dargestellt hat? Es ist gefährlich, solches Gedankengut zu äußern oder sogar noch zu Papier zu bringen. Doch scheint mir die Sehnsucht zur Wahrheit größer und unbändiger, als stets dieses Schweigen an den Tag zu legen. Was ich mit meinen Worten ausdrücken will, hoher Freund, ist al-*

*lein mein Verständnis für Eure Situation. Daneben mein Unverständnis für die Verbannungen, die von der Kirche ausgesprochen werden, wenn ein geistiger Mensch seine Erkenntnisse aus der Erforschung der Welt kundtut und sie zu Papier bringt.*

*Doch kamen uns, mein Freund, ganz andere Zweifel zu Ohren, Zweifel der heiligen römischen Kirche an Euren Schriften. Es sind die Zweifel an Eurem guten Glauben. Die Häresie in der Eucharistie soll man Euch vorwerfen. Man sagt, Ihr hegt Zweifel an der Transsubstantiation, an der Wesensverwandlung von Brot und Wein in den Leib und das Blut Christi. Im Saggiatore sollt Ihr die Zweifel an dieser Transsubstantiation geäußert haben. Alle anderen Vorwürfe habe man Euch nur gemacht, um Euch vor der Anklage der Häresie zu schützen, denn dies hätte Tod und Verbrennung bedeutet. Was ist nun die Wahrheit, mein gelehrter Freund? Werden wir sie an späteren Tagen jemals ausfindig machen? Oder wird es für uns immer ein Geheimnis bleiben, weswegen man Euch angeklagt hat?*

*Mit meiner einzigen Freundin im Kloster, Julia, Markgräfin von Lucca, habe ich in meiner Zelle an vielen trostlosen Abenden den Saggiatore besprochen. Der Streit gewann selbst unter uns Freunden an Heftigkeit. Doch scheint auch mir Eure Aussage in diesem Meisterwerk als sehr gelungen. Vielleicht bin ich ja, mein geehrter Freund Galilei, durch die vielen Gespräche, die ich bereits in jungen Jahren mit Euch geführt habe, in meiner Gedankenkonstruktion ein ordentlicher Anhänger nicht nur Eurer Lehre, sondern sogar ein Verfechter Eurer Welt geworden. Mir allemal erscheint Eure Aussage über die Transsubstantiation als recht vernünftig. Wollte man Euch wegen dieser Aussage verurteilt haben, so ist es mir ebenso unvernünftig, als wenn man sagte, man habe Euch wegen der kopernikanischen Lehre, die ihr zu beweisen trachtet, verurteilt.*

*Wie weh muß es Eurem Herzen sein, die Entdeckungen, die Ihr selbst mit Fernglas und Eurem mathematischen Genie berech-*

*net habt, sowie die Erkenntnisse des Kopernikus vor dem Heiligen Offizium abschwören zu müssen.*
*Doch hoffe ich, daß Ihr Euch besserer Gesundheit erfreut. Vernahm ich doch erst letzthin Eure körperlichen Leiden.*
*Das, was mir in meiner Seele am ehesten weh tut, ist nicht die Verleugnung Eurer Erkenntnisse, mein hochgeschätzter Freund, es sind die Gespräche und das Disputieren über Eure Erkenntnisse, das ich vermisse. Wie es das Schicksal gewollt hat, sind wir gerade beide zur gleichen Zeit in die Verbannung geschickt worden. Es ist, als wollten einige Kleriker verhindern, daß Galilei und die Gräfin Picchena gemeinsam über die neuen Erkenntnisse disputieren können. Doch schätze ich meine Stelle nicht so hoch ein, als hätte jemand vor meinen Gedanken eine Angst.*
*Die Freiheit meiner Gedanken sende ich zu Euch. Ich hoffe auf ein paar Worte aus Eurer Feder und daß ich mich an einigen Eurer wertvollen Gedanken ergötzen könnte, um mein Leben erneut erblühen zu lassen mit der Nahrung aus Euren geistigen Quellen.*
*So lebt denn wohl und schenkt Eurer kleinen Freundin aus dem Hause der Picchena einige wertvolle Worte, die uns niemand nehmen kann.*
*Stets in tiefer Verehrung, Eure Caterina Picchena.«*

Viele Tage waren vergangen. Eine Antwort des großen Gelehrten blieb aus. In dunklen Nächten, bei unruhigem Schlaf, machte sie sich Vorwürfe. War ihr Brief von den Häschern der Inquisition abgefangen worden? Mußte Galilei längst unter den Aussagen in dem Brief leiden? Würde sie selbst bald bestraft werden wegen häretischer Äußerungen? Zu anderen Zeiten verzweifelte sie an dem Gedanken, ihr Freund sei vollständig erblindet, er könne weder einen Brief lesen, geschweige denn einen schreiben. Die Gedanken an den Astronom verschafften ihr indes nur geringe Linderung ihrer Qualen und ihrer Sehnsucht nach dem Mann aus der Provence. Oft schien ihr im

Traum der Held aus Aix wie das leuchtende Symbol ihres personifizierten Freiheitsstrebens. Die Unruhe in ihrem Warten auf die Antwort des Gelehrten aus Arcetri wurde bald von dem Boten ihres Briefes selbst beendet.
»Verehrteste Gräfin Picchena, meine Botschaft, die ich Euch zu übermitteln habe, ist von schlechter Natur, Gott der Herr hat es so gewollt. Der hochgelehrte Galileo Galilei ist dahingegangen, er ist heimgekehrt in das Reich der ewigen Freude, der absoluten Erkenntnis. Das habe ich erfahren, bevor ich Eure Botschaft in der Villa Arcetri deponieren konnte.«
Mit tiefer Trauer vernahm die Gräfin Picchena die schlimme Nachricht. Eine weitere Säule des Tempels ihres Lebens war eingestürzt.

Die Gedanken an eine Flucht verstärkten sich. Ihre Ohnmacht war ihr ein deutliches Signal. Nur Beten und Träumen, unerfüllte Sehnsucht, der Schmerz der Trennung, sie schienen geeignet, den Körper schnell zu schwächen und die Kraft für tätiges Handeln zu untergraben. Dem mußte sie vorbeugen, bevor ihr Leichnam im Klosterhof beerdigt würde. Die Schwester Oberin erlaubte ihr des öfteren im Garten mitzuarbeiten, die Bete zu pflegen und die Erde zu hacken. Freiwillig trug die Gräfin Picchena Kisten und Säcke, Blumenstauden und selbst schwereres Gerät. Ihren noch einmal davongekommenen Körper wollte sie stärken, ihr Blut mit guter Luft anreichern. Erst wenn sie körperlich erstarkt sein würde, gedachte sie den Plan einer Flucht zu entwerfen. Zuvor jedoch versuchte sie über einen gerechten Weg ihre Freiheit zu erlangen.
Sie schrieb einen Brief an den Großherzog Ferdinand II.

*»Durchlauchtigste Hoheit, gnädigster Fürst und Herr,*
*mögen diese meine Zeilen Euch, Euer fürstliche Gnaden, antreffen in einem Augenblick der Güte, der Liebe und der Weisheit, möge mein Brief, glanzvoller Fürst der Toskana, auf die gütigen Ohren meines Herschers treffen,das wünsche ich mir.*

*Wie weiß ich doch sehr wohl, daß nur die Barmherzigkeit und die Güte, Euer Gnaden, meinen Umstand verändern kann.*
*Mehrere Jahre, Durchlauchtigster Großherzog, bewohne ich jetzt schon das Kloster, habe hier meinen Sohn geboren. Ich diene unserem allergrößten Gott mit Hingabe und Leidenschaft. Ich bitte Gott um Vergebung und bete mehrmals täglich zu ihm. In mein Herz ist Ruhe und Frieden eingekehrt. Das ist mir ein Zeichen, daß Gott, der gütige Herr, meine Fehler verziehen und mich mit offenen Armen in den Kreis seiner reuigen Sünder gnadenvoll aufgenommen hat. Meine Seele lebt in Frieden. Mein Körper bedarf noch der Befreiung.*
*Zurückgehalten von furchtsamem Respekt, ohne den Anschein von Vermessenheit oder Dünkel zu erwecken, habe ich bis zur Stunde gezögert, Euer fürstlichen Gnaden zu schreiben.*
*Laßt mich, o huldvoller Herrscher, mit Eurer gütigen Weisheit Erlaubnis durch das Tor des Klosters in die Welt schreiten. Schenkt mir ein Leben auf meiner geliebten Burg Picchena. Schenkt mir die Freiheit der Einsamkeit in meinem Vaterhause. Dort will ich dem Herrscherhaus, dem gnädigsten Fürst und Herrn mit Achtung und Friedfertigkeit dienen. Ich will die Wälder und Wiesen unseres lieben Vaterlandes in Ruhe durchwandern, mich außerhalb von Florenz aufhalten und meinem Durchlauchtigsten Großherzog für seine Gnade ewig dankbar sein. Betrachtet es, gnädigster Fürst und Herr, nicht als eine aufdringliche Forderung, wenn ich Euch gleichzeitig um die Erlaubnis der Entfernung aus dem Kloster für meine neue Betschwester Julia, der Markgräfin aus Lucca, bitte. Sie ist mir in den Tagen meines klösterlichen Aufenthaltes zu einer Stütze für meinen klösterlichen Dienst geworden. Eure Machtbefugnis erlaubt, einer sehnsüchtig wartenden jungen Frau das höchste Glück dieser Erde wiederzugeben.*
*Nicht zuletzt, Euer fürstliche Gnaden, erlaube ich es mir, an gemeinsame Tage mit Euch im Hause der Medici zu erinnern. Eure Hoheit, in unseren Kindertagen hatte ich manchmal die Ehre, mich an Eurer Seite aufhalten zu dürfen. Wie oft haben*

*wir gemeinsam die Laute gespielt oder haben so manchmal zusammen in den wissenschaftlichen Schriften der Bibliothek der Medici nach gewichtigen Erkenntnissen geforscht.*
*Auch wenn ich diese Ehre, die mir zuteil geworden war, nicht für ein Recht auf Gnade nutzen darf, so wird doch vielleicht die Erinnerung an gemeinsame, sehr lebendige Stunden Eure Hand führen und meine Entlassung aus dem Kloster anordnen.*
*Durchlauchtigster Großherzog, mächtiger Herrscher in Florenz, schenkt mir Eure Gnade und erweist mir die Güte Eurer Verzeihung. Im Angedenken an meinen seligen Vater, den ersten Staatssekretär und Senator von Florenz, in Erinnerung der nicht wenigen Verdienste des Landgrafen Picchena erweist mir die unermeßliche Gnade Eures gütigen Herzens und schenkt mir die freie Luft auf der Burg Picchena.*
*Ich verneige mich mit größter Zuversicht vor Euer fürstlichen Gnaden und bringe mich als eine der getreuesten und ergebensten Dienerinnen in Erinnerung.*
*Stets in tiefer Dankbarkeit, schließe ich Euch, gnädigster Fürst und Herr, täglich in mein Gebet mit ein.*
*Bis zum Tode Eure Dienerin und Magd, Caterina Picchena, verwitwete Buondelmonti.«*

Einem fahrenden Kaufmann, der seine Waren im Kloster feilbieten durfte, beauftragte die Gräfin auf Ehre und Gewissen, den Brief an den Großherzog zu übermitteln. Ohne von den Häschern des Kardinals abgefangen worden zu sein, erreichte ihr Bittgesuch sein Ziel.
Der junge Ferdinand, der sich als guter und geschickter Politiker darstellen konnte, hatte dennoch nicht das Interesse seiner Vorfahren an den Staatsgeschäften gefunden. Er war eher ein Forscher, der sich der Suche nach neuen Erkenntnissen in der Chemie und der Physik hingab. Man hätte zwar meinen können, daß der so interessierte Wissenschaftler auch einen Galileo Galilei unterstützen würde, aber den Schutz vor der Kirche

konnte der schwache Herrscher seinem bedeutendsten Gelehrten nicht geben. In der Erkenntnis dieser Unfähigkeit wollte er wenigstens Menschen beschützen, deren Schutz nicht allzuviel Anstrengung bedeutete. Sinnend überflog der junge Medici den Brief seiner Jugendfreundin.
Ferdinand, der sich eher mit hübschen Knaben denn mit süßen Mädchen und Frauen zufriedengab, hatte eine seiner glücklichen Stunden, in denen er einfach, ohne die Staatsräson zu durchdenken, Friede und Liebe verteilen wollte. Sein Vater Cosimo II. hatte den Landgrafen Curzio Picchena mit Ehrungen überhäuft. Wenn er nun der Tochter eine Gnade erwies, konnte das so falsch nicht sein.
Hochoffiziell erkundete Ferdinand die Lebensführung der Gräfinnen im Kloster. Von beiden wußte man nichts Schlechtes zu erzählen. Die Schwester Oberin ließ das großherzogliche Haus wissen, daß einer Heimkehr der beiden jungen Frauen nichts im Wege stünde. Sie war eher froh darüber, daß die beiden ihr unheimlich erscheinenden Conversen, von denen sie sich manchmal beobachtet fühlte, das Kloster verlassen sollten.
Der Granduca schrieb einen Brief an Caterina Picchena und sandte ihn an die Priora von Santa Maria degli Angeli.

*»Gnädigste Gräfin de'Buondelmonti, Tochter des ehrenwerten Curzio Picchena, erster Staatssekretär unter meinem hochgeliebten Vater, dem Großherzog Cosimo II., und Senator des Großherzogtums der Toskana, verwitwete Gattin des liebenswerten Lorenzo de'Buondelmonti, Caterina Picchena.*
*Ich, Durchlaucht Ferdinand II., Großherzog der Toskana, Bewahrer des Glaubens der heiligen römischen Kirche, Verteidiger der Wissenschaften und Beschützer aller Schwachen und Kranken, Verteidiger der Gesundheit meiner Untertanen vor der Pest, gebe Euch hiermit zur Kenntnis:*
*Ihr, Caterina Picchena, könnt, wann immer Ihr das wollt, Eure Schritte aus dem Kloster leiten. Seid gewiß, daß wir erkannt und erfahren haben, daß Eure Gebete zu unserem aller-*

*höchsten Herrn, unserem allmächtigen Gott, ihre Erhörung und Erfüllung gefunden haben. Die ehrenwerte Gottesdienerin, Priora Eures Klosters, Suore Mattea hat uns wissen lassen, daß Eure Führung untadelig und Euer Lebenswandel einer Gottesdienerin würdig sei. In dieser Erkenntnis und mit der Gnade unseres gemeinsamen Herrn, des höchsten Gottes, bittet die Priora unsere herzoglichen Gnaden um die Erlaubnis, Euren Weg dorthin zu leiten, wohin es Euch beliebt. Wir geben dieser Bitte Eurer kirchlichen Führerin statt und bewilligen Euch den Austritt aus dem Kloster. Eine Einschränkung dieser Erlaubnis wollen wir hinzufügen. Ihr kehrt sofort zurück zu Eurer Vaterburg Picchena und verlaßt sie nicht. Keinesfalls aber werdet Ihr jemals wieder Florenz betreten.*

*Eurer Bitte nach dem freien Austritt Eurer neuen Freundin, der Converse Julia, Markgräfin aus Lucca, aus dem Kloster kann Seine Durchlaucht ebenfalls stattgeben. Der Dienerin Gottes, Mutter Eures Klosters und Priora, sei hiermit der Freigang von Euch und der Markgräfin Julia mitgeteilt.*

*Ferdinand II., Großherzog der Toskana.«*

Hinter den beiden Frauen und dem Knaben fiel das schwere Eichentor des Klosters krachend und fast ein wenig boshaft ins Schloß. Erschrocken drehten sie sich um. Das Tor war zu. Von außen. Sie schauten sich lächelnd an. Caterina umarmte die Markgräfin Julia.

Dann gingen sie in verschiedene Richtungen. Caterina betrat in der Nähe des Klosters den nächsten Gasthof. Die lauten, schwatzenden Männer, die finsteren Gestalten und die übelriechende Luft störten sie nicht. Sie fragte den Wirt nach einem ehrenwerten Kutscher, wobei sie ihm eine goldene Münze unter die Nase hielt. Schneller als er den Wert der Münze erkannt haben mochte, flüsterte der Wirt ein ehrfürchtiges »Stets

Euer Sklave« und hielt der Gräfin jeden aufdringlichen Halbtrunkenen mit Schimpfworten und Fausthieben vom Leibe.
In der schmucken Kutsche fuhren Mutter und Sohn durch die lichtvolle Toskana zu dem Hause ihrer Väter nach Picchena. Dem Kutscher winkte ein besonderer Lohn, wenn er die Strecke nach Picchena ohne Unterbrechung fahren würde. Ein Aufenthalt zum Pferdewechseln hatte die Gräfin ihm gestattet. »Sonst aber, mein Herr, fahrt Ihr, wie ich es Euch sage.« Der Kutscher hatte sich gefügt.
In großem Bogen mieden sie in Florenz jegliche Erinnerung an den Großherzog und den Kardinal, an die Besitztümer der Buondelmonti und den Palazzo Pitti.
»Fahret dahin, ich will euch niemals wiedersehen«, rief sie den Palästen und Kirchen, den Klöstern und Türmen nach.
Vorbei an der Piazza del Duomo, machten sie einen weiten Bogen bis zur Piazza Ricasoli, überquerten die Ponte alla Carraia und wandten sich durch die Porta San Friano, vorbei an San Lorenzo, nach Südwesten. Der Glanz der Paläste, die Außenmauern der Kirchen und Klöster erschienen ihr wie die dunklen Jahre hinter den Klostermauern. Südlich des Flusses Arno entwichen sie endlich dem Gestank des Häusermeeres Florenz, atmeten die freie Luft der gewellten Landschaft um die Stadt der Medici. Im Südosten winkte der Hügel von Arcetri. Sie sandte einen Gruß an den dorthin verbannten und bereits verstorbenen großen Freund Galileo Galilei. Wo sich die Flüsse Ema und Greve vereinigten, richteten sie ihre Kutsche nach Süden. Irgendwo im Osten blieb unsichtbar hinter den Hügeln der Ort Impruneta zurück, der den gierigen Pfarrer Alessandro beherbergte. Bald wieder verließen sie das Tal des Fiume Greve, wandten sich über die Handelsstraße nach San Casciano und überquerten den Fluß Pesa in Calzaiolo. Der Weg durch das Tal der Pesa wäre ein Vielfaches leichter gewesen. Der Gräfin Picchena war aber nicht danach zumute, die unermeßlichen Reichtümer der Familie Buondelmonti in ihrem eigenen Tal noch einmal zu sehen.

Die Rast in Bagnano schenkte ihr zum erstenmal seit langer Zeit das Gefühl, endlich wieder zu Hause zu sein. Die bis zu fünfzehn Meter hohen Olivenbäume mit ihren knorrigen, rissigen Stämmen und den breit ausladenden Kronen hießen sie in der Heimat willkommen. Die immergrünen Olivenbäume wurden noch überragt von den mächtigen Pinien, die ihre Krone wie einen Schatten spendenden Schirm über das Land breiteten. Gruppen von schlanken Zypressen reckten ihre Arme in das unendliche Blau des Himmels. Doch erst die silbergrau glänzenden Stämme der gewaltigen Steineichen breiteten ihre Äste wie Arme aus und grüßten die Ankömmlinge wie alte Bekannte. Es war der Duft der ländlichen Toskana, der ihr das Heimatgefühl wiedergab. Der Duft von Pinien und Zypressen, der Frische der Wälder. Von den Bergkuppen hatte sie einen weiten Blick über die Felder und Wiesen der Bauern. Verstreute Podere lagen träumerisch auf den Hügeln, umrahmt von den Pinieninseln. Nichts ließ die harte Arbeit der Contadini erahnen. Von den Tälern aus schaute sie in die grünen Wälder und genoß die feuchte Luft in der Nähe der Bäche und kleinen Flüsse.
All dies hatte nichts mehr zu tun mit den trostlosen Mauern von Santa Maria degli Angeli, nichts mit dem untreuen Pagen, mit dem schwindsüchtigen Lorenzo, dem böswilligen Giancarlo, dem intriganten Alessandro. Die Pest hatte das Land längst verlassen. Friede schien eingekehrt zu sein über die Täler und Höhenzüge der Toskana. In Frieden wollte sie die Tage in ihrer eigenen Burg unter dem Schatten ihrer Eiche verbringen.
Nach einer Weile, auf dem Wege nach San Gimignano, erinnerte sie sich erneut an Frains d'Aix. Warum hatte dieser Mann sie so schnell im Stich gelassen? War er eine Halunke, wie viele seiner Art, oder gab es für den Franzosen eine Begründung, die sie nicht kannte. Er wußte nicht, er konnte nicht wissen, wie sehr sie ihn liebte. Sonst wäre er bei ihr geblieben oder hätte mit ihr einen Fluchtplan nach Frankreich ausgeheckt.

Die Kutsche schwenkte unterhalb des Ortes nach Westen und bog dann nach einer halben Meile nach Osten in den Weg zur Burg Picchena ein. Es waren von hier aus noch zweieinhalb Meilen, bis sie ihr Zuhause erreichte. Auf ihrer Haut bildeten sich kleine Pünktchen. Ihre Finger zitterten. Es war einige Jahre her, seit sie die Burg und die lieben Menschen dort zuletzt gesehen hatte. Was würde sich verändert haben? Was würde anders sein?

Ihre Sehnsucht wuchs ins Unermeßliche. Bald würden sie da sein. Zu Hause. Schon fuhren sie durch den Waldweg. Sie ließ anhalten, stieg aus und nahm ihren Sohn mit aus dem Wagen. Einige Ellen von der Kutsche entfernt setzte sie sich mit dem Knaben an den Wegesrand. Sie schloß die Augen.

»Picchena«, kam das Wort leise über ihre Lippen. Sie lehnte sich zurück, hielt ihren Sohn fest in den Armen und atmete tief die frische Heimatluft ein. Ihre Brust hob und senkte sich, als wollte sie das Glück der heimatlichen Gefilde gänzlich mit ihren Lungen aufnehmen.

»Hier ist Ruhe, hier ist Frieden, hier ist Liebe«, flüsterte sie. »Das ist dein Land, mein Sohn. Dein Urgroßvater hat es zurückerobert. Dein Großvater hat es gepflegt, erweitert und beschützt. Deine Mutter wird es für dich erhalten. Nimm die Bäume und die Sträucher, die grünen Wiesen, den Bach und die Hänge auf in deine Seele. Du bist ein Picchena. Sei stolz, mein Sohn, leite deinen Besitz erhaben, aber voller Liebe zur Natur und zu deinen Bediensteten. Wirst du dereinst eine Familie haben, so liebe sie bis an das Ende deiner Tage. Schenke deinem Weib und deinen Kindern den Seelenfrieden, nach dem sich jeder Mensch so sehnt. Verteidige diesen Frieden gegen jeden Angreifer. Laß niemals zu, daß auch nur ein Mensch euren Frieden stört.«

»Frieden, ja, Mutter«, wiederholte der kleine Marzial Curzio.

Caterina lächelte, erhob sich und gab dem Kutscher in dem Wagen einen Wink.

Der Mann auf dem Bock spürte die Erwartung. Er ließ seine

beiden Pferde laufen, als zöge es ihn selbst heimwärts. Der Knabe betrachtete interessiert den Weg und die Wälder, die sich um die Burg schlossen, und atmete tief den Duft der Bäume ein. Er empfing nach den Klostermauern zum erstenmal das Gefühl seiner Heimat. Der neue Graf Picchena hielt mit seiner Mutter Einzug. Die Spannung wuchs, als hinter einem letzten kleinen Hügel die Burg Picchena durch die dichten Äste der hohen Bäume sichtbar wurde.

»Dies, mein Sohn«, sagte Caterina lächelnd, »dies ist die Freiheitsburg Picchena. Sie ist dein Erbe. Hier bist du der Landgraf Marzial Curzio Picchena. Du wirst dereinst dieses Anwesen von mir übernehmen.«

# Die Flucht

Das Leben in Picchena war ihr schneller vertraut geworden, als sie es selbst gedacht hatte. Marzial erhielt einen Privatlehrer, und mit Freuden erkannte seine Mutter, daß sich der Knabe ebenso wie seinerzeit sie selbst mit Leidenschaft den Studien widmete. An schönen Tagen liebte sie es, mit ihrem Sohn durch die Wälder zu streifen und an dem murmelnden Bach des Besitzes entlangzuwandern. Sie erzählte von ihren Abenteuern und viel von ihren Träumen als junges Mädchen. Doch diese Zeiten schienen auch für sie längst vorbei zu sein. Caterina erzählte ihrem Sohn auch von der brutalen Vergewaltigung, von den Verletzungen, die ihr der Abt Piero zugefügt hatte, und von der Schmach, die sie durch das Haus Medici erfuhr, weil man nicht ihr, sondern dem Abt und dem Mönch Glauben geschenkt hatte. Sie schilderte ihrem Sohn, wie sie vertraglich ein recht trostloses Leben an der Seite des kranken, schwindsüchtigen Lorenzo de'Buondelmonti führen mußte.

»Mutter, die Tage auf der Burg Picchena sollen zu deiner Freude werden. Ich will alles tun, um dir dabei zu helfen.«

Caterina lächelte. Sie sah die Welt vor sich mit den wirren Verknüpfungen von Eifersucht und Haß, von Begierde und Liebe entstehen. Sie wußte, daß auch ihr Leben hier nicht zu Ende gehen würde, in der immerwährenden Stille einer Burg auf dem Lande.

Die Verbannung hatte gelautet, die Gräfin dürfe sich auf der Burg Picchena und dem dazugehörenden Land frei bewegen. Es war ihr verboten, die Burg zu verlassen oder eine andere Stadt aufzusuchen. Doch war ihr von dem Großherzog Ferdinand II. nicht verboten worden, Gäste nach Belieben zu emp-

fangen. Es war ihr ein leichtes, diese Freiheit weidlich zu nutzen. Picchena entwickelte sich zu einem Zentrum von gebildeten Menschen. Hier wurde über Malerei und Literatur, über Astronomie und Dichtkunst gesprochen. Hier entstanden neue Gedanken über das Leben und die Kirche. Und manch offenes Wort war nur im vertrauten Kreise zu hören. Fahrende Sänger, Geschichtenerzähler, Gaukler und auch vorbeiziehende Kaufleute belebten das Bild von Picchena. Geschichtenschreiber brachten das Leben während der Pest zu Papier. Musikanten erfreuten an kalten Wintertagen mit ihrer Laute den Sohn und die Herrin. Jeder arme Teufel, der an die Pforten der Burg klopfte und um ein Almosen bat, wurde hereingebeten. Niemand erhielt eine kostenlose Gabe.
»Freund«, pflegte die Gräfin zu dem Burschen zu sagen, »es hat sich herumgesprochen, daß unsere Seele für eine mildtätige Gabe weit geöffnet ist. Sicher haben auch die Vögel und Rehe, die Wölfe und Hirsche, die Kaninchen und Hasen, vielleicht sogar die Fische berichtet, daß wir stets eine Gegenleistung verlangen. Sei es, du trällerst ein fröhliches Lied mit deiner Zunge, sei es, du berichtest von großen lobenswerten Taten, sei es, du erzählst eine gute Geschichte, ein Märchen, eine in Erfüllung gegangene Weissagung. Bist du zu faul, so gehe ohne eine Mahlzeit. Ist deine Geschichte lang genug, so verdienst du dir manch weitere Mahlzeit, vielleicht sogar ein Bett für wenige Tage. Doch spätestens nach drei Tagen, so lautet unsere Regel, mußt du dein Ränzlein schnüren und dich erneut auf den Weg machen zu anderen Gefilden. Wir brauchen hier den Platz für die nächsten leutseligen Geister. Und merk dir eines, das Eigentum, was du hier siehst, ist unseres. Vergreif dich nicht an dem Besitz der Unsrigen. Entdecken wir's, wirst du zur selben Zeit noch aus dem Haus geprügelt. Bist du einverstanden, so laß dir nun die Wanne zum Bade reichen, damit du gereinigt an unsere Tafel trittst.«
Erstaunlich waren die vielen guten Geschichten, die Märchen, die Abenteuer, die selbst die einfachsten Leute, die Bettler, die

Lahmen und die sonstwie Benachteiligten erfanden. Die schönste Geschichte, die dem kleinen Grafen so sehr ans Herz ging, war das Märchen von der Duftprinzessin aus Montepulciano.
Die Gräfin Picchena schrieb alle Geschichten auf und lehrte bald auch ihren Sohn nicht nur das Lesen, sondern die Geschichten aufzuschreiben und selbst zu erzählen. Marzial Curzio war sehr erfinderisch und schnell im Schreiben. In der Bibliothek der Burg wurde eigens eine Ecke hergerichtet, um die schönen Geschichten mit ihren lehrreichen Enden aufzubewahren. So entstand schnell eine große Sammlung der bekanntesten Märchen und Erzählungen, die weit über die Lande hinaus bekannt wurde.
Der Sommer ging, die Herbststürme luden am offenen Kamin zum Berichten und Palavern, zum Disputieren, Forschen und Ergründen ein. Die dichten Nebel ließen manch einen verirrten Wanderer, manch einen Handelsreisenden in den Wäldern von Picchena verängstigt an die Pforten klopfen. So manches Mal saß der Schreiner von San Gimignano neben dem Töpfer aus Castel, der reiche Padrone aus dem Hochland neben dem Pfarrer aus Volterra, der Bettler aus Florenz neben dem Pilger aus Marseille.
Die Erwähnung des Namens dieser Stadt, die Erwähnung von Aix in der Provence versetzte der Gräfin einen Stich durch die Seele. Lange hatte sie geglaubt, den Mann aus dem Süden Frankreichs vergessen zu können. Doch wie die süße Blüte die summende Biene lockt, so fanden sich immer wieder Reisende ein, die mit lieblichem Gesang von den schönen Küsten der Provence berichteten. Andere brachten Stickereien oder Linnen mit, stets sah Caterina den Mann ihres Herzens im Gepäck des Reisenden. So manch einer sprach von dem Hafen in Marseille und dem eigenen Hafen der Toskana in Livorno.
Die Worte Provence, Marseille, Aix en Provence und Frankreich ließen das Blut der verbannten Gräfin in ihren Adern zur Wallung kommen. Eine verräterische Röte stieg ihr ins Gesicht. Und nur wenn ihr heranwachsender Sohn Marzial Curzio, der

die Geschichten über seinen Vater häufig vernommen hatte, unter den Zuhörern weilte, erkannte dieser als einziger den Anlaß für die Röte in dem Gesicht der Mutter. Alldieweil Caterina jeden Bericht über den Süden Frankreichs mit klopfendem Herzen aufnahm, geriet ihre Sehnsucht in einen unendlichen Sog. Dort hinter dem Meer von Livorno, dort erahnte sie den Mann, der ihr Leben als einziger in eine neue Leidenschaft versetzen konnte. Der eigene Sohn trug unbewußt das seinige dazu bei. Von Tag zu Tag mehr ähnelten die Züge in seinem Gesicht dem Aussehen des Frains.

In der Provence, dort wußte sie den Mann, nach dem sie sich seit Jahren sehnte. Dort lebte der Vater ihres unmündigen Sohnes. Dort erwartete sie die Erfüllung ihrer letzten Wünsche. Je weiter sie sich von Frains d'Aix entfernt sah, um so begieriger war sie nach dem Manne ihrer Leidenschaften. Warum konnte sie nicht die Verbannung dort erdulden, dort in den Armen ihres geliebten Frains? Sie wußte, niemals würde der Franzose es wagen, sie hier in ihrer Burg aufzusuchen. Ihm drohte die Todesstrafe, wenn er in die Fänge der mediceischen Spione geraten würde.

Aus San Gimignano kehrte häufig als Gast der Medikus Valerio in der Burg Picchena ein. Er war für die ärztliche Versorgung zuständig. Darüber hinaus beteiligte er sich mit Leidenschaft an den Gesprächen über Wissenschaft und Kunst. Valerio, der Sohn eines reichen Kaufmanns in San Gimignano, war ein geachteter Arzt und außerdem ein geschätzter Unterhalter und Kavalier in der oberen Gesellschaft. Doch gerade die Burg Picchena hatte er sich zu seinem meisten Aufenthalt auserkoren. Seine Zuneigung zu der Gräfin war nicht zu übersehen. Die Hausherrin erkannte sehr wohl die Annäherung des Arztes, ihre Gefühle ihm gegenüber blieben jedoch kalt. Aber er war ihr willkommen als Unterhalter an manch einem tristen Tag, wenn die Nebel über die Höhenzüge strichen und die Einsamkeit an ihr Herz griff und ihre Sehnsucht den Schmerz in der Brust wieder entflammte.

Eine denkende Frau, verbannt in das Anwesen des eigenen Heimes, war aus sich selbst verleitet, neuen Gedanken in ihrem Leben Raum zu geben. Das machte den Sinn ihres Daseins aus. Es war von den Mächtigen in Szene gesetzt worden, die diese Verbannung gewollt hatten.
Es gab auch die anderen neuen Gedanken, die ein Herz wie das der Caterina nicht zur Ruhe kommen lassen wollten. Diese Gedanken überfielen sie, wenn sie des Nachts alleine in ihre Kammer ging, wenn sie gelegentlich durch das schöne Anwesen streifte und wenn sie ihren Sohn Marzial Curzio vor sich sah. Nicht nur die Ähnlichkeit der Gesichtszüge, die Art zu sprechen, die Kunst, forsche Gedanken zu äußern, ließen vor ihr das Bild des Haudegens Frains d'Aix erscheinen. In ihrer Welt der Vorstellungen und der Sehnsüchte, in die Caterina immer wieder hineinfiel, entdeckte sie einen Frains d'Aix, der an stolzer Schönheit gewann. Der Franzose wurde in ihrem Kopf zu einem übermächtigen Kämpfer. Sie stilisierte ihn und ließ ihm jegliche Kunst angedeihen. Er wurde bald zum Bild des Mannes, für den sich alle Liebe dieser Welt lohnte. Der Verzicht und das Vergessen schufen in ihr das glorreiche Bild des geliebten Gottes.
Die Sehnsucht wuchs über das Faßbare hinaus und schenkte keinen Tag Einhalt und Vergessen. Es war eine stille, aber um so heftigere Leidenschaft. Sie disputierte über die Erkenntnisse der Wissenschaftler, dachte dabei aber an Frains d'Aix. Sie gab sich zufrieden und gelassen mit ihrem Leben auf der Burg und schmiedete insgeheim Pläne, ihren Franzosen wiederzusehen.
Es kam eine günstige Zeit, die ihre Fluchtgedanken beschleunigte und die das Feld einer Abreise fruchtbar beackerte. Ein Heiliges Jahr war in Sicht. Die Kirche und alle, die dazugehörten, bereiteten das Jubiläumsjahr vor. Alle, das hieß auch alle weltlichen Fürsten und alle Bürger. In diesem Tollhaus der Vorbereitungen für die Feierlichkeiten in Rom und in sämtlichen Landesteilen der Toskana sah die Gräfin die Gelegenheit, unbemerkt ihre Vorkehrungen für eine endgültige Flucht zu treffen

und für genügend Zeit zu sorgen, um diese langwierige Flucht auszuführen.
Nichts und niemand würde sie aufhalten können, ihren Frains d'Aix in Frankreich zu suchen und bei ihm zu bleiben. Der einmal gefaßte Entschluß gab ihr Kraft, alles in die Wege zu leiten. Ihren Sohn würde sie mitnehmen. Marzial Curzio liebte und achtete sie so sehr, daß er seiner Mutter überallhin folgen würde. Der Knabe hatte mittlerweile ausreichend Bewußtsein, niemals ein Wort über die Absichten zu äußern. Dennoch brauchte sie einen Vertrauten, der sie auf diesem gefährlichen Weg begleiten würde. Sie hatte schnell einen Gedanken, verfestigte ihn und ging bald an die Ausführung.
Valerio sollte der Mann ihres Vertrauens sein. Valerio liebte sie. Hinter seiner Zusage, sie auf dem gefährlichen Weg zu ihrem Mann zu begleiten, stand für den Arzt ein berechnendes Kalkül, das ihn nur an seinen eigenen Vorteil denken ließ. Er hatte niemals die Hoffnung aufgegeben, die Herrin der Burg Picchena zu ehelichen. Warum aber sollte er gerade die Gräfin auf dem Weg zu ihrem Manne begleiten? Valerio war von einem wunderlichen Gedanken gefangen. Er setzte sich die Teile seines Lebensweges selbst zusammen. In seiner Vorstellung hatte der Mann aus Aix en Provence die Gräfin längst vergessen. Sie würde eine große Enttäuschung hinnehmen müssen, wenn diese Gedanken in dem Ort Aix zur Sicherheit werden würden. Dann aber mußte er dasein. Diesen Moment des Entsetzens mußte er nutzen. Nicht daß er seine Häme und seine Lust auszuleben beabsichtigte, er würde dabeisein wollen, um der so bitter enttäuschten Caterina einen neuen, sinnvolleren Weg für ihr Leben aufzeigen zu können. Auf jeden Fall wüßte er es auf seine Art zu verhindern, daß sie sich vor Schmerz und grenzenloser Ernüchterung in unkontrollierte Abenteuer stürzte.

Die Nacht hatte ein undurchdringliches Tuch über die Burg Picchena gelegt. Dunkle Wolken jagten über den nächtlichen Himmel. Willkürlich gaben aufgerissene Wolkenfelder dem voll leuchtenden Mond Gelegenheit, breite Streifen der Erde zu bescheinen. Doch schon nach wenigen Augenblicken verdichteten sich die düsteren Wolken erneut, und das schwarze, undurchdringliche Tuch legte sich abermals über das Land.
In dieser finsteren Nacht des Frühjahres 1650 verließ die in Verbannung lebende Gräfin mit ihrem Sohn Marzial Curzio und dem Arzt Valerio Chiarenti die Burg durch den Seitenausgang. Der heulende Sturm verschluckte die Schritte der drei Gestalten. An der Nordseite des Hauses führte durch den unmittelbar anschließenden Wald eine Treppe auf die kleine Anhöhe. Aus ihren Kindertagen war der flüchtenden Gräfin diese Naturtreppe vertraut. Die glitschigen Baumstämme der Stufenabsätze machten in der nassen Nacht jeden Schritt schwer. Der ab und zu durch die Wolkendecke dringende Mondschein verschaffte ihnen das notwendige Licht, um sich orientieren zu können. Vorneweg stürmte die Gräfin die Anhöhe hoch. Sie fand die einzelnen Stufen wie im Traum. Valerio tat sich schwerer mit diesem ungewohnten Gang. Er stürzte bereits nach wenigen Metern und drohte schon bald den Mut zu verlieren. Caterina Picchena verharrte dann verärgert und half ihrem Freund, der sie auf dieser Reise begleiten wollte. Der elfjährige Sohn Marzial Curzio hatte keine Schwierigkeiten, sich in dem Wald zurechtzufinden. Sie erreichten die Anhöhe und schauten in das weite Tal, das gerade in diesem Moment von dem durch die Wolkendecke dringenden fahlen Mondlicht beschienen wurde. Die Herrin von Picchena zögerte nur einen kurzen Moment, um die Schönheit dieses Bildes in sich aufzunehmen. Erhaben verabschiedete sich ihr eigenes Land von ihr. Dann eilte sie mit ihrem Sohn den Hang über einen schmalen Waldweg hinunter. Valerio keuchte hinterher und verfluchte seine Entscheidung, die beiden auf ihrer Flucht zu begleiten, als tief hängende Äste und grobes Strauchwerk sein Gesicht und seine Hände aufrissen. Er

stieß bösartige Verwünschungen aus, wenn er mit seiner Kleidung an den stachligen Ästen hängenblieb und die nassen Blätter ihm durch das Gesicht wischten. Er hatte Mühe, den beiden zu folgen, die sich behende in der ihnen so vertrauten Umgebung bewegten.

»Caterina, eine Pause«, flehte er sie an, als sie sich über ihn beugte und ihm auf die Beine half. Valerio war zum wiederholten Male gestürzt. Seine Knie schmerzten. Dieses Tempo würde er nicht lange durchhalten können.

»Was gibt's, Valerio«, flüsterte Caterina. »Ihr wißt, wir haben nur wenig Zeit. Wenige Stunden verbleiben uns. Wir sollten sie nicht leichtsinnig aufs Spiel setzen.«

»Nur ein bißchen ausruhen«, stöhnte der Arzt.

»Im Gegenteil, wir müssen schneller sein. Kommt, beeilt Euch«, herrschte sie ihn an.

Valerio erhob sich mühselig. Er hastete voran, um nicht den Anschluß zu verlieren. Bald würden sie den Weg überqueren müssen, der von Colle di Val d'Elsa nach Volterra führte, wenige hundert Meter vor Castel San Gimignano. Trotz des unwirtlichen Wetters konnte es sein, daß sich irgendein Fahrensmann oder ein Gauner auf der Straße befand. Unter dem Schutz der Bäume beobachteten sie die Straße eine Weile vor der Überquerung. Als sich nichts rührte, gab Caterina ein Zeichen, und die drei Flüchtigen rannten über den Weg. Sie verschwanden in dem hinter der Straße liegenden Wald und liefen einen Weg hinunter, der sie zu dem Podere Bulciano führte, an dem sie verabredet waren.

In dem einzigen Lebensraum des armen Bauern zogen sie sich um. Die Gräfin kleidete sich als arme Bäuerin, der Arzt als ihr Ehemann. Caterina schmunzelte, als sie sich in diesen Fetzen im schwachen Schein einer kleinen Kerze im Spiegel betrachtete. Marzial hatte längst die Hosen eines Bauernbuben angelegt.

Der Bauer führte sein Pferd an dem Halfter, während er den dunklen Weg bei jedem Mondlicht neu auszumachen versuchte. Er hatte diese Hilfe übernommen, obwohl er wußte, welche

Gefahr der Dienst für die Gräfin der benachbarten Burg Picchena ihm bringen konnte. Aus Kindheitstagen kannte er die Gräfin, der derart viel Unrecht geschehen war, daß die Bauern auf dem Land davon sprachen.
Es dämmerte, als er sein Pferd anhalten ließ. Caterina, Marzial und Valerio waren trotz der harten Wegstrecke in einen tiefen Schlaf gefallen. Jetzt mußten sie abspringen. Der Bauer führte sein Gespann zurück, damit er rechtzeitig wieder zu seinem Hof kam, bevor die Garde des Vikars sein Haus erreichen und seine Abwesenheit bemerken würde.
Die Flüchtigen begaben sich in dem Ort La Forneta in ein anderes bereitgestelltes Fuhrwerk. Nunmehr ging es schneller voran, da der Tag allmählich graute und die Wegstrecke für den Bauern und sein Pferd besser zu erkennen war. Ein frischer Morgen dämmerte heran. Die meisten Menschen ruhten noch. Nach einigen Stunden erreichten sie Livorno.
»Suchen wir uns eine Bleibe.« Die Gräfin schaute sich um, während der Bauer mit seinem Gespann schon längst wieder den Weg nach Hause angetreten hatte.
»Suchen wir uns eine Bleibe«, murrte der Arzt, »das ist wohl einfacher gesagt als getan an diesem frühen Morgen. Ich wüßte nicht, wie wir eine Bleibe suchen und auch noch finden sollten. Ich bin durchgefroren bis ins Knochenmark und weiß überhaupt nicht, ob ich jemals wieder warm werde.«
»Es bleibt Euch freigestellt, sofort umzukehren, Valerio«, bemerkte Caterina bissig. »Ich bitte Euch nur um eines. Solltet Ihr weiterhin den Weg mit mir teilen wollen, so nehmt Euch zusammen. Wenn Ihr bei jeder kleinsten Anstrengung stöhnt und jammert, seid Ihr sicherlich nicht der rechte Gefährte.«
Die letzten Silben betonte sie auffallend und hob bewußt darauf ab, daß Valerio sich auch um ihre Hand bemühte. Ein nutzloses Unterfangen, Leute wie ihn kann ich bis in den Tod nicht ausstehen. Meckerer und Jammergestalten, die den anderen das Leben nur erschweren und nicht erleichtern, dachte sie. Wenn er, der Valerio, sich um ihre Hand bemühte, so war das einzig

seine Angelegenheit. Sie wollte ihm nicht jede Hoffnung auf eine Zukunft mit ihr von vornherein rauben. Sie hatte ihm aber auch mit keinem Wort auf seine hoffnungsvollen Wünsche und Träume Mut gemacht. Sie blickte in der morgendlichen Stunde versonnen auf ihren stöhnenden Begleiter, der seine Sachen zusammenraffte und sich bemühte, den neuen Herausforderungen zu begegnen.

Die drei einsamen Wanderer in der Stunde des Sonnenaufgangs schritten zügig in die Richtung des Fischerhafens. Jung, ansehnlich und kräftig mit ihrer Festung erhob sich bald die Stadt Livorno im Morgenlicht. Schon erreichten sie den Hafen, der 1421 für hunderttausend Goldgulden von Florenz erworben worden war.

Es gab keinen Augenblick in dem Hafen, in dem nicht die rituallen Salven mit ihrem Kanonendonner ankommende oder ablegende Schiffe grüßten. Den Besuchern erschien es, als befänden sie sich auf einem Maskenball mit Feuerwerk und verkleideten Gestalten. In dem neuen Hafenbecken tummelten sich ausländische Schiffe jeglicher Art. Französische, holländische, spanische und englische Galeonen lagen dicht gedrängt an den Kaimauern. Sie entluden ihre Waren und füllten ihre Frachträume mit Wein, Öl und Getreide aus der Toskana für ihre Heimatländer oder für ihren weiten Weg in das Morgenland. An den Werften ankerten einige Galeeren des Großherzogs. Die Besatzung der Sträflingsschiffe verweilte zum Essen und Schlafen, streng bewacht, in dem Bagno, einem quadratischen Gebäude, das sich nur aus vier Mauern und einem Innenhof zusammensetzte.

Selbst in den frühen Morgenstunden herrschte ein munteres und babylonisches Treiben. In hebräisch und griechisch, türkisch und englisch, französisch und italienisch wurde gestenreich verhandelt. Ebenso vielfältig zeigte die Kleidung die unterschiedlichen Herkunftsländer.

In dem unglaublichen Gewirr zitterten die durchgefrorenen Flüchtlinge und versuchten sich zu orientieren. Viele Menschen

konnten ein sicherer Hort sein, sich zu verstecken. Aber unter ihnen konnte es auch genügend Leute geben, die sich sehr gut an die junge Fürstin aus dem Hause Picchena erinnerten. Der unterhalb des Handelshafens gelegene Fischerhafen war wohl der rechte Ort, der sichere Verstecke anzubieten hatte.
Die »Bauersfrau« steuerte zielbewußt in den Hafen der Fischerboote und suchte die Nähe der kleinen, aber farbenfrohen und lebendigen Fischerkneipen. In diese stinkende Gegend, in die Nähe von Müll, Betrunkenen und anzüglichen Burschen wagten sich nicht die feinen, reichen Herren, die in Avignon, in Florenz oder in Padua ihr Zuhause hatten.
Verkleidet wie arme Bauern, übernächtigt und halb erfroren, wirkten sie in den erwachenden Straßen wie Menschen, die man hier täglich zu Gesicht bekam. Die Leute mochten glauben, die verarmte Bauernfamilie war wie viele andere auch durch schlechte Ernten und hohe Schulden zu Sklaven ihres Herrn geworden. Daher hatte sie sich zu einer Flucht in eine bessere Welt entschieden. Man würde sie nicht beachten. Die Fischer und Handwerker in Livorno hatten genug mit sich selbst und ihrem Leid zu tun. Die Regeln und Gesetze einer weit entfernt agierenden politischen Macht wurden hier wahrscheinlich nicht so streng genommen wie in Florenz und Siena.
Die drei steuerten auf eine Hafenkneipe zu, die schon manch einem traurigen Gast eine warme Unterkunft geboten hatte. Caterina stieß die Tür auf.
»Weib, was wollt Ihr hier?« herrschte sie der Wirt an und war nahe daran, sie rauszuwerfen. Die Fischerkneipe stank elendig. Wilde Gesellen, die wohl schon die ganze Nacht hier verbracht hatten, stritten sich an Tischen um irgendwelche Glücksspiele. Der Bierdunst zog wie Nebelschwaden durch die niedrige Stube. Die Mägde in ihren bunten langen Röcken sahen geradezu hübsch aus neben den strähnigen und schwarzen Gestalten an den verschlissenen Eichentischen. Ein unerträglicher Gestank von Erbrochenem machte der Gräfin das Atmen schwer. Valerio zupfte sie am Ärmel.

»Was wollen wir hier?« fragte er verängstigt. »Wir haben hier nichts verloren. Laßt uns eine ordentliche Bleibe suchen«, bat er flehentlich und schaute entmutigt auf die betrunkenen Burschen an den Tischen.

»Genau das ist die Bleibe, die wir brauchen«, herrschte ihn Caterina an. Ihr gefiel das fröhliche Treiben. Sie hatte keinerlei Befürchtungen.

Die höher steigende Sonne würde den ganzen Tag über nicht ausreichen, diese Spelunke zu erleuchten. Kerzen standen auf den Tischen, und manch ein abgebrannter Stummel einer gut riechenden Wachskerze schmolz, als wollte er gerade das Lokal vollends in Brand setzen. Niemand kümmerte sich um die Reste einer abgebrannten Kerze. Das Wachs floß über die schweren Holzplatten der Tische, und irgendwo beendete es, erkaltet, seine kurze Reise über die rauhe Platte. Die Mädchen, die neue Bier- und Weinkrüge auf die Tische schoben, wichen geschickt den Annäherungs- und den Berührungsversuchen der gierigen Gäste aus. Manch einer der Kunden erhielt auch schnell einen Schlag von zarter Hand, wenn er die übermäßig zur Schau gestellte Brust der jungen Frauen zu berühren trachtete. Die weiten Röcke aus bunten Stoffen schwebten mit ihren Trägerinnen durch die Bierschwemme und tanzten einen ganz besonderen lebendigen und immerwährenden Tanz. Die Fischer trugen meist ein buntes Halstuch, das sie mit einem Knoten unter dem Kinn befestigt hatten. Ihre einfachen Jacken und Hosen, die weitgehend verschlissen waren, hatten sie wohl schon am Tag vorher auf ihren Schiffen getragen. Sie logen sich gegenseitig die abenteuerlichsten Geschichten vor und traten in ihren Erzählungen als ganz besonders mutige Helden in Erscheinung, die viele schreckliche Begebenheiten überstanden hatten. Die Gräfin fand Spaß an diesem lauten Leben, das ihr trotz der vielen Lügenmärchen, die bereits während dieser kurzen Minuten aufgetischt wurden, überaus ehrlich zu sein schien.

»Nun, was wollt Ihr? Ihr habt hier nichts zu suchen. Wendet

Euch an eine andere Herberge. Dies ist nichts für Bauern«, murrte der Wirt erneut.

Caterina faßte sich schnell und blitzte den dicken Wirt an. »Was murrt Ihr? Warum ist das keine Bleibe für uns? Hört auf, so dumm daherzureden. Gebt uns zwei Kammern. Ich zahle für zwei Nächte im voraus. Zeigt uns die Kammern, die am ruhigsten sind. Stellt uns einen Krug Wasser mit einer Schüssel auf die Kommode. Na, was schaut Ihr so, wollt Ihr keine Taler verdienen?«

Der Wirt glotzte wie eine Kuh auf die Frau. Sein dickes Gesicht mit der großen runden Nase war rot und grau gleichzeitig. Er hatte wohl schon zu viele Biere zu sich genommen, und außerdem war er müde von der langen Nacht. Er grunzte wie ein zufriedenes Schwein und wies ein Mädchen an, den neuen Gästen zwei Kemenaten zu zeigen. Die junge Magd zündete in den Zimmern eine Kerze an und deutete auf den großen Krug mit dem Wasser und auf die Schüssel. Dann verließ sie kichernd die Kammer. Die Gräfin schob den Riegel an ihrer Tür in das Schloß und stellte sich einen Moment vor das offene Fenster, durch das man nach hinten in den Hof blickte, wo es um einiges ruhiger als in der Kaschemme war. Dann half sie ihrem Sohn, entkleidete sich eilig und fiel in ihrem Strohbett in einen unendlich tiefen Schlaf.

Der Tag war grau, so grau wie ein trostloses Leben, als sie erwachte. Die Sonne war nicht zu erkennen. Eine Stunde des Tages war nicht auszumachen. Die Spelunke schien genauso mit Gästen gefüllt zu sein wie bei ihrer Ankunft.

Sie wusch sich, kleidete sich an und verließ das Zimmer. Über eine steile, enge Holztreppe begab sie sich in die unteren Räume. Sie mied den Gastraum und betrat ein weiteres Zimmer, in dem einige Menschen Speisen zu sich nahmen. Valerio saß einsam an einem Tisch und kaute ein Stück Brot. Er schaute erfreut auf, als er seine Begleiterin entdeckte, und machte gleichzeitig ein vorwurfsvolles Gesicht.

»Habt Ihr gut geschlafen?« fragte sie ihn.
»So gut, daß ich schneller aufgewacht bin als Ihr«, gab er mürrisch zur Antwort.
»Schön, daß Ihr gut geschlafen habt. Das wird ein anstrengender Tag heute. Wir müssen eine geeignete Überfahrt finden.«
»Bei so vielen jungen Fischern werdet Ihr kein Problem haben, den geeigneten Mann auszusuchen«, brummte der Arzt unwillig.
Sie fand es nicht notwendig, auf seine mürrischen Gedanken einzugehen. Eine junge Frau brachte ihr ein Stück Brot und eine Fischsuppe.
Nachdem sie ihren Hunger gestillt hatte, fragte sie die junge Magd: »Sagt, schöne junge Frau, kennt Ihr einen Fischer, der sich ein paar Scudi verdienen will, indem er uns in das Land der Franzosen fährt?«
Die Magd war zunächst errötet wegen der schmeichelnden Worte ihres Gastes, dann gab sie willig zur Antwort: »Ich werde Euch den Herrn holen.«
Unausgeschlafen und so mürrisch wie am Tag zuvor erschien der Wirt.
»Was wollt Ihr, was ist Euer Anliegen?«
»Nun, wir wären Euch dankbar, wenn Ihr uns einen Fischer benennen könntet, der uns mit seinem Boot sicher in das Land der Franzosen fährt.«
»Vergeßt das«, sagte der alte Fettwanst. »Frankreich ist zu weit. Kein ordentlicher Fischer aus unserer Stadt wagt sich so weit hinaus auf die See.«
»Meint Ihr das, weil Ihr Euch nicht hinauswagt, oder kennt Ihr tatsächlich alle Fischer so genau?«
Der schwere Mann, der in seiner eigenen Spelunke kaum aufrecht gehen konnte, weil er sonst mit seinem Schädel die Kastanienbalken an der Decke geschrammt hätte, glotzte verwundert auf die Frau in den Bauernkleidern, die solch eine scharfe und geschliffene Rede führte. Nun gut, ihm sollte es recht sein.
»Hier findet Ihr so einen nicht«, erklärte er brummig. »Begebt

Euch zum anderen Ende des Ortes, weiter nach draußen. Da habt Ihr vielleicht Glück.«
Sie schaute den wuchtigen Wirt ungläubig an. Sollte es hier tatsächlich niemanden geben, der bereit wäre, gegen einen entsprechenden Lohn eine Fahrt nach Marseille zu unternehmen? Bei der Armut der Bevölkerung schien das unmöglich. Die Menschen mußten irgendwie ihren Lebensunterhalt verdienen. Man konnte nicht nur gegen die Armut klagen und jammern. Man mußte auch etwas unternehmen.
»Nennt mir einen Namen, an wen ich mich wenden kann. Wer ist eventuell bereit, uns drei mit unserem wenigen Gepäck zu fahren?«
»Niemand, sagte ich Euch. So ist es.«
Der Wirt war unwillig. Die Gräfin merkte, daß ihm die ganze Angelegenheit zu lästig war. Er wollte einfach nichts damit zu tun haben. Er wollte weder ihr noch einem Fischer helfen, der sich das Geld vielleicht doch gerne verdient hätte.
»Ihr seid ein rechter Gastwirt. Hauptsache, Eure Kasse stimmt, die anderen sind Euch alle gleichgültig.«
»Laßt mich in Ruhe. Was schert mich Euer Begehr.«
»Nun gut, dann bleibe ich eben heute abend in Eurer Spelunke und werde alle Leute ausfragen, bis mir einer einen Namen genannt hat.«
»Wenn Ihr das wollt, dann tut es einfach. Soll mir doch egal sein«, brummte der unfreundliche Mann.
»Ja, ich werde es tun. Ich werde aber auch jedem sagen, daß Ihr nicht bereit gewesen seid, einem armen Fischer zu helfen, eine Menge Geld zu verdienen. So interessieren Euch Eure Gäste.«
Der Dicke erkannte, daß er mit dieser Frau nur Ärger haben würde, und so lenkte er ein.
»Nun gut, geht am südlichen Ortsende in die Osteria La Luna, fragt dort nach Bool, dem Fischer. Der Kerl war ein paarmal hier und hat sich nach Arbeit erkundigt. Er wohnt noch nicht lange hier. Er fängt wohl nicht genug Fische. Vielleicht wird er

bereit sein, Euch über das Meer zu segeln. Und jetzt laßt mich in Ruhe.«
Der finstere Geselle drehte ab und verschwand in seiner Küche. Die Gräfin hatte einen Namen, der ihr eventuell weiterhelfen würde. Sie nickte Valerio zu und begab sich nach draußen. In diesen Frühlingstagen herrschte ein unwirtliches Wetter. Der Winter war lang gewesen, Kälte und zuviel Regen waren keine guten Signale für eine Überfahrt nach Marseille.
Sie schleppten ihre Habe mit sich, da sie fürchteten, daß ihr Reisegepäck in der Kaschemme gestohlen werden könnte. Die Bauernfamilie wanderte an dem Uferweg entlang, bis bald kein Haus mehr sichtbar war. Letztendlich fanden sie die kleine Osteria La Luna. Sie betraten den niedrigen Raum. Hier war die Zimmerdecke noch niedriger, und wegen der sehr kleinen Fenster fiel kaum Licht herein. An den Wänden hingen einfache Gemälde, die das Leben der Fischer und der armen Bauern widerspiegelten. Tosende Seen und angstverzerrte Gesichter der vom Tode bedrohten Menschen in riesigen Wellen waren nicht gerade dazu angetan, ihnen für ihren Weg über das Meer Mut zu machen. Valerio stand fasziniert vor den Bildern mit der Weltuntergangsstimmung.
Die drei nahmen an einem der blank gescheuerten Holztische Platz. Sie blickten sich in dem dunklen Raum um. Es roch nach Kaminrauch, Weindunst und Fisch.
Ein scheußlicher Ort, dachte Caterina. Kein Platz zum Wohlfühlen.
Dies war kein Ort, der Vertrauen und Heimeligkeit aufkommen lassen konnte. Die Ärmsten der Armen fanden sich hier wohl zusammen, um ihre letzten Groschen zu versaufen und um sich gegenseitig ihr Leid zu klagen und auf die Reichen zu wettern. Valerio malte mit seinem Fingernagel Figuren in das Holz. Er ritzte nackte Körper in den Tisch und korrigierte ständig deren Figur. Caterina schaute dem gelehrten, unglücklichen Mann zu, wie er versuchte, sein selbstverschuldetes Unglück an den Tisch zu übergeben.

Mit einem lauten Knall donnerte ein altes, stinkendes Weib einen Krug Wein und Becher auf den Tisch. Sie lachte zynisch und machte mit ihren Händen eine abwertende Bewegung. Die Gäste hatten sich ob der unerwarteten Störung erschrocken. Ihre Köpfe fuhren hoch, ihre Arme flogen in die Luft. Valerio sprang gar ängstlich auf. Nur Marzial hatte das Kommen der Alten rechtzeitig bemerkt. Diese lachte wie eine Hexe. Verächtlich schaute sie auf das seltsame Trio, das keineswegs aus Bauern bestand. Sie roch es förmlich, daß diese drei sich verkleidet hatten. Ihre Gesichter, die Haut ihrer Hände, sogar ihre Bewegungen verrieten sie allzu deutlich. Signale, die der Alten Vorsicht geboten, sie hellhörig werden ließen. Es konnten Steuerbeamte sein, Eintreiber von irgendwelchen Gebühren, die sich unter falschem Namen hier einschlichen, um sie auszusaugen wie einen trockenen Fisch. Sie hielt sogleich ihre Hand auf, um das Geld für den Wein zu kassieren. Als sie fragend angeschaut wurde, wies sie stumm auf eine Tafel, auf der mit ungelenker Schrift in großen Ziffern der Preis für den Wein geschrieben stand.
»Wer ist Bool?« fragte abrupt die verkleidete Gräfin.
»Ich kenne keinen Bool.«
»Ihr könnt mir helfen.«
»Warum sollte ich?«
»Warum wollt Ihr uns geprügelten Leuten nicht helfen?«
»Wir sind alle geprügelt. Ihr seid unehrlich dazu.«
»Warum sind wir unehrlich?«
»Ihr habt Euch verkleidet. Ihr wollt mir etwas vormachen.«
»Ja, wir sind verkleidet. Aber wir wollen nicht Euch etwas vormachen, wir haben uns wegen der hohen Herren verkleidet.«
Caterinas offene Rede erschreckte Valerio. Warum gab sie so leichtfertig ihr Inkognito auf? Seine Lippen zitterten, er wollte etwas einwenden. Ein Blick von ihr aber ließ ihn schweigen. Die Alte jedoch war davon angetan, daß sich feine Leute verkleideten, um die hohen Herren hinters Licht zu führen.
»Ihr braucht mir nicht zu sagen, warum Ihr Euch verkleidet habt«, murrte sie leutseliger. »Gründe dafür gibt es genug.«

»Einer davon ist es, warum wir den Bool finden müssen.«
»Ich kenne keinen Bool.«
»Kennst du einen jungen Fischer, der nach Arbeit fragt, weil er nicht genügend Fische fängt und zuwenig verkauft?«
»Ich kenne nur einen armseligen Tölpel, dem das Leben bös mitgespielt hat, so wie uns allen.«
»Dann sag mir, wie ich ihn finde.«
»Ich weiß nicht, wie Ihr ihn oder wen auch immer finden könnt. Keine Ahnung.«
Caterina legte einen Taler auf den Tisch.
Die Alte rief laut: »Emilio!«
Ein Knabe von vielleicht zehn Jahren mit zerzausten Haaren und ungewaschenem Gesicht erschien in der Tür zur Küche. Die Alte schwatzte ihm einige Worte gestenreich in die Ohren, woraufhin der Knabe aus dem Hause lief.
Caterina bot der Alten ein Glas Wein an. Die Wirtin holte sich einen Becher, füllte ihn bis zum Rand und leerte ihn mit einem Zug. Schneller als Valerio zuschauen konnte, hatte die Wirtin einen Krug auf den Tisch gehämmert, daß der überschwappende Wein über die Gäste spritzte.
Bald schon kam der abgehetzte Knabe zurück. Hinter ihm erschien ein braungebrannter junger Mann mit einem offenen, freundlichen Gesicht. Der Knabe wies auf die Bäuerin. Bool setzte sich zu ihr an den Tisch. Er sagte ein paar Worte zu der Alten, die daraufhin in der Küche verschwand. Valerio blickte mit gerunzelter Stirn auf den plötzlich aufgetauchten Nebenbuhler.
»Ihr wollt uns …«, brachte er aggressiv hervor und ließ seine Anfeindungen unvollendet, als ihn der Blick seiner Herrin traf.
»Fahrt uns mit Eurem Boot nach Marseille«, sagte Caterina unverblümt und direkt.
Der Mann zuckte zusammen. »Noch niemals habe ich zu Wasser eine solch weite Reise unternommen. Ich kann es nicht tun.«
»Dann werdet Ihr es eben zum erstenmal tun. Wir haben es eilig.«

»Ich kann es nicht. Ihr kennt nicht die Gefahr. Vertraut Euch einem großen Lastschiff an. Die sind besser gerüstet als ich.«
»Ihr könnt Euch vorstellen, warum wir das gerade nicht tun wollen.«
»Ihr kennt die Gefahren der See nicht. Stürme, wilde, reißende Seeungeheuer, Piraten, die uns kapern und umbringen werden. Wir könnten uns versteuern und niemals wieder an Land geraten. Wir würden schiffbrüchig werden und viele Tage nichts zu essen und zu trinken haben. Wir würden jämmerlich umkommen, einen schrecklichen Tod des Durstes erleiden.«
Caterina schaute ihn zornig an. »Jammergestalt. Kein Wunder, daß Ihr arm seid. Verschwindet, ich werde meine Scudi nicht einer solchen traurigen Gestalt nachwerfen.«
»Wieviel Scudi?« fragte der Fischer seelenruhig.
Caterina schaute ihn verblüfft an. »Ihr wollt es tun?«
»Warum sollte ich nicht, wenn ich genug dabei verdienen kann. Hoffentlich könnt Ihr mich bezahlen.«
»Darüber macht Euch keine Gedanken.«
»Ich mache mir darüber immer Gedanken. Alles im voraus.«
»Wieviel?«
Bool schaute auf den ängstlichen und doch so mürrischen Begleiter an ihrer Seite. Er beugte sich zu der Frau in den Bauernkleidern vor und flüsterte ihr einen Betrag ins Ohr. Die Auftraggeberin schreckte sichtlich zusammen und wich zurück. Bool schaute sie auffordernd an und wollte sich gerade erheben, als die Gräfin den kleinen ledernen Beutel aus ihrer Tasche holte, ein paar goldene Scudi in seine Hand zählte und sie mit ihren Fingern verschloß. Bool sah ihr fest in die Augen. Ein Leuchten erschien auf seinem Gesicht.
»Den zweiten Teil erhaltet Ihr, wenn wir sicher in Marseille im Hafen liegen.«
»Habt Vertrauen zu mir«, sagte er. »Ich habe eine Menge Erfahrung. Ich werde Euch mit meinem Können überzeugen«, fügte er zweideutig hinzu. Dann lächelte er.

# Die Überfahrt

Vor langer Zeit hatte Bool aus einem untergegangenen Schiff an der Küste einen Kompaß herausgeholt. Er kannte die Segelabenteuer des Kolumbus und Berichte der großen Fahrer nach Amerika und in andere Teile der Welt. Das Steuern nach Kompaß war ihm vertraut. Das Wagnis war nicht allzugroß. Unter sehr günstigen Bedingungen würde man für die Überfahrt etwa fünf Tage benötigen, natürlich nur dann, wenn bei ruhigem Wetter der Wind immer von den richtigen Seiten kommen würde, womit nicht unbedingt zu rechnen gewesen war. Bei schlechten Bedingungen könnten daraus auch schnell sieben oder zehn, vielleicht sogar noch mehr Tage werden.

Die Kajüte des Fischerseglers war eher als einfacher Schutz gegen Wind und Wetter gedacht, weniger als Aufenthaltsraum für drei mitreisende Passagiere. Es war keine komfortable Behausung, doch gab sie ihnen die Möglichkeit, ihr Ziel zu erreichen.

Mutter und Sohn und Valerio hatten sich in der Kajüte eingerichtet, so gut es eben ging. Aber es ging eben schlecht. Sie konnten sich nicht waschen, was ohnehin nicht sehr bedeutend war. Der wenige Platz in der Kajüte mußte nun für drei oder sogar für vier herhalten. Angekleidet lagen die Flüchtlinge dicht nebeneinander und vermochten sich kaum zu rühren. Für Valerio war es eine willkommene Gelegenheit, sich dem Körper der Caterina zu nähern, was sie eher als lästig empfand. Valerio schätzte die zwanghafte Nähe. Er liebte ihren warmen Körper, spürte ihre Rundungen und versuchte den Kontakt zu genießen. Es wollte ihm nicht gelingen.

»Was drückt Ihr Euch so an mich. Laßt mich ein wenig atmen«, beschwerte sich die junge Frau.

»Verzeiht, aber ich habe hinter mir keinen Daumen breit Platz«, versuchte sich Valerio zu rechtfertigen. Seine höfische Kultur, die überall in den feinen Kreisen, nur nicht bei Hofe gepflegt zu werden schien, verbot ihm eine freiere Bewegung und ein wenig Genuß des Körperkontaktes.

Die Reisetaschen der Flüchtigen nahmen ihnen den Rest einer möglichen Beinfreiheit. Wie man sich drehte und wendete, es war sehr ungemütlich. Bool beschäftigte sich mit den Segeln. Er ahnte, daß er wohl alleine sein Boot nach Marseille segeln mußte.

Der Abend hatte verheißungsvoll begonnen. Die letzten Wolken waren vom Himmel verschwunden. Der abnehmende Mond erleuchtete die bleierne See. Ein leichter Südwind blies und füllte das Tuch des Rahseglers, der sich auf gerader Linie nach Westen bewegte, wie es schien direkt in den Hafen nach Marseille. Doch bis dahin war es noch ein weiter Weg.

Der Fischer schien sein Geld leicht zu verdienen. Er sah sich in seinen Vorstellungen bereits nach drei oder vier Tagen wieder auf der Heimreise, wenn nur der Wind etwas zunehmen würde, damit er sein Geschäft schneller abwickeln könnte.

Das ist ein ordentliches Geschäft, sinnierte der junge Fischer. Er saß neben seinem Steuer, einem langen hölzernen Arm aus fester Kastanie und erfreute sich des guten Verdienstes.

Bool hatte den nicht mehr ganz runden Mond hinter sich, die dunkle See vor sich. Er betete, der Herrgott möge ihn vor der Ungewißheit eines unbekannten Zieles schützen. Segeln war schön, solange die See ruhig war, solange man ein wenig in der Nacht erkennen konnte, solange die gefährlichen Seeungeheuer unter dem Wasser blieben und keinen Grund sahen, sich über die Menschen und ihre Schiffe zu stürzen. Aber das Unbekannte drohte immer und überall. Die Angst der Seeleute war einfach das Unbekannte, die Unwissenheit über das Wie und Woher und Warum. Die fehlenden Antworten waren es, die den Seeleuten angst machten und sie in Panik versetzten.

Der Golf von Genua und das Mare Ligure waren ihm noch

recht vertraut. Oft hatten ihn der Wind oder Fischschwärme in weitere Gefilde hinausgetrieben. Doch immer waren es seine beruflichen Notwendigkeiten gewesen, die von ihm das Äußerste abverlangt hatten. Nun begab er sich mit seinem kleinen Boot zum erstenmal weiter hinaus in das offene mittelländische Meer. Die Winde konnten schnell wechseln. Der Westwind, der aus unbekannten Regionen herbeiströmte, der feuchte Schirokko oder aber auch der unberechenbare Mistral, der sich aus den Tälern des französischen Festlandes herunterstürzte, alle diese Winde konnten sich in kurzer Zeit zu einem Sturm aufbauen, daß einem Hören und Sehen verging. Zu jeder Zeit war es notwendig, sehr auf der Hut zu sein.
Die schlimmsten Abenteuer hatten die Segler jedoch durch die Piratenschiffe zu überstehen, die gleich ganze Schiffsladungen samt Mann und Maus kaperten. Wenn nicht ein anderer Segler zu Hilfe eilte, konnte man von diesen Seeleuten später nie wieder etwas zu sehen bekommen. Die meisten Handelsfahrer fuhren deswegen niemals alleine. Sie ließen sich stets von einem zweiten Schiff mit Soldaten begleiten. Es hieß immer wachsam sein.

Der Wind frischte ein wenig auf, zum Wohlgefallen des Fischers. Sie kamen schnell voran. Die bauchigen Segel jagten sein kleines Schiff nach Westen, in den noch weit entfernten Hafen von Marseille. Rauschend schnitt der Bug des Schiffes die ruhige See, zerteilte das Wasser. Die Gischt sprühte links und rechts an seinem Schiff vorbei, von dem Licht des Mondes ein wenig erhellt.
Allmählich wurde der Wind stärker, die See unruhiger. Um den hellen Mond hatte sich ein Kragen gebildet. Doch wollte der junge Fischer dieses Zeichen einer Wetteränderung nicht hinnehmen. Er verspürte eine abenteuerliche Lust, sich jedwedem Kampf zu stellen, und wußte, daß er mit dieser Überfahrt endlich sein großes Glück machen würde.
In gebückter Haltung schob er sich über die Planken auf das

Vorschiff. Er überprüfte die Segel, die unter dem starken Wind vollbauchig ihr Bestes hergaben. Sie knatterten und flatterten. Das braune Tuch zerrte an der Rah und knallte gegen den hölzernen Mast. Das Wasser rundherum wurde dunkler. Der Mond verschwand hinter einer dichten Wolkendecke.

Die Steuerpinne fest in der Hand, schaute der Fischer besorgt in den nächtlichen Himmel. Der Horizont hatte sich zu einer drohenden Masse verfinstert. Dunkle Wolken stürmten dicht über dem Wasser und schienen das kleine Schiff mitreißen zu wollen. Der Fischer erstarrte plötzlich vor Angst. Er sah, daß er sich bald in einem Inferno befinden würde, dem er mit seiner schwachen Besatzung nicht widerstehen könnte. Konnte er noch dem Ungeheuer ausweichen? Wohin sollte er nun segeln? Nach Westen oder nach Süden? Für eine Weile kämpften die Winde gegeneinander. Als wollten sie gleichzeitig verschiedenen Herren dienen, knallten und flatterten die Segel links und rechts um den Mast herum. Auf einmal sah der Fischer überall gewaltige Brecher, die sich gierig auf die ›Santa Lucia‹ stürzten. Durch die kleinen Luken ergoß sich das Wasser in das karge Deckshaus und ließ die Frau, das Kind und den Medikus vor Angst erzittern. Bool, fest mit beiden Beinen am Steuer stehend, versank unter den Wogen. Er wußte nicht, ob er sich am Steuer festhielt oder ob er das Steuer noch bewegte. Die Wellen wurden höher und höher. Wie ein wild bockendes Pferd, das von seinem Reiter gebändigt wird, ragte der Bug der ›Santa Lucia‹ senkrecht aus dem Meer empor und stürzte sich gleich danach wieder in die Tiefe. Vorne und hinten brausten gewaltige Wogen heran. So hoch wie Berge, wie der Turm von Pisa und so breit wie der Palazzo Vecchio. Bool betete und bat seinen Gott um Gnade.

Was dann kam, war so entsetzlich, daß der Fischer später nur noch mit zitternder Stimme davon berichten konnte. Das Schiff ritt eine riesige Welle ab. Hinter dieser Welle entdeckte der Steuermann einen finsteren Berg ungeheuren Ausmaßes, der auf ihn zukam. Entsetzt schaute er auf das Seeungeheuer. Das war ihr Ende. Verzweifelt hielt er sich an der Steuerpinne und an der Leine, die ihn mit dem Boot verband, fest. Schwarze, dunkle Seeungeheuer rissen ihn in die Tiefe. Er spürte einen Schlag auf den Kopf. Der Rumpf des Schiffes hatte sich auf ihn gelegt. Das Schiff richtete sich wieder auf. Mit Macht wurde er über seine Festhalteleine aus dem Wasser geschleudert. Er hing an dem Tau hinter seiner ›Santa Lucia‹. Blitzschnell packte er mit den Händen die Leine und zog sich zum Rumpf und kletterte an Bord. Entsetzen erfaßte ihn. Das Fischerboot befand sich mehr unter als über Wasser. Planken lösten sich. Der Medikus lag am Bug mit mehreren Wunden im Gesicht. Die Frau und das Kind hielten sich an den restlichen Aufbauten des Deckshauses fest.

Bool sprang zu seinen Rahsegeln, um gerade rechtzeitig die Tuche in die Rahen einzurollen und sie einzuholen. In diesem Moment schätzte er sich glücklich, seine Segel geborgen zu haben. Die Wellen schlugen weiterhin von allen Seiten gegen den Rumpf des kleinen Fischerbootes. Die ›Santa Lucia‹ ächzte und stöhnte, sie fand keine Orientierung. Die Beplankung und die Aufbauten jammerten wie ein Heer von geschlagenen Soldaten ihr trauriges Unglück heraus.

Ein mächtiger Brecher warf das gequälte Boot auf die Backbordseite und tauchte die Besatzung in die tobenden Wellen. Sie hielten sich fest, und jeder kämpfte um sein Leben. Allmählich richtete sich der Segler wieder auf. Der Schirokko hatte einem mächtigen Mistral das Feld räumen müssen, dem verfeindeten Bruder aus dem Norden, der plötzlich und mit Macht aus dem Flußtal der Rhône in die Weiten des Meeres stürzen konnte, dann aber alles, was sich ihm in den Weg zu stellen wagte, hinwegriß und nicht Tod noch Teufel fürchtete.

Bool wich dem mächtigen Mistral aus und lenkte seinen kleinen Rahsegler vor dem Sturm her. Doch der reißende Wind war schneller. Er überholte sie, hüllte sie ein in ein schreiendes, wildes Ungetüm, das nur Angst und Entsetzen hinterließ. Wann, fragte sich der junge Fischer, würde er zurück auf das Festland bei Livorno oder irgendwo sonst an der italienischen Küste aufschlagen? Wie weit war er draußen gewesen? Wieviel Stunden war er unterwegs? Wieviel Meilen hatte er schon vor Beginn des Infernos zurückgelegt? In seinem Kopf tobten die Gedanken ebenso, wie die Wogen des Meeres hin und her sprangen. Aber auch diese Gedanken fanden keinen klaren, eindeutigen Weg, der ihn zu einer Entscheidung hätte führen können. Irgendwo an der Küste seiner Heimat wieder aufzuschlagen war seine größte Befürchtung. Und so versuchte er sein Schiff dem Sturm zu entreißen.

Wo war Elba, wo Korsika und Sardinien? Wo befanden sich die vielen anderen kleinen Inseln in dieser Wasserwüste? Kein Lichtschimmer, kein Zeichen eines Lebens war dort draußen auszumachen. Nichts, an dem er sich hätte orientieren können. In diesem brodelnden Kessel fühlte er sich wie ein Knabe in einem Kampf der Männer mit Schwertern und Degen. Er stand aufrecht neben dem Steuer seines Seglers und hielt die Holzpinne eisern fest.

Wer weiß, wieviel Stunden der Fischer im Kampfe mit den Ungeheuern der See verbrachte? Waren es Stunden oder Tage? Der leichte Schimmer eines aufsteigenden Lichtes verbreitete sich über das Firmament. Die Streifen eines Lichtkegels wurden breiter. Es war mehr wie ein graues Band, das sich über die tosende See ergoß. Die Sonne war nicht zu sehen, vielleicht war es zu früh, vielleicht würde sie niemals mehr wiederkommen. Die beleuchteten Wellenkämme nahmen den tosenden Wogen ein wenig ihrer entsetzlichen Gefahr.

In dem aufsteigenden Licht eines weiter fortgeschrittenen Morgens und in der sich beruhigenden See erkannte der Fischer weit am Horizont, nach Südwesten, die Umrisse einer Insel. Die Landmarken waren ihm bekannt. Um so erschreckender stellte sich ihm die Wahrheit dar. Das war die Isola di Gorgona. Das mußte Gorgona sein. Sie waren nahe, sehr nahe dem Abgrund gewesen. Er ließ sich von der Distanz zu der Insel nicht täuschen. Es hätte wirklich nicht viel gefehlt, und sie wären in der Nacht ein Opfer des nahen Landes geworden. Um so dank-

barer war er seinem Schöpfer, der ihn vor diesem Untergang bewahrt hatte.
Jetzt war die Zeit des Bool gekommen, den Passagieren seinen kräftigen Arm zu reichen, um sie sicher zu dem von ihnen erwünschten Zielen zu bringen. Der Ritt über das mittelländische Meer begann von neuem. Hoffentlich mit weniger Sturm.
Das Unglück war knapp überstanden, als die Menschen sich wieder stark und kraftvoll fühlten. Sie vergaßen die grausamen Stunden, wandten sich der neuen Zeit zu. Der Wind flaute ab. Der Steuermann befestigte seine Pinne mit einer Leine und schaute nach den Gästen, die sich seiner Kunst anvertraut hatten. Die drei lagen erbärmlich auf den Planken, so als hätte sie jemand oder ein gütiges Schicksal dorthin geworfen.
Einseitig war die Sicht des Fischers. Für alle hatte er Sorge zu tragen. Aber wer konnte es ihm verdenken, daß die Herrin seine Blicke mehr fesselte als der junge Mann neben ihr? Ihre Konturen verfolgte er mit seinen Augen, glitt mit gefühlvollem Blick über ihre Beine, die Hüften, den Busen und die Arme, kehrte zurück zu ihrem Busen und verharrte dort eine Weile, den schönen Körper betrachtend.
Ein Schlag des Schiffes rief ihn zurück zu seiner Pflicht. Behende sprang er an das Steuer und hielt es von nun an fest in seiner kräftigen Hand. Mit steifem Blick suchte er am Horizont nach dem Ziel ihrer Reise, das er so leidlich schnell nicht fand. Geradlinig ging sein Blick dorthin, wo er sein Ziel, seine eigene Erfüllung zu sehen meinte.
Mit oder ohne seine Tat waren die drei Reisenden gerettet worden. Konnte er darauf stolz sein, oder hatte er sich seiner Schwäche zu schämen? Nun mußte er sie heil nach Marseille bringen, Dazu hatte er sich verpflichtet.
Die Segel hatte er längst wieder gesetzt, und stolz wie ein Pfau zog das bemannte Fischerboot bald seine Spur durch die blaue See. Der Himmel klarte auf, und die Sonne vertrieb bald alle Wolken. Die warmen Strahlen trockneten das Schiff, und eine fröhliche Stimmung ergriff das Herz des jungen Fischers.

Schlaftrunken, erschöpft und durchgefroren krochen seine Passagiere aus dem Deckshaus heraus. Die Frau setzte sich still auf die Planken vor den Mast. Der Fischer beobachtete sie. Ihre zarte Haut war aufgeweicht. Über ihre feuchten Kleider blies der gezähmte Wind und ließ sie trotz der warmen Vormittagssonne vor Kälte erschauern. Dennoch wollte ihr feines, zartes Gesicht mit den hohen Wangenknochen, der geschwungene Mund mit den vollen roten Lippen, die prächtigen langen blonden Haare so gar nicht nach Bauersfrau aussehen. Die langen schmalen Finger der Bäuerin sprachen nicht von viel harter körperlicher Arbeit auf dem Feld. Die Arme waren nicht kräftig genug, um schon des öfteren die Heu- oder auch die Mistgabel geschwungen zu haben. Die Hände hatten bestimmt noch nicht die Zitzen eines groben Kuheuters umfaßt. Dieser Körper hatte eher in den Betten der toskanischen feinen Gesellschaft gelegen, er hatte wohl dem einen oder anderen Herzog oder Grafen zur Befriedigung gedient.
Die Frau hatte ihren Sohn neben sich. Marzial Curzio war ein tapferer Bursche. Er jammerte nicht, er klagte nicht. Er hatte sich ebenfalls auf die Planken gesetzt und ließ sich von der Sonne bescheinen. Die wärmenden Strahlen auf der Haut konnte eine stürmische Nacht mit Todesängsten vergessen machen.
Alles was sich in dem Deckshaus befunden hatte, war in den Fluten verschwunden. Außer den Kleidern, die sie am Leibe trugen, war nichts mehr übriggeblieben. Der Fischerausrüstung allerdings war nichts passiert. Sie hatte die ganze Zeit gut verstaut in Backskisten unter den Planken gelegen. Caterina hatte Bool beobachtet. Noch als sie vor der Küste von Livorno vor Anker lagen, hatte sie den Lederbeutel in eine Backskiste unter den Planken zwischen Netzen und allerlei Kram versteckt. Diese Backskiste und vor allem der Inhalt schienen unversehrt zu sein.

Die Sturmgötter hatten sich vollständig zurückgezogen. Der Wind blieb aus, das Schiff war zum Stillstand verdammt. Die Sonne stieg ihrem Zenit entgegen, und drückende Hitze lag über dem tiefblauen Meer. Gleißendes Licht verbrannte ihre Augen. Die Planken, auf denen sie saßen und lagen, waren glühend heiß geworden. Jeder blickte stumpfsinnig auf den Boden und hing seinen Gedanken nach. Kein Lüftchen regte sich. Trockene Kehlen, dicke Zungen, rauhe Gaumen machten das Leben schwer, jede Unterhaltung erstarb. Mit den Händen im strömenden Fahrwasser, kühlte Marzial Curzio seine Haut. Er versuchte das salzige Wasser zu schlürfen, gab es aber bald auf.

Erst gegen Nachmittag erhob sich aus Osten eine kleine Brise, und erneut blähten sich die Segel. Das Schiff nahm Fahrt auf. Der Fischer wollte um jeden Preis so schnell wie möglich die Küste Frankreichs erreichen und segelte vor dem Wind wieder nach Westen.

Nach Sonnenuntergang deckte Bool seine Augen mit der linken Hand ab. Irgend etwas sah er in der Ferne. Es war ein Streifen am Horizont zu erkennen. Doch es war weder eine Wolke, noch hatte es etwas mit Wasser zu tun.

Bald erkannte er, daß dieser Schatten sehr schnell auf sie zukam. Schnelle Schiffe in der Nacht? Wie ein Blitz durchzuckte es ihn. Piraten waren Tag und Nacht unterwegs.

Die mit Reichtümern beladenen Handelsschiffe forderten geradezu das Piratenwesen heraus. Meist hatten diese Schiffe ein großes Gewicht und waren erheblich langsamer als die flinken und erfahrenen Freibeuter der Meere. Sie waren auf See geradezu frech und erschreckend selbstherrlich. Bool hatte nur die Flucht im Sinn. Sich einem Piraten in den Weg zu stellen, hieß in seiner Situation, Selbstmord zu begehen. Der Pirat kreuzte von Nordwest nach Südost. Bool sah seine Chance, nach Nord auszuweichen, aus der Bahn der Freibeuter hinaus, ohne daß er mit seiner teuren Fracht erkannt werden konnte.

Er befahl dem Arzt zügig nach Norden zu steuern. Der Bug des Schiffes reagierte sofort. Die leise knatternden Tücher zogen das Gefährt voran. Als der Fischer noch einen Augenblick überlegte, wie die Seeräuber ihr Schiff trotz des Gegenwindes in einem achtbaren südöstlichen Kurs hielten, legte sich der mit einer Freibeuterfahne geschmückte Mast in der leuchtenden Mondnacht plötzlich über. Das Schiff machte eine Wende. Es steuerte genau wieder in die Richtung des kleinen Fischerbootes.

Für Bool und seine Gesellschaft konnte dieses Wendemanöver das tödliche Ende sein. Es war nicht mehr Zeit genug zum Ausweichen. Ein entgegengesetzter Kurs zu diesem Zeitpunkt wäre von dem Piraten als Fluchtmanöver erkannt worden, und die Gefahr hätte sich vergrößert. Noch war der Pirat weit genug entfernt. Der Fischer befahl seiner Besatzung, sich hinter die schmale überstehende Bordwand flach auf die Planken zu legen. Blitzschnell machte er sich an seinem Fischernetz zu schaffen. Er warf es achtern aus und befestigte die Leinen des Netzes am Boot. Was sollten sie einen armen Fischer aufhalten und ihn um seine wenigen Fische berauben? Das war nicht ihr Trachten. Das konnte sie sogar in ihrem Streben, große Beute zu machen, aufhalten.

Der Pirat flog wie ein Sturmwind heran. Als er nahe genug war, kam er mit einem geschickten Manöver zum Stillstand. Keine dreihundert Ellen trennten die beiden voneinander. Der Fischer spürte bohrende Augen aus der Nacht auf sein Boot gerichtet. Der Freibeuter, von dem im Westen stehenden Mond beleuchtet, hatte sich geschickt so weit vor sie gelegt, daß der Mann an Bord des Fischerbootes im Gegenlicht der vollen Mondscheibe keine Menschen auf dem Segler ausmachen konnte. Der Wind frischte auf. Die ›Santa Lucia‹ gewann an Fahrt. In dem ausgestreckten Netz verfing sich ein kleiner Fischschwarm, der wild hin und her zappelte. In diesem Moment und wie von Geisterhand bewegt, legte sich das Piratenschiff wieder über und hob sich ächzend mit voller Besegelung aus der Fahrtrichtung des Fischers.

Bool atmete tief durch. Ein Schauder lief über seinen Körper. Er wußte um sein großes Glück, das ihn vor einem Überfall bewahrt hatte. Erst als der Freibeuter mit seinen letzten Segeln hinter dem Horizont verschwunden war, rief er den Arzt. Valerio schien auf diesen Moment gewartet zu haben. Er stand im gleichen Augenblick auf. Doch selbst in der von dem Mondlicht nur gering beschienenen Nacht erkannte der Fischer, daß sich der Begleiter der Schönen in einem fatal ängstlichen Zustand befand. Die Knie gaben nach, und der Mann rutschte sacht auf die Decksplanken des Bootes. Bool holte das Netz ein und freute sich über seine Beute, mit der er seine Passagiere versorgen konnte.

Der kalte Wind hatte ihn in den Stunden der Nacht frösteln lassen. Im Osten, hinter ihm, stieg fast unmerklich ein etwas hellerer Schimmer in den nächtlichen Himmel auf. Wie leckende Finger verbreiteten sich die Lichtstreifen und griffen über die Rundung des Himmelsgewölbes. Die Wolken waren restlos verschwunden. Klare Punktstrahlen schoben sich über das Firmament und schienen selbst am anderen Ende der dunklen Nacht ihre leuchtende Macht nutzen zu wollen. Dem Fischer bohrten sich Pfeilen gleich die feinen Sonnenstrahlen in den Rücken. Sie schenkten seinen Muskeln und seinen Gelenken eine belebende Erneuerung. Er genoß diese friedliche Einsamkeit, die es ihm erlaubte, alleine seinen Gedanken nachzuhängen. Er schätzte sein Glück und feierte seine Wiederauferstehung. Hinweg war die unruhige See, verflogen waren Angst und Gefahr. Das Leben stellte sich wie von selbst als übermächtiges Überleben dar. Er lächelte der aufgehenden Sonne entgegen. Bald würde er das schöne Gesicht der wundervollen Frau zu sehen bekommen. Er erstaunte über sich selbst, daß er gerade jetzt, in diesem Augenblick der himmlischen Freude, an sie dachte.

Die nächsten Tage auf See vergingen ruhig, aber trostlos für die Menschen. Während Bool dem kleinen Jungen unterhaltsame Seeräubergeschichten erzählte, saßen Caterina und Valerio, gelangweilt und erschöpft, der Verzweiflung nahe, auf den Planken. Sie zehrte von ihrer Liebe, die sie so weit auf das gefährliche Meer getrieben hatte. Der Medikus bereute seine Entscheidung, dieser Frau gefolgt zu sein und dafür sein Leben aufs Spiel gesetzt zu haben.

Der junge Marzial Curzio war der erste, der den Landstreifen am Horizont entdeckte. Näher und näher rückte der Streifen. Es mußte die französische Küste sein. Bald sah er auch nordöstlich und ebenso nordwestlich vor sich einen ebensolchen Streifen. Bool steuerte das Festland im Norden an. Die Streifen links und rechts von ihm waren vorgelagerte Inseln.
Der Wind blies gemäßigt. Eine Gefahr von irgendwoher sah er nicht auf sich zukommen. Die Wangen des Fischers leuchteten vor Glückseligkeit.
Caterina schenkte dem Land voraus einen kurzen Blick, dann wandte sie sich zu Bool um. Tränen leuchteten in ihren Augen. Sie preßte ihre Lippen zusammen und nickte langsam. Sie war stolz auf ihn. Bool schaute ihr tief in die Augen. Einen Moment zu lang, wie er selbst empfand.
Die Gräfin nahm die prächtige Kulisse des provenzalischen Festlandes in sich auf. Vor sich hatte sie das tiefe Blau des sauberen Wassers, in dem sich die Unendlichkeit des Tageshimmels widerspiegelte. Links von ihr in halber Höhe stand die klare Nachmittagssonne. Ihr wärmendes Licht fiel auf eine kleine glückliche Menschengruppe, die sich gerettet wähnte.
Doch das Prachtvollste von allem waren die wunderschönen tief grünen Höhenzüge, die sich über der Küste erhoben. Ein dichtes Walddach hatte seinen schützenden Schirm über den Küstenstreifen gelegt und versprach Kühle und Erholung, Entspannung und Frieden. Zwischen dem Blau des Wassers und dem Grün des Waldes zog sich ein hohes weiß funkelndes Band entlang. Es waren die Küstenfelsen, die aus reinem Kalk formiert waren. Diese friedlichen Signale der Natur schenkten der Gräfin für eine Weile die glücklichsten Minuten ihres Daseins.
Provence, meine Rettung, dachte sie. Welch ein wunderschönes Land. Frains, mein stolzer Held aus Aix, bald sind wir vereint.

Endlich wird Ruhe in unser Leben eintreten, endlich werden wir alle glücklich miteinander leben können.
Marzial drehte sich zu ihr um, um ihr eine Frage zu stellen. Da sah er ihre Tränen und schwieg. Er wußte, daß die Tränen seiner Mutter aus der Erfüllung ihrer Träume und Sehnsüchte kamen. Er ließ sie in Ruhe und freute sich über das Glück. Sie glücklich zu sehen, war für ihn ein hohes Gut.
Bald stand deutlich sichtbar auf der Landseite Notre Dame de la Garde. Die Kirche, auf einem Hügel südlich des Hafens von Marseille erbaut, war für jeden Segler die freudige Begrüßung, daß er bald in einem sicheren Hafen anlanden würde. Schon in den kleinen Buchten vor dem Hafen herrschte ein lebendiges Treiben. Große Mehrmaster mit Rahsegeln lagen dicht beim Ufer vor Anker. Einige Galeeren mit den langen Rudern hatten sich festgetäut wie kleinere Handelsschiffe mit den typischen Lateinsegeln, die sich vor Anker gelegt hatten. Dazwischen eilten einige Ruderboote hin und her. Sie brachten Waren auf die Schiffe und verkauften Lebensmittel.
An der unbefestigten Küste in den kleinen Buchten handelten wild gestikulierend Kaufleute. Farbenprächtig gekleidete Menschen tanzten einen Tanz, der sich, wie sie später erfuhren, Gavotte nannte. Einzelne Menschen saßen auf den Felsen rund um die Bucht. Sie rauchten die langen Wasserpfeifen aus Arabien. Einige spielten die Laute, während Verliebte sich umarmten und den Weg hinter einen Felsen suchten. Prächtig gekleidete Frauen schritten mit einer Last auf dem Kopf über die schmalen Wege. Laute Kinder schrien durcheinander. Hunde jagten sich gegenseitig die Beute ab.
Das Schiff näherte sich den Türmen der Festung, Fort St.-Jean, einem mächtigen quadratischen Bauwerk, das wie ein undurchdringlicher Schutzwall auf der linken Seite der Einfahrt wachte. Bool steuerte sein Schiff nach Osten in die Hafeneinfahrt hinein. Hinter dem mächtigen viereckigen Turm hatte der Hafen eine Länge von einer halben Meile und eine Breite von etwa siebzehn Schiffslängen. Eine wunderschöne natür-

liche Bucht, die den Schiffen bei jedem Wind Schutz bieten konnte.
In dem Becken herrschte ein hektisches Treiben, daß dem Fischer angst und bange wurde. Schlanke Galeeren mit der französischen Fleur de lys, dem Lilienemblem der königlichen Familie, lagen festgetäut am Quai de la Tourette. Feluken, venezianische Galioten und toskanische Barken tummelten sich in dem Hafenbecken oder lagen vor Anker. Ruderboote suchten sich verzweifelt einen Weg durch diesen undurchdringlichen Wirrwarr.
Eine lange, sorgenvolle Reise mit vielen Unsicherheiten und dem Kampf gegen die Geister und Teufel des Meeres war zu Ende gegangen. Sie verließen bald das Schiff und schauten sich in dem belebten Hafen um. Das verwirrende Bild, das sich ihnen bei der Einfahrt in den Hafen gezeigt hatte, löste sich langsam auf. Sie erkannten allmählich einen logischen Sinn in den Aktivitäten. Außer den Handelsleuten entdeckten sie viele Handarbeiter, die sich mit der Herstellung von Tauwerk, Segeln und Fallen beschäftigten. Vor allen Dingen wurde aus dem spanischen Esparto, dem Spartgras, Tauwerk geflochten. Aus den trockenen, steinigen Hochflächen der spanischen Halbinsel und den Ländern Tunesien und Algerien wurde das besondere Gras eingeführt, das den Grundstoff für die Taue lieferte. Auch der heimische Hanf, der rund um die Stadt wuchs, wurde vielfältig genutzt für Tauwerk, Körbe, Schuhe und Segel. Im Arsenal des Galères, der großen Werftanlage, warteten die vielen ruderbetriebenen Schiffe auf ihre Reparatur, andere wurden in den Außenanlagen und Hallen gerade fertiggestellt. An Ketten gefesselte Sträflinge, Kriegsgefangene und Sklaven tauchten die fünfzehn Meter langen Ruderblätter in das Wasser, um das flache Schiff voranzutreiben. Bei sehr viel Wind wurde zusätzlich ein Lateinersegel am Vorschiff genutzt. Doch bei Windstille und wenn im Seegefecht schnell operiert werden mußte, trieben die Ruderer die Galeeren an. Bis zu sechzig Ruderer verbrachten ihr Sträflingsleben auf einer Galeere.

Nicht weit von der Kaimauer, dort, wo Seeleute übernachteten und wo sich gelegentlich Fischer mit ihren Huren vergnügten, fanden sie in der Auberge de la Croix d'Or in der Rue de la Croix d'Or Unterkunft. Caterina bezog zwei Kammern in der zweiten Etage des Hauses. Eine Kammer für Valerio und Bool, die andere bewohnte sie mit ihrem Sohn Marzial Curzio. Sie signalisierte damit von vornherein, daß sie von niemandem des Nachts belästigt werden wollte, und zugleich konnten die beiden Männer, die direkt neben ihrer Kammer wohnten, ihr und ihrem Sohn genügend Schutz bieten.

Das Leben in der Kaschemme der Hafenstadt Marseille glich dem in Livorno. Des Abends eilte die Fischerfamilie rechtzeitig zu dem Abendmal, um nicht die dunklen Säuferstunden miterleben zu müssen. Viele Gäste hatte der Wirt zu versorgen. Nicht immer waren die Toskaner die bevorzugten Kunden der Bedienung und des Gastwirtes. Ungewollt gerieten sie dadurch in manch eine Auseinandersetzung und Streiterei der anderen Gäste.

An langen Tischen reihten sich die Fischer auf, wenn sie ihre Mühsal mit großen Mengen roten oder weißen Weins hinunterspülten. In einem wuchtigen Kamin neben dem Ausschank steckte ununterbrochen ein halber Ochse am Spieß, der von einem halbwüchsigen Knaben in leichter Umdrehung gehalten wurde. Von diesem Ochsen schnitt der Wirt mit einem langen Messer ein Stück ab, knallte es auf ein großes Holzbrett und stellte diese Gabe den Angekommenen auf den Tisch. Jeder mußte selbst zusehen, daß er sein Teil abbekam. Er konnte sich mit einem Messer ein Stück abschneiden. Der Duft des bratenden Ochsen war den Seefahrern beim Eintritt in das Gasthaus in die Nase gestiegen. Der Bratengeruch hielt die ganze Nacht an, kroch selbst in ihre Kammern, erfüllte die Zimmer aller Etagen.

Nicht weit von dem saftigen Ochsen stand auf einer Ecke der Theke ein großes Faß. Der Wein lief ohne Pause in die Krüge und Kelche. Neben dem Roten war das Faß mit dem Weißen. Der Zapfhahn beider Fässer schien nicht einmal zugedreht zu werden. In großen metallenen Kelchen brachten die Mädchen das berauschende Getränk den Fischern und Seilern, den Händlern, Bauern und Huren.

Über geheime Kanäle war der Gräfin Picchena im vergangenen Jahr von einem reisenden Kaufmann eine letzte Nachricht aus der Provence zugespielt worden.

*»... die Jahre der blutigen Gefechte, der Einsatz meines Lebens im Auftrag des toskanischen Granduca ließen mich nicht die Reichtümer anhäufen, meine geliebte Caterina, Dir ein Leben vor dem Kamin in einem fürstlichen Palast und mit vielen Bediensteten zu bieten. So übersteigen doch meine Liebe und meine Sehnsucht nach Dir das Leuchten aller funkelnden Sterne am klaren Himmelszelt, daß ich bereit wäre, jeden Kampf auf mich zu nehmen, um in Liebe mit Dir vereinigt zu sein. Ich liebe Dich, meine Caterina. Für immer will ich mein Herz an Dich binden. Keinen einzigen Tag will ich unnötig unter der leuchtenden Sonne verbringen, ohne Dich in meinen Armen zu halten. Ich will mich verzehren in der Liebe zu Dir. Und wenn ich weiß, daß Du aus Deiner Burg nicht fliehen kannst, dann will ich mein Leben in Armut und Traurigkeit verbringen und nie wieder den Körper einer einzigen Frau lustvoll mit nassen Augen betrachten. Das Bild Deines süßen Antlitzes will ich immer rein vor mir haben. Kein Gedanke an Dich soll getrübt werden, und niemals könnte ich zulassen, daß die Brüste und der Schoß eines schönen Mädchens die reinen Gedanken meiner Seele an Dich, meine einzigartige Königin, beflecken. Habe Erbarmen, meine leuchtende Perle eines unglücklichen Lebens, labe meine dürstenden Begierden mit den höchsten Wonnen Deines süßen Körpers. Enteile den Machenschaften der machtgierigen Fürsten und Kardinäle. Es muß Dir möglich werden, mein Herz zu beruhigen und meine trostlose Seele mit Freude zu benetzen ...«*

Glücklich hatte sie ihm in einer geheimen Botschaft angekündigt, daß sie bald an seiner Seite sein würde. In den traurigen Zeiten, wenn der Nebel über die Hänge in Picchena kroch und wenn die finsteren Stunden ihr Herz wie in einem trostlosen Verlies fesselten, hatte sie zu den Zeilen gegriffen, hatte sich die lieben Worte im Scheine eines flackernden Kerzenlichtes zu eigen gemacht, bis sie jedes einzelne Wort in Gedanken wiedergeben konnte. Die Antwort an Frains hatte sie einem Boten übergeben, der ihr Vertrauen besaß und den Brief schnell nach Aix gebracht hatte.

Dann hatte sie sich in Nässe und Kälte mit Entbehrungen und unter Gefahr für ihren Leib und ihr Leben auf den Weg gemacht, war ihrem Geliebten entgegengeeilt und hatte all die Schmach, die schlimmen Tage der Flucht, die Stürme auf See und die lästigen Anbahnungsversuche des Valerio über sich ergehen lassen.

Nun formulierte sie die glücklichen Zeilen an Frains.

*»Verehrter Frains, mein Freund, mein geliebter Mann. Die Worte, die Du so schmuckvoll und mit der Wärme Deines Herzens auf das Pergament gemalt hast, trugen mich auf einem Hoffnungsmeer davon. Meine Seele eilt meinem Körper voraus. Mein Herz verrät mir, daß Du mich ebenso sehnsüchtig erwartest, wie ich Deiner zärtlichen Umarmung entgegendürste. Nur noch wenige Male wird die Sonne ihren Bogen über das Firmament ziehen, bis ich mich in Deinen treuen Augen verlieren darf. Schon haben wir uns in Marseille eingenistet. Wir, das sind mein Arzt Valerio, der Fischer Bool, der uns über alle Seeungeheuer und die finsteren Götter des Sturmes hinweg in den sicheren Hafen dieser Stadt geleitet hat, Dein Sohn Marzial Curzio und ich. Valerio ahnt nicht, welche grausame Enttäuschung ihn erwartet. Ich denke, er glaubt, daß Du, mein großer Liebhaber, Deine Versprechungen nicht hältst. Er weiß nichts von unserer großen Liebe. Er weiß nichts von meiner unendlichen Sehnsucht zu Dir und nichts von Deinen grenzen-*

*losen Gefühlen zu Deiner Caterina. Er stellt seltsame Behauptungen auf, daß er es schon oft erlebt habe, daß lieblose Abenteurer unterwegs seien, die unbescholtene toskanische Damen mit ihrem Gesäusel und ihrem Liebesschmalz verführten, ihre Liebe ausnutzten und sie um ihr Vermögen prellten. Valerio hat nur seine Medizin. Er weiß nichts von den Gefühlen einer Frau. Er ist in seinem Verständnis so klein, daß er immer noch glaubt, er könnte mich seinem lüsternen Körper zuführen.*

*Frains, mein starker Mann, eile so schnell wie möglich zu uns in die Auberge in die Rue de la Croix d'Or. Dort will ich Dich allen vorführen. Ich will den Naseweisen vormachen, wozu ein liebender Mann fähig ist. Ich will ihnen zeigen, daß Deine Liebe über Jahre hinweg treu zu mir gehalten hat, daß Du mich nicht in den nackten Armen einer Dirne vergessen hast und daß Du der zärtlich liebende Vater unseres Sohnes Marzial bist. Ja, Dein Sohn Marzial. Immer wenn ich ihn anschaue, sehe ich Dich, mein Frains, vor meinen Augen. Manchmal möchte ich unseren Marzial nehmen und ihn herzen, so nach rechter Art, wie man einen Liebhaber herzt. Er kennt Dich nicht, mein Frains, aber ich habe sehr viel von Dir erzählt. Er erwartet mit höchsten Freuden seinen berühmten, treuen Vater. Unser Sohn weiß mehr von Dir, als alle anderen ahnen. Er bewegt sich, wie Du Dich bewegst. Er hat die Auffassungsgabe von Dir. Welch ein Glück, daß der Himmel ihn mir geschenkt hat. So warst Du, mein Frains, über all die Jahre hinweg bei mir. Doch um so mehr hat mich die Sehnsucht nach Dir verzehrt.*

*Der andere Begleiter, der Fischer Bool, ist eine treue Seele. Zu Beginn hat er diese tückische Aufgabe, uns nach Marseille zu segeln, bestimmt nur wegen der vielen Scudi übernommen. Auf dem rauhen Meer war er der richtige Kapitän, um uns in das gelobte Land meines Geliebten zu führen. Welch guten Treffer haben wir mit seiner Wahl gelandet. Er ist wirklich ein erfahrener Segler. In dunkler Nacht trachteten die finsteren Mächte des Sturmgottes in der rauhen See nach unseren Leben. Durch die weise Voraussicht, die starken Arme und die Umsicht unse-*

*res Bool konnten wir den raffgierigen Ungeheuern entfliehen. Selbst in höchster Not, ohne Wasser und ohne Nahrung, wußte unser Bool immer eine Hilfe. Er ist ein armer Teufel, doch ein Weiser in seiner Arbeit. Sonst aber, mein Frains, ist der Fischer ein unbedarfter Mann, dessen Wangen einer glühenden Sonne gleichen, wenn er eine liebliche Frau betrachtet. Mein Blick erstaunt, wenn ich sehe, wie wenige Leute den wirklichen Mut haben, mein Gesicht, von dem man sagt, es sei schön, mehr als eine Sekunde lang anzuschauen. Geile Männer, die es doch tun, möchten mit mir gleich den Wonnen der körperlichen Liebe frönen. Du, mein Mann aus der Provence, Du bist der einzige, mit dem ich diese Gelüste teile.*

*Die Tage bis zu unserer Umarmung kriechen so langsam wie eine Schnecke über den Weg. Ich verfolge den Gang der Sonne, ihr Erscheinen am Morgen und ihr Eintauchen in das Meer, Tag für Tag, bis Du mich endlich in Deine starken Arme nimmst. Wie soll ich die langen Stunden nur verbringen? Beeile Dich, mein Freund. Mach Dich gleich auf den Weg. Entführe mich und Deinen Sohn. Wir wollen mit Dir Dein Leben in Deinem Aix teilen. Das Herz unseres Marzial Curzio hüpft vor Freude, wenn er das neue Erleben in Deiner Stadt vor sich sieht.*

*Plage Deinen Kopf nicht mit sorgenvollen Gedanken, mit welchen Scudi wir unseren Weizen und unseren Fasan bestreiten. Frage nicht, wer den Wirt für unsere Behausung in Aix oder einem anderen Ort entlohnt. Ich habe, mein Freund, mein Geliebter, so wie ich es Dir aus Picchena mitgeteilt habe, all meinen Viehbestand und einen Teil meiner Ländereien verkauft. Den Leuten erzählte ich, daß ich das Geld für meine lange Pilgerreise zum Heiligen Jahr nach Rom brauchen und daß ich dort eine große Opfergabe für die Armen der Welt erfüllen würde. Nun, diese meine Opfergabe war unsere Reise, meine Pflichterfüllung das Wiedersehen mit Dir, mein geliebter Frains. Meine Seele zittert nach Dir. Gib uns schnell eine Nachricht. Der von mir auserwählte Bote wird unser Vertrau-*

*en erfüllen. Er weiß, wenn er unbeschadet zurückkommt und seine Pflicht getan hat, wird er noch einmal einen stattlichen Lohn erhalten. Nutze ihn für Deine Antwort. Er wird Dir erklären, wo Du uns finden kannst. Mache Dich auf den Weg, mein Frains, meine Umarmung wartet auf Dich.«*

Sie verschloß den Brief, rollte ihn dicht zusammen, machte einige kleine Löcher in das Papier und zog eine bunte Schnur durch diese Löcher. So konnte sich die wertvolle Botschaft nicht von selbst öffnen. Die Enden sicherte sie mit dunkelrotem Lack, in den sie ihr Siegel drückte. Dann übergab sie den Brief dem Boten, der sein Pferd sogleich auf den Weg nach Aix lenkte. Der erfahrene Reiter würde in zwei bis drei Tagen bei Frains d'Aix anlangen. Noch weitere drei oder vier Tage würden vergehen, bis er mit der Antwort zurück sein würde. Sechs, sieben lange Tage des brennenden Harrens, der nicht zu stillenden Sehnsucht würde sie erdulden müssen.

Valerio bummelte durch die Hafenstadt. In der finsteren Auberge de la Croix d'Or hatten die Serve, die flotten Mädchen bei der Bedienung, die Bäuerinnen aus der Umgebung und die wertvollen kleinen und großen Hürchen die Wahrheit längst herausgefunden, daß er ein tüchtiger Arzt für die Leiden und Wehwehchen des weiblichen Geschlechtes war. Geheimnisvolle Kräfte sagte man ihm nach. Die Frauen tuschelten, stießen sich verlegen an und wurden rot, wenn Valerio vorbeiging. Die Gilde der Ärzte und Heilkundler beobachteten ihn mit Argusaugen. Nichts Unrechtes durfte er verrichten. Nur still und ohne Aufsehen ging er seinen Diensten nach. Von den Wohlhabenden ließ er sich fürstlich entlohnen. Manch armer Bäuerin schenkte er ein Lächeln und ließ sie ziehen. Den Hürchen, meist mit Pilzen und Entzündungen, Geschwülsten und Rötungen zwischen den Schenkeln, nahm er den Lohn ab, die sie für zehn Freier kassierten. Hinter manch einer Tür verschwand er zum Heilen und Helfen, zum Trösten mit Worten und

Taten. Der galante Medikus aus San Gimignano kleidete sich wie der Edelmann aus der Provence. In dem heißen Schoß der einen und anderen lieblichen Dame der reichen Gesellschaft, auf oder unter einem strammen Mädchen aus der Provence vergaß er unter Stöhnen und Schmatzen mit heftigen Bewegungen und wilden Kämpfen seine Fürstin Picchena.
Am Ende des Hafens flanierte sie mit ihrem Sohn von der Rue de Croix d'Or auf die Rue Castelleria und über den Place Victor Gélu. Am Quai du Port angelangt, an der Pier, an dem alle Schiffe, die nicht ankerten, sich mit schweren Tauen an den Steinpollern gesichert hatten, blickten sie auf das Meer. Die Ausdehnung zum Hafen, die sich über das weite Meer erstreckte, schenkten ihnen den Frieden einer weiten, vergnüglichen Welt. Der Hafen und ein Teil der Seeseite waren ohne Mauern geblieben. Die Geschütze in zwölf Türmen bedrohten jeden Angreifer, ließen sein Eindringen zu einem erkennbaren, gefährlichen Abenteuer werden. Hunderte von heißen Stahlkugeln würden die Mauer der Stadt vor den Attacken der Feinde schützen. An der Hafeneinfahrt trotzte der viereckige Tour du Roi René an der Festung Saint Jean. Unweit davon signalisierte ein hoher Leuchtturm, der Tour du Phare, dem heimkehrenden Segler und Ruderboot Schutz und Zuversicht.
Marseiller Handwerker und Händler, Patrizier und Krieger, Frauen und Edelmänner, sie alle flanierten auf den Kais, lachten und scherzten, spotteten und disputierten gestenreich oder beobachteten das Beladen der Schiffe. Jeder heimkehrende Segler brachte Wohlstand und Reichtum, neue Nachrichten aus fremden Landen und den Frauen kräftige braungebrannte Männer, die liebeshungrig und sehnsüchtig nach Weibern Ausschau hielten und voller Abenteuerlust steckten.
Viele Straßennamen kündigten an, welche Handwerker und welche Gilden in ihnen ihrer Arbeit nachgingen. In der Rue de la Chandellerie produzierten die Kerzenmacher mit großer Geschicklichkeit die schmalen, langen Kerzen für die Kirchen und die zahlreichen Hausaltäre, aber auch für die Beleuchtung zu

nächtlicher Stunde in den Häusern und in den Kaschemmen wurden sie genutzt.
In der Rue des Aufiers bearbeiteten die Männer und Frauen das Spartgras und flochten Leinen und größere Taue. Selbst Segeltuch und sogar Schuhe aus Stroh wurden gefertigt.
Manchmal entdeckte Caterina Valerio und Bool, wie sie aus der Rue Inganienne bei den alten Windmühlen heranschlichen, wenn sie sich aus dem Viertel mit den Prostituierten in die Rue de la Croix d'Or begaben. Direkt hinter den Baracken der Galeerensträflinge dehnte sich das babylonische Viertel aus. Dort lagen die Tempel der Prostitution, der Wollust und der Liederlichkeit. In diesem Hafenviertel, zwischen der Rue de la Reynarde und der Rue Radeau und im Norden der Rue Caisserie, tummelte sich die Unsittlichkeit zwischen acht Häuserblocks. Diese Festung der Wollust mit den vielen kleinen Gassen, die abschüssig zum Hafen hin liefen, hatte Caterina auch einmal mit ihren Männern besucht. Sie waren durch die Straßen gegangen und hatten sich manch eine Anpöbelung gefallen lassen müssen. Es roch dort nach Fleischausdünstungen und Küchenabfällen. Hunde streunten durch die Gassen und jagten die Katzen. Auf den engen Straßen duftete es wollüstig nach Huren und geilen Männern. Der Mann roch nach Frau und die Frau nach Mann. Darunter mischte sich der Gestank nach Fisch, Schweiß und Urin.
Manch eine Geschichte hörten sich Caterina und Marzial in der Rue Siam mit seinem Teufelsbrunnen an. Es verging nicht ein Tag, wenn sie an dem Brunnen verweilten, ohne daß ihnen nicht die gruseligsten Märchen aufgetischt wurden.

Eine Woche nachdem sie ihren ersten Brief aus Marseille nach Aix geschrieben hatte, fühlte sich Caterina bestätigt. Der Bote war zurückgekehrt. Er hatte eine Nachricht des geliebten Mannes mitgebracht. Sie zog sich in ihre Kammer zurück. Mit zitternden Fingern trennte sie das Band durch, mit dem der Brief verschnürt war. Mit einer Haarnadel löste sie das Siegel. In der

Nähe des Fensters las sie mit bebendem Herzen die ersten Grußworte des Frains d'Aix. Mit schwungvollen Lettern stand ihr Name am Kopf des Schreibens, und mit großen Schriftzeichen und eleganten Bögen waren einzelne Buchstaben untermalt.

*»Meine teuerste Gräfin, über alles geliebte Caterina, Mutter meines einzigen Sohnes Marzial Curzio,*
*Du erahnst nicht, mit welch ungestümer Freude ich den Boten Deines Herzens empfangen konnte. Hat sich jemals ein Mann glücklicher fühlen dürfen, konnte sich zu irgendeiner Zeit ein einfacher Soldat, der sich an fremde Herrscher verdingt, hochgeehrter fühlen, als ich es in dem Moment getan, als ich die Botschaft Deines Herzens empfing?*
*Wie waren wir doch glücklich in den wenigen Tagen, die wir in Deiner geliebten Toskana zusammen verbrachten. Wie schmachvoll haben uns die Herrscher Deiner Heimat verraten und verabscheut. Verbannt wurde ich, meine teuerste, meine über alles geliebte Fürstin meines Herzens, zurück in die Stätte meiner Geburt, die, sobald ich sie ohne Dich erreicht hatte, ein Ort dunkler Verzweiflung und unglückseliger Einsamkeit geworden war. Über Jahre hinaus wartete ich vergeblich auf Deine Rückkehr in die Wärme meines Herzens. Erfahren hatte ich bald, daß man Dich, meine überaus lebendige Gräfin, in ein Kloster verbannt hatte, hineingesteckt in dunkle und kalte Zellen, überwacht und überprüft von gierigen Nonnen und streitsüchtigen Äbtissinnen. Jeden Tag verfolgte ich mit Schmerzen in meiner Seele, wollte nicht mehr leben, solange Du nicht bei mir warst. Nur ein Gedanke hielt mich aufrecht, ließ mich das Leid ertragen, der Gedanke, daß Du, die Krönung meines Lebens, eines Tages zu mir zurückkehren würdest. Mein Herz hat zu mir gesprochen, alle meine Sinne haben mir Tag für Tag immer wieder in den schmerzlichen Stunden meines Alleinseins die Antwort gegeben, daß Du zu mir zurückkehren würdest. Nie war ich verzweifelt. Niemals habe ich den Glauben an die kommenden schönsten Stunden aufgegeben.*

*Wie habe ich gebangt, gezittert und mich gegrämt, als ich erfuhr, daß Du, meine Königin, über die Weiten des Meeres alleine mit einem Fischerboot zu mir heimkehren würdest, kannte ich doch die Gefahren einer solchen abenteuerlichen Reise. Kein Segelschiff, das kostbare Tuche aus Spanien nach Florenz bringen soll, hätte den Mut, diese Strecke alleine zu fahren. Zu viele der Gefahren lauern unterwegs auf einsame Segler, die nur ihr Glück heischen. Piraten, die Verbrecher auf hoher See, Stürme, sehr hoher Seegang, Hunger und Durst und sogar gefräßige Meeresschlangen sind die Folter eines jeden Seemannes. Du, meine Prinzessin, Du hast all diese Qualen erlitten, um Deinen geliebten Mann, Deinen Frains d'Aix, wieder in die Arme schließen zu können.*

*Hier wird jetzt Deine Heimat sein. Hier wollen wir uns ein Nest bauen, eine Heimat uns gründen, in der wir immer und ewig vereint sein werden. Zusammen mit unserem gemeinsamen Sohn, den Du bis jetzt alleine erzogen hast, wollen wir eine Familie sein, die in Ruhe und Frieden, nicht verfolgt von irgend jemandem, ihr freies Leben gestalten und alle Tage bis ans Ende der Welt in Frieden und Eintracht zusammenhalten wird.*

*Meine Liebe gebührt Dir, meine treueste Gräfin, mein Herz ist, sofern es das noch konnte, noch mehr in Liebe zu Dir entbrannt. Nicht abwarten mochte ich die langen Tage, mit dem Boten wollte ich meine Botschaft sofort selbst und mit warmem Herzen Dir überbringen, doch mußte ich noch einiges richten, um für Deine Ankunft vorbereitet zu sein. Auch müssen wir uns einen glücklicheren Ort für unser Zusammensein suchen. Dort wollen wir hingehen, wo uns niemand kennt und wo wir wirklich keine häßlichen Gesichter zu fürchten haben. So nimm denn, meine geliebte Caterina, diesen Brief als nur einen kleinen, unmerklichen Anfang meiner unerschütterlichen Liebe.*

*In wenigen Tagen, nachdem Du den Brief erhalten haben wirst, werde ich selbst bei Euch allen meinen Lieben sein. Unermeßlich wird meine Freude sein, Dich erneut in die Arme schließen zu dürfen. Voller Vaterstolz werde ich meinen kleinen Sohn Marzial begrüßen können, für den Du bisher alles alleine hast richten müssen. Habe nur noch ein wenig Geduld. Laß die Sonne noch zweimal aufgehen und sie am Abend wieder hinter den Bergen versinken. Dann bereits werde ich der glücklichste Kavalier der schönsten Frau dieser Erde sein.*

*Wenn Du diese Zeilen wahrnehmen wirst, werden sich bereits die Hufe meines Pferdes in den Staub der Straße bohren, wird mein Antlitz von Schweiß und Ungeduld geprägt sein, weil ich nicht schnell genug meiner Caterina entgegenfliegen kann. Ich werde kaum ruhen und rasten, bis ich das Ziel all meiner Wünsche, das Zusammensein mit Dir, erreicht habe ...«*

Mit großzügigen Zeichen war der Name ihres lieben Marzial Frains d'Aix unter den Brief gesetzt. Die Liebe hatte seine Feder beflügelt.

Tränen der Freude und der Erfüllung standen in ihren Augen. Eine Träne, glitzernd und schimmernd wie eine Perle, fiel auf das Blatt mit den lieben Zeilen und durchfeuchtete die herzlichen Worte. Die junge Gräfin griff zu einem Tüchlein und wischte sich die glücklichen kleinen Edelsteine aus ihren Augen. Ruhe kehrte in ihr Herz, Ruhe, die sie endlich heimführen sollte in die starken Arme des sie und ihren Sohn schützenden Mannes. Zitternd las sie immer wieder die lieben Worte, wischte sich die Tränen aus den Augen, die sie daran hindern wollten, das Liebste, was sie jemals empfangen hatte, aufzunehmen. Sie küßte den Brief, sie fuhr zärtlich mit den Spitzen ihrer Finger über die Zeilen, die sie mit so viel Glück überhäuften. Sie hatte es gewußt, Marzial Frains d'Aix war ein ehrlicher Mann. Er war ein Mann, der trotz aller Schwierigkeiten zu ihr stand und sie liebte.

Dort, wo im Jahre 1214 dereinst der Einsiedler Meister Pierre die Erlaubnis des Abtes von Saint Victor erhalten hatte, eine Kirche zu bauen, stand mächtig und weithin über das Meer sichtbar die Kirche Notre Dame de la Garde. Vor einigen

Wochen über das Meer von Westen kommend, hatte ihnen diese Kapelle als glückliches Zeichen der Ankunft gegolten. Nun wanderten die beiden Verliebten den weiten Fußweg von den Kais des Hafens zu den Hügeln dieser Kirche. Drei Tage, nachdem sie seinen Brief erhalten hatte, war Frains überraschend in ihrer Kammer erschienen. Sie und er waren sprachlos. Erschüttert brachte sie keinen Ton heraus. Die Stimmlosigkeit der Überwältigten schnürte ihr die Kehle zu. Es dauerte lang, bis sich die Gräfin gefangen hatte. Zu abenteuerlich war ihre Reise gewesen, zu groß die unermeßliche Vorfreude. Nun wanderten sie gemeinsam den Weg hinauf zu Notre Dame de la Garde.

Sie saßen am Rande der Kirche auf den Mauern der einhundert Jahre alten Festung und schauten über das weite Land und die See. Zu ihrer Rechten lag der tiefe Einschnitt des Meeres, der dem Hafen von Marseille natürlichen Schutz bot. Die zahlreichen Schiffe an den Kais und vor Anker wirkten von dieser Höhe wie die kleinen Spielzeuge, die Caterina als Kind auf dem Bach und dem stillen Teich unterhalb ihrer Burg hatte schwimmen lassen. Hinter diesen Kais pulsierte, eingebettet und umrahmt von mächtigen Mauern, die liebliche Stadt. Direkt nach Norden zog sich in einem weiten Bogen die breit ausladende Bucht von Marseille. Im Westen lag das offene Meer, das ihnen nach dem Leben getrachtet, das ihnen aber auch erst diese Flucht ermöglicht hatte. Aus dem lebendigen Hafen drang kein Laut bis zu ihrem Zentrum. Sie beobachteten Schiffe, die sich langsam unter voller Besegelung über das Wasser bewegten. Ein leichter Wind umfächelte die verliebten, heißen Gesichter. Die Blätter der Bäume um sie herum schwankten ein wenig, als wollten sie nur den Staub von ihrem Grün abschütteln. Ein paar Grillen zirpten. Aus dem Tal stieg durch den frischen Wald die kühle Luft.

»Wie klein alles von hier oben aussieht«, flüsterte Caterina, als wollte sie den friedlichen Atem der Natur nicht stören. »Selbst die großen, mächtigen Galeonen, die dort vor Anker liegen, sind von hier aus ganz klein. Die Häuser sind so winzig, und die

Menschen auf den Kais sind bald gar nicht zu sehen. Wie unwichtig scheint von hier aus ein Menschenleben, ein einzelnes Schicksal zu sein. Groß und doch klein. Was uns die Natur mit einem solchen Blick schenkt, ist gleichermaßen klein und groß. Bescheiden sollte sich jeder einmal sehen, der sich in seiner Bedeutung zu groß sieht. Ich wünschte manch einem Medici oder Kardinal Giancarlo einen Fußmarsch in einem Bauernkleid zu dieser herrlichen Kirche. Auf der anderen Seite ist jeder einzelne Mensch, den wir so winzig dort unten auf den Kais sehen, in sich ein solch großes und prächtiges Geschöpf, daß wir nur erahnen können, welche Unermeßlichkeit sich hinter der Schöpfung jedes einzelnen verbirgt. Unermeßlichkeit der Schöpfung, aber auch Größe und Macht und Versagen und bitterste Niedertracht. Über alldem thront die Liebe mit ihrer unglaublichen Fülle an Zuneigung und Sehnsucht, an Glück und Schmerz.«
Caterina lehnte sich an die Schulter ihres Mannes. Sie schaute nach Norden und erfaßte mit einer Bewegung ihres rechten Arms das gesamte Land, das sich dahinter ausdehnte.
»Das ist die Provence«, sagte sie mit Wehmut in der Stimme. »Das ist das geliebte Land meines großen Helden. Dies ist das Land, in dem wir unsere neue Heimat finden wollen.«
Sie drehte sich in seinen Armen um und schaute ihm in die Augen.
»Frains, mein geliebter Mann, kannst du dir vorstellen, ich lebe in einer neuen Dimension, ich lebe in einem neuen Leben. Niemals wieder werde ich das Bedürfnis verspüren, in die Toskana zurückzukehren. Dies soll meine letzte Reise sein. Meine vorletzte«, ergänzte sie lächelnd, »noch muß ich zu unserem neuen Heim, das du in den nächsten Tagen für uns drei suchen und bestimmen wirst. Dann will ich nur noch mit dir in unserem Heim wohnen oder ab und zu an die Küste reisen, um mich mit dir und unserem Sohn den Vergnügungen des Küstenlebens hinzugeben. Ich sehne mich nicht nach den Gesellschaften am Hofe der Medici oder von irgendwelchen Provinzfürsten auf dem Lande. Ich bin so glücklich. So überaus glücklich.«

»Caterina, genieße das Glück und die Ruhe. Dein Leben war bisher gehetzt und von anderen bestimmt. Du sollst nun, nein, du wirst von nun an du selbst sein. Du wirst für dich und für uns entscheiden. Welch glücklicher Tag, der dich bei dem Festmahl des Kardinals Giancarlo mit mir zusammenbrachte.«
Sie wanderten den schmalen Weg hinunter zum Hafen und begaben sich an den Küstenstreifen gegenüber von Fort St.-Jean. Dort verweilten sie und setzten sich in das Gras direkt am Wasser.
Die Gräfin, die keine mehr sein wollte, lehnte sich mit ihrem Kopf an die Brust des großen Soldaten. Der herrliche Sonnenuntergang am Ufer des Mittelmeeres schenkte ihnen noch einmal die gleiche friedliche Stille, die sie auf Notre Dame de la Garde gekostet hatten.
Nun war wirklich eine unendliche Ruhe eingetreten. Caterina erkannte diese Herzensstille ohne große Worte. Diese Stille war einfach da. Ihr Herz zeigte ihr den richtigen Weg. Sie hatte kleine silberne Tränen in den Augen, ein letztes Zeichen der vergangenen Enttäuschungen und Schmerzen. Mit der erneuerten Liebe war eine absolute Ruhe über sie gekommen. Sie war in einem Zustand der Erholung und Glückseligkeit. Sie wollte nichts mehr sagen, sie wollte nur noch ihr Glücklichsein genießen. Dieser Genuß drang durch alle Fasern ihres Körpers. Ihre Adern sangen in diesem Rausch des grenzenlosen Befriedigtseins. Sie spürte es, sie empfand es. Es hatte nur wenige Augenblicke in ihrem Leben gegeben mit diesem höchsten Gefühl einer unendlichen Hingabe. Ihr Körper, ihre Seele waren mit ihrem Geliebten eins.

Frains reiste nach wenigen Tagen ab. Die glückliche Caterina zählte die Stunden, Tage und Wochen, bis er wieder zurückkommen würde. Zurück mit der Zeichnung und dem Besitz eines warmen Nestes für die Familie irgendwo in der Provence, Hauptsache an einem paradiesischen Ort. Münzen in Gold und Silber hatte sie ihm mitgegeben. Sie sollten und sie wollten

nicht unter Armut leiden. Bereits das Anwesen sollte ein Liebesschrein, aber auch ein ruhiger Dom ihres Lebens sein.
»Hab Geduld«, hatte Frains ihr beim Abschied zugerufen. »Ich will in Ruhe und mit sehr viel Bedacht suchen. Je intensiver ich suche, desto besser wird unser Heim sein. Freue Dich auf unser Wiedersehen.«
Ja, sie freute sich, sie wollte geduldig sein. Die Entscheidung und die Wahl würden für ihn nicht einfach sein. Erst nach erfolgreicher Suche konnte er wieder aus dem Landesinneren an die Küste nach Marseille zurückreisen. Eine lange Reihe von Tagen, vielleicht einigen Wochen, die ihr zur Qual des Wartens und der Sehnsucht werden sollten.
Die überglückliche Gräfin ließ ihre kleine Gesellschaft an dem ganz großen Glück teilhaben. Bool erkannte dies mit strahlenden Augen an seinem Schiff, das sie wiedererstellen ließ. Marzial Curzio war von den Erzählungen seiner Mutter sehr neugierig auf seine neue Heimat geworden. Valerio signalisierte als einziger mit barschem Ton und unzufriedenem Gesicht sein Leid. Er wartete unruhig, bis das Schiff fertig wäre, damit er mit seinem neuen Kumpan endlich die Flucht nach Hause antreten konnte. Keine Besorgnis über stürmische See, kein Piratenschiff und kein Durst konnte ihn mehr schrecken. Alles war besser, als die glückliche Caterina jeden Tag erleben zu müssen. Ihr Glück war seine Bitterkeit. Ihre Liebe wurde sein Haß.

# Ein Galeerensklave

Auf dem Platz zwischen Quai du port und dem Arsenal des Galères, dem Werftbau, pulsierte das überschäumende Leben. Ein festlicher Feiertag, ein Tag, den alle Welt nutzte, um sich den Vergnügungen hinzugeben. Marseille bekleidete sich mit den Zeichen einer Weltstadt, eines Hafens, von dem man nicht umsonst in Ost und West, in Nord und Süd sprach und wohin viele Sehnsüchte der Seefahrer gelangten, wenn sie in anderen, eher trostlosen Städten rund um das Mittelmeer herum in finsteren Kaschemmen und Spelunken hausten.

Caterina entdeckte toskanische Seidenhändler, die ihre farbenprächtigen Stoffe anboten. Von ihnen hielt sie sich abseits. Verkaufsstände mit Keramikwaren und duftenden Gewürzschalen ließen die Menschen schwindlig werden.

Gackernde Hühner, Enten, Gänse, Kühe, Hasen, selbst Rehe wurden angeboten. Seidenwaren aus China und Indien, arabische Tücher, Korbwaren und Keramikgeschirr aus Deutschland, Bibeln in der feinsten Art gedruckt aus Mainz, bunte Fenster, bemalte Balken für Türrahmen, Gaukler, Tänzer, Musikanten, Jongleure, Hexenmeister, Wahrsagerinnen, der größte und der kleinste Mensch, der Dickste und der Dünnste. Es schien alles zu geben, was sich darstellen konnte.

Leichte chinesische Drachen, lange Schlangen aus Papier, Ballons und fein geschnitzte Stöcke, Lederwaren aus dem bekannten Gebiet am Main, Schuhe und Strümpfe. Vor allem die verschiedensten Früchte schmückten manch einen Verkaufstisch und ließen ihn zu einem farbenprächtigen, nach orientalischen Wundern leuchtenden Schmuckstand werden. Eine lebenslustige Gesellschaft. Menschen, die der Freude voll waren und die sich ihr Glück gegenseitig zuriefen. Andere, die wohl dem Wein

zu intensiv zugesprochen hatten, begannen sich zu prügeln, warfen sich Tonkrüge an den Kopf. Kinder jauchzten und sangen auf einem Esel. Glückliche Paare lachten fröhlich.
So wie alle Glücklichen, wie die Stillen, nur Zweisamkeit Suchenden, so wie sie alle zusammen, so fühlte sich Caterina. Ein überschäumendes Herz, das voll war von Freude und Überschwang und das explodieren wollte.
Ein buntes Zelt, gemalt mit den bizarrsten Formen, mit weichen ineinanderfließenden Farben, mit großen Glaskugeln, einem alten Gesicht, einer hell scheinenden Sonne und einem gelb leuchtenden Mond.
»Zukunft« war mit Pinselstrichen auf das Zelt gemalt. »Mme Coquet sagt Ihnen Ihre Zukunft. Für nur trois sous erhalten Sie Ihre glücklichsten Stunden.« Gleichzeitig rief ein Werber diese Worte und lenkte die Neugierigen geschickt in einen kleinen Vorraum, in dem sich die Kasse befand.
»Entrez, entrez, bella Italiana, kommen Sie herein. Lassen Sie sich umfangen von den Wundern der einmaligen Wahrsagerkönigin, von Mme Coquet. Sie alleine beherrscht die gute Gabe der Weissagung, sie fehlt nie, sie wird Sie nicht enttäuschen.« Zu Caterina gebeugt, fragte er: »Ihr seid doch Italienerin, schöne Frau? Für mich hat der heutige Tag soeben seinen Höhepunkt erfahren, da ich Euch, Schönste aller Schönen, sehen durfte. Kommt zu uns. Weil Ihr mir ein solches Vergnügen bereitet habt, erfahrt Ihr kostenlos Eure Zukunft. Ich bin der glücklichste Mensch dieser Welt.«
Das Volk lachte, es hatte seinen Spaß an der Begeisterung des Ausrufers. Caterina war von ihm in das Hauptzelt abgedrängt worden. In einer dunklen Ecke, die sehr finster schien, gerade weil es draußen so hell war, hockte unbeweglich ein altes Weib mit langen schwarzen Haaren. Das Alter hatte der Schönheit dieser Frau nichts anhaben können. Die Züge ihres Gesichtes glichen nicht denen einer Zigeunerin, auch wenn die Masse in ihr eine sehen wollte. Ihre dunklen vollen Haare unterstrichen die hellen wasserblauen Augen. Eine feingeschwungene Nase

kündete von einem gefühlvollen Leben. Sie war so wenig eine Zigeunerin, wie Caterina eine Bäuerin war. Der Blick in die Zukunft hatte diese alte Frau nicht zufriedener gemacht, eher nachdenklich. Erschrecken und Begeisterung, beides konnte die Sicherheit dieses Weibes nicht erschüttern.

Mme Coquet grüßte nicht, sie lächelte nicht, sie ließ einfach geschehen, was geschehen sollte. Sie selbst wußte noch nicht, ob sie in wenigen Augenblicken Freude oder Leid, Liebe oder Trauer weitergab. Eines aber wußte sie, diese junge Frau würde ihr Zelt nicht genauso verlassen, wie sie es betreten hatte.

Die Alte schaute Caterina mit strengem Blick an. Sie wollte sie fragen: Möchtet Ihr Eure Zukunft überhaupt wissen? Ihre Erfahrungen hatten sie gelehrt, daß all ihre Gäste die Zukunft wissen wollten, die schöne, glückliche Zukunft. Doch die Alte gab die Zukunft preis, wie sie war, nicht geschönt, nicht verherrlicht. Der erfreute Kunde rannte voller Glück hinaus, ein anderer stürzte sich nach dem Besuch in das Meer. Ihr war es gleich. Wenn die Menschen die Zukunft erfahren wollten, dann konnte sie sich nicht verweigern. Das Geschehen würde sich einstellen, so oder so. Ob ein Mensch früher oder später unglücklich wurde, war ihr letztlich gleichgültig. Gleichgültig und unbeteiligt schaute sie auch in die Gesichter, verglich die Bilder in ihrer schimmernden gläsernen Kugel, legte ihre Tarok-Karten auf den Tisch und kombinierte die geheimnisvollen Signale des Himmels.

Die langen schwarzen Haare fielen der Alten über das verwitterte Gesicht. Die dunklen Falten wurden noch dunkler. Eine unheimliche Aura mit einer übersinnlichen, magischen Kraft strahlte sie aus. Eine tropfende Kerze auf dem Tisch senkte in die opalisierende Kugel ein ätherisches Licht. Der flackernde Schein ließ die finsteren Schatten auf den Zeltwänden wie angerufene Geister tanzen.

Ehrfurchtsvolle Stille hatte die Gräfin erfaßt. Die Geheimnisse äußerster menschlicher Fähigkeiten flößten ihr Furcht ein. Der laute Trubel der Leute vor dem Zelt war zum Schweigen verdammt worden. Nur ein Murmeln und hintergründiges Dröhnen wie von einem fernen Gewitter füllte den kleinen Raum mit einem sphärischen Summen. Geister der Zukunft schwebten durch das Halbdunkel. Ein prickelnder Schauer lief über Caterinas Haut.

Waren es die Mächte des Finsteren, oder waren es die Chorgesänge der himmlischen Heerscharen, die sich für eine Botschaft bereitmachten?

Die dunkle Stimme der alten Hexe begann langsam und rollend über die Geschehnisse hinwegzuschweben. Unklare Bilder verdichteten sich, verflüchtigten sich erneut, sammelten sich und liefen einer Linie entlang, die sich zu einer Lebenslinie formierten. Nicht die Bilder der realen Welt, die geheimnisvollen Geschehnisse aus anderen Leben, aus übersinnlichen Erkenntnissen, die sich anders ausdrückten als die Gemälde des irdischen Daseins. Malte sie, die Alte, diese neuen Gemälde, oder waren es Gemälde, die sich aus den Lebensenergien einer Caterina Picchena zusammenstellten?

»Du bist nicht das Bettelweib, das du zu sein vorgibst. Du bist eine adlige Frau, die Fürstin eines Landes. Du bist die Herrscherin deiner selbst. Du bist das machtvolle Gebilde eines höher stehenden Geistes, aus dem sich die unerschöpfliche Quelle für dein Leben und all deiner Leben speist. Dein Schicksal ist verbunden mit den Schicksalen vieler anderer Menschen. Du bist wie eine Perle in einem Sack voller Erbsen. Doch weiß ich nicht, ob sich die Perle wohler fühlt oder ob die Erbsen glücklicher sind? Ab und zu erscheint ein fremder Geist, der die Perle reibt und ihr neuen Glanz verleiht. Dann erscheint ein anderer und beschmutzt die Perle mit seinen erdigen Fingern. Die Perle könnte als glänzende Sonne an einer Kette den schlanken Hals einer schönen Frau zieren.«

Die Alte lächelte, in sich versunken. Caterina sah ihr Glück auf sich zukommen.

»Eine noch so glänzende Perle könnte auch in den Staub fallen und von schweren Soldatenstiefeln zertreten werden.«

Die Gräfin blickte die Alte unruhig und durchdringend an. Die herabfallenden langen Haare verdeckten das herbe Gesicht der wissenden Frau, die unverzüglich fortfuhr.
»Ich sehe den Glanz aus dem Licht der Perle entschwinden. Ich sehe, wie das innere Licht seine Kraft verliert, wie dunkle Wolken über den himmlischen Schein herfallen und die Perle umhüllen.«
Caterina hatte fast aufgehört zu atmen. Sie spürte, wie ihr Herz schlug. Die Adern an ihrem Hals traten hervor. Mit festem Blick suchte sie die Hexe zu durchdringen.
»Doch wisse eins. Auch die Sonne ist irdisch. Auch der glänzende Stern, der unserer Erde Wärme verschafft, gehört zu dieser Welt. Schreite über dieses Dasein hinaus. Deine Aufgabe ist größer als der kurze Zeitraum deines Lebens in diesem engen Kreis. Der staubige Glanz auf diesem Boden ist nur von kurzer Dauer. Der ewige Glanz, das Licht, das nicht zu Ende kommt, ist dein Ziel. Es gibt eine Kraft, die von Unendlich kommt und die ins Unendlich geht. Das ist dein Leben.«
»Was siehst du noch? Ist es bald, was geschehen soll? Wird es früher oder später sein?«
»Die Ewigkeit kennt keine Zeit«, antwortete die Alte mit gleichförmiger Stimme. »Nichts und niemand kann dir sagen, was jetzt ist und später. Niemand wird dir den Zeitpunkt angeben können. Er wird sein. Er wird kommen. Sei bereit. So oder so wird es sein.«
Außerhalb des Zeltes wußte sie nicht mehr zu sagen, was die alte Frau ihr eigentlich prophezeit hatte. Sie konnte es in dieser oder in jener Richtung auslegen. Dennoch machten ihr die dunklen Worte zu schaffen, die wie eine Gewitterfront auf sie zuzurollen drohten.
Sie suchte sich in dem Trubel der Menschen zu zerstreuen. Aber die Menschen versagten ihr diese Zerstreuung. In dem Singen, Tanzen und Rufen der Gaukler fühlte sie sich wie eine einsame, verlassene Frau, die mit dem Geschehen um sie herum nichts zu tun hatte. Es schien ihr wie ein Fluß, auf dem einige

Holzstücke schwammen, in dem sie aber unterzugehen drohte. Niemand hörte ihre stillen, kraftlosen und verzweifelten Hilferufe. Ihr schien die Welt um sie herum ähnlich wie die Festbankette bei Hofe wie ein übertriebenes, oberflächliches Geschrei von Menschen, das den leisen, klagenden Laut einer Nachtigall verdeckte.

Die Sonne stand tiefer, als sich Caterina entschloß, noch vor der Dämmerung in die Rue de la Croix zurückzukehren. Des Abends oder gar des Nachts war es in diesem Viertel zu riskant.
Als sie die schummrige Kaschemme betrat, fand sie ihre Gesellschaft in aufgeregten Gesprächen, die sie mit einem Halunken teilten, der sich vorlaut um die Belange der kleinen Gruppe gekümmert hatte. Caterina fragte nach dem Grund des rauhen Gespräches und dem Wissen des fremden Mannes. Ihre beiden Männer schauten betreten zu Boden. Niemand wollte das Wort ergreifen, um Wahrheit und Klarheit zu schaffen. Bool, der treue Fischer, war es schließlich, der ihr in die Augen schaute und begann: »Herrin, was dieser Spitzbube zu berichten hat, darf nicht wahr sein und kann nicht wahr sein. Er ist ein Halunke, der großtuerisch seinen Geldbeutel auffrischen will. Er spricht von Nachrichten, die er hat, die er aber nur gegen klingende Münze hergeben will. Wir sollten ihn nicht anhören, wir sollten ihn am Kragen packen und auf die Straße werfen. In unserem Lande werden die Überbringer teuflischer Nachrichten auf dem Scheiterhaufen verbrannt, und die Reststücke werden den Vögeln zum Fraße vorgeworfen.«
»In Eurem Land scheint man die Nachricht nicht zu verteufeln, aber den Boten zu hängen, du Armseliger«, warf der Halunke ein. »Doch was interessiert den Liebenden die Taube, wenn er den Brief seiner Liebsten in Händen hält?«
»Also«, Caterina schaute ihn freundlich an, »welch glückliche Nachricht hast du, wenn sie schöner ist als die Taube, die sie überbringt?«
»Das ist es Herrin, er will erst die klingende Münze sehen, dann

gibt er seine Nachricht preis. Doch seine Nachricht, so deutet er an, ist nicht das Geflüster eines Liebenden.«

»Was ist es dann?« fragte Caterina besorgt. »Hier hast du zwei Taler, Bote. Nun laß deine Taube frei und gib uns die Botschaft.«

Der Gauner, schaute gierig und unzufrieden auf die Münze. »Für so wenig Geld soll ich so Großes von mir geben?« fragte er boshaft.

»Wenn du nicht bald redest, werden wir dich ins Meer werfen, Spitzbube«, drohte ihm Valerio. »Bist du als Bote gekommen, mit festem Auftrag, oder hast du mit Glück eine Nachricht zufällig erfahren?«

»Auch der Zufall ist ein Diener des Verdienstes«, erklärte der Mann. Die Bedrohung durch die Toskaner schien ihm aber übermäßige Formen anzunehmen, so daß er seine Botschaft schnell loszuwerden trachtete. »Herrin«, begann er stotternd und leicht zitternd, als wüßte er, daß in der Geschichte schon manch ein Überbringer einer schlechten Nachricht für die Botschaft allein gehängt worden war. »Ich war in den Landen hinter der Stadt. Dort in den Bergen, wo das laute Gebrüll von Marseille ein Ende hat. In den Bergen sind die Menschen ehrlicher und eher geneigt, sich zu besprechen, welch Unrecht einem Menschen widerfährt, aber auch, wer denn so ein unrechter Mensch ist.«

»Redet nicht zu lange und zu langweilig«, fuhr ihn Caterina an, »sonst nehme ich Euch die Münzen wieder weg.«

Verschüchtert griff der armselige Halunke in seine Tasche, überprüfte seine Münze und fuhr schnell fort: »Ein Fräulein berichtete es mir. Eine Jungfer in Aix, der schönen Stadt in der Provence. Ich übernachtete dort in einem Wirtshaus.«

»Du übernachtetest in einem Wirtshaus, du Halunke.« Bool faßte ihn am Kragen. »Beende deine Lügen, Freund, sonst haben dich die Haie heute nacht noch zum Fraß.«

»Nun gut«, sagte der zitternde Mann. »Ich übernachtete in einem Wirtshaus. Zuvor war ich in der Schenke und trank einen

Krug Wein. Ihr werdet schon sehen, was geschah. Einer schönen Maid begegnete ich dort, deren Mandelaugen sich mit Tränen füllten, daß mich Traurigkeit und leidvolles Mitgefühl ergriff. Ich fragte sie nach dem Warum. Die Schöne wollte es mir nicht sagen. Ich versprach ihr, noch einen Krug Wein zu trinken, wenn ich ihr Leid teilen könne.«

»Du versprachst dafür, noch einen Krug des guten Weins zu trinken? Welch seltsame Konstellation«, sagte Valerio. »Bursche, wenn du lügst, hat deine letzte Lüge bald ein Ende.«

»Doch, mein Herr, so war es. Sie setzte sich, die junge Kellnerin, bald an meinen Tisch und berichtete mir, daß ihr Liebster sie verlassen habe, da er nach Marseille zu einer Fürstin gegangen sei. Dort wollte er, so hatte er der armen Dirn verraten, das Glück mit einer Toskanerin teilen, die sonst so unglücklich sei. Er sei dann losgezogen, berichtete die Dirn, und sei nach ein paar Tagen nicht wieder erschienen. Überhaupt sei er nun ganz verschollen. Schlimmes habe man von einem anderen Burschen aus Marseille gehört ...«

Marzial Frains war auf seinem Pferd davongeritten. Seine Satteltaschen waren voller Geld. Sorgfältig hatte er die ledernen Taschen verschlossen und auf die Münzen ein paar Kleidungsstücke gelegt. Frains strebte der Porte d'Aix zu, einem Stadttor von Marseille, durch das er direkt auf die Hauptverbindung nach Aix gelangen konnte. Um die Stadt durch dieses Tor zu verlassen, hätte er den kürzesten Weg durch die vielen Gassen nehmen können. Er vermied es, um nicht zwischen den hohen Häusern und auf den engen Straßen eine leichte Beute von Banditen zu werden. So ritt er denn vom Quai du port nach Osten, dann an der Stadtmauer entlang. Er blieb unter den Augen der Wachposten auf den Türmen und an den Toren. Hinter dem vierten Wachturm erreichte er den Place Interieur de la Place

d'Aix. Jenseits der Mauer lag der andere Teil, der Place Exterieur de la Place d'Aix. Dieses Fleckchen zu beiden Seiten der Mauer war für Frains stets ein Stückchen Land für seine Erbauung gewesen. Ob er nun auf dem Weg nach Marseille oder nach Aix war, er legte an diesem schönen Ort eine kleine Rast ein.
La Porte d'Aix war eher eine natürliche Brücke als eine feste Mauer. Eine Reihe von aufeinanderfolgenden Torbögen und Arkaden trug noch aus römischen Zeiten ein Aquädukt, das die Wasser des Flusses Huveaune mit denen des Jarret nach Marseille fließen ließ. In einem großen Wasserreservoir im Kloster der Presentinen wurde das Wasser gesammelt und in die Stadt verteilt. Die beiden kleinen Flüßchen führten allzu häufig selbst kein Wasser, wenn sie im Sommer nicht genügend aus dem Gebirge gespeist wurden. Mehr als einmal hatte in Marseille Wassernot geherrscht, weil die zusätzlich angelegten Brunnen und Zisternen und andere Wasserläufe nicht für genügend Trinkwasser sorgen konnten.
Diese Gedanken gingen dem Soldaten durch den Kopf, als er entlang des Aquäduktes zur Porte d'Aix ritt. Das Haupttor war breit und wurde von einem Rundbogen abgedeckt. Eine doppelseitige Pforte schützte die Stadt vor unliebsamen Überfällen. Neben dem Haupttor waren links und rechts jeweils noch ein kleineres Tor, das nur für Reiter und Wanderer bestimmt war. Während das große Tor bei Sonnenuntergang verschlossen wurde, konnten die zu Fuß Gehenden auch noch nachts Einlaß finden. Die Porte d'Aix paßte sich lieblich in das Landschaftsbild ein.
Auf der Stadtinnenseite luden auf der Place Interieur de la Place d'Aix Platanen zu einem schattigen Verweilen. Frains wußte, daß er nach dem Stadttor die Gangart seines Pferdes erheblich beschleunigen müßte. Eine längere Pause auf dem Weg nach Aix war mit großen Gefahren verbunden. Hinter den Toren mußte er seine Heimatstadt so schnell wie möglich erreichen.
Er legte zuvor noch diese kleine Rast ein. Der Soldat stieg von

seinem Pferd ab, band die Leine um eine der Platanen und atmete tief durch. Selbst ihm waren die vergangenen Tage mit Caterina so wunderbar, daß er sein Glück noch immer nicht für wahr halten konnte.
Er setzte sich auf einen großen Stein neben seinem Pferd und erlaubte seinen Gedanken, sich zunächst einmal zu beruhigen. Er mußte das Vergangene verarbeiten und seine Schritte für die nahe Zukunft wohl durchdenken. Ein leiser Wind fächelte ihm Kühlung über die Stirn.
Frains genoß die friedliche Größe dieses stillen Platzes, während die Sonne zwischen den breiten Platanenblättern auf dem staubigen Boden spielte. Sein Blick fiel auf das Gebäude, das ihm genau gegenüberlag.
»Cabaret de la Veuve Guy« stand da in großen Lettern über der Tür an der Hauswand – Cabaret der Witwe Guy.
In der Tür bewegte sich auffallend geschmeidig eine junge Frau, die ihn zum Verweilen einlud.
Ein frisches Bier kann nicht schaden, dachte Frains.
Er schnallte seine Satteltaschen ab, nahm sie über den Arm und ging auf die Tür zu.
Die attraktive Frau begrüßte ihn sehr freundlich und bot ihm einen Platz an einem kleinen Tisch an.
Frains versuchte sich in dem schummrigen Licht des Cabarets zunächst einmal zu orientieren. Die junge hübsche Frau saß schnell neben ihm mit auffallend weit hochgezogenem Rock und schmiegte sich an ihn.
»Ich heiße Rose, starker Kavalier«, sagte sie lächelnd. »Wie ist dein Name?«
»Ich bin auf der Durchreise, ich will nur ein Bier zur Erfrischung zu mir nehmen, dann muß ich weiter«, wehrte sich Frains. »Ich habe gar nicht so viel Zeit.«
Die junge Frau schien bloß »ich will nur ein Bier zur Erfrischung« verstanden zu haben. Schon hatte sie das Bier für ihren Gast geordert.
»Und, wie ist dein Name?«

»Hör zu, Mädchen, du vertrödelst deine Zeit.« Frains machte eine abwehrende Bewegung.

Die junge Frau drückte ihren Busen an ihn und streichelte ihm über den Kopf. Das Bier stand wie von Geisterhand herbeigezaubert vor ihm.

»Na, nun trink«, sagte sie und hielt ihm den Becher mit dem Bier an den Mund.

Frains hatte sehr starken Durst und lehrte ihn bis zur Hälfte.

»Das tut gut, nicht wahr?« meint sie schmunzelnd.

Mittlerweile hatte sich der Soldat an das schlechte Licht gewöhnt. Er entdeckte noch andere Männer mit Mädchen an verschiedenen Tischen.

Beim zweiten Bier trank die junge Frau gleich eins mit. Dann aber stand eine Flasche besten Weines auf dem Tisch.

»Ich hab keinen Wein bestellt«, wehrte Frains ab.

»Willst du mir nicht einen Schluck Wein gönnen? Oder hast du kein Geld?«

»Geld, Geld, Geld!« stieß Frains lachend aus. »Für eine solche Flasche habe ich immer genug Geld.«

Er prostete seiner neuen Freundin zu. Diese schmiegte sich an ihn.

»Ich heiße Frains«, erzählte der Soldat.

Nach dem zweiten Glas Wein sah die Welt mit einemmal sehr verlockend aus. Als die zweite Flasche Wein den Besitzer wechselte, lag die Kleine bereits in den Armen des Soldaten.

Was kann mir schon passieren? dachte Frains, in sich hineinlachend. Die wenigen Sous, die ich hier ausgebe, sind doch nichts zu dem, was ich wirklich besitze. Das verändert noch nicht einmal den Kaufpreis. Auch wenn ich mich ein wenig hier aufhalte, geht mir keine wirkliche Zeit verloren.«

Bald wechselten sie das Zimmer. Sie mußten nach oben gehen. Die Hure stieg vor ihm die steile Treppe hinauf. Er sah direkt vor seinen Augen die entblößten Beine, und unter ihrem Rock trug Rose kein weiteres Kleidungsstück. Sie konnte es kaum erwarten, bis sie in ihrem Zimmer waren.

Noch jung und drall, das waren die Qualitäten der kleinen Dirne. Ansonsten war sie abgebrüht wie eine alte erfahrene Hure. »Willst du alles haben, das kostet einen einheitlichen Preis.«
In den Nachbarkammern schienen sich die Wände und Böden zu bewegen. Das regte den alten Haudegen an. Er ließ es auf alles ankommen.
Rose hatte längst herausgefunden, daß in den Satteltaschen eine Menge Geld auf sie wartete.
Vier Flaschen, von denen er das meiste getrunken hatte, zwei Bier zuvor und ein paar abenteuerliche Stunden im Bett mit einer gierigen Maid hatten Frains in den Armen des nackten Mädchens einschlafen lassen. Vielleicht eine oder zwei Stunden, vielleicht drei oder sogar vier. Er wußte es nicht. Frains wurde wach, als die kleine Hure sich ankleidete. Er griff erschrocken nach seinen Satteltaschen, bemerkte aber, daß sein Geld wohl noch vorhanden war.
Rose lächelte, als sie seine Handbewegung sah.
»Na ja«, sagte er entschuldigend, »man weiß ja nie.«
»Ja, man weiß nie«, bestätigte sie und fragte dann: »Wie war ich für dich?«
»Du bist süß, mein Schatz, du bist wunderbar.«
Sie stiegen die Treppe hinunter, gingen aber nicht denselben Weg zurück.
»Ich denke, du willst nicht, daß dich jeder hier sieht?«
»Ja, ja«, brummte er.
Der neue Weg führte sie über eine weitere Treppe. Die junge Frau öffnete eine Tür. Sie standen in einem Raum, in dem sich viele Menschen an Karten- und Würfeltischen befanden. In einigen Ecken wurden einfache Wettspiele gespielt.
»Was soll ich hier?« fragte Frains. »Ich will nach draußen zu meinem Pferd.«
»Ja, ich zeige dir den Weg«, sagte Rose. »Dort drüben, links in der Ecke, geht eine Treppe hinter der Tür nach unten. Sie bringt dich direkt auf die Place Interieur. Dein Pferd hat Madame versorgen lassen.«

Sie verschwand durch die Tür, durch die sie hereingekommen waren.
Frains steuerte auf die andere Tür zu. Er drückte sich an einem Kartentisch vorbei. »Zwei Louisdor für Monsieur«, sagte ein Tischleiter.
»Karten für mich«, rief Frains und blieb an dem Tisch stehen. Hier werde ich das und noch mehr wieder zurückbekommen, was mich die kleine Hure gekostet hat, sagte sich der starke Held.
Das Spiel wogte hin und her. Mal sammelte Frains die Münzen in großen Mengen an seinem Platz, mal wurde seine Münzensammlung erheblich geringer.
Frains hatte eine Flasche Wein bestellt. Eine junge Frau an seiner Seite beteiligte sich an dem Getränk. Sie schlürfe eifrig mit ihm. Nach einer Weile bestellte sie die nächste Flasche. Sie ermunterte ihren neuen Partner, weitere Einsätze zu wagen.
Frains sah die Welt gegen sich aufstehen. Seine Verluste wurden größer, der Inhalt seiner Satteltaschen wurde leichter.
»Das ist Betrug«, schrie Frains. »Ihr spielt nicht mit ehrlichen Karten. Ich fordere Euch zum Duell.«
»Beruhigt Euch«, sagte der Tischleiter, »niemand spielt mit falschen Karten.« Seine Augen streiften Frains' Blick. »Bleibt ruhig.«
Eines konnte der in vielen Kämpfen erprobte Soldat nicht vertragen, und das war Arroganz.
»Ihr spielt falsch!« schrie Frains erneut. »Ihr betrügt mich!«
Diesmal traf ihn sofort und unvermittelt ein Faustschlag ins Gesicht. Er stürzte zu Boden und blutete aus der Nase. Schwankend erhob er sich, ergriff den Tischleiter und streckte ihn mit einem Schlag nieder.
Ein anderer Spieler packte Frains an seinem Wams und schlug ihm seine Faust tief in den Bauch. Mit einem gurgelnden Geräusch ging Frains zu Boden. Er erhob sich noch einmal. Bevor er jedoch zuschlagen konnte, traf ihn ein Hieb wie von einem Stier an der Stirn, und er landete erneut auf dem Boden. Frains

wachte nicht mehr auf. Die nächsten Stunden lag er auf irgendeinem Bett. Ein altes Weib pflegte ihn. Das konnte er in den wenigen lichten Momenten, die er hatte, erkennen. Sie erneuerte die nassen Tücher auf seiner Stirn.
Als Frains endgültig wach wurde und seine Sinne zusammenfand, sah er sich in einem fremden Raum.
»Kommt zu Euch. Hier könnt Ihr nicht länger bleiben. Das Verfahren wartet bereits auf Euch.«
»Welches Verfahren?« fragte der Soldat.
Da flog die Tür auch schon auf, und bewaffnete Soldaten stürmten seine Kammer. Frains wurde gefesselt abgeführt.
Er stand vor einem Militärgericht, so schien es ihm. Die Anklage lautete: »Hurerei im Dienst, Glücksspiel im Dienst, Prügelei mit Ordnungsbehörden und Widerstand gegen die Polizeigewalt. Untergrabung der militärischen Autorität.«
Plötzlich wurde ihm die gesamte Tragweite seines Handelns bewußt. Noch mehr als das, ihm schien, er war einem Komplott zum Opfer gefallen.
»Ihr seid ein destruktives Element«, hieß das Urteil für ihn. »Ihr könnt Euch die Bedeutung in den nächsten fünfundzwanzig Jahren überlegen.«
Frains blieb noch eine Weile in einem Verlies. Offenbar fühlte sich niemand so recht für das Urteil und für die Art der Strafe verantwortlich. Nach ein paar Tagen hieß es für ihn, am nächsten Morgen würde er auslaufen können.
Was das auch immer bedeutet, sagte er sich, vor allem weiß ich nicht, warum das Ganze. Was hatte ich bei dem Besuch der Puttane mit dem Militär zu tun? Wann habe ich mich mit dem Militär auseinandergesetzt?
Es waren zu viele Fragen, die er nicht beantworten konnte. Er würde sie niemals beantworten können. Frains wurde in der Nacht mit verbundenen Augen und mit Knebel im Mund an einen anderen Ort gebracht. Am nächsten Morgen wurde er auf ein Schiff verfrachtet. Mit Entsetzen erkannte er, daß es eine Galeere war. Noch immer war sein Mund mit einem Knebel

verstopft. An die anderen Ruderer geleint, beschritt er die Brükke auf die Galeere. Mit Schlägen wurde er auf seinen Platz, eine harte Holzbank, gestoßen. Eine Eisenkette schloß sich um seine Füße. Die Galeere legte ab. Frains ergriff unter Peitschenschlägen das fünfzehn Meter lange Ruder. Er tauchte den Riemen ins Wasser und versuchte ihn gegen seine Brust zu ziehen.
So wie die bei Tage nicht sichtbaren Sterne am Firmament, so schien eine unendliche Reihe von mörderischen Ruderschlägen auf ihn zu warten.

In ihrer Auberge in der Rue de la Croix d'Or schaute Caterina den armseligen Landstreicher entsetzt an.
»Fahre er nur fort. Schnell berichte er, was geschehen sein soll. Weiß er den Namen?«
»Frains, so habe ihr Geliebter geheißen. Aber ein Haudegen sei er gewesen. Ein Tunichtgut, ein Herumtreiber, der überall sein Leben verdiente. Auch in der Toskana sei er gewesen. Nur verjagt habe man ihn dort, weil er mit starker Hand den Pagen eines Kardinals erschlagen habe wegen seiner Fürstin. Doch meine kleine traurige Bedienerin in meinem Gasthof kannte den Hallodri zu gut. Ihre Liebe im Bett habe er immer haben, aber niemals etwas dafür zahlen wollen. Ein Haus gemeinsam mit ihr für das Geld der Fürstin zu erstehen, sei ihm dann doch zu komisch vorgekommen. Er habe sich lachend an ihre Brust geworfen und ihr geantwortet: »Warum soll ich mit einer Maid mich begnügen, wenn ich, der Lebenssorgen verlustig, mich um viele schöne Frauen bemühen kann.« Er habe es gesprochen und sei dann abgereist, die Fürstin in der Stadt Marseille zu besuchen. Er wollte das Geld von ihr holen, doch sei er niemals bis heute zurückgekehrt. Seit vielen Tagen stehe sein kleines Haus in der Stadt Aix nun leer.«
Der Halunke endete seine Rede und schaute stolz in der Runde umher, als hätte er allen einen großen Gefallen getan.
»Hinzufügen muß ich noch«, fuhr er mit viel Stolz dann fort,

»daß mich die traurige Maid in ihre Kammer führte, wo ich das Leid in ihren Armen mit ihr teilte.«
»Dank sei dir gesagt, du unglückseliger Botschafter. Auch will ich dich zusätzlich entlohnen, ist mir doch die Nachricht einiges wert.« Caterina schaute ihn an und legte ihm zwei Sous in die Hand. Der Spitzbube bestellte daraufhin gleich einen neuen Krug des edlen Weins und ließ sich seine Freude nicht mehr nehmen. Er wechselte die Seite an dem Tisch und gesellte sich einigen Burschen zu, die ein paar Mägde in den Armen hielten.
Caterina saß aufrecht da und blickte in eine unendliche Leere. Wie ein Feldherr nach der ersten verlorenen Schlacht gab sie die Order für die weitere Strategie, während ihre Kumpane traurig und erschrocken auf den blankgescheuerten Tisch starrten.
»Morgen will ich einen zuverlässigen Boten nach Aix senden, der mir Erkundungen einholt. Dann wollen wir sehen, was wir weiterhin tun werden.«
Es war ein grausiges Spiel, das ihre Träume mit ihr in der Nacht spielten. Die Verzweiflung trieb sie in die unmöglichsten Gedanken. Sie wollte sich umbringen, sie wollte sich rächen, den Bösewicht verfolgen und ihn töten lassen. Doch von alledem, was hatte sie davon? Die Geister umhüllten sie, fraßen ihren Magen auf und drangen in ihre Eingeweide. Ihr Kopf schien ihr in der Nacht zu bersten. Sie zündete eine Kerze an und wanderte in der engen Stube auf und ab.
Ihr Sohn erwachte, und sie hieß ihn erneut zu Bett zu gehen. Sie aber lief etliche Meilen in dem engen Zimmer hin und her, als verlöre sie den Schmerz durch die vielen Schritte. Als die letzte Kerze abgebrannt war, begab auch sie sich zu Bett und schlief unruhig und mit den Qualen der betrogenen Frau. Flüche schleuderte sie kraftvoll, aber still hinter dem Betrüger her. Sie wünschte ihm die Pest an den Hals und einen Speer eines Soldaten in den Rücken. Doch auch immer wieder erinnerte sie sich an die Worte der Weissagerin, ihre Kraft für ein ewiges Leben aufzubewahren, ungeachtet der Schmerzen dieser Welt.
»Doch schwer ist es, alte Hexe«, sagte sie, »die edlen Tugenden

zu bewahren, wenn Treulosigkeit, Betrug und Enttäuschung an der Seele zehren und das Herz durchschneiden bei lebendigem Leib. Die Glückseligkeit in fernen Welten löscht mir den Schmerz nicht in der dunklen Stunde jetzt.«

Bevor das Haus wach wurde, verließ sie am frühen Morgen mit ihrem Sohn Marzial Curzio die Herberge. Sie ging mit dem Knaben durch die noch stillen Gassen. Die Sonne schickte sich an, einen neuen, schönen Tag zu bescheinen. Das Blau des Himmels hatte noch die saubere Frische eines jungfräulichen Morgens. Überall reinigten die Menschen die Gossen, kippten mit den Eimern Wasser auf die verschmutzten Straßen, um den Staub und den Kot des vergangenen Tages zu binden und hinwegzuspülen. Die Frische eines anbrechenden Tages war noch erfüllt mit der Luft, die sich in der Nacht mit der Luft des Meeres beladen hatte. In dem Fischerhafen riefen sich Menschen Wortfetzen zu. Kommandos in der Seemannssprache flogen hinüber und herüber. Es roch nach Fisch. Boote wurden beladen, Netze aufgelegt, und die Fischer machten sich bereit, in den sonnenreichen Tag auf See auszulaufen.

Gegenüber auf der Seite des Quai du port bereiteten sich Galeeren vor, ihren Weg über die See zu nehmen. In Fesseln schienen die Sträflinge gelegt zu sein. Sie marschierten einer nach dem anderen mit klirrenden Ketten auf das Schiff. Eine trostlose Bürde erwartete sie wohl in der Zukunft.

Die dort gefesselt sind, verbüßen eine üble Tat, dachte Caterina. Über viele Jahre sind sie gefesselt an das Verbrechen, das sie begangen haben. Doch Frains, was hast du mir angetan?

Sie floh mit ihrem Sohn vor den Menschen, mochte niemanden sehen. Sie verließ den Hafen und wanderte an der Küste entlang, bis sie die Stille des geduldig anrollenden Meeres fand. An einer einsamen Ecke, in der sich im Schilf ein paar Möwen tummelten, machte sie halt und setzte sich mit ihrem Sohn in das Gras am Rande des Ufers. Der Knabe schaute sie erwartungsvoll an. Er spürte die drückende Stimmung und wollte den Grund wissen, warum sie alleine an diesem frühen Morgen

hinausgewandert seien. Er wartete geduldig, drängte seine Mutter nicht.
Diese versuchte die Gedanken in ihrem Kopf zu sammeln. Wie sollte sie die Geschehnisse ihrem Jungen erläutern? Wie sollte sie ihm die himmelhohe Stimmung noch vom Vortag mit der Kälte der letzten Nacht erklären? Was würde er überhaupt verstehen können? Würde seine Enttäuschung nicht zu gewaltig sein, sich so entsetzlich entladen, daß sie den Ausbruch nicht mehr steuern könnte.
Marzial hatte die Sippe der Medici hassen gelernt und hatte in seinem kleinen Herzen nach Rache gesucht. Er wollte, wenn er erst einmal groß genug wäre, das Leid, das die Herrscher ihm, seinem Vater und seiner Mutter angetan hatten, rächen. Er würde seine Mutter immer in Schutz nehmen, ihr helfen und auch für seinen Vater kämpfen. Das alles hatte die kindliche Seele oft genug ihr, der Mutter, erzählt.
Jetzt schaute sie ihren Sohn an. Sie fand nicht den Mut, die Rede zu beginnen.
»Mutter, ich spüre, daß du großes Leid zu ertragen hast. Ich habe deine Unruhe heute nacht gemerkt. Es ist etwas Schlimmes geschehen. Du wagst es nicht zu sagen, nicht wahr?« Marzial schaute sie an und streichelte sanft die glühenden Wangen der vom Leben so enttäuschten Mutter. Dann fuhr er fort: »Ich will dein großes Leid mit dir teilen. Ich gehöre doch zu dir. Wenn wir zwei zusammenhalten, wird uns nichts Schlimmes geschehen können. Mutter, ich werde bald für dich sorgen können. Gleichgültig, wo das sein wird. Ich hab dich so lieb, Mutter.«
Kein Mensch befand sich in ihrer Nähe. Caterina spürte, wie die Liebe und das Verständnis ihres Sohnes, seine Bereitschaft, sie zu verteidigen, die letzten hohen Mauern um ihre Gefühlswelt zertrümmerten. Der Schutzwall, den sie sich aufgebaut, den sie wie eine Verteidigungswand vor sich hergetragen hatte, brach unter den sanften Worten ihres Kindes zusammen. Ihre Augen füllten sich mit Tränen. Sie drückte den Knaben an ihre Brust

und schluchzte hemmungslos in den Armen des kleinen Marzial. Er erhob sich und streichelte seiner Mutter über die so schönen Haare, die er immer bewundert und geliebt hatte. Seine Hände glitten über ihre feuchten Wangen, und der Knabe tröstete seine Mutter über die schwersten Minuten hinweg.

»Mutter, ist es Vater, der dich so leiden läßt? Wird er nicht kommen? Hat er dich allein gelassen, wo du dich so auf ihn gefreut hast?«

Caterina konnte nichts sagen. Sie nickte nur und war froh, daß sie nicht mit Worten die unaussprechliche Tat ihres geliebten Mannes und seines Vaters ausdrücken, daß sie nicht wiedergeben mußte, was ihr zu Ohren gekommen war. Er drückte erneut den Kopf seiner Mutter an seine kleine Brust und tröstete die unglückliche Frau über die grausamen Ereignisse hinweg.

»Mutter, ich bin doch bei dir. Wir zwei werden immer zusammenhalten. Ich werde dich immer beschützen.«

Caterina war in diesem Augenblick ihrer höchsten Trauer und Enttäuschung von den wahren Worten ihres Sohnes überzeugt. Er war das einzige, was ihr geblieben war. Sie sah ihn an. Die Tränen versiegten. Ihr Blick suchte sich mühsam einen Weg durch die kleinen Tropfen der Enttäuschung und der unglücklichen Erkenntnis. Welch grausames Schicksal hatte sie ereilt? Welch furchtbaren Sinn hatte das Leben ihr aufgebürdet?

»Marzial Curzio, du wirst dereinst ein starker Mann werden. Was auch geschehen mag, bleibe ein sauberer Mann, der die Wahrheit nicht verleugnet. Behalte deinen Charakter und verkaufe deine Seele nicht für ein paar Scudi. Gib dich nicht auf für das Ansehen bei Hofe. Bleibe ehrlich und korrekt. Marzial, mein Sohn, dieses Leben ist nur ein winziger Teil unseres Daseins. Strebe das höhere göttliche Leben an.

Und nun höre, mein Sohn, folge nicht den falschen Priestern und den Angstmachern einer in sich unsauberen Kirche. Zuviel Schmutz haben all diese gierigen Pfaffen und die sogenannten starken Männer auf sich geladen. Hilf der Welt, einen sauberen Weg zu gehen. Folge der Wahrheit deiner inneren Stimme.

Auch dein Vater, mein Sohn, ja, auch mein einst geliebter Marzial Frains gehört wohl diesen schändlichen Lügenmäulern an. Ich habe es nicht früh genug erkannt. Ich war blind, mein Sohn. Es ist in der Welt schwierig, den rechten Menschen für den rechten Weg zu sehen.«

Sie schaute dem Knaben in die Augen. Ein leuchtender Funke zeigte ihr, daß ihr Sohn sie verstanden hatte. Caterina wußte in diesem Moment, daß sich die Flucht, die angsterfüllte Reise, die Enttäuschungen für dieses eine Ziel gelohnt hatten. Sie hatte ihrem Sohn einen Funken der Anständigkeit, der Treue zu sich selbst mitgeben können. Dieses Ziel war ihr höher und wertvoller als noch die vor kurzer Zeit so ersehnte Ruhe in den Armen des Franzosen.

Sie richtete sich auf und atmete die Frische der See in ihre Brust. Sie schüttelte die Enttäuschung eines würdelosen Landstreichers von sich ab. Sie wußte, sie würde weiterkämpfen. Nicht ein geiler Abt, nicht ein unehrlicher Lehrer, nicht der zynische Kardinal Giancarlo, auch nicht ein unfähiger Großherzog, eine gierige Nonne oder ein Frains aus der Stadt Aix in der Provence sollten Zugriff auf ihr Leben haben. Nicht ihr werdet mein Leben mir stehlen. Ich lasse es nicht zu, daß ihr mich zerstört. Ich entscheide auch in dieser schweren Stunde, daß ich mein mir ehrenwertes Leben leben werde, sagte sie sich.

Sie wischte mit ihrem Ärmel über ihr Gesicht. Die Spuren ihrer Enttäuschung verschwanden. Sie langte nach der Hand ihres Sohnes. »Komm, mein Sohn, wir wollen das Leben in Angriff nehmen.«

Sie schaute ihm tief in die Augen. An ihrer Seite, das wußte sie, war ein stolzer Picchena, der bereit war, jeden Kampf mit der Welt aufzunehmen.

»Gräfin Picchena, Ihr habt solch unendliches Leid durch die Männer erfahren, daß es an der Zeit ist, die richtige Entscheidung zu treffen. Gebt Euch dem Manne hin, der Euch liebt und der Euch immer treu zur Seite stehen wird.«

»Wer, mein lieber Valerio, soll dieser Mann sein?« fragte ihn die Gräfin. »Ich sehe niemanden, der diesem Anspruch gerecht werden könnte. Ich sollte eher behutsam meinen Mann aussuchen. Und, mein lieber Valerio, ich werde nicht nach Rang und Ansehen, nicht nach Geld und Wohlstand schauen. Der große Prachtpalazzo, die Villa auf dem Land und die vielen Festbankette werden keine Rolle spielen. Eher werden es die Herzensgüte und der stets liebevolle Blick eines einfachen Menschen sein, der auch meinen Sohn Marzial ins Herz geschlossen hat.«
»Alles dies, Gräfin, bringe ich Euch entgegen. Nehmt mich zum Manne.«
Sie schaute ihn betroffen an, hatte sie doch geglaubt, dem eingebildeten Arzt deutlich genug gesagt zu haben, daß er nicht in einer hohen Rangordnung ihres Herzens stehe. Aber sie wollte ihn nicht verletzen.
»Valerio, Ihr seid ein wahrer Freund unseres Hauses. Ihr seid verständig für die Leiden meines Körpers und die Schmerzen meiner Seele. Doch versteht eines, mein Herz entscheidet. Mein Herz aber hat den Zugang zu Euch nicht gefunden. Valerio, Ihr werdet es nicht sein, den mein Herz für sich auserwählt.«
Mit offenem Mund stand ihr Begleiter vor ihr. Seine Enttäuschung konnte er nicht mehr verbergen. Die deutlichen Worte verstand er wohl, und deren tiefen Sinn hatte er erfaßt. Für ihn war es vorbei. Er spielte in ihrem Leben keine Rolle. Hatte er doch durch die langen gemeinsamen Wege, durch die Gefahren und letztlich durch die Enttäuschung, die sie gerade erst erlebt hatte, die Hoffnung genährt, daß eines nahen Tages sein Bitten und Flehen erhört werden würde. Jetzt hatte sie ihn in aller Deutlichkeit dieses möglichen Sinns seines Lebens beraubt.
»Ich werde in Kürze abreisen. Mit dem Pferd über Land«, brachte er mühsam heraus.
Die Gräfin Picchena schaute ihn an und nickte langsam. »Ich und mein Sohn werden dem Fischer Bool auf seiner Überfahrt die Treue halten. Er braucht die Hand, auch wenn es die Hand

einer schwachen Frau und eines Knaben ist, um glücklich wieder die Gestade der toskanischen Heimat zu erreichen.«
Sie machte nicht den Versuch, ihn zurückzuhalten. Sie schaffte eine Klarheit, die ihm schmerzlich, aber deutlich genug ihre wahren Gefühle zeigte. Die doppeldeutigen Worte wußte er wohl zu verstehen. Doch glaubte er noch nicht das, was er mit seinen Ohren vernommen hatte.
»Noch ein Wort, Valerio«, sagte Caterina. »Laßt unsere gemeinsame Welt nicht in Scherben gehen. Wir wollen auch vereinbaren, daß unsere Reise in die Provence nur ein Teil unseres Lebens ist. Nicht die Fürsten und nicht die Kardinäle bei Hofe sollten an unseren Abenteuern teilhaben, versprecht mir das.«
Seine Abhängigkeit von ihr war noch immer so stark, daß er willig nickte. »Es gibt keinen Grund für mich, Gräfin, darüber zu reden. Es ist auch mein Interesse, diese Geschichte schweigend mit ins Grab zu nehmen. Wir waren in Rom zum Heiligen Jahr. Ihr habt mein Wort.«
»Das zeigt Eure Ehre und Euren Charakter, Valerio. Hoch schätze ich Euren treuen Sinn.«
Er nickte ernst, drehte sich um und bereitete seine Abreise vor.

# Girolamo der Katharer

Als Gast einer Handelskarawane zog Valerio über Genua und Rapallo nach Florenz. Der erste Teil des Weges sollte sie von Marseille bis nach Monaco bringen. Tuche aus Avignon transportierten die Händler über Marseille bis in das Fürstentum. Dort würden die Stoffe abgeladen und Olivenöl bis nach Genua und Rapallo mitgenommen werden.

Zwar produzierten die Bewohner der Orte an den Hängen entlang der Küste von Genua bis nach Rapallo selbst genügend Olivenöl, doch die Lagerhäuser der beiden großen Handelsfamilien der Boglio und der Pessia aus Rapallo wurden selbst bei guten Ernten mit dem Öl aus Monaco und anderen Gebieten aufgefüllt.

Für die reichsten Handelshäuser galt der Grundsatz, die Lager gefüllt zu lassen. So und nur so konnte der Preis für die Ware bestimmt werden. Es konnte Öl zurückgehalten oder zu niedrigeren Preisen auf den Markt geworfen werden, um die Konkurrenz zu treffen. Meist tauschten diese Händler ihr Öl gegen Getreide ein, vor allem gegen Weizen aus der Po-Ebene. Den Weizen ließen sie in den eigenen Mühlen malen. Das Mehl wurde in den Bäckereien der Sippe gebacken und über eigene Verteilerwege in den Städten verkauft. Um den Weizen preisgünstig einkaufen zu können, wurde das Olivenöl als Währung auf den verschiedensten Wochenmärkten und jährlichen Messen zwischen der Levante-Küste und der Po-Ebene, dem größten Weizenanbaugebiet, verkauft.

Wie die gesamte Produktions- und Verteilerkette war es für die großen Handelshäuser bedeutsam, die Handelswege zu sichern. Überfälle, erpresserische Zahlungen an Aubergen und Tavernen oder unnötige Steuern an regionale Fürsten störten das Ge-

schäft. Die Verluste durch Raub und Diebstahl auf den langen Strecken konnten einem Handelshaus zusätzlich schweren Schaden zufügen.
Eine verlorene Karawane war erheblich kostspieliger als der Preis für eine Schutztruppe, kleine Geschenke an die Aubergen oder wohlwollende größere Geschenke an die Landesfürsten, Zollbeamten oder Polizeipräfekten. Versuche, Polizei, Zoll und Bürgermeister zu bestechen, waren an der Tagesordnung. Oft genug blieb es nicht bei den Versuchen.
Der gewaltige Zug, den die Familien Boglio und Pessia aus Rapallo von Avignon aus nach Florenz schickten, war allein von der strategischen Planung und der Logistik her eine großartige Leistung. Dreißig Maultiere mit ihren Treibern. Drei bewaffnete Sippenmitglieder vor dem Zug und drei bewaffnete Sippenmitglieder am Ende des Zuges. Sie beschützten den Handelszug auf ihren schnellen Pferden. Drei weitere bewaffnete Reiter gehörten zur beweglichen Eskorte. Sie patrouillierten links und rechts neben der Karawane, rückten in die Wälder aus, um einzelnen Landstreichern das Leben so schwer wie möglich zu machen. Auch waren die Maultiertreiber zusätzlich mit Musketen bewaffnet.
Im vorderen Drittel des Zuges ritten auf ihren Pferden Ferdinando Boglio und Gervasio Pessia, die beiden Vertreter der reichen Handelsagenturen. Zwei Gäste hatte der Zug in seinen Schutz aufgenommen. Darunter war Valerio, der Arzt aus San Gimignano.

Der erste Teilzug aus Avignon erreichte bereits nach zwei Tagen das Gebiet von Marseille. Im Südosten, in dem Gelände der Auberge de la Poterne, versammelte sich die Karawane.
Mehr als sechshundert Meilen sollten bewältigt werden. Das würde einen Monat in Anspruch nehmen. Die Maultiere waren schwer beladen. Fünfzehn Meilen am Tag hatte die Karawanenleitung als Durchschnitt angenommen. Entsprechend waren die Etappen mit den Übernachtungsmöglichkeiten eingeplant wor-

den. Daran mußte man sich halten. Zweiundzwanzig Menschen und fünfundvierzig Tiere verlangten stets nach Verpflegung und Unterbringung.
In der Kirche des kleinen Ortes am Rande von Marseille las der Pfarrer die heilige Messe. Valerio vermutete, daß auch dies eine Spende der Handelsfamilien war. Nicht nur sah er, daß die beiden Kaufleute eine Menge Geld in den Klingelbeutel legten, vor dem Kirchenportal erhielt der Pfarrer nochmals von Ferdinando Boglio einen großzügigen Obolus. Nach so viel bar bezahltem Segen mußte ihre lange Reise zu einem Erfolg werden. Ihm, Valerio, sollte es gleich sein. Er hielt nicht viel von dem Zauber. Vielleicht aber hatte er einen Teil davon mitbeglichen, als er seinen Gesamtobolus entrichtet hatte.
Für das kleine Dorf gestaltete sich der Abzug der Karawane zu einem Volksfest. Tische und Stände waren aufgebaut worden, an denen Lebensmittel, Kleidung und allerlei Hausrat feilgeboten wurde. Noch einmal konnten die Knechte ihr Glück an Kartenspieltischen versuchen. Für die Treiber und Eskorten boten sich hübsche Mädchen vor der langen Reise zum Vergnügen an. Ein Kinderchor sang, aus Blasinstrumenten wurden Abschiedslieder gespielt.
Nachdem der Pfarrer seine Geldbörse in die Sakristei gebracht hatte, schritt er noch einmal mit einem Kaplan und zwei Meßdienern aus dem Kirchenschiff heraus und schwenkte gewaltig das silberne Weihrauchfaß. Zweimal ging er an dem ganzen Zug vorbei, der sich in einer Zweierreihe mit den Tieren aufgestellt hatte. In dem frei gebliebenen Mittelgang zog er mit ruhigen, wohlgesetzten Schritten, neben sich die Ministranten und den Kaplan, von Maultier zu Maultier und von Treiber zu Treiber.
An einer silbernen Kette hing die Navicula, in der Weihrauch auf glühenden Kohlen brutzelte und die Karawane in einen dichten, stark duftenden Nebel hüllte. Die Menschen fielen auf die Knie und bekreuzigten sich, als der heilige Mann sie segnete. Manch einer der draufgängerischen Zugbegleiter hatte sein

Mädel im Arm, das ihm noch vor ein paar Augenblicken in ihrem Bett ein wenig Körperwärme geschenkt hatte.
Der traurige Valerio bildete das Ende der beiden Reihen. Die Zeremonien und die Segnungen in einem Zug der Händler und Soldaten waren für ihn neu. Er betrachtete von hinten die verwegenen Gesichter seiner Kumpane, ihre wilden, unrasierten Wangen, und er machte sich Gedanken über manch eine breite Narbe, die dem einen oder anderen quer durchs Gesicht lief.
Die Kleidung der Treiber erweckte den Eindruck, als wäre sie den Burschen angeboren. Zumindest schien sie nicht oft gewechselt worden zu sein. Der Arzt hatte seine Bauernkleidung längst aufgegeben. Ein großer breitrandiger Hut bedeckte sein Haupt. Sowohl gegen die noch sehr starken Sonnenstrahlen als auch gegen Regen oder Kälte war diese Kopfbedeckung gut geeignet. Seinen Oberkörper hatte er mit einem leinenen Hemd und einem kurzen Wams geschützt. Eine Pluderhose »à la mode française« machte das Reiten während einer solch langen Strecke erträglich. Weiche Lederschuhe mit abgeplatteten Spitzen von französischen Schuhmachern, eigens für ihn gefertigt, boten ihm Halt, Sicherheit und Schutz vor Kälte und Nässe. Für die kommenden kälteren Tage hatte er sich noch einen langen Umhang zugelegt, der ihm fast bis zu den Füßen reichte. Sein Gepäck hatte ein Diener übernommen, der ein zusätzliches Maultier führte.
Der Priester war nun bei Valerio angelangt. Er stutzte einen Augenblick, als er die neue, vornehme Kleidung des Herrn sah. Er schien Valerio als reichen Händler einzuschätzen und segnete ihn dreimal. Valerio erfaßte den Saum des Priestergewandes und küßte ihn.
»Erhebt Euch, mein Sohn«, sprach der Pfarrer. »Sagt an, welchen Zweck hat Eure Reise?«
»Pater, ich bin auf dem Weg zurück in meine Heimatstadt San Gimignano nahe Florenz. Ich habe mehrere Wochen in Marseille verbracht und will nun zurück in meine Heimat.«

»Was habt Ihr in dieser lauten Stadt Marseille getrieben? Sicher gab es einen Grund für Eure Anwesenheit.«
Nun verstrickte sich Valerio bei dem Priester in seine erste Lüge. Er schilderte, daß er Studien der Medizin betrieben habe, vor allem habe er sich mit der Heilung der Pest beschäftigt, um die Erfahrungen der Franzosen und der Toskaner zu vereinen.
»So mögen denn Eure Studien und gemeinsamen Erfahrungen von Erfolg gekrönt sein.« Der Priester nickte dem Arzt aufmunternd zu. »Beten wir zu Gott, daß er uns nicht noch einmal mit der Geißel der Pest straft. Und Ihr, mein Sohn«, fuhr der Gottesmann fort, »Ihr habt nicht die Lust verspürt, Euch auf den bequemeren Seeweg zu begeben?«
»So wie diese erfahrenen Kaufleute den Landweg wegen der großen Gefahr durch Piraten auf dem Meer vorziehen, so sehe auch ich mich geschützter auf dem Landweg. Ich leide zu stark unter einem Übel, das man Seekrankheit nennt und das manch einen Reisenden zur See schon den Tod hat wünschen lassen.«
Es war nicht die Unwahrheit, was der Arzt sagte. Die Übelkeit beim Sturm auf Bools kleinem Schiff hatte ihm mehr als manchem sonst zugesetzt.
»So habt denn eine gute Reise, und Gottes Segen sei mit Euch.« Der Priester segnete noch einmal den Arzt, dann wandte er sich ab und ging zurück durch die Reihen.
Valerio blickte dem Pfarrer und seinen Ministranten nach, als er sich bei den beiden Kaufleuten noch längere Zeit aufhielt. Und dort stand auch der andere Gast des Kaufmannszuges.
Der Medikus hatte diesen Signore noch nicht näher kennengelernt. Es war ein Mönch in einer Kutte, der erst kürzlich zu der Karawane gestoßen war, der sich aber bei all seinen Bewegungen sehr bedeckt hielt. Eine dunkle Kapuze schützte seinen Kopf. Von seinem Gesicht war nicht viel zu sehen. Der Arzt hatte vernommen, daß sich dieser Mönch auf einer Pilgerfahrt nach Rom zum Heiligen Jahr befand. Zu einem ersten längeren Aufenthalt aber wollte er sich nach Florenz begeben und dort in der Kirche San Marco predigen. Valerio verstand nicht, warum der

Mönch mit dieser Karawane zog. Eine kleinere Gruppe von Pilgern hätte ihn schneller in die Hauptstadt der Toskana bringen können.
Nun, die Entscheidungen der Menschen gehen oft seltsame Pfade. Was für ihn an dieser Stelle nicht erklärbar schien, mag für den Mönch einen guten Grund gehabt haben. Er wollte nicht, daß man ihn stets nach dem Sinn seiner Reise fragte. Genausowenig wollte er den anderen Gast fragen.
Die Karawane setzte sich langsam in einer geordneten Reihe in Bewegung. Die Zuschauer auf dem Marktplatz des kleinen Dorfes riefen vielstimmig »hoch, hoch« und »gute Reise«. Die Musikanten spielten ein Abschiedslied. Viele Kinder liefen dem Zug hinterher, bis auch sie hinter der nächsten Wegbiegung zurückblieben. In dem langen Zug kehrte nach einigen lauten Kommandos Ruhe ein.
Der Arzt aus San Gimignano dachte nicht erst jetzt an die Gräfin Picchena. Der Gedanke an die geliebte Frau verwirrte erneut seine Sinne. Zu sehr hatte er sich an sie gewöhnt. Wie leichtsinnig hatte er sich der Gräfin angedient, hatte er seine Heimat und seine Zukunft aufs Spiel gesetzt. Günstig schien es, daß der Franzose sich als Betrüger herausgestellt hatte. Dadurch schienen alle Weg für ihn offen gewesen zu sein. Doch sie hatte ihm unmißverständlich zu verstehen gegeben, daß sie nicht an ihm interessiert war. Warum nicht? Galt ihr Interesse dem Fischer, dem einfachen und im Grunde genommen bitterarmen Menschen. Was nur hatte er, Valerio, so falsch gemacht? Mit diesen Gedanken beschäftigte er sich, als die Karawane die ersten Meilen hinter sich brachte.
Ob es nicht doch ein Fehler gewesen war, Caterina mit dem Fischer Bool für viele Tage allein auf dem Meer zu lassen? Nicht wegen der Gefahr, die ihnen begegnen könnte. Unerträglich war es für ihn, die geliebte Frau so lange allein mit dem Fischer zu wissen. Er hätte alle Möglichkeiten, die Gräfin für sich zu gewinnen. Valerio war sich sicher, daß Bool dies auch versuchen würde. So hatte er schließlich noch dazu beigetragen, dem

Fischer alle Tore und Möglichkeiten mit Caterina Picchena zu öffnen.
Valerio zürnte sich selbst. Wenn er könnte, würde er noch umkehren und sich für eine Reise mit Caterina auf dem Schiff entscheiden. Er würde alle Mühen und Strapazen auf sich nehmen, selbst eine erneute Seekrankheit, einen Sturm oder einen Angriff von Piraten. All diese Mühen schienen ihm sehr gering und unbedeutend gegenüber dem Leid, das er jetzt erfuhr. Sie für viele Wochen nicht zu sehen kam einem Martyrium gleich. Wenn er sie überhaupt jemals wiedersehen würde. Schlimmer noch war, daß er sie dem Fischer offen in die Arme gespielt hatte.
In dem hinteren Drittel der Karawane trottete er dumpf auf seinem Gaul dahin. Obwohl ihm sein Platz weit vorne bei den Kaufleuten und dem Mönch zustand, machte er keinerlei Anstalten, sich mit diesen Menschen in ein Gespräch einzulassen. Das Leben erschien ihm trostlos und traurig. Er entfernte sich mit jedem Schritt seines Pferdes von seiner Gräfin. Beide bewegten sich auf ganz anderen Wegen. Er hatte die schmerzliche Empfindung, daß die Bande zwischen ihr und ihm immer dünner wurden.
Einige Meilen hinter der Stadt Marseille schwenkte der Pfad in die Küstenstraße zu den wunderschönen Calanques ein, die er von dem kleinen Segelboot aus liebengelernt hatte. Er blickte von einer steilen Küstenstraße auf die offene blaue See. Als könnte er besser erkennen, ob das kleine Segelboot in dem tief unten liegenden Wasser auszumachen war, beugte er sich zur Seite. Seine Sehnsüchte eilten über das Meer und suchten verzweifelt den Weg zu der geliebten Frau. Seine Brust verkrampfte sich, seine Eingeweide schmerzten. Mehr als einmal war er nahe daran, den Schritt seines Pferdes zu wenden und die Küste entlangzureiten, um Ausschau nach Caterina halten zu können.
Kurz bevor die Karawane in Marseille losgezogen war, hatte das kleine Schiff mit den Heimkehrern vom Kai abgelegt. Ein ruhiger Wind hatte in die Rahen des Fischerbootes geblasen. Mit

stolzgeschwellten und geblähten Segeln, aber bei stillem Wasser, war das Schiff aus dem Hafen gefahren, und erst auf der Höhe von Fort St-Jean hatte er das tapfere Boot aus den Augen verloren. Caterina hatte ihm lange freundlich nachgewunken. Der Fischer war zu sehr mit seinen Segeln und mit dem Steuer beschäftigt gewesen. Ihre Freundlichkeit schien sich beim Abschied sogar in Fröhlichkeit zu wandeln, wie er verbittert bemerkt hatte. Vielleicht war sie gar so glücklich, weil sie endlich mit dem Fischer allein sein und ihm ihre Zuneigung uneingeschränkt zeigen konnte.

Die Straße am Rande der steilen weißgrauen Kalkfelsen in der Nähe der Calanques führte schnell wechselnd bergauf und bergab. Die Pferde schnauften. Die Treiber hatten alle Mühe, ihre Maultiere bei Laune zu halten. Auf den steilen Hängen wurde die Gangart der schwerbeladenen Tiere erheblich langsamer. Einer der Reiter aus der Eskorte machte ihn darauf aufmerksam, sich an das Tempo des Zuges zu halten. Wenn er der Meinung sei, er könne nicht mithalten, müsse er rechtzeitig umkehren. Der Reiter entfernte sich sogleich wieder von ihm. Valerio war mit seinem Kummer allein, mit seinem Schmerz einsam. Ärgerlich über sich selbst, wollte er sein Problem nicht mit jedermann besprechen. Die Karawane bog nach einer Weile vom Meer ab und zog quer durch das Land den schnelleren Weg nach Osten, nicht jeder Calanque folgend. In seiner leidenden Seele rechnete er die Strecke durch, die noch vor ihnen lag. Bis nach Florenz, so hatte er sich sagen lassen, waren mehr als vierhundert Meilen zurückzulegen. Einen Monat lang jeden Tag mindestens sechs Stunden im Sattel sitzen. Jetzt waren sie vielleicht drei Stunden unterwegs. Die Sonntage würden sie auf ihrer Reise wohl aussparen. Es war auch die Zeit, in der den Maultieren Ruhe gegönnt werden mußte, damit sie die Strapaze durchhielten.

Die Sonne schenkte der Provence einen wunderschönen nachsommerlichen Tag. Es war geradezu heiß. Die Tiere waren mit Schweiß bedeckt. Die brennende Sonne, der Staub des Weges,

aber auch die Sehnsüchte und seelischen Qualen nach Caterina betäubten ihn. Inmitten der vielen Menschen und Tiere zog er einsam seines Weges dahin.
In einem sich öffnenden Tal verbreiterte sich der Weg, und die Berge rückten nach rechts und links fort. Die Leitung des Zuges befahl nach einer Biegung anzuhalten. In der Abenddämmerung lag vor ihnen eine Auberge mit einer großen Scheune. Die Treiber luden das Gepäck von den Rücken der Maultiere und stapelten es in der Scheune. Drei bewaffnete Begleiter wachten über die wertvolle Fracht. Die Maultiere wurden allesamt auf einer großen Wiese zusammengetrieben. Befreit von der Last, schrien sie ihr Glück in den abendlichen Himmel.
Das Gepäck des Arztes wie das des Mönches und der Herren Boglio und Pessia war eiligst in die Kammern verfrachtet worden. Maultiertreiber und Wächter schliefen auf dem Stroh in der Scheune. Dort auch wurde ihnen die Abendmahlzeit serviert. Die Auberge war zu klein für all die vielen Leute. Die Herrschaften aber schliefen in Kammern und wurden des Abends zum Schmaus in den Gasthof gebeten. Zum Abendbrot verzehrten sie eine Galette, einen Brotfladen. Anschließend wurde eine schmackhafte Kohlsuppe serviert. Die Signori Boglio und Pessia legten sich genüßlich zurück, nachdem sie ihre Mahlzeit zu sich genommen hatten.
»Nun, Signor Valerio«, begann Pessia, »wie ist Euch dieser erste Tag bekommen? Wir hoffen doch, Eure Qualen waren nicht zu stark. Euer langer Aufenthalt in Marseille hat Euch vom Reiten entwöhnt. Ihr seid es eher gewohnt, auf einem Studiersessel zu sitzen als auf dem Rücken eines Pferdes.«
»Meine Studien haben mich wahrlich von dem harten Sattel entwöhnt«, sagte Valerio lächelnd, »doch werde ich mich mit den neuen Gegebenheiten wieder vertraut machen.«
»Ihr solltet Euch heute recht früh zu Bett begeben und auf dem Bauch schlafen«, ermahnte der Klosterbruder. »Eine Entzündung an den empfindlichen Stellen des Gesäßes würde Euch nicht viel Freude bereiten.«

»Unser Herr Valerio ist ein Medikus, er wird seine Sälbchen und Cremchen für solche Zwecke schon bei sich haben«, gab sich Boglio sehr zuversichtlich.

»Nun laßt uns denn auf den glücklichen Beginn und den friedvollen Verlauf unserer Reise trinken.« Valerio hob seinen Becher, mit Wein gefüllt.

»Gott beschütze unsere Reise«, pflichtete Boglio bei.

»Er erhalte uns unsere Tiere und Treiber«, ermahnte Pessia.

»Der gütige Herr im Himmel schenke uns Gesundheit und Sicherheit«, sagte nun auch der Mönch.

»Vater«, sprach Pessia jetzt den Mönch direkt an, »ich denke, unsere Reise kann nur mit Glück beendet werden. Ihr, heiliger Mann, Ihr werdet den Segen Gottes auf unser Haupt holen, und der Medikus sorgt sich um unsere Gesundheit. Die Eskorten verteidigen unsere Güter, und unsere Strecke hat einen guten Plan.«

»Nicht zu vergessen die Maulesel, die Eure Güter sicher in ihre Lagerhäuser bringen sollen.« Valerio lachte ein wenig zu aufdringlich.

Die beiden Kaufleute begaben sich bald in ihre Kemenaten. Der Mönch schien sich zum Gebet zurückzuziehen. Valerio machte noch einen kleinen Gang um das Haus, um seine Glieder beweglich zu halten. Er lief den halbdunklen Pfad hinunter zu der Weide mit den Tieren. Die Maultiere und die Pferde schnauften leise. Ab und zu stieß ein Pferd mit seinen Hufen in den Boden. In einer Ecke des Gatters unterhielten sich die Wächter mit flüsternder Stimme. In der Nähe des Holzzaunes erkannte er sein Pferd, blieb stehen und strich ihm sanft über die Nüstern. Das Reittier drückte seinen Kopf gegen die Hand seines Herrn.

Einzelne Wolken zogen über den klaren Himmel. Sehnsüchtig schickte der unglückliche Arzt seine Grüße zu den Boten am Himmel. Sie sollten seine Gedanken seiner kleinen Frau übermitteln. Auf einem Baumstumpf ruhte er sich aus, stützte seine Ellbogen auf seine Oberschenkel, faltete die Hände und blickte mit erhobenem Kopf in die Ewigkeit des Weltalls. Die Ruhe

und der nächtliche Frieden, die über der Landschaft lagen, konnten seine verwirrten Sinne nicht beruhigen. Er wollte Ordnung in seinem Kopf machen. Er wußte nicht, womit er beginnen sollte. In der Stille der Nacht erhob er sich wieder nach kurzer Zeit und spazierte ein wenig weiter an dem Gatter entlang. Seine Qualen wurden nicht geringer. Die Einsamkeit öffnete seinen Schmerzen jeglichen Zugang.
Leise flüsterte er: »Caterina, du hast mich verzaubert.«
Seine gehauchten Worte entschwanden in die kühle Nacht.

»Ihr scheint Euer eigenes tägliches Leben kämpferisch zu verteidigen, wenn Ihr so mit Macht gegen meine Prophezeiung wettert.« Fra Girolamo de'Pagagliotti ereiferte sich in dem Wettstreit über Gebühr. Mit seiner rechten Faust schien er die wortreichen Angriffe seines Begleiters abzuwehren. »Es ist doch nicht erst heute zu erkennen, daß in Florenz und der gesamten Toskana die Sucht nach Genüssen die Frömmigkeit der Menschen mit schwarzen Flügeln überschattet. Der Herr gebietet Keuschheit und Enthaltsamkeit, Valerio Chiarenti da San Gimignano.« Die Augen des Mönches funkelten trotz der hellen Nachmittagssonne. Zorn und die Strafe Gottes schienen aus ihnen wie Blitze zu zucken. »Es sind die reichen Familien und die starken Handelshäuser, die bei Wein und Weib dem körperlichen Sinnentaumel zu frönen sich erdreisten. Die Fleischeslust, die Gier nach Nacktem und nach ergötzlichen Mägdelein ist in jeder der Villen und Palazzi das allabendliche Vergnügen. Wer nicht die richtige Magd gefunden hat, vergnüge sich an Knaben und manch ein anderer an Tieren gar. Die Sodomie ist so verbreitet wie niemals zuvor auf dieser Welt.«
Die Karawane war seit geraumer Zeit unterwegs. Etliche Tage lagen bereits hinter ihnen, und Valerio hatte seinen Schmerz verwunden. Das Streitgespräch mit dem Mönch regte ihn an.

Der Kampf mit Worten, das Jonglieren mit den Argumenten waren es gewesen, die ihn zur Wirklichkeit seines Lebens zurückgeführt hatten. Er achtete den Mönch und schätzte den Disput mit ihm. Doch ebenso schleuderte er die Worte auch gegen den Dominikaner. Die Scheinheiligkeit der vielen Gottesmänner ließ ihn nicht ruhen, dem Angriff des Kirchenmannes einen Gegenangriff folgen zu lassen. »Fra Girolamo de'Pagagliotti, hochgeschätzter Mönch aus Florenz, Eure Gottesfurcht, die schätz ich hoch. Doch vieles gilt es zu sagen gegen das, was Ihr vorgetragen habt. Um nicht verwirrt Euch zu erscheinen, gehe ich der Reihe nach nun vor. Gestattet mir, den Disput ehrlich und auch offen, vor allem aber hart aufzunehmen.«
»Valerio Chiarenti, Arzt aus San Gimignano, nur zu, nur zu. Haltet Euch nicht zurück. Sagt das, was Euch bewegt. Meist von der Kanzel predige ich mein Wort oder auf öffentlichen Plätzen. Das Gegenwort fehlt mir in der Regel. Vielleicht kann ich mich bei Eurer geschliffenen Rede noch schulen, um mich anderorts noch besser darzustellen.«
»Ich will und werde nicht beleidigend zu Euch sein, Bruder Girolamo. Doch manches von dem, was ich zu sagen habe, wird auch Euren Ohren nicht nur zu Gefallen sein. Und manches wird den eigenen Stand Eures hohen Hauses nicht zum Ruhme dienen.«
»Valerio, Ihr seid ein echter Kavalier der Rede. Doch spür ich wohl die Vorsicht in der Sprache Eures Mundes. So seid noch einmal hier versichert, daß nichts für mich von Übel sein kann, was mir verhilft, den Angriffen in der Stadt noch besser standhalten zu können. Auch gestehe ich Euch die Zorneswut gegen meinen eignen Stand zu. Eure Rede wird für Euch keine schlechte Wirkung zeigen. Nicht hier und niemals. So nehmt mich denn beim Wort, das ich Euch gebe.«
»So ist es gut«, stimmte Valerio bei. »Ich hab Euch auf dieser Reise als harten, unnachgiebigen Disputanten kennengelernt. Als ehrenhaften Mann schätze ich Euch auch. So hab ich denn dies Vertrauen zu Euch, das mich wird verfolgen können. Eure

Ehrlichkeit ist unbestreitbar. Die glühende Wahrheit spricht aus Euren Augen, ein Zeichen Gottes für die Aufrichtigkeit Eures Herzens.«

»Wenn Ihr mir denn so vertraut, Valerio Chiarenti da San Gimignano, dann dank ich Euch für die Wahrhaftigkeit der Sprache.«

»Wie könnt Ihr, Bruder Girolamo, behaupten, die Sodomie sei weit verbreitet in den Landen? Woher nehmt Ihr diese Kenntnis? Schaut her, ich bin Arzt, wie Ihr wißt, doch kaum hab ich erfahren, daß Menschen sich mit Tieren widernatürlich mühen.«

»Ihr seid eben Arzt und nicht ein Mann der Kirche. Der sich an einem Tier vergangen hat, wird kaum zu Euch mit seinen Sorgen kommen. Die Nöte, die er hat, die beichtet er dem Pfarrer. Der weiß, wieviel seiner Schäfchen auf dem Gottesacker die Sünde mit den Tieren treiben. Verflucht sei ein Herzogtum, das es zuläßt, daß die Herrscher selbst sich zu sehr der Fleischeslust hingeben. Das schlechte Vorbild ist es, das die Nachahmer schnell finden läßt.«

»Ihr glaubt doch nicht, Fra Girolamo, daß die Herren in Florenz ...«

»Was ich glaube, ist nicht die Frage, Valerio, was ich weiß, das ist des Unglückes genug. Ich sage nichts und niemals werdet Ihr von mir hören, daß ich einen Herrn alleine öffentlich und mit Namen anprangere. Doch das schlechte Vorbild aller dieser Herren und der Weiber ist schlechtes Zeugnis für die Armen. Nicht nur mit Tieren, mit Knaben und mit Weibern wird herumgehurt, daß sich die zehn Gebote Gottes unter jedem Kreuze winden. Die Strafe des Herrn wird eines nahen Tages ganz Italien treffen. Mit Feuer und Schwert wird Gottes Sohn zurückkehren und alle die verbrennen, die sich der Lust hingegeben haben. Ihr werdet sehen, kaum jemand wird dabei übrigbleiben.«

»Wenn Ihr so sprecht mit mir, dann werde ich es kaum erleben können, da Eurer Meinung nach auch mich das Schwert des Herrn mit Feuer vorab vernichten wird.«

»So wird es denn wohl sein, Valerio, wenn Ihr selbst die Gefahr schon kommen seht.«

»Doch sagt, Bruder Girolamo, gesteht mir gleich, in welchem Land Ihr zu Hause seid. Denn eines habe ich festgestellt, Ihr sprecht die Sprache meiner Mutter wohl ebenso geschickt wie die der Franzosen und die der Menschen aus der Provence.«

»Nun, was der Mensch sehr rechtzeitig und immer wieder übt zu lernen, ist nicht sein großes Problem. Ich bin in der Toskana geboren und aufgewachsen in Florenz. Doch in der Jugend schon machte ich mich auf den Weg ins Land der Franzosen. Hab gut gelebt nahe der Stadt Avignon, und auch Paris war lange Tage meine Heimat. Nun bin ich auf dem Weg nach Florenz zu meinen Brüdern im Kloster San Marco, auch wenn dort die Getreuen des heiligen Franziskus ihre Herberge haben. Von da aus soll mich die Reise nach Rom ins Heilige Jahr führen. Eine Weile wohnte ich zuvor in der Abtei von Sénanque in Gordes bei den Zisterziensern. Am Rande des Plateau de Vaucluse liegt inmitten eines wunderschönen fruchtbaren Tales diese herrliche Abtei. Ein sehr altes Kloster, dessen Gründung zurückreicht in das Jahr des Herrn 1148.«

»Und so zieht Ihr denn von einem Ort in den anderen um des Reisens willen«, sagte Valerio ein wenig herablassend.

»Nun«, entgegnete Fra Girolamo, »das Reisen bildet, und niemand sollte es verachten. Doch war der Grund meines Aufenthaltes ein anderer. Die Spuren von Sénanque führen zurück bis zum Kloster Cîteaux. Ich studiere den Glauben der Häretiker aus den Jahren des 12. und 13. Jahrhunderts. Ich glaubte dort einige wichtige Dokumente zu finden, die noch von dem Abt Arnaud-Amaury stammen, dem glorreichen Kämpfer gegen den Unglauben.«

»Ihr glaubtet zu finden. Und habt Ihr es auch?«

»Meine Studien waren sehr erfolgreich. Ich fand in den Archiven einiges an Dokumenten der Gruppe, die seinerzeit wegen Ketzerei vernichtend geschlagen wurde. Sie wurden die Katharer genannt.«

»Und das, mein Bruder, gefällt Euch wohl, wenn andere Menschen vernichtend geschlagen werden.«
Girolamo schaute über die Mähne seines Pferdes zur Seite. Er blickte seinen Gesprächspartner durchdringend an, als wollte er eine besondere Erkenntnis von sich geben.
»Valerio, mir gefällt es nicht, wenn andere Menschen vernichtend geschlagen werden. So etwas solltet Ihr nicht sagen. Der Gott aller Götter hat befohlen: Liebe deinen Nächsten wie dich selbst. Was mich betrifft, so möchte ich auch meinen ärgsten Feind nicht vernichtend schlagen. Ich möchte ihm helfen, umzukehren, wenn er sich nicht auf den rechten Pfaden des Glaubens befindet.«
Valerio schwieg. Er blickte in die Weite der Täler, die sie gerade durchritten. Eine milde Sonne lag über der Karawane. Frieden schien überall auf der Welt zu herrschen.
»Es waren Häretiker, die sich gegen den Glauben unserer Kirchen stellten«, fuhr der Mönch fort. »Es ist wohl viele Jahre her. Von den Zeiten von 1100 bis weit in die Jahre gegen Ende von 1200 und darüber hinaus fand ich Spuren und Dokumente, die zu studieren ich beliebte. Wohlgemerkt mit der Erlaubnis meines gottesfürchtigen Abtes.«
Valerio lachte laut auf. »Ihr drückt Euch sehr vorsichtig aus, mein Freund. Vielleicht sogar, so scheint mir, habt Ihr Angst. Wenn sie denn so lange her sind, die Geschehnisse, die Ihr zu berichten habt, was fürchtet Ihr Euch dann? Oder, Fra Girolamo, ist die Ketzerei, die Ihr zu berichten habt, so machtvoll, daß sie selbst als Nachricht sich zu verdoppeln weiß?«
»Nein, nicht gefährlich ist sie, doch gefährlich wurde sie der Mutter Kirche.«
»Dann wurde sie mit Gewalt verbreitet?«
»Nein, nicht mit Gewalt. Doch gewaltvoll war ihr Ende. Gemeinsam von den weltlichen und den kirchlichen Fürsten wurde sie einhellig bekämpft und vernichtend geschlagen. Die Brüder selbst scheinen eher friedvoll gewesen zu sein.«
Valerio schwieg. Die Karawane bewegte sich einen recht steilen

Hang hinunter. Der Pfad war schmal und steinig. Die Maultiere und die Pferde rutschten auf dem Geröll. Rechts und links zog sich das Tal enger zusammen, Wälder bedrängten den freien Blick. Die Eskorten ritten unruhig vom vorderen zum hinteren Ende der Karawane und zurück. Man befürchtete einen Überfall.

»Ist es so wie in dieser dunkler werdenden Schlucht, Fra Girolamo de'Pagagliotti? Dort, wo die Kirche Roms nicht alles beherrscht, dort haben selbst ihre Führer Angst und wollen den Feind bekämpfen, der sich nicht als Feind zu geben scheint.«

»Nun, gefährlich waren die Häretiker sehr wohl.«

»Ihr sagtet doch vor einem Augenblick, nicht mit Gewalt bedrohten sie die Mutter Kirche. Womit denn?«

»Immer mehr Menschen liefen zu ihnen und schlossen sich ihnen an. Wer zu den Katharern übersiedelte, den verlor die Stammkirche.«

»Wenn die Menschen freiwillig das Gotteshaus wechselten, dann war die Frucht, die sie erwarteten, wohl eine bessere.«

»Hört zu, mein Freund, was ich Euch zu berichten habe von der Gruppe der Katharer, das hab ich eingehend studiert. Ich vermag wohl die Geschehnisse zu schildern, meiner eignen Meinung aber halte ich mich fern, wenn Ihr erlaubt.«

»Nichts, was ich nicht erlauben könnte«, erwiderte der Arzt lächelnd, »doch zeichnet Euch nichts aus, wenn Ihr Euch fürchtet, Euren eignen Sinn zu bilden.«

Nun schwieg der Mönch eine ganze Weile. Er schaute vor sich auf den Weg. Leicht strich er über den Nacken des Pferdes, als wollte er Trost bei einem Tier suchen. Den Trost, den er bei Menschen nicht zu finden schien. Plötzlich brach es aus ihm hervor wie der Quell, der aus dem Fels hervorspringt und die Ebene erfrischt.

»Es war um das Jahrtausend«, hub er an. »Die Menschen fürchteten mehr als ihren Gott das Unglück und das Leid. Der Messias ward erneut erwartet. Doch erschien er nicht. Das Unglück ward verstärkt durch die Beispiele, welche die Menschen sahen in den schlechten Leben nicht nur der Raubritter und der gierigen weltlichen Fürsten. Auch die Kirchenherren schienen mehr dem eigenen Vergnügen, der Wollust und dem Reichtum nachzueifern, als in Demut Gott zu dienen. Die Sünde hatte allerorten um sich gegriffen. Die Hölle schien gar manchem näher zu sein als der Himmel.«

»Wovon, mein Bruder, sprecht Ihr?« Valerio schaute in das markante Gesicht des hageren Mönches. »Ihr scheint mir geradewegs von der heutigen Zeit zu plaudern. Und eines verstehe ich nicht. Was kritisiert Ihr denn die damalige Zeit, wo doch nichts anders war als heut.«

»Spart Euch die sarkastischen Züge, mein Herr.«

»Und dennoch ist es so«, fiel Valerio sogleich ein. »Doch fahrt jetzt fort. Ich bin ja gar gespannt, was Neues Ihr zu berichten habt über längst vergangene Jahre, was nicht sich heute würde wiederholen.«

»Die Menschen, ganz besonders im Süden von Frankreich, ganz besonders im Languedoc, schlossen sich in neuen Gruppen schnell zusammen. Sie verließen allzubald die Kirchen und die Bethäuser, verprügelten die Geistlichen und jagten Kirchenfürsten von dannen.«

»Ei, wie interessant«, sagte Valerio lachend, »doch warum tat man dieses, wo doch die Priester der Menschen Rettung sind, oder ist es nicht so, mein Freund?«

»Die Katharer suchten ihr Heil in der Verbesserung der Menschen.«

»Gar löblich scheint die neue Tat. Doch sagt, was hat man unter Katharertum zu verstehen?«

»Geboren aus dem althochdeutschen ›Ketterer‹, was Häretiker bedeutet, wurde dieses Wort bald umgewandelt in Katharer. Sie entstammten dem Zorn gegen Unzucht und Simonie ...«

»Was ist da anderes, als sich heut die Menschen und auch Kirchenfürsten geben? Nichts Neues schildert Ihr zu meiner Kenntnis, Mönch. Was soll gefährlich sein an dieser Geschichte?«

Fra Girolamo de'Pagagliotti ging erneut nicht auf den Einwurf seines Begleiters ein. Er wollte weder etwas bestätigen noch etwas verharmlosen.

»In großen Massen liefen Menschen der heiligen römischen Kirche davon, geradewegs den Katharern in die Arme.«

»Und, wurden sie dort festgehalten?«

»Nein, nur der neue Glaube war es, der sie fesselte. Sie waren überzeugt von einer neuen Reinheit, einem tieferen Glauben, von der Zucht und Ordnung und der Liebe aller Menschen füreinander.«

»Auch dies ist keine böse Tat in meinen Augen.«

»In meinen auch nicht«, entfuhr es da dem Mönch Girolamo.

»Und wo, mein Bruder, liegt die Gefahr?«

»Die Mutter Kirche sah sie in der Schwächung ihrer Macht. Nichts sollst du glauben, mein Freund, was nicht die Kirche hat gesegnet.«

»Was war das Böse an den Menschen, die sich Katharer nannten?«

»Nun, ich sagte es bereits, sie schwächten die Macht der Mutter Kirche. Schlimmer noch, sie beteten nicht zum Kreuz. Verfehlten gar, das Kreuz zu ehren. Sie sagten, dort, wo unser allerheiligster Herr genagelt war, mit blutigem Haupte, ist nichts zu ehren und zu bewundern. Es ist ein mörderisches Instrument. Doch mehr. Sie kannten keine Kirchen, ehrten keine Sakramente, verweigerten selbst die Taufe und das Sakrament der Ehe.«

»Wenn sie all dies nicht taten, mein Freund, was war es denn, was sie nun taten?«

»Sie sagten, nicht der Glaube allein macht selig. Mit eigner Kraft muß sich der Mensch bemühen, um sein Gefäß des Körpers zu verlassen, und aufsteigen in den Himmel und zum ewigen Licht. Er muß ständig Buße tun und sich züchtigen und Demut zeigen.«

»Wahr wohl, so manch einem unserer geistlichen Herren stünde dies gar gut zu Gesicht.«

»Die Dogmen der Kirche griffen sie an und wollten nicht in ihrem Sinne leben.«
»Das, so kommt es mir allerdings vor, ist sehr gefährlich«, sagte Valerio. »Doch bei allem, was Ihr berichtet, scheint mir einiges verständlich an den Leuten, die Ihr Katharer nennt. Die Simonie, mag heute anders sie sich auch nennen, scheint doch noch immer laufend zu geschehen. Warum sonst nennt sich einer Kardinal und hat doch keine Priesterweihe je erhalten? Ein anderes aber hat er dafür, die reiche und mächtige Familie in der Stadt. Nicht sagen kann und will ich einen Namen.«
»Doch weiß ich wohl, wen Ihr gemeint«, ging der Mönch auf Valerios Anspielung ein.
Valerio betrachtete sehr lange das kantige Kinn und die ausgeprägte Hakennase des Mönches. Die Wangen waren eingefallen, und die markanten Wangenknochen traten hervor.
Girolamo drehte sich einen Augenblick zu seinem Begleiter. Die buschigen, vollen Brauen schützten zwei dunkle, feurige Augen, aus denen eine unbegrenzte Leidenschaft funkelte. Der energische Mund formte die Worte klar und fast in einem Stakkato: »Es ging ein geflügelt Wort: ›Die Häretiker sind nicht die, die in der Flamme verbrennen, vielmehr zünden sie den Scheiterhaufen an.‹«
»Erklärt Euch näher, mein Freund.« Valerio griff den Gedanken des Mönches auf. »Ich weiß nicht so recht, was Ihr damit meint.«
»Nicht ich, Valerio, nicht ich meine. Keineswegs ich, das solltet Ihr Euch merken. Ich wiederhole nur, was meine Forschungen zutage brachten. Doch nun will ich Euch verraten, was diese Ketzer damit meinten, denn oft genug, so schien es mir, waren Beispiele und Erklärungen dieser Katharer gegeben.«
Valerio merkte, daß er gut tat, sich zurückzuhalten. Mit seinen letzten Worten war er eine Spur zu weit gegangen. So entschied der Medikus, noch vorsichtiger zu sein.
Da fuhr der Dominikaner schon fort: »Die Katharer glaubten selbst von sich, daß sie die Christenflamme lodernd trugen und

daß der Heilige Vater, Gott vergebe diesen Ketzern, daß Dogmen und das Priesteramt nicht entsprächen dem wahren Glauben, den einst Herr Jesus und die Jünger in die Welt raustrugen. Die Vollkommenen, die Führer ihrer Gruppe, hielten auch die Frauen für durchaus befähigt zu höheren Ämtern und keineswegs nur als Untertan des Mannes.«

»Hei, das wird der Freundin Caterina sehr gefallen!« rief Valerio spontan und überrascht aus.

Der Mönch hörte diese Worte des Medikus nicht. »Ein wesentlicher Zug der abgespaltenen Christen war ihr Drang zur Reinheit und zur Askese«, fuhr er indes fort. »Ihre Seele, die wollten sie befreien von dem Körper, daß sie wandern konnte in das nächste Reich. Sie sagten, nicht Gott befreit den Menschen alleine durch den Glauben, der Mensch muß selbst sich befreien durch sein Leben. Wer nun das Ziel in diesem Leben nicht erreicht, der kehrt bald wieder in die Welt mit einem neuen Körper. Er hat den Gang noch einmal durchzustehen, bis auch er reif ist für die neue Welt.«

»Und Ihr, Fra Girolamo, Ihr glaubt auch diese Sicht der Welt?«

»Freund Valerio, im Auftrag meines Abtes hab ich die Häretiker studiert. Der Sinn ist der, zu sehen die Erkenntnis, welch Fehler und welch Sünde Menschen fähig sind.«

»Gut, gut, mein Bruder. Bevor wir jetzt wieder moralisch werden, sagt, was ist mit den Menschen, die Ihr Katharer heißt, geschehen?«

»Gerade zu Beginn des neuen Jahrhunderts, es war im Jahre des Herrn 1209, versammelte sich eine riesige Streitmacht von hundertdreißigtausend Kreuzrittern, angeführt von Herzögen und Grafen, Seneschallen und Herren. Simon de Montfort wurde ihrer aller Anführer. Simon de Montfort wurde aller weltlicher Führer. Doch den Kreuzzug führte ein anderer an, Arnaud-Amaury, päpstlicher Legat und Abt von Cîteaux. Was in einer langen Zeit des Kreuzzuges im Languedoc geschah, war mehr als nur ein Fehler. Der Abt von Cîteaux war ein grausamer

Heerführer. Auch über seine Zeit hinaus war ein Krieg entfacht, der fünfundvierzig Jahre lang die Menschen in Angst und Not versetzte. Das Kriegsglück wechselte die Seiten, doch als es dann zur Neige ging, da war die Heimat der Katharer verloren. Mehr als eine Million Menschen war im Krieg gefallen, hingemetzelt oder auf dem Scheiterhaufen verbrannt.

Die Geschichte der armseligen Katharer studiert sich wie ein Heldenepos, die Taten der Söhne der Kirche wie ein Akt des Teufels, Gott möge mir verzeihen. Doch selten wurden so viel Menschen mit einem Schlag ermordet, verstümmelt und verbrannt. Nicht ergötzen will ich mich am Leid der andern. Doch meine ich, die Wahrheit muß auch manchmal zutage treten. Das Soldatenvolk des Papstes und der Fürsten beherbergte nicht nur edle Ritter und geübte Kämpfer. Diebe und Räuber, Mörder, Bettler und Hurenjäger aus Paris, alles hatte sich nach feurigen Predigten der päpstlichen Gesandten zum Kreuzzug mit versammelt. Je primitiver der Geist, desto grausamer die Tat. Doch allen voran schritt Arnaud-Amaury. Er gab Befehle zum Morden und zum Plündern, zum Vergewaltigen der Frauen und zum Brandschatzen. Ein schrecklich Schicksal widerfährt der Stadt Béziers. Nachdem man sich verweigert, zweihundertzweiundzwanzig Häretiker, Bürger dieser Stadt, an Arnaud zu übergeben, läßt er an die Mauern Feuer legen. Jeder Mensch, jede Person aus dieser Stadt wird hingemetzelt. Der Haß des päpstlichen Legaten läßt jeden morden. Ob Priester der römischen Kirche oder Katharer, ob einfache Bürger, Soldaten, Herumtreiber, Frauen, Mädchen, kleine Kinder, alte Männer und Schwerkranke. Alle werden hingemetzelt im Namen Gottes. Niemand überlebt. Bewundernswert ist dennoch die Treue der Katharer zu ihrem Glauben. Von ihren geistlichen Führern werden bis zu viertausend verbrannt. Doch man kennt nur fünf von ihnen, die ihrem Glauben aus Angst abgeschworen haben.

Valerio Chiarenti da San Gimignano, Ihr seid ein edler Mann. Ihr hört geduldig meiner Rede zu. Ich vertraue Euch und weiß,

daß niemals Eure Zunge mich verraten wird. Verzeiht, wenn mein Herz zu voll des Leides scheint, als daß ich alles meiner Seele anvertrauen könnte, ohne etwas davon loszuwerden. Ich bin ein gläubiger Sohn des heiligen Dominikus. Doch meine Studien haben viel der Treue mir genommen.«
Girolamo ritt wieder eine Weile schweigend. Er schaute auf den Weg vor seinem Pferd. Seine Sinne jedoch hatten sich einer anderen, gefährlicheren Welt geöffnet.
»So manchmal verfolgt mich Angst, Valerio. Mein Körper ist in Gefahr. Ich habe Angst, daß ich, wenn mein Körper zu sehr gequält wird, selbst mir untreu werde. Ich bete dafür, daß ich meine Seele rein bewahre. Wenn Ihr es hört, daß es geschieht, dann betet zu unserem Herrn. Er möge Kraft mir schenken.«
Die beiden Männer schauten sich an. Schweigend forschten sie in den Augen des anderen. Langsam senkten sie gegeneinander ihre Häupter, als leistete einer dem anderen einen Schwur.
Fra Girolamo de'Pagagliotti gab seinem Pferd die Sporen, ritt zum Kopf des Zuges und schloß sich den Kaufleuten an.

Tage vergingen, Nächte strichen dahin. Längst hatte man in Monaco die guten, farbenprächtigsten Stoffe gegen Olivenöl eingetauscht. Längst aber auch war das Öl aus dem Fürstentum in die Warenhäuser von Genua und Rapallo geflossen. Wieder transportierte die Karawane Olivenöl. Die eigene Produktion aus den italienischen Küstengebieten. Die andere Hälfte der Karawane hatte guten Weizen aus der Po-Ebene geladen. Bestimmungsort waren die Städte der Toskana.
Nach einer langen Reise von mehr als einem Monat winkten der Karawane von einem nördlichen Hügel die prächtigen Kuppeln der Arnostadt zu.

Das Herz des Valerio schlug höher, als er die Porta San Gallo an der nordwestlichen Ecke der Stadtmauer entdeckte. Nach rechts breitete sich am Rande der Stadt die mächtige Cittadella aus. Die Festung verkündete ihm, dem Reisenden aus der fer-

nen Provence, Ruhe und Sicherheit. Geradewegs vor den Schritten seines Pferdes glänzte die Kuppel der Kirche Santa Maria del Fiore im weichen Sonnenlicht. Endlich würde er heimziehen können. Das Tor von San Gallo brachte ihm die Heimat wieder. Mit einem Grauen durchfuhr ihn jedoch die Angst vor der Entdeckung.
Der Durchgang an der Porta San Gallo verlief recht einfach. Die Ankunft war von den Handelshäusern bestens vorbereitet worden. Die Maultiere mit ihren Lasten wurden gezählt. Die Zöllner machten Stichproben und prüften nur kurz den Inhalt der Ballen und Fässer. Manch offene Hand wurde sorgfältig gefüllt, so daß ein jeder seiner Zufriedenheit Ausdruck verlieh.
Valerio ritt an der Seite des Dominikaners bis zur Via degli Arcizzoro. Dann ging Fra Girolamo seinen einsamen Weg zum Kloster San Marco nach Nordosten. Ein Schauer überfiel den Medikus, als sich die finstere Gestalt des Mönches entfernte und er an dessen Erzählungen dachte.

Am Sonntag des 8. Oktober wandte sich Chiarenti endgültig von den festlich gekleideten Menschen ab. Girolamo hatte ihm mitgeteilt, daß er in der Kirche San Marco am 8. Oktober den Menschen ins Gewissen reden würde.
In der Kirche unmittelbar neben dem Kloster suchte der Medikus aus San Gimignano die markanten Gesichtszüge des Dominikaners. In der Altarkapelle auf dem Chorgestühl saßen viele Mönche des Klosters. Die dunklen Kutten verbargen die Gesichter, von denen eins wie das andere aussah. Aus seiner Entfernung neben der Kanzel konnte er ohnehin nur schwerlich in das Halbdunkel des Chores schauen. Doch dann erkannte er ihn auf der rechten Seite neben dem Altar. Sein Weggefährte saß aufrecht auf dem zweiten Platz der dunkelbraunen Chorstühle.

Girolamo sah auf. Seine funkelnden Augen trafen Valerios Blick. Lange schauten sie sich an.
Die Kirche San Marco füllte sich noch vor Beginn der heiligen Messe vollständig. Viele Menschen waren darunter, die sich von den übertriebenen Feierlichkeiten der Straßenfeste abwandten. Andere würden sich erst nach dem Kirchgang in den Trubel stürzen.
Plötzlich und unerwartet stand Girolamo de'Pagagliotti in der Kanzel. Ein Raunen ging durch die Menschen. Andere schwiegen erschrocken, als sie die finster wirkende Gestalt des Mönches wahrnahmen. Wie ein Donner dröhnten die Worte des Predigers. Um eines Mannes Größe befand sich der Mönch über der versammelten Kirchengemeinde. Das Kirchenschiff war in ein geheimnisvolles Licht getaucht. Eine Kerze unter dem Gesicht des Mönches auf der Balustrade der Kanzel beleuchtete die ausgeprägten Wangenknochen und warf lange Schatten in sein Gesicht. Die Augenhöhlen blieben dunkel, erst wieder die wulstigen Knochen über seinen Augen waren ein wenig bestrahlt. Valerio erkannte die Stimme seines Freundes, auch wenn die Gewölbe von San Marco seinen Lauten einen mehr dröhnenden und donnernden Widerhall verliehen.
»Mit der Nächstenliebe der Menschen hat Jesus von Nazareth nicht die ungezügelte Lust bei Straßenfesten wie in Florenz gemeint. Steht zueinander, helft euch einander. Aber versucht nicht, euch eure Weiber und Töchter wegzunehmen. Florenz ist ein Sündenpfuhl. Die Wollust, die Päderastie, die Sodomie und die Hurerei sind zu Kennzeichen der Frühlingsstadt geworden. Ich sage euch, ob Händler oder Handwerker, ob Adliger oder Staatsmann, niemand ist gefeit vor den Versuchungen der Lust am Körper des anderen. Wie viele von euch werden wieder bei diesem Fest ihre Frauen verleumden und einer Hure ins Bett folgen.
Ich sage euch, Gott der Herr wird euch mit Krankheiten und Unglück strafen. Nicht nur die Pest von 1348 hat die Florentiner bestraft. Was euch, ihr Sünder, betrifft, waren es die Strafen

des Jahres 1630, in dem euer Vaterland mit einer neuen Pestwelle überzogen wurde.«
Girolamo machte eine lange, künstliche Pause. Er schwieg. Die Menschen wurden aufmerksam und schauten dem Prediger ins Gesicht. Der Dominikaner nahm die Herausforderung an und wandte sich direkt an einzelne Gläubige. Dabei wies er mit ausgestrecktem rechtem Arm und nach vorne gerecktem Zeigefinger auf die Menschen.
»Du, und du, und du!« rief er empört aus. »Bist du unschuldig? Wenn du es bist, so sei dir der Herr gnädig. Doch ihr vielen anderen, die ihr weiterhin in der Sünde und der Wollust, der fleischlichen Lust lebt, ihr bereitet euch am besten jetzt gleich auf die heißen Qualen in der Hölle vor. Mit Donner und Blitz wird das Schwert Gottes herabsausen und eure Häupter zerschmettern, bis eure glänzenden Schädel im eigenen Blut in den Töpfen des Satans schmoren. Kehret um, kehret um. Verleugnet das Fleisch, und wendet euch den himmlischen Freuden des allmächtigen Gottes zu. Seid keusch und sittsam. Tuet Gutes für die Armen und Kranken. Helft den Witwen, und nehmt die reuigen und zur Umkehr bereiten Huren auf. Ich sage euch, auf meiner Rückkehr von dem fernen Marseille hierher habe ich an manchem Wegesrand elende Weiber hocken sehen, die nicht mehr fähig waren, ihren hungernden Kindern die vertrocknete Brust zu reichen. Ich sah Bettler und verwilderte Landstreicher, die ihr Brot mit Diebereien und Mord zu ergaunern suchten. Seid glücklich, wenn es euch nicht so geht. Aber seid nicht hochmütig. Betet zu Jesus, er möge euch jeden Tag einen Bettler vor eure Türe schicken, damit ihr ihm eine warme Suppe reichen könnt. Ihr Mütter, erzieht eure Kinder in Keuschheit und Sittlichkeit. Ihr Mädchen, haltet eure Seele rein für den Gatten. Ihr verheirateten Frauen, bleibt keusch, auch wenn eure Männer durch eine lange Reise für Geschäfte in fremde Länder geführt werden. Verweigert euch dem Freund, verweigert euch dem Freund des Mannes, und verweigert euch jedem dahergelaufenen Landstreicher, der euren heißen Schoß mit Wonne

befüllen will. Aber wie ist es denn wirklich in diesem Sündenbabel Florenz?«

Girolamo machte erneut eine künstliche Pause und schaute einige der Frauen direkt an.

»Was erzählen mir meine frommen Brüder aus der Beichte? Kaum hat der Ehemann das Haus auf seinem Pferd verlassen, klopft der Liebhaber an die rückwärtige Tür. Sie fragt noch nicht einmal, wer da sei. Willig und willfährig öffnet sie jedem geilen Bock das Tor und läßt ihn in ihre Kammer, öffnet ihm ihren Schoß und beschenkt ihn und sich mit den fleischlichen Lüsten, die euch in die Hölle hinabfahren lassen. Aber auch an die Herrschenden wende ich mein Wort«, rief Girolamo laut aus. »Der Glanz eurer Kleider und das Gold am Zaumzeug eurer Kutschpferde, sie sind nichts anderes als die verlockenden Rufe des Satans. Tuet auch ihr Buße. Ich schließe euch alle ein, Herren und Grafen, Fürsten und Fürstinnen, ja selbst die hochwürdige Familie des Granduca ist von der Hölle bedroht. Zuviel der Sünde sehen eure Palazzi, zuviel der Wollust wird auf euren Festen und Feiern getrieben. Mord und Unzucht, Schlemmerei und Habgier, Betrug und Vergewaltigungen haben in euren Häusern Einzug gehalten. Gott wird jede Sünde bestrafen, er verdammt auch Fürsten und Grafen in die Hölle. Ihr alle werdet dereinst in der Glut des Satans braten, wenn ihr nicht zur Umkehr bereit seid. Denkt an die armen verwaisten Kinder, die den Staub der Straße fressen müssen und die das schmutzige Wasser der bekoteten Tümpel zu trinken haben. Helft den armen kleinen Würmern, deren Väter das Geld in den Wirtshäusern versaufen und in den Betten der Huren vergeuden.«

Einige Frauen hielten ein Tüchlein vor ihren Mund und trockneten ihre Tränen. Männer blickten ernst und schamhaft zu Boden und dachten an die Untaten ihrer Nachbarn.

Mit donnernder Stimme rief Girolamo in die Kirche hinein: »Schätzt euch glücklich, wenn ihr, ihr Sünder, jetzt noch lebt und wenn euch nicht der heimtückische Mörder mit seinem

langen Dolch für eure Untaten an seiner Frau meuchelmörderisch bestraft.«
Mit einem lauten Bersten wurde das verschlossene Kirchenportal aufgestoßen, und mehrere Soldaten der Garde des Granduca stürzten zur Kanzel. Sie blieben unter dem Predigtstuhl stehen. Einige von ihnen liefen über die Altarstufen in die Sakristei, um über den verborgenen hinteren Zugang zur Kanzel die steinernen Stufen zu erreichen. Die Menschen in der Kirche standen sprachlos vor der brutalen Gewalt und der teuflischen Störung des Gottesdienstes.
Der Soldat auf der Kanzel griff den Mönch bei seiner Kutte und rief laut in die fromme Gemeinde hinein: »Er ist verhaftet, im Namen Seiner Durchlauchtigsten Hoheit, des Großherzogs, wegen meuchelmörderischer Taten.«
Die Menschenmenge stand wie erstarrt und wartete auf ein Wort des Predigers.
»Laßt den heiligen Mann los«, rief eine Frau. »Ihr versündigt Euch gegen den Herrn.«
»Ihr seid ein Mörder«, rief eine weitere Frau. »Ihr werdet in die Hölle fahren und dort für Eure Gewalttat büßen.«
»Nehmt den Schändern die Säbel, werft die Verbrecher vor die Tore unserer Kirche. Hackt den Spitzbuben die Hände ab. Schlitzt ihnen die Bäuche auf«, riefen mehrere in der Menge durcheinander.
»Fra Girolamo, wir werden Euch aus den Klauen dieser Gottesmörder befreien«, hörte man eine Stimme aus dem Hintergrund.
Für die wenigen Soldaten entstand eine gefährliche Situation. Die Menge wollte sich auf die Eindringlinge stürzen und sie direkt an der Kanzel aufhängen.
»Haltet ein!« rief der Hauptmann mit zorniger Stimme. »Haltet ein. Wir tun unsere Pflicht im Namen des großherzoglichen Hauses und im Namen des Kardinals der heiligen römischen Kirche.«
»Wer ist dieser Kardinal, der seinen Prediger auf der Kanzel ver-

haften läßt?« wollte ein Mann aus den Reihen der Gläubigen wissen.
»Wer ist das großherzogliche Haus, von dem du sprichst, das noch nicht einmal Ehrfurcht vor dem Meßopfer beweist?« höhnte ein anderer unsichtbarer Kirchenbesucher.
Immer mehr Menschen stürzten auf die Kanzel und durch die Sakristei auf die Treppe zu und bedrohten die Palastwache des Großherzogs. Um jeden Preis schienen sie ihren Prediger, der ihnen so schonungslos ihre Sünden vorgeworfen hatte, befreien zu wollen.
»Halt!« rief erneut der Hauptmann. »Hört zu. Erfahret die gräßliche Tat. Auf unseren Granduca, Ferdinand II., ist auf der Piazza del Granduca soeben kurz vor dem Beginn des Pferderennens ein gemeines Attentat verübt worden. Bevor die meuchelmörderische Hand des hinterlistigen Täters abgehackt werden konnte, ist er in die Wirren der Menge entflohen. Er floh, wie viele Zeugen belegten, nach San Marco. Er hält sich hier in dieser Kirche versteckt. Wir haben die Order, den Girolamo festzunehmen. Er steht im Verdacht der meuchelmörderischen Tat.«
»Girolamo hat hier gepredigt. Wie kann er es gewesen sein? Nehmt eher einen Eurer Soldaten als Täter, das scheint wahrscheinlicher«, rief ein Mann aufgebracht.
Zustimmende Rufe aus der Menge unterstützten ihn und bedrohten erneut den Hauptmann. Laute Rufe und eine immer mächtigere Bewegung der Menschenmenge auf die Kanzel zu ließen den Hauptmann und seine Soldaten erzittern.
»Haltet ein!« schrie der Hauptmann ängstlich. »Wir sind die Soldaten des Großherzogs. Gott der Herr hat unseren Ferdinand II. ohne Schaden gerettet. Es lebe der Granduca.«
Einen Moment entstand eine ehrfurchtsvolle Stille in der Kirche. Dann riefen zunächst nur vereinzelte, schließlich aber immer mehr Menschen: »Es lebe der Granduca, es lebe Ferdinand II.«
Wie eine Woge brandete dieser Ruf bald durch das Kirchenschiff aus den Portalen hinaus und entzündete alle Menschen,

die sich in der Nähe der Kirche befanden. Der Ruf drang durch die Straßen bis zur Piazza del Granduca.
Die Soldaten hatten die Situation geschwind genutzt und den Mönch abgeführt. Vor den Toren von San Marco wurde Fra Girolamo de'Pagagliotti in eine Kutsche gedrängt, und ehe die frommen Bürger noch so recht bemerkten, was geschehen war, kehrte die Ruhe und Ordnung wieder ein.
Vereinzelt hörte man noch Rufe.
»Was ist mit unserem Prediger? Laßt den Mönch frei.«
Doch die Stimmen wurden leiser und verklangen in dem Getümmel der Feierlichkeiten des angekündigten Pferderennens. Es wurde in der ganzen Stadt bekannt, daß der Herrscher wegen seiner wunderbaren Rettung vor der Hand des Meuchelmörders dem allerhöchsten Gott dankte. Kardinal Giancarlo de'Medici hatte dies verkünden lassen. Jeder Bürger und jeder anwesende Gast in der Stadt sollte an den Freuden des Wettkampftages und des Festes auf Einladung des Herrschergeschlechtes und auf deren Kosten teilnehmen. Die unermeßliche Freude drang wie ein Frühlingsgewitter durch die Straßen und Gassen von Florenz. Die Menschen umarmten sich, schätzten sich glücklich, daß ihr Herrscher ihnen erhalten geblieben war, und gaben sich den freizügigen Genüssen hin.
Einsam zog allein über die Via Largo ein bärtiger, braungebrannter Mann seines Weges. Welches Unrecht sollte hier geschehen? Was sollte, und vor allem, warum sollte es seinem Freund Girolamo angetan werden? Valerio bewegte sich sehr vorsichtig durch die Straßen und Gassen. Er schaute ab und zu unruhig wie ein wildes Tier um sich und versuchte aus unerklärlichen Gründen herauszufinden, ob er beobachtet würde. Seine Seele hatte Angst ergriffen. Chiarenti suchte seine Sinne zu ergründen. Er wollte herausfinden, mit welcher Bewandtnis diese Sache zu tun hatte. Girolamo hatte gepredigt. Wie hatte er der Mörder sein können. Auch vor der Predigt hatte ihn Valerio im Chorraum gesehen. Welches heimtückische Spiel wurde hier von den Herrschern der Stadt gespielt?

Je näher Valerio dem Zentrum der Stadt kam, um so mehr der Gerüchte vernahm er von laut und gestikreich diskutierenden Gruppen. Langsam wurde das Bild in seinem Kopf klarer, das sich so darstellte: Zur Feierlichkeit des Tages hatten sich die Mitglieder des großherzoglichen Hauses auf der Piazza del Granduca eingefunden und begrüßten eine vieltausendköpfige Menschenmenge, die ihnen zujubelte. Gerade wollte sich der Großherzog mit seiner Gattin, der Großherzogin Vittoria della Rovere, auf seiner linken Seite und dem Kardinal Giancarlo de'Medici auf seiner rechten Seite auf die fürstlichen Tribünen begeben, da stürzte ein hagerer Mann in einer Mönchskutte auf den Großherzog zu und drohte, ihn mit einem Dolch zu ermorden. Die aufmerksame Palastwache konnte dem Mörder den Dolch aus den Händen schlagen und wollte ihn überwältigen. In dem auftretenden Getümmel duckte sich der Meuchelmörder und verschwand unter den Tribünen. Er konnte nicht mehr eingeholt werden.

Das Herrscherhaus war starr vor Entsetzen. In dieses Entsetzen hinein rief eine wütende Stimme nur ein einziges Wort laut und deutlich: »Girolamo!«

An der Ecke Palazzo Granducale zur Piazza del Granduca wurde Valerio von vier festen Männerhänden gepackt und in die Knie gezwungen. Chiarenti fiel, nahezu ohnmächtig vor Angst, auf das Straßenpflaster. Als er nach einigen Augenblicken zu sich kam und aufschaute, sah er in das Gesicht eines ebensolchen Soldaten der Palastwache wie jenem, der den Mönch gefangengenommen hatte.

»Im Namen des Großherzogs, Ihr seid festgenommen.«

Bevor Valerio irgend etwas fragen oder antworten konnte, war er in eine Sänfte gestoßen worden. Sie wurde von außen verschlossen. Im Laufschritt wurde er irgendwohin getragen. Was er noch erkannte, war, daß sich an der Innenseite der Tür kein Griff zum Öffnen befand.

# Scheiterhaufen

Ein fest zugeschnürter Sack konnte nicht qualvoller sein. Was sich Valerio niemals hatte vorstellen mögen, war nun geschehen. Die Behörden hatten ihn festnehmen lassen. Er wußte nicht, warum. Angst kroch ihm langsam über den Rücken und den Nacken bis in jeden Winkel seines Kopfes.

Er ahnte, daß dies irgendwie mit dem Mordanschlag auf den Granduca in Zusammenhang zu bringen war. Doch genauso, wie man den unschuldigen Mönch Girolamo von der Kanzel weg verhaftet und ihn noch in der Kirche des versuchten Mordes an dem Großherzog beschuldigt hatte, könnte er einer unerklärlichen Anschuldigung gegenüberstehen. Es ging den Verantwortlichen kaum darum, daß die Wahrheit herausgefunden wurde.

Das war es, was ihn erzittern ließ. Wenn die Wahrheit nicht das Ziel war, würde man ihn wie den Mönch zur Anklage bringen. Er fragte sich besorgt, wie man ihn überhaupt aus der Menge herausgefischt hatte. Ob man ihn als Valerio Chiarenti da San Gimignano verhaftet hatte, der soeben aus Marseille eingetroffen war? Oder ob er einfach als braungebrannter Fremdling mit gegerbtem Gesicht und wallendem Bart einer verbrecherischen Tat bezichtigt werden sollte? Hing seine Verhaftung mit dem Anschlag zusammen? Wurde er als Komplize des Mönches bezichtigt? Wurde er als Vertrauter der Caterina Picchena gesehen? Oder gab es noch einen ganz anderen Grund?

All diese Fragen schossen ihm durch den Kopf, doch auf keine konnte er sich eine erklärende Antwort geben. Sicher war nur eines, man hatte ihn im Namen des Großherzogs verhaftet. Er befand sich in einer Sänfte, die von laufenden Soldaten durch die Stadt getragen wurde. In der Sänfte war es stockdunkel. Die

Fenster waren verhangen und offensichtlich obendrein mit schwarzer Farbe zugeschmiert worden. Es ging auch nicht in den Palazzo. Dann wäre man längst am Ziel. Die Weite der Strecke verhieß ihm nichts Gutes.

Eine böse Vorahnung legte sich dunkel auf seinen Geist. Es gab nur einen Ort in Florenz, der schlimmer als ein Verhör im Palazzo Granduca war. Eiskalt lief es ihm über den Nacken.

Ein Patient, der gesund ist, wird nicht in ein Krankenhaus gebracht, dachte Valerio. Ein Gefangener, der unschuldig ist, kommt nicht nach Santa Croce.

Das war das Wort, das er zu denken nicht gewagt hatte. Es war die grauenvolle Vorahnung einer bösen Erkenntnis. Dem Arzt schwand das Blut aus den Adern. Er spürte, wie sein Gesicht eiskalt wurde. Als hätte sich ein Skorpion unter sein Hemd geschlichen, erstarrte die Haut seines Rückens. Die Panik lief ihm vom Nacken über die Schultern an der Wirbelsäule entlang, ergriff die andere Seite seines Körpers und kroch den Bewegungen des Skorpions folgend an seinen Lenden hoch über den Bauch und die Brust wieder bis zum Hals. Seine Haut spannte sich über seinen Wangenknochen, seine Hände zitterten. An seinen Schläfen pochte das Blut, und er fühlte, wie seine Augen aus den Höhlen traten.

Der kalte Schweiß hatte sich auf seine Gliedmaßen gelegt, und die nackte Angst bemächtigte sich seiner, als die Sänfte mit einem groben Ruck abgesetzt wurde und sich die Tür öffnete. Vier Bewaffnete standen vor ihm und packten ihn sogleich mit festem Handgriff. Seine Arme wurden gewaltsam auf den Rücken gedreht, seine Hände mit rauhen Stricken zusammengebunden. Eine dunkle Augenbinde wurde ihm sofort über die Augen gelegt.

Vor Angst hielt er sich nur mit Mühe auf den Beinen. Seine Knie wurden weich, seine Schenkel zitterten. Zwei der Soldaten stützten ihn und schleppten ihn über lange Flure. Dann ging es eine endlos lange Treppe hinunter. Die Schritte der anderen beiden vernahm er neben sich.

Stolpernd fiel er in ein Verlies. Die Augenbinde wurde abgenommen. In dem kahlen Raum war eine hölzerne Bank und ein hölzerner Tisch. Der Boden war mit bloßem Lehm ausgelegt. In einer Ecke stand eine Pritsche. In die Wand war ein handbreites Loch eingelassen, vor dem sich gekreuzte Gitterstäbe befanden. Längst war die schwere Eichentür in das Schloß gefallen, und ein dicker runder Riegel hatte sich mit einem häßlichen metallenen Schreien von außen zugeschoben. Noch fiel durch das vergitterte Fensterloch Licht in seine Zelle. Valerio lief wie ein Stier durch seinen höchstens zwölf mal zehn Fuß großen Kerker. Er wollte es nicht wahrhaben, daß er, der bekannte Arzt, von den bösen Mächten der Finsternis in einen Kerker geworfen worden war. Er schaute sich alle Ecken eingehend an. Keine Möglichkeit, auszubrechen. Der mächtige Riegel vor der schweren Eichentür machte jede Hoffnung mit einem Blick zunichte. Die Strahlen der Sonne beschienen einen kleinen Flecken der Wand. Valerio las in dem hellen Licht eine ungelenk eingekratzte Inschrift.

»Wer hier beherbergt wird, hat Kost und Logis sein Leben lang.«

Tränen schossen ihm in die Augen. Er setzte sich auf die Bank. Was hatte er damit zu tun? Was wollte man von ihm? Welcher Unglücksbote hatte die Lügengeschichten über ihn verbreitet, um ihn zu vernichten? Welcher ungeheure Irrtum stand Pate bei seiner Verhaftung? Es mußte ein Irrtum sein. Nichts hatte er sich in Wirklichkeit zuschulden kommen lassen. Dieser Irrtum mußte so schnell wie möglich aufgeklärt werden. Ein Hoffnungsschimmer durchlief seine Gedankenwelt. Das war es, was er doch nur zu tun brauchte. Er mußte den Irrtum sofort aufklären. Dann wäre er in wenigen Minuten wieder frei.

Valerio klopfte gegen die Tür. Niemand schien ihn zu hören. Dann schlug er mit der Faust auf das schwere Eichenholz. Nur das Echo in seiner eigenen Zelle war zu vernehmen. Mit lautem Gebrüll trat er gegen die Tür, hämmerte erneut gegen das Holz.

»Bleib ruhig, Kumpel, hier hört dich niemand außer deinen Leidensgenossen. Uns raubst du aber nur den Nachmittagsschlaf«, rief eine dünne Stimme von irgendwoher.

»Ich bin unschuldig, ich will hier raus. Ich kann das erklären, daß ich unschuldig bin.«

»Gib endlich Ruhe, Kumpel. Schone deine Stimme für die Schreie auf der Folterbank. Hier sagt jeder, daß er unschuldig sei. Und doch hat man noch niemanden freigelassen.«

Valerio brach unter Schluchzen auf der Bank zusammen. Er fiel zur Seite und heulte wie ein kleines Kind. Nach langen Stunden der Verzweiflung, die für ihn wie Tage vergingen, wurde die Tür aufgerissen. Zwei Wärter packten den armen Teufel unter den Armen und zerrten ihn einen Gang hinunter. Die Schritte hallten von den Wänden wider. Das Stöhnen und Schluchzen des Gefangenen lief an den kalten Decken und Wänden entlang und kehrte immer zu seinem Ausgangspunkt zurück. Es schien ihm, als würden viele Gefangene die gleichen gräßlichen, angsterfüllten Laute von sich geben.

Sie kamen in einen großen Raum. In der Mitte stand ein sehr breiter und langer Tisch. An seiner Kopfseite befanden sich vier Sessel aus Holz, die mit roten Seidenkissen mit den in Gold bestickten Wappen seiner Henker belegt waren. Auf seiner Seite des Tisches sah er zwei einfache Stühle. An den kahlen Wänden steckten in eisernen Halteringen stinkende und brennende Kienspane. Über den Sesseln an der Stirnseite hing ein einfaches Kreuz an der Wand. Dem Kreuz gegenüber prangte ein farbenprächtiges großes Gemälde. Es zeigte den in den Himmel auffahrenden Gottessohn.

Die Wärter, die ihn hierhergeschleppt hatten, verließen den Raum. Sie blieben wohl vor der Tür wachsam stehen. In dem Raum selbst aber waren zwei andere Wärter, die ebenfalls bewaffnet waren.

Die Tür unter dem Kreuz öffnete sich. Drei in rote Umhänge gehüllte Männer betraten den Raum. Zwei weitere in Mönchskutten gekleidete kamen hinterher. Die drei Richter setzen sich

in die Mitte an den Tisch, die Mönche daneben. Sie hatten die Aufgabe, das Geschehnis mitzuschreiben.
Tödliche Angst befiel den Delinquenten, als er die gestrengen Richter mit undurchdringlicher Miene sah. Die Überzeugung seiner Unschuld schwand dahin. Er fragte sich, wie groß sein Vergehen sein würde. Ein Mönch bedeutete ihm, sich zu setzen.
Der Richter in der Mitte begann mit metallener Stimme: »Seid Ihr der Valerio Chiarenti da San Gimignano?«
Valerio war beruhigt, seinen Namen in dieser fremden, kalten Welt zu hören. Gleichzeitig fuhr ihn erneut ein kalter Schauer über den Rücken, Man hatte ihn als Valerio verhaftet, und als solcher wurde er verhört. Kein Irrtum wegen seiner Identität. Man hatte gewußt, daß er in Florenz weilte. Man hatte gewußt, wo er sich aufhielt. Hatte man ihn seit langer Zeit erwartet?
»Ja, Herr«, antwortete er. »Ich bin derjenige, den Ihr benannt habt.«
»Seid Ihr, Herr Valerio, vor ein paar Tagen mit einer Handelskarawane aus dem provenzalischen Marseille in Florenz eingetroffen?«
»Ja, Herr, das bin ich.« Valerios Stimme zitterte wie Espenlaub. Seine Worte trugen die vibrierende Unsicherheit über den mächtigen Tisch an die Ohren der gestrengen Richter.
»Herr Valerio, Ihr seid ein Arzt aus San Gimignano, stimmt das?«
»Ja, Hochwohlgeboren, das bin ich und möchte dorthin zurückkehren.«
Valerio glaubte in den Augen der Richter ein zynisches Lächeln zu entdecken. Halten sie meine Rückkehr für widersinnig? dachte er.
Der Richter fuhr mit seiner Befragung fort. »Herr Valerio, was hat Euch nach Florenz geführt? Warum haltet Ihr Euch hier auf?«
»Herr, die Karawane endete hier. Ich wollte nicht alleine durch die unsicheren Wege und Wälder der hohen Toskana ziehen. So

ging ich mit bis nach Florenz. Von hier aus erhoffte ich eine sichere Wegbegleitung in die Stadt meiner Väter, San Gimignano, zu erhalten.«
Die Fragen und die Antworten gingen eine Weile hin und her. Der Richter schien sich meist nach belanglosen Einzelheiten zu erkundigen, die nichts mit einer eventuellen Mittäterschaft zu tun hatten. Bereitwillig antwortete der angsterfüllte Delinquent auf alle strengen Fragen des Gerichtes. Valerio gewann Vertrauen zu seinen Richtern. Er war überzeugt, daß er nur die Wahrheit sagen müsse, dann wäre er bald wieder frei.
»Habt Ihr eine Ahnung, Valerio, warum Ihr hier zur Befragung bestellt worden seid?« Der Inquisitor starrte ihn kalt an.
»Herr, ich habe mir nichts zuschulden kommen lassen. Ich bin unschuldig. Ich weiß demnach nicht, warum ich hierhergeladen worden bin.«
»Seltsam, daß er nicht weiß, warum er geladen worden ist.« Der Richter wandte sich seinen beiden Nachbarn zu und lächelte sanft. »Es scheint so, daß uns da ein kleiner Fehler unterlaufen ist.«
Valerio atmete durch. Also ein Fehler. Er wähnte sich bereits in Freiheit auf der Piazza Santa Croce.
Wie ein Paukenschlag knallte die nächste Frage an sein Ohr.
»Was habt Ihr, Valerio, während des langen Rittes von Marseille bis nach Florenz mit Fra Girolamo de'Pagagliotti zu bereden gehabt?«
Valerio erschrak bis ins Mark über diese Frage. Was wollte der Inquisitor? Wollte man ihm eine Verschwörung anlasten?
»Herr, was habe ich mit ihm beredet? Ich weiß es nicht mehr so genau. Ich habe während der langen Wegstrecke mit vielen der Begleiter geredet. Auch mit dem Mönch. Und doch weiß ich nicht mehr, worüber wir gesprochen haben. Sicherlich viel über ein gottesfürchtiges Leben und darüber, wie man sicher den Himmel bei unserem Herrgott erreichen kann.«
»Ihr seid Euch nicht mehr ganz sicher? Sagt uns einfach einen Teil von dem wenigen Halbsicheren, das Ihr beredet habt.«

Valerio bemerkte den Zynismus. Sein Nacken wurde starr.
»Herr, die Worte kann ich nicht wiedergeben. Sie sind mir entfallen.«
»Nun, ich will Euch ein wenig helfen, Valerio. Habt Ihr Euch über die Forschungsarbeiten des Girolamo in der Abtei von Sénanque ausgetauscht?«
»Herr, wir haben über vieles geredet. Vielleicht auch darüber.«
»Habt Ihr oder habt Ihr nicht? Antwortet mit ja oder mit nein.«
»Ja, Herr, wir haben.«
»Was hat Euch der Mönch über diese Arbeiten erzählt?«
»Er hat von dem Leben einer häretischen Gruppe berichtet, die im Languedoc vor allem beheimatet war und die Katharer genannt wurden.«
»Hat Euch der Bruder des heiligen Dominikus auch berichtet, daß seine Studien und Forschungen geheim und nicht für die Ohren einfacher Gläubiger gedacht waren?«
»Ja, Herr, nein, das hat er nicht getan.«
»Was nun, hat er oder hat er nicht?«
»Ja, Herr, er hat nicht.«
Valerio war konfus geworden. Er wußte jetzt nicht mehr, wie er antworten sollte, weil er nicht mehr wußte, welche der Wahrheiten ihn aus dieser Todeszone herausbringen könnte.
»Schreiber notiert, der Delinquent bezeugt, daß der Mönch ihn über seine Forschungen informiert habe, daß er aber seinen Freund Valerio auch darüber informiert habe, daß diese Forschungen und Studien geheim und nur für die Ohren auserwählter Kreise der heiligen römischen Kirche bestimmt seien. Herr Valerio, ist das richtig so?« fragte er gleich anschließend.
»Ja, Herr, so ist es.«
»Was, Herr Valerio, haltet Ihr von Fra Girolamo de'Pagagliotti. Wer scheint er in Euren Augen zu sein?«
»Herr, ein frommer Bruder aus dem Orden der Dominikaner. Er hat mich ganz schön zurechtgewiesen und mich aufgefordert, mein Leben in Verzicht, Bescheidenheit und Gottesfurcht zu verbringen.«

»Was ist er noch in Euren Augen, Herr Valerio.«
»Ein frommer Prediger, der sich um die christliche Lehre verdient gemacht hat.«
»Sagt mir, wie Ihr das meint.«
»Nun, er hat die Katharer-Philosophie für abwegig geheißen.«
»Sagtet Ihr Philosophie? Sagte er Philosophie?«
»Ja, Herr, er sprach von einer religiösen Philosophie.«
»Herr Valerio, hat er wirklich von einer religiösen Philosophie gesprochen?« schrie der Inquisitor heraus.
»Herr, das hat er. Herr, was werft Ihr mir vor, was soll ich getan haben? Ich versichere Euch, nichts mit dem versuchten Mord an dem Granduca zu tun zu haben. Ich bin unschuldig.«
»Oh, wer hat denn gesagt, daß wir Euch deswegen anklagen? Herr Valerio, wir wollen Euch nur ein paar Fragen stellen. Ich muß Euch aber darauf aufmerksam machen, daß wir ein wenig nachhelfen werden, wenn Euer Gedächtnis und Eure Wahrheitsliebe nachlassen sollten. Hat Euch der Mönch Girolamo über die Familie Seiner Durchlauchtigsten Hoheit befragt?«
»Nein, Herr.«
»Hat er seine Meinung über den Großherzog wiedergegeben?«
»Herr, er hat gesagt, daß alle Menschen gleich und daß auch die Großherzöge keine besonderen Menschen seien.«
»Das hat er gesagt, Valerio? Hat er so unseren Herrn, Seine Durchlauchtigste Hoheit, den Granduca der Toskana, beleidigt?«
»Herr, ich empfand es nicht als Beleidigung, es war nur so seine Meinung.«
»So, nur so seine Meinung. Valerio, Ihr seid ein studierter Mann. Ihr wißt doch, wann man nur so etwas mal eben sagt. Hat sich der gemeine Mönch noch mehr über unseren Herrn, Seine Durchlauchtigste Hoheit, Ferdinand II., und seine hoheitliche Familie ausgelassen?«
»Herr, er hat nichts gegen das hohe Herrscherhaus gesagt, er hat niemanden aufgehetzt ...«
Valerio wollte kleinlaut einlenken, als der Inquisitor mit Spei-

chel vor dem Mund und starrem Blick dem Medikus dazwischenfuhr.
»Herr Valerio, hat der Mönch Euch gegenüber angedeutet, daß er den Granduca ermorden will?« Der Inquisitor hatte beide Hände auf den Tisch gelegt und seine Brust wie ein aufgeblasener Pfau weiter nach vorne geschoben.
»Nein, Herr, das hat er nicht. Das hat er bestimmt nicht. Ich bin sicher, er war sehr weit von einem solchen Gedanken entfernt.«
Der Inquisitor machte eine wegwerfende Handbewegung, drehte sich um und wollte gerade den Raum verlassen.
Valerio sah in aller Klarheit die Folterinstrumente vor sich. Der schreckliche Raum, in dem die gequälten Schreie der vielen Menschen wie arme Seelen zu hingen schienen, versetzte ihn in eine panische Angst.
»Halt, ihr Herren, haltet ein!« rief er den Inquisitor und seine Richter zurück.
Valerios Züge hatten einen irren Ausdruck angenommen.
»Gebt mich frei, und ich will Euch die volle Wahrheit sagen.«
Der Inquisitor drehte sich um, schaute mit prüfendem Blick auf den Delinquenten und forschte in dessen Gesicht, ob er wirklich bereit war, die Wahrheit im Angesicht der Folter von sich zu geben. Die Augen des Arztes flackerten unruhig. Seine Lippen zitterten, selbst die Haut auf den Wangen schien sich gelöst zu haben und flatterte wie in einem Sturmwind.
»Nun denn, Herr Valerio, so gesteht im Angesicht des Herrn. Sagt uns die Wahrheit und nichts als die Wahrheit.«
Der Inquisitor lächelte herausfordernd.
Valerio kannte nicht mehr sein Tun, er wußte in diesem Moment nichts von seiner unglaublichen Anschuldigung. Was er in seinem Leben wie den Untergang der Welt haßte, war die Androhung der Folter, die Ankündigung des unendlichen Schmerzes.
Die Richter nahmen an dem langen Tisch wieder Platz.
»Herr, er, der Mönch Girolamo, hat mir auf unserer Reise von

den Katharern berichtet. Er schien den Glauben dieser Häretiker achten zu wollen. Er verstand das Tun der Ketzer und bedachte mit Drohungen die heroischen Taten der Mutter Kirche und ihrer Helfer. Herr, er hat noch mehr erzählt. Girolamo hat das Leben der Medici ›sündhaft‹ genannt. Er hat ehrwürdige Herren aus der römischen Kirche wie Priester und Äbte, Bischöfe und Kardinäle der Hurerei und eines unwerten Lebens bezichtigt. Er hat sogar die Inquisition des Unrechts gegen die Menschheit bezichtigt. Herr, ich bezeuge, das hat er getan.«
»Hat er gesagt, Seine Durchlauchtigste Hoheit müsse entfernt werden?«
Valerio schaute ihn mit gläsernen Augen an. Schon längst war er nicht mehr Herr seiner Sinne. Ein Wächter machte ihn mit ein paar Klatschern ins Gesicht wach. Der Inquisitor ließ ihn das Geständnis unterschreiben. Dann brachten ihn die Wärter in einen Nebenraum, in dem eine Bank mit weichen Polstern stand, auf die man ihn legte.
Der geschundene und gequälte Mann spürte die Wärme des Raumes und das Polster der Bank. Er schlief sogleich ein und erholte sich nach ein paar Stunden. Als er erwachte, wurde ihm die Schandtat seines ganzen Tuns bewußt. Er setzte sich auf und begann zu weinen. Seinen ehrlichen Freund, den Mönch Girolamo, hatte er verraten. Er hatte das Leben des Dominikaners der Vernichtung preisgegeben, um das seinige zu retten. Valerio fiel in sich zusammen. Er hätte sich am liebsten verstekken mögen. Er hatte noch nicht einmal gekämpft. Er hatte aus Angst, leiden zu müssen, den Freund verraten. Durch die roten Vorhänge an den Fenstern fiel warmes Licht. Der Arzt beruhigte seine Sinne. Er suchte seine Zuversicht zurückzugewinnen. Er wußte nicht, wie lange er bereits in diesem Raume weilte.
Die Tür wurde aufgestoßen, und einer der Wärter trat ein. Valerio zuckte zusammen, seine Leiden schienen wiederzukehren. Der Wärter lachte.
Durch mehrere Räume und Flure wurde der Gequälte in einen Audienzsaal geführt.

Der Kardinal erschien in einer roten Robe, bestickt mit Perlen und Edelsteinen. In einem wachen Moment erkannte der Arzt, daß es der Bruder des Herzogs war, Giancarlo, Kardinal der heiligen römischen Kirche.

Giancarlo nahm an einem schweren Eichentisch Platz. Lange starrte er den leidenden Arzt an. Er musterte ihn von oben bis unten und bemerkte seine zitternden Knie und die flatternden Hände. Mit einem zynischen Lächeln hieß er ihn Platz nehmen.

Die beiden Männer saßen sich gegenüber an dem breiten, langen Tisch. Die Finger des Angeklagten trommelten unkontrolliert auf der Tischplatte. Giancarlo legte eine Hand beruhigend auf die zitternden Glieder.

»Ich hörte, Ihr seid der Kirche sehr dienlich gewesen. Ihr habt zusätzlich der Familie Seiner Durchlauchtigsten Hoheit heldenmütig gedient. Valerio Chiarenti da San Gimignano, Ihr seid in der Tat dem Staate Florenz ein treuer Diener. Ihr werdet dafür belohnt werden. Ihr dürft ungeachtet Eures Verstoßes gegen die florentinischen Gesetze in Eure Heimat zurückkehren und dort ein Leben führen, wie Ihr es zuvor getan habt. Die kleinen Sünden der Vergangenheit werden Euch verziehen.«

Giancarlo breitete seine Arme aus. Seine herabfallende Robe plusterte ihn wie einen Pfau auf. Seine Mundwinkel zogen sich nach unten, als er das Gesicht des Arztes betrachtete. In der verängstigten Kreatur entdeckte er einen Hoffnungsschimmer, der sich nach Ruhe und Zuversicht sehnte.

»Ihr werdet noch ein wenig mehr Eurem Staate dienen können.« Giancarlo lehnte sich langsam in seinem Sessel zurück. Er nickte bedächtig, und nun trommelte er nervös mit seinen Fingern auf den Tisch. Dann holte er tief Luft und stieß plötzlich wie eine Drohung die Frage hervor: »Wo ist die Gräfin Caterina Picchena?«

Giancarlo hatte sich sofort wieder in der Gewalt. Er faltete seine Hände und ließ sie ruhig auf dem Tisch liegen. Dann schloß er seine Augen. Seine Lippen bewegten sich, als würde er zum Herrn dieser Welt beten. Als er die Augen wieder öffnete, starrte er Valerio an.

Der geschwächte Arzt konnte dem forschenden Blick nicht standhalten. Als sähe er erneut die Folter vor sich, begannen seine Lippen das Geständnis zu formulieren, das der Kardinal von ihm erwartete.

Valerio berichtete stockend, wie sie die Flucht vorbereitet hatten, erzählte über den Seeweg nach Marseille und über die schändliche Tat des Frains d'Aix. Der Schilderung seiner Rückreise fügte er nur noch einige wenige Worte an.

»Caterina Picchena ist mit ihrem Sohn und dem Fischer Bool auf dem Schiffswege zurückgekehrt. Ich denke, sie sind längst vor mir hier in der Toskana eingetroffen. Ich weiß nichts über ihren Verbleib, Monsignore. Vielleicht hat sie noch in Marseille den Fischer geheiratet. Vielleicht leben sie in einer armen Fischerhütte in Livorno oder in dem kleinen Fischerhafen am Rande von Livorno. Möglicherweise sind sie aber auch in Florenz, Monsignore. Die Gräfin liebt das Leben. Vor allem das Treiben in einer lebendigen Stadt wie Florenz«, fügte er noch bereitwillig hinzu.

»Valerio Chiarenti da San Gimignano, Ihr seid frei«, sagte Giancarlo still lächelnd. »Ihr könnt Euch wenden, wohin es Euch beliebt. Kehrt Ihr zurück nach San Gimignano, so baut dort in Ruhe und mit dem Segen der Kirche und des Herrscherhauses ein neues Leben auf.« Der Kardinal machte eine Pause. Dann richtete er den Blick fest auf den Delinquenten. »Valerio, noch eines will ich Euch sagen. Ihr seid frei, weil Eure Aussage mit der eines unserer Spione übereinstimmt. Er hat Euch von Marseille an beobachtet. Er hat Eure Gespräche belauscht. Wir haben Euch hier in Florenz auf Schritt und Tritt beschatten lassen. Wir wußten, wo Ihr wohnt, wir waren bei Euch in der Kirche San Marco, als Girolamo predigte.«

»So wißt Ihr auch, daß Girolamo an dem Mordanschlag unschuldig ist?«

In Valerios Augen glomm ein Hoffnungsschimmer, daß sein Freund gerettet werden könnte.
»Ihr seid entlassen. Ihr habt Eure Dienste getan«, sagte der Kardinal zweideutig.
Valerio erhob sich schwankend. Der Wärter geleitete ihn auf die Straße. Dann ließ er ihn alleine zurück. Die nachmittägliche Sonne blendete den Mann. Er hielt seine Augen mit der Hand bedeckt und wankte langsamen Schrittes in die Stadt.
Florenz zeigte am Tage nach dem Fest sein behäbiges Gesicht. Die Tribünen wurden wieder abgebaut. Die Menschen gingen ihrer täglichen Arbeit nach, und einige schwatzten wie zuvor auf den Gehwegen. Für Valerio hatte sich in diesen wenigen Stunden der letzten anderthalb Tage die Welt verändert. Er lebte in Frieden mit den Herrschern der Kirche und des Staates. Er hatte seine besten Freunde verraten und verkauft für die eigene Sicherheit, für das eigene Wohlergehen.
In seinem Zimmer weinte er bitterlich ob seiner errungenen Freiheit.

Drei Tage nach dem Fest Santa Reparata wurde auf der Piazza Granduca ein mächtiges Gerüst erstellt. Das Monstrum maß zweiundvierzig Ellen in der Länge, neun Ellen in der Breite und nahezu vier Ellen in der Höhe. Auf Holzpflöcken stand der Koloß. Wie der Anlegesteg in einem Bootshafen in das Wasser hineinragt, führte das Gerüst von der Eingangspforte des Palazzo Granducale an der Seite des Palastes entlang und stieß an der Ecke des Gebäudes in die Piazza Granduca vor. Am Ende des Steges, inmitten der großen Piazza, wurde das Gerüst in einen Kreis auf über acht Ellen Durchmesser erweitert. Das Rondell über einer Granitscheibe im Pflaster, die an die Hinrichtung Savonarolas erinnerte, wurde mit Terrakottasteinen ausgelegt. Die Seiten wurden mit Ziegelmäuerchen eingedämmt. Zwischen den Mäuerchen und dem Holzgestell verhinderten aufgetragene Asche und Sand ein Übergreifen des Feuers auf die Balkenkonstruktion.

Kleine Holzstückchen auf den Terrakottaplatten sollten den Brand schnell entfachen. Über die Holzstücke legte man viele Reisigbündel und Besen, die wie zu einem Hexentanz zusammengetragen wurden. In der Mitte des riesigen Scheiterhaufens wurde ein breiter Kastanienbalken senkrecht aufgerichtet. Der Balken reichte durch das Rondell hindurch auf den roten Terrakottabelag der Piazza Granduca. Unter dem vier Ellen hohen Rondell wurde der senkrechte Balken wie der hohe Mast eines Schiffes zwischen Planken und Querbalken verstrebt.
An der Spitze dieses stehenden Balkens war ein Kreuz angebracht worden, über das ein starkes Seil lief, mit dessen Hilfe ein Käfig hochgezogen werden konnte. Ein schmaler Streifen, der im Reisighaufen frei gelassen worden war, erlaubte den Durchgang bis zu dem Pfahl.
Eine große Menschenmenge hatte sich auf dem Platz versammelt. Sie mußte durch Wachen davon abgehalten werden, sich zu nahe an das Holz heranzuwagen. Deutlich und drohend zeichnete sich inmitten dieser Zuschauer das Rondell mit dem Scheiterhaufen gegen den dunklen Abendhimmel ab.
Aus dem Portal des Palazzo Granducale schritten mehrere Wachsoldaten heraus. Sie hielten Fackeln in den Händen und beleuchteten den Weg für das Inquisitionsgericht und die hohen Würdenträger. Zum Schluß erschien Großherzog Ferdinand II., hinter ihm Kardinal Giancarlo. Seine rote Mitra leuchtete im Widerschein der Fackeln.
An einem auf dem Steg aufgebauten Tisch mit roten Brokattüchern nahmen Inquisitoren, Kardinal und Großherzog Platz. Unter dem langsamen Takt einer dumpfen Trommel schleppten Folterknechte ein schwarzes, eisernes Gerüst, die Gabbia di Ferro, aus dem Portal des Palastes über den Steg. Als sie bei den Würdenträgern vorbeigingen, blieben sie stehen, setzten die Gabbia ab und verneigten sich. Kardinal Giancarlo segnete das eiserne Gerüst, dann trugen die Knechte es weiter bis zum Rondell des Scheiterhaufens. An einer Kette, die mit einer Leine über das Kreuz des Mastes gezogen war, wurde die Gabbia

unter dem Geräusch von metallischem Kreischen befestigt. Die Knechte traten zurück. Sie verließen an der Ecke zum Palast das Podest. Trotz der großen Menschenmenge herrschte Totenstille.

Ein einzelner Paukenschlag zerriß das Schweigen. Fra Girolamo de'Pagagliotti wurde von zwei Männern, die in dunkle Kapuzenkutten gehüllt waren, über den Steg geführt. Niemand hatte bemerkt, woher er kam. Vor dem Tisch der Würdenträger hielt die Gruppe an. Pagagliotti wurde auf die Knie gezwungen. Ein Henker hielt seinen Kopf mit Gewalt auf den Brettern. Ein Priester segnete den Delinquenten.

Dumpfe Trommelschläge setzten erneut ein. In ihrem langsamen Takt wurde Girolamo zum Scheiterhaufen geführt. Seine Hände waren auf den Rücken gebunden. Der Henker fragte ihn nach einem letzten Wunsch. Die Kapuze wurde ihm abgenommen.

Valerio hatte den Eindruck, als richtete sich Girolamo noch einmal zu seiner ganzen Größe auf. Er sah nicht auf den Boden. Er schaute den neugierigen Menschen geradewegs in die Augen. Viele zogen ihren Blick zurück und senkten ihre Augenlider.

Girolamo aber rief: »Tuet Buße, lebt in Bescheidenheit und Nächstenliebe. Haß, Verleumdung und üble Nachrede sei euch fern. Der wahre Gott vergebe euch eure Sünden.« Er drehte seinen Kopf ein wenig zum Palazzo Granducale. Dann rief er, bevor ihm die Henker die Kapuze wieder überziehen konnten, mit lauter Stimme: »Ferdinando, Ihr irrt Euch, Ihr tut Unrecht. Ihr laßt den Falschen laufen, und mich bringt Ihr um. Giancarlo, Ihr seid der wahre Täter, am Jüngsten Tag werdet Ihr in die heißen Kessel der Hölle fahren.«

Unter den Menschen war eine große Unruhe entstanden. Die Ehrenträger vor dem Palazzo Granducale riefen aufgeregt durcheinander. Einem Henker war die Kapuze auf den Boden gefallen. Er versuchte dem Delinquenten den Mund zu stopfen, bis er ihm die Kapuze endgültig und eng um den Kopf schnüren

konnte. Der Henker zitterte. Er wußte, daß ihm sein Fehler den Kopf kosten würde.
Dann ließ sich Girolamo in die Gabbia di Ferro binden, der Käfig wurde geschlossen und mit einer Kette gesichert.
Erneut setzten dumpfe Trommelschläge ein. Mit jedem Dröhnen der Pauke wurde die Gabbia an der eisernen Kette höher gezogen. Das Metall schrammte mit einem reißenden Geräusch über das Kreuz, als vier Männer den Käfig mit Girolamo im Takt der Paukenschläge höher wuchteten. Kurz über dem Scheiterhaufen hielt die Gabbia an. Mit einer weiteren an der Gabbia befestigten Kette wurde der eiserne Käfig an den Pfahl gebunden. Eifrige Helfer füllten die freien Stellen um den Pfahl herum mit trockenem Reisig auf.
Der Inquisitor stand wenige Schritte neben dem Scheiterhaufen. Ein Knecht hielt ihm eine lodernde Fackel, als er noch einmal das Urteil verlas. Ein Priester neben ihm reckte mit ausgestreckter Hand ein Kruzifix in die Höhe.
Auf die Reisigbündel und Besen wurden Öl, Branntwein und verschiedene Harze gegossen.
Der Inquisitor wandte sich in die Richtung des Palazzo.
Giancarlo rief mit lauter Stimme: »Inquisitor, vollstreckt es!«
Mit einer Handbewegung deutete der Inquisitor auf den Fackelknecht. Der Mann trat ein paar Schritte auf den Scheiterhaufen zu, bückte sich und legte unter einem aufgeregten Trommelwirbel Feuer an das trockene Holz. Andere finstere Kapuzenmänner legten ebenso mit Fackeln Feuer an den Scheiterhaufen, auf daß die Flammen schneller über den Körper des Girolamo hinwegloderten. Ein geheimnisvoller Feuersturm riß die Kapuze des Girolamo von seinem Kopf nach oben. Der Mönch spuckte seinen provisorischen Knebel aus. Seine Augen funkelten in dem Licht, das ihn verzehren sollte.
Valerio erschrak zu Tode. Der Mönch in dem eisernen Käfig hatte seinen Blick fest auf ihn gerichtet.
Valerio flüsterte: »Verzeiht, Girolamo, verzeiht mir armem Versager.«

Fra Girolamo de'Pagagliotti aber rief mit donnernder Stimme gegen die Feuersbrunst: »Was ist schon dieses Leben, was sind schon die Güter und die Freuden dieser Welt? Wenn ihr eines mitnehmen wollt von mir, dann achtet auf euer Selbst und eure Wahrheit.« Die anderen Worte des sterbenden Mönches blieben hinter dem Feuersturm des Scheiterhaufens ungerufen.
Nicht ein einziger Schrei des Schmerzes verließ seinen Mund, nicht eine einzige Geste der Qual sandte der Mönch aus.
Das Volk war erstarrt. Atemlose Stille lag über der Piazza. Nur das Knistern der Reisigbündel war zu hören, einzelne Kiefernäste platzten auseinander. Das hell flackernde Feuer beschien die ehrfürchtigen und angstverzerrten Gesichter der Bürger.
»Er ist ein heiliger Mann«, stöhnte eine alte Frau.
Das Volk hatte lange geschwiegen. Dann johlte es und schrie laut auf, um seine eigene Spannung loszuwerden. Der Scheiterhaufen flammte bis über den Palazzo Granducale hinweg.
»Girolamo, Freund«, sagte Valerio stimmlos, »verzeiht mir, schenkt mir ein wenig Eurer Kraft und Eurer Güte. Errettet mich aus einem unerträglichen Sein.«
Bald schon fiel der verbrannte Körper in sich zusammen. Nur der eiserne Käfig hielt die Teile noch so lange beieinander, bis alles in Glut und Asche vergangen war.
In einem letzten Aufbäumen stürzte der Scheiterhaufen in sich zusammen, und die verdichtete Glut entfachte noch einmal eine unerträgliche Hitze.
In den Butzenfenstern der Palazzi spiegelte sich das rote Feuer wider. In anderen Palästen, die noch ohne Glasfenster waren, hingen die Menschen in den Öffnungen und verfolgten gierig das Geschehen.
Langsam wandte sich Valerio ab. Mit schweren, müden Schritten schlurfte er dem Arno zu. Er setzte sich weit von jeglichem Trubel an das Ufer des ziehenden Wassers. Wie ein Knabe löste er kleine Steine aus dem Boden und warf sie in die Fluten des Flusses. Er schaute den Steinen zu, wie sie beim Aufprall Wellenkreise erschufen und dann in der Tiefe versanken. Valerio

fühlte einen leeren Kopf, als kreisten in seinem Schädel Sternbilder, die sich weder selbst noch den Menschen auf dieser Erde etwas zu sagen hatten. Bilder und Erlebnisse wischten schemenhaft durch seine Sinne. Die Leere seines Kopfes wechselte mit schmerzhaften Situationen aus seinem Leben.
Etwas ist anders, dachte er. Girolamos Schmerzen sind beendet, meine dauern ewig an. Wie kann ich mich von meinen Qualen befreien?

Nach wenigen Tagen war Valerio nach San Gimignano zurückgekehrt. Als er durch die Stadttore zog, wurde ihm von dem Gonfaloniere ein prächtiger Empfang bereitet. Die Boten des Großherzogs hatten seine Ankunft vermeldet. Der Granduca persönlich, so hieß es, wünsche dem Herrn Valerio, dem Retter des Staates, einen ehrenhaften Empfang.
Weniger als um seine Praxis sorgte sich Valerio um die Rückkehr der Gräfin Caterina Picchena. Er hatte einen Boten nach Livorno in die Osteria des alten Weibes gesandt.
»Fragt nach dem Bool. Fragt nach, ob der Fischer bereits zurückgekehrt ist. Findet alles heraus, um den Aufenthalt der Caterina Picchena ausfindig zu machen. Kommt mir nicht ohne Nachricht zurück. Eilt Euch, ich werde Euch gut entlohnen«, hatte sein mündlicher Auftrag gelautet.
Der Bote war mit Neuigkeiten zurückgekehrt. Das alte Weib hatte ihm gegen einen fürstlichen Lohn verraten, daß der Bool längst zurückgekehrt sei und mit seinem Schiff wieder dem Fischfang nachgehe. Der Verbleib der Frau sei ihr unbekannt. Das war alles, was der Bote zu berichten wußte.
Der Arzt schickte ihn daraufhin nach Picchena. Caterina in Florenz, das konnte er sich nicht vorstellen. Wenn sie schon zurückkehren würde, dann doch eher in ihr väterliches Stammhaus. Aus der Burg kam der Bote ebenfalls mit mageren Nach-

richten zurück. Man habe ihn nicht eingelassen. Eine Bedienstete habe ihn an der Tür abgewiesen. Man wisse nicht, wo die Herrin geblieben sei. Und im übrigen solle man sie endlich in Ruhe lassen.
An einem frühen Morgen machte er sich selbst auf den Weg nach Picchena. Sein Herz schlug den Takt eines verliebten Jünglings, als er hinter der Kapelle zum Tor der Burg einbog. Mit seiner Reitgerte klopfte er gegen das Portal. In der morgendlichen Herbstsonne ruhte dic Burg schweigend in den Armen des dichten Waldes. Niemand rührte sich. Die Mauern um das Anwesen schützten vor jedem Blick. Zurück an der Pforte, schlug er mit seinen Fäusten gegen das Tor. Im Rhythmus des Taktes einer Galeere begehrte er Einlaß. Schließlich ließ er sich am Rande des Weges nieder. Irgend jemand würde irgendwann erscheinen. Er war bereit, den ganzen Tag zu warten. Doch es dauerte nicht allzulange. Ein Hofknecht öffnete das Tor und schaute nach dem Rechten. Gerade beabsichtigte er, wieder schnell das Tor zu schließen.
»Sagt, junger Freund«, sprach ihn der Wartende an, »Ihr kennt mich doch bestimmt noch. Mein Gesicht und mein Name sind Euch doch bekannt.«
»Ja, Herr, Ihr seid der Medikus aus San Gimignano. Die Gräfin, wenn Ihr die sucht, die ist nicht in ihrer Burg. Wir wissen nichts von ihrem Verbleib.«
Dem Valerio war die Antwort ohne vorherige Frage zu schnell, zu eilfertig gegeben.
»Oh, sicher weiß jemand in der Burg etwas über die Gräfin. Die Kammerzofe oder der Verwalter. Ihr werdet den treuen Medikus Eures Hauses nicht ohne weiteres die Tür vor der Nase verschließen. Laßt mich ein, und besorgt mir die Kammerzofe.«
Schnell hatte er längst seinen Fuß in die Tür gestellt, zog mit eigenen Händen das Portal auf und betrat den Hof mit der breiten Treppe. Im Empfangsraum wartete er. Der Bursche hatte sich bereit erklärt, die Zofe zu informieren. Durch das große

geöffnete Fenster schaute der Besucher in den ein wenig verwilderten Park des Anwesens.
»Niemanden sonst hatte ich erwartet. Seid mir herzlich willkommen, Valerio Chiarenti da San Gimignano.«
Wie ein Blitz schaute sich der Wartende um.
»Ich verneige mich vor der Leistung Eurer Rückkehr über die See. Mein Herz ist beruhigt und betört zugleich, Gräfin Caterina Picchena.«
Valerio verneigte sich tief vor der glanzvollen Erscheinung.
»Seid mir willkommen, Valerio. Es sind viele Tage vergangen, da wir uns unter anderen Gegebenheiten verabschiedet haben. Darf ich annehmen, daß es Euch zwischenzeitlich gut ergangen ist?«
»Schnell ändern sich manchmal die Zeiten, und die Menschen erfahren eine noch stärkere Verwandlung.«
»Längst ist mir zu Ohren gekommen, daß ihr, Valerio, in San Gimignano erneut eine glänzende Praxis aufgebaut habt. Eure Abwesenheit hat niemand so recht übelgenommen. Ich sagte Euch schon in Marseille, die Kemenaten der vielen reichen Händlerstöchter und vielleicht auch Ehefrauen sind begehrt für einen fähigen Medikus.«
Sie kann die Spitzen nicht lassen, sinnierte der Arzt. Folglich kann es ihr nicht allzu schlecht gehen.
Bald wandelten beide durch den herbstlichen Park und tauschten ihre Erinnerungen aus.
Der hinreichende Abstand zu seinem Verrat in Florenz ließ Valerio die Geschichten nicht mehr gar so dramatisch sehen. Doch schilderte er die Vorgänge nach seiner Rückkehr in allen Einzelheiten. Caterinas Heimkehr mit dem Segelschiff war ohne Schwierigkeiten verlaufen.
»Nicht einmal, werter Valerio, wurden wir von den Ungeheuern des Sturmgottes belästigt. Die Winde standen günstig. Wir segelten die Küste entlang, schliefen des Nachts an Land in den Wirtshäusern und verpflegten uns dort. Nach drei Wochen bereits waren wir in Livorno. Dort nahmen mein Sohn und

ich eine Kutsche, die uns in unsere geliebte Heimat zurückbrachte.«

»Und was geschah noch?« fragte der Arzt ein wenig zu neugierig.

Die Gräfin lächelte ihn wissend an, doch gab sie ihm auf die nicht ausgedrückte Frage keine Antwort.

»Ich denke, ich werde jetzt die Blüte meines Lebens auf Picchena verbringen, meinem Sohn eine gute Mutter sein, das Anwesen vergrößern und die Burg meinem Sohn in späteren Tagen als geschätztes Erbe überlassen. Das wird wohl auch im Sinne von Staat und Kirche sein.«

»Doch seid Ihr weiterhin eine attraktive Witwe mit einem reichen Erbe. Die Begehrlichkeiten aus Florenz werden darüber nicht geringer werden.«

»Den hektischen Fürsten aus Florenz gedenke ich aus dem Sinn zu bleiben. Das Vergessen kommt von selbst.«

»Sagtet Ihr nicht dereinst, die Buondelmonti, vor allem Don Alessandro, sehen Euren Reichtum als den ihrigen an? Im Sinne einer Familientradition planen die Herrscher des Val di Pesa die Vermehrung ihrer Güter über mehrere Generationen.«

»Mit der Erlaubnis des Großherzogs bin ich aus dem Kloster nach Picchena verbannt worden. Hier will ich mit seiner Erlaubnis meine Tage leben.«

»Gegen die Erlaubnis des Granduca habt Ihr die Burg verlassen, seid nach Marseille geflohen, um den Franzosen zu ehelichen. Das wird man Euch übelnehmen.«

An einer alten Kiefer lehnte die Gräfin mit dem Rücken. Sie schaute in das Blau des frühen Vormittags. Ein wenig hatte die Erwähnung des Franzosen ihren Blick flackern lassen.

»Das alles ist vorbei. Über derartige kleine Vergehen wird man sich in Florenz den Kopf nicht allzulang zerbrechen.«

»Die gierigen Gedanken der Buondelmonti werden nicht nach einem knappen Jahr vergangen sein. Längst wird Don Alessandro seine Fäden über den Kardinal gesponnen haben. Der Kirche sind die Herrscher aus dem Val di Pesa eine bedeutsame

Spendenquelle. Nichts wird Giancarlo daran hindern können, seinem Günstling einen Weg zu ebnen.«

»Und vielleicht noch einmal sein Glück mit Macht zu versuchen.«

»Wie meint Ihr das?«

»Ach nur so. Valerio, ich kann nicht und will nicht vor jedem und allem fliehen. Nur wenn ich hierbleiben kann, wenn sich der Haß der Herrscher gelegt hat, finde ich meine Ruhe. Nicht irgendwo sonst auf der Welt.«

»Ich habe den Höllenqualen ins Antlitz schauen müssen. Bei meinen Vernehmungen in Santa Croce habe ich den gräßlichen Foltern zuschauen müssen.«

»Bei welcher Vernehmung? Welche Folter?« Die Gräfin schaute erschrocken auf.

»Nicht wegen des Austausches von Reiseerinnerungen bin ich hier erschienen, verehrte Gräfin. Meine grauenvollsten Erlebnisse in Florenz will ich Euch schildern. Ich bin hier, um Euch zu warnen, um Euer Leben in Sicherheit zu bringen.«

Zügig und doch so ausführlich wie möglich berichtete Valerio über seine Reise mit der Handelskarawane. Er schilderte die Geschehnisse in Santa Croce, seine Begegnung mit der Folter und vor allem mit dem Kardinal. Er berichtete von der mörderischen Verbrennung des Fra Girolamo de'Pagagliotti, erzählte alle Begebenheiten wahrheitsgetreu. Er schonte sich selbst nicht einmal und war darauf aus, sein Versagen wiedergutzumachen. Sie sollte ihm Glauben schenken, ihm vertrauen.

»Gräfin Caterina Picchena, Ihr könnt nicht hierbleiben. Der Kardinal de'Medici ist ein mörderischer Mensch. Als ich ihm in der Inquisition begegnet bin und in seine Augen schaute, da wußte ich, daß er Euch abgrundtief haßt. Er hat mit Euch nur noch ein Ziel vor Augen, er will Euch vernichten.«

»Und vorher mit mir ins Bett gehen. Das aber wird ihm nicht gelingen.«

Valerio schaute die Gräfin Picchena fassungslos an, wie sie nüchtern über die Ziele des Giancarlo nachdachte.

»Gräfin Picchena«, begann Valerio erneut, »nehmt meine Entschuldigung an. Verzeiht mir mein Versagen. Ich habe schwere Schuld auf mich geladen.«

»Valerio, natürlich nehme ich Eure Entschuldigung an. Ich weiß nicht, wie ich im Angesicht der Folter reagiert hätte. Selbst der hohe Galilei hat im Angesicht der Folter seinen Ideen abgeschworen. Nicht Ihr, Valerio, seid der Schuldige. Die anderen, die hohen Fürsten, die Kardinäle vom Schlage Giancarlo, die Inquisition, das sind die Mörder. Ich schätze mich glücklich, in Euch nun doch einen Freund gefunden zu haben. Nehmt meinen Dank an. Ich werde mich vorsichtig zu bewegen wissen, um nicht von den Klauen der Medici und der Buondelmonti ergriffen zu werden.«

# Il Specchio

Durch die finsteren Straßen, nahe der grauen Häuserwand auf der rechten Seite der Borgo Santa Croce schlich sich die dunkel gekleidete Gestalt über die Magliabechi zum Kloster Santa Croce. Vorbei an den Brunnen am Westende der Piazza, drückte sie sich an der Häuserwand unter den schrägen Stützpfeilern an der Südseite entlang. Wo sich während des Tages die Bürger bei Obst- und Gemüsehändlern, Goldschmieden und Stoffhändlern in lebendigen Disputen auseinandersetzten, schien den späten Boten aus den nächtlichen Schatten der Stützpfeiler unter dem überstehenden piano nobile der Häuserreihe eine unerwartete Bedrohung anzufallen. Kurz vor dem Kloster schaute sich der Mann mißtrauisch um. Er fühlte sich unbeobachtet. Dann wagte er den Sprung zur Pforte des Klosters rechts neben den drei Hauptportalen der großen Kirche. Er drückte die Klinke hinunter und öffnete die Tür. Nun stand er zitternd im Eingang zum Primo Chiostro von Santa Croce.

Eine unheimliche Stille empfing ihn. Er wußte, daß er das Zentrum der Inquisition von Florenz betrat. Die Schreie der Gequälten aus den unterirdischen Folterkammern schienen ihn unter den finsteren Bögen des Kreuzganges ebenso zu verfolgen wie die bösartigen Entscheidungen der Inquisition über die Delinquenten.

Mit einer Hand fest an der linken Brust überprüfte der Bote unter seinem Wams das Vorhandensein der Botschaft. Unter der Pforte zum Kreuzgang stehend, versetzten ihn die unheimlichen, wie dunkle Höhlen erscheinenden Eingänge zwischen den Pfeilern der Säulenhalle der Pazzi Kapelle in Angst und Schrecken, und die Schatten der Marmorstatue *Il padre eterno* im hinteren Teil des Säulenganges rückten ihm bedrohlich nahe.

Der Bote schloß vorsichtig die Tür. Er wandte sich unter dem Kreuzgang nach rechts und schlich lautlos wie eine Katze unter den Bögen zum Eingang des Refektoriums. An dem hölzernen Portal erwartete ihn ein junger Gardist, der ohne Umschweife die Tür öffnete. Er stand im Eingang eines riesenhaft erscheinenden Saales. Die wuchtige Kassettendecke aus dunklen Holzbalken saugte das wenige Licht in dem Raum begierig in sich auf. Der dunkelrote Terrakottaboden ließ jeden Schritt wie einen dumpfen Trommelschlag ertönen. In dem weiß gehaltenen runden Glas an den hohen zweibogigen Fenstern mit schwarzweiß gestreifter Umrandung flackerte hier und da im Spiegelbild eine kleine Öllampe oder eine Kerze. Das riesenhafte Kreuz zu seiner Rechten schien sich regelrecht auf den Boten stürzen zu wollen.
Unter der schwachen Beleuchtung wirkte das Refektorium tiefer, als es in Wirklichkeit war. Weit entfernt am Kopf des Saales unter dem Gemälde *Baum des Lebens* saß an einem quergestellten Tisch der rotgewandete Kardinal. Die reichverzierten breiten Holzfüße trugen eine schwere Eichenplatte. In Längsrichtung in den Saal hinein stand ein sehr langer Tisch, an dessen beiden Seiten die Vertreter der Inquisition, Priester und Mönche, miteinander disputierten. Giancarlo lehnte sich in seinem Sessel aus geschwungenen Holzstäben zurück, legte seine Arme auf die Lehne und fuhr genüßlich mit seinen Handflächen über ihre kugelförmigen Enden.
Der Medici öffnete den Umschlag. Er entnahm ihm einige Pergamentblätter, breitete sie sorgfältig vor sich aus und strich sie mit der rechten Hand glatt. Giancarlo schaute herausfordernd in die Runde der anwesenden Priester und Mönche. Niemand wagte es, einen Laut von sich zu geben. Der Kardinal rückte eine Öllampe mit geblasenem Glaskolben und feinem, zartem Griff näher an die Papiere heran.
Sorgfältig und langsam ging er die Schriftstücke durch. Mit einer goldgefaßten Feder schrieb er an einigen Stellen bedächtig Bemerkungen an den Rand. Aufmerksam las er den Text noch

einmal durch. Die Versammlung der Geistlichen beobachtete ehrfürchtig und voller Bewunderung ihren Hirten.
Giancarlo stöhnte bei der Durchsicht an einigen Absätzen des Textes, griff sich mit der linken Hand an die Stirn, nickte schwergewichtig und schloß ab und zu die Augen, als wollte er die Ernsthaftigkeit der Situation beschwören. Mit der linken Hand auf den Papieren, schaute er erneut in die Runde. Auf das hintere Ende der linken Stuhlreihe heftete er als erstes seinen Blick.
Dort saß mit listigem Lächeln der Vertreter der Kirchengemeinde Santa Maria dell'Impruneta. Don Alessandro de'Buondelmonti rutschte eine Weile unruhig auf seinem Stuhl hin und her. Schweigen herrschte im Kreis der Anwesenden. Don Alessandro nickte langsam. Auffordernd schaute er mit einem zynischen Lächeln nach rechts zu seinem Nachbarn. Dieser blickte dem Kardinal offen in die Augen, machte eine untertänige Handbewegung und gab das Signal der Zustimmung an seinen rechten Nachbarn weiter. Die Reihe setzte sich fort. Die entscheidenden Signori waren anwesend und stimmten zu.
Giancarlo schaute noch einmal sehr aufmerksam in die Runde. Er erfaßte jeden der Anwesenden, Mönche und Priester, mit seinem durchdringenden Blick. Sein gepflegter Schnauzbart wippte auf seiner Oberlippe. Sein Blick ließ keinen Widerspruch zu. Er vergewisserte sich der Wahrheit und der Zustimmung zu seiner Meinung. Mit einer langsamen Bewegung nahm er die Feder wieder auf. Bedeutungsvoll, wie bei der Wandlung beim Meßopfer, unterzeichnete er die Druckvorlage für die neueste Ausgabe seiner Wandzeitung.
Als der Bote den Versammlungsraum der Inquisition verlassen hatte, ergriff Giancarlo das Wort.
»Es geht um die Zukunft von uns allen«, sagte er. »Diese Zukunft wird immer wieder von einigen wenigen bedroht.«
Die Priester und Mönche pflichteten ihm bei. Mit einer Handbewegung entließ Kardinal Giancarlo die Versammlung. Unter

dem Schutz seiner Wache fuhr er alsdann in einer vierspännigen Karosse davon.
Giancarlo begab sich in seiner florentinischen Residenz sogleich in sein Schlafgemach. Es war spät. Die Glasfenster waren geschlossen. Die wenigen Kerzen erhellten den großen Raum dürftig. Zwei Diener nahmen ihm die Kleidung ab und reichten ihm das seidene Nachtgewand.
Noch einmal mußte er dem Bedürfnis seines Körpers nachgeben. Er läutete, hieß den Diener das Nachtgeschirr, die Segetta, bringen und setzte sich darauf. In der Mitte war ein großes Loch eingearbeitet, unter dem ein Topf stand. Die Sitzgelegenheit um das Loch herum bestand aus feinstem weichem Leder.
Giancarlo erhob sich von dem Kackstuhl. Angeekelt wandte er sich von seinen eigenen Exkrementen ab und begab sich zu Bett. Der Diener trug ehrfurchtsvoll den Stuhl hinaus. Zu unruhig, als daß er einschlafen konnte, wälzte er sich nur eine Weile hin und her, bevor er erneut die Glocke stürmisch läutete. Kurz darauf geleitete der Page ein junges, festes Mädchen in das Schlafgemach. Ein weiterer Page servierte auf einem silbernen Tablett eine Flasche weißen Toskaner und zwei geschliffene Gläser aus der besten Glasmacherwerkstatt in Venedig.
Die kleine hübsche Frau verharrte schüchtern, aber nicht ängstlich am Bettrand und schaute erwartungsvoll auf den Kirchenfürst.
»Na mach, mach!« brummte der ungeduldige Kardinal.
Da begann sie ganz langsam sich auszuziehen, griff in die Schlaufen des roten Bandes, mit dem ihr Kleid über der vollen Brust zusammengehalten war, und zog die Schleifen auf. Ihr Busen sprang neugierig aus der Umklammerung heraus.
Giancarlo lächelte milde.
Anna Lisa, die junge Bauerstochter, schaute den Mann verführerisch an. Sie strich zärtlich mit den Fingern ihrer Hände über ihren Bauch und ihre Brüste. Dann hob sie das Kleid an und ließ es auf den Boden fallen, wobei sie sich mit ihrem ganzen Körper langsam herumdrehte. Giancarlo hatte genügend Gelegenheit,

die Formen des selbstbewußten Mädchens eingehend zu betrachten. Anna Lisa öffnete die Schnüre des Unterkleides, schlüpfte aus den Ärmeln, ließ die weiße Korsage hinuntergleiten und stand inmitten des weiß leuchtenden Unterkleides völlig nackt vor dem Kardinal. Sie stieg aus dem Kleid und bückte sich ein wenig zur Seite, als wollte sie das Unterkleid aufheben. Dabei spielte sie ein raffiniertes Spiel. Sie tat, als bekäme sie das Kleid nicht zu fassen. Bei ihren scheinbaren Anstrengungen öffnete sie weit ihre Schenkel und ließ den Kardinal in die Erfüllung seiner Sehnsüchte schauen.
Die Lippen des Mannes zitterten. Ein wenig Speichel trat ihm über die Mundwinkel aus. Die siebzehnjährige Frau ließ sich in aller Ruhe von ihm betrachten. Sie atmete tief ein. Ihr junger Busen wippte. Weiche Schatten und gelblich zartes Kerzenlicht umschmeichelten ihren Körper.
Der Kirchenfürst streckte einen Arm aus. Er formte mit den Händen die Konturen des Mädchenkörpers nach. In Erwartung des kommenden Genusses führte er seine Hand wie ein Pantomime über die lieblichen Brüste, senkte sie auf den kleinen Bauch und legte seine Finger auf die Hüften. Er zeichnete den fülligen Po nach und strich über die samtene Haut der Oberschenkel. Giancarlo gönnte sich den Spaß der Vorfreude. Er ließ durch seine pantomimischen Bewegungen langsam alle Nerven seines Körpers in eine sensible Wachsamkeit hinübergleiten. Er bereitete seine Haut, seine Finger und seine Lende auf die Berührung vor, die er kaum erwarten konnte.
Anna Lisa stand da und lächelte hinter verschleiertem Blick. Ihr Kleid lag wie weggeworfen über einer Stuhllehne. Ihr Unterkleid breitete sich auf dem Boden aus. Daneben stand die weibliche Begierde. Von den Gesten des Kardinals aufgemuntert, schritt sie langsam wie eine beobachtende Katze zu ihm. Um die junge Frau mehr zu erregen, griff Giancarlo in seinen Nachtschrank und erfaßte willkürlich eine goldene Kette. Er winkte das Mädchen noch näher zu sich und legte ihr die Kette mit einer weichen Bewegung um den Hals.

Die Bauerstochter lächelte dankbar. Sie wußte, daß sie ihre Familie für eine lange Zeit ernähren könnte, wenn sie sich jetzt gefügig zeigte. Giancarlo, einer heiligen Person, galt es zu gehorchen. Es war Pflicht und für sie ratsam zugleich.
Der Page schenkte den im Kerzenlicht goldgelb funkelnden Wein in die Gläser und reichte sie auf dem Tablett dem Kardinal und dem Mädchen. Giancarlo betrachtete das hübsche Antlitz seiner jungen Gefährtin wollüstig durch den Wein hindurch. Der schwere Toskaner ließ die edlen Züge der Frau wie eine Fata Morgana schaukeln. Ihr Lächeln glich dem friedlichen Ziehen einer weißen Wolke über das dunkelblaue Firmament.
Nun endlich fand er seine Ruhe, seine glückliche Zufriedenheit. Mit einem Blick forderte er das Mädchen auf, einen kräftigen Schluck von dem guten Wein zu nehmen. Genüßlich lehnte sie sich zurück und trank von der Köstlichkeit. Schnell nahm sie noch einmal einen Zug. Dann hielt sie das Glas lächelnd in ihrer Hand. Ihr Fürst schaute noch immer durch den Wein hindurch. Langsam senkte er das Glas und folgte ihm mit seinen Augen. Dicht führte er den leuchtenden Wein über ihre frische, mädchenhafte Brust. Wie durch ein Vergrößerungsglas betrachtete er die jungen Warzen, die sich langsam fest aufrichteten. Die weichen Hügel ihrer Brüste schwebten durch den Wein wie eine sanfte Woge. Er wich mit dem Glas und seinem Blick von der Brustwarze zurück bis in das göttliche Tal des Busens, dann wieder verfolgte er aufsteigend den zweiten kleinen Hügel, der in seinem Gipfel eine lüsterne Leidenschaft versprach. Giancarlo streichelte über ihren fülligen Bauch und zog das Weinglas zur Seite. Der Page eilte herbei und nahm ihm das Glas aus der Hand.
Begierig sog er den Geruch des Landmädchens in sich auf. Die Mischung aus Gras, Holz und Tieren, verbunden mit einem penetranten Stallgeruch, überwältigten seine Sinne. Seine Gier wuchs, als er den erotischen Düften des Mädchens erlag.
Das Bewußtsein, mit einem mächtigen Mann im Bett zu sein, wischte bei Anna Lisa alle zunächst gehegten Befürchtungen

hinweg. Sie schüttelte ihre langen dunklen Haare über seine Brust. Ihre zarten und noch frischen Brustwarzen berührten seine spitzen Rippen. Mit ihren festen, strammen Hüften wiegte sie sich über seinen breiten Schenkeln. Giancarlo erfaßte das junge Mädchen, das sich ihm willig und freiwillig öffnete. Ihre animalischen Düfte verstärkten seine Sucht nach sexueller Erfüllung. Er lächelte in das junge Gesicht über sich, fühlte ihre Bereitschaft und spürte auf seinen Schenkeln die wiegende Lust ihrer Scham.

Seine Gier wuchs über ihn hinaus. Es war eine Gier nach sich selbst.

... und wie ein schlaffer Sack fiel Giancarlo in sich zusammen. Anna Lisa wich verängstigt zurück. Sie mühte sich noch eine Weile auf ihm herum, ehe sie die Trostlosigkeit ihres Tuns erkannte. Als sie in ihre Kleider schlüpfen wollte, stürzte er sich auf sie und entriß ihr die goldene Halskette.

Schmal und zierlich stand die Frau neben dem Bett. Ihre zarte und weiche Haut versprachen exotische Lusterfüllung. Die feuchte Scham zwischen ihren gespreizten Beinen lockte den Mann. Der Medici atmete heftig. Er verspürte in seinen Schenkeln Schwäche und Ohnmacht, als er sie verführerisch vor sich stehen sah. Das junge Geschlecht mit jeglicher Bereitschaft, mit jeglicher Gier, verletzte ihn zutiefst ob seines eigenen Versagens.

Er verfluchte sich. Er verfluchte »sie«, die an seinem Versagen Schuld trug. Nicht die junge Bäuerin hatte er im Sinn. Das war die böse Tat von ihr. Von ihr, die er heute abend in der schweigsamen Sitzung in Santa Croce mit seiner Zeitung angeklagt hatte. Sein maßloser Zorn richtete sich gegen die einzige Frau, die er grenzenlos begehrte. Die, die sich ihm verwehrte, die ihm ihre ganze Mißachtung und die Grenzen seiner Macht und Handlungsfähigkeit zeigte. Sie erfuhr jetzt seinen abgrundtiefen Haß. Es erniedrigte ihn, daß sie gerade jetzt anwesend war. Erfreulich für ihn war nur, daß sie bald die ganze Wucht seines Hasses erfahren würde.

Zornig läutete er nach dem Pagen. Der Bursche erschien nach wenigen Augenblicken. Er geleitete die junge nackte Frau mit ihrer erniedrigten Welt hinaus. Anna Lisa weinte still in sich hinein. Sie hatte die goldene Kette verloren. Damit das Brot für ihre Familie. Fort waren die Arzneimittel für ihren kranken Vater, der warme Wams für ihre unehelichen Kinder und auch das Holz für den Ofen, das ihrer Familie im kommenden Winter Wärme schenken sollte.
Wutentbrannt griff der Kirchenfürst zu Papier und Feder und schrieb eine eilige Nachricht an den Leiter der großherzoglichen Buchdruckerei.
»Eilt in die Druckerei und übergebt dieses Papier persönlich dem Buchmeister. Kommt mir nicht ohne Antwort zurück.«
Der Page verschwand, ungehalten darüber, in dieser späten Stunde noch den Palazzo verlassen zu müssen. Alleine auf sich gestellt, war es nicht ratsam, durch das nächtliche Florenz zu laufen. Er hatte panische Angst. Doch wagte er es nicht, sich dem strengen Befehl seines Herrn zu widersetzen. So hoffte er, den Hin- als auch den Rückweg zu überstehen, ohne Schaden zu nehmen.

*Il Specchio* war die wirkungsvollste Wandzeitung in Florenz. Mit *Il Specchio* ließ Kardinal Giancarlo seine Wahrheit verbreiten. Mit *Il Specchio* machte er Politik, steuerte heimlich die Geschicke der Stadt. Bruder Ferdinando II., Großherzog der Toskana, nahm die Machenschaften des Kardinals mit Abscheu wahr. Doch selbst er wagte es nicht bis auf einige wenige Ermahnungen, das Treiben von Giancarlo zu untersagen.
Und so übte Giancarlo einen übermächtigen Einfluß in der Familie aus. Von außen nahezu unbemerkt, lenkte er alle Himmelhunde in Florenz, die seinen *Il Specchio* als ein Meisterwerk ihrer Einflußnahme sahen. Der Kardinal versicherte sich stets

der Zustimmung der Inquisition. Er unterstützte ihre schändlichen und ruchlosen Tätigkeiten mit seinem Blatt, lenkte die beiden mächtigsten Verbündeten für seine Ziele. Die Meinung des Volkes entschied über Stimmung, Einfluß und Macht. Seine Wandzeitung *Il Specchio* beeinflußte und beherrschte die Meinung des Volkes. Die Bürger vertrauten den »Wahrheiten« des *Il Specchio* und schenkte ihm Glauben. Ihnen entging es, daß sie zur gesteuerten Masse geworden waren. *Il Specchio* war der Ausrufer der höchsten Instanz. Darin allein lag die Wahrheit. Der Kardinal lächelte mitleidig über die Einfalt seiner wie Puppen gelenkten Menschen. Er belächelte seinen Bruder, den schwachen Großherzog, die Staatssekretäre und die Senatoren. Er wußte, daß er mehr Macht hatte als all diese schwindsüchtigen Jammerlappen gemeinsam. Die Kirche, der abgöttische Glaube der armen und der reichen Leute und die Angst, die tödliche Angst der einfachen Menschen vor der Inquisition waren Instrumente, derer er sich wohl zu bedienen wußte. Zu gegebener Zeit würde er stets die »richtige« Meinung mit *Il Specchio* verstärken. Das war ein weiterer geschickter Zug mit seinem Blatt. Meinung machen, dann sich dieser Meinung anschließen. Vor seinen Augen erblickte der wahre Herrscher in Florenz den Text, den ihm die Inquisition willenlos genehmigt hatte und den er noch heute nacht in ganz Florenz und weit über die Metropole hinaus veröffentlicht haben wollte. Eine Kolonne mit Hämmern und Nägeln würde bald durch die Stadt und über das Land ziehen. An allen bedeutenden Knotenpunkten würden sie *Il Specchio* anschlagen.

Hämisch und zornig hatte Giancarlo auf den Boten gewartet. Dann war er, ermattet von seinem eigenen Haß, zu müde geworden. Er hatte sich zur Ruhe begeben und war eingeschlafen. Die Freude am nächsten Morgen ließ ihn den Ärger der Nacht vergessen. Er entdeckte gleich nach dem Erwachen die neueste Ausgabe von *Il Specchio*, läutete nach dem Pagen und ließ sich die Zeitung an das Bett bringen. Vor Spannung zitternd, hielt

er die große Zeitung in der Hand und las genüßlich den von ihm verfaßten Artikel über die Picchena. Er las ihn immer wieder und fand ihn ein Meisterwerk seiner Formulierkunst. Damit würde er seinem Ziel beträchtlich näher kommen. Sehr schnell sogar.
An diesem Morgen genoß er die erste Mahlzeit wie ein Himmelsmahl. Der Tag begann sich prächtig zu entwickeln. Durch das Fenster hindurch erstrahlte die Sonne in voller Pracht. Viele Bürger bewegten sich auf den Straßen. Alle Florentiner würden noch am selben Tag informiert sein. Er konnte sich jetzt schon gewiß sein, sein Ziel erreicht zu haben. Trotz der unruhigen Nacht und trotz des wenigen Schlafes zeigte Giancarlo gute Laune. Sehr aufgeräumt begann er seine Audienzstunde. Selten hatten ihn die Menschen so froh gesehen. Er urteilte milde und ließ die Bittenden nicht ohne einen Rat von dannen ziehen.

Neueste Erkenntnisse sollten es nicht zulassen, daß der Mensch wie ein Tier behandelt wird. Danach ist das Wesentliche nicht der Körper, vielmehr die immer und ewig lebende Seele, die einen Menschen kennzeichnet.«
»Das, Freund Valerio, ist doch nichts Neues. Schon die heilige Kirche spricht seit Anbeginn von der Seele des Menschen, die dereinst in das Himmelreich eingehen wird oder aber in die ewige Verdammnis.«
»Ihr als Lehrer vieler Knaben und Mädchen in den Häusern der begüterten Familien in San Gimignano, der Händler, Bankkaufleute, Handwerker und der reichen Nichtstuer, seid sicherlich sehr bewandert in den Lehren der römischen Kirche. Gerade daher frage ich Euch frei heraus: Warum läßt die Kirche nicht zu, daß sich jedes seiner Schäfchen in völliger Freiheit und mit seinen individuellen Möglichkeiten entwickeln kann?«
»Doch, doch, Herr Valerio, natürlich läßt sie es zu. Schaut mich

doch an. Damit verdiene ich mein Einkommen. Ich lehre die Knaben und Mädchen, sich frei zu entwickeln.«

»Ja, ja, in den von der Kirche vorgegebenen Gesetzen. Außerhalb dieser Vorschriften werden selbst die Physik und die Mathematik zu einem verbotenen Gebiet.«

In dem Salon der Burg Picchena diskutierten wie einst in vergangenen Zeiten der Medikus und der Apotheker, der Vikar, der Bankkaufmann, der erfolgreiche Gewürzhändler, manch gelehrter Reisende und Studiosus über die Wege der Welt, über vieles Erreichte und vor allem über Ziele, die noch zu schaffen wären. Die Bibliothek des verstorbenen Landgrafen Curzio Picchena galt manch einem Schüler und Studierenden als Quelle für weitere Überlegungen und als unerschöpfliche Schriftensammlung für Forschungen.

Valerio Chiarenti gehörte zu den treuesten Gästen auf der Burg Picchena. Obwohl er seinen Jugendtraum, die Gräfin zu ehelichen, ablegen mußte, hielt er treu zu ihr und verehrte sie wie in früheren Tagen.

Das heutige Gespräch allerdings wollte er nur noch im Sande verlaufen lassen und eine schnelle Auflösung des Zirkels erreichen.

»Was habt Ihr, Valerio, Ihr wart nicht sehr gesprächig, fast möchte ich meinen, eher unhöflich.«

»Nimmt es Wunder?« brummte der Arzt mürrisch. »Eine weniger gute Nachricht habe ich mitgebracht.«

Er faltete einen Bogen Papier auseinander, den er unter seinem Wams versteckt hielt, schritt zu einer Öllampe und ließ das zitternde Licht auf das große Blatt fallen.

»Woher habt Ihr das?«

»Ich entdeckte es am frühen Morgen an der breiten Eiche vor meiner Villa. Seit Tagen ist die Zeitung wohl schon in Florenz bekannt.«

Neben Berichten über gute Taten großer florentinischer Familien und große Spenden bekannter Handelshäuser, neben Entscheidungen des Heiligen Offiziums, Erlassen des Staates

Toskana war recht unscheinbar eine kleine Nachricht eingefügt.

Nach der Lektüre schritt Caterina zum Fenster. Durch die glaslosen Bögen schaute sie in die Stille der Wälder und Weiden. Die trügerische Sicherheit der breiten Mauern der Burg Picchena geriet ins Wanken. Dunkle Wolken zogen am Horizont auf, legten sich auf die Herzen der Menschen in Picchena. Wie ein Vulkan, in dessen Innerem es unbemerkt brodelt, bedrohte das Machtzentrum in Florenz fortwährend ihren Lebensweg. Wie sollte sie Ruhe finden, wenn stets die Schatten der Finsternis über ihrem Horizont schwebten? Mit Schmerz gedachte sie der Worte ihres verstorbenen Vaters, der sie beim Palio in Siena gewarnt hatte, sie könne nicht in Ruhe alleine in Picchena leben.

Noch einmal nahm sie das Blatt in die Hand und las sorgfältig den Text im *Il Specchio*. Es ging um »Beobachtungen in Florenz und auf dem Lande«. Ein »normaler Bürger« verlieh seiner Besorgnis Ausdruck, daß gegen Gesetze und Urteile des Staates verstoßen würde, daß die Moral in der Toskana durch genußsüchtige und liederliche Mitbürger gefährdet sei. Verbannte verließen ohne Erlaubnis willkürlich den Ort der Verbannung und würden zurückkommen, als wäre ihre Strafe abgelaufen. In konspirativen Zirkeln würden Nester der Untergrabung und kirchenfeindlicher Philosophien gebildet. Die christliche Kultur des Landes, die erworbenen Rechtsgüter seien in Gefahr. Man könne derart feindselige Angriffe auf den Staat nicht zulassen. Besonders tue sich die Tochter des leider verstorbenen hochangesehenen ersten Staatssekretärs und Senators in der Unruhestiftung hervor. Schließlich habe man sie, wie von verschiedenen Seiten berichtet würde, schon des öfteren mit destruktiven Elementen zusammen gesehen. Letztendlich müsse ihrem Treiben im Interesse aller guten Bürger Einhalt geboten werden.

Unterschrieben war das Ganze mit »Ein besorgter Bürger«.

»Giancarlo, du häßliche Kröte, Don Alessandro, machtgieriger Pfaffe.«

Sie schaute erneut zum Fenster hinaus. Starr wie eine Marmorstatue hielt sie den Bogen Papier in der herunterhängenden Hand. Ihre Glieder schienen eingefroren, Eiseskälte zog durch ihren Körper. Die Worte des »besorgten Bürgers Giancarlo« fuhren wie Pfeilspitzen in ihre Seele. Jedes kleinste Detail, jedes einzelne Wort war sorgfältig ausgewählt. Das war ein Angriff auf ihr Leben.

»Giancarlo, du Schwein«, murmelte sie haßerfüllt, »Giancarlo, du Hurensohn, du Mörder, du hinterhältiger Betrüger. Du machst mit Don Alessandro gemeinsame Sache. Er will mein Erbe, du willst dir seine Spendenfreudigkeit erhalten und deine Gier nach mir kühlen. Du willst mich vernichten. Mit der Macht des *Il Specchio* wiegelst du das Volk gegen mich auf, um mich schließlich mit der Meinung des Volkes im Rücken umzubringen. Giancarlo, du verrechnest dich. Ich habe noch Freunde in Florenz, mächtige Freunde. Ich muß eine Audienz bei Ferdinand II. haben. Ich werde ihn zur rechten Zeit um seine Unterstützung, um seinen Schutz bitten. Ferdinand ist weder so machtbesessen wie du noch so kirchenhörig wie die Großherzoginnen.«

»Was habt Ihr vor, was wollt Ihr tun?« Valerio zeigte sich besorgt.

»Ich werde zur rechten Zeit das Richtige tun.« Caterina schaute längst wieder gefaßt und mit klarem Blick durch das Fenster über die toskanischen Hügel.

»Gräfin, das scheint nur ein Teil seines Angriffes zu sein. Weitere werden folgen. Es ist bedauerlich, aber Ihr müßt fliehen. Euer Leben hier ist ebenso wie in Florenz gefährdet.«

Mit Verachtung schaute sie den Arzt an. »Valerio, erkennt, daß ich nicht fliehen werde. Laßt mich für heute alleine.«

Die Einladung war gerade zur rechten Zeit gekommen. Della Tosa, Freund und Weggefährte ihres Vaters, lud für den 19. November 1650 auf seine Burg nahe Impruneta zur Hochzeit seiner Enkelin ein. Wie gewohnt, war die Liste aller geladenen Gäste beigefügt. Die ehrenwerte Gesellschaft von Florenz, aus den Städten Siena bis Lucca, Stadt- und Landadel würden nahezu vollständig anwesend sein.
Caterina freute sich über diese Einladung, die einige Tage nach dem Artikel in der Wandzeitung kam und ihr Gelegenheit gab, ihr Bild ins rechte Licht zu rücken und der Diffamierungskampagne des Medici-Kardinals entgegenzuwirken.
Ihr angekündigtes Erscheinen in Begleitung des hochangesehenen Arztes Valerio Chiarenti da San Gimignano stiftete Aufsehen und Unruhe zugleich. Wie eine strahlende Göttin erschien der blonde Engel mit den blauen Augen, entgegen dem allgemeinen Schönheitsideal nicht rundlich, sondern schlank und hochgewachsen. Aus ihrem bisherigen Leben, das allgemein bekannt schien, hatten Matronen und Hausfrauen, Spitzenklöpplerinnen und Gitarrenspielerinnen eher eine vom Leid geplagte, sorgenvoll gekennzeichnete Witwe erwartet, ein verängstigtes Weib, dem sie mit ihrem überheblichen Mitleid nutzlosen Trost und geschwätzige Zuversicht vermitteln könnten.
Mit blankem Erschrecken staunten die höfischen Damen über die sonnenähnliche Erscheinung, ihre weitgreifende Ausstrahlung, die Männer und Frauen gleichermaßen in den Bann zog. Ihre innere Überzeugung, die Geradlinigkeit ihres Lebens, ihre Durchsetzungskraft und Furchtlosigkeit in den Auseinandersetzungen im Dasein verliehen ihrem Auftreten einen selbstbewußten, selbstsicheren Glanz. Schon schlossen sich adlige Herren und reiche Kaufleute der Gräfin an, erkundigten sich nach ihrem Wohlergehen. Liebevoll und bereit antwortete sie auf Fragen, diskutierte zurückhaltend mit der reichen Gesellschaft der Toskana. Jede Gelegenheit nahm sie wahr, ein rechtmäßiges Bild aufrechtzuerhalten.

Einen kurzen Spaziergang in dem Park des Landgrafen in Begleitung eines Adligen aus Lucca nutzten die Schergen des Großherzogs, um die Gräfin Caterina Picchena auf der Stelle zu verhaften. Von vier Gardisten in der Livree des Granduca wurde sie an den Armen gepackt und in eine Vettura gezerrt. Die einfache Kutsche war von außen verschlossen und von innen nicht zu öffnen. Bevor ihr Begleiter Valerio den Landgraf della Tosa, bekannt als gefürchteter Rebell, informieren konnte, waren die Gardisten mit ihrer wertvollen Fracht längst entschwunden.

# Die Verhaftung

Die beiden Begleiter waren in der Kutsche stumm wie Fische. Sie hatten den Befehl erhalten, sich nicht zu äußern und keine Fragen zu beantworten. Am frühen Nachmittag erreichten sie Florenz. Die Kutsche rollte über die Piazza San Felice zum Palazzo Pitti. Die Gräfin schöpfte noch einmal Mut, als sie den Palast der Medici wahrnahm.

Caterina war sich sicher, Ferdinand würde sie empfangen. Sie trug noch ihr Festkleid, das sie bei der Hochzeit getragen hatte, mit einem gewagten Dekolleté. Der Gardist hatte sie alleine zurückgelassen. Überwältigt von den Geschehnissen, fassungslos ob der sie überrollenden Ereignisse, schaute sie sich in dem fürstlichen Audienzsaal um. Hier war sie ein paarmal mit ihrem Vater gewesen. Meist ging es dabei um Festlichkeiten und um Empfänge, die von dem Herrscherhaus veranstaltet wurden. Sie schritt zu einem der großen Fenster und schaute auf die Straße vor dem Haupteingang des gewaltigen Palastes. Über den Arno hinweg erblickte sie die Gärten im Westen von Florenz.

Der prächtige Audienzsaal erstrahlte mit seinen roten Seidentapeten, als die verschleierte Sonne hinter einer vorbeiziehenden Wolke hervorschaute und einige wenige leuchtende Strahlen den Wandschmuck trafen. Von der Mitte der hohen gewölbten Kuppel hing ein gewaltiger Kronleuchter aus Messing. Mindestens einhundert Kerzen schmückten ihn. An der Wand, den Fenstern gegenüber, stand auf einer Konsole ein in Gold gefaßter Lehnsessel. Sitzfläche und Lehne waren mit rotem Brokat bespannt. Auf dem nur an wenigen Stellen sichtbaren Marmorboden lag ein dicker Teppich, gemustert mit tanzenden Nymphen aus der griechischen Mythologie. Caterina hatte nur Gedanken für ihre Audienz bei dem Großherzog. Sie stellte sich vor, wie sie ihm, mit dem sie manche Kindheitstage verbracht hatte, am erfolgreichsten begegnen wollte. Sie sah Ferdinand auf dem thronähnlichen Sessel sitzen, seine Füße leicht auf den kleinen Hocker gestellt. Sie wählte in ihrer Vorstellung mit Bedacht die Worte aus, die sie an den Großherzog richten wollte. Noch in ihren Gedanken versunken, ging sie langsam wieder zum Fenster mit dem Blick über den Arno in die Gärten Orti Oricellari. Dort, hinter dem grünen Dach der großen Platanen, habe ich mich mit Salvori getroffen, sinnierte sie über längst verlorene Zeiten. Inzwischen hatte es leicht zu regnen begonnen. An den Fensterbögen sammelten sich die dünnen Wasserfäden zu dicken Tropfen und fielen auf die Fensterbank. Die Gräfin dachte an vergangene Tage aus ihrer Kindheit, während sie fasziniert den Verlauf der Regentropfen beobachtete. Wie hatte sich seitdem ihr Leben verändert? Hatte es sich verändert? Plötzlich erschrak sie. Neben ihr stand ein großer Mann in einem wallenden roten Umhang. Kardinal Giancarlo de'Medici hatte sich von ihr unbemerkt zu ihr gesellt. Giancarlo blickte ebenfalls aus dem Fenster in das dunkle Grün der Bäume.

»Gräfin Picchena«, begann er, »dort hinten, unter den Platanen, habt Ihr einen wertvollen Augenblick Eures Lebens verpaßt.«

Sie schaute ihn verachtend an. »Mir ist nicht bewußt, daß ich dort einen wertvollen Augenblick meines Lebens verpaßt hätte. Mir ist nur bewußt, daß ich dort einmal einen großen Moment eines Verrates erlebt habe. Dort mußte ich die Erfahrung machen, daß Menschen in ihrer Not käuflich sind. Ich habe aber auch die Erfahrung machen müssen, daß Menschen glauben, sie könnten unbegrenzt über andere Menschen verfügen.« Sie schaute aufrecht stehend dem Kardinal ins Gesicht. An Körpergröße war sie ihm ebenbürtig. »Eminenz, Ihr habt mich sehr erschreckt. Ich denke, Seine Durchlauchtigste Hoheit, Großherzog Ferdinand II., hat mich hierher laden lassen. Ich wäre Euch zutiefst verbunden, wenn ich eine Audienz bei dem Granduca erhalten könnte. Ich bitte Euch, verwendet Euch dafür.«

In einer unkontrollierten Anwandlung hielt ihr der Kardinal ein Schriftstück unter die Nase. »Hier, das ist alles, was der Großherzog Euch zu sagen hat«, fauchte er zynisch.
Sie las das Blatt mit dem Siegel und der Unterschrift des Großherzogs: »Wir, Ferdinand II., von Gottes Gnaden Großherzog der Toskana, befehlen dem ersten Offizier meiner treuen und ehrenwerten Garde, sich in einer Kutsche in Begleitung von zwei Gardisten nach Picchena zu begeben und die Festnahme der Caterina Picchena, verwitwete Buondelmonti, durchzuführen, diese nach Volterra zu schaffen und sie dem Herrn Kapitän der nämlichen Festung, Signor Paolo Vincenzo Ruggerotti, zur Inhaftierung in den Maschio mit unserer Einwilligung und so lange es uns beliebt zu übergeben ...«
Die regnerische Welt dort draußen begann sich zu drehen. Der Boden unter ihren Füßen schwankte wie auf einem sturmumtosten Schiff. Die Gräfin Picchena hielt sich verzweifelt mit einer Hand an der Marmorfensterbank fest. Die Luft blieb ihr weg, ihre Knie zitterten. Das Blut wich aus ihrem Kopf. Sie hatte noch kein Wort gesprochen, als der Kardinal fortfuhr: »Euch bleibt es überlassen, Gräfin Picchena, ob wir dieses Urteil vernichten oder ob dieses Urteil Euch vernichtet.« Die Unterlippe des Bruders des Granduca vibrierte leicht. Er bewegte sich einen Schritt auf sein Opfer zu. »Seid endlich vernünftig, Caterina.« Er atmete schwer und strich mit seinen Fingern über die langen blonden Haare.
Sie wandte sich fassungslos erneut dem Schriftstück zu. Die Buchstaben begannen zu wandern, sie formierten sich zu winzigen Gebilden, die sich bald vergrößerten und klare Gesichtszüge annahmen. Das freundliche Gesicht ihres Vaters erkannte sie, die verwirrten Züge ihrer Amme Nanini, die gierigen Lefzen eines teuflischen Abtes, die Überheblichkeit der despotisch bigotten Regentin, das feiste Antlitz des Pfarrers dell'Impruneta, die verweichlichten Züge eines machtlosen Großherzogs, die blank geputzten Knöpfe auf der Uniform des Frains d'Aix, das häßliche, gierige Gesicht ihres Gegenübers. Mitten in den ver-

wirbelten Figuren ihrer bekannten Welt erblickte sie vorausahnend die elende, kranke Gestalt einer kleinen alten Frau in ihrem Kerker.
Die Kräfte verließen sie. Zum erstenmal in ihrem Leben fühlte sie sich schwach und von allen Menschen verlassen. Eine unermeßliche Kälte überfiel ihren Körper. Ein unerträglicher Druck preßte ihre Brust zusammen. Sie drohte zu ersticken. Noch einmal blickte sie durch die Fensterbögen über den Arno. Mit letzter Kraftanstrengung blies sie die Luft aus ihrer Brust und atmete erneut tief ein. Sie wandte sich dem Kardinal zu, der mit einem herablassenden Lächeln ihre Zustimmung zu erwarten schien.
Caterina streckte beide Hände gegen ihn aus. »Hört, Eminenz, Kirchenfürst, Kardinal und Prinz der Medici, nicht mit mir. Niemals werde ich Euch mit meinem Körper dienlich sein. Meine Seele ist ohnehin weit über Euch hinweg.«
Zornig und außer sich vor grenzenloser Wut, ließ sich Giancarlo auf den Audienzthron fallen. Mit zitternden Händen spuckte er seinen Fluch heraus. »Auf die Knie mit Euch!« Er kniff seine Augen zusammen. »Dies ist mein letztes Wort. Das Urteil des Großherzogs wird in allen Teilen vollstreckt. Festungshaft in dem Maschio di Volterra bis zum Ende Eurer Tage. Ihr werdet dort niemals wieder herauskommen. Ich werde dem Urteil eine Verordnung nachsenden. Wer sich der Vollstreckung des Urteils auch nur in geringstem Maße widersetzt, wird gehenkt werden.« Der Kardinal betätigte das Zugband einer Glocke. Der Offizier erschien. »Raus mit ihr zur Vollstreckung!« brüllte Giancarlo.
Caterina wurde von den Soldaten erneut in die Vettura verbracht.
Sie saß zwischen zwei Soldaten, ein dritter hockte ihr gegenüber. Niemand sprach ein Wort. Die Türen waren verriegelt. Nach einer Weile hob der Offizier die Vorhänge der Fenster hoch, so daß Licht in das Innere des Wagens fiel. Da fuhren sie bereits durch die engen Gassen von Florenz.

Der winterliche Tag deckte ein graues Band über die Straßen. Der Wagen rollte über den Ponte Vecchio. In den Buden und Geschäften hatten die Händler die ersten Fackeln angezündet. Eilig besorgten die Menschen vor dem kommenden Regen noch einige Lebensmittel und Produkte für ihren täglichen Bedarf. Bunt gekleidete Leute liefen die Bürgersteige entlang. Auf den Plätzen bauten einige Geschäftemacher ihre Stände langsam ab. Die Droschke fuhr am Arno entlang Richtung Süden aus der Stadt hinaus. Die Frau in der Kutsche nahm noch einmal die schönen Häuser und Kirchen, die Paläste und Straßen, die sie so sehr liebte, wahr. Sie schloß die Augen. Was war geschehen? Es war alles noch so unfaßbar.

Volterra hatte es immer wieder versucht und geschafft, dem gewaltsamen Streben der Florentiner Einhalt zu gebieten. Volterra, die Säule der Freiheit im Südwesten von Florenz in der Toskana, hatte ihr Hoffnung und Mut gegeben. Ausgerechnet jetzt sollte sie nach Volterra in die Festung gebracht werden. Diese Festung, dieses riesige Mauerwerk, galt als unüberwindlich für Ausbruchsversuche. Mehr noch als das. Wer nach Volterra verbracht wurde, war von der Welt vergessen.
Stunde um Stunde verging in dem holprigen Wagen. Die Pferde schnauften. In dem engen Raum wurde es unerträglich stikkig. Die Soldaten saßen militärisch streng neben ihr und schauten sie kein einziges Mal an.

Frauen und Kinder machten auf der regennassen Straße Platz, als die großherzogliche Vettura unter Peitschenknallen, Pferdeschnaufen und den Rufen des Kutschers vorbeifuhr. Die Bauersfrauen verneigten sich, die Männer grüßten ehrfurchtsvoll mit ihren Hüten und Mützen, und die Kinder versuchten lachend hinter der Kutsche herzulaufen.

Das Leben sollte so für sie zu Ende gehen? Das Leben, auf das sie sich mit ihren Studien sorgfältig vorbereitet hatte, dem sie selbst einige wertvolle Impulse geben wollte. Das konnte nicht der Wille des Schicksals sein. Sie sah sich in den grausamen Fängen einer noch grausameren Welt. Ein einzelner, zwei einzelne Menschen zerstörten sie.

Je länger die Fahrt dauerte, je mehr sie sich mit dem Unrecht beschäftigte, desto heftiger reifte in ihr der Gedanke der Flucht, um dem Berater des Fürsten Kardinal Giancarlo, der frömmelnden Großherzogin Christina von Lothringen, den gierigen Buondelmonti nicht noch einen weiteren Erfolg zu gönnen. Jeder Mensch, der freiheitlich dachte, war all diesen ein Stein im Weg. Sie konnten sich damit nicht abfinden.

Diesmal ging es um sie, um die Gräfin Caterina Picchena, stolzer Sproß eines rebellischen Geschlechtes aus Picchena. Sie würde es schaffen, dem Fürstenhaus ein weiteres Mal Widerstand zu leisten.

Der Gedanke der Flucht wuchs, je weiter sie sich von Florenz entfernten. Sie wußte, sie mußte alles sorgfältig abwägen. Sie würde nur einmal die Chance zur Flucht haben. Mißlänge der erste Versuch, würde man sie fesseln, bis nach Volterra, bis in das Verderben. Ihr wurde schnell bewußt, daß sie ein zu weites Kleid trug. Mit diesem Kleid konnte sie keinen Fluchtversuch unternehmen. Wenn sie ernsthaft fliehen wollte, mußte sie sich schnell des Kleides entledigen. Wie sollte sie darin laufen, vor allem durch dichtes Unterholz im Wald, durch sumpfige Wiesen und breite Bäche? Jeder Strauch würde sich zu einem unüberwindlichen Hindernis entwickeln. Es müßte dunkel sein, nur dann könnte sie in einer Gegend, in der sie selbst zu Hause war, die Flucht wagen. Nur so könnte sie den richtigen Weg finden, der sie zu Freunden bringen würde, die sie eine Zeitlang versteckten, bevor sie endgültig das Land verlassen könnte.

Caterina beobachtete unauffällig die drei Gardisten, die sie in dem engen Wagen umgaben. Sie hatte alle drei früher als Wachen am großherzoglichen Hof gesehen. Alle waren Gardi-

sten, denen der Herzog vertraute, ihnen eine solch bedeutsame Fracht überließ. Alle drei waren deswegen aber auch erfahrene Männer, in einem Alter, in dem das Laufen nicht mehr gerade leichtfiel. Es müßte für sie zu schaffen sein, den dreien zu entkommen, wenn die Voraussetzungen einigermaßen günstig wären und sie einen kleinen Vorsprung bekommen könnte.
Caterinas Herz klopfte immer heftiger, als ihr Plan Gestalt annahm. Sie begann, die Einzelheiten zu durchdenken.
Der Kutscher hielt die Pferde zum erstenmal an. Er öffnete die Tür.
»Wir müssen die Pferde wechseln, wir haben noch eine lange Reise vor uns. Wer zum Abort gehen muß, soll das tun.«
Die Bewacher verließen einer nach dem anderen die Vettura. Zwei blieben jeweils neben Caterina in der Kutsche sitzen. Der eine fragte sie, ob sie nicht zum Abort müsse, allerdings nur unter ihrer Bewachung.
»Das würde euch Spaß machen«, frotzelte sie, »darauf habt ihr wohl nur gewartet?«
»Wenn Ihr glaubt, Ihr müßt nicht, dann eben nicht. Ich habe es nur gut gemeint«, begann er sich zu verteidigen.
»Natürlich gut gemeint«, sagte der zweite Soldat lachend. »Für dich hast du es gut gemeint. Du würdest am liebsten mit der doch einmal ...«
»Halt's Maul! Ich habe hier meine Pflicht zu erfüllen.«
»Eine schöne Pflicht«, entgegnete der zweite Soldat. »Die würde ich dann auch gerne wahrnehmen. Meinst du nicht, wir sollten mal ...?«
»Schweig«, wies ihn der Offizier zurecht.
Es dauerte lange, bis der dritte Soldat aus der Schenke zurückkehrte. Die Pferde waren inzwischen längst gewechselt. Die Gesellschaft wartete auf ihn. Als er in die Kutsche stieg, bemerkte Caterina, daß er nicht nur auf der Toilette gewesen war, sondern daß er auch noch Wein getrunken hatte. Der Offizier strafte ihn mit einem strengen Blick.
Der dritte Soldat war bald nachdem sie sich wieder in Bewe-

gung gesetzt hatten eingeschlafen. Der Offizier ließ ihn gewähren. Caterina stellte sich auch müde und schlafend. Sie schaukelte mit herabhängendem Kopf hin und her, bald zu ihrem linken, bald zu ihrem rechten Nachbarn hinüber. Letztendlich schwankte sie ganz zu dem rechten Soldaten, der ein wenig Wein getrunken hatte, und lehnte sich an ihn. Sie sorgte dafür, daß sie wach blieb, und konzentrierte sich ganz auf alle Bewegungen, die ihr schlafender Soldat machte.
Sie hatte jeden ihrer Schritte als Vorbereitung für ihre Flucht geplant. Sie durfte keinen Fehler begehen. Nun blieb sie eine ganze Weile in dieser Position, in der sie die Schlafende mimte, mal sich von dem Soldaten abwendend, mal sich ihm mehr nähernd, indem sie ihr duftendes Haar ganz dicht an sein Gesicht brachte. Dann drückte sie sich fester an ihn, um ihn ihre Körperformen spüren zu lassen. Bald merkte sie, daß er auf sie reagierte. Er drückte seinen Kopf gegen den ihren. Ein wenig später versuchte er sie mit seiner linken Hand zu streicheln. Caterina zog die langsam wachsende Begierde des Soldaten mit in ihr Kalkül. Er sollte begieriger werden und weniger aufmerksam. Er sollte seine Gefühle für sie entwickeln und nicht gegen sie.
Plötzlich schreckte sie gespielt hoch und tat so, als wäre sie eben erst wach geworden. Sie setzte sich gerade hin, fuhr sich mit den Händen durchs Haar und rückte ihr Kleid zurecht. Entschuldigend blickte sie auf den Soldaten, als wäre ihre Anlehnung unbeabsichtigt gewesen.
Als die Pferde zum zweitenmal gewechselt wurden, ging sie noch immer nicht zum Abort. Sie blieb ruhig im Wagen sitzen und machte den drei Soldaten keinen Ärger. Es schien so, als hätte sie sich mit der Gefangennahme abgefunden und ließe sich ohne Widerstände nach Volterra in die Festung bringen. Die so verschiedenartige Reisegesellschaft konnte ihren Weg erst fortsetzen, als man wiederum den dritten Gardisten aus dem Gasthaus geholt hatte. Er hatte noch mehr dem Chianti zugesprochen und war recht wohl gelaunt.

Auf dem weiteren Weg fragte Caterina den Offizier, der ihr gegenübersaß: »Was wird mit mir geschehen, wer hat das Ganze veranlaßt?«

»Das weiß ich nicht«, antwortete er. »Ich habe nur die Aufgabe, Euch nach Volterra zu bringen.«

»Was wird dort mit mir passieren?«

»Das werdet Ihr schon sehen, Signora«, antwortete diesmal der zweite Soldat. »Schön wird es für Euch sicherlich nicht werden. Männer gibt es da aber genug.«

»Halt's Maul«, fuhr ihn erneut der Offizier an. »Es ist nicht deine Aufgabe, eine Gefangene zu beeinflussen.«

»Aber ich werde ihr wohl die Wahrheit sagen dürfen«, antwortete er.

»Nichts darfst du. Was du darfst, das sage ich.«

»Oh, oh, hör dir den an. Der will wohl alles, was?«

»Gib Ruhe«, meinte jetzt der dritte Soldat, dem ein Disput ungelegen kam, da er dabei seinen kleinen Spielereien an Caterinas Taille nicht nachkommen konnte.

»Wer hat meine Verhaftung in die Wege geleitet, wer hat das zu verantworten?« fragte Caterina, als wäre sie an einem sachlichen Gespräch interessiert.

»Signora, bitte gebt Ruhe«, bat der Offizier. »Wir können nichts sagen.«

»Aber Ihr wißt doch etwas. Ihr wißt doch mehr, als Ihr mir sagen wollt. Was hat das alles zu bedeuten?«

»Ich bin verpflichtet zu schweigen«, entgegnete der Offizier.

»War es Kardinal Giancarlo, der Bruder des Großherzogs, der mich vernichten will?« fragte sie laut. »War es Kardinal Giancarlo, der schon einmal versucht hat, mich zu vergewaltigen. Will er mich jetzt beseitigen, weil ich über ihn einiges erzählen könnte. Will er mich kaltstellen?«

»Caterina Picchena, unsere Aufgabe ist es nur, Euch zu verhaften und Euch nach Volterra zu bringen. Nicht mehr und nicht weniger.«

»Ihr wißt aber davon, daß mich der Kardinal zu vergewaltigen versuchte, so wie mich schon der Abt vergewaltigt hat. Jetzt wollen sie mich aus dem Wege schaffen, weil sie gemerkt haben, daß ich ihnen nicht nachgebe.«

»Die Kirche ist mächtig«, sagte der zweite Soldat. »Gegen die Kirche kann man nichts machen. Sie ist allgegenwärtig.«

»Du wirst dir noch das Maul verbrennen«, erklärte der andere Soldat. Der Offizier nickte bedächtig und lehnte sich zurück.

»Ich weiß, daß ihr eure Pflicht tut, aber ihr habt doch eure eigenen Gedanken. Glaubt ihr dem Kardinal und seinen Verschwörern?«

Caterina wußte, daß sie jetzt ein heikles Thema angefangen hatte. Sie wußte auch, daß sie nichts zu verlieren hatte. Sie lief keine Gefahr. Sie wollte, daß sich die Soldaten ihre eigene Meinung bildeten, daß sie sich Gedanken machten, nur für den Gegenpreis eines Momentes der Unachtsamkeit.

»Mir hat bis heute noch niemand gesagt«, fuhr sie also fort, »was ich falsch gemacht haben soll. Stellt euch vor, Gardisten, eure Frauen würden von heute auf morgen angeklagt und ohne Gerichtsverfahren verurteilt. Was würdet ihr sagen?«

»In dieser Zeit ist es zu gefährlich, überhaupt etwas zu sagen«, meinte der Offizier. »Die Mächte der Kirche wissen, was Recht ist.«

»Würdet Ihr das auch sagen, wenn es um Eure Frau ginge, wenn die unschuldig verurteilt würde?«

»Jeder behauptet, er sei unschuldig.«

»Wer sagt, ich sei schuldig, wer hat das Urteil gesprochen? Bin ich wirklich schuldig, oder will mich nur jemand los sein? Was wäre mit Euch, Gardist, wenn Eure Frau unschuldig verurteilt würde. Wäre Euch das gleichgültig?«

»Schwatzt nicht soviel, Gräfin Picchena, ich habe Euer Urteil nicht gefällt.«

»Er wäre vielleicht froh, wenn seine Frau verschwände«, meinte der erste Soldat lachend.

»Halt's Maul!« wies ihn der Offizier zurecht.

»Mehr hast du nicht beizutragen, das ist verdammt wenig.«

»Offizier«, begann Caterina von neuem, »wenn jemand behaupten würde, Eure Frau sei schuldig, sie sei eine Hure ...«
Der Offizier wollte gerade zu einem energischen Widerspruch ansetzen, da fuhr Caterina schon fort: »Stellt Euch vor, ein Pfarrer vergewaltigt Eure Frau. Weil er Angst hat, daß es herauskommt, geht er zu dem betrügerischen Kardinal und erzählt ihm eine unehrenhafte Geschichte von Eurer Frau. Eure Frau ist hübsch, Offizier, das nehme ich an. Sie weckt die Begierde der sonst so frommen Kirchenherren. Der Kardinal selbst interessiert sich für sie. Er tut so, als wollte er ihr helfen und ihre Sünden vergeben. Wohlgemerkt die Sünden, die sie gar nicht begangen hat. Er läßt Eure Frau zu sich kommen, und mit schönen verführerischen, aber teuflischen Worten flüstert er ihr Vergebung ins Ohr, während er schon längst an ihrem Rock herumfummelt und versucht, ihr das Kleid auszuziehen.«
Caterina merkte, wie die Soldaten aus Angst oder selbst aus Begierde, eine obszöne Geschichte zu hören, ihren Worten mit heißen Köpfen lauschten.
»Doch, Offizier, Eure Frau wehrt sich. Sie kratzt und schlägt den Kardinal ins Gesicht und läuft davon. Sie glaubt, sie hätte noch einmal Glück gehabt. Der Kardinal aber macht mit dem Priester gemeinsame Sache. Er fühlt sich fortan bedroht. Sie könnte die Geschichte von ihm erzählen, und der Klatsch bei Hofe hätte etwas Neues. Allerdings zum Schaden und zum Spott des Kardinals. Er würde versuchen, sie zu vernichten. Offizier, Eure Frau hat nichts, aber wirklich nichts Unrechtes getan. Dennoch soll sie vernichtet werden.« Caterina schaute die drei Soldaten herausfordernd nacheinander an. »Der Kardinal beeinflußt den Großherzog, daß diese Schlampe aus seinem Gesichtskreis verschwinden muß, da sie eine Gefahr für die Kirche darstellt.«
»Das ist doch alles erfunden«, warf der Offizier ärgerlich ein.
Caterina fuhr unbeirrt fort: »Ihr selbst, Offizier, würdet von Eurem Pfarrer von den bösen Taten Eurer Frau erfahren, daß sie erst den Pfarrer, später auch noch den Kardinal verführen wollte. Was würdet Ihr glauben? Doch bevor Ihr Zeit hättet zu

glauben, würde Eure Frau verbannt werden oder verschleppt in einen Kerker.«

»Picchena, jetzt schweigt, das ist alles erfunden!« rief der Offizier böse.

»Alles erfunden, richtig«, entgegnete Caterina wutentbrannt, »alles erfunden. Der Pfarrer hat seine Ruhe, der Kardinal hat seine Ruhe und braucht sich vor der Öffentlichkeit nicht zu rechtfertigen, der Großherzog hat seine Ruhe und braucht sich nicht länger mit dem Fall abzugeben. Ich aber muß in die Festung, Gardisten. Was ist meine Schuld? Was habe ich getan? Gebt mir eine Antwort darauf!«

Der Offizier blickte zu Boden, nestelte an seiner Uniform herum und murmelte etwas vor sich hin.

Der zweite Soldat sah ihn angriffslustig an. »Ja, was wäre, wenn dir das alles geschehen wäre? Sie hat recht, man müßte dir genau sagen, was deine Frau wirklich getan hat.«

Caterina spürte, wie die Hand des Soldaten neben ihr immer heftiger an ihrer Taille rieb. Er zeigte seine Zuneigung. Sie spürte, daß die Begierde dieses einfachen Menschen geweckt war. Sie wollte das nutzen.

»Nun, ich werde sehen, wie ich mich in Volterra verteidigen kann. Ich denke, der Großherzog wird mir sein Gehör schenken müssen. Ich werde mich darum bemühen.«

»Das ist Euer gutes Recht«, meinte der Offizier, froh darüber, daß die Gräfin endlich zur Vernunft gekommen war.

Bald wurde es still in der Kutsche. Das Gespräch hatte sein Ende gefunden. Caterina tat so, als schliefe sie. In Wirklichkeit klopfte ihr Herz, daß sie meinte, die anderen würden es schlagen hören. Sie spürte, daß sie sich an einem Scheideweg befand. Bald müßte es soweit sein. Bald mußte sie ihr Vorhaben in die Tat umsetzen. Sie lehnte sich wieder vertrauensvoll an den Bewacher zu ihrer Rechten, der sich unablässig an ihrer Taille zu schaffen machte.

Es wurde langsam dämmrig. In der Kutsche wurde es dunkel. Man konnte nicht mehr sehen, wer welche Handbewegungen machte. Von den anderen unbeobachtet, führte der Soldat rechts von ihr seine Fingerübungen aggressiver aus. Langsam tastete er sich zu Caterinas Brust hoch und streichelte sie. Er atmete jetzt heftiger. Caterina wußte, was in diesem Mann inzwischen vorging.

Ein vorsichtiger Blick aus dem Fenster zeigte ihr, daß sie sich nicht mehr allzuweit von Colle di Val d'Elsa befanden, in einer Gegend, in der sie sich sehr gut auskannte. Inzwischen war es ganz dunkel geworden. Die Kutsche kam nur noch langsam voran, und eine Übernachtung stand auf Befehl des Großherzogs außer Frage.

»Ich muß dringend auf den Abort«, meldete sich Caterina.

Der Offizier, der durch die Worte aufgeschreckt war, lehnte nervös ab. »Das geht nicht.«

»Gut, habt Ihr eine andere Möglichkeit?«

»Ihr hattet zweimal vorher Gelegenheit. Jetzt geht das nicht mehr.«

»Vorher brauchte ich nicht. Aber jetzt, es tut mir leid. Ich muß jetzt.«

»Das geht nicht«, wiederholte der Offizier erneut.

»Wenn das nicht geht«, forschte die Gräfin weiter, »dann sagt mir, wie ich das machen soll?«

»Was sein muß, muß sein«, warf der zweite Soldat ein.

Der dritte, der sich in seiner Arbeit an Caterinas Mieder gestört fühlte, wollte die Sache schnell hinter sich bringen.

»Wenn du mußt, sorgst du auch dafür, daß es geht, und nicht zwei Stunden oder mehr vorher. Also laß sie. Wir können ja aufpassen.«

»Gut«, stimmte der Offizier zu. »Halten wir an. Wir werden Euch dabei überwachen.«

»Wenn es euch Spaß macht«, erwiderte sie lächelnd, »dann tut das. Es soll ja Leute geben, die haben selbst beim Zuschauen ihre Freude.«

»Laßt das«, sagte der Offizier ärgerlich. Dann befahl er dem Kutscher zu halten. »Halte an, wir müssen mal raus.«

Der Kutscher hielt am Wegesrand an. Der dritte Soldat öffnete die Tür und stieg als erster aus dem Wagen aus. Anschließend half er der Gefangenen aus der Kutsche. Der Kutscher blieb auf dem Kutschbock hocken.
Die Nacht in den unwirtlichen Bergen der Toskana war stürmisch geworden. Der Wind pfiff über die Höhenzüge. Dunkle Wolkenbänder schoben sich nacheinander über das Land. Der Weg war gesäumt von einem dichten Wald mit undurchdringlichem Unterholz.
Das könnte für mein Vorhaben die optimale Umgebung sein. Hier könnte über Leben oder Tod entschieden werden, dachte sie. Ich muß nur das Richtige tun. Was aber ist jetzt das Richtige? Sie fühlte sich verlassen und hilflos, umgeben von den drei Wächtern mit ihren Musketen, in dieser stürmischen und regnerischen Herbstnacht kurz vor den Toren der Festung von Volterra. Ihr Vorhaben erschien ihr selbst als unsinnig. Sie setzte auf ein Verhalten der Gardisten, das unbedingt so eintreten müßte, wie sie es sich in ihrem Plan vorgestellt hatte. Wenn sich die Männer auch nur ein wenig anders verhalten würden, könnte ihr Plan schnell mißlingen. Dann wäre sie verloren.
Sie schaute jedem der drei Gardisten für den Bruchteil einer Sekunde in die dunklen Augen und nahm eine unsichere Feindseligkeit wahr. Dann ging sie auf den Waldrand zu. Ihre Schritte wurden langsamer. Sie spürte die Blicke der Soldaten in ihrem Rücken. Feste, starre Blicke, die Mißtrauen und Strenge ausdrückten. Blicke, die aber auch Unsicherheit und sogar Verständnis verrieten. Während dieser ersten Schritte richtete sich Caterina auf, zeigte ihre Größe und ihr Selbstbewußtsein. Sie stellte ihre Unschuld und die Schuld der Gegner klar. Sie demonstrierte Siegeswillen und machte die drei Knechte des Herzogs zu ihrem Instrument der Freiheit.
Während sie langsam, aufreizend langsam, vor den dreien herschritt, rief Caterina ihnen zu: »Schaut schön hin, vielleicht seht ihr etwas Einmaliges. Laßt euch das nicht entgehen, viel Spaß.« Sie drehte sich dabei zu den Soldaten um.

Kurz vor dem Waldrand begann sie sich auszuziehen. Sie knüpfte umständlich die langen Schnüre ihres mit Gold- und Silberfäden durchstickten glockenförmigen Kleides auf und legte das Gewand auf den Boden. Unter diesem Kleid trug sie, der Mode entsprechend, ein kurzes weißes, viel enger anliegendes Unterkleid. Sie nestelte an den Schnüren des Unterkleides, begann sie provokativ aufzuschnüren und öffnete die Bänder. Dann griff sie zwischen Unterkleid und Hüfte und zog den Bund auseinander. Langsam begann sie ihr Unterkleid über den Bauch nach unten zu ziehen.
Die drei Soldaten betrachteten sie mit fiebrigen Gesichtern. Sie hatten dieses verwerfliche Weib, wie es in den Gesellschaftskreisen ausgedrückt wurde, verhaftet und sollten sie in die Festung bringen. Dennoch oder gerade deswegen war jeder von ihnen lüstern nach ihr. Jeder hätte sie am liebsten gepackt und genommen, zu seinem eigenen Vergnügen.
Nehmen oder abwenden, Recht oder Unrecht, ja oder nein, sie standen vor einer grundlegenden Entscheidung. Die Vernunft siegte bei dem Offizier.
»Umdrehen«, brüllte er und war sich seines rechtmäßigen Tuns bewußt. Er hatte gesiegt über sich und die Lüsternheit der anderen.
Der Wind heulte, der Regen klatschte auf den Boden.
Alle drei drehten sich abrupt und verlegen um und schauten auf die Kutsche. Der Kutscher machte sich am Geschirr der Pferde zu schaffen.
Das war der Moment, die Sekunde, der Bruchteil einer Sekunde für die Entscheidung. Jetzt hatte es zu geschehen. Sofort zog sie ihr Unterkleid wieder hoch, bewegte sich dabei langsam rückwärts in das Gebüsch, schlich zu einer kleinen Lichtung, die sie bereits beim Aussteigen ausgemacht hatte, und lief seitlich in den Wald. Das Kleid hatte sie liegenlassen müssen.
Der Wind heulte und übertönte das Geräusch ihrer Schritte.
In ihrem Unterkleid lief sie durch das Gestrüpp, stürzte, raffte sich wieder auf und stürzte erneut. Sie zerriß sich das Unter-

kleid an Dornen und Ästen. Die Zweige rissen ihr Gesicht auf. Sie spürte keinen Schmerz. Sie dachte nur: Fort, Flucht, dem Untergang entkommen. Im letzten Augenblick wich sie einem Baum aus, blieb an einem Dornbusch hängen und konnte sich nur mit verzweifelter Anstrengung befreien. Einen Teil ihres Unterkleides ließ sie dabei zurück.
Ihre leichten Schuhe blieben im feuchten Waldboden stecken. Bloß das nicht, dachte sie. Sie zog ihre Füße heraus, die Schuhe blieben im Lehm zurück. Mit nackten Füßen und Fetzen am Körper lief sie weiter. Jeder Schritt auf Steinen und Ästen brachte ihr eine Wunde mehr.
Irgendwo hinter sich hörte sie einen verzweifelten Schrei. Es war einer der Gardisten, der ihre Flucht bemerkt hatte. Sie riefen hinter ihr her, rannten ihr nach, fluchten und brüllten. Caterina wußte, die Soldaten konnten nicht weit hinter ihr sein. Ihr weißes Unterkleid würde sie verraten. Sie mußte als Gejagte der Sicht der Jäger entkommen. Die Hatz war ungünstig für sie. Drei Männer gegen eine Frau. Aber eine Frau, die sich behaupten mußte, die nur überleben konnte, wenn sie jetzt und hier entkam.
Beim Verlassen der Kutsche hatte sie kurz vor dem Wagen eine Straßenbiegung bemerkt. Diese Biegung wollte sie nutzen, um ungesehen auf die andere Seite der Straße zu gelangen, dorthin, wo sie niemand vermuten würde. Sie quälte sich nach links, stürzte in einen Graben, erhob sich. Sie spürte nicht das Blut an ihren Händen, lief, stürzte erneut und lief wieder. Sie kam der Straße immer näher. Hoffentlich würde ihr Trick siegen. Hoffentlich war sie nicht zu nah an der Straßenbiegung. Hoffentlich würde der Kutscher sie nicht entdecken. An der Straße sah sie die Kutsche. Sie war zu nahe. Vor Angst bebend, wollte sie umkehren, zurück in den Wald. Von dort aber hörte sie die Soldaten. In dem Moment bemerkte sie, daß der Kutscher seinen Kutschbock verlassen hatte und den anderen nachgelaufen war. Sie rannte über die Straße. Die Pferde schnaubten. Caterina stürzte auf der anderen Straßenseite in einen Graben. Sie spürte

unter sich den morastigen Sumpf und schluckte die brackige Brühe. Sie raffte sich auf und lief weiter durch das Gestrüpp. Erschöpft blieb sie auf dem feuchten Waldboden liegen. Sie verschnaufte und lauschte in die dunkle Nacht. Der Wind heulte, die Wolken jagten über den Himmel. Sie hörte die Gardisten nicht mehr, nicht mehr die Pferde. Dennoch wagte sie es nicht, sich zu rühren. Ihr Herz jagte. Sie wußte, sie flüchtete nicht vor den Soldaten. Sie flüchtete vor der grausamen Festungshaft, sie entfloh ihrem Tod. Sie mußte unbedingt lange genug im Schutz der Dunkelheit und des Waldes liegenbleiben, bis die erste Gefahr vorüber war. Die Soldaten müßten sich auf der anderen Seite des Weges befinden. Ihr Trick war offensichtlich geglückt. Sie wurde auf der falschen Seite der Straße gesucht.
Es dauerte lange, bis sie sich in alle Richtungen umschaute und sich dann langsam erhob. Sie schlich sich durch das Unterholz an den Weg heran, blieb aber weit genug entfernt, um nicht entdeckt zu werden. Dann stockte ihr Atem. Die Kutsche, sie war noch da. Um die Kutsche herum aber standen die drei Soldaten und der Kutscher. Sie palaverten laut und aufgeregt. Ihre Worte waren für Caterina in dem Sturm nicht zu verstehen. Kurz darauf sah sie, wie die Gardisten und der Kutscher die Kutsche bestiegen und mit dem Wagen davonfuhren. Sie würden Hilfe holen und den Vikar im nächsten Ort informieren.
Nach einer Weile erhob sie sich vorsichtig und schlich sich an den Straßenrand. Als sie niemanden entdeckte, überquerte sie die Straße. Tatsächlich, ihr Kleid war noch da. Die Soldaten waren bei der Rückkehr einen anderen Weg gegangen und hatten das Kleid vergessen. Sie rannte schnell zu der Stelle, nahm ihr Kleid, überquerte erneut die Straße und schlich zurück in den Wald. Das kostbare Kleid hatte sie unter den linken Arm gequetscht. Sie wollte es erst später anziehen. Jetzt mußte sie die dunkle Nacht nutzen, um möglichst weit weg von der Fluchtstelle zu kommen. Hier würde sicher zuerst gesucht werden. Die regnerische Nacht würde aber ihre Spuren verdecken, selbst die Hunde würden ihre Spur nicht mehr aufnehmen kön-

nen. Wenn die Wolkendecke ein wenig aufbrach, orientierte sie sich an den umliegenden Hügeln, die sie zur Genüge kannte. Sie erreichte einen Bauernhof, der ihr aus ihrer Jugendzeit vertraut war. Sollte sie das Risiko eingehen und in dem Hof um Hilfe und Schutz nachfragen? Vielleicht war es zu gefährlich. Wer weiß, wer jetzt hier das Sagen hatte. Sie hatte das Leben auf diesem Hof lange nicht mehr verfolgt, wußte nicht, was inzwischen geschehen war. Was, wenn man sie gleich ausliefern würde, dem Militär in Volterra überbringen würde. Sie hockte im Gestrüpp nicht weit von dem Hof. Sie brauchte bloß loszurennen, dann wäre sie in wenigen Minuten in Sicherheit. Oder auch nicht. Vielleicht wäre sie in wenigen Minuten wieder eine Gefangene. Ihre Füße schmerzten. Sie riß ein Stück Stoff von dem Unterkleid ab und verband sich damit die Verletzungen. Blut sickerte zwischen dem feuchten Lehm, der an den Beinen hing, durch. Einzelne Dornen versuchte sie herauszuziehen. Unter dem linken Fuß hatte sie einen langen Schnitt.

In dem Bauernhof schien das Leben völlig zur Ruhe gekommen zu sein. Nur ein leichter Kerzenschein erleuchtete ein kleines Fenster. Vielleicht aber war es auch bloß der Mondschein, der ab und zu zwischen den dunklen Wolken hervorlugte.

Die verzweifelte Frau sprang unvermittelt auf. Es hatte jetzt zu geschehen. Nirgendwo würde sie die absolute Sicherheit haben. Sie rannte über die kleine Wiese und erreichte die Tür. Ein Hund begann wild zu kläffen. Allen Mut der Verzweiflung zusammenfassend, pochte sie laut gegen die Tür:

»Macht auf«, rief sie, »bitte macht auf!«

Schweigen war die einzige Antwort und der kläffende Hund. Das fahle Kerzenlicht hinter dem Fenster erlosch.

»Macht auf, macht auf, ich bin es, Caterina«, rief sie verzweifelt, dabei weiter gegen die Tür schlagend.

Niemand öffnete, niemand rührte sich.

Die Flüchtende wußte, wie ängstlich die Bauern auf dem Lande waren. Es gab zu viele Strolche und Diebe. Zu oft schon hatten die Schergen der Landgrafen willkürlich auf die Landbevölkerung übergegriffen, hatten sie beraubt und ausgeplündert. Recht gab es nur für denjenigen, der die Macht hatte, sein individuelles Recht zu verteidigen. Die Inquisition besorgte den Rest.

»Ich bin es, Caterina Picchena, ihr kennt mich. Macht auf, ich bin in Not, schnell, öffnet die Türe«, rief sie erneut.

Von innen hörte sie endlich eine unsichere Stimme. »Wer ist da? Was wollt Ihr?«

»Bitte macht auf, ich bin es, Caterina, eure Jugendfreundin, eure Spielgefährtin.«

Die Tür öffnete sich vorsichtig. Caterina hatte sich gegen sie gestemmt. Sie fiel dem Öffnenden in die Arme.

Der Mann fing sie auf und zog sie in das Bauernhaus. Erschöpft von der Angst und der Flucht durch den Wald, sank Caterina zu Boden.

»Mein Gott, Caterina, Caterina Picchena. Ihr seid es. Was ist passiert?« rief der Bauer laut. »Frau, komm, hilf mir, wir legen sie auf die Bank.«

Seine Frau kam ihm zu Hilfe, und sie trugen Caterina zur Bank. Sie hatte das Kleid noch nicht angezogen und befand sich in dem zerrissenen Unterkleid. Die Frau holte warmes Wasser aus dem Bottich, der über dem Kamin hing, und wischte ihr vorsichtig das Gesicht ab. Dann begann sie der Gräfin die Beine und die Füße zu waschen. Sie holte einige Dornen aus den Fußsohlen und reinigte die Füße von Blut und Schmutz. Der Bauer goß ein wenig warmen Tee in einen Becher, hob ihren Kopf an und flößte ihr den Tee ein. Die erschöpfte Frau sank danach auf die Bank zurück.

Die beiden Bauersleute schauten sich ratlos an. Was sollten sie nun tun? Konnte es sein, das die Picchena wirklich in Lebensgefahr war? Wäre es dann nicht notwendig, sie schnell in Sicherheit und Schutz zu bringen. Oder vielleicht sogar gleich mit dem Pferd weit weg von hier. Was wäre, wenn die Schergen des Großherzogs schon unterwegs hierher wären, sie die einfachen Leute schänden, verjagen oder sogar töten würden? Ist es nicht viel zu gefährlich, einer flüchtenden Picchena hier auf diesem Hof Zuflucht zu gewähren?

Die Gräfin war vor Übermüdung und Schmerz ohnmächtig. Sie öffnete nur ab und zu ihre Augen. Langsam kam sie wieder zu sich. Sie erkannte in dem Bauern einen Spielgefährten aus früheren Tagen. Er schaute sie durchdringend an.

»Caterina, Caterina Picchena, was ist los, warum seid Ihr so zugerichtet? Wer ist das gewesen, wer hat das getan?« rief er halblaut.

Der Bauer ahnte, daß die Gräfin in Lebensgefahr war. Er wußte, man war hinter ihr her. Sie wurde verfolgt. Bedeutete dies, daß man sie hier bei ihm suchen würde? Er mußte sich schnellstens Sicherheit über die ganzen Vorgänge verschaffen.

Die Gräfin ahnte, daß sie hier noch nicht in Sicherheit war. In wenigen Worten schilderte sie, was passiert war.

»Caterina Picchena, was wollt Ihr tun? Wo wollt Ihr hin?«

»Hier werden sie mich bald suchen. Ich muß fort von hier. Wenn sie mich hier fassen, bin ich verloren.«

»Welch mutige Frau«, sagte die Bäuerin zu ihrem Mann. »Wir werden ihr helfen. Es ist unsere Gottespflicht. Wo wollt Ihr hin, Gräfin?«

»Ich muß sobald wie möglich an die Küste. Ich will wieder nach Frankreich. Vielleicht bin ich dort in Sicherheit.«

Dann erzählte sie in Einzelheiten die Geschehnisse der letzten Zeit und wie es zur Verhaftung und zur Flucht gekommen war.

»Es ist ein Schicksal, als Frau auf dieser Welt zu sein«, sagte die Bäuerin. »Ihr seid eine tapfere Frau, Gräfin. Wir werden unser Bestes tun, um Euch zu helfen. Ruht Euch jetzt erst einmal etwas aus. Ich denke, die Schergen werden nicht sobald hierherkommen. Die werden Euch auf der anderen Seite des Berges suchen. Mann, was meinst du?« wandte sie sich dem Bauern zu, »wir sollten ihr zunächst eine Bleibe im Stall bereiten. Für den Fall, daß die Knechte doch hier erscheinen, muß sie sich verstecken können.«

Caterina fühlte sich in der Nähe dieser einfachen Bauern sicher, so sicher, daß sie inzwischen eingeschlafen war.
Die Bauersleute richteten ihr auf dem Heuschober eine gemütliche Liegestatt mit alten Decken her. Dorthin wollten sie ihre Herrin bringen, sobald sie wach geworden war.
Die Verfolgte hatte auf der Holzbank einen unruhigen Schlaf. Böse Träume schüttelten sie, und angsterfüllt schrie sie und wehrte sich gegen unsichtbare Gestalten. Abwechselnd wachten dic Frau und der Mann bei ihr. Ab und zu ging der Bauer unruhig zur Tür und überprüfte die Riegel. Dann begab er sich wieder zum Fenster und spähte vorsichtig in die dunkle Nacht. Bei jedem ungewohnten Geräusch schrak er auf und witterte wie ein ängstliches Waldtier.
Der Kamin war nahezu erloschen, sie hielten nur eine geringe Glut mit einem nassen Stück Holz. Die Bauern fröstelten. Sie waren unruhig und unsicher. Sie hatten Angst und waren dennoch stolz, die Gräfin Caterina Picchena beschützen zu können.
Nach ein paar Stunden erwachte Caterina, riß sich angsterfüllt hoch und wollte davoneilen. Der Bauer beruhigte sie und redete auf sie ein. Als Caterina seine Stimme hörte, erkannte sie, daß sie noch in Sicherheit war. Sie fuhr sich mit der Hand über das Gesicht. Die Bauersfrau reichte ihr einen Becher Milch. Dann gaben sie ihr ein Stück Brot und einen Teller Suppe vom Tag zuvor. Caterina aß und trank langsam und schweigend.
Nach einer Weile blickte sie den beiden ins Gesicht und flüsterte: »Danke, danke euch. Jetzt aber muß ich weiter. Mit mir seid ihr in Gefahr. Ich werde versuchen, mich an die Küste durchzuschlagen.«
»Jetzt bleibt Ihr erst mal hier, Gräfin«, sagte die Bauersfrau bestimmt. »Wir haben für Euch eine sichere Lagerstätte hergerichtet, oben im Heuschober. Da ist es warm, und Decken gibt es auch. Dort findet Euch niemand. Kommt jetzt, damit Ihr in Ruhe schlafen könnt.«
Sie halfen der Gräfin auf die Beine und brachten sie in den an-

grenzenden Heuschober. Sie breiteten eine Decke auf das Stroh, damit sich die Flüchtende darauf legen konnte, und deckten sie mit einer weiteren zu. Caterina schlief bereits wieder, und die Bauersleute begaben sich zu ihrer eigenen Schlafstätte.

Nach wenigen Stunden, das Morgenlicht kletterte gerade über den ersten Berg, fuhr der Bauer erschrocken hoch. Er hatte Pferdegetrappel gehört. Dann war es wieder still.

»Frau, wach auf«, flüsterte er. »Da kommen Reiter.«

Die Bäuerin, die ebenfalls hochschreckte, lauschte in den frühen Morgen. »Ich kann nichts hören.«

»Du weißt«, sagte er leise, »der Weg macht dort oben eine Biegung. Die Reiter sind hinter dem Hügel verschwunden, deshalb ist es jetzt wieder still.«

Er sprang auf, lief zur Tür und lauschte. Nun hörte er sie erneut. In wenigen Minuten würden sie da sein. Ihm fiel ein, daß er sich natürlich verhalten mußte. Er ging schnell zurück ins Bett.

»Komm, wir wollen uns schlafend stellen«, flüsterte er angsterfüllt. »Ist die Picchena in Sicherheit?«

»Ja, ja«, flüsterte nun auch sie, und sie stellten sich beide schlafend.

Ein Troß von fünf Reitern galoppierte über den Weg den Berg herunter. Sie hielten vor dem Bauernhof an, die Reiter sprangen von ihren Pferden und pochten laut an die Tür.

»Aufmachen, im Namen des Großherzogs! Macht auf!« Sie polterten mit den Kolben der Musketen gegen die Tür und schrien durcheinander.

Der Bauer erhob sich und lief zur Pforte.

»Wer ist da?« fragte er. »Was wollt ihr?«

»Los, mach auf, Bauer, sonst treten wir die Tür ein«, rief der eine, und die ganze Gesellschaft grölte, während sie gegen die Tür traten.

Die Bäuerin war zitternd aufgestanden und zu ihrem Mann geeilt. Der Bauer zog den Riegel zurück, und die Soldaten stürmten in das Haus.

»Wo ist sie, wo habt ihr sie versteckt?« brüllten sie und packten den Bauern.
»Was meint ihr, was wollt ihr?« rief er. »Was soll hier sein?«
»Schau, wie die zittern«, rief ein Soldat, »die haben bestimmt etwas zu verbergen.«
»Wo ist sie?« fragte ein anderer, während drei Soldaten durch das Haus stürmten.
»Ich weiß nicht, was Ihr meint«, sagte der Bauer. »Ich weiß nicht, was Ihr sucht.«
»Wir werden dir das bald zeigen, was wir suchen«, brüllte der eine und zerrte den Bauern aus dem Haus. »Also, wo ist sie?«
»Ich weiß nicht, was Ihr meint.«
Der Soldat zerrte den Bauern unter dem Gelächter der anderen zu einem Wassertrog aus Holz, den der Bauer vor vielen Jahren selbst gefertigt hatte. An der einen Seite dieses Troges floß frisches Quellwasser in den länglichen Bottich. Dann packte er den Schopf des Bauern, stieß ihn in das kalte Wasser, zog ihn wieder heraus und lachte laut.
Der gequälte Mann schnappte nach Luft.
»Na, wo ist sie? Oder willst du noch einmal trinken?« Und schon wieder stieß er seinen Kopf in das kalte Wasser. »Weißt du jetzt, wo sie ist, du Bauernlümmel, oder soll ich noch einmal nachhelfen?«
Er schlug den Kopf des Bauern auf den Rand des Troges auf. Aus einer Platzwunde spritzte Blut. Der Soldat zerrte ihn wieder hoch, hielt ihn dicht vor seinen eigenen Augen, spuckte ihm ins Gesicht, lachte und stieß ihn erneut auf den Rand des Troges. Dann zog er ihn hoch, hielt ihn vor seine Augen, die haßerfüllt funkelten, und stieß den Kopf des Bauern wieder in das Wasser, das sich sogleich rot färbte. Nach einer Weile riß der Soldat des Großherzogs das Haupt des Bauern aus dem Wasser und spuckte ihm noch mal ins Gesicht.
»Haltet ein!« rief eine Stimme laut und stark. Die Gräfin Picchena stand in der Tür des Bauernhauses. »Wenn ihr mich sucht, hier bin ich. Laßt diesen unschuldigen Menschen in

Ruhe.« Caterina war stolz und sicher. Aufrecht ging sie auf den Gardisten zu, der den Bauern an den Haaren zerrte. »Ihr schafft all Eure Ziele nur mit Gewalt. Eure Ziele sind Gewalt. Das Denken und Fühlen habt Ihr längst vergessen«, sagte sie ganz ruhig.
Der Soldat zog das Haupt des Bauern zu seinem Gesicht heran. Voller Haß zischte er: »Siehst du, man muß nur lange genug fragen.« Und laut lachend warf er ihn in den Schmutz.
Die anderen stürzten sich auf Caterina Picchena.
»Ihr seid verhaftet«, rief der Offizier. »Diesmal endgültig.«
Sie fesselten ihr die Hände auf den Rücken, hoben sie unter einem tierischen Gebrüll auf ein Pferd und banden ihr die Füße unter dem Pferdebauch zusammen.
»Ich denke, du kannst die Beine breit genug machen«, brüllte einer der Soldaten lachend, »das hast du ja lange genug geübt. Hab auch keine Angst, daß du runterfällst. Wir werden dich festhalten.«
Ein Soldat schwang sich hinter sie auf das Pferd, nahm mit der einen Hand die Zügel und faßte mit der anderen ihre Brust.
»Siehst du, er hält dich fest?« brüllte der erste wieder unter gemeinem Lachen. Dann ritten sie davon.

Die fünf Soldaten des Großherzogs ritten in schnellem Tempo auf der Straße nach Volterra. Das Pferd mit Caterina und dem Soldaten, der sich an ihr vergriff, trabte in der Mitte.
»Wenn du einmal pissen mußt, dann sag nur Bescheid«, flüsterte er ihr ins Ohr. »Wir werden uns alle um dich herumstellen in einem Kreis und dich aufmerksam beobachten. Na, willst du?« fragte er noch einmal gierig lachend.
Caterina reagierte nicht auf seine häßlichen Reden. Weil ihre Füße unter dem Bauch des Pferdes zusammengebunden waren, scheuerten sich ihre eng an dem Pferdekörper liegenden Beine allmählich wund. Sie starrte nur geradeaus. Sie wußte, wohin es ging. Sie kannte das Ziel. Für sie war es der Untergang, der Verlust der Freiheit, der Verlust aller Rechte. Der Verlust des Lebens.

Von ferne leuchtete in der noch morgendlichen Sonne auf dem hohen Berg die Festung Volterra. Ein Berggipfel, der von einer hohen, mächtigen Mauer umgeben war. Mittendrin lag die friedliche und freiheitliche Stadt. Eine Stadt voll mit aufrechten Menschen, die sich oft genug gegen die Herrschaft der Florentiner gewehrt hatten. Sie hatte diese Stadt und diese Menschen geliebt, sich zu ihnen hingezogen gefühlt. Jetzt wurde sie in diese Stadt geschleppt, jetzt wollte sie von diesem Ort nichts wissen.

Die breiten Türme waren zu erkennen, die Straße wurde steiler, Menschen begegneten dem Zug, erkannten Caterina Picchena und wichen vor den Hufen der Pferde aus. Die Händler und Bauern, die Handwerker und armen Leute, die an diesem Morgen aus der Stadt kamen, blieben erschrocken und ängstlich neben der Straße stehen. Sie nestelten an ihren Kleidern oder Hosen verlegen herum. Sie wußten nicht, war es Recht oder Unrecht, was hier geschah. Eine Frau, eine Gräfin in die Festung zu bringen. Das war noch niemals geschehen. Den Soldaten gegenüber empfanden sie Unverständnis und der eine oder andere auch Haß, als sie sahen, daß Caterina Picchena an das Pferd gefesselt war.

Der Gefangenentransport ritt durch das große Stadttor durch, die Porta A Selci im Süden der Festung, und bog gleich nach links auf die neue Festung zu. Das Tor öffnete sich, um sich hinter der Gruppe wieder wie von selbst zu schließen. Krachend fielen die beiden schweren Torflügel ineinander. Ein Wächter schob ruckartig den quietschenden Riegel zu. Unterhalb und oberhalb des ersten Riegels drückte er noch weitere Riegel in die rostigen Verschlüsse, als wollte er der Gräfin signalisieren, daß es hier kein Entkommen gab.

Die Gefangene hörte nicht das grausige Scheuern des Stahls aufeinander, begriff nicht die Symbolkraft dieses Aktes. Sie nahm dieses Geschehen nicht wahr, sie befand sich in einer längst vergangenen Zeit, als sie mit ihrem Vater als Kind durch die Wälder und über Hügel und Täler der Toskana geritten war.

Sie fühlte sich in eine Zeit schönster Kindheitserinnerungen zurückversetzt. Ihr Leben bestand aus Vergangenheit und Erinnerung. Ihr Bewußtsein vergrub sich in den lieblichen Wäldern ihrer Heimat.
Die Gruppe ritt durch den mit Steinen gepflasterten Hof auf den Maschio zu, den hohen Turm inmitten der neuen Festung. Lorenzo de'Medici, den man auch den Prächtigen nannte, hatte sie zwischen 1472 und 1475 erbauen lassen, um die aufrührerischen Volterraner besser in den Griff zu bekommen. Bald schon wurde dieses Gefängnis, aus dem es nie ein Entrinnen gab, benutzt, um Verbrecher zu bestrafen und auch um Unschuldige, deren Vergehen nie bekannt geworden waren, zu demütigen und mundtot zu machen. Noch niemals war in diesen Mauern eine Frau als Gefangene.
Der Offizier befahl der Gruppe anzuhalten, die Gefangene wurde losgebunden, und sie wurde vom Pferd gehoben. Ihre tauben Füße versagten Caterina den Dienst. Ein Gardist griff ihr lüstern an die Brust, um sie zu halten. Ein Offizier in der Uniform der Armee des Großherzogs las ihr noch einmal das Urteil von Ferdinando II. vor, dann wurde sie links und rechts unter den Armen gepackt und in die Festung geschleppt. Es ging über lange Korridore und an Häftlingszellen vorbei. Steinerne Mauern, rostige Eisengitter und dämmriges Licht säumten den Weg, dann hielt die Gruppe vor der geöffneten Eisentür des Verlieses in dem Turm Maschio, dem »Mann« der Festung, inne. Die Wächter wollten sie gerade durch dieses Tor schieben, als eine unbändige Lebenskraft in der Frau erwachte. Ihr wurde das Geschehen in seiner tödlichen Bedrohung bewußt. Sie warf mit einem Ruck die beiden Wächter, die sie rechts und links gefaßt hatten, zu Boden und wollte fliehen. Einer der beiden erwischte ihr Kleid am äußersten Ende und brachte sie zu Fall. Er warf sich auf sie und hielt sie fest. Der andere hatte sich ebenso schnell gefaßt und eilte dem ersten zu Hilfe.
»Mörder, ihr Mörder, nein, nein! Giancarlo, Kardinal Giancarlo, du Mörder!« schrie Caterina im Kampf mit den beiden

Wächtern. »Ich will meine Freiheit, was habe ich getan? Sagt mir, was ich getan habe! Laßt mich los, laßt mich frei!«
Die Wächter hatten sie endgültig im festen Griff. Beide bluteten aus Wunden an Kopf und Armen. Mit ihren gewaltigen Kräften stießen sie Caterina in die steinerne Zelle, warfen die Tür zu, verschlossen sie mit einer schweren Kette und legten ein Schloß darauf.
Schnaubend wischten sie sich den Schweiß aus dem Gesicht.
»Hure, verdammte Hure!« rief der eine und drohte ihr in die Zelle mit der Faust. »Ich werde dich schon noch kleinkriegen, du Biest.«
Dann überprüften beide noch einmal das Schloß und entfernten sich schimpfend und zornig.
Die Gefangene schrie in Todesangst und Verzweiflung um Hilfe. Wie ein angeschossener Hirsch brüllte sie ihre Not durch das schwer vergitterte Loch am oberen Deckenrand der Zelle. »Kardinal Giancarlo, Abt ... Pfarrer ... ihr Hurensöhne, ihr Vergewaltiger, ihr Kirchenfürsten, ihr habt mich verführt und mißbraucht. Laßt mich raus, ich will raus, ich ersticke an eurer stinkigen Atemluft. Ihr scheinheiligen Hurensöhne ... Ferdinando, Großherzog, warum laßt Ihr es zu, daß ich so gequält werde?«
Ihre Schreie erstickten in einem heftigen Weinkrampf, bis sie aufs neue aus dem engen Gitterfenster des Maschio aus der verzweifelten Frau hervorbrachen. Weit über die Stadt hallten die verzweifelten Hilferufe der Caterina Picchena.
Die Bürger, die die Gräfin seit ihrer frühesten Jugend kannten, blieben in Gruppen auf den Straßen stehen und schauten entsetzt und verängstigt auf die Festung.
Auf der kalten Steinbank schlief die Gefangene erschöpft ein. Sie trug immer noch ihr festliches Kleid, das sie bei der Verhaftung getragen hatte. Es war aber auch das einzige Gewand, das sie trug. Das Unterkleid war teilweise zerrissen und bot dem Körper wenig Schutz. Arme, Beine und Gesicht waren zerkratzt und geschwollen, ihr sonst so leuchtendes Haar hing matt herunter. Im Schlaf stöhnte sie unter einem Alptraum, drehte sich

unruhig auf der harten Steinbank um und faßte nach den rauhen Steinen, um nicht von der engen Bank zu fallen. Dann erwachte sie in der Nacht. Schaurig griff die Kälte sie an. Die Dunkelheit hüllte sie ein, und ihre Angst ließ sie fast wahnsinnig werden.

»Ich bin Caterina Picchena«, brüllte sie zum Fensterloch hinauf. »Ich bin unschuldig. Ich will nur meine Freiheit, laßt mich leben, laßt mich raus. Ich habe niemandem etwas getan. Die verdammten Fürsten und Pfarrer haben mich auf dem Gewissen. Holt mich hier raus.«

Ihre angstverzerrten Schreie drangen über die nächtliche Stadt und erschreckten die sich nach einem friedlichen Schlaf sehnenden Bürger.

»Hört mich denn niemand?« rief sie. »Holt mich hier raus. Macht einen Aufstand. Stürmt die Festung. Sie ist unwürdig für mich, für alle, die hier drin sind, für die Stadt, für euch alle. Ich will raus!«

In den Häusern zündeten mitten in der Nacht die Bürger eine Kerze an. Ein fahles, schwaches Licht fiel auf die Straßen. Aus dem Gasthaus kam ein letzter Trunkenbold, drehte sich um und sagte vor sich hin: »Halt's Maul, Picchena, uns allen geht es schlecht. Wir alle sind Gefangene. Du und ich …«

Als hätte sie seine leisen Worte gehört, schrie die Gequälte über die nächtlichen Straßen: »Nein, laßt es euch nicht gefallen, holt mich hier raus. Befreit mich und euch!« Sie legte die Hände wie einen Trichter um ihren Mund und rief durch das Fensterloch: »Schlaft nicht ruhig, erhebt euch. Euch wird es allen so geschehen wie mir. Steht auf, holt mich raus. Ich will rauuuuuuus!«

Sie brach auf dem steinigen und kalten Boden zusammen und schlief erschöpft ein. Bald wachte sie wieder auf, zog sich zu der Bank und legte sich apathisch darauf nieder. Es war sehr kalt. Das Fenster, ein winziges Loch, konnte gegen die Kälte nicht geschlossen werden. Sie dämmerte vor sich hin, stöhnte, wollte sich erheben, sank auf die harte Steinbank zurück und fiel in einen unruhigen Schlaf.

Als sie aufwachte, schaute sie sich zum erstenmal bewußt um. Was sie wahrnehmen konnte in diesem dämmrigen Licht, ließ sie erschauern. Sie befand sich in einem grausigen Verlies des Maschio, des hohen Turms in der Mitte der neuen Festung. Sie kannte die Festung sehr wohl. Ihr Vater hatte sie ihr mehrfach bei ihren Ausflügen voller Stolz gezeigt und beschrieben. Welch dunkle Ironie des Schicksals. Jetzt war sie in diesem feuchten und gräßlichen Loch selbst gefangen. Hier sollte sie ermordet werden, ermordet durch feiges Siechtum. Niemand hatte den Mut gehabt, sie direkt umzubringen. Feige, verlotterte Bande, dachte sie.

Sie konnte nicht glauben, was in dem Urteil gestanden hatte. Sie sollte für immer und ewig in diesem Loch bleiben, nie wieder dieses Verlies verlassen und nie wieder ihren lieben Sohn sehen, den Sprößling des verfluchten Frains d'Aix.

Frains d'Aix, rief sie in Gedanken, du wahrer Kriegsheld mit dem Schwert, du Verräter in deinem Charakter, du feiger Betrüger. Auf dich hatte ich mich verlassen, du hast mir den letzten Glauben an die Menschen geraubt. Du gehörst zu der gleichen Mörderbande wie Don Alessandro de'Buondelmonti, der gierige Pfarrer, wie Giancarlo de'Medici, der geile Kardinal, wie Ferdinando II. de'Medici, Großherzog und schwächlicher Untertan seiner bigotten Gattin und seiner blindgläubigen Mutter. Wie der Abt, der seinen verdammten Schwanz als heilig erklärt hatte, wie der Abt, der meine Vergewaltigung als lüsterne Buße sah. Ihr Frauen vom Lande, die ihr eure Rücken gebeugt habt mit der Last der Wassertröge und den Säcken von Korn und Gras, erhebt euch gegen die höfischen Huren der Medici, diese frömmelnden Kirchenschönheiten, die sich nachts in den Betten der Staatssekretäre und Senatoren wälzen. Galileo Galilei, ich rufe auch dich aus dem Grabe auf. Mein Vater hat dich vor der tödlichen Macht der Inquisition in Schutz genommen. Galileo, wo bist du jetzt? Wo bleibt dein Mut. Wenn einer, dann weißt du von meiner Unschuld. Du schützt dich wie all die anderen nur selbst. Ich bin dir gleichgültig. Du bist doch bei

Hofe. Wo ist deine schützende Hand für mich? Vater, greif in das unrechte Geschehen ein. Mutter, o Gott, Mutter, ich hab dich noch nicht einmal richtig kennengelernt. Jetzt hilf mir, Mutter. Das eine Mal.

Sie empfand sich wie eine verlorene Feder in stürmischer, tobender See, die von den schwarzen, gischtsprühenden Kämmen der Wellenungetüme vernichtet zu werden drohte. Sie blickte auf. Durch das Loch unter der Decke des Verlieses wagte sich ein Sonnenstrahl in den feuchten, gräßlichen Raum. Sie streckte ihre Hand aus und erhaschte das kleine, wärmende Licht. Auf den hellen Fleck in ihrer Hand starrend, ließ sie den Hoffnungspunkt über ihre Finger tanzen. Sie spielte mit dem Lichtschein und behandelte den eingefangenen Wärmestrahl wie einen kostbaren Edelstein. Wohl weil sich das Kerkerfenster mit der Erde von der Sonne fortdrehte, so wie es ihr der geschätzte Freund Galilei oft genug erklärt hatte, sprang der schwache Lichtstrahl von ihrer Hand, hinterließ noch einmal einen kleinen Punkt an der Mauer des Fensters und hüpfte dann nach draußen, um sich frei bewegen zu können.

Warum verläßt du mich, kleiner Sonnenstrahl, dachte Caterina und schaute der entschwindenden Hoffnung mit leeren Augen nach. Um sie herum waren rauhe, nässende Felssteine, die es ihr noch nicht einmal erlaubten, sich an die Wand zu lehnen. Der Boden bestand aus Lehm, dessen Feuchtigkeit in ihre Füße kroch, sich an ihren kalten Beinen hochzog und sich über Rücken und Brust ihres ganzen Körpers bemächtigte. Caterina fühlte eine tödlich schweigende Verlassenheit. Ihre einzigen Partner waren die stummen, vor Nässe triefenden Wände, der vermoderte Kot ihrer Vorgänger und der unter ihren Füßen stinkende Lehm. Die Einsamkeit war ihr Gesprächspartner, die Angst schwang sich zu ihrem verwahrlosten Freund auf, und die Apathie bemächtigte sich ihrer Energie.

Vor Entsetzen schloß sie die Augen und flüsterte: »O Gott, ist das deine Liebe, schenkst du so deine Barmherzigkeit? Du kannst mich für meinen Freiheitswillen bestrafen, aber es kann

doch nicht dein Wunsch sein, mich in Angst und Schrecken zu jagen und den eiskalten Schleier unendlicher Einsamkeit und Verlassenheit auf mich zu legen. Vergib mir, o Herr, meine Sünden, aber entzünde nicht deinen Haß an mir.« Dann erhob sich Caterina Picchena und stellte sich auf die kalte Bank. »O Menschheit, entlaß mich aus deinen Klauen«, schrie sie dem schwachen Licht, das durch das Fenster fiel, entgegen. »Ihr Mütter und Väter, hört ihr mich? Wollt ihr nicht wahrhaben, was mit mir geschieht? Warum verbergt ihr eure Augen vor dem Mord in diesem Turm? Warum verschließt ihr eure Ohren vor meinen Rufen? Wenn ich hier mit Einsamkeit gefoltert werde, dann ist es auch eure Schuld. Ihr habt nicht den Mut, euch zu wehren. Ihr seid zu feige, euch zu erheben. Warum zieht ihr es nicht vor, lieber im Kampf getötet, als von diesen selbstbestimmten weltlichen und geistlichen Fürsten unterdrückt und erniedrigt zu werden? Holt mich hier raus!«
Die Menschen auf den Straßen erschraken und bekreuzigten sich. Frauen bedeckten ihre Ohren mit einem Kopftuch, und Männer zogen ihre Mützen tiefer. Ein verkrüppelter Irrer blickte zum Maschio hoch und schrie: »Haha, Picchena, jetzt geht es dir schlecht. Recht geschieht dir, du Hure. Hättest dich vorher besinnen sollen.«
»Halt's Maul, du Krüppel!« brüllte ihn einer an, und ein anderer schlug ihn auf seinen Buckel, daß er unter Schmerzen schrie und zusammenbrach.
»Jetzt weißt du, wie das ist, du Schädling«, verspottete ihn der Schläger. »Die Caterina ist eine der unsrigen, das solltest du wissen, du Zwerg.«
»Warum helft Ihr diesem Weib dann nicht«, krächzte der Bucklige. »Ihr habt wohl Euren Mut in der Hose verloren?«
Der Schläger trat noch einmal nach ihm, blickte zu dem unheimlichen Fenster des Maschio und eilte nach Hause.

# Il Maschio

Unterhalb der Festung Volterra hockte am späten Abend ein müder Wanderer am Rande der Hecken. Er schien sich ausruhen zu wollen von der Mühe seines langen Weges. Der Mann lauschte den jammernden Stimmen, die aus dem offenen Fenster des Maschio drangen. Er hörte die Stimme der Caterina Picchena, hörte ihr Weinen und Zagen, hörte ihre Anklage und ihre Flüche. Er nahm das grenzenlose Leid der Gräfin lange wahr, bis es seine inneren Schmerzen nicht mehr ertrugen.
Er stopfte sich die Finger in die Ohren, um die Klagelieder nicht mehr hören zu müssen. Sein Leid aber wurde größer. Tränen rannen ihm über das Gesicht. Er hätte aufstehen und dem Leid der Gequälten entfliehen können. Doch wußte er, daß sein Leben an das Leid der Caterina Picchena gefesselt war.
Nahezu ohnmächtig vor Schmerz, erhob sich Valerio Chiarenti an diesem Abend wie an vielen Abenden zuvor. Er hatte mehrere Eingaben beim Granduca gemacht. Sie waren ohne Ergebnis geblieben. Er erhielt noch nicht einmal eine Antwort.
Valerio ging zu seiner kleinen Kutsche und kehrte nach San Gimignano zurück. In seinem Hause angekommen, schloß er Marzial Curzio in seine Arme. Der Knabe war zu einem stattlichen Burschen herangewachsen. Wenigstens ihn hatte der Arzt nach einer Bitte an den Großherzog zu sich aufnehmen können. Marzial Curzio lebte wie ein Sohn in der Villa Chiarenti. Der Arzt ließ ihm die beste Ausbildung zukommen. Oft sprach er mit dem kräftigen Knaben über Freiheit und Rechte der Menschen, über die Grausamkeiten des Fürstenhauses und der Inquisition der Kirche Roms. Niemals nahm Valerio seinen Ziehsohn mit nach Volterra. Er sollte nicht die Klagen und das Leid seiner Mutter vernehmen.

Inzwischen durchzogen die unheimlichen Rufe der verlorenen Caterina Picchena die Nacht der Stadt Volterra wie das Heulen eines ängstlichen Hundes. Sie hallten wie die Strafe für das Schweigen der Menschen gegen Unrecht und Unterdrückung, gegen Untätigsein und Angst gegenüber den Herrschenden durch die engen Gassen des ehemals mächtigen Stadtstaates. Sie versetzten die Bürger in Angst und Schrecken, mehr wegen ihrer eigenen Schuld als wegen des Leides der Picchena.

Caterina war einsam und doch nicht alleine. Jeder ihrer Schritte und ihr Verhalten konnten von außerhalb ihres Verlieses beobachtet werden. Sie hockte meist auf der Steinbank und starrte auf den Boden oder auf die Wände. Nur für wenige Stunden fiel genügend Licht in ihren Kerker, das den Raum ein bißchen ausleuchtete. In der Herbst- und Winterzeit, wenn dichter Nebel über den Höhenzügen von Volterra lag und wenn tiefe Regenwolken über den Straßen und engen Gassen hingen, reichte das schwache Licht, das durch die Maueröffnung bis in ihr Verlies vordringen konnte, gerade, um nur schemenhaft die Wände erkennen zu können.

Caterina verfiel in einen umnachteten Zustand. Sie hockte apathisch auf der Steinbank und stierte auf den Boden. Wie Nebelschwaden bewegten sich die Wände. Sie fuhren auf sie zu und drohten sie zu ersticken. Dann wich die wabernde Masse zurück, und sie verlor jeglichen Halt an der Wirklichkeit. Todbringende Geisterstimmen überfielen sie in einem sphärischen, unwirklichen Gesang, in den Caterina mit jammernden und klagenden Lauten einstimmte. Sie spürte keinen Boden unter sich und verlor sich bald in den Tiefen einer unheimlichen Unendlichkeit.

Wenn sie zu sich kam, die Steinbank und die Wände faßbar wurden, lauschte sie den Geräuschen, die von draußen hereindrangen. Das Klappern von Pferdehufen, das Rollen von Wagenrädern oder das Schnauben der Rosse ließen sie teilhaben an einem anderen, wirklichen Leben. Manchmal stand sie auf und wandte ihr Gesicht der hochgelegenen Öffnung im Mauerwerk

zu. So versuchte sie hin und wieder einige Sonnenstrahlen auf ihrem Gesicht einzufangen.
Dann empfand sie die wohlige, sanfte Wärme wie einen freundlichen Gruß von einer Welt, die für sie nicht mehr existierte. Sie verfolgte mit ihren aufgerissenen Fingerkuppen auf den Wangen den Sonnenschein und spürte nicht den Schmutz und die tiefen Falten in ihrem Gesicht. Nur wenige Minuten hatte sie das Glück, die Boten des Lichtes aufnehmen zu können. Und auch nur an einigen Tagen des Jahres gelang es, die Strahlen wie Botschafter der Liebe und Wärme auf ihrer Haut zu spüren. Stand die Sonne zu hoch oder zu tief, erreichten ihre Strahlen den Zellenboden nicht.
Wenn sich das leuchtende Gestirn wieder nach wenigen Augenblicken der Hoffnung aus dem Verlies zurückzog, versank Caterina in eine unendliche Einsamkeit. Die Ungerechtigkeit der Welt und die Trostlosigkeit ihres Daseins verursachten ihr Schmerzen in ihrer Brust und ihren Eingeweiden. Ihr Lebenswille war ungebrochen. Sie rief nach den Wächtern, sie rief laut um Gerechtigkeit und um Gnade. Sie rief immer wieder die Namen der Peiniger und fragte nach dem wahren Grund ihrer Kerkerhaft. Die verzweifelten Rufe verhallten ein ums andere Mal ungehört wie in einem Sturm.
Für Caterina Picchena öffnete sich kein Ohr, und es gab für sie keine Feder und kein Papier. Sie konnte sich niemandem mitteilen. Ihr wurde jedes Mittel, sich bemerkbar zu machen, versagt. Nur ihre Schreie durch die enge Maueröffnung gaben Nachricht von ihrem gequälten Leben. Die Menschen mieden die Straßen in der Nähe des Turmes Maschio. Sie wollten die Hilferufe der in einer geisterhaften und bedrohlichen Unendlichkeit versinkenden Frau nicht hören. Sie sprachen nur noch wenig darüber.
»Sie ist verrückt«, sagten sie, »der Tod wird eine Gnade für sie sein. Gott beschütze sie.«
Sie dachten nicht daran, einer Verlorenen zu helfen. Sie waren nicht selbst betroffen. Sie wollten nicht wahrhaben, daß sie es

waren, die als einzige einer Caterina Picchena helfen konnten. Wer hätte den Mut aufgebracht, Ferdinand II., den Großherzog der Toskana, um Gnade für die Tochter seines fähigsten Staatssekretärs anzuflehen? Wer hätte es auf sich genommen, Vittoria della Rovere, die Gattin des Großherzogs, um Milde für die verlassene Frau zu bitten? Wer hätte den Mut gehabt, Giancarlo, den Bruder des Großherzogs und Kardinal, um Freiheit und Beendigung der Festungshaft für Caterina zu bitten?
Die Menschen hielten sich für zu schwach und unfähig. Daher waren sie es auch. Dabei hatten sie Angst und waren bequem. Sie glaubten den Worten der Mächtigen, alles dies sei der Wille Gottes, und beugten sich selbst vor dieser sichtbaren irdischen Gewalt. Sie waren zu eingeschüchtert und erkannten diese Einschüchterung bedingungslos als Notwendigkeit an. Die Inquisition war wie eine Furie immer und überall zugegen und übermächtig. Die Inquisition war ein totalitäres Machtsystem. Es war deswegen zugegen, weil die Menschen, gerade die vielen einfachen Menschen, dies immer zugelassen hatten.
So wurden die Qual und das Leid der Caterina Picchena mit Hilfe der einfachsten Bürger dieser Stadt totgeschwiegen. Die Bauern und Handwerker, die Händler, Ärzte, Barbiere, Apotheker, die Künstler, Musikanten und die Wanderer, die Männer und Frauen, alle machten sich schuldig. Sie begriffen nicht, sie wollten nicht begreifen, daß sie es waren, die hätten helfen können. Sie machten noch nicht einmal einen Versuch.
So versank Caterina Picchena in der tödlichen Einsamkeit und Verlassenheit ihres Kerkers. Das grenzenlose Nichtinteresse eines Ferdinand II. und die abscheuliche Brutalität eines Kardinals Giancarlo de'Medici, die sich in diesem Urteil offenbart hatten, vernichteten ihr Leben.
Caterina rief immer wieder und wieder nach Freiheit. Sie versuchte die bösen Geister aus ihrem Kerker zu verscheuchen. Sie sprang zwischen den engen Verlieswänden hin und her und versuchte mit Armen und Händen die dunklen Gestalten zu jagen. »Ihr toten Tänzer«, rief sie, »ihr unheimlichen Gesellen, ver-

schwindet. Raus, raus. Mutter, Mutter, warum läßt du mich so alleine? Gibt es niemanden, der mir hilft?«
Dann brach sie erneut schluchzend zusammen, wälzte sich, von Schmerzen gekrümmt, auf dem feuchten Boden und krallte ihre Finger in den weichen, naßkalten Schmutz. Ihre langen Haare hingen zerzaust, strähnig und verfilzt über ihr Gesicht. In dem Verlies stank es nach Urin und Kot, die modrigen Wände waren übersät mit Schimmelpilzen, Ungeziefer, Kakerlaken, und Würmer krochen über den Boden. Es ekelte sie an. Caterina erhob sich schluchzend. Ihr apathisches Weinen wurde zu einem wimmernden Stöhnen. Ihre Stimme wurde lauter und lauter und schwoll schließlich zu einem auf- und abschwingenden Singsang an, der dem Klagelied eines Menschen glich, der für immer an das Stadttor genagelt war.
Wenn Caterina Picchena Momente hatte, in denen sie noch klar denken konnte, bat sie die Wächter, die ihr eine Suppe brachten, um Kontakt zu Ferdinand oder daß sie wenigstens noch einmal ihren Sohn sehen dürfte.
Die Wächter schauten sie mitleidig an. »Picchena«, sagten sie, »sei froh, wenn dich dein Sohn so nicht sieht. Du wirst niemanden mehr sehen. Stell dich auf Gott ein, auf deinen Tod.«
Dann verschwanden die beiden. In das Verlies kehrten die grausige Einsamkeit und Kälte zurück.
»Ich sehe dich, mein Sohn«, sagte sie, »du bist ja bei mir. Ich liebkose dich.« Sie formte dabei ein klumpiges Gebilde aus dem Lehm und streichelte die Figur mit ihren welken Fingern. »Warum hast du dich so schmutzig gemacht?« fragte sie liebevoll und streichelte das Lehmgebilde mit den verkrusteten Fingern immer wieder. »Paß besser auf, mein Sohn. Die Welt ist schlecht. Höre stets auf deinen Pfarrer, auf deinen Abt. Tue das, was sie wollen. Alles, was sie von dir verlangen, ist nicht so schlimm, wie hier zu wohnen in diesem Haus. Sei dem Großherzog und dem Kardinal zu Diensten. Was immer sie wollen, tue es. Es ist nicht dein Verderben. Wenn du gegen sie bist, mein Sohn, wenn du deinen eigenen Willen hast, das ist dein

Verderben. Den Lehmklumpen streichelnd, küßte sie ihn und sang ihm ein altes Wiegenlied.

Schlafe, mein Söhnchen, schlaf hier,
die Mutter wachet mit dir,
die Mutter sorgt für die Ruh,
in Frieden schlafe nur zu.

Sie drückte die nasse Erde an ihre verschmutzte Brust und summte immer wieder dieses Wiegenlied.
Ihr war entgangen, daß ihr Sohn mehr als elf Jahre alt war.
Dann war sie wieder bei vollem Bewußtsein. Sie richtete sich auf und schmetterte ihre Worte mit kräftiger Stimme gegen das offene Kerkerfenster.
»Niemals, mein Sohn, niemals sei den Kardinälen und Fürsten untertänig. Glaube nicht ihrem Gewäsch. Verachte die Roben und die edelsteinbestickten Gewänder. Verachte die Paläste und die goldgeschmückten Karossen. Bleib immer du selbst. Verteidige deine Rechte und die Rechte der Menschen. Verteidige die Wahrheit, kämpfe für die Wahrheit.
Und ich sage dir, mein Sohn, auch wenn mich das Leid in diesem gottverdammten Kerker mit meinem Körper in den Untergang zwingt, wenn meine Leiden in der Kälte und Dunkelheit unermeßlich sind, wenn ich Hunger und Durst, Erschöpfung und Angst zu erdulden habe, niemals werde ich sagen, ich hätte mich anders verhalten sollen. Den Mächtigen wohlgefälliger, höriger? Nein. Niemals. Wenn mein Körper gebeugt ist, meine Sinne nachlassen, mein Blick getrübt ist, so sage ich doch, ich gehe in aufrichtiger Haltung aus diesem Leben. Ich habe mich niemals verkauft, ich habe meine Ehre bewahrt. Mein Sohn Marzial Curzio, bleibe dir selbst treu.«

Es vergingen viele Tage und Wochen. Caterinas Kleid, mit dem sie sich einst für das Hochzeitsfest beim Grafen della Tosa geschmückt hatte, hing in Fetzen an ihr. Ihre Füße waren wund

und eiterten. Das Gesicht war eingefallen. Die einstmals blühenden Wangen waren von grauen Falten durchfurcht, in denen sich der Schmutz angesammelt hatte. Entzündungen eiterten. Ihr Körper war abgemagert, die früher vollen Brüste waren eingefallen und hingen schlaff auf ihren hervortretenden Rippen. Ihre Stimme hatte den Klang eines alten Weibes.

Noch einmal erhob sie die krächzende Stimme zu einem letzten Klagelied. Das Auf- und Abschwellen ihres Totengesanges begleitete sie mit einem rhythmischen Schaukeln des gebeugten Oberkörpers.

»Giancarlo, du Verführer, höre: Verflucht seist du für alle Zeiten, Ferdinando, du schwindsüchtiger Feigling, du Ausgeburt einer bigotten Mutter, ihr verfluchten Mächtigen in Florenz, ich klage euch an des Mordes, des Mordes an Caterina Picchena. Möge die Welt euch für immer vergessen. O Gott, errette mich.«

Dann sank sie zu Boden, und ihr erlöschender Atem setzte dem langen Leiden ein Ende.

Mit ihren letzten Worten verklang für immer die Stimme der Caterina Picchena. Ihre Freiheitsrufe endeten im stinkigen Verlies des Maschio der Festung in Volterra.

Eine düstere Zeit legte sich über die Toskana. Bigotterie und Inquisition griffen um sich. Das Großherzogtum verfiel der stumpfen Unfähigkeit eines einstmals so stolzen Herrschergeschlechtes der Medici.